DESCRIPTION
DE
L'ÉGYPTE

RECUEIL
DES OBSERVATIONS ET DES RECHERCHES
QUI ONT ÉTÉ FAITES EN ÉGYPTE
PENDANT L'EXPÉDITION DE L'ARMÉE FRANÇAISE.

SECONDE ÉDITION

DÉDIÉE AU ROI
PUBLIÉE PAR C. L. F. PANCKOUCKE

TOME DEUXIÈME

ANTIQUITÉS — DESCRIPTIONS

IMPRIMERIE
DE C. L. F. PANCKOUCKE.

M. D. CCC. XXI.

DESCRIPTION

DE

L'ÉGYPTE.

DESCRIPTION

DE

L'ÉGYPTE

OU

RECUEIL
DES OBSERVATIONS ET DES RECHERCHES
QUI ONT ÉTÉ FAITES EN ÉGYPTE
PENDANT L'EXPÉDITION DE L'ARMÉE FRANÇAISE.

SECONDE ÉDITION
DÉDIÉE AU ROI
PUBLIÉE PAR C. L. F. PANCKOUCKE.

TOME DEUXIÈME

ANTIQUITÉS.—DESCRIPTIONS.

PARIS
IMPRIMERIE DE C. L. F. PANCKOUCKE
M. D. CCC. XXI.

ANTIQUITÉS

DESCRIPTIONS.

CHAPITRE NEUVIÈME.

DESCRIPTION GÉNÉRALE DE THÈBES.

INTRODUCTION,

Par MM. JOLLOIS et DEVILLIERS,

INGÉNIEURS DES PONTS ET CHAUSSÉES.

§. I. *Aperçu général de l'état actuel de la vallée de Thèbes, et des villages modernes qu'elle renferme.*

> Ici fleurit jadis une ville opulente. Ici fut le siége d'un empire puissant........ Ces colonnes abattues ornaient la majesté des temples. Ces galeries écroulées dessinaient les places publiques. (*Les Ruines*, par M. DE VOLNEY, page 6.)

EN partant d'*Esné*, l'ancienne *Latopolis*, et en suivant la route qui est tracée à l'occident du Nil, on passe sur les ruines d'*Asphynis*, et l'on rencontre, bientôt après, l'ancienne *Hermonthis*, située dans les terres à une lieue du fleuve. En avançant plus au nord, on se trouve dans la plaine de Thèbes, bornée à l'ouest par les montagnes arides de la Libye, et à l'est par les rochers non moins stériles qui séparent l'Égypte de la mer Rouge et de l'Arabie.

La chaîne libyque n'est accessible qu'en un petit nombre d'endroits; elle offre presque partout des bords escarpés et des rochers à pic. La chaîne arabique, au contraire, présente une multitude de monticules disposés sur une pente douce dont l'origine est fort éloignée des points les plus élevés de sa sommité.

La chaîne libyque, vers le sud, est à une distance assez considérable du Nil; mais, au nord, elle s'en rapproche insensiblement, jusqu'à ce que l'extrémité de sa base soit baignée par les eaux du fleuve. Elle en forme le bord un peu au-dessous du village de *Qournah*, qui est, sur la rive occidentale, la limite des ruines de Thèbes.

La chaîne arabique, au-dessus du village d'*el-Naharych*, est tout-à-fait contiguë au fleuve; elle s'en éloigne par degrés à l'est, et développe aux yeux du voyageur une vaste plaine couverte de magnifiques ruines: cette chaîne forme une ligne courbe qui s'enfonce de plus en plus vers l'Arabie, et ne se rapproche sensiblement du fleuve qu'au village de *Med-a'moud*, où l'on voit les derniers débris des monumens qui, de ce côté, ont pu appartenir à la ville de Thèbes. Les deux chaînes de montagnes forment donc, en se rapprochant du fleuve, la première au nord, et la seconde au sud, une vallée dont les deux ouvertures sont à peu près de même étendue. Au-delà de ces remparts formés par la nature, il n'y a que de vastes déserts que parcourent, de temps à autre, quelques tribus arabes.

Le Nil, avant de traverser la plaine de Thèbes, coule au nord-est, dans un large canal dont la continuité, dans l'espace de deux lieues, n'est interrompue par aucune île. C'est un des endroits de l'Égypte où le fleuve est le plus imposant et le plus majestueux. Il dévie ensuite un peu vers le nord, et forme un coude au village de *Louqsor*. A peu près à la hauteur d'*el-Bayâdyeh*, ce fleuve, qui a plus de quatre cent vingt mètres[1] de largeur, se partage en plusieurs bras, et forme l'île inhabitée d'*el-Bayâdyeh*, et l'île *A'ouâmyeh*, où se trouve un très-petit village qui lui a donné son nom. Plus bas, on aperçoit encore deux îles peu élevées au-dessus des eaux, qui n'offrent d'autres habitations que de misérables cabanes de cultivateurs. Ces îles sont aussi le séjour des crocodiles : c'est là que ces amphibies, sortis du sein du fleuve, viennent s'exposer à la chaleur qu'ils semblent particulièrement rechercher. Au moindre bruit qu'ils entendent, on les voit se précipiter dans le Nil, d'où ils ressortent bientôt pour venir s'étendre de nouveau aux rayons brûlans du soleil.

Le sol de la plaine de Thèbes ne diffère point de celui du reste de l'Égypte : il se compose de couches d'argile et de sable qui se succèdent alternativement. A partir des bords du fleuve jusqu'au pied des montagnes, la surface du terrain s'abaisse suivant une pente qui est sensible à l'œil, et qui a été mesurée par des nivellemens faits avec soin.

[1] Deux cent quinze toises.

Il est rare, même dans les grandes inondations, que toute la plaine de Thèbes soit arrosée par l'épanchement naturel du fleuve. Des canaux dérivés de points plus élevés y apporteraient, dans les crues ordinaires, le précieux tribut de ses eaux; mais ils sont si mal entretenus, que, le plus souvent, cette belle plaine est desséchée. Le dourah, le blé, les melons d'eau, sont les principales productions cultivées dans cette partie de l'Égypte. On y rencontre quelques plantations de cannes à sucre. Des chemins suivis ordinairement par ceux qui parcourent le pays, coupent la plaine de Thèbes dans différentes directions. On y trouve des caravanserais, monumens d'une utilité précieuse, qu'un sentiment noble et une hospitalité désintéressée ont fait élever pour les voyageurs en mille endroits de l'Égypte. Un de ces établissemens paraît au milieu de la plaine, sur la rive gauche du fleuve; il est entouré de palmiers. Pour bien apprécier tout ce que ces lieux de repos ont d'utile et d'agréable, il faut avoir ressenti l'excès des chaleurs qu'on éprouve sous le climat ardent de la haute Égypte. En effet, vers le solstice d'été, le thermomètre, mis à la surface du sol, monte jusqu'à cinquante-quatre degrés : il est imprudent alors de poser ses pieds sur la terre brûlante. On ne touche pas impunément un caillou exposé aux ardeurs des rayons du soleil. La chaleur est même quelquefois si forte, qu'on entend les animaux, excédés de fatigue, pousser des hurlemens, et se précipiter dans le fleuve, où ils se plongent avec une avidité extrême. C'est cependant un spectacle vraiment extraordinaire que de voir quelquefois des *felláh* au teint de bronze, qui, la tête découverte et les pieds nus, épars çà et là dans la plaine, au moment où le soleil darde à plomb ses rayons, semblent défier, pour ainsi dire, toutes les ardeurs du jour. Il n'y avait que l'activité française qui pût, en les imitant et en les surpassant peut-être, braver ce climat brûlant ; aussi les naturels du pays s'étonnaient-ils de nous voir parcourir la plaine et recommencer nos observations et nos recherches à toutes les heures du jour.

Plusieurs villages sont distribués dans la plaine de Thèbes. A l'occident, et à deux cents pas du Nil, est le village d'*el-Aqâltch*. Près des cahutes qui le composent, on voit une assez belle maison, que les habitans appellent *qasr* ou château : elle servait de logement aux gouverneurs du pays, dans le temps consacré au recouvrement des impôts; elle offrit ensuite aux troupes françaises un lieu de station commode, lorsqu'elles poursuivaient les restes fugitifs des Mamlouks de Mourâd-bey, ou lorsqu'elles percevaient le *myry*. Plus loin, vers la montagne libyque, et en descendant le fleuve, on aperçoit *Naga' Abou-Hamoud*, dont les maisons de terre sont en partie cachées par une forêt de palmiers; plus loin encore, *Koum el-Ba'yrât*, bâti sur les décombres mêmes de l'ancienne Thèbes. Tout près de la montagne, *Medynet-abou* offre les restes d'un village moderne entièrement abandonné. Enfin, à l'extrémité de la plaine, vers le nord, est situé le petit village de Qournah, que ses sauvages habitans abandonnent, quand ils veulent se soustraire au paiement de l'impôt. Nouveaux troglodytes, ils se retirent alors dans les grottes nombreuses dont la montagne voisine est percée; ou bien, accompagnés de ce qu'ils ont de plus cher et de plus précieux, leurs femmes, leurs enfans et leurs troupeaux, ils fuient au loin dans le désert.

A l'orient, de l'autre côté du fleuve, et tout-à-fait sur le rivage, Louqsor se fait remarquer par ses maisons basses, surmontées de colombiers couverts d'une multitude innombrable de pigeons. Louqsor est un bourg assez considérable, qui peut contenir de deux à trois mille ames. Une fois chaque semaine, il s'y tient un marché où se rendent les habitans de tous les villages des environs; on y échange les denrées récoltées dans le pays et quelques étoffes. Ce bourg renferme un four où l'on fait éclore artificiellement une quantité prodigieuse de poulets. Plus loin au nord, en descendant le fleuve, on trouve *Kafr-Karnak*, et ensuite *Karnak*, tous deux entourés de palmiers : ces lieux habités n'occupent qu'un espace très-peu considérable au milieu des vastes ruines qui les environnent. Encore plus loin dans la même direction, et vers le pied de la chaîne arabique, est situé le village de Med-a'moud.

§. II. *Aperçu général des anciens monumens de Thèbes.*

Tel est le petit nombre de villages épars, au milieu d'une plaine jadis occupée par une ville immense. Leurs chétives habitations contrastent d'une manière bien frappante avec les restes opulens d'une superbe cité.

Du côté de la Libye, Koum el-Ba'yrât, Medynet-abou et Qournah offrent encore les débris de grands monumens. Un lieu intermédiaire entre ces deux derniers villages, qui ne renferme point de constructions arabes, et que tous les voyageurs anciens et modernes ont désigné sous le nom de *Memnonium*, est également rempli d'antiques constructions. Du côté de l'Arabie, Louqsor et les deux *Kârnak*, bâtis sur de magnifiques ruines, sont liés entre eux par une suite non interrompue de fragmens d'antiquités. Med-a'moud laisse voir de bien loin au nord quelques colonnes encore debout, et sa butte factice couverte des restes de ses vieux édifices.

Ce n'est pas seulement dans l'emplacement que le Nil arrose, qu'il faut chercher des vestiges de l'existence de Thèbes. Comme si la portion de la vallée qu'elle occupe n'eût pas été assez vaste pour la contenir, cette antique cité s'est étendue jusque dans les montagnes. En effet, la partie de la chaîne libyque, voisine des monumens encore existans, est percée d'une quantité innombrable d'hypogées : quelques-uns de ces hypogées ont bien pu servir d'asile aux premiers habitans troglodytes de l'Égypte; mais tous doivent être regardés comme les dernières demeures des citoyens de son ancienne capitale.

Pour faire passer dans l'ame du lecteur tous les sentimens dont on est d'abord agité en arrivant dans un lieu qui rappelle tant de souvenirs, il faudrait pouvoir peindre cette curiosité inquiète, qui, dans son ardeur, veut embrasser tous les objets à-la-fois. Il semble que les sens n'obéissent point assez promptement à la volonté pour prendre connaissance de tout ce qui existe ; il se présente à l'esprit mille questions que l'on voudrait résoudre, mille faits que l'on voudrait constater en même temps. Où sont les cent portes chantées par Homère, et par chacune desquelles sortaient deux cents chariots armés en guerre? Environné de toutes parts de magnifiques ruines, on s'abandonne facilement aux illusions, et toutes ces exagérations poétiques paraissent prendre de la réalité. Où est la statue d'Osymandyas, vantée par Hécatée comme la plus colossale de toutes celles que renfermait autrefois l'Égypte? Où était placé ce fameux cercle d'or d'une coudée de hauteur et de trois cent soixante-cinq coudées de circonférence, sur lequel on avait indiqué le lever et le coucher des astres pour tous les jours de l'année? Où est l'emplacement de cette grande *Diospolis*, dont les anciens auteurs célèbrent l'étendue, et qui renfermait un des plus vastes édifices que les Égyptiens eussent élevés? Où sont les demeures de ces rois si vantés, que leur sagesse a fait mettre au rang des dieux, et dont les institutions utiles et précieuses font encore l'admiration de ceux qui en pénètrent les vrais motifs? Où est enfin cette statue colossale de Memnon, dont tant d'illustres personnages ont entendu la voix au lever de l'aurore? Thèbes avait-elle une enceinte générale, et en subsiste-t-il encore quelques traces? Toutes ces questions, et mille autres qui se présentent à l'esprit du voyageur, le jettent dans une agitation singulière, et excitent une activité que l'on ne peut satisfaire. Attiré par une multitude d'objets nouveaux, par une architecture colossale à laquelle l'œil n'est point accoutumé, on regarde tout avec une avide curiosité. Les nombreux détails de sculpture dont les murs des temples et des palais sont couverts, n'excitent pas moins l'étonnement que les grandes et belles lignes de leur architecture. Lorsqu'après avoir quitté les monumens, on veut se recueillir et se rendre compte de ce que l'on a vu, la mémoire, aidée de la réflexion elle-même, ne fournit que des idées confuses, et l'on reconnaît bientôt l'insuffisance d'un premier aperçu.

Ce n'est donc qu'en visitant souvent les mêmes monumens, ce n'est qu'après en avoir étudié les formes avec soin, que l'observateur se pénètre du caractère de gravité empreint dans tous les travaux de l'Égypte, et reconnaît l'intention bien prononcée des fondateurs de rendre leur ouvrage indestructible.

Les sensations que fait éprouver la vue de Thèbes ne se communiquent pas seulement à ceux qui se livrent à l'étude des arts; les magnifiques constructions de cette antique cité offrent des beautés d'un tel ordre, qu'elles attirent les regards des hommes que l'on croirait les moins propres à les apprécier. Ce sont comme de grands accidens de la nature, ou comme des phénomènes éclatans, qui, tandis qu'ils captivent l'attention des esprits accoutumés à observer, produisent encore sur la multitude les impressions les plus vives et les plus profondes. C'est ainsi que nous avons vu les soldats, frappés d'abord d'un étonnement général à la vue de ces masses imposantes, se livrer bientôt avec ardeur à la recherche des plus petits ornemens qui les décorent.

Un voyageur arrivé près du monument qui fait l'objet de ses recherches, commence par prendre une idée générale de son ensemble, sans s'appesantir sur aucun détail. S'il est un lieu qui réclame du spectateur une attention particulière à suivre cet ordre indiqué par la nature,

CH. IX, DESCRIPTION GÉNÉRALE

c'est celui où sont épars les restes de la ville de Thèbes. Elle présente des objets si nombreux et si inattendus, que la curiosité la plus avide ne peut manquer d'y trouver un aliment sans cesse renaissant, quelque idée qu'on ait pu prendre d'un tel spectacle dans les récits transmis par les écrivains depuis tant de siècles. Pour mettre le lecteur dans la position où nous nous sommes trouvés nous-mêmes au milieu de Thèbes, nous allons faire avec lui une reconnaissance générale de toute la plaine, jeter un coup d'œil rapide sur tout ce qui s'offre à ses regards dans le plan topographique[1] que nous mettons sous ses yeux, et tâcher de rendre les impressions vives que la première vue des objets nous a fait éprouver. Nous ferons, dans les sections suivantes, toutes les remarques particulières auxquelles nous avons été conduits par la suite de nos recherches[2].

Les monumens situés sur la rive gauche du fleuve attirèrent d'abord notre attention. Nous nous établîmes à el-Aqâlteh; sa proximité des bords du Nil nous le fit choisir en quelque sorte pour notre rendez-vous. C'est de là que nous partions tous les jours, au lever du soleil, pour nous livrer à des travaux qui, entrepris durant d'excessives chaleurs, nous eussent paru extrêmement pénibles dans toute autre circonstance où nous n'aurions pas été soutenus par l'enthousiasme que nous inspirait la vue des ruines. Nous éprouvions quelque plaisir à penser que nous allions transporter dans notre patrie

---

[1] Voy. le plan général de Thèbes, pl. 1, A., vol. II.
[2] Un séjour prolongé pendant plus de deux mois sur les ruines de Thèbes nous a permis de nous livrer à une étude approfondie des monumens d'antiquité.

tous les produits de l'antique science et de l'industrie des Égyptiens; c'était une véritable conquête que nous allions essayer au nom des arts. Nous allions enfin donner, pour la première fois, une idée exacte et complète de monumens dont tant de voyageurs anciens et modernes n'avaient pu parler que d'une manière peu satisfaisante. Nous allions réaliser les vœux qu'exprime au sujet de l'Égypte le plus grand de nos orateurs[1], en ces termes remarquables : « Quelle puissance et quel art a fait d'un tel pays la merveille de l'univers, et quelles beautés ne trouverait-on pas, si on pouvait aborder la ville royale, puisque si loin d'elle on trouve des choses si merveilleuses ! » Nous étions en effet sur le sol de cette ville royale, où les indications qu'on avait eues jusqu'alors, quoique très-peu précises, promettaient cependant la découverte des plus nobles ouvrages. Et d'ailleurs, quels attraits, quels charmes secrets ne présente pas la vue des ruines ? On ne recherche pas ce spectacle sévère par une curiosité stérile et momentanée; on y est conduit par une passion ardente et vive, qu'il faut avoir éprouvée pour s'en faire une juste idée. Combien de fois, entraînés par cette passion, n'avons-nous pas parcouru la plaine de Thèbes, au risque d'y être assassinés par les Arabes et par les sauvages habitans de ces contrées ! Combien de fois ne nous est-il pas arrivé d'entreprendre des courses longues et pénibles, dans la seule vue de découvrir de nouveaux monumens et d'interroger quelques débris éloignés !

Le premier objet remarquable, au sortir d'el-Aqalteh,

[1] Bossuet, dans son Discours sur l'histoire universelle.

CH. IX, DESCRIPTION GÉNÉRALE

est une vaste enceinte qui enferme un espace de plus de deux mille mètres[1] de long sur mille mètres[2] de large : c'était un cirque, un hippodrome, où les anciens Égyptiens s'exerçaient aux courses à pied, aux courses de chevaux et de chars. Dans le grand nombre d'ouvertures que présentent encore les débris de son enceinte, on est porté à voir les cent portes de Thèbes célébrées par Homère et par tous les historiens et les poètes de l'antiquité. Ce cirque paraît avoir été entouré de constructions triomphales, qui devaient annoncer d'une manière tout-à-fait grandiose l'ancienne capitale de l'Égypte. Jadis foulé par un peuple nombreux, il est maintenant rendu à la culture, et fertilisé par un canal qui y apporte les eaux du Nil lors de l'inondation.

A l'extrémité sud de cette enceinte, on aperçoit les restes d'un petit temple tombé en ruine, et en avant duquel est une porte dont les grandes dimensions paraîtraient convenir à un édifice plus considérable : c'est, de ce côté, le dernier point qui offre des ruines que l'on puisse présumer, avec quelque fondement, avoir dépendu de Thèbes. En parcourant, à partir de là, le côté occidental de l'enceinte, on marche sur la lisière du désert, et au pied des premiers monticules de sable et de pierre calcaire de la chaîne libyque.

A l'extrémité nord de l'hippodrome, on trouve les ruines de Medynet-abou. Elles s'élèvent majestueusement sur une butte factice, et sont entourées d'une enceinte construite partie en pierre et partie en briques crues. Un petit temple se montre d'abord au pied des décombres;

[1] Mille vingt-six toises.　　[2] Cinq cent treize toises.

mais ce qui attire particulièrement les regards, ce sont les ruines d'un édifice que l'on juge, au premier coup d'œil, avoir été le palais d'un souverain. Deux étages, des fenêtres carrées, des murs couronnés d'espèces de créneaux, annoncent un édifice différent des monumens consacrés au culte égyptien. Dans le voisinage, vers le nord, s'élèvent des propylées au-devant d'un temple qui porte l'empreinte d'une grande vétusté. Toutes ces constructions excitent à un haut degré l'attention du voyageur, et présentent une foule d'observations sur lesquelles nous reviendrons bientôt, mais que ne comporte point le coup d'œil rapide que nous nous proposons de jeter sur l'ensemble des ruines de Thèbes. Ce que l'on remarque surtout, ce sont les édifices situés plus loin vers l'ouest, près de la montagne libyque. Leur axe est exactement le même que celui du pavillon à deux étages. Un pylône[1] très-élevé conduit dans une grande cour presque carrée, dont les galeries septentrionale et méridionale sont formées de colonnes et de gros piliers carrés, auxquels sont adossées des statues colossales. Ces espèces de cariatides impriment au monument un caractère de grandeur et de gravité, dont il est impossible de ne pas être frappé; elles semblent placées là pour rappeler aux mortels le recueillement et le respect que l'on doit apporter, en pénétrant dans ces asiles de la religion et de la majesté royale. Un second pylône termine cette

---

[1] Ce mot est dérivé de πυλών que les Grecs ont employé pour désigner les grandes constructions pyramidales qui forment ordinairement l'entrée des temples et des palais de l'Égypte. *Voyez* ce que nous rapportons à ce sujet dans la seconde partie de la section III de ce chapitre.

première cour, et conduit à un superbe péristyle dont les galeries latérales sont formées de colonnes, et dont le fond est terminé par un double rang de galeries soutenues par des colonnes et des piliers cariatides. Ce péristyle offre tout-à-la-fois des restes de toutes les religions pratiquées successivement en Égypte, dans le cours des siècles. Les chrétiens y ont élevé une église où se voient encore de belles colonnes monolithes en granit rouge. Ils ont peint, sur les murs, des saints avec l'auréole autour de la tête. Quelquefois, par de légers changemens, ils ont transformé en saints du christianisme des dieux, des héros ou des prêtres de l'ancienne Égypte. Les mahométans, venus ensuite, l'ont destinée à un autre culte; ils en ont fait une mosquée où tout rappelle encore l'islamisme. Les colonnes qui la décoraient, quoiqu'elles soient d'un seul morceau de granit, et rassemblées en assez grand nombre, ne produisent cependant pas tout l'effet qu'on pourrait en attendre. Elles se feraient remarquer bien davantage, si elles faisaient partie d'un édifice isolé. Elles semblent réunies ici pour contraster avec le péristyle égyptien dans lequel elles sont renfermées, et dont elles rehaussent la grandeur et la noble simplicité.

Un vaste mur d'enceinte, caché en grande partie sous les décombres, renfermait plusieurs édifices dont on aperçoit encore quelques restes. Sans doute beaucoup d'autres monumens, que l'on ne voit plus maintenant, sont contenus dans cet espace.

La chaîne libyque domine tous ces restes d'anciennes constructions : elle n'en est séparée que par une portion de désert très-étroite. Ses rochers escarpés et brillans de la lumière réfléchie du soleil, et les hypogées nombreux dont elle est remplie, forment un fond très-pittoresque, sur lequel se dessinent de magnifiques ruines. L'opposition de la couleur grisâtre des décombres avec le ton des monumens établit des contrastes qui présentent à la peinture de très-beaux effets.

En sortant de Medynet-abou, si l'on suit le chemin tracé sur la limite du désert, on foule aux pieds une suite non interrompue de statues brisées, de troncs de colonnes et de fragmens de toute espèce. A gauche de ce chemin, on trouve une enceinte rectangulaire en briques crues, remplie de débris de colosses et de membres d'architecture chargés d'hiéroglyphes très-bien sculptés. Ce sont les restes d'un édifice renversé jusque dans ses fondemens. Tous les matériaux qui y ont été employés sont de pierre calcaire, et ont été tirés de la montagne voisine : aussi ont-ils servi à faire de la chaux. Des traces non équivoques de cette exploitation subsistent encore, et l'on voit les vestiges des fours qui ont servi à la cuisson des pierres, ainsi que les vitrifications qui en proviennent.

La destruction dont ce lieu nous offre un exemple, se remarque dans presque tous les endroits où ont été élevés des monumens en pierre calcaire; et si les Égyptiens n'avaient employé que cette seule espèce de matériaux dans la construction de leurs édifices, ce serait peut-être en vain que l'on irait chercher aujourd'hui sur les bords du Nil quelques débris de leur ancienne capitale.

A droite du chemin, la vue se repose agréablement sur un bois touffu d'acacias[1] qui contraste avec l'aridité du désert et du sol environnant : car, après la récolte, la terre, dépouillée de ses moissons, n'offre plus rien qui rappelle sa fécondité ; elle est coupée d'une multitude de crevasses, qui sont le résultat de l'action subite et prolongée de la chaleur après la retraite des eaux. En s'enfonçant dans le bois de *mimosa*, on rencontre à chaque pas un nombre considérable de fragmens antiques, tels que des bras, des jambes et des troncs de statues d'une grande proportion. Tous ces colosses étaient monolithes ; et ils se trouvent en si grand nombre, qu'ils auraient suffi pour décorer avec magnificence toutes les places publiques d'une ville considérable. Les débris qui subsistent encore sont de grès brèche, d'une espèce de marbre, et de granit noir et rouge. Des troncs de colonnes, très-peu élevés au-dessus du sol, annoncent les restes d'un temple ou d'un palais[2].

A l'extrémité du bois d'acacias vers l'est, sont deux statues colossales appelées, dans le pays, *Táma* et *Cháma*. On les aperçoit à la distance de quatre lieues, comme des rochers isolés au milieu de la plaine : elles ont près de vingt mètres[3] d'élévation ; et au lever du soleil, leurs ombres immenses s'étendent au loin sur la chaîne libyque. Le spectateur est saisi d'étonnement en voyant des masses aussi prodigieuses taillées dans un seul morceau de pierre, et se demande quel peuple de géans a pu

---

[1] Ce sont des *mimosa nilotica*.

[2] C'est le *Memnonium* de Strabon : on en trouvera des preuves dans la section II de ce chapitre.

[3] Soixante et un pieds.

DE THÈBES. INTRODUCTION.

détacher de la montagne, transporter à une distance considérable, et établir sur leur base, des blocs qui pèsent chacun plusieurs millions de livres.

Quitte-t-il ces énormes statues pour regagner le chemin qui borde le désert, il arrive bientôt, à travers des débris, aux ruines vulgairement connues sous la dénomination de *Memnonium*. Des pylônes à moitié détruits, et dont la hauteur dut être considérable; des colonnes élevées et d'un gros diamètre; des piliers carrés, auxquels sont adossées des statues colossales de divinités; des portes de granit noir; des plafonds parsemés d'étoiles d'un jaune d'or sur un fond d'azur; des statues de granit rose mutilées, et en partie recouvertes par les sables du désert; des scènes guerrières sculptées sur les murs, et représentant des combats et des passages de fleuves, tout annonce un édifice de la plus haute importance. C'est le tombeau d'Osymandyas; c'est le monument où ce roi conquérant s'était plu à surpasser tout ce qu'on avait exécuté avant lui de plus grand, de plus vaste et de plus imposant. On y voit encore des débris de la plus grande magnificence. Cet énorme bloc de granit étendu par terre, et qui est si colossal, que, pour en reconnaître les formes, il faut s'en éloigner à une grande distance, est le reste de la statue d'Osymandyas; ce conquérant l'avait fait élever dans la vue de provoquer et de braver, pour ainsi dire, les plus hardis efforts, et il y avait fait graver cette inscription fastueuse :

JE SUIS OSYMANDYAS, ROI DES ROIS.
SI QUELQU'UN VEUT SAVOIR QUEL JE SUIS ET OÙ JE REPOSE,
QU'IL DÉTRUISE QUELQUES-UNS DE MES OUVRAGES.

Au nord-ouest du tombeau d'Osymandyas, dans une gorge formée naturellement dans la montagne libyque, on trouve un petit édifice qui paraît avoir été consacré au culte d'Isis; il est au milieu d'une enceinte en briques crues, très-bien conservée. Une porte en pierre, d'une belle proportion, y est engagée, et conduit au temple. Ce n'est pas sans éprouver quelque plaisir que l'œil, pour ainsi dire fatigué des grandes masses qu'il vient de contempler, se repose sur un édifice de dimensions peu considérables, dont il peut embrasser à-la-fois toutes les parties. On y voit avec un vif intérêt de riches frises, d'élégantes corniches, sculptées avec goût, et toutes brillantes des plus éclatantes couleurs. Si l'on voulait construire en France un temple égyptien, on ne pourrait en copier un qui offrît plus complétement tout ce que l'architecture égyptienne a de gracieux dans ses détails.

En continuant toujours de parcourir le chemin qui borde le désert, à partir du tombeau d'Osymandyas, on trouve une enceinte en briques crues. L'espace qu'elle renferme est divisé en deux portions inégales par un mur construit en matériaux de même nature. Non loin de là, sur la gauche, est un mamelon séparé de la chaîne libyque, dans lequel les Égyptiens ont creusé une de ces syringes si célèbres dans l'antiquité. C'est un véritable dédale, dans lequel on ne doit pas pénétrer sans prendre quelques précautions. Le grand nombre de couloirs et de salles, les puits verticaux qui conduisent à des appartemens inférieurs, présentent l'aspect d'un lieu destiné à des initiations et à des célébrations de mystères.

Dans le voisinage de cette syringe, on voit une longue

suite de petits monceaux de débris en pierre calcaire, placés à égale distance, et disposés sur deux rangées. C'était une allée de sphinx qui conduisait d'abord à des constructions maintenant ruinées, et, tout près de la montagne, à un édifice qui paraît attester en même temps les efforts et l'impuissance des Égyptiens dans la construction des voûtes.

Enfin, si l'on reprend le chemin tracé sur la limite du désert, on aperçoit à droite les fragmens de deux statues en granit noir, et l'on arrive bientôt à Qournah, dont le palais offre l'exemple d'un portique formé d'un seul rang de colonnes, qui a quelque rapport avec les édifices des Grecs; il a plutôt l'air de n'avoir point été achevé que de tomber en ruine, et cependant le temps lui a imprimé une couleur de vétusté plus prononcée que celle des monumens que nous venons de parcourir: il est aussi exécuté avec moins de perfection; il paraît avoir été une habitation royale. L'élévation et l'étendue des salles, la manière dont les jours sont disposés, tout y est différent de ce que l'on voit dans les temples. En avant de cet édifice, sont des monticules de décombres sur lesquels s'élevaient probablement autrefois les maisons particulières. Un bois de palmiers s'étend de l'extrémité des ruines de Qournah jusqu'aux bords du Nil, et termine très-agréablement de ce côté la belle plaine de Thèbes.

A la distance de sept à huit cents mètres [1] de Qournah, toujours en descendant le fleuve, au pied de la montagne, et dans un enfoncement carré, qui a été

---

[1] Trois cent cinquante à quatre cents toises.

pratiqué de main d'homme, on trouve un grand nombre d'ouvertures creusées dans le roc. On y voit de doubles et de triples galeries, et des chambres qui servaient de sépultures; elles sont quelquefois fréquentées par les habitans de Qournah, qui en font un lieu de refuge. C'est là que l'illustre et infatigable général Desaix, poursuivant avec ardeur, jusque dans les parties les plus élevées de l'Égypte, les Mamlouks vaincus et dispersés, fut assailli à coups de pierres par les sauvages habitans de ces sombres demeures. Livré à son amour pour les arts, Desaix s'était distrait un moment de ses nobles et courageux desseins, en allant parcourir les curiosités renfermées dans l'ancienne capitale qu'il venait de conquérir; il en admirait les édifices somptueux, les vastes portiques et les statues colossales. Que de conquérans avant lui avaient passé sur ce sol classique avec des dispositions bien différentes! Excités par la haine et par la vengeance, ils n'avaient songé qu'à porter le ravage et la destruction dans tous ces monumens que Desaix eût voulu rendre à leur premier état et à leur antique splendeur.

Nous venons de jeter un coup d'œil rapide sur les belles ruines qui sont du côté de la Libye; traversons maintenant le Nil, et parcourons la rive droite de ce fleuve, où des merveilles non moins étonnantes nous attendent encore. Dirigeons d'abord notre course vers Louqsor. Quoi de plus riche et de plus varié que la scène qui se présente à nos regards! Des îles toutes brillantes de végétation et de verdure; un beau fleuve roulant avec rapidité ses eaux fécondantes, animé par le mouvement de barques à grandes voiles triangulaires, qui transportent dans toute l'Égypte les produits de cette fertile contrée; des *felláh* plongés dans le Nil, et traînant à la nage des filets remplis de pastèques; le ton jaune et tranquille des premiers plans, sur lesquels s'élève une noble architecture; de larges ombres portées par des masses colossales; des constructions arabes, qui se lient d'une manière si pittoresque avec les plus magnifiques ruines; plus loin, une plaine couverte de palmiers et de verdure, et à l'horizon, la chaîne arabique, telle est la faible esquisse de l'un des plus beaux spectacles dont l'homme puisse jouir.

Pour arriver à l'entrée principale du palais de Louqsor, il faut pénétrer dans le village à travers des rues étroites et remplies de décombres. Ce que l'on voit donne l'idée de la plus affreuse misère et rappelle le souvenir de la plus grande opulence. En effet, à côté de chétives cahutes se montrent tout-à-la-fois deux superbes obélisques d'un seul morceau de granit de vingt-quatre à vingt-cinq mètres[1] d'élévation; derrière ces obélisques, deux statues colossales assises, de onze mètres[2] de proportion; puis un pylône de seize mètres[3] de hauteur. Toutes ces masses colossales sont inégales entre elles et irrégulièrement disposées; mais on ne s'en aperçoit point d'abord; on est trop préoccupé de cette ordonnance architecturale tout-à-fait grandiose. Il n'est aucun de ces monumens qui, s'il était isolé, ne commandât l'admiration, et ils semblent réunis ici pour produire sur le spectateur l'im-

---

[1] Soixante-douze à soixante-quinze pieds.
[2] Trente-quatre pieds.
[3] Cinquante pieds.

pression la plus profonde. Les obélisques offrent à l'œil étonné des hiéroglyphes sculptés avec autant de finesse et de soin que la plus belle pierre gravée. On remarque dans les statues la sévérité et la tranquillité de leur pose. Le pylône est couvert de sculptures représentant des combats sur des chars, des passages de fleuves et des prises de forteresses.

L'intérieur du monument de Louqsor entretient dans l'âme du spectateur le sentiment d'une admiration toujours croissante. En effet, cet intérieur offre à la vue plus de deux cents colonnes de différentes proportions, dont la majeure partie subsiste encore en entier ; les diamètres des plus grosses ont jusqu'à trois mètres et un tiers [1]. Tous ces édifices sont environnés de décombres qui s'élèvent de beaucoup au-dessus du niveau général de la plaine.

Au sud-est de Louqsor, à peu près à une demi-heure de marche et à la hauteur d'el-Bayâdyeh, on voit une grande enceinte qui a beaucoup d'analogie avec le cirque que nous avons observé près de Medynet-abou.

En sortant du village de Louqsor par la rue qui est en face de l'entrée principale du palais, on arrive bientôt à l'extrémité de la butte factice sur laquelle s'élève tout ce quartier de Thèbes ; et si l'on se dirige vers le nord, on se trouve au milieu d'un chemin bien frayé, où, de part et d'autre, existent, à des intervalles assez rapprochés, des débris de piédestaux et des restes de sphinx. Plus on approche de Karnak, plus ces fragmens se multiplient ; et à Karnak même, on trouve des sphinx entiers

[1] Dix pieds.

à corps de lion et à tête de femme. Ainsi, depuis Louqsor jusqu'à Karnak, c'est-à-dire dans une étendue de deux mille mètres[1], on suit une avenue qui a dû contenir plus de six cents sphinx. On trouve à droite, et presque tout le long de cette allée, une suite de monticules de décombres qui semblent unir ces lieux remarquables.

Pénétrons maintenant au milieu des ruines qui s'annoncent par une avenue si imposante. Il est difficile d'abord de ne point admirer la richesse du paysage, le contraste de ces chétives chaumières et de ces grands monumens, les effets variés de ces touffes de palmiers qui forment des groupes si pittoresques avec les ruines, la verdure éclatante des arbres en opposition avec le ton brillant de l'architecture. Une multitude de monticules de décombres répandus partout, et de hauteurs différentes, changent pour le spectateur les points de vue, et lui présentent, à chaque pas, des aspects nouveaux, qui ont tous un intérêt particulier.

A l'extrémité septentrionale de l'avenue de sphinx, et sur la droite, sont de grandes enceintes en briques crues, où l'on remarque des restes de portes de temples et de palais, des débris épars de colosses renversés, des statues assises, en granit noir, entassées avec profusion dans un même lieu, de vastes bassins où arrivent encore par infiltration les eaux du Nil lors de l'inondation.

De l'allée de sphinx dirigée sur Louqsor, on passe, en déviant un peu sur la gauche, dans une avenue plus large, formée toute entière de béliers accroupis, élevés sur des piédestaux, et à l'extrémité de laquelle est une

---

[1] Mille vingt-six toises.

porte triomphale de la proportion la plus élégante. Toutes ces constructions précèdent un temple qui porte dans toutes ses parties l'empreinte de la plus grande vétusté, et cependant il est construit avec des débris d'autres monumens. On admire les grandes et belles lignes de son architecture, et les effets remarquables de lumière que produit son portique à jour. Il ne faut pas s'attendre à y trouver les formes sveltes et élégantes des édifices grecs : ses colonnes ont peu d'élévation; mais leur proportion même donne à l'édifice un caractère d'austérité qui en fait le mérite. L'obscurité qui règne dans tout l'intérieur de ce temple est autant produite par la privation des rayons directs du soleil, que par la couleur noirâtre des murs : elle augmente l'effet de l'architecture massive du monument. Quel contraste frappant entre cet édifice et le petit temple d'Isis qui en est tout voisin! au ton brillant de la pierre dont celui-ci est bâti, on dirait qu'il sort des mains de l'ouvrier; et cependant, que de siècles se sont écoulés depuis sa construction! Le vieux temple a des sculptures qui semblent n'annoncer que l'enfance de l'art : le temple d'Isis, au contraire, a des bas-reliefs d'une exécution parfaite.

La richesse de la perspective qu'offrent ces monumens, est augmentée par la vue d'autres ruines plus importantes, qui forment le fond du tableau, et que nous avons encore à parcourir. C'est au nord-est que se trouve un des chemins qui y conduisent. Les anciens Égyptiens semblent avoir épuisé ici toutes les ressources de la magnificence : en effet, on arrive de ce côté au palais par une longue avenue des plus gros sphinx qui existent dans toutes les ruines de l'Égypte; elle précède des propylées formés d'une suite de pylônes au-devant desquels sont des statues colossales, dont les unes sont assises et les autres debout. Ces constructions ne se recommandent pas seulement par la grandeur de leurs dimensions, elles se font remarquer encore par la variété des matériaux précieux qui y sont employés. Une espèce de pierre calcaire, compacte comme le marbre, un grès siliceux, mélangé de couleurs variées, les beaux granits rose et noir de Syène, ont été mis en œuvre pour les statues. La porte du premier pylône est elle-même toute entière en granit, et couverte de sculptures exécutées avec une perfection qu'on ne retrouve que dans les obélisques. Tous ces pylônes ont des axes différens; ils n'ont ni la même épaisseur ni la même étendue; ils ont en outre éprouvé de grandes dégradations, et cependant ils produisent encore l'effet le plus imposant, et l'on est forcé de reconnaître qu'ils annoncent d'une manière tout-à-fait majestueuse le vaste monument auquel ils conduisent. Le palais de Karnak, vu de ce côté, ne présente que l'image d'un bouleversement général, et l'on ne peut distinguer, au premier abord, si ce que l'on voit est une suite continue de constructions régulières. A travers ces vastes ruines, on n'aperçoit que des fragmens d'architecture, des troncs de colonnes brisées, des statues colossales mutilées, des obélisques renversés, d'autres qui s'élèvent encore majestueusement sur leur base, des salles immenses dont les plafonds sont soutenus par une forêt de colonnes, des pylônes et des portes qui surpassent en hauteur toutes les constructions de ce genre dont nous avons déjà parlé. La confusion est telle, que le spectateur, impatient et agité, tourne tout autour de cet immense édifice pour chercher à le comprendre. Il faut se placer à son extrémité nord-ouest, pour mieux reconnaître toutes les parties qui le constituent : c'est aussi le point de vue le plus favorable pour embrasser d'un seul coup d'œil tout l'ensemble des ruines de Karnak.

C'est par l'entrée qui regarde l'ouest, qu'il faut pénétrer dans le palais, pour se rendre compte de la disposition de son plan. Un premier pylône, qui paraît n'avoir jamais été achevé, forme cette entrée : en passant sous la porte, on est vivement frappé de la richesse et de la variété des objets que l'on aperçoit ; on admire surtout ces longues avenues de colonnes, ces enfilades de portes, de pylônes, de salles successives, qui ont toutes le même axe, et dont les dernières sont tellement éloignées, qu'elles se dérobent, pour ainsi dire, à la vue du spectateur. Nous devons toutefois convenir que la première impression que l'on éprouve à l'aspect de l'architecture du palais, ne satisfait pas la vue : le talus des pylônes est exagéré, et choque d'autant plus, qu'il paraît être la cause de leur destruction ; les colonnes, les chapiteaux, présentent, dans leurs décorations, des formes auxquelles l'œil n'est pas habitué ; les hiéroglyphes et les ornemens ne semblent point exécutés avec fermeté : voilà ce que l'on prend pour des défauts, qu'augmente encore la fatigue dont on se sent accablé à la seule pensée de démêler quelque chose dans un ensemble qui paraît un véritable chaos. Cependant on revient bientôt de cette première impression défavorable, et les yeux s'accoutument sans effort à la contemplation d'un spectacle si nouveau et si inattendu. Tout en effet annonce ici la grandeur et la magnificence royales. Il faut se représenter une première cour, décorée sur les côtés de longues galeries, et renfermant dans son enceinte des temples et des habitations. Au milieu est une avenue de colonnes qui ont jusqu'à vingt-trois mètres [1] d'élévation : ruinées dans leurs fondemens, la plupart d'entre elles sont tombées d'une seule pièce; et étendent au loin les troncs de leurs assises, encore rangés dans leur ordre primitif. Une seule reste debout, comme pour attester une magnificence que l'on ne peut plus que deviner. Un second pylône, précédé de deux statues colossales, sert d'entrée à une grande salle, qui a cent trois mètres [2] dans sa plus grande dimension, et cinquante-un [3] dans sa plus petite. Les pierres de plafond reposent sur des architraves portées par cent trente-quatre colonnes encore debout. Les plus grosses n'ont pas moins de trois mètres soixante centièmes [4] de diamètre, et plus de vingt-deux mètres et demi [5] d'élévation. Les chapiteaux ont près de vingt-un mètres [6] de développement, et leur partie supérieure présente une surface où cent hommes pourraient tenir aisément debout.

En passant sous un autre pylône, on arrive dans une espèce de cour, où il existait autrefois deux obélisques en granit, de vingt-deux mètres quarante centièmes [7]

[1] Soixante-dix pieds.
[2] Trois cent dix-huit pieds.
[3] Cent cinquante-neuf pieds.
[4] Onze pieds.
[5] Soixante-dix pieds.
[6] Soixante-quatre pieds.
[7] Soixante-neuf pieds.

d'élévation : un seul reste encore élevé sur sa base. Une grande porte et un autre pylône conduisent à une salle détruite jusque dans ses fondemens ; elle avait des galeries formées de piliers cariatides, et elle renferme le plus grand des obélisques qui existent encore dans toute l'Égypte. Cet obélisque a trente mètres [1] de hauteur : ses sculptures sont d'une exécution parfaite, et semblent être au-dessus de tout ce que pourraient produire en ce genre les arts perfectionnés de l'Europe. Une autre porte conduit à des constructions en granit, qui paraissent les plus soignées de tout ce vaste édifice. Plus loin, on aperçoit encore une multitude de colonnes et un grand nombre d'appartemens. Les couleurs qui sont appliquées sur toutes les sculptures, et qui devraient avoir le plus éprouvé les ravages du temps, brillent presque partout du plus vif éclat.

Tant de grandeur et de magnificence laisse dans l'esprit des impressions vives et profondes. Un spectacle si extraordinaire paraît être moins une réalité que le produit d'une imagination disposée à s'environner d'objets d'une grandeur fantastique. Au milieu de ces belles ruines, le voyageur est frappé d'abord de la solitude qui l'entoure ; mais bientôt des souvenirs sans nombre se présentent en foule à sa pensée. Tout alors s'anime autour de lui : les batailles sculptées sur les murs du palais ne sont plus de vaines images ; il se reporte aux lieux mêmes où elles ont été livrées ; il suit les mouvemens des armées qui sont en présence ; il s'intéresse vivement au héros qui, par l'impétuosité de son courage, décide la vic-

[1] Quatre-vingt-onze pieds.

toire. Ces édifices mêmes, objets de son étonnement, il se les représente à l'époque de leur construction première, remplis d'une multitude nombreuse, occupée à soulever ces énormes pierres qui forment les architraves et les plafonds. Il cherche à deviner par quel art merveilleux, et maintenant oublié, ces obélisques si élevés et ces statues si colossales ont été amenés de la carrière et placés sur leurs bases.

Lorsqu'on a pu saisir toute la distribution du plan du palais de Karnak, on ne se lasse point d'en admirer la régularité; on remarque surtout la belle ordonnance et la symétrie de toutes les parties de ce vaste édifice.

Au nord du palais, on voit encore une porte triomphale, encore des avenues de sphinx, encore des débris d'obélisques. Aucun endroit de Thèbes ne réunit plus de fragmens de granit. Il semble qu'ici la barbarie ne se soit pas lassée de détruire; rien n'est entier : on ne voit plus que les fondations d'édifices qui dûrent être considérables.

Après avoir montré les habitations des anciens rois de Thèbes, il nous reste à jeter un coup d'œil sur les hypogées qui furent leurs dernières demeures. C'est derrière le palais de Qournah, que s'ouvre la vallée qui conduit aux tombeaux des rois. Elle est formée par deux chaînes de montagnes qui sont à pic dans presque toute leur étendue. Elle se dirige d'abord entre le septentrion et le couchant; puis elle tourne de plus en plus vers l'occident, et prend successivement toutes les directions, jusqu'à ce qu'enfin elle occupe une position intermédiaire entre le sud et l'ouest. C'est là que l'on voit les hypogées qui ont servi de sépultures aux anciens souverains de l'Égypte; c'est là qu'étalant une magnificence vraiment royale, ces monarques ont fait concourir tous les arts à l'embellissement de leurs dernières demeures. L'architecture leur a fourni des distributions sages et une exécution soignée; la sculpture, des sujets naïfs et gracieux; la peinture, des couleurs pleines de fraîcheur et d'éclat. Si parmi cette foule d'ornemens dont les parois des tombeaux sont couvertes, il en est quelques-uns qui paraissent extraordinaires, ce n'est sans doute que parce qu'on ne peut pénétrer aujourd'hui les motifs de leurs formes bizarres.

On peut regarder ces tombeaux comme le dépôt de toutes les connaissances de l'antique Égypte. On y voit en effet une multitude de tableaux dont les uns ont trait à des scènes domestiques, les autres à la religion, à l'astronomie, et en général aux sciences et aux arts. Les rois reposaient dans ces demeures sombres, au milieu de tout ce qui pouvait les recommander à la postérité. On y avait consigné les services qu'ils avaient rendus à la patrie, les actions d'éclat qui les avaient illustrés à la guerre, les tributs qu'ils avaient levés sur les peuples vaincus, les arts et les sciences qu'ils avaient encouragés et protégés.

Ces tombeaux sont construits sur un même plan; mais ils offrent presque tous des particularités remarquables. Une porte taillée verticalement dans le rocher sert d'entrée à une longue galerie ou couloir qui se dirige vers l'intérieur de la montagne, suivant un plan incliné à l'horizon, et qui constitue, à proprement parler, tout l'hypogée. Ces couloirs sont entrecoupés, tantôt par de simples encadremens ou chambranles taillés dans le rocher et destinés à recevoir des portes, tantôt par de petites pièces carrées ou rectangulaires, et tantôt encore par de grandes salles oblongues, soutenues par des piliers élevés sur un stylobate qui règne dans tout le pourtour. C'est dans ces grandes pièces que se trouve ordinairement un sarcophage de granit, qui renfermait la dépouille mortelle des rois. La plus grande de ces excavations a cent onze mètres [1] de profondeur, et il faut se représenter que, dans une aussi grande étendue, il n'y a pas un seul coin de mur, pas une seule paroi, pas un seul plafond, qui ne soient couverts de tableaux allégoriques, de figures hiéroglyphiques et d'ornemens multipliés. Ces monumens si dignes d'admiration confirment l'opinion que Diodore de Sicile a voulu en donner, lorsqu'il rapporte que les rois qui les ont élevés, n'ont point laissé à leurs successeurs le moyen de les surpasser [2].

Pour se former une idée complète de leur destination et de leur emploi, il faut se représenter la pompe funèbre d'un bon roi [3]. Pendant soixante-douze jours, tout son peuple a été en proie à la plus vive douleur; les temples ont été fermés, les sacrifices interrompus, les fêtes suspendues; toute l'Égypte a retenti de chants funèbres et de ces lamentations que l'on composait à la louange des vertus du roi. L'abstinence la plus entière a succédé à

---

[1] Trois cent quarante-un pieds.
[2] Diod. Sic. *Biblioth. hist.* lib. 1, pag. 56, éd. 1746.
[3] Diod. Sic. *Biblioth. hist.* lib. 1, pag. 83, éd. 1746.

l'usage de tout ce qui peut flatter l'odorat et le goût. De magnifiques funérailles ont été préparées, et, au dernier jour, le corps du roi est transporté du vaste palais de Karnak sur la rive occidentale du Nil. Il est déposé dans la barque fatale. Il traverse le fleuve qu'il ne doit plus repasser. Le cortége des prêtres qui l'accompagnent, s'achemine vers la vallée des tombeaux. Les montagnes qui la forment sont couvertes d'une foule immense. On arrive enfin au lieu de la sépulture, et le corps est déposé à l'entrée de l'hypogée. Là, conformément aux lois, s'ouvre l'audience publique où l'on doit recevoir les accusations et les plaintes portées contre le monarque décédé. Les prêtres, en faisant au peuple l'exposé de sa vie, n'y trouvent que des actions vertueuses et dignes de louanges. Ce jugement favorable est accueilli par les acclamations de la multitude innombrable qui accompagne le convoi. Aussitôt s'ouvrent les portes nombreuses qui défendent au vulgaire l'approche du lieu sacré. Les prêtres s'avancent, et leur marche n'est éclairée que par la lumière incertaine des lampes sépulcrales. Ils pénètrent dans le lieu le plus reculé du monument : ils déposent dans le sarcophage la momie du roi. La tombe se ferme pour toujours; et dans ces lieux où s'était montré un cortége pompeux et bruyant, succède bientôt le silence du néant et de la mort.

Si les tombeaux des rois méritent à un haut degré l'attention, les nombreuses grottes dont le reste de la montagne libyque est percé, donnent lieu à une foule de remarques curieuses et pleines d'intérêt. On y voit représentés, dans des bas-reliefs coloriés, ou dans des peintures, les différens travaux auxquels se livraient les anciens Égyptiens, tels que la chasse, la pêche, le labourage, les récoltes, la navigation, le commerce, les exercices militaires, les procédés des arts et métiers. Les cérémonies nuptiales et funéraires y sont aussi partout figurées. Il s'en faut de beaucoup que nous ayons pénétré dans toutes ces grottes, qui mériteraient elles seules que l'on fît un voyage pour les parcourir et les étudier; mais parmi celles que nous avons visitées, on doit remarquer plus particulièrement les hypogées qui renferment encore des momies. Une très-petite ouverture, obstruée maintenant par des débris de pierres et de briques, en forme l'entrée. Ce n'est qu'en rampant au milieu des restes de momies et des lambeaux, que l'on peut s'y introduire. On se trouve alors dans un couloir très-élevé, dont les murs sont décorés d'inscriptions hiéroglyphiques; ensuite on pénètre dans d'autres petits passages, avant d'atteindre au fond de la grotte, vers laquelle on arrive par une pente douce qui commence dès l'origine. Les momies sont rangées les unes sur les autres dans des caveaux creusés de chaque côté des couloirs. Souvent elles remplissent des puits assez profonds, jusqu'au niveau du sol de la grotte; mais elles sont maintenant bouleversées et présentent l'aspect de la dévastation. Il est impossible de ne pas être vivement ému à la vue de tous ces corps inanimés qui sont là depuis tant de siècles, et qu'une avarice sordide et une insatiable curiosité ont troublés dans leur repos qui devait éternel.

Le riche et le pauvre paraissent, au premier coup d'œil,

confondus dans ces asiles de la mort; mais bientôt, en examinant les momies avec soin, on reconnaît que les hommes dont elles offrent les restes, étaient d'une condition différente. Les distinctions et les richesses les ont encore suivis dans ces demeures sombres, où ce qui frappe le plus est le néant de tous. Des mains et des pieds, quelquefois des parties plus considérables du corps, entièrement dorés, annoncent les débris de personnages importans. Des enveloppes décorées de dorures et d'hiéroglyphes peints, des manuscrits en caractères hiéroglyphiques et vulgaires, qui retraçaient probablement la vie du mort ou des formulaires usités dans les cérémonies funèbres, sont encore des indices non équivoques de puissance et de richesse. Ce qui étonne au-delà de tout ce qu'on peut imaginer, c'est la prodigieuse quantité de bas-reliefs et d'hiéroglyphes sculptés et peints, qui couvrent les parois de ces grottes; et ces sculptures ne devaient jamais voir le jour! et elles n'ont pu être exécutées qu'à la lueur des flambeaux! L'imagination suffit à peine à se figurer quel temps, quel nombre prodigieux d'ouvriers, quelle constance a demandés la création de tant de merveilles.

Au sentiment de curiosité qui conduit le voyageur dans les tombeaux, succède une vive inquiétude, lorsqu'il y est entré. Ce n'est pas sans effroi qu'à la lueur d'un faible flambeau il pénètre dans ces catacombes : la crainte de voir la lumière s'éteindre, et de se perdre au milieu de ces labyrinthes, n'est pas moins cruelle que la chance qu'il court d'être victime d'un incendie qu'une étincelle pourrait allumer au milieu des matières éminemment inflammables dont les hypogées sont remplis.

Tout ce faste et toute cette magnificence des tombeaux, tous ces soins apportés à la conservation de la dépouille mortelle de l'homme, seraient entièrement incompréhensibles, si les mœurs et les croyances religieuses des Égyptiens n'en développaient le motif. On sait combien ce peuple se livrait au sentiment de la reconnaissance, dont les lois mêmes lui faisaient un devoir. Il faut ajouter encore, si l'on en croit les anciens historiens, que les tombeaux n'étaient pas seulement des monumens sacrés qui devaient porter aux siècles futurs la mémoire des grands princes, mais qu'ils étaient encore regardés comme des demeures éternelles[1] : car les Égyptiens ne pensaient pas que l'existence fût restreinte aux limites resserrées de la vie[2]. Les maisons n'étaient considérées que comme des hôtelleries, où l'on n'était qu'en passant : les demeures véritables étaient les tombeaux que l'on devait habiter durant des siècles infinis.

En quittant la partie de la chaîne libyque où sont creusées ces grottes nombreuses, si l'on monte sur le sommet le plus élevé des rochers calcaires qui forment la vallée des tombeaux des rois, on domine sur toute la

---

[1] Diod. Sicul. *Biblioth. hist.* l. I, sect. 2, pag. 60, ed. 1746.

[2] D'après les témoignages des anciens auteurs, une des croyances religieuses des Égyptiens était que les ames n'abandonnaient les corps que lorsque ceux-ci avaient éprouvé une entière destruction : alors ces ames quittaient les enfers pour venir animer de nouveaux corps, en commençant par ceux des plus vils animaux, et s'élevant par degrés jusqu'aux plus nobles, pendant l'espace de trois mille ans, au bout desquels elles rentraient dans des corps humains. *Voyez* le savant ouvrage de Zoega, *De origine et usu obeliscorum*, sect. IV, cap. I, pag. 294 et seq.

plaine de Thèbes et sur tout le désert montueux de la Libye. On a presque à ses pieds le tombeau d'Osymandyas, près duquel on peut se rendre par un chemin rocailleux et escarpé, que l'on suit rarement. A gauche, on voit l'édifice où se trouve un plafond en forme de voûte, et le palais de Qournah. A droite, les deux statues du *Memnonium* présentent leur masse presque informe. Plus loin, Medynet-abou offre aux regards son palais à deux étages, et ses majestueux pylônes, et son vaste hippodrome. Le petit temple du sud se perd au loin dans la vapeur. De l'autre côté du Nil, Karnak montre ses obélisques, ses hautes colonnes, et le long circuit de ses ruines. Louqsor est à l'extrémité de ce point de vue si riche et si varié; ses deux beaux obélisques et ses grands édifices dépassent de beaucoup les maisons arabes, qu'on aperçoit à peine. Le Nil superbe poursuit son cours sinueux au milieu de cette belle plaine, qu'il semble se plaire à arroser. Les îles qu'il forme, les canaux qu'il remplit lors de la crue périodique de ses eaux, donnent de la fraîcheur et de la vie à ce tableau, dont la vue peut à peine embrasser l'immensité. Seul sur le point le plus élevé, entouré du vaste silence des déserts, et soumis à l'impression éloquente des ruines, on se livre naturellement à des réflexions profondes.

Qu'est devenu le temps où une population nombreuse animait tout ce vaste tableau? Ces pierres renversées, ces débris de granit dispersés de toutes parts, formaient alors des édifices réguliers, des statues de dieux et de héros. Ces colonnes, maintenant abattues, ornaient des palais et des temples qu'embellissaient l'or et les pierreries [1], et que décoraient les meubles les plus riches et les plus précieux [2]. Cette plaine immense était jadis tellement cultivée, que les plus religieux observateurs du culte des morts ne pouvaient même en rien réserver pour les sépultures [3]. Sa terre féconde produisait d'abondantes moissons, et nourrissait de nombreux troupeaux. Là s'échangeait contre les productions d'une fertile contrée, tout ce que l'Asie, l'Afrique, l'Inde et l'Arabie offrent de riches tissus et de parfums précieux [4]. Là s'entassaient toutes les dépouilles des ennemis vaincus, et les tributs levés sur les peuples conquis, et les offrandes faites dans les temples des dieux. Mais quel serait l'étonnement de ces nombreux Thébains dont la dépouille mortelle existe encore toute entière dans ces grottes profondes, si, tout-à-coup, secouant les linceuls qui les enveloppent de toutes parts, ils sortaient de leurs tombeaux, et jetaient les yeux sur une terre qu'ils avaient embellie de tant de monumens, dont les restes attestent encore la puissance du génie qui les éleva! Quel spectacle de dévastation et de solitude frapperait leurs regards! Aux lieux où circulait jadis une foule active et nombreuse, ils ne verraient plus épars çà et là que quelques hommes indolens et abrutis par le despotisme, errant sur l'emplacement d'une illustre cité. Là où existaient des habitations somp-

---

[1] Lucian. *Imagines*, p. 12. Clem. Alexandrin. *Pædagogus*, lib. III, cap. 2.

[2] *Voyez* les pl. 89 et 92 des tombeaux des rois, *A.*, vol. II.

[3] La loi égyptienne, qui nous a été transmise par Platon, est énoncée en ces termes : Θήκας δ' εἶναι, τῶν χωρίων ὁπόσα μὲν ἐργάσιμα μηδαμοῦ, μήτέ τι μέγα μήτέ τι σμικρὸν μνῆμα (Plato, *de Legibus*, lib. XII).

[4] Tacit. *Annal.* lib. II.

tueuses, résultat d'une civilisation perfectionnée, ils n'apercevraient plus que de misérables cabanes, bâties sans art. Ils verraient l'habitation des rois transformée en repaire d'animaux sauvages, et le chacal, poursuivi dans les retraites qu'il y a choisies, se montrer tout-à-coup au sommet le plus élevé des ruines. Ils verraient les sanctuaires des temples, devenus le réduit de reptiles immondes et de ces animaux hideux qui ne se plaisent que dans l'obscurité d'une profonde nuit. Ils verraient les palais transformés en sentines publiques, les champs stériles et abandonnés, et l'habitant stupide mettant toutes ses jouissances à amasser un peu d'or, qu'il cherche souvent en vain à dérober aux agens d'un gouvernement barbare et tyrannique.

Élevé sur cette montagne qui domine tout l'horizon, et planant, pour ainsi dire, au-dessus de la terre, avec quels sentimens désintéressés on juge les révolutions et le cours des choses humaines! Que sert à une cité d'avoir été riche et puissante, d'avoir soumis le monde à l'influence de ses idées religieuses, d'avoir rendu tributaires de son commerce les plus riches pays de l'univers? Que lui sert d'avoir posé les premiers principes de la civilisation, d'avoir porté dans les pays les plus éloignés la gloire de ses armes, d'avoir cultivé les sciences et les arts avec éclat, si tout cela ne peut la sauver de la destruction, si la barbarie et la brutalité doivent succéder à l'influence bienfaisante d'un gouvernement protecteur, si de tant de merveilles il ne doit plus rester que des souvenirs qui s'effaceront peut-être un jour des traditions humaines? Heureux pourtant, entre tous les autres, cet antique peuple de Thèbes, d'avoir vécu sous un climat si propice à la conservation des monumens! Que de nations ont passé sur la terre, sans avoir laissé aucune trace de leur existence! Mais il semble que la nature a été d'accord avec les Égyptiens, en secondant leurs vues grandes et élevées; ou plutôt ce peuple vraiment observateur avait reconnu que tout, dans sa patrie, tendait à éterniser les monumens qu'il avait la hardiesse de concevoir et l'audace d'exécuter. Ce n'est donc pas en vain qu'il a entrepris dans le sein de la terre, et porté jusqu'à leur dernière perfection, des travaux peut-être plus nombreux que ceux qu'il a élevés à sa surface; ce n'est pas en vain qu'il a enlevé aux montagnes leurs rochers, pour en former des temples et des palais, pour les façonner en statues colossales et en obélisques immenses. Si tous les monumens qu'il a élevés ne subsistent point dans leur entier, il en reste assez pour prouver que l'industrie humaine peut lutter avec avantage contre l'action du temps, et opposer d'insurmontables obstacles aux ravages des conquérans destructeurs.

Tel est l'aperçu général de cette fameuse Thèbes, dont on chercherait en vain à se faire une juste idée, si l'on n'avait point erré dans ses palais et dans ses temples, ruines si magnifiques, si vantées, et pourtant si peu connues jusqu'à ce jour. Est-il rien de plus merveilleux que l'ensemble qu'elles présentent aux regards du voyageur qui a pu pénétrer jusqu'aux lieux qui les recèlent? Les généraux français, les soldats eux-mêmes, à la vue de cet imposant spectacle, lui ont payé le plus beau tribut d'admiration. Une des fêtes les plus importantes de notre patrie fut célébrée sur les ruines de la plus ancienne des cités; c'est alors qu'un général habile[1] harangua les troupes au milieu du plus vaste des palais de Thèbes : alors se renouvelèrent des cris de victoire et d'allégresse; et ces ruines, depuis si long-temps vouées au silence, retentirent du bruit soudain de ces foudres de bronze qui jamais ne s'étaient fait entendre dans leur enceinte.

Après avoir jeté un coup d'œil général sur tous ces monumens, nous allons nous livrer à l'étude des détails intéressans qu'ils présentent, et faire connaître dans toutes leurs parties les objets qui ont excité, à un si haut degré, notre intérêt et notre curiosité.

---

[1] Le général Béliard, commandant les provinces supérieures de l'Égypte. Tous les membres de la commission ont eu à se louer des facilités qu'il leur a données pour se livrer à l'étude des antiquités; mais nous avons plus particulièrement éprouvé les effets de la bienveillance de ce général, et c'est un besoin pour nous de lui en témoigner ici notre gratitude.

SECTION PREMIÈRE,

Par MM. JOLLOIS et DEVILLIERS,

INGÉNIEURS DES PONTS ET CHAUSSÉES.

Description des édifices et de l'hippodrome de Medynet-abou.

§. I. *Enceinte et butte factice de Medynet-abou.*

Medynet-abou est situé sous le 30° 17′ 32″ de longitude et le 25° 42′ 58″ de latitude boréale. Une butte factice très-élevée, couverte de monticules de décombres, et placée sur la limite du terrain cultivé, annonce de bien loin les restes d'une ancienne ville.

On ne peut rien voir de plus aride que le sol sur lequel s'élèvent ces ruines; on n'y aperçoit pas la moindre végétation. Du sable, des cailloux roulés, des débris de pierre calcaire détachés de la chaîne libyque, quelques ravines que forment parfois les pluies d'orage qui tombent dans les montagnes, voilà tout ce que présentent les environs de Medynet-abou.

La butte factice sur laquelle les monumens ont été élevés, s'étend jusque vers le pied de la chaîne libyque, où elle est même en partie assise. Son contour, pris le long des décombres, peut avoir seize cents mètres[1]. En la parcourant, on ne tarde point à reconnaître en divers endroits l'existence d'une grande enceinte, construite partie en pierres de grès et partie en briques crues, qui enveloppait primitivement les grandes constructions dont il subsiste encore de si magnifiques restes. Cette enceinte était probablement régulière; ce que les décombres sous lesquels elle est maintenant enfouie, ne nous ont pas permis de constater d'une manière positive; mais le mouvement même du terrain l'indique suffisamment. C'est un carré qui peut avoir trois cents mètres[2] de côté. Il est disposé parallèlement aux murs extérieurs des monumens qu'il enveloppe de toutes parts. La portion de cette enceinte qui est construite en grès, est située au nord-est, et fait face au Nil : elle a quatre-vingt-quatorze mètres[3] de long; elle est surmontée d'espèces de créneaux dans toute sa longueur. Il est probable que toute la face de l'enceinte qui regarde le Nil était construite en grès; car, de l'autre côté des monumens, au sud-ouest, et en avant du pavillon, des créneaux se montrent encore au-dessus des décombres. Ils sont semblables à ceux que les Égyptiens ont représentés dans leurs bas-reliefs au-dessus des tours et des forteresses assiégées. A cette occasion, nous ferons remarquer qu'il est assez probable que les enceintes égyptiennes n'avaient pas seulement pour objet d'isoler les monumens, mais qu'elles servaient encore de remparts pour les défendre

---

[1] Huit cent vingt-une toises.   [3] Quarante-huit toises.
[2] Neuf cent vingt-trois pieds.

contre les incursions de l'ennemi. C'était là que se rassemblaient tous ceux qui tenaient plus immédiatement à la personne sacrée des rois et au culte du pays, pour défendre ce qu'ils avaient de plus précieux, la religion et le gouvernement.

§. II. *Des propylées*[1] *du temple de Medynet-abou.*

Pour procéder avec ordre dans la description des monumens que nous avons à examiner, nous commencerons par ceux qui se présentent les premiers aux voyageurs lorsqu'ils arrivent à Medynet-abou en traversant la plaine de Thèbes. On pénètre d'abord dans un espace rectangulaire, fermé, sur trois de ses côtés, par des murs dont les paremens extérieurs sont construits en talus. Ils sont couronnés d'une corniche au-dessous de laquelle on remarque un cordon qui court dans toute l'étendue du mur d'enceinte et le long de ses angles. Le premier mur fait face au Nil; il est percé d'une porte dont l'ouverture a cinq mètres[2] de largeur, et dont les montans, plus élevés que l'enceinte, sont en saillie de part et d'autre. L'espace rectangulaire est fermé dans le fond par une construction qui n'a point été achevée : elle consiste en une rangée de huit colonnes placées en avant d'un pylône dont la longueur est égale à la largeur

---

[1] Nous avons adopté la dénomination de *propylées* pour désigner l'ensemble des cours et des pylônes qui précèdent les édifices égyptiens. Elle a été employée par les Grecs et les Romains, soit dans les descriptions des monumens égyptiens qu'ils nous ont transmises, soit dans les inscriptions qu'ils ont gravées sur les édifices eux-mêmes. On peut consulter, pour de plus amples détails, la Description de Karnak, section VIII de ce chapitre.

[2] Quinze pieds quatre pouces.

de l'enceinte. Ces colonnes sont engagées, jusqu'à près de moitié de leur hauteur, dans des murs dont l'épaisseur est égale au diamètre même des colonnes, et qui laissent entre eux un petit intervalle où se montre une partie du fût. Tous les entre-colonnemens sont égaux, à l'exception de celui du milieu qui est double des autres. Deux de ces colonnes seulement sont entières et couronnées de leurs chapiteaux : ce sont celles qui forment l'entre-colonnement du milieu. Leur fût est aussi engagé, partie dans les murs d'entre-colonnement, et partie dans les deux montans d'une porte : il est tout-à-fait lisse. Mais il n'en est pas ainsi des chapiteaux, qui, outre les différentes plantes indigènes dont ils sont ornés, offrent encore les couleurs vives et brillantes dont la sculpture a été peinte. Les autres colonnes ne sont point terminées ; il en est de même des murs d'entre-colonnement où elles sont engagées, et au-dessus desquels elles ne s'élèvent même pas. Leur état d'imperfection nous a offert l'occasion de confirmer les remarques que l'on a déjà faites ailleurs sur la manière dont les artistes égyptiens préparaient leurs sculptures. En effet, la masse de ces murs a été seulement dégrossie : on y a exécuté les corniches et fouillé la partie dans laquelle devaient être sculptés les serpens dont elles sont ordinairement surmontées. Les cordons mêmes qui encadrent les sculptures, ont été seulement équarris par les ouvriers les moins habiles, en attendant que des mains plus exercées vinssent les arrondir et les orner. Deux portes pratiquées dans les faces latérales du mur d'enceinte ont leurs montans appuyés contre les colonnes extrêmes :

elles ont intérieurement et extérieurement leurs cordons et leurs corniches.

Tout contre les angles extérieurs du pylône, s'élèvent deux colonnes de même diamètre que celles dont nous venons de parler. Elles sont engagées dans les montans des deux portes latérales de la galerie formée par les colonnes.

Toutes ces constructions, qui ne sont point terminées, paraissent être d'une époque postérieure à celle des autres monumens de Medynet-abou. Leur situation hors de l'enceinte générale conduit naturellement à le penser : mais, d'ailleurs, leur disposition et leur ajustement s'écartent un peu du style des monumens de la haute antiquité ; elles nous offrent le seul exemple de colonnes si bizarrement et si déraisonnablement ajustées aux angles d'un pylône.

La galerie formée en avant du pylône était-elle destinée à être couverte, ou bien les colonnes devaient-elles rester isolées ? C'est ce qu'il est difficile de déterminer. Dans le premier cas, des dés assez élevés auraient été posés sur les colonnes, pour que l'architrave qu'elles auraient portée pût recevoir l'une des extrémités des pierres du plafond, l'autre extrémité reposant sur la corniche du pylône. Dans le second cas, les colonnes auraient été surmontées de dés peu élevés qui auraient porté quelque objet du culte égyptien. Il serait possible encore, et c'est ce qui nous paraît le plus probable et le plus conforme au style des monumens de l'ancienne Égypte, que ces colonnes n'eussent point dû recevoir de plafond, mais qu'elles fussent simplement destinées à porter sur leurs dés une architrave et une corniche, comme il arrive à l'enceinte découverte du temple d'Hermonthis[1] et à l'édifice de l'est de Philæ.

La porte de l'entre-colonnement du milieu est maintenant obstruée par de grosses pierres : les montans eux-mêmes, en partie renversés, ferment le passage. Tous ces matériaux étaient destinés à être mis en œuvre, ou peut-être même, ayant déjà été employés, ils ont été renversés de leur place primitive. En effet, au milieu de ces pierres, on en découvre qui ont reçu des formes et qui sont chargées de sculptures[2]. Quelques-unes paraissent avoir servi d'entablement[3] : on y reconnaît l'architrave, le cordon et une partie de la corniche. Peut-être était-ce le couronnement de l'entre-colonnement du milieu de la galerie. La corniche et le cordon sont parfaitement dans le style égyptien; mais il n'en est pas ainsi des sculptures qui décorent l'architrave; on y remarque des médaillons renfermant une figure qui sort tout-à-fait de ce style, bien qu'elle conserve quelques attributs des divinités égyptiennes. C'est ainsi qu'on lui voit une barbe qui a beaucoup d'analogie avec celle de Typhon; et l'espèce de bonnet dont elle est coiffée, nous paraît aussi tout-à-fait calquée sur les coiffures des dieux de l'ancienne Égypte. C'est sans doute une figure de Bacchus. Dans les intervalles qui séparent les médaillons, sont des branches de vigne chargées de feuilles et de fruits.

[1] *Voyez* pl. 26 et 94, *A.*, vol. I.
[2] *Voyez* pl. 9, fig. 3 et 4, *A.*, vol. II.
[3] *Voyez* pl. 9, fig. 4, *A.*, vol. II.

D'autres pierres [1], qui nous ont paru être des restes d'architraves, offrent des sculptures représentant des plantes indigènes : elles sont séparées par des médaillons où sont figurées deux divinités du même style que celles dont nous venons de parler. Au croissant qui surmonte la tête de l'une d'elles, on est porté à reconnaître une Diane. Sa coiffure a quelque analogie avec celle des divinités égyptiennes. L'autre figure ne diffère de la première que par les plumes qui surmontent son bonnet. Dans l'intervalle qui sépare les médaillons, on a sculpté, à droite, des fleurs et des boutons de lotus, des grenades, des feuilles de vigne, des oranges, et à gauche, de grandes fleurs de lotus d'où sortent des boutons et des fruits de cette plante. Il est difficile de ne point reconnaître, dans ces sculptures, l'ouvrage des peuples qui se sont rendus maîtres de l'Égypte, lorsque ce pays, déchu de son ancienne splendeur, et son gouvernement, sans force et sans énergie, passèrent dans des mains étrangères. Il nous paraît très-vraisemblable qu'elles ont été destinées à décorer et à terminer la galerie dont nous avons parlé, et qui pourrait bien n'avoir point été entreprise elle-même dans le beau temps de l'architecture égyptienne.

Le pylône qui forme le mur de fond de la galerie, a trente-sept mètres [2] de longueur; la porte qui y est pratiquée, s'élève presque à la même hauteur que le reste de l'édifice. Son entablement est d'une proportion massive; la corniche est décorée de cannelures et d'un globe ailé, accompagné d'*ubœus*, et brille encore des plus

---

[1] *Voyez* pl. 9, fig. 3, *A.*, vol. II.   [2] Cent treize pieds dix pouces.

vives couleurs. Le linteau et les montans de la porte sont décorés de sculptures peintes, consistant en tableaux composés de deux figures. Ils représentent des offrandes faites par des prêtres à des divinités égyptiennes, et encadrées par des légendes hiéroglyphiques. Le plan de la porte du pylône ressemble à celui de toutes les portes égyptiennes; il est divisé en trois parties. Les paremens sont lisses et dépourvus d'hiéroglyphes; c'est dans la partie intermédiaire que jouaient les battans de la porte qui fermait l'entrée. Le pylône à l'extérieur et sur les côtés est entièrement achevé; mais il n'en est pas ainsi du parement opposé, qui n'existe que sur la largeur des montans de la porte et sur une portion peu considérable de l'épaisseur des murs en retour du pylône. Cette circonstance nous a mis à portée de constater que cet édifice a été bâti avec des débris d'autres monumens égyptiens. On y voit en effet quelques pierres chargées d'hiéroglyphes, qu'on a eu l'attention de poser un peu en saillie, et dont tous les contours sont fouillés dans l'intention d'indiquer à l'ouvrier ce qu'il devait enlever pour former un parement nouveau, destiné probablement à recevoir d'autres emblèmes hiéroglyphiques. L'enfoncement formé par les murs en retour et par la porte du pylône, loin d'offrir des surfaces bien exécutées, ne présente, au contraire, que des pierres alternativement en retraite et en saillie les unes sur les autres, et taillées sans art; ce qui doit faire présumer que le pylône ne devait pas rester en cet état. L'analogie porte à croire que, si l'édifice eût été achevé, l'enfoncement dont nous venons de parler, aurait été rempli par des chambres et des escaliers, tels qu'on en voit dans les autres pylônes. Un fait digne de remarque, et que nous n'avons observé nulle part ailleurs, c'est qu'on a employé en même temps, dans la construction, des matériaux de pierre calcaire et de grès [1].

Toutes les constructions que nous venons de décrire nous paraissent avoir été faites après coup, pour servir, en quelque sorte, de propylées au petit temple qui suit immédiatement. Leur état d'imperfection, et la couleur plus blanche et plus vive de la pierre qui y est employée, sont des motifs de les croire plus récentes.

En sortant de dessous le pylône, on aperçoit en face, à la distance de quinze mètres [2], un autre édifice semblable, beaucoup moins long et beaucoup moins élevé; sa porte est ornée d'hiéroglyphes et de figures symboliques. Près de l'architrave, sur les deux montans, on a sculpté en relief, dans le creux, deux sphinx à corps de lion et à tête de femme : ils tiennent, entre leurs pattes de devant, un vase dont le couvercle est une tête de bélier surmontée d'un *ubœus*; ils sont coiffés d'une mitre, au-dessous de laquelle est suspendu un autre *ubœus*. La frise qui décore l'architrave est composée de deux tableaux séparés par des lignes d'hiéroglyphes contiguës, de chaque côté desquels on voit, à droite et à

---

[1] Nous devons cette observation à notre collègue M. Coutelle, qui a examiné avec un soin particulier la construction des anciens édifices de Thèbes. Nous croyons devoir prévenir ici les lecteurs que, toutes les fois que, dans la suite du discours, nous n'indiquerons point la nature des matériaux employés dans la construction des monumens que nous décrirons, il devra être entendu que ces matériaux sont de grès. Nous aurons toujours soin d'indiquer spécialement la pierre calcaire et le granit, qui sont d'un emploi moins fréquent.

[2] Quarante-six pieds environ.

CH. IX, DESCRIPTION GÉNÉRALE

gauche, des figures d'Harpocrate; elles ont les jambes collées l'une contre l'autre, et sont tout enveloppées dans une robe, d'où sortent seulement les mains, qui tiennent une espèce de crosse, un fléau et une croix à anse: elles ont sur la tête un disque supporté par un croissant. Ensuite viennent des figures de femmes, vêtues d'un habit long, qui tiennent dans une main un sceptre terminé par une fleur de lotus, et dans l'autre une croix à anse; elles ont des bonnets surmontés de mitres. Aux deux extrémités de la frise, on voit, de chaque côté, une figure assise, coiffée d'un bonnet formé de sortes de lames arrondies; elle présente la croix à anse au-devant de la bouche d'un autre personnage, dont la tête est nue, et dont les bras sont pendans.

L'intervalle qui sépare les deux pylônes est rempli, vers le nord-est, de débris de maisons en briques crues. A la grande quantité de croix et d'emblèmes de la religion chrétienne que l'on a substitués dans beaucoup d'endroits aux hiéroglyphes, on doit croire que les derniers habitans de ces lieux ont été des chrétiens, et qu'ils ne sont point étrangers aux dévastations que l'on y a commises.

En passant sous la porte du second pylône, on pénètre dans une cour, dont les murs de clôture subsistent en entier. Ils ont été élevés postérieurement au pylône, vers lequel ils aboutissent à angle droit, puisqu'ils cachent des bas-reliefs qui y sont sculptés. Le sujet de ces sculptures, que l'on retrouve presque toujours sur les édifices de ce genre, est un sacrificateur tenant par les cheveux un groupe de figures agenouillées, qu'il est prêt à frapper d'une massue dont sa main droite est armée. D'ailleurs, les paremens extérieurs de l'enceinte ne sont pas décorés. Vers le milieu du mur de clôture, au nord-est, on voit de grosses masses de granit rouge, dont il paraît qu'on voulait faire des chambranles de porte : elles faisaient partie d'autres monumens; ce dont on ne peut douter, en reconnaissant qu'on a effacé d'anciens hiéroglyphes, pour leur en substituer de nouveaux. L'un et l'autre murs d'enceinte latérale sont percés d'une porte : celle du sud-ouest correspond à une autre plus colossale, qui paraît avoir été construite pour servir de communication entre les édifices dont il est ici question, et le pavillon à deux étages, que nous décrirons bientôt. Une grosse pierre qui couronne cette construction, en grande partie enfouie, est décorée d'un disque ailé, avec des serpens de chaque côté, ornement toujours employé au-dessus des portes.

§. III. *Du temple de Medynet-abou.*

Au fond de la cour, est un petit temple entouré d'une galerie soutenue par des piliers carrés, dont quatre composent la façade : ceux qui forment la travée du milieu sont plus espacés que les deux autres, et l'on y a pratiqué la porte d'entrée. Les faces latérales de la galerie sont formées de cinq piliers de même dimension que ceux de la façade. Sous la galerie, à chacun des quatre angles, on remarque une colonne à huit pans, alternativement ornés de haut en bas d'une ligne d'hiéroglyphes. Ces colonnes n'ont point, à proprement parler, de chapiteaux; elles sont surmontées d'un dé carré, sur lequel reposent immédiatement les pierres du plafond. Ce sont des supports nécessaires, établis sans prétention et sans art, pour diminuer la portée des pierres; et les anciens Égyptiens, en y gravant des hiéroglyphes, ont voulu leur imprimer le cachet de leur architecture. L'emploi de ces piliers produit un effet désagréable à la vue, et l'on s'accoutume encore moins à voir des galeries[1] barrées par de pareils supports, surtout lorsqu'ils ne sont point régulièrement et symétriquement disposés, comme il arrive ici; mais c'est dans ce défaut même de symétrie que l'on reconnaît la nécessité où l'on s'est trouvé de les employer. On s'était aperçu sans doute que les pierres du plafond, trop pesantes, menaçaient de se rompre sous leur propre poids : cet accident a dû se manifester plus particulièrement dans les angles, où les matériaux employés ont des dimensions plus considérables. Il est aussi arrivé qu'au lieu de faire usage d'une seule pierre dans les angles, on en a employé plusieurs de moindre dimension, dont il a été nécessaire de soutenir les extrémités par un point d'appui intermédiaire. Cela nous porte à croire qu'on se sera assujetti, dans la construction de la galerie du temple, à se servir des matériaux qu'on avait sous la main; car on ne peut supposer que les Égyptiens n'aient point eu la facilité de s'en procurer de grandeur convenable. Nous ne voyons pas toutefois qu'on puisse rendre autrement raison d'un défaut de symétrie aussi choquant.

Les piliers qui forment la façade du temple sont

[1] *Voyez* pl. 4, fig. 1, *A.*, vol. II.

ornés de sculptures analogues à celles du temple d'Éléphantine[1]. Elles consistent en tableaux composés de deux figures debout, dont les unes ont des têtes d'animaux, tels que le chacal et l'épervier, et les autres des têtes humaines. La première de ces figures porte dans sa main une croix à anse, et quelquefois aussi une massue, qu'elle tient dans une position horizontale; elle paraît être la divinité à laquelle s'adressent les hommages : sa coiffure varie dans les différens tableaux. La seconde figure, et c'est celle qui fait les offrandes, tantôt a la main droite passée sur l'épaule de la première, tantôt lui soutient le coude d'une main, et de l'autre lui porte à la bouche une croix à anse. Ces personnages sont vêtus d'une espèce de jupe, le plus souvent étroite, mais toujours courte : quand cette jupe est plus large, elle est terminée en avant, dans la partie inférieure, par un angle très-aigu.

Sous la galerie qui regarde le nord-est, sont différens sujets sculptés, parmi lesquels on remarque plus particulièrement un Harpocrate, emblème de la fécondité. Il a les jambes collées l'une contre l'autre; sa coiffure est une mitre composée de deux lames arrondies : il est enveloppé d'une tunique collante, au travers de laquelle passe le signe de la virilité. Devant lui est un personnage remarquable par le grand bonnet dont sa tête est surmontée. C'était un homme d'un rang élevé, un prêtre sans doute. Il a le corps penché en avant, et il est dans l'action de labourer la terre avec un instrument de cette forme, A, qu'il tient par le petit côté. Cet instrument,

[1] *Voyez* pl. 36, fig. 2, 3 et 4, *A*., vol. 1.

qui n'est autre chose que la houe, n'a pas été vu seulement dans le tableau dont nous nous occupons maintenant; on le retrouve employé dans toutes les scènes d'agriculture sculptées et peintes dans les grottes, et particulièrement dans celles dont nous avons recueilli les dessins à *Elethyia*[1], en sorte qu'on ne peut douter de son usage. Si l'on ne savait déjà combien l'agriculture, ce premier de tous les arts, a été en honneur chez les Égyptiens, le tableau que nous venons de décrire le prouverait incontestablement. Ce même instrument, employé à tracer des sillons, et qui, avec de légères modifications, représente la charrue égyptienne, est très-souvent dans les mains des divinités. Parmi les exemples les plus remarquables que nous pouvons en donner, nous citerons une petite idole recueillie par nous-mêmes dans les tombeaux des rois[2]. Outre la houe qu'elle a dans chacune de ses mains, elle porte encore, suspendue par des cordons, une poche à bretelle, pareille à celle que tient, dans les scènes d'agriculture représentées à *Elethyia*[3], celui qui jette la semence dans les sillons : ce rapprochement ne laisse absolument aucun doute sur l'attribut principal[4].

Dans un autre endroit de la galerie, on voit un homme qui semble embrasser les parties de la génération d'un Harpocrate.

Aux extrémités nord-ouest et sud-est de la façade du

[1] *Voyez* pl. 68, *A.*, vol. 1.

[2] *Voyez* la pl. 80; fig. 6 et 13, *A.*, vol. II, et l'explication de cette planche, mêmes figures.

[3] *Voyez* pl. 68, *A.*, vol. 1, figure numérotée 62.

[4] *Voyez*, pour de plus amples détails, le Mémoire de M. Costaz sur les grottes d'Elethyia, *A. M.*

DE THÈBES. SECTION I. 55

temple, et sous la galerie, sont deux portes pratiquées entre deux piliers, qui conduisent à deux pièces maintenant très-encombrées. Celle de gauche a trois mètres [1] de longueur et cinq mètres [2] de largeur : ses murs n'offrent aucune peinture, mais on y trouve beaucoup d'inscriptions qobtes. Celle de droite a neuf mètres [3] de long et cinq mètres [4] de large; elle a deux ouvertures sur chacune des faces latérales, à peu de distance des murs de fond. Le milieu de son plafond est soutenu par deux colonnes surmontées de chapiteaux en forme de vase ou de fleurs de lotus. Un dé carré, placé au-dessus, reçoit immédiatement l'architrave. Cette pièce est éclairée au sud-est par quatre petites fenêtres de soixante-quatre centimètres [5] de hauteur, et de quatre-vingt-onze centimètres [6] de largeur. Trois barreaux verticaux en pierre les ferment en partie, et ne laissent entrer de lumière que ce qui est nécessaire pour répandre dans cette salle une douce clarté. Cette pièce est remplie d'inscriptions qobtes, dont quelques-unes ont été copiées par M. Villoteau. On y trouve aussi des inscriptions tracées en caractères semblables à ceux de l'inscription intermédiaire de la pierre de Rosette. Le mot entièrement grec de μοναστήειον, qu'on lit dans une des inscriptions, doit faire présumer que ce temple a servi de monastère dans les premiers siècles du christianisme. Ainsi cet édifice, consacré par les anciens Égyptiens au culte de la divinité, et habité par leurs prêtres, a retrouvé, après la destruction du

---

[1] Neuf pieds.
[2] Quinze pieds.
[3] Vingt-sept pieds.
[4] Quinze pieds.
[5] Deux pieds.
[6] Trente-quatre pouces.

gouvernement et de la religion de l'Égypte, une destination analogue à celle pour laquelle il avait été construit.

L'intérieur de la *cella* du temple est presque entièrement découvert. Deux pierres du plafond sont les seules qui subsistent encore à l'extrémité ouest. Cette circonstance, et l'analogie des autres édifices, doivent faire présumer qu'il a été entièrement couvert, bien qu'au premier abord on ne soit pas disposé à adopter cette opinion [1].

Au fond de la galerie, on trouve six petites pièces obscures, construites dans un massif dont les murs latéraux sont dans le prolongement des pilastres des galeries du temple. On entre dans la première pièce par une porte placée sur l'axe du temple; elle a cinq mètres [2] de longueur et quatre mètres [3] de largeur. La pièce suivante a une largeur égale et un peu moins de profondeur. On pénètre dans les deux salles latérales de gauche par une porte pratiquée dans la première pièce. Les deux salles latérales de droite ont, la première, une issue sous la galerie, et la seconde, une porte qui communique avec la pièce intermédiaire. Toutes ces pièces sont ornées de tableaux et d'hiéroglyphes en relief. Celle du fond, à droite, renferme en outre un monolithe en granit rouge, de deux mètres [4] de long, d'un mètre [5] de large, et de plus d'un mètre de hauteur; il est renversé, et l'on n'en voit que la face postérieure : il est rompu à peu près au quart de sa longueur. Ce monolithe est en partie caché

---

[1] Dans la gravure (*voyez* pl. 4, fig. 4, en *c*), la *cella* a été indiquée sans plafond.
[2] Quinze pieds.
[3] Douze pieds.
[4] Six pieds un pouce.
[5] Trois pieds.

sous les décombres et les débris qu'on a accumulés dans le temple. Il ne nous a point été possible de constater, d'une manière positive, si c'est une de ces chapelles que l'on trouve ordinairement dans les sanctuaires, et où l'on renfermait les animaux sacrés. Quelques-uns des voyageurs [1] qui nous ont précédés, et plusieurs de nos collègues [2], l'ont indiqué comme un sarcophage: il en résulterait alors que la pièce qui le renferme aurait été destinée aux sépultures. L'analogie nous laisse également indécis entre l'une et l'autre de ces deux opinions [3].

La pièce latérale de droite, dont l'entrée est sous la galerie, a cinq mètres de long et trois mètres de large. Ses murs de côté sont chargés de sculptures, où l'on voit des figures en ordre et debout, portant des offrandes destinées à une divinité qui est dans le fond. Au-devant d'elle, sont trois figures de front, agenouillées, qui paraissent lui montrer ces présens. On remarque en outre deux personnages, dont l'un tient des bandelettes, et l'autre laisse tomber, d'un vase de forme élégante, une liqueur qui, se distribuant en deux jets, va remplir deux petites jattes qu'une figure accroupie porte dans ses mains. Plus haut, sont de nombreuses offrandes, précédées de personnages dont l'un tient le timon d'une charrue, et l'autre un rouleau de papyrus; un troisième personnage verse de l'eau sur un autel où une figure accroupie pose les mains.

[1] Granger, Relation d'un voyage fait en Égypte en 1730, pag. 67.
[2] MM. Villoteau et Jomard en ont fait mention dans leurs journaux.
[3] *Voyez*, dans la description du petit temple d'Isis, à l'ouest du tombeau d'Osymandyas, ce que nous disons des sépultures dans l'intérieur des temples, *section* IV *de ce chapitre*.

Au nord-ouest du temple, est un bassin carré[1], qui servait peut-être de nilomètre, et qui fournissait l'eau nécessaire aux ablutions et aux sacrifices. Des fouilles entreprises à l'un des angles de ce bassin ont mis à découvert une statue assise, de granit noir; elle est fort mutilée : elle a une tête de lion, et ressemble à celles que nous avons trouvées en si grand nombre sur les bords du bassin de Karnak[2]. Y aurait-il eu de semblables statues aux autres angles? C'est une hypothèse que des fouilles plus considérables pourraient seules détruire ou confirmer.

A quelque distance de là, on trouve des fragmens de deux colosses en granit, brisés et renversés. Ils peuvent avoir douze mètres[3] de proportion : ils ont les bras collés contre le corps, et sont dans l'attitude de figures prêtes à marcher. Ils ornaient sans doute l'entrée de quelque grand édifice détruit ou enseveli sous les décombres.

§. IV. *Du pavillon de Medynet-abou.*

Au sud-ouest des propylées que nous avons décrits, s'élève une construction dont le caractère est tout différent de celui des temples et des édifices consacrés au culte; c'est un pavillon à deux étages, qui a des croisées plus grandes et plus nombreuses qu'on n'en voit ordinairement dans les autres monumens. On est frappé, au premier abord, de l'idée qu'il a été construit au milieu

---

[1] *Voyez* le plan topographique, pl. 2, *A.*, vol. II.
[2] *Voyez* la Description de Karnak, *section* VIII *de ce chapitre.*
[3] Trente-six pieds.

des édifices pompeux de Medynet-abou, avec lesquels il se lie parfaitement, pour être le séjour habituel d'un souverain. Un examen plus approfondi de ce monument confirme entièrement cette opinion, comme on va le voir.

Un mur qui se trouve dans le prolongement de la face extérieure du premier pylône des propylées, est situé en avant du pavillon. Il est tout-à-fait enfoui, et l'on n'aperçoit au-dessus des décombres que les espèces de créneaux dont il est couronné; c'est la suite de l'enceinte en grès dont nous avons déjà parlé. Ce mur était sans doute percé d'une porte qui formait la première entrée du pavillon. Une seconde entrée se compose de deux tours rectangulaires, qui s'élèvent pyramidalement, et qui sont en saillie sur le pavillon proprement dit. Peut-être ces deux massifs étaient-ils réunis par une porte maintenant cachée sous les décombres, et formaient-ils un pylône. Le soubassement de ces tours est indiqué par un listel saillant sur le nu du mur. Au-dessus, on remarque, de part et d'autre, deux de ces tableaux qui se voient à toutes les entrées des édifices égyptiens. Le sujet représenté sur le massif de droite est la punition de quatre captifs, qu'à leur longue barbe on reconnaît pour des étrangers; le personnage qui se dispose à les exterminer, les saisit de la main droite par les bras, et va les frapper avec une massue qu'il tient dans la main gauche. Le faucon qui plane au-dessus de sa tête, indique sans doute un héros égyptien. Cette scène se passe devant un personnage élevé sur une estrade, qui paraît encourager à consommer l'acte de vengeance. Le sujet sculpté sur l'autre massif est absolument le même, si ce n'est que les hommes menacés sont saisis par les cheveux, et que leurs costumes et leurs figures annoncent des Égyptiens. Ces deux tableaux, purement allégoriques, signifient sans doute que le souverain savait également se venger de ses ennemis et punir les sujets rebelles aux lois. Des hiéroglyphes qui sont placés au-dessus de ces tableaux et qui n'ont point été copiés, indiquaient certainement le sujet de ces bas-reliefs. On doit faire remarquer ici que les sculptures ont une très-forte saillie; ce qui se rencontre rarement dans les monumens de l'ancienne Égypte.

Si l'on pénètre dans l'espace renfermé entre les deux tours pyramidales, on remarque des espèces de fenêtres dont les baies ne sont que figurées; les dalles d'appui sont portées par des consoles composées de quatre figures d'hommes, dont on ne voit que la moitié du corps : ces figures sont étendues sur le ventre; et avec leurs mains, péniblement appuyées sur une dalle inférieure, elles paraissent faire de violens efforts pour soulever le poids dont elles sont accablées. On n'aperçoit qu'un seul bras de chacune des deux figures extrêmes. Ces statues ont la poitrine revêtue de cottes d'armes; ce qui doit faire présumer que ce sont des captifs qu'on a voulu représenter dans cette position humiliante. Les têtes, et ce qui paraît de la poitrine et des bras, sont peints, par bandes, de couleurs variées, parmi lesquelles on distingue le rouge, le bleu, le blanc et le vert. En examinant avec soin les appuis de ces sortes de croisées, on incline à croire qu'ils portaient quelques sujets en bronze. En effet, une cavité que l'on y voit, et des rainures verticales pratiquées dans les montans des fenêtres, ont certainement servi à fixer par des scellemens l'espèce d'ornement ou de trophée qui a été enlevé. Nous ne quitterons point ce sujet sans faire remarquer que les figures de captifs qui forment les consoles, peuvent bien avoir suggéré aux Grecs l'idée de leurs cariatides : ainsi nous sommes naturellement conduits à ranger au nombre des emprunts faits à l'Égypte, la pensée qu'ils ont rendue avec tant d'élégance, de faire porter des membres d'architecture par des figures d'ennemis vaincus.

En pénétrant plus avant dans l'espace qui s'ouvre entre les deux tours pyramidales, on remarque un enfoncement carré, dont la forme semble annoncer qu'il était destiné à recevoir des battans de porte. Dans la partie la plus élevée du parement sont deux fenêtres d'à peu près un mètre et demi[1] de hauteur, et d'un mètre[2] de largeur; elles se répètent symétriquement à l'extérieur, et elles éclairent toutes quatre un espace très-étroit, qui est plutôt un conduit ménagé dans l'épaisseur du mur, qu'une pièce destinée à être habitée. C'est là qu'on retrouverait infailliblement, si l'on y faisait des fouilles, les escaliers qui conduisaient aux différens étages du pavillon carré dont nous allons bientôt nous occuper. Au-dessous de ces deux fenêtres, sur les murs extérieurs seulement, on en voit de chaque côté[3] une autre de deux mètres et demi de large, et de quatre

---

[1] Quatre pieds sept pouces.
[2] Trois pieds.
[3] *Voyez* pl. 4, fig. 4, *A*., vol. II.

mètres de hauteur; elles éclairent, à un étage inférieur, le même conduit dont nous avons parlé.

Après l'enfoncement, deux murs latéraux s'élèvent verticalement de part et d'autre; ils sont ornés de deux dalles d'appui portées par des captifs et en tout semblables à celles que nous avons décrites. Comme on voit tout à côté trois petites fenêtres carrées, qui donnent du jour dans l'intérieur des constructions, cela confirme encore plus dans l'opinion que ces fausses fenêtres à consoles n'ont jamais dû être ouvertes, mais qu'elles recevaient des ornemens et des trophées, dont la base reposait sur les dalles d'appui.

Les paremens des murs sont ornés de sculptures qui n'ont point été terminées; on y remarque çà et là des lignes de grands hiéroglyphes et des commencemens de frise. Une figure de jeune homme avec des ailes, et dans l'attitude de l'adoration, attire surtout les regards; elle est agenouillée devant deux légendes hiéroglyphiques. Au-devant d'elle est une grande étoile : on en voit une autre parmi les hiéroglyphes qui sont au-dessus de ses mains. Il n'y a rien de plus gracieux et de plus naïf que la pose de cette figure; et sans la violation des règles de la perspective, on n'y trouverait rien à redire : c'est le motif de ces beaux archanges qui se voient dans les tableaux des grands peintres de l'école italienne.

Dans la partie inférieure du mur, est une rangée d'*ubœus* dont les têtes sont surmontées de disques; elle est placée au-dessus d'une corniche peu saillante.

La distribution irrégulière des fenêtres mérite d'être remarquée; elle ne peut être justifiée que par la nécessité où l'on s'est trouvé d'éclairer convenablement les couloirs très-étroits qui renfermaient les escaliers. Toutes ces ouvertures étaient probablement fermées autrefois par des claires-voies en pierre.

Les deux corps de bâtimens symétriques que nous venons de décrire, communiquent à un pavillon carré formé de plusieurs étages; on entrait au rez-de-chaussée par une porte qui était pratiquée dans le mur de face, et qui est maintenant enfouie jusqu'au linteau. Au-dessus sont deux fenêtres plus larges que hautes, dans l'intervalle desquelles on a sculpté un globe ailé; elles éclairent deux salles qui sont situées l'une au-dessus de l'autre, et qui ont cinq mètres de hauteur. Ces salles reçoivent encore de la lumière de baies pareilles, pratiquées dans la face opposée, et de fenêtres ouvertes dans les murs latéraux; celles-ci sont moins considérables que les premières, et l'une d'elles[1] est remarquable par son encadrement d'hiéroglyphes et de globes ailés. Au-dessus de la corniche est une frise composée de deux éperviers et de deux légendes hiéroglyphiques, sur lesquels un globe lance des rayons de lumière.

La pièce du premier étage a été très-endommagée : elle n'a plus de plafond; mais on retrouve encore, dans les murs, les rainures où étaient encastrées les pièces de bois dont il était formé. On est assuré que le plafond ne pouvait point être composé, comme partout ailleurs, de grandes dalles de pierre, qui, à en juger par le peu de hauteur des rainures, eussent été trop minces pour comporter quelque solidité. Cette pièce n'offre plus que

[1] *Voyez* pl. 4, fig. 4, *A.*, vol. II.

des restes de son ancienne décoration, qui consistait en peintures et en sculptures; mais, comme ils ont beaucoup d'analogie avec les ornemens de la salle supérieure, nous nous bornerons à parler de ces derniers.

Le plafond de la salle du second étage est orné de losanges et d'un encadrement très-agréablement dessiné et colorié. Sur les chambranles intérieurs des croisées, ainsi que sur les plafonds des linteaux, on voit des commencemens de peintures et de sculptures. La frise qui s'étend tout autour de la salle, depuis le plafond jusqu'à la partie supérieure des croisées, a des ornemens agencés avec goût : ils consistent, dans la partie supérieure, en fleurs de lotus renversées et séparées par des vases sur lesquels on a voulu probablement figurer des fruits. Sur les murs latéraux, on n'a indiqué que les masses des fleurs de lotus, et les vases sont remplacés par des grenades; au-dessous sont de grands hiéroglyphes distribués avec symétrie et sculptés avec beaucoup de recherche et de soin. Les oiseaux et les animaux sont surtout dessinés avec esprit. La troisième partie de la frise offre une suite d'*ubœus* dont les têtes sont surmontées de disques.

Cette salle supérieure renferme des sculptures dont les sujets diffèrent entièrement de ceux que l'on trouve dans les temples; ce sont des scènes familières. Dans le premier tableau, un personnage est assis sur un fauteuil de forme élégante et d'un bon style : une femme est debout devant lui, et lui présente un fruit de forme ronde; elle est coiffée de tiges et de fleurs de lotus, plante dont on voit en outre derrière elle un faisceau diversement arrangé. Le personnage la prend par le

DE THÈBES. SECTION I.

bras pour l'attirer à lui, et lui passe la main sous le menton. Le second tableau offre une scène analogue. Ces sculptures ne répondent point au genre gracieux du sujet; les formes roides du dessin et le défaut de perspective leur ôtent toute espèce de charme.

On voit ailleurs un tableau composé de deux femmes coiffées de lotus, qui paraissent agiter, au-dessus d'un autel, des étendards en forme d'éventails.

Ce pavillon est curieux par sa forme, sa construction, et le détail de ses sculptures. Sa position surtout est heureusement choisie. Rien, en effet, n'est plus magnifique que la vue dont on jouit de la pièce la plus élevée de cet édifice. On voit à l'ouest les montagnes de l'Arabie qui bordent l'horizon; au nord-ouest, la chaîne libyque où sont creusés les tombeaux des rois et les hypogées; à l'est, se développe une plaine immense couverte de verdure après l'inondation : on découvre aussi une partie des monumens pittoresques de Louqsor et de Karnak, et l'on domine sur toutes les ruines de Medynet-abou.

L'édifice était couronné de ces espèces de créneaux [1] que nous n'avons remarqués qu'au-dessus des forteresses représentées dans les bas-reliefs, principalement dans le palais de Karnak et sur les murs du tombeau d'Osymandyas [2].

Nous avons cherché à rassembler ici tout ce qui peut faire bien connaître le monument singulier que nous venons de décrire; ces tours carrées qui le précèdent, la nature et l'objet de ses sculptures, les trophées dont

[1] *Voyez* pl. 4, fig. 4, *A.*, vol. II.
[2] *Voyez* la description du tombeau d'Osymandyas, *section* III de ce chapitre.

il était orné, les captifs représentés dans une position humiliante, tout annonce l'habitation fortifiée d'un conquérant enflé de ses succès. On verra bientôt que les sculptures du grand palais de Medynet-abou sont toutes relatives aux actions guerrières de Sésostris. Ne pourrait-on pas présumer que ce pavillon, qui d'ailleurs a une liaison intime avec le palais, a été l'habitation particulière de ce grand conquérant ? Sésostris, qui, au rapport des historiens [1], faisait atteler à son char les rois qu'il avait vaincus, peut bien avoir eu la pensée de faire représenter des captifs accablés sous le poids de l'architecture.

Nous terminerons ce paragraphe par une dernière remarque; c'est que les habitations fortifiées du genre de celles que nous venons de décrire, semblent déceler l'origine des pylônes; elles ont dû précéder en effet la construction des édifices sacrés : ainsi les Égyptiens auraient adopté et en quelque sorte consacré dans leurs monumens des formes d'édifices qui devaient leur rappeler la vie guerrière qu'ils avaient d'abord menée.

§. V. *Du palais de Medynet-abou.*

Article I.

De l'intérieur du palais, et des sculptures qu'on y remarque.

Dans la direction du pavillon, et à quatre-vingt-trois

[1] Diod. Sic. *Biblioth. hist.* lib. 1, pag. 68, ed. 1746.

mètres[1] de distance, à compter de son extrémité nord-ouest, sont les plus grands et les plus importans édifices de Medynet-abou. Le premier que l'on rencontre, est un pylône de soixante-trois mètres[2] de long, de neuf mètres[3] d'épaisseur, et de vingt-deux mètres[4] de hauteur. Il est enseveli sous les décombres jusqu'au tiers de son élévation. L'encombrement est plus considérable à ses extrémités, où l'on voit accumulés les débris d'un grand nombre de maisons bâties de briques séchées au soleil : ce sont les restes du village moderne et ruiné de Medynet-abou, mêlés à ceux de l'ancienne ville; ils se prolongent dans tout l'espace compris entre le pavillon que nous avons décrit et le palais dont nous allons parler. Ce pylône a des décorations que nous n'avons retrouvées sur aucun des édifices de ce genre, et qui consistent en petits carrés, renfermant des espèces de chiffres[5] composés d'unités, tantôt seules, tantôt au nombre de deux ou trois; toute la surface de l'édifice en est couverte. Il est extrêmement probable que, dans l'épaisseur de la construction, il y a des chambres, et surtout des escaliers, pour arriver aux parties supérieures. Une ouverture pratiquée sur l'un des côtés, au-dessus de la porte, mais par laquelle nous n'avons pu pénétrer, y donnait sûrement entrée.

Le pylône a une porte large et élevée; elle conduit à une vaste cour fermée au nord-est et au sud-ouest par des galeries, et au nord-ouest par un second pylône

---

[1] Deux cent cinquante-cinq pieds.
[2] Trente-deux toises.
[3] Vingt-sept pieds.
[4] Onze toises.
[5] Nous avons dessiné des fragmens de décorations pareilles à Karnak. *Voyez* pl. 38, fig. 28, 30 et 31, *A.*, vol. III.

semblable au précédent, mais moins colossal. La galerie du nord est formée de sept gros piliers carrés, de deux mètres [1] de côté. A la face extérieure, sont adossées des statues de divinités égyptiennes, terminées en gaînes. Nous avons donné le nom de *piliers cariatides* [2] à cette réunion de piliers et de statues. Ces membres d'architecture sont maintenant enfouis sous les décombres, dans la plus grande partie de leur hauteur; on n'aperçoit même plus que les restes mutilés des coiffures et des têtes de quelques colosses. Quoi qu'il en soit, il est facile de se représenter par la pensée le bel effet de ces piliers cariatides. On admire le fini de la sculpture des statues, et la richesse des ornemens de leur coiffure. Leur attitude, quoique roide, a quelque chose de monumental et de grave qui impose, et dont l'austérité plaît. Elles ont une hauteur de sept mètres et demi [3], depuis la plante des pieds jusqu'au sommet du bonnet. Sur les piliers repose immédiatement l'architrave, qui est décorée d'une ligne de grands hiéroglyphes en creux, de plus de huit centimètres [4] de profondeur : elle est surmontée d'une corniche ornée alternativement de scarabées et de cannelures.

La galerie du sud-ouest est formée de huit grosses

[1] Six pieds.
[2] On sait que les Grecs ont appelé du nom de *cariatides* des statues de femmes habillées de longues robes, qu'ils ont employées, au lieu de colonnes, à supporter des entablemens. Ce mot a passé dans notre langue; mais l'usage a prévalu d'ajouter le mot de *figure* à celui de *cariatide*, qui devient alors une espèce d'adjectif, et l'on dit *figure cariatide*, *ordre cariatide*. C'est l'analogie de ces expressions qui nous a déterminés dans le choix de la dénomination de *piliers cariatides*. Voyez ci-après, page 77, ce que nous disons des cariatides.
[3] Vingt-trois pieds.
[4] Trois pouces.

colonnes d'une proportion lourde et massive. Tous les
entre-colonnemens sont inégaux; mais cette inégalité
paraît être, à dessein, répartie d'une manière symétrique de part et d'autre de l'entre-colonnement du milieu, qui est le plus large de tous; peut-être aussi n'est-
elle que le résultat d'un défaut d'exécution. Deux pilastres
peu saillans terminent les deux galeries. Comme les
pylônes auxquels elles aboutissent ont leurs paremens
inclinés, ces pilastres ont l'avantage de sauver le défaut,
qui serait très-choquant, d'un entre-colonnement plus
large dans le haut que dans la partie inférieure. Les colonnes sont couronnées de chapiteaux à campanes décorées de triangles curvilignes enchevêtrés les uns dans
les autres, et de tiges de lotus avec leurs fleurs; elles
sont surmontées d'un dé carré, orné, sur chacune de
ses faces, d'hiéroglyphes creusés profondément. L'architrave, qui est posée dessus, a une ligne de grands
hiéroglyphes, parmi lesquels on remarque des divinités
assises et debout, des oiseaux, des vases, des tiges et
des fleurs de lotus, et des croix à anse. La grande profondeur de ces sculptures produit un effet qui ne se peut
mieux comparer qu'à la vermoulure. On ne remarque
point ici le rapport heureux que l'on trouve souvent
entre la corniche et l'architrave. Celle-ci, qui a plus du
double de la première, paraît lourde. Si l'on prend pour
module le demi-diamètre supérieur de la colonne, qui
est d'un mètre [1], on trouve que le chapiteau a un peu
moins de deux modules, et que la colonne en a un peu
plus de six. L'irrégularité de cette colonnade, dont les

[1] Trois pieds un pouce.

entre-colonnemens sont tous différens, et dont les colonnes, plus nombreuses que les piliers cariatides qui forment l'autre galerie[1], ne leur correspondent point, pourrait faire croire que les architectes égyptiens ont pris à tâche de violer ici toutes les lois de la symétrie ; mais cette symétrie n'était point ce qui les occupait le plus, au moins pour les détails ; ils visaient à produire de grands effets, et rarement ils ont manqué leur but. Les grandes et belles lignes de leur architecture sont ce qui frappe avant tout, ce qui excite l'étonnement à un haut degré ; et nous l'avons éprouvé nous-mêmes, en payant notre tribut d'admiration à cette belle cour, avant d'avoir aperçu le défaut de symétrie de quelques-unes de ses parties.

En face de l'entre-colonnement du milieu au sud-ouest, on voit une porte pratiquée dans un mur qui est en saillie sur le fond de la galerie, et qui a sa corniche et son cordon. C'est probablement la façade d'un grand édifice, d'un temple peut-être qui dépendait du palais, et qui est maintenant enseveli sous les décombres. Ce monument a déjà subi le sort indubitablement réservé aux constructions placées dans les villes anciennes, qui n'ont pas cessé d'être habitées jusqu'à ces temps modernes. En effet, les débris des maisons des différens âges y forment, pour ainsi dire, tout autour des temples et des palais, des montagnes de décombres qui finissent par les envelopper de toutes parts. L'ignorance et la

---

[1] Chaque pilier cariatide correspond à un entre-colonnement de l'autre galerie. Ne pourrait-on pas supposer quelques motifs à cette disposition ?

barbarie des habitans favorisent ces encombremens, et c'est ainsi que disparaissent peu à peu les plus beaux monumens de l'antiquité. L'époque n'est peut-être pas éloignée où il faudra, pour voir la plupart des anciens édifices de l'Égypte, les débarrasser des monceaux de terre qui y auront été accumulés, à peu près comme on débarrasse aujourd'hui des cendres du Vésuve les villes romaines que les éruptions du volcan ont recouvertes.

A l'extrémité de l'une et de l'autre galerie de la cour, dans la façade du second pylône, sont pratiquées les portes d'entrée de deux escaliers qui conduisent à la sommité de l'édifice, et qui ont un mètre soixante-dix centièmes[1] de largeur; toutes leurs parois sont ornées d'hiéroglyphes.

L'intérieur de la cour du palais est rempli de débris de briques séchées au soleil, dont étaient construites les maisons du village, maintenant ruiné, de Medynet-abou.

Le pylône qui forme le fond de la cour a une porte de trois mètres d'ouverture, dont les chambranles, en granit rouge, sont ornés, ainsi que le linteau, de figures et d'hiéroglyphes gravés en relief dans le creux. Toute sa façade est décorée de ces tableaux religieux et de ces caractères hiéroglyphiques que l'on retrouve partout, et dont la différence ne consiste ici que dans leur grandeur colossale. On y remarque cette figure, très-souvent reproduite dans les monumens, qui paraît jeter des grains d'encens dans une cassolette qu'elle tient au bout d'un manche recourbé; elle est coiffée d'une grande mitre,

[1] Cinq pieds trois pouces.

accompagnée des cornes du taureau et de deux *ubœus*, et elle est vêtue d'un habit court, sous lequel on voit une tunique transparente, qui laisse apercevoir la forme des jambes. Ce personnage brûle des parfums devant une divinité tenant un sceptre à la main, et vêtue d'un habit court et étroit. Tous ces tableaux, et les hiéroglyphes qui les accompagnent, sont gravés en relief dans le creux, et ont huit centimètres[1] de profondeur; ils sont, en outre, couverts de couleurs.

Après avoir passé la porte du pylône, on se trouve dans une seconde cour environnée de galeries; c'est un véritable péristyle[2]. Les galeries qui le forment sont composées, à l'est[3], de huit piliers cariatides, tous également espacés, à l'exception des deux qui correspondent à la porte d'entrée, et dont l'écartement est à peu près double des autres. On voit à l'ouest un pareil nombre de piliers cariatides, au-delà desquels est une rangée de colonnes correspondantes. Au sud et au nord, les galeries sont formées de cinq grosses colonnes, dont les centres correspondent à ceux des piliers cariatides extrêmes des deux autres parties; tous les plafonds sont décorés d'étoiles peintes sur un fond bleu, à l'exception des deux soffites du milieu, qui sont décorés de faucons

---

[1] Trois pouces.

[2] Diodore de Sicile indique une pièce analogue à celle-ci, sous la dénomination de *péristyle*, dans le tombeau d'Osymandyas (*voyez* la section III de ce chapitre). L'expression de περίστυλος désigne, par la composition du mot, un lieu environné de colonnes de toutes parts. Ce n'est que par un abus de mot qu'on a pu en faire l'application à une seule rangée de colonnes, soit au-dedans, soit au-dehors d'un édifice.

[3] Pour rendre les indications plus faciles, nous désignons ici les galeries sous la dénomination des quatre points cardinaux, bien qu'elles ne leur correspondent pas exactement.

DE THÈBES. SECTION I.

dont les ailes sont déployées. L'architrave pose immédiatement sur les piliers cariatides, et sur le dé qui surmonte les chapiteaux des colonnes : elle est décorée d'une ligne de grands hiéroglyphes taillés en creux, de près de dix à onze centimètres [1] de profondeur ; elle est surmontée d'une corniche où sont sculptées alternativement des légendes hiéroglyphiques et des cannelures. Les colonnes sont d'une proportion massive ; leur diamètre supérieur est de deux mètres [2] ; et si l'on prend pour module la moitié de ce diamètre, on trouve que le fût n'a que six modules. C'est à peu près la proportion des colonnes de l'ordre dorique les moins élégantes. Le fût est conique ; mais son apophyge [3] se termine en courbe rentrante, et est décorée de triangles enchevêtrés les uns dans les autres, qui figurent assez bien la partie inférieure des plantes [4]. La colonne repose sur une base peu élevée, dont le profil est une portion de cercle, et qui est ornée d'hiéroglyphes gravés très-profondément. La forme du chapiteau est celle d'un bouton de lotus [5] qu'on aurait tronqué dans sa partie supérieure ; il n'a pas tout-à-fait deux modules. Il est décoré des ornemens que l'on retrouve presque toujours dans les chapiteaux de ce genre ; savoir, dans sa partie inférieure, de simples traits horizontaux et verticaux qui paraissent représenter

---

[1] Trois pouces six lignes à quatre pouces.

[2] Six pieds deux pouces.

[3] Nous appelons *apophyge* la partie inférieure du fût de la colonne ; ce mot, dérivé du grec ἀποφύγω, *effugio*, convient très-bien à la portion rentrante du fût (*voyez* les dessins, planch. 4, figur. 3, *A.*, volum. II).

[4] *Voyez* les pl. 6 et 7 de la Botanique ; *voyez* aussi ce que nous rapportons de ces imitations dans la Description de Karnak, *section* VIII *de ce chapitre*.

[5] *Voyez* la planche de la Botanique où est figuré le lotus.

des tiges de plantes, et dans sa partie supérieure, de légendes hiéroglyphiques, accompagnées de deux *ubœus* avec des mitres. Les dés des chapiteaux sont ornés d'hiéroglyphes. Il est très-probable que le fût des colonnes est décoré de tableaux; mais on n'en a pas recueilli de dessins.

Au milieu du péristyle, s'élèvent encore quelques belles colonnes de granit, dont le fût est d'un seul morceau; elles sont couronnées de chapiteaux en pierre qui ont beaucoup d'analogie avec ceux de l'ordre corinthien. Le sol est jonché des débris des autres colonnes, dont la disposition et l'arrangement annoncent assez qu'elles ont été placées là pour porter les pierres du plafond d'un nouvel édifice élevé au milieu du péristyle égyptien. Ces colonnes ont à peu près un mètre[1] de grosseur, et huit mètres[2] de hauteur. Ces monolithes ne sont pas l'ouvrage des anciens Égyptiens. En effet, dans aucun des édifices de l'antique Égypte, nous n'en avons vu de pareils mis en œuvre. Nous avons remarqué, au contraire, que, dans les monumens construits entièrement en granit[3], les Égyptiens n'ont point fait usage de colonnes monolithes, mais bien de colonnes bâties par tambours et par assises. Ce n'en est pas moins une chose remarquable que cette grande quantité de colonnes d'un seul morceau de granit, qui ont presque toutes les mêmes dimensions, et que l'on retrouve en tant d'endroits différens, à Erment, à Antinoé, au Kaire, et dans la plupart des

---

[1] Trois pieds un pouce.
[2] Vingt-quatre pieds sept pouces.
[3] Le temple d'Isis à Bahbeyt. *Voyez* la description de ce monument dans l'écrit qui a pour titre, *Voyage dans le Delta*, par MM. Jollois et du Bois-Aymé.

mosquées de l'Égypte moderne. Il serait intéressant d'assigner l'époque où elles ont été extraites des carrières pour enrichir des monumens qui ne subsistent plus maintenant. Mais revenons à celles qui font l'objet de notre examen et de notre description. Elles soutenaient les plafonds d'un édifice qu'on reconnaît avoir servi à l'exercice des différens cultes qui ont successivement remplacé la religion des anciens Égyptiens. Vers la galerie latérale nord, on voit encore des débris de constructions qui paraissent avoir été le sanctuaire de ces nouveaux temples. Beaucoup de croix fleuries et d'auréoles, les restes de niches où l'on plaçait les statues des saints, ne permettent pas de douter que cet édifice n'ait été consacré d'abord au culte des premiers chrétiens. Cette opinion acquiert encore plus de poids, lorsque l'on considère les mutilations que les sculptures antiques ont éprouvées, et que l'on voit des figures d'Isis et d'Osiris transformées en saints du christianisme. Aux chrétiens ont succédé les mahométans dans la possession de cet édifice; ceux-là n'y ont pas moins que les premiers laissé des traces de leur culte. C'est ainsi qu'aux institutions politiques et sacrées de l'antique Égypte ont succédé la plupart des religions connues. Bientôt peut-être le mahométisme fera place à un autre culte, dès qu'un de ces génies ardens et enthousiastes, un de ces conquérans qui se montrent à de certains intervalles dans les pays orientaux, aura fait descendre du ciel de nouvelles lois et d'autres institutions religieuses.

De toutes les portions des édifices de Medynet-abou, le péristyle au milieu duquel nous sommes est incontestablement celle qui frappe davantage par sa masse imposante et son caractère de grandeur ; on est convaincu que ses fondateurs ont voulu le rendre indestructible, et que les architectes égyptiens chargés de sa construction ont fait tous leurs efforts pour faire passer ce monument à la postérité la plus reculée. On ne vantera sûrement pas l'élégance de ses colonnes, mais elles sont colossales; elles ont près de deux mètres et demi[1] de diamètre, et ne paraissent pas trop grosses pour porter les énormes pierres qui forment les architraves et les plafonds. Quand on veut se rendre compte des sentimens d'admiration que l'on éprouve à la vue de cet édifice, on reconnaît qu'on est surtout séduit par la beauté de ces grandes lignes qui, dans un long espace, ne présentent aucune interruption, et dont la parfaite exécution répond à la manière grandiose dont elles ont été conçues. Si nos architectes n'étaient revenus à de sages principes, ils trouveraient ici la preuve que les lignes tourmentées et les avant-corps ne peuvent jamais être en architecture la source d'aucune espèce de grandeur et de beauté. Mais ce qui ajoute beaucoup à l'effet que produit le péristyle, ce sont les piliers cariatides qui le décorent. Comment, en effet, n'être pas saisi d'un respect religieux et profond à la vue de ce conseil de dieux réunis, en quelque sorte, pour dicter les lois de sagesse et de philanthropie que l'on voit partout écrites sur les murs du palais? Les artistes égyptiens, en adossant ces statues de dieux à des piliers qui portent de riches plafonds décorés d'étoiles d'un jaune d'or parsemées sur un

[1] Sept pieds six pouces.

fond bleu, semblent avoir voulu nous représenter la Divinité suprême sous la voûte azurée qu'elle remplit de son immensité. Quelle impression vive et profonde l'aspect de ce lieu ne devait-il pas produire sur les anciens Égyptiens, pour qui tout avait ici un sens mystique et religieux, si nous, qui sommes étrangers à leurs mœurs, à leurs habitudes et à leur culte, nous n'avons pu sans émotion pénétrer au milieu de ces galeries dont chaque support est un dieu? Combien la simplicité de la pose et de la forme des statues est monumentale, et combien leur roide immobilité ajoute à l'aspect imposant de tout l'édifice! Ce qu'un examen superficiel pourrait faire regarder comme l'enfance de l'art, paraît, au contraire, le résultat d'une perfection prévue et calculée.

On sait que les Grecs s'attribuaient la gloire d'avoir porté chez les Orientaux les sciences et les arts, et qu'ils mettaient un soin particulier à cacher les larcins qu'ils ont faits à ces peuples. Nous avons déjà remarqué [1] qu'ils ont pu emprunter des Égyptiens l'idée de faire porter des membres d'architecture par des figures de captifs; mais nous voyons bien mieux encore ici ce qui a pu fournir aux Grecs l'idée de leurs cariatides telles qu'ils les ont exécutées. Peut-on, en effet, refuser d'admettre que les édifices égyptiens du genre de celui que nous décrivons, ne leur en aient uniquement suggéré la pensée? Ainsi tombe d'elle-même cette tradition historique adoptée sur la parole de Vitruve, et que l'on ne voit consignée nulle autre part, qu'afin de punir les habitans de Carie de s'être joints aux Perses pour combattre les

[1] *Voyez* page 60.

Grecs, ceux-ci, après avoir remporté sur les coalisés une victoire complète, imaginèrent, pour en perpétuer le souvenir, de représenter accablées sous le poids de l'architecture, les plus distinguées des femmes des Cariates, qu'ils avaient traînées ignominieusement à la suite de leur triomphe. La tradition rapportée par le même écrivain, pour motiver l'emploi des figures d'hommes en cariatides, n'a pas plus de fondement; il ne faut voir dans ces traditions que des explications prises dans l'histoire grecque, de monumens d'une origine étrangère. Ce n'est point, au reste, notre opinion particulière que nous produisons ici; c'est celle même de l'antiquité [1]. Flavius Joseph ne voyait dans les Grecs que des imitateurs modernes de choses très-anciennes; et Platon, dans son *Timée*, fait tenir ce langage à son interlocuteur égyptien : « O Solon, Solon, vous autres Grecs, vous n'êtes que d'hier; rien chez vous ne porte l'empreinte d'une haute antiquité » [2].

Personne ne contestera toutefois le mérite de sculpture et la beauté des cariatides des Grecs, et l'on ne peut refuser son admiration aux figures de ce style que l'on

---

[1] Τὰ μὲν γὰρ παρὰ τοῖς Ἕλλησιν ἅπαντα νέα, καὶ χθὲς καὶ πρώην, ὡς ἂν εἴποι τις, εὑρήσεις γεγονότα· λέγω δὲ τὰς κτίσεις τῶν πόλεων, καὶ τὰς ἐπινοίας τῶν τεχνῶν, καὶ τὰς τῶν νόμων ἀναγραφάς· πάντων δὲ νεωτάτη, σχεδόν ἐστι παρ' αὐτοῖς ἡ περὶ τοῦ συγγράφειν τὰς ἱστορίας ἐπιμέλεια.

Enimverò nova certè apud Græcos omnia, et ante unum, ut ita loquar, alterumve diem exstitisse reperias, urbium molitionem, excogitationem artium, legum perscriptionem : omnium verò novissimè ad scribendam historiam sese contulerunt (Euseb. *Præparat. evangel.* lib. x, pag. 477, edit. 1628).

[2] Ὦ Σόλων, Σόλων, Ἕλληνες ἀεὶ παῖδές ἐστε, γέρων δὲ Ἕλληνων οὐδείς, οὐδέ ἐστι παρ' ὑμῖν χρόνῳ πολιὸν μάθημα.

O Solon, Solon, pueri semper Græci estis, neque senex è vobis quisquam, neque canum apud vos ullum disciplinæ genus (Euseb. *Præpar. evangel.* lib. x, pag. 471).

voit encore au temple de Minerve Poliade, à Athènes. Les cariatides du Louvre nous offrent même un exemple moderne de ce que peut produire d'illusion et de prestige le ciseau d'un homme de génie. Mais les Grecs et les modernes ont-ils fait des cariatides un emploi aussi sagement motivé et aussi convenable que les Égyptiens? c'est une opinion que nous ne pouvons partager. En effet, on remarquera que les cariatides égyptiennes ne nous offrent point, comme celles des Grecs, le spectacle affligeant de figures accablées de poids énormes; ce qui détruit toute apparence de solidité. Elles ne portent rien; elles sont la représentation d'une divinité grave qui n'est là que comme ornement, mais comme un ornement bien motivé, et rappelant à tous ceux qui le voient, le respect et le recueillement que doit inspirer le lieu qu'elles décorent. L'apparence de la solidité est augmentée par cette disposition même, puisqu'à la grosseur réelle des piliers, qui est suffisante pour porter l'édifice, se joint encore l'illusion produite par la masse des statues. Rien n'était plus convenable que l'emploi des cariatides pour donner aux édifices égyptiens ce caractère de grandeur et d'indestructibilité que leurs architectes se sont proposé de leur imprimer. Tout se réunit donc pour persuader que les figures cariatides sont en Égypte dans leur pays natal; et dans la disposition d'esprit des anciens Égyptiens, on ne pouvait mieux satisfaire à la loi des convenances générales qu'en en faisant un fréquent emploi.

Si le péristyle qui nous a entraînés dans la petite digression que nous venons de faire sur les cariatides, inspire, par sa seule vue extérieure, une si grande admiration aux voyageurs, les nombreuses sculptures dont les parois de ses galeries sont couvertes, n'excitent pas moins leur intérêt par la manière dont elles sont exécutées et par les sujets qui y sont représentés.

A droite, en entrant sous le péristyle, sur le mur de la première galerie, on voit un tableau qui paraît représenter une initiation [1]. L'initié est conduit, par quatre prêtres qui se donnent la main, devant un temple que semble lui montrer un homme à tête d'ibis, et où sont renfermées trois divinités égyptiennes. Plus haut, on voit la purification de l'initié : deux prêtres tiennent penchés sur sa tête, des vases d'où sortent des bâtons auguraux à tête de lévrier et des croix à anse; un vautour [2] plane sur la tête du personnage. Au-dessus du temple, on voit, se donnant la main, trois hommes à tête de chacal et un personnage à figure humaine, dont la tête est surmontée d'une mitre. On y remarque encore une figure colossale assise, tenant un sceptre de la main droite et une croix à anse de la main gauche. Derrière elle sont deux femmes, debout, avec une croix à anse et un bâton augural. En avant est un homme à tête d'ibis, vêtu d'habits courts. Ensuite viennent neuf figures colossales qui se donnent la main. Les trois premières ont des têtes d'épervier ; les trois dernières, des têtes de chacal; et les trois intermédiaires, des têtes humaines dont la coiffure est surmontée de mitres.

[1] *Voyez* pl. 13, fig. 1, *A.*, vol. II.
[2] M. Savigny a prouvé que le vautour des Égyptiens était le griffon des naturalistes français (*vultur* *fulvus* Gmel.). *Voyez* ses Observations sur le système des oiseaux de l'Égypte et de la Syrie, imprimées en 1810.

A gauche de l'entrée et sous la même galerie, se trouve une figure colossale coiffée d'une triple mitre, à laquelle sont suspendus, en avant et en arrière, des *ubœus*. Elle a dans la main gauche trois cordons dont les extrémités se terminent en forme de fleurs de lotus, et qui se distribuent sur trois rangées de cinq prisonniers qu'ils tiennent liés. Les uns ont les mains attachées par-dessus la tête et repliées vers les épaules, d'autres les ont liées derrière le dos. Ces prisonniers paraissent être offerts par le personnage que nous venons de décrire, à une divinité de grandeur colossale, qui est assise et qui tient dans ses mains une croix à anse et un sceptre. Derrière la divinité est une figure de femme, coiffée d'une mitre et vêtue d'un habit long et serré.

Tout près de l'entrée, on remarque un bas-relief[1] composé de plusieurs personnages qui portent sur leurs épaules une sorte de brancard, où sont placées sept petites figures d'hommes tenant en main une branche de lotus, à la suite desquelles est une figure de femme agenouillée. Celle-ci paraît soutenir un étendard qui repose sur les têtes des petites figures, et qui se termine par une fleur de lotus surmontée de plumes. Ces porteurs se font remarquer par leur costume composé d'une ample robe d'étoffe rayée, et leur chaussure qui ressemble à des espèces de patins. Le personnage qui est au milieu, et qui paraît commander la marche, est couvert de la peau d'un lion dont la tête retombe à la hauteur du nombril et cache le nœud de la robe.

Le mur de fond de la galerie sud du péristyle offre

---

[1] *Voyez* pl. 9, fig. 2, *A.*, vol. II.

des sculptures d'un grand intérêt. On y voit d'abord quatre rangées de prisonniers enchaînés, disposées les unes au-dessus des autres. Les artistes égyptiens n'ont pas trouvé d'autre moyen pour suppléer aux effets de la perspective qu'ils ignoraient, que de représenter ainsi une longue suite de personnages qui s'avancent en colonnes. La planche 12[1] ne représente que trois rangées de captifs; la quatrième n'a pu être dessinée, la partie de l'édifice où elle se trouve étant trop encombrée ou trop dégradée. La colonne inférieure offre d'abord deux prisonniers à longue barbe, dont les mains sont liées dans des positions différentes; ils sont conduits par un militaire égyptien, vêtu d'une longue robe, et tenant un arc dans la main droite. Il lève le bras gauche, comme pour faire signe qu'il amène des prisonniers. Trois autres captifs, dont les mains et les bras sont diversement liés dans des positions extrêmement gênantes, suivent, et sont également conduits par un officier égyptien. Ils sont vêtus, comme les précédens, de manteaux longs sur lesquels on voit des espèces de broderies, qui sembleraient annoncer que ces captifs ne sont pas de simples soldats. Sous ces manteaux, formés de pièces d'étoffe alternativement bleues et vertes, ils ont une jupe courte de couleur blanche, avec une bordure inférieure, formée de raies bleues. Cette jupe s'attache au-dessus des reins, et ne dépasse point le haut du genou. A la suite, viennent encore trois autres prisonniers et un Égyptien qui les conduit. En avant de cette colonne de captifs, est un groupe de neuf Égyptiens qui ont les mains éle-

[1] *Voyez* le second volume de l'Atlas des antiquités.

vées, comme pour demander le silence, afin de prêter l'oreille à l'énumération qui se fait devant eux, des mains coupées aux ennemis morts sur le champ de bataille. Un homme courbé et vêtu d'une longue robe les compte lui-même en les prenant une à une. Un écrivain, placé derrière lui, les enregistre sur un rouleau de papyrus qu'il tient d'une main, tandis que de l'autre il trace des caractères avec un roseau [1]. Les mains coupées sont au nombre de trente-huit. Sur la robe de l'écrivain, on voit encadrés, dans une croix fleurie, des caractères qobtes, retraçant probablement le nom de quelques-uns de ces moines chrétiens qui ont transformé en couvens et en églises les temples et les palais de l'ancienne Égypte. On y lit aussi le monogramme du Christ.

Au-dessous de ces prisonniers, il y en avait une autre rangée, qui n'a pu être dessinée, par les raisons que nous en avons données. On a recueilli seulement la partie la plus curieuse : elle représente des parties génitales et des mains coupées probablement aux ennemis morts sur le champ de bataille. C'est la seule fois que nous ayons trouvé, sur les murs des palais, de ces sortes de mutilations. Il n'est guère vraisemblable que les anciens Égyptiens les exécutassent sur les ennemis vivans tombés en leur pouvoir. La scène qui se trouve ici représentée, porte au moins à le croire, puisque les mains coupées ne sont pas celles des prisonniers que l'on amène devant le vainqueur. Rien, parmi les sculptures que nous avons vues sur les monumens, ne porte à attribuer aux anciens Égyptiens un acte d'atrocité et de barbarie que

---

[1] On se sert encore actuellement, en Égypte, de roseaux pour écrire.

des auteurs graves[1] paraissent cependant leur avoir imputé. On retrouve encore aujourd'hui, chez les peuples de l'Orient, les traces de l'antique usage où l'on était de mutiler les corps des ennemis morts au combat, dans l'habitude où sont les sujets de la Porte ottomane d'envoyer à Constantinople les têtes des ennemis tués sur le champ de bataille.

La seconde rangée de prisonniers ne diffère en rien de la première, si ce n'est pourtant que les captifs, toujours conduits par un Égyptien, au lieu d'y être distribués trois par trois, ne le sont que deux par deux. Viennent ensuite immédiatement celui qui enregistre et celui qui compte les mains, dont le nombre est ici de vingt-cinq. Dans la dernière rangée, les prisonniers sont conduits de nouveau trois par trois : ils ont les mains et les bras liés dans des positions plus ou moins gênantes ; et les mains coupées dont on fait le compte, ne sont qu'au nombre de vingt.

Toutes ces figures sculptées sont revêtues de couleurs vives et brillantes, qui ont été copiées avec un soin scrupuleux par notre collègue M. Redouté. Les chairs sont peintes d'une couleur rouge foncée. Les vêtemens des Égyptiens sont d'une étoffe rayée alternativement de blanc et d'un rouge très-léger : les cordons qui nouent la jupe au-dessus des reins, sont peints en bleu. On peut remarquer que les arcs des Égyptiens sont peints en vert : faut-il en conclure qu'ils étaient de cuivre mêlé

---

[1] Diodore de Sicile. *Voyez* la section II du livre 1er de son Histoire ; *voyez* aussi ce que nous disons à ce sujet dans la description du tombeau d'Osymandyas, section III *de ce chapitre.*

probablement à d'autres métaux, pour lui donner de
l'élasticité ?

Ces prisonniers, ces parties génitales et ces mains
coupées sont autant de trophées que l'on vient déposer
aux pieds du vainqueur. Ce héros est le même que celui
que nous remarquerons dans beaucoup d'autres scènes
que nous avons encore à décrire. Il est assis sur son
char et tourné dans un sens opposé à la marche de ses
chevaux; il tient de la main gauche un arc et les rênes,
qu'il semble laisser flotter : toute son attention paraît
fixée sur les trophées de ses victoires. Les chevaux, qui
viennent de s'arrêter, sont encore tout haletans; deux
soldats, armés d'arcs et de carquois, se sont emparés
des rênes, près de la bride, et sont occupés à caresser
ces coursiers et à calmer leur fougue impétueuse. D'autres
personnages s'empressent à essuyer leurs jambes. On
voit soigner de la même manière, aujourd'hui, les chevaux des grands d'Égypte, après des cérémonies pompeuses ou des exercices militaires. A peine ces derniers
ont-ils quitté leurs coursiers, que les nombreux *sáys*[1]
qui les entourent, s'en emparent, les caressent et les
essuient. Les porte-enseignes et les étendards qui sont
placés derrière le héros, et dont il est toujours environné, sont la marque caractéristique de sa puissance.
Le vainqueur est vêtu d'une robe longue et d'une espèce
de manteau très-bouffant. Vers le bas de la robe, on a
dessiné bien postérieurement un bouclier sur lequel sont
gravés des caractères qobtes. On est tenté de croire que

---

[1] On appelle *sáys*, en Égypte, les gens particulièrement occupés du
soin des chevaux.

c'est le nom d'un guerrier, d'un homme passionné pour la gloire, qui, électrisé par les hauts faits retracés sur tous les murs du palais, aura voulu passer à la postérité, avec le héros qui y est partout représenté; mais on est tout étonné, en le lisant, de n'y trouver que le nom d'un de ces pieux cénobites qui habitèrent les monumens de l'Égypte, dans les temps de la plus grande ferveur du christianisme. On y lit aussi le monogramme du Christ. La croix qobte, que l'on voit au-dessous de cette inscription, est en quelque sorte le cachet de celui qui a inscrit ici son nom.

Aux couleurs que l'on remarque sur le char, il est facile de juger que les roues, le timon et les montans principaux de la caisse, sont construits en cuivre. Elle est solidement établie sur l'essieu; des montans en métal la retiennent même au timon, et la solidité est encore augmentée par une espèce de traverse qui se termine en fleurs de lotus. Il est remarquable que l'essieu est placé à l'extrémité du char, et non pas au milieu. Il est probable que la caisse était formée entièrement de feuilles de métal, qui sont ici peintes en bleu foncé. Le lion élancé qui est en avant de cette caisse, n'est sans doute pas seulement un simple ornement; c'est encore un emblème qui désigne le courage et la force du héros. Aux deux extrémités du char, sont des carquois remplis de flèches.

Les chevaux sont recouverts, dans toute l'étendue du corps et jusqu'au sommet de la tête, d'une draperie qui les enveloppe de toutes parts, en laissant néanmoins les jambes dans la plus grande liberté. Cette housse s'attachait par des courroies au-dessous du ventre; elle est bordée d'une broderie qui répondait à la richesse de l'étoffe. Au sommet de la tête des chevaux, s'élèvent de riches panaches : une large courroie qui passe par-dessus le cou, semble destinée à retenir la housse; elle se termine par une plaque circulaire, de couleur jaune, dont il n'est point facile de concevoir l'usage, à moins de supposer qu'elle était destinée à cacher les nœuds de la courroie. Une plaque pareille se voit aussi sur les côtés, où elle est sans doute destinée à recevoir le nœud du lien qui maintient la housse sur le corps du cheval. Les rênes passent dans des anneaux fixés sur la draperie, et vont aboutir au mors. La bride se compose de courroies attachées par-dessus la tête du cheval. A la hauteur des yeux, sont des lames métalliques, ou des bandes d'étoffe, qui paraissent placées là pour diriger la vue du cheval.

Au-dessus du bas-relief que nous venons de décrire, sont des personnages vêtus d'habits longs; ils sont au nombre de neuf en avant, et autant en arrière, pour soutenir une espèce de brancard sur lequel sont treize figures debout : une quatorzième figure, qui est à genoux et accroupie sur ses talons, paraît en adoration devant elles. Chacun des deux groupes est divisé en trois parties. Au milieu de l'intervalle, est un personnage semblable aux autres, qui paraît placé là pour leur donner des ordres. Plus loin, derrière le brancard, est une figure vêtue de longs habits, qui porte un épervier posé sur un bâton, à l'extrémité supérieure duquel flottent des rubans.

88 CH. IX, DESCRIPTION GÉNÉRALE

Ensuite vient un héros[1] qui conduit, au moyen d'un cordon, deux rangées de huit Égyptiens, groupés deux par deux. A la tête du rang inférieur, est un prêtre qui tient élevée dans ses mains une tablette, et paraît proclamer les victoires du héros. Derrière ces groupes, et tout près du personnage principal, sont deux figures qui lui présentent l'encens; un vautour plane au-dessus de sa tête.

Cette scène est suivie d'une autre où l'on a représenté une sorte de table portée par seize prêtres distribués par groupes de quatre[2]. Ils sont vêtus de longues robes. Deux autres prêtres, qui sont au milieu des porteurs, paraissent les diriger dans leur marche. Sur la table, est posée une arche symbolique, qui se termine par une tête de lévrier, et sur laquelle on a placé une espèce de coffre, d'où sort la tête de l'épervier sacré[3]. Tous ces bas-reliefs sont peints encore des plus vives couleurs.

Tels sont les différens sujets de sculpture qui nous ont le plus frappés dans la décoration de la galerie du sud. En s'avançant vers son extrémité, à l'ouest, on s'aperçoit qu'elle n'a pas d'issue sous la galerie du fond. La communication est interrompue par un de ces murs que l'on voit, entre les colonnes, dans toutes les façades des temples : on les retrouve ici dans tous les intervalles que laissent entre eux les piliers cariatides, à l'exception de celui du milieu, où il existait une porte. L'œil ne s'accoutume pas facilement à cette barrière, et notre

---

[1] *Voyez* pl. 13, fig. 4, *A.*, vol. II.
[2] *Voyez* pl. 13, fig. 2, *A.*, vol. II.
[3] M. Savigny a prouvé que l'épervier des Égyptiens était le faucon commun (*falco communis* Gmel.). *Voyez* ses Observations sur le système des oiseaux de l'Égypte et de la Syrie, imprimées en 1810.

premier désir, à nous autres Européens, serait de la supprimer, pour rétablir la circulation dans toutes les parties de ce bel édifice. Elle est tout-à-fait contraire à nos usages, et à la destination que nous donnons aux péristyles semblables élevés dans nos climats. Nous avons eu tant de fois occasion d'observer que les Égyptiens n'ont rien fait qui ne satisfît à la loi des convenances, que nous chercherons le motif de cette sorte de barrière dans leurs usages et dans leurs habitudes. En effet, ce grand et beau péristyle était peut-être le lieu où se traitaient les grandes affaires de l'État, où le souverain admettait à son audience les ambassadeurs des nations étrangères, et recevait les tributs des peuples vaincus; mais il n'était point permis de pénétrer plus avant dans cet asile de la majesté des rois. Tous les édifices qui suivaient le péristyle, étaient peut-être voués au mystère, et devaient être dérobés avec soin aux regards des étrangers. Telles sont, sans doute, les raisons qui peuvent justifier la présence d'une barrière qui nous paraît si choquante au premier abord.

Pénétrons maintenant par la porte sous la galerie du fond, et jetons un coup d'œil sur ce qu'elle peut nous offrir de remarquable. Sous le rapport des sculptures, elle ne présente rien que l'on ne retrouve partout ailleurs. Le mur de fond est couvert de tableaux représentant des sacrifices à des divinités. Toute la différence consiste dans la grandeur colossale des figures. A un peu moins de quatre mètres de distance de l'angle de l'ouest de cette galerie, se trouve une ouverture qui a été pratiquée avec violence dans le mur du fond : elle conduit à des chambres, où l'on ne pourrait pénétrer par aucun autre endroit, tant est considérable l'encombrement de cette partie du palais. La véritable entrée était en dehors du péristyle; elle a été bouchée postérieurement par un mur en briques crues. On descendait six marches pour arriver jusqu'au sol d'une salle intermédiaire[1] de six mètres de long et de trois mètres de large, espèce de corridor qui servait d'issue à quatre autres pièces dont nous allons parler. Entre autres sculptures qui décorent cette salle, on remarque une divinité à tête de bélier, recevant d'un homme à tête d'ibis l'offrande d'une pyramide très-allongée et très-aiguë, au bas de laquelle est une petite figure agenouillée, les mains élevées en l'air. Un prêtre qui vient à la suite, présente des fruits; d'autres offrandes sont faites au dieu Harpocrate.

La première pièce, celle dans laquelle on entre par l'ouverture forcée, a cinq mètres de longueur et deux mètres et demi de largeur. On voit, sur les parois des murs, plusieurs sculptures remarquables. Sur la face latérale, à gauche, est une figure debout, montée sur une estrade, et faisant une offrande à une divinité colossale assise, qui tient dans la main droite une longue fleur de lotus, et dans la main gauche une croix à anse. Derrière elle, est élevée sur une espèce d'autel une harpe à dix cordes, dont les extrémités inférieure et supérieure sont ornées de têtes humaines. Au-dessus, une petite figure agenouillée et accroupie sur une espèce de tabouret semble cultiver une fleur pareille à celle que la divinité tient à la main. A côté d'elle sont trois vases de forme

[1] *Voyez* pl. 4, fig. 2, *A.*, vol. II.

élégante; terminés par des têtes de belier, de femme et d'épervier. Sur la surface latérale, à droite, on voit la grande divinité de Thèbes, Harpocrate en érection. Il est précédé d'une femme tenant dans les mains le sceptre à fleurs de lotus et la croix à anse. En avant sont des végétaux et des fleurs cultivés pour la divinité, des vases surmontés de tiges de lotus, et des canopes. Un sphinx à tête de femme et à corps de lion, qui tient un vase surmonté d'un disque, couronne toute cette offrande. Sur la même face, et en avant de l'Harpocrate, un prêtre présente une espèce de plateau où se trouve une petite figure agenouillée devant un vase qu'elle tient dans ses deux mains.

La deuxième pièce a les mêmes dimensions que la première : on y voit des sculptures analogues, où l'on remarque des divinités égyptiennes, avec la croix à anse et le sceptre à tige de lotus; des autels où sont posés des vases avec des couvercles à têtes de femme, de belier, de faucon et d'épervier; des offrandes de sphinx à corps de lion et à tête de femme ou de belier, rangés deux à deux et par étage, et des prêtres qui présentent toutes ces offrandes.

La troisième pièce, celle qui est adossée au mur d'enceinte, ne diffère pas des deux premières pour l'étendue : seulement elle présente cette particularité, que, dans le fond et sur toute la largeur, le mur est en saillie d'un mètre sur une hauteur pareille; ce qui forme des espèces de coffres ou d'armoires en pierre. Sur l'une des parois de cette pièce, parmi les offrandes qui sont faites à une divinité à tête de belier, on remarque quatre vases dont

CH. IX, DESCRIPTION GÉNÉRALE

le col est court et incliné, et qui ont beaucoup d'analogie avec les cornues dont les chimistes font usage.

Dans la quatrième et dernière pièce, on remarque des offrandes analogues à celles que renferment les autres salles, quelques vases d'une belle forme, mais d'une exécution médiocre.

Ces petits appartemens étaient-ils destinés à recevoir des objets précieux? Était-ce le trésor du prince? Ces coffres en pierre dont nous avons parlé, ces sculptures d'objets précieux qui ornent les murs, comme dans les appartemens de granit à Karnak [1], tout semble porter à le croire.

La galerie latérale nord du péristyle du palais, la seule qu'il nous reste maintenant à parcourir, est dans un moins bel état de conservation que celles que nous venons d'examiner. C'est là qu'on voit encore, comme nous l'avons dit, les restes du sanctuaire d'une église chrétienne. Le plafond de cette galerie est détruit dans sa plus grande partie; mais le mur de fond est encore bien conservé et riche de sculptures qui présentent le plus grand intérêt. Nous allons en décrire la plus grande partie, et l'on verra bientôt quel a été notre objet en nous laissant entraîner à en parler avec quelques détails [2]; elles ont rapport au triomphe d'un héros, d'un roi sans doute, de celui dont les conquêtes et les hauts faits sont partout consignés sur les murs du palais, de celui dont nous décrirons bientôt les actions guerrières et les combats. C'est à gauche, en regardant le fond de

---

[1] *Voyez* la Description du palais de Karnak, *section* VIII *de ce chapitre*.
[2] *Voyez* ci-après le §. VI.

la galerie, que se trouve le commencement de la pompe, tout-à-la-fois religieuse et militaire, qui fait le sujet de la planche 11 (*A.*, vol. II).

Deux rangées de figures qui, dans la cérémonie que ce bas-relief rappelle, marchaient probablement de front, sont ici représentées l'une au-dessus de l'autre. Les trois premières figures[1] de la rangée supérieure, à gauche, sont des militaires qui portent des lances dans la main droite, et qui ont leurs boucliers passés dans le bras. De la main gauche, ils tiennent des espèces de massues. Huit figures[2] vêtues de longues robes, et groupées deux par deux, les précèdent, et tiennent aux mains de longues palmes; quatre d'entre elles portent, en outre, des espèces de haches d'armes; leurs têtes sont ornées de plumes, emblème de la victoire; deux autres figures, dont l'une porte un carquois[3], et l'autre tient dans la main droite une tige de lotus avec sa fleur[4], sont en avant, et marchent précédées de deux personnages[5] qui paraissent guider cette première colonne du cortége. Au-dessous sont huit hommes[6] portant des gradins probablement destinés à servir pour monter sur la chaise triomphale et pour en descendre. Huit personnages[7] qui les précèdent, ont la tête ornée de plumes, et sont couverts de robes transparentes; ils portent les haches des sacrifices, et des guidons à tige de lotus, surmontés

---

[1] *Voyez* pl. 11, n°. 1, *A.*, vol. II.
[2] *Voyez* pl. 11, n°s. 2, 3, 4, 5, *A.*, vol. II.
[3] *Voyez* pl. 11, n°. 6, *A.*, vol. II.
[4] *Voyez* pl. 11, n°. 7, *A.*, vol. II.
[5] *Voyez* pl. 11, n°s. 8 et 9, *A.*, vol. II.
[6] *Voyez* pl. 11, n°s. 10, 11 et 12, *A.*, vol. II.
[7] *Voyez* pl. 11, *groupes* n°s. 13, 14 et 15, *A.*, vol. II.

de plumes. La comparaison que l'on peut faire de ces figures avec celles que nous avons décrites et dessinées ailleurs, ne permet pas de douter que ces personnages ne soient des militaires. Quatre figures[1] placées en avant ont la tête nue, et tiennent également des lotus et des plumes; elles sont un peu courbées et dans l'attitude qui convient à des personnes pénétrées du respect et de la vénération que leur inspire l'auguste cérémonie à laquelle elles prennent part. Le triomphateur[2] est assis sur un trône placé dans une espèce de palanquin richement décoré, que portent sur leurs épaules douze personnages de la caste militaire[3], groupés deux par deux; ils sont vêtus de longues robes et couronnés de plumes. Dans les intervalles des trois premiers groupes, on aperçoit les têtes de deux personnages[4] qui paraissent diriger la marche; trois autres figures entièrement cachées, portent les étendards qui accompagnent toujours le héros. Le trône du triomphateur[5] est recouvert de riches étoffes; ses pieds reposent mollement sur des coussins. Le héros a dans ses mains les attributs de la divinité, le crochet et la croix à anse. Derrière lui sont debout deux génies protecteurs, qui l'enveloppent de leurs ailes. A ses côtés sont les emblèmes des qualités éminentes qui le caractérisent : le lion, qui annonce son courage; l'épervier[6], qui est le symbole de ses victoires;

[1] *Voyez* pl. 11, *groupes* nos. 16 et 17, *A.*, vol. II.

[2] *Voy.* pl. 11, nº. 19, *A.*, vol. II.

[3] *Voyez* pl. 11, *groupes* nos. 18 et 23, *A.*, vol. II.

[4] *Voyez* pl. 11, *groupe* nº. 18, *A.*, vol. II.

[5] Le trône sur lequel le triomphateur est assis, ressemble parfaitement aux beaux fauteuils qui ont été dessinés dans les tombeaux des rois. *Voyez* pl. 89, *A.*, vol. II.

[6] Θεὸν βουλόμενοι σημῆναι, ἢ ὕψος, ἢ ταπείνωσιν, ἢ ὑπεροχὴν, ἢ αἷμα, ἢ

le serpent¹, qui fait allusion à l'étendue de ses conquêtes et de sa domination ; le sphinx, qui a sans doute rapport à son savoir dans tout ce qui concerne la religion et les dieux. Devant et derrière la tête du héros sont des hiéroglyphes qui peut-être indiquent son nom et le sujet de son triomphe. Au bas du palanquin sont de petites figures² vêtues de longues robes, qui portent les armes du triomphateur, son carquois et ses flèches. Le palanquin est décoré, dans sa partie inférieure, de deux petites figures debout, et la partie supérieure est couronnée du cordon et de la corniche égyptienne, surmontée de quatorze *ubœus* avec des disques sur la tête ; les deux montans se terminent par des fleurs de lotus. Deux prêtres³, placés l'un au-dessus de l'autre, marchent en avant, en retournant la tête et une partie du corps vers le héros ; ils brûlent des parfums devant lui. En avant du prêtre, qui est sur la rangée inférieure, on voit un personnage⁴ chargé d'un porte-feuille attaché

νίκην, ἢ ἄρεα, ἢ ἀφροδίτην, ἱέρακα ζωγραφοῦσι.
  Deum cùm volunt significare, aut sublimitatem, aut humilitatem, aut præstantiam, aut sanguinem, aut victoriam, accipitrem pingunt (Hor. Apoll. *hieroglyphicum* 6).
  ¹ *Voyez* les 59, 60 et 62ᵉ. hiéroglyphes d'Horapollon.
  ² *Voyez* pl. 11, nᵒˢ. 20, 21 et 22, *A*., vol. 11.
  ³ *Voy.* pl 11, nᵒˢ. 24 et 33, *A*., vol. 11. On reconnaît que ces personnages sont des prêtres, à leurs têtes rasées. Il faut consulter à ce sujet la savante dissertation de Schmidt, *De sacerdotibus et sacrificiis Ægyptiorum*, où se trouvent rassemblés tous les témoignages provenant tant des historiens que des monumens, qui tendent à faire connaître les prêtres de l'ancienne Égypte, leurs costumes, leurs fonctions, leurs marques distinctives, et les différentes classes dans lesquelles ils étaient partagés.
  ⁴ *Voy*. pl. 11, nᵒ. 34, *A*., vol. 11. C'est un de ces prêtres que S. Clément d'Alexandrie désigne sous le nom de ἱερογραμματεύς, *scribe sacré*, et dont il dit : Ἑξῆς δὲ ὁ ἱερογραμματεὺς προέρχεται, ἔχων πτερὰ ἐπὶ τῆς κεφαλῆς, βιβλίον τε ἐν χερσὶ καὶ κανόνα (*voyez* le passage de S. Clément d'Alexandrie, cité à la fin de cette section, nᵒ. 1).

en bandoulière autour de son corps; il en a tiré un volume qu'il déroule, et il semble proclamer les hauts faits et la gloire du triomphateur. Il est précédé de quatre militaires[1] vêtus de longues robes et couronnés de plumes : ils tiennent à la main droite le crochet, marque distinctive de leur dignité, et un bâton à fleurs de lotus, surmonté d'une longue plume; ils ont dans la main gauche des haches d'armes. Six militaires[2] semblablement vêtus sont au-dessous d'eux : les uns portent des haches d'armes et des plumes; les autres, des bâtons auguraux et des tiges de lotus. Tout ce cortége est en marche pour se rendre au temple de la grande divinité de Thèbes, d'Harpocrate, dieu de l'abondance et emblème du soleil, qui vivifie et qui reproduit. Il est précédé de deux prêtres[3] enveloppés dans de longues robes, dont la tête est ornée de plumes. Quatre figures[4] qui marchent en sens contraire du cortége, paraissent venir à la rencontre du triomphateur pour le recevoir et l'introduire dans le temple, jusqu'au lieu mystérieux où repose la châsse qui renferme l'image de la divinité; elle y est représentée sous la figure[5] d'un homme qui n'a qu'un seul bras et une seule jambe, et dont le membre viril est en érection : divers attributs la caractérisent; elle tient au-dessus de sa main un fléau,

[1] *Voyez* pl. 11, n°s. 35, 36, 37 et 38, *A.*, vol. II.
[2] *Voyez* pl. 11, n°s. 25, 26, 27, 28, 29 et 30, *A.*, vol. II.
[3] *Voyez* pl. 11, n°. 39, *A.*, vol. II. Ces prêtres sont probablement de la première classe; ce dont on juge au rôle qu'ils paraissent remplir dans la cérémonie. C'étaient peut-être ceux que S. Clément d'Alexandrie désigne sous la dénomination de *prophètes* (*voyez* le passage de S. Clément d'Alexandrie, cité à la fin de cette section, n°. 1).
[4] *Voy.* pl. 11, n°. 43, *A.*, vol. II.
[5] *Voyez* pl. 11, n°s. 31, 32, 40 et 41, *A.*, vol. II.

et derrière elle sont des tiges de lotus et des vrilles de vigne. En avant est une espèce d'autel où l'on voit un vase enveloppé de verdure et surmonté d'un bouquet de tiges de lotus avec la fleur et le bouton. Au pied de la divinité, qui est élevée sur une estrade, est une figure agenouillée, présentant des vases. Le héros, en habit de sacrificateur[1], offre d'une main une cassolette où brûle de l'encens; il tient de l'autre trois vases liés ensemble, avec lesquels il se dispose à faire des libations sur un autel où sont rassemblées diverses productions de la nature, telles que des feuillages, des tiges et des fleurs de lotus. Des arbres sont figurés en masse sur les côtés de l'autel, et sont retenus par un bandeau demi-circulaire. Au-dessus de la tête du héros, plane un vautour portant dans ses serres des hiéroglyphes qui sont peut-être le monogramme du triomphateur ou sa devise; ce qui est d'autant plus probable, qu'on les retrouve absolument les mêmes partout où le héros figure dans la scène que nous avons sous les yeux.

Le sacrifice achevé, la marche continue; mais alors la statue[2] de la divinité fait elle-même partie du cortége. Quatre personnages[3], qu'à leur tête rasée[4] on reconnaît pour des prêtres, portent dans une caisse des

---

[1] *Voy.* pl. 11, n°. 42, *A.*, vol. 11.
[2] *Voy.* pl. 11, n°. 46, *A.*, vol. 11.
[3] *Voyez* pl. 11, groupe n°. 45, *A.*, vol. 11.
[4] *Voyez* l'ouvrage déjà cité de Schmidt.

Οἱ ἱρέες τῶν θεῶν τῇ μὲν ἄλλῃ κομέουσι, ἐν Αἰγύπτῳ δὲ ξυρεῦνται.

Deorum sacerdotes alibi comati sunt, in Ægypto derasi (Herod. Hist. lib. 11, cap. 36, pag. 103, ed. 1618).

Οἱ δὲ ἱρέες ξυρεῦνται πᾶν τὸ σῶμα διὰ τρίτης ἡμέρης, ἵνα μήτε φθεὶρ, μήτε τι ἄλλο μυσαρὸν μηδὲν ἐγγίνηται σφι θεραπεύουσι τοὺς θεούς.

Sacerdotes tertio quoque die totum corpus radunt, ne quis pediculus deos colentibus aut alia sordes creetur (*Ibid.* cap. 37, pag. 104).

arbres dont on a seulement figuré la masse, et qui ne se trouvent probablement ici représentés que parce qu'ils sont les plus beaux résultats de la végétation ; c'est sûrement un des attributs qui indiquent l'influence puissante de la divinité sur tout ce qui végète. Au-dessus, deux prêtres[1] portent une grande tablette où devaient être inscrites les victoires du héros et son triomphe auguste ; peut-être était-elle destinée à perpétuer le souvenir du sacrifice qu'il vient d'offrir.

La statue du dieu est portée sur un brancard par vingt-quatre prêtres[2] : elle a été tirée du lieu sacré où elle était renfermée ; elle est entourée de toute la pompe des cérémonies, de faisceaux, de tiges et de fleurs de lotus, d'étendards et de panaches. Une riche draperie, couverte de fleurons, enveloppe tous les prêtres qui portent le brancard, de manière qu'elle ne laisse voir que leur tête et leurs pieds. Deux petites figures sont aux pieds de la divinité : l'une d'elles, accroupie sur ses talons, lui fait l'offrande de deux vases où sont probablement contenues les prémices de l'inondation. En avant, le triomphateur[3] marche vêtu d'autres habits et coiffé d'un autre bonnet ; il tient dans ses mains les attributs du pouvoir suprême. Au-dessus de sa tête plane un vautour portant son monogramme ou sa devise. Le bœuf sacré[4] s'avance lui-même au milieu du cortége ; c'est peut-être celui qu'on nourrissait à *Hermonthis*, lieu tout voisin de Thèbes : son cou est orné des bandelettes sa-

[1] *Voyez* pl. 11, groupe n°. 44, *A.*, vol. 11.
[2] *Voyez* pl. 11, groupe n°. 46, *A.*, vol. 11.
[3] *Voyez* pl. 11, n°. 47, *A.*, vol. 11.
[4] *Voyez* pl. 11, n°. 48, *A.*, vol. 11.

DE THÈBES. SECTION I.

créés; il porte sur la tête un disque surmonté de deux plumes; un prêtre[1] brûle des parfums devant lui. On voit ensuite un personnage[2] couvert d'un vêtement assez semblable aux chasubles de nos prêtres; il a les mains jointes, et paraît être dans un recueillement profond. Cette figure est tout-à-fait de profil, et les meilleurs sculpteurs ne la dessineraient pas autrement dans cette position. Elle est une preuve que, lorsque les artistes égyptiens ne s'assujettissaient point à des formes de convention, ils savaient imiter la nature. Au-dessus de ces figures est une prêtresse[3] avec la coiffure d'Isis; on voit devant elle un prêtre[4] qui, sans doute, proclame les victoires du héros, et annonce les sacrifices que l'on va faire aux dieux. En avant sont dix-sept prêtres[5], ayant, les uns, les attributs de la divinité, tels que le crochet, le fléau, le bâton augural; d'autres, des étendards formés de la figure d'Isis et des têtes des animaux sacrés, tels que l'épervier, le bœuf, le chacal : quelques-uns portent des vases et d'autres objets dont on ne reconnaît pas aussi bien la forme[6]. D'autres prêtres[7] tiennent élevé sur leurs épaules un brancard sur lequel on remarque d'abord une sorte de coffre où sont posés des vases d'une forme assez semblable à ceux[8] dont on se sert encore

---

[1] *Voy.* pl. 11, n°. 51, *A.*, vol. II.
[2] *Voy.* pl. 11, n°. 52, *A.*, vol. II.
[3] *Voy.* pl. 11, n°. 49, *A.*, vol. II.
[4] *Voy.* pl. 11, n°. 50, *A.*, vol. II.
[5] *Voyez* pl. 11, n°ˢ. 53, 54, 55, 56, 57, 58; le groupe n°. 59, et les n°ˢ. 60, 61, 62, 63, 64, 65, 66, 67, *A.*, vol. II. Ces prêtres sont sans doute ceux que les anciens auteurs désignent sous la dénomination de *pastophores* (*Voyez* l'ouvrage de Schmidt déjà cité).
[6] *Voyez* la dernière figure du groupe n°. 59, et ce que porte la figure n°. 61, pl. 11, *A.*, vol. II.
[7] *Voyez* pl. 11, *groupe* n°. 68, *A.*, vol. II.
[8] *Voyez* la pl. FF des vases modernes, dessinée par M. Redouté, *É. M.*, vol. II.

aujourd'hui en Égypte, et ensuite trois petites figures debout. Les vases renfermaient, sans doute, la liqueur qui devait servir aux libations. Un second brancard[1] à peu près semblable, porté par le même nombre de prêtres, se voit au-dessus de celui-là. A gauche est un personnage[2] environné d'hiéroglyphes. En avant de ces deux groupes se trouvent trois prêtres[3] qui arrivent devant deux autels[4] sur lesquels flottent des étendards sacrés. Le héros[5], accompagné de son génie tutélaire, est tourné en face du cortége, et c'est à lui que paraît maintenant s'adresser l'espèce de sacrifice que l'on voit ici représenté; il consiste en deux tiges de lotus flétries avant d'être épanouies. Deux jeunes initiés[6], qui paraissent les offrir, se retournent du côté des prêtres, qu'ils semblent prévenir de l'action qu'ils vont faire; des oiseaux qui s'envolent sont peut-être des emblèmes indiquant que le sacrifice s'élève jusqu'à la divinité.

La marche continue, et un personnage qui est tout entouré d'inscriptions hiéroglyphiques, déroule un volume et semble proclamer les actions du héros[7]. Mais la scène change bientôt, et le héros redevient à son tour sacrificateur[8] : armé d'une faux, il coupe un faisceau de tiges et de boutons de lotus que lui présente un prêtre. Un autre prêtre[9] suit et tient élevé dans ses mains un rouleau de papyrus, sur lequel il paraît lire; ce sont

---

[1] *Voy.* pl. 11, n°. 70, *A.*, vol. 11.
[2] *Voy.* pl. 11, n°. 69, *A.*, vol. 11.
[3] *Voy.* pl. 11, n°s. 71, 74 et 75, *A.*, vol. 11.
[4] *Voy.* pl. 11, n°s. 73 et 77, *A.*, vol. 11.
[5] *Voy.* pl. 11, n°. 78, *A.*, vol. 11.
[6] *Voy.* pl. 11, n°s. 72 et 76, *A.*, vol. 11.
[7] *Voy.* pl. 11, n°. 79, *A.*, vol. 11.
[8] *Voy.* pl. 11, n°. 80, *A.*, vol. 11.
[9] *Voy.* pl. 11, n°. 82, *A.*, vol. 11.

peut-être les prières que l'on devait réciter dans cette circonstance. Le bœuf sacré[1] se voit dans cette scène, qui semble toute entière avoir trait à l'agriculture. Ce sacrifice n'est en quelque sorte que le prélude de celui que va faire bientôt le triomphateur[2], en approchant plus près du sanctuaire[3] où est déposée la statue de la grande divinité de Thèbes. En effet, dans la dernière scène de la marche triomphale qui nous occupe, le héros égyptien présente à Harpocrate des parfums. Il fait en même temps, avec un vase qu'il tient de la main droite, des libations sur un autel couvert de fruits entourés de verdure du milieu de laquelle sortent des fleurs de lotus. C'est ici que se termine toute cette grande procession religieuse et militaire, que l'on doit considérer comme la représentation fidèle de toutes les cérémonies qui s'observaient au triomphe d'un roi guerrier. Des sacrifices offerts aux dieux commençaient et terminaient cette auguste fête.

Tout ce bas-relief prouve incontestablement que la religion égyptienne n'admettait pas seulement le culte secret qui se pratiquait dans les sanctuaires des temples, et dont la connaissance n'était réservée qu'aux adeptes : elle avait un culte extérieur ; et dans des circonstances particulières, comme à de certains jours de fête et de réjouissances publiques, on déployait, dans des processions solennelles, toute la pompe de la religion. Cette conséquence est confirmée par S. Clément d'Alexandrie[4], qui nous a transmis une description curieuse d'une

---

[1] *Voy.* pl. 11, n°. 84, *A.*, vol. 11.
[2] *Voy.* pl. 11, n°. 86, *A.*, vol. 11.
[3] *Voy.* pl. 11, n°. 87, *A.*, vol. 11.

[4] *Voyez* la citation n°. 1, à la fin de cette section.

de ces processions toutes religieuses, dans laquelle il fait l'énumération des personnages qui composaient le cortége, ainsi que de leurs fonctions et de leur emploi. Il est facile de reconnaître la grande analogie qu'elle a avec la marche triomphale que nous venons de décrire. Nous ne nous proposons point d'établir ici une comparaison [1] que le lecteur peut faire facilement lui-même; nous nous bornons seulement à faire remarquer que S. Clément d'Alexandrie aurait eu sous les yeux la marche triomphale de Medynet-abou, qu'il n'aurait point décrit autrement qu'il ne l'a fait le personnage désigné sous la dénomination de ἱερογραμματεὺς.

Notre conséquence trouve encore un nouvel appui dans le précieux monument recueilli à Rosette. En effet, dans l'inscription grecque, dont on doit l'interprétation à M. Ameilhon, on lit une description du culte que l'adulation des prêtres de l'Égypte avait institué en l'honneur de Ptolémée Épiphane. Il y est dit[2] que, dans les grandes solennités où l'on a coutume de faire sortir des sanctuaires les chapelles ou châsses qui renferment les statues des dieux, on fera sortir aussi celle du dieu Épiphane. Il n'est point hors de propos de faire remarquer ici l'analogie et même la parfaite ressemblance qui existe entre les châsses dont il est fait mention dans l'inscription, et celles qui sont sculptées dans notre bas-relief; les unes et les autres sont couronnées d'un ornement d'aspics ou d'*ubœus*.

[1] Nous renvoyons à la savante dissertation de Schmidt, qui est très-propre à jeter le plus grand jour sur toute cette matière.

[2] *Voyez* aussi l'interprétation que M. Ameilhon a donnée des lignes 42 et 43 de l'inscription grecque de la pierre de Rosette.

Article II.

Des terrasses du palais, du village qu'on y a bâti, et des constructions qui sont au-delà du péristyle.

La porte de sortie du péristyle du palais, au nord-ouest, est encombrée presque jusqu'au sommet. De part et d'autre, à l'extérieur, ces décombres s'élèvent jusqu'à la corniche de l'édifice; ce qui donne la facilité de monter sur les terrasses. On y remarque des vestiges de pieds d'hommes, dont les contours ont été gravés, et tout auprès, des caractères assez grossièrement tracés d'une écriture que l'on juge, à son analogie avec les hiéroglyphes, être l'écriture cursive des anciens Égyptiens. Ce sont là, sans doute, les résultats de pélerinages faits par d'anciens habitans de l'Égypte, ou par ceux de pays éloignés, qui, attirés par la réputation de puissance et de sagesse dont jouissait cette contrée, ont voulu laisser des preuves de leur passage dans ces lieux mystérieux. Il est très-vraisemblable que la politique du gouvernement affectait de réunir toutes les provinces de cette contrée, et même les pays conquis, dans le culte des mêmes dieux, par l'établissement de certaines fêtes générales qui se célébraient à des époques marquées, soit à l'occasion de grands événemens civils ou religieux, soit au renouvellement de périodes astronomiques. D'ailleurs, on connaît le goût des Orientaux en général, et des Égyptiens en particulier, pour les pélerinages. Hérodote en indique plusieurs, où les habitans de l'Égypte se rendaient par milliers, à l'époque des fêtes instituées dans différentes villes. Il parle plus particulièrement de ceux qui se faisaient de son temps dans la basse Égypte, portion du pays la plus peuplée, et où se trouvait la ville capitale de Memphis. On peut dire des Égyptiens modernes, qu'ils ont hérité du goût de leurs ancêtres; et, à cet égard, comme à beaucoup d'autres, la constance et la perpétuité dans les usages, inspirées par le climat, se font éminemment remarquer. On pourrait citer nombre de lieux de pèlerinage que fréquentent aujourd'hui les habitans du pays, et où les lois de la décence ne sont pas mieux observées qu'elles ne l'étaient au temps d'Hérodote.

Les terrasses du péristyle sont encore surchargées d'une soixantaine de chétives habitations en briques crues, qui y ont été élevées dans ces derniers temps, et qui maintenant sont entièrement désertes. L'abandon de ce village paraît être le résultat de la dépopulation progressive de la plaine de Thèbes, et du mauvais entretien des canaux. Les eaux du Nil n'arrivent plus vers la limite du désert que dans les grandes inondations : dans les crues ordinaires, les habitans vont chercher plus près du fleuve la jouissance de ses eaux salutaires, d'où dépend leur existence.

Lorsqu'on sort du péristyle, en s'avançant vers le nord-ouest, on a devant soi un espace considérable rempli de monticules de décombres, et renfermé de toutes parts par un mur de clôture, qui se voit, au nord, dans toute son étendue. A partir de l'extérieur du péristyle, on en parcourt une longueur de soixante mètres, jusqu'à une porte de soixante-dix-sept centimètres de largeur. Au-delà, le mur se prolonge de vingt-six mètres; il retourne ensuite à angle droit dans une longueur de vingt-trois mètres, et reprend une direction parallèle à celle qu'il avait d'abord; mais alors les décombres sont tellement accumulés, qu'il en est entièrement recouvert, et qu'il ne se montre plus que d'espace en espace. C'est à l'angle ouest de ce mur d'enceinte que nous avons trouvé des morceaux de granit noir avec des hiéroglyphes; ce qui nous porte à croire qu'il y a eu dans cet emplacement, et qu'il existe peut-être encore sous les décombres, des constructions en matériaux de cette nature. Il est également hors de doute que tout cet espace a dû être rempli de monumens, si l'on en juge par les enceintes de ce genre que nous avons remarquées dans plusieurs endroits, et plus particulièrement à Karnak. Il est à désirer que les voyageurs qui nous suivront puissent y entreprendre des fouilles; et l'on peut assurer que les résultats de leurs recherches les dédommageront amplement des soins qu'ils se seront donnés. L'encombrement du mur d'enceinte ne permet pas de voir si ses paremens intérieurs sont décorés de figures et d'hiéroglyphes sculptés; mais les paremens extérieurs en sont couverts.

Article III.

Des sculptures extérieures du palais.

La face du mur d'enceinte qui regarde le sud, dans la partie correspondante à la galerie latérale du péristyle, est couverte de sculptures qui ont trait à la guerre. On y voit une figure colossale offrir à une divinité trois groupes de prisonniers placés les uns au-dessus des autres, et composés de sept personnages, qu'à leur costume et à leurs bonnets de plumes on reconnaît pour des Indiens. En avançant vers le sud, on voit sur le même mur un héros monté sur un char traîné par des chevaux; il porte un carquois suspendu derrière le dos; il est entouré d'une foule d'esclaves : deux soldats sont placés derrière lui avec les étendards qui l'accompagnent toujours. A la suite, s'avancent des militaires rangés sur deux de front; ils sont armés d'arcs et de boucliers, qu'ils tiennent élevés près de leur tête; ils sont suivis d'autres soldats rangés sur quatre de front, et de militaires plus élevés en dignité, qui portent des enseignes en forme de tiges et de fleurs de lotus. Plus loin, est la mêlée de la bataille. On y voit des hommes et des chevaux renversés sous les chars et foulés aux pieds. Quelques-uns attaquent leurs adversaires; ceux-ci se couvrent de leur bouclier, et ripostent d'un coup de lance dont ils blessent leurs ennemis. Plusieurs guerriers décochent des traits du haut de leur char. Mais celui qui attire surtout les regards, c'est le héros principal, le même que l'on voit dans tous les combats, et qui se fait remarquer par sa stature colossale; il lance ses chevaux à toute bride, et porte partout le carnage et la mort : son arc est tendu, et la flèche prête à s'échapper de ses redoutables mains. Des contours sinueux et des lignes ondulées indiquent, plus loin, la configuration d'un fleuve, que les décombres accumulés autour du mur

empêchent de voir dans toute son étendue. Au-dessus
de ces différentes scènes guerrières, sont des tableaux
représentant des offrandes aux dieux, où l'on remarque
principalement des enseignes et des châsses portées sur
des arches sacrées.

La face extérieure du mur d'enceinte, exposée au nord,
présente des sculptures qui ne sont pas d'un moindre
intérêt que celles de la face du sud. A partir de l'angle,
vers le nord, on remarque des pelotons de soldats faisant partie d'une armée qui vient de combattre les Indiens; ils conduisent des prisonniers, et les maltraitent
à coups de javelot. On en voit d'autres que l'on fait
marcher sans leur faire aucun mal, et en avant desquels
sont des personnages vêtus de longs habits. Il y a trois
rangs de soldats et de prisonniers placés les uns au-
dessus des autres. Plus loin est un héros monté sur un
char; il est précédé de ses enseignes. Devant lui sont
des soldats qui marchent en ordre et par pelotons; plusieurs d'entre eux portent des drapeaux ou étendards
carrés. Vient ensuite une autre figure colossale, représentant le même héros. Il est encore précédé de ses enseignes, et monté sur un char; un carquois est suspendu
derrière ses épaules : de la main gauche il tient un arc
et des flèches, et de la main droite il dirige ses coursiers. Il est à la tête de troupes armées de piques et de
boucliers, et rangées sur six colonnes. La scène change
bientôt, et l'on voit une figure colossale, représentant
toujours le même héros, lancer ses chevaux à toute
bride, et décocher des flèches sur les Indiens. Ces derniers sont aux prises avec les Égyptiens, et forment une

mêlée nombreuse d'hommes, de chevaux, de chars, qui se précipitent les uns sur les autres, et de morts et de mourans que l'on foule aux pieds.

Plus loin, le même héros [1], monté sur son char, s'est retourné pour décocher encore des flèches sur la mêlée, dont il paraît s'éloigner : ses chevaux sont lancés au grand galop; ils vont fouler aux pieds des lions percés de traits. Ce tableau donne à croire que le héros égyptien dont la sculpture a consacré les exploits sur tous les murs du palais de Medynet-abou, n'avait pas seulement à soutenir la guerre contre des hommes, dans les lieux où il porta la gloire de ses armes, mais qu'il eut encore à combattre des bêtes farouches. En effet, les deux lions qui sont en avant du char ont été atteints des traits du vainqueur. Le premier est étendu mourant, et près d'être foulé sous les pieds des chevaux : le second, percé de quatre flèches, ne peut échapper à la mort; il fuit à travers les roseaux. Ce bas-relief, précieux sous le rapport de l'histoire [2], ne l'est pas moins sous le rapport de l'art. On peut remarquer la franchise et la hardiesse du dessin, la variété et la fermeté des attitudes de toutes les figures; l'expression de la douleur est surtout rendue avec beaucoup de vérité.

Au-dessous des lions, sont des fantassins différemment armés et habillés [3]. Les premiers ont des boucliers terminés carrément par un bout et arrondis de l'autre; ils portent, en outre, de longues massues. Les seconds ont des casques de forme conique, et chacun d'eux est

[1] *Voyez* pl. 9, fig. 1, *A.*, vol. II.
[2] *Voyez* ci-après, p. 121.
[3] Ces bas-reliefs n'ont point été dessinés.

armé d'un javelot. D'autres portent des casques de forme sphérique, noués par des cordons sous le menton, et surmontés de petites boules métalliques; d'autres enfin ont une coiffure qui paraît bouclée depuis le haut de la tête jusque sur le cou. Une partie est armée de boucliers et de lances, et une autre, de dards et de carquois.

Une grande ligne verticale d'hiéroglyphes[1] sépare le sujet que nous venons de décrire, de celui qui le suit, et où l'on voit encore le même héros; mais ce sont d'autres victoires et des combats d'une autre nature. Le vainqueur est descendu de son char; un écuyer tient les rênes, tandis qu'un palefrenier arrête par la bride les chevaux encore tout haletans, et cherche à les calmer. Deux hommes se disposent à les panser; ils tiennent à la main une espèce de bâton recourbé, dont il est difficile d'assigner l'usage. Les harnois de ces chevaux diffèrent peu de ceux que nous avons précédemment décrits, et la bride est absolument la même; leur tête est surmontée de panaches, où l'on distingue une fleur de lotus renversée. Ils sont couverts d'une housse semblable à celle que nous avons déjà décrite[2]; mais ils ont de plus une selle posée près du garrot; elle est maintenue par des courroies qui passent sous le ventre et en avant du poitrail. Le char est de métal; on y voit attachés, sur les côtés, des carquois remplis de flèches.

Le héros, descendu de son char, et vêtu de ses habits de guerre, est caractérisé par un vautour planant au-dessus de sa tête; il est suivi de l'un de ses porte-enseignes, sans lesquels on ne le voit jamais marcher: armé

[1] *Voyez* pl. 10, *A.*, vol. II.   [2] *Voyez* ci-dessus, pag. 86.

de son carquois, il en a tiré une flèche qu'il est prêt à lancer avec son arc déjà tendu. Il foule aux pieds des ennemis vaincus, emblème de la victoire certaine qu'il va remporter. Jamais nous n'avons vu cette belle figure sans éprouver un vif sentiment d'admiration, et sans rendre justice à l'art des Égyptiens. Ce n'est pas que, pour la perfection, elle puisse être comparée aux belles sculptures en bas-relief que la Grèce nous a laissées. On ne doit point mettre en parallèle des ouvrages exécutés dans des systèmes tout différens et d'après des données qui ne sont pas les mêmes. Mais cette figure, comparée aux autres sculptures des Égyptiens, est une des plus précieuses et des mieux exécutées; elle prouverait seule, si d'ailleurs on n'en avait une infinité d'autres exemples, que l'art, tel que les Égyptiens l'ont conçu, a été porté chez eux à une grande perfection. On ne trouve plus ici cette pose immobile et sans action, qui paraît avoir été de rigueur dans les bas-reliefs sacrés; toute la figure est animée et pleine de mouvement; son action est bien sentie : elle est aux sculptures égyptiennes ce que l'Apollon du Belvédère est aux statues grecques. Il n'est peut-être pas inutile de faire remarquer l'analogie qui existe entre la pose de l'Apollon et celle du guerrier égyptien : le dieu des Grecs vient de lancer le redoutable trait qui a vaincu le serpent Python, et le héros des Égyptiens va lancer la flèche qui doit porter la mort dans les rangs ennemis.

Le héros est précédé de quatre archers qui sont dans la même attitude que lui : leurs carquois sont ouverts, et ils en ont tiré des flèches qu'ils dirigent sur les ennemis. Ils sont d'une stature beaucoup moindre que celle du héros, mais cependant assez élevée pour qu'on doive reconnaître en eux des guerriers marquans. En effet, partout nous avons observé que les Égyptiens distinguent leurs grands personnages, non-seulement par les symboles et les attributs dont ils les environnent, mais encore par la hauteur de la stature. Ceux qui sont ici représentés sont sans doute des officiers du premier ordre.

Le combat qui est ici figuré se livre sur les eaux. En l'examinant avec attention[1], on ne tarde point à reconnaître qu'une escadre égyptienne est aux prises avec une flotte ennemie, et qu'elle est vigoureusement secondée sur terre par une armée égyptienne, dont on n'a représenté ici que le héros qui la commande et les généraux qui servent sous ses ordres, comme pour indiquer que la valeur de quelques braves supplée seule à toute une armée.

Les vaisseaux égyptiens sont distingués par leurs proues décorées d'une tête de lion. Les hommes qui les montent se reconnaissent, au premier abord, à leurs airs de tête, à leurs costumes et à leurs armes; mais d'ailleurs la forme oblongue de leurs boucliers, forme décrite par les anciens auteurs[2], signale encore les Égyp-

---

[1] *Voyez* pl. 10, *A.*, vol. II.

[2] Nous ne citerons ici, à l'appui de notre assertion, qu'un seul passage extrait du livre VI de la *Cyropédie* de Xénophon. Cet auteur indique non-seulement les grands boucliers dont les soldats égyptiens étaient couverts, mais encore leurs longues piques et leurs petits coutelas, tels que les sculptures du palais de Medynet-abou nous les offrent.

* Ἤδη δὲ καὶ μεμισθωμένους εἶναι πολλοὺς μὲν Θρᾳκῶν μαχαιροφόρους, Αἰγυπτίους δὲ προσπλεῖν· καὶ ἀριθμὸν ἔλεγον εἰς δώδεκα μυριάδας σὺν ἀσπίσι ταῖς ποδήρεσι, καὶ δόρασι μεγάλοις (οἷά περ καὶ νῦν ἔχουσι), καὶ κοπίσι.

tiens d'une manière plus précise. Sur la gauche du dessin, on voit trois des barques égyptiennes [1] placées l'une au-dessus de l'autre, disposition qui paraît avoir été employée pour suppléer à la perspective. Une quatrième barque [2] est à droite. Elle a déjà doublé et coupé la flotte ennemie; elle la prend en arrière et s'avance pour agir de concert avec les trois autres. Les barques égyptiennes ont peu souffert dans le combat; elles ont conservé leurs mâts, leurs voiles, leurs pilotes et leurs rameurs; elles ont aussi leur gabier, qui paraît sortir d'un mât terminé en fleur de lotus. Ce personnage semble jouer ici un grand rôle. Dominant tout le vaisseau et pouvant apercevoir au loin, c'est lui qui dirige, pour ainsi dire, le pilote, et qui indique les manœuvres à faire, d'après les mouvemens qu'il remarque dans la flotte ennemie. La bonne tenue des vaisseaux égyptiens présage déjà les succès éclatans qui doivent couronner leurs efforts. Ceux qui les montent sont dans l'attitude la plus guerrière et la plus animée. Les uns lancent des flèches; les autres tiennent une massue dont ils se disposent à porter de vigoureux coups, en même temps qu'ils élèvent au-devant de leur corps le bouclier qui parera ceux que l'ennemi pourra diriger contre eux. Les deux barques [3] de droite et de gauche, qui cernent la

Præterea conductos jam permultos esse Thracas machærophoros, Ægyptios navigiis advehi; atque hos aiebant esse humero ad centum viginti millia, cum scutis ad pedes usque pertinentibus, hastisque magnis (quales etiam nunc habent) et copidibus (Xenoph. de Cyri institu-tione, lib. VI, pag. 336, edit. Londini, 1747).

[1] *Voyez* pl. 10, ordonnées 1, 2 et 3, *A.*, vol. II.

[2] *Voyez* pl. 10, ordonnée 4, *A.*, vol. II.

[3] *Voyez* pl. 10, ordonnées 1 et 4, *A.*, vol. II.

flotte ennemie, ont déjà des trophées de leur victoire : elles sont remplies de prisonniers dont les mains sont liées, et qui ont été placés parmi les rameurs.

La flotte ennemie[1] est, au contraire, dans un état qui annonce sa défaite : elle est toute désemparée. Les bâtimens, privés de rameurs, de pilotes et de gabiers, semblent errer au hasard : quelques-uns ont perdu leurs mâts et leurs agrès ; un autre a sombré sous voiles[2]. Partout règne le plus grand désordre. Les combattans qui montent ces vaisseaux, sont de deux sortes, et se font distinguer par leur costume et leur coiffure, leurs armes et leurs boucliers. Les uns ont une espèce de casque couronné de plumes et retenu sur la tête par un ruban noué sous le menton ; les autres ont la tête couverte d'un casque de fer[3] qui paraît en prendre exactement la forme, et dont le contour arrondi n'est interrompu que par deux petites cornes placées en avant et en arrière. Ils sont tous armés de poignards, et leurs boucliers sont de forme circulaire. Ils sont revêtus d'une espèce de cotte d'armes qui, en leur couvrant la poitrine et une partie des bras, descend jusqu'au-dessus du genou. Au costume de ces guerriers, et surtout à leurs bonnets de plumes, la première idée qui vient à l'esprit, est qu'on a représenté ici des Indiens ; c'est ce que nous avons admis jusqu'à présent dans le cours de cet écrit. Nous verrons bientôt que les témoignages

---

[1] *Voyez* pl. 10, *ordonnées* 5, 6, 7, 8 et 9, *A.*, vol. II.

[2] *Voyez* pl. 10, *ordonnée* 9, *A.*, vol. II.

[3] La couleur bleue, dont le casque est peint, nous paraît être l'indication de ce métal. Nous avons déjà eu plusieurs fois l'occasion de faire des remarques semblables.

historiques¹ viennent à l'appui de cette opinion, et lui donnent tout le caractère de la certitude. La grande analogie qui existe entre les deux espèces de guerriers qui montent la flotte ennemie, ne permet pas de croire qu'ils soient de nations différentes : nous sommes, au contraire, portés à penser que ce sont des troupes d'un même peuple, distinguées entre elles par la forme de leurs coiffures.

La flotte ennemie se reconnaît à la configuration des barques², qui, néanmoins, ne diffèrent pas essentiellement, dans leur forme générale, des vaisseaux égyptiens.

Le précieux bas-relief que nous avons maintenant sous les yeux, est si curieux, que nous y arrêterons encore un instant nos lecteurs.

C'est devant le héros que l'action paraît être le plus animée : on y voit les Indiens pêle-mêle, percés de flèches, et morts ou mourans. Aucun effet de perspective n'est ici observé; mais ce que l'on a exécuté indique bien le désordre d'une mêlée, et toutes les figures, dans leurs différentes attitudes, décèlent le triste état où l'armée est réduite. Au grand nombre d'ennemis que l'on voit sur le devant, on peut conjecturer que les Indiens ont effectué une descente sur le rivage, et qu'ils sont vigoureusement repoussés. Tout près des archers, on peut remarquer un soldat égyptien³ qui tire un Indien par le bras, et lui assène sur la tête un coup de son arc.

Le vaisseau ennemi⁴ qui, le premier, a débarqué

---

¹ *Voyez* ci-après, §. VI.
² *Voyez* pl. 10, *A.*, vol. II.
³ *Voyez* pl. 10, ordonnée 10, *A.*, vol. II.
⁴ *Voyez* pl. 10, ordonnée 5, *A.*, vol. II.

son monde, est monté par des guerriers dont tous les efforts se réduisent à opposer aux flèches du héros les boucliers ronds dont ils sont armés : d'autres, tout-à-fait sans défense, sont dans une attitude suppliante, et paraissent implorer la clémence du vainqueur [1]. Le reste des barques ennemies n'offre pas un moindre désordre. On y voit les Indiens opposer également une vaine résistance aux coups dirigés contre eux : quelques-uns tombent de leurs barques et sont précipités dans les eaux, tandis que d'autres font de vains efforts pour les arrêter dans leur chute. On remarque dans ce combat naval un abordage [2]. Un soldat égyptien, monté sur la partie la plus avancée de la proue du vaisseau, a son bouclier attaché derrière les épaules, et, armé d'une massue qu'il tient de la main droite, il saisit avec vigueur par le bras un Indien qu'il arrache de son bord, et qu'il est sur le point d'assommer. Le même vaisseau égyptien [3] qui présente cet acte de courage, en offre un autre qui annonce la clémence et l'humanité. Un Égyptien tend les mains à un ennemi qui implore sa pitié : il fait des efforts pour l'arracher aux eaux qui vont l'engloutir. Dans une autre barque [4], un Indien accroupi sur la proue a les mains liées derrière le dos : un Égyptien lève sur sa tête une masse d'armes dont il est prêt à le frapper. Sans doute un esprit de révolte attire sur ce malheureux cet acte de vengeance.

A la vue de ce bas-relief qui représente évidemment

---

[1] *Voyez* pl. 10, *ordonnées* 6, 7, 8 et 9, *A.*, vol. II.

[2] *Voyez* pl. 10, *ordonnées* 3 et 7, *A.*, vol. II.

[3] *Voyez* pl. 10, *ordonnée* 3, *A.*, vol. II.

[4] *Voyez* pl. 10, *ordonnée* 1, *A.*, vol. II.

8.

un combat naval, on se demande pourquoi les Égyptiens n'ont pas figuré les eaux telles qu'on les voit dans les passages de fleuves sculptés sur les murs extérieurs de leurs palais. Nous croyons en voir la raison dans la différence qu'ils faisaient des eaux douces et bienfaisantes des fleuves et des eaux de la mer. On sait que, dans leur système mythologique et religieux, ils regardaient celles-ci comme pernicieuses, en ce qu'elles rendent incultes et inhabitables les terrains qu'elles avoisinent: elles étaient pour eux le Typhon qui avait autrefois possédé le partage d'Osiris, c'est-à-dire, la terre féconde d'Égypte. Il n'est donc pas extraordinaire que, pour figurer les eaux de la mer, ils n'aient point voulu profaner un caractère sacré qu'ils employaient uniquement pour représenter les eaux douces. Cette remarque elle-même nous porte encore plus à conclure que le combat que nous venons de décrire a été livré sur mer. Nous verrons bientôt les témoignages historiques venir à l'appui de cette opinion[1], en faveur de laquelle nous ajouterons encore ici que la forme des barques diffère totalement de la forme de celles qui voguaient sur le Nil, et dont nous avons retrouvé des représentations dans les grottes, principalement à *Elethyia*[2].

À gauche du combat naval, on voit les prisonniers que l'on amène devant le vainqueur : les uns ont les bras liés, les autres ont les mains retenues par des espèces de menottes. Ils sont conduits deux à deux par des officiers égyptiens, précédés eux-mêmes de militaires qui paraissent être d'un plus haut rang : ceux-ci sont vêtus

[1] *Voyez* ci-après, §. VI.   [2] *Voyez* pl. 68, *A.*, vol. 1.

de longues robes, et tiennent dans les mains des espèces d'étendards ou de plumes, emblème de la victoire. Le premier de tous paraît indiquer, par un geste, au vainqueur, qu'on lui amène des prisonniers; le héros, monté sur la première marche d'un autel, en accueille l'hommage, et donne sa main à baiser. Derrière lui, sont ses porte-enseignes et ses bannières.

Au-dessous du bas-relief, sont des troupes égyptiennes [1] et des prisonniers indiens qu'elles font marcher devant elles. On remarque d'abord, à droite, quatre fantassins armés de piques et de grands boucliers rectangulaires, terminés circulairement dans leur partie supérieure. Ils tiennent à la main un instrument dont il est difficile d'assigner l'usage; c'est une espèce de fourche[2]. Deux archers armés de leurs arcs, les précèdent, et tiennent dans la main droite un petit coutelas recourbé : ils ont autour de la poitrine et par-dessous le bras gauche des cordes destinées probablement à lier les mains des prisonniers. Plusieurs figures, vêtues de longs habits, sont armées d'arcs et de carquois. Elles sont précédées par un porte-enseigne qui tient à sa main une fleur de lotus avec sa tige en guise d'étendard. Derrière elles sont des personnages portant sur le dos des ustensiles qui paraissent propres à renfermer des provisions de bouche : l'un d'eux tient à la main une petite outre, destinée peut-être à contenir quelque liqueur. On voit ensuite des prisonniers indiens conduits deux à deux par

---

[1] *Voyez* pl. 10, *A.*, vol. II.
[2] Peut-être ces fourches servaient-elles à attacher par le cou les prisonniers les uns à la suite des autres, comme on le voit dans le bas-relief lui-même, et comme cela se pratique encore aujourd'hui parmi quelques peuplades de nègres.

un archer égyptien : ils ont les mains et les bras liés, et sont attachés ensemble, au moyen d'une corde qui leur entoure le cou. Probablement il y avait de ces prisonniers dans toute l'étendue du bas-relief supérieur; mais la dégradation du mur, et surtout la hauteur à laquelle s'élèvent les décombres, n'ont pas permis de dessiner ni de décrire le reste du tableau.

A la suite du grand bas-relief, et derrière le vainqueur, est un char tout pareil à celui qui se voit à droite. C'est encore celui du même héros, qui, dans cette dernière scène, est représenté recevant des offrandes. Il tourne le dos à son char, comme dans la première partie du bas-relief.

§. VI. *Comparaison des actions guerrières attribuées par Diodore et Hérodote à Sésostris, avec les scènes militaires sculptées sur les murs du palais de Medynet-abou, et notions qui en résultent pour l'ancienne histoire des Égyptiens.*

Les sculptures du palais de Medynet-abou ont tant d'analogie avec ce que Diodore nous rapporte des exploits de Sésostris, et de son retour en Égypte après ses conquêtes, qu'il nous a paru curieux de faire des rapprochemens, pour établir l'identité du héros de cet historien, et de celui qu'on a représenté en tant d'endroits différens sur les murs des édifices de Medynet-abou. Nous commencerons d'abord par quelques réflexions sur la confiance que doivent inspirer les écrits de Diodore de Sicile.

L'autorité de cet historien nous paraît être du plus

grand poids. Les matériaux sur lesquels il a composé son histoire, ont été puisés, comme il le dit lui-même en plusieurs endroits de son ouvrage, dans les annales des Égyptiens et dans les livres écrits par leurs prêtres. Diodore a été lui-même en Égypte, et a voulu voir de ses propres yeux le pays dont il avait à parler. Ce n'est pas cependant que nous pensions qu'il ait visité les monumens de la haute Égypte; il nous paraît, au contraire, qu'il n'a vu que l'Égypte inférieure; mais il aura puisé dans les restes de la bibliothèque d'Alexandrie, échappés au sac de cette ville lors de la guerre de César, la plus grande partie des matériaux nécessaires à la composition de son ouvrage. Les Grecs qui l'avaient précédé, et qui, très-anciennement, avaient vu les lieux dont il a parlé, lui ont été aussi d'un grand secours pour la composition de ses écrits. Ce fait est pleinement justifié par l'identité que nous avons démontrée de l'un des édifices[1] ruinés de Thèbes avec le tombeau d'Osymandyas, décrit par Diodore d'après Hécatée, qui, si l'on en croit Hérodote, avait été à Thèbes et avait eu des relations avec les prêtres de cette ancienne capitale. Nous ne voulons pas toutefois insinuer que tous les faits rapportés par Diodore sont également fondés, et nous ne voulons pas ajouter plus de confiance à ses récits qu'il ne paraît vouloir en inspirer : car il dit, au sujet de quelques faits douteux, qu'il n'entreprend pas d'en démêler la vérité, mais que, rapportant les opinions différentes qu'il trouve dans les historiens, il en laisse le choix au discernement des lecteurs. Ce ne sera donc surtout que d'après la con-

---

[1] *Voyez* la section III de ce chapitre.

formité de ses récits avec les objets retrouvés sur les lieux mêmes, que nous nous permettrons de tirer des conséquences, et d'énoncer des opinions qui acquerront, par cela même, une grande probabilité.

Pour en venir maintenant à l'objet que nous avons principalement en vue, voici comment Diodore s'exprime sur Sésostris, dont nous pensons que l'on doit voir l'image dans la plupart des sculptures du palais de Medynet-abou : « C'est de tous les rois d'Égypte, rapporte-t-il [1], celui qui a fait les plus grandes et les plus célèbres actions. Mais, comme non-seulement les historiens grecs, mais encore les prêtres et les poëtes égyptiens, diffèrent entre eux à son sujet, nous tâcherons de rapporter ce que nous trouverons de plus vraisemblable et de plus conforme aux monumens qui restent encore en Égypte. »

Cette espèce d'introduction nous indique suffisamment la nature des autorités dont Diodore va faire usage; et l'on soupçonne déjà que ce qu'il va rapporter de Sésostris, n'est autre chose que l'interprétation des sculptures des monumens. C'est ce que d'ailleurs semble particulièrement indiquer le mot σημεῖα, *signa*, que renferme le texte.

Diodore, après avoir indiqué avec quelques détails la manière dont Sésostris fut élevé, les exercices de corps et les travaux auxquels il était livré dans sa jeunesse, nous apprend que l'Arabie [2] fut le premier théâtre de ses exploits; qu'il y combattit contre des bêtes farouches, et que, supportant la faim et la soif dans le désert, il

---

[1] *Voyez* la citation n°. II.   [2] *Voyez* la citation n°. III.

asservit tous les peuples d'Arabie qui n'avaient jamais reçu le joug.

Quelle conformité entre ce récit et le bas-relief que nous avons décrit[1], où le héros égyptien a percé de traits deux lions, dont l'un est étendu mort, et l'autre fuit à travers les roseaux! et peut-on douter que la sculpture ne soit ici parfaitement d'accord avec les faits historiques?

Voilà quels sont les exploits de la jeunesse de Sésostris. Appelé au trône après la mort de son père, il conçoit de plus vastes projets. Excité par les dieux eux-mêmes, il entreprend de conquérir l'univers. Il règle les affaires du royaume; il organise les provinces, à la tête desquelles il met des gouverneurs; il rassemble tout ce qu'il y a d'hommes vigoureux dans l'État[2], et en forme une armée proportionnée à la grandeur de son entreprise : car elle était composée de six cent mille hommes de pied, de vingt-quatre mille chevaux, et de vingt-sept mille chariots de guerre.

Ce récit paraîtra sans doute exagéré. Quelque florissante, en effet, qu'ait été l'Égypte dans les temps anciens, il est difficile de croire qu'elle ait jamais pu tirer de son propre sol une force armée aussi considérable. On voit bien qu'une telle exagération est le résultat de la vanité, et que les prêtres qui expliquaient aux voyageurs grecs dont Diodore a emprunté une partie de ses récits, les sculptures de leurs temples et de leurs palais, ont bien pu céder au plaisir d'exagérer la puissance du

---

[1] *Voyez* ci-dessus, pag. 108, et pl. 9, fig. 1, *A*., vol. II.

[2] *Voyez* la citation n°. IV, à la fin de cette section.

peuple qu'ils gouvernaient. Cette propension à l'exagération paraît être d'ailleurs le résultat de l'influence du climat : elle s'est conservée jusqu'à ces temps modernes, et les peuples de l'Orient ne parlent encore aujourd'hui même de leurs armées qu'avec emphase ; elles sont toujours, à les entendre, plus nombreuses que les étoiles du firmament, ou que les grains de sable que la mer a rejetés sur ses bords.

Sésostris, ajoute Diodore, commença par distribuer à tous ses soldats les terres les plus fertiles de l'Égypte, afin que, laissant à leurs familles un bien suffisant, ils se disposassent au départ avec plus de courage. « S'étant mis en marche, il tomba d'abord sur les Éthiopiens, qui sont du côté du midi [1] ; et les ayant défaits, il exigea d'eux pour tribut, de l'or, de l'ébène et de l'ivoire. Il fit ensuite équiper sur la mer Rouge une flotte de quatre cents voiles, et fut le premier prince de ces contrées qui fit construire des vaisseaux longs. Il se rendit maître, par leur moyen, de toutes les provinces maritimes et de toutes les îles de la mer jusqu'aux Indes, pendant que lui-même, conduisant l'armée de terre, subjugua toute l'Asie. »

Est-il possible de ne point reconnaître la conformité de ce récit avec le combat naval sculpté sur les murs extérieurs du palais de Medynet-abou ? Les vaisseaux égyptiens que l'on y voit, sont la représentation d'une portion de cette grande flotte que Sésostris avait fait équiper ; et cette escadre est secondée par terre par le héros lui-même, comme notre historien l'indique d'une

[1] *Voyez* la citation n°. v.

manière positive. Nous ne pouvons donc plus douter que le combat que nous avons décrit [1], ne se livre sur mer. Nous avons déjà donné plusieurs raisons qui portent à le croire; mais la plus forte de toutes est, sans contredit, la coïncidence des bas-reliefs encore existans, avec le récit même de Diodore. Nous répéterons ici que la forme des barques confirme encore dans cette opinion; car elles ne ressemblent en rien à celles qui naviguaient sur le Nil, et dont nous avons retrouvé la représentation dans les scènes sculptées sur les parois des grottes. Un rebord élevé, au travers duquel passent les rames, paraît destiné à garantir le vaisseau de l'invasion des vagues. Ces barques sont peut-être le type original de ces énormes galères à trois rangs de rames, que l'on construisait au temps des Ptolémées, et dont Athénée nous a laissé des descriptions si pompeuses. Cependant on voit ici, de plus, l'application des voiles, dont les Grecs n'ont point fait l'emploi dans leurs énormes vaisseaux.

« Sésostris [2] non-seulement parcourut tous les pays où Alexandre a depuis porté ses armes, mais encore pénétra jusque dans des contrées où le roi de Macédoine n'est jamais entré. En effet, il passa le Gange, et, traversant toutes les Indes, il parvint jusqu'à l'Océan oriental, d'où revenant par le septentrion, il conquit toute la Scythie jusqu'au fleuve Tanaïs, qui sépare l'Asie d'avec l'Europe. »

Nous trouvons encore ici une identité frappante entre

---

[1] *Voyez* ci-dessus, pag. 114, et la pl. 10, *A.*, vol. II.

[2] *Voyez* la citation n°. VI, à la fin de cette section.

ces récits et les sculptures qui se voient sur le mur extérieur du palais, au sud. Le fleuve qu'on y a figuré est probablement le Gange. Si tous les murs extérieurs du palais de Medynet-abou étaient débarrassés des décombres qui les enveloppent, nous ne doutons point qu'on n'y retrouvât sculptée la suite des exploits de Sésostris, dans l'ordre où Diodore les donne. Il devient donc de plus en plus probable, comme nous l'avions d'abord insinué, que Diodore de Sicile a puisé ses matériaux, soit dans les annales des prêtres, soit dans les récits d'un voyageur à qui un prêtre égyptien aurait montré les sculptures du palais de Medynet-abou, en commençant d'abord par lui donner l'explication des sujets sculptés sur la face extérieure de l'ouest, et en faisant ensuite tout le tour du monument pour rentrer dans l'intérieur du palais, comme ce qu'il nous reste à dire va le prouver.

« Sésostris, continue Diodore, traitant équitablement les peuples qu'il avait soumis, leur imposa des tributs proportionnés à leurs forces, et les obligea de les apporter eux-mêmes en Égypte, où il revint au bout de neuf années [1], avec une réputation supérieure à celle de tous les rois ses prédécesseurs. Il fit son entrée, suivi d'une foule innombrable de captifs, et chargé d'immenses dépouilles. »

Les sculptures intérieures du péristyle du palais n'annoncent-elles point ce retour [2] ? Cette marche triomphale que nous avons décrite, ces captifs que l'on amène de-

---

[1] *Voyez* la citation n°. VII.
[2] *Voyez* ci-dessus, pag. 93 et suiv., et la pl. 11, *A.*, vol. II.

vant le vainqueur, ces sacrifices que l'on offre aux dieux, n'ont-ils pas une conformité parfaite avec les circonstances du retour du héros dont Diodore nous donne l'histoire ?

Le témoignage d'Hérodote vient se joindre à celui de Diodore, pour nous confirmer dans l'opinion que les sculptures du palais de Medynet-abou représentent les exploits de Sésostris[1]. « Ce prince, dit-il, fut, selon les prêtres, le premier qui, étant parti du golfe arabique avec des vaisseaux longs, subjugua les peuples qui habitaient les bords de la mer Erythrée. Il fit voile encore plus loin, jusqu'à une mer qui n'était plus navigable à cause des bas-fonds. »

Ces circonstances sont parfaitement d'accord avec celles qui sont rapportées plus en détail par Diodore de Sicile. Hérodote garde le silence sur la suite des exploits de Sésostris dans cette région du globe : mais Diodore, comme nous l'avons vu, y supplée par beaucoup de détails ; et il ne nous paraît pas que l'on doive inférer du silence du premier, que Sésostris n'ait pas pénétré dans l'Inde, puisque, loin d'avancer positivement ce fait, tout ce qu'il raconte conduit au contraire à supposer ce voyage : car c'est une règle de critique qu'il nous paraît très-convenable de suivre, que, pour des faits historiques dont le fond est le même et qui sont différemment narrés par plusieurs historiens, on doit ajouter foi à celui qui donne les circonstances les plus détaillées. Il est facile de voir qu'Hérodote et Diodore, dans tout ce qu'ils rapportent de Sésostris, ne se sont point copiés,

---

[1] *Voyez* la citation n°. VIII.

bien qu'il y ait entre eux une distance de plusieurs siècles. Ils ont puisé à une source commune; car il y a de certains faits sur lesquels le premier historien s'étend davantage, et que le second a presque entièrement omis, tandis que d'autres faits qui ont été exposés plus au long par l'un, n'ont été qu'esquissés par l'autre. Mais ce qui, pour l'objet dont nous nous occupons, fait une différence très-grande entre les deux historiens, c'est que les récits de Diodore et les bas-reliefs représentant la suite des exploits de Sésostris, ont une conformité qui n'existe pas entre ces sculptures et les faits rapportés par Hérodote. Nous conclurons donc de toute cette discussion, que les deux auteurs ont puisé leurs matériaux dans les annales de l'Egypte, et que les prêtres de cette célèbre contrée leur ont fourni sur la vie de Sésostris les détails qu'ils nous ont transmis, mais qu'il ne paraît pas que ces mêmes prêtres aient montré à Hérodote les monumens historiques gravés sur la pierre, qui devaient, pour ainsi dire, attester la vérité de leurs discours.

Nous ne quitterons pas ce sujet sans appeler l'attention sur ce qu'a dit de Sésostris un célèbre critique, dont nous sommes loin de partager l'opinion. M. de Pauw, dans le premier volume de ses *Recherches philosophiques sur les Égyptiens et les Chinois*, ne veut point accorder à Sésostris le titre de conquérant; il le regarde seulement comme un des meilleurs rois qui aient gouverné l'Égypte, et qui, succédant aux rois pasteurs, les plus impitoyables tyrans dont l'histoire fasse mention, aient restitué au peuple la propriété des terres, que ceux-ci lui avaient ôtée. Ce que M. de Pauw ne peut surtout accorder, c'est que Sésostris ait fait construire sur la mer Rouge une flotte nombreuse. Il se fonde particulièrement sur ce que les Égyptiens avaient une aversion invincible pour la mer. Il est certain que les eaux de la mer, dans leur système mythologique et religieux, leur inspiraient de l'horreur : ils les désignaient, et nous en avons déjà fait la remarque, comme l'emblème de Typhon, l'ennemi d'Osiris[1]. C'était dans la mer que venaient se perdre les eaux bienfaisantes et régénératrices du Nil, leur Osiris terrestre. Mais il faut considérer que ces opinions religieuses ne devaient pas plus faire renoncer les Égyptiens à la navigation sur mer, que leur respect pour les animaux sacrés, tels que le bœuf, la brebis et tant d'autres, ne les empêchait de se nourrir de la chair de ces animaux, ou que leur haine pour les Arabes pasteurs ne les éloignait de l'éducation et de la garde des troupeaux. Il faut considérer encore que, nonobstant cette aversion religieuse pour les eaux de la mer, les marins, au rapport d'Hérodote, étaient cependant en assez grand nombre pour former une des sept classes de la nation; et cela n'a pu sûrement être le résultat que d'une certaine extension donnée au commerce. Si l'on ajoute à toutes ces considérations, qu'il est assez généralement reçu d'accorder aux Égyptiens des connaissances très-étendues en géographie, et si l'on admet la science prodigieuse que S. Clément d'Alexandrie[2] donne à l'hiérogrammatiste ou scribe sacré des Égyptiens, on tombera d'accord que tant de connaissances ne peuvent provenir

[1] *Voyez* le Traité d'Isis et d'Osiris de Plutarque.
[2] *Voyez* la citation n°. 1.

que de communications extérieures depuis long-temps établies. Pourquoi Sésostris ne serait-il pas un des rois conquérans qui auraient le plus contribué à ces communications par leurs expéditions militaires et leurs excursions lointaines? D'ailleurs, tous les témoignages historiques s'accordent à nous montrer, dans l'antiquité, le commerce de l'Égypte principalement dirigé vers la mer Rouge. Ce n'est guère que sous les derniers Pharaons que les Égyptiens firent, avec un assez grand éclat, le commerce de la Méditerranée, et que les ports de l'Égypte sur cette mer furent ouverts aux étrangers.

Voilà comment, par une suite d'inductions et de témoignages fournis, soit par les historiens, soit par les monumens encore subsistans en Égypte, nous sommes conduits à conclure que l'esprit guerrier des anciens Égyptiens, leurs vastes conquêtes, leurs communications avec l'Inde, ne sont pas des chimères, et que tous les doutes que l'on a élevés jusqu'à présent sur l'expédition de Sésostris dans cette contrée [1], et sur l'existence même de ce roi conquérant, doivent cesser entièrement. Si, sous les rois qui ont succédé à Sésostris, les Égyptiens ont dégénéré de leur ancienne valeur, c'est que ces souverains n'ont point su entretenir parmi eux l'ardeur militaire que leur avait inspirée leur prédécesseur. Les critiques qui n'ont point eu, comme nous, l'avantage de visiter les monumens de

---

[1] *Voyez* un mémoire de l'abbé Mignot dans les Mémoires de l'Académie des inscriptions et belles-lettres, t. XXXI, pag. 177 et 178; — Zoega, *De origine et usu obelis-corum*, pag. 577 et 578; — l'Iconographie grecque, par M. Visconti; — les Études de l'histoire ancienne, par Lévesque, t. 1ᵉʳ.

l'ancienne Égypte, ont pu suspecter le témoignage de
Diodore de Sicile, et regarder comme des fables inven-
tées par les prêtres ce que cet historien nous rapporte
des conquêtes de Sésostris et de son passage dans l'Inde;
mais les monumens confirment ce témoignage, et présentent eux-mêmes une garantie aussi authentique qu'aucune de celles dont l'histoire puisse s'appuyer. Ce témoignage ne se réduit donc pas seulement, comme on l'a
dit[1], à celui des prêtres. Aimerait-on mieux considérer
les bas-reliefs des monumens comme des compositions
fantastiques, sorties du cerveau des prêtres égyptiens?
c'est ce qui ne viendra sûrement à la pensée de qui que ce
soit. Nous savons bien qu'on allègue, contre l'opinion
que nous avançons, le témoignage de Strabon, qui, sur
l'autorité de Mégasthène[2], ne veut pas que l'on croie à
d'autres expéditions dans les Indes qu'à celles d'Hercule,
de Bacchus et d'Alexandre; mais ce même Strabon,
dans un autre endroit de son ouvrage[3], est d'accord en
beaucoup de points avec Hérodote et Diodore sur les
conquêtes de Sésostris; il lui fait parcourir en vainqueur
l'Éthiopie, tout le pays des Troglodytes et l'Arabie; il
le met enfin sur le chemin de l'Inde.

Le palais de Medynet-abou est très-probablement un
de ces nombreux édifices qui, au rapport de Diodore[4],
furent élevés par Sésostris, et auxquels il fit travailler
les captifs qu'il avait ramenés de ses conquêtes. Voilà
donc un monument dont on pourrait assigner l'époque,

[1] *Voyez* le Mémoire de l'abbé Mignot déjà cité.
[2] *Voyez* la citation n°. IX, à la fin de cette section.
[3] *Voyez* la citation n°. X, *ibid*.
[4] *Voyez* la citation n°. XI, *ibid*.

s'il était possible d'établir quelque accord entre les différentes chronologies des rois d'Égypte, qui nous ont été transmises par Hérodote, Diodore, Eusèbe, Manéthon, le Syncelle et Jules Africain. Quoi qu'il en soit, on ne peut s'empêcher de le faire remonter à une haute antiquité[1].

N'est-il pas extrêmement curieux de retrouver, après tant de siècles, un édifice aussi bien conservé que celui de Medynet-abou? Qui ne se sentirait ému à la vue du palais du plus grand des conquérans dont l'histoire nous ait conservé le souvenir, et dont les exploits et les hauts faits tiennent du prodige et de la fable? Le voyageur sent mieux qu'il ne peut l'exprimer tout ce qu'on éprouve au milieu de ces édifices où les arts ont étalé toute leur magnificence pour perpétuer la gloire des héros. Il relève par la pensée ces colonnes abattues, ces membres d'architecture brisés; il fait sortir de leurs décombres ces salles enfouies; il les restaure et les rend à leur ancien état et à leur première splendeur; il y voit briller l'or et les pierreries[2]; il les décore de ces meubles riches et élégans, de ces étoffes précieuses de l'Inde dont on retrouve les modèles dans les tombeaux des rois[3]; et, pour ajouter encore à la magnificence de tout ce que son imagination rétablit, il se représente Sésostris dans le péristyle du palais de Medynet-abou, recevant au milieu des grands de son empire les ambassadeurs de toutes les nations de la terre.

[1] Les chronologistes modernes qui font remonter le plus haut le règne de Sésostris, ne le placent que 1790 ans avant Jésus-Christ.
[2] *Voyez* la citation n°. XII.
[3] *Voyez* la pl. 89, *A.*, vol. II.

§. VII. *Du petit temple situé au pied de la butte factice de Medynet-abou.*

Au sud-ouest du pavillon et à cent soixante mètres environ, on trouve, au pied de la butte factice de Medynet-abou, un petit temple dont l'axe fait avec le méridien magnétique un angle de 32° 30'. Son portique ou *pronaos*[1], plus élevé que le reste du temple, a trois mètres de largeur, et une longueur à peu près quadruple. Le temple[2] renferme trois salles successives. Les murs extérieurs n'ont point été sculptés. Le plafond du portique est en partie détruit, ou n'a peut-être jamais été achevé. La première pièce qui suit le portique, n'a plus, vers le sud, que quelques-unes des pierres qui en formaient la couverture ; elle était éclairée par des soupiraux pratiqués dans la partie supérieure des murs latéraux. On n'y voit point d'ornemens. La seconde pièce a ses parois couvertes de figures et d'hiéroglyphes peints et sculptés. Sur trois de ses faces intérieures, et jusqu'à la moitié de la hauteur, sont des hiéroglyphes en relief. Les autres parties de cette pièce ont été peintes ; mais, en plusieurs endroits, les hiéroglyphes et les figures ont éprouvé des dégradations, ou même ne se voient plus du tout. Cette pièce est éclairée, comme celle qui la précède, par deux soupiraux pratiqués dans les faces latérales, et par des trous

---

[1] *Voyez* ce que nous disons des portiques ou *pronaos* égyptiens dans la Description de Karnak, troisième partie de la section VIII de ce chapitre.

[2] *Voy.* pl. 18, fig. 1, *A.*, vol. II.

évasés d'environ un pied carré, ouverts au sud et au nord du plafond. Sur la face contiguë à la porte d'entrée, on voit, à droite, un sacrifice de deux lièvres, fait par un prêtre à la déesse Isis : à gauche, on a représenté un sacrifice à Horus, derrière lequel se trouve une femme coiffée de la dépouille d'un vautour. Devant le prêtre, qui semble tenir la tige d'une fleur, est une offrande composée de divers animaux, de fleurs et de fruits parmi lesquels on remarque des raisins et des poissons; on y voit aussi des gâteaux et des pains.

De cette pièce on passe dans la troisième et dernière, qui est éclairée, comme les précédentes, par des soupiraux pratiqués dans le haut des faces latérales. Aux angles extrêmes, les murs ont été défoncés et fouillés. Le plafond, qui est peint en bleu, est parsemé d'étoiles sur les côtés, et décoré, au milieu, de vautours dont les ailes sont déployées.

Ce petit temple, si l'on en juge par son étendue, est de peu d'importance. Il n'a point été terminé ; ce qu'annoncent évidemment son portique à peine dégrossi et ses murs extérieurs sans ornemens : mais il mérite d'être observé, parce que, renfermant des sculptures entièrement achevées et d'autres qui ne sont qu'ébauchées, il présente les différens degrés du travail des artistes égyptiens dans l'exécution des bas-reliefs. On y voit, en effet, des figures tracées en rouge avec une pureté de trait et une hardiesse de dessin qui supposent une grande connaissance des formes et beaucoup d'habileté dans ceux qui les ont exécutées. Ces dessins mêmes sont supérieurs aux sculptures. Les proportions auxquelles les dessinateurs étaient assujettis, sont déterminées par des carreaux qui subsistent encore. Tel était le premier degré du travail, qui sans doute était exécuté par une même classe d'artistes. Tout près de ces figures construites au simple trait, on voit un bas-relief ébauché. Le ciseau du sculpteur a suivi tous les contours du dessin, et fait disparaître la matière qui environnait l'espace circonscrit par le trait du dessinateur. Cette opération a détaché la figure du fond : mais elle est encore grossière; toutes les formes sont carrées, et toutes les parties du relief sont dans le même plan : c'était là le travail d'une seconde classe d'ouvriers. Ensuite un sculpteur plus habile venait mettre la dernière main à l'ouvrage ébauché, et donner ces formes douces et arrondies que l'on remarque près de là dans les sculptures entièrement terminées. Des figures qui n'ont point été peintes, et d'autres qui sont toutes brillantes des plus vives couleurs, font conjecturer que le travail du peintre suivait immédiatement celui du sculpteur.

La position de ce petit temple tout près de l'hippodrome, porte à croire qu'il n'est point placé là par l'effet du hasard; c'était peut-être le lieu où les vainqueurs dans les jeux publics venaient rendre grâces aux dieux, des victoires qu'ils avaient remportées.

§. VIII. *De l'hippodrome, et du temple situé à son extrémité sud.*

Article I.

De l'hippodrome de Medynet-abou.

L'ordre que nous suivons nous conduit naturellement à la description de la vaste enceinte rectangulaire qui est située au sud de Medynet-abou, et dont nous avons déjà dit quelques mots dans notre aperçu général [1] des monumens de Thèbes. Le petit temple que nous venons de décrire, se trouve dans le prolongement du côté nord de cette enceinte, à la distance de cent soixante mètres environ. Ce côté peut avoir mille mètres d'étendue [2]. Il faut se le représenter formé de cinq monticules ou buttes en terre d'à peu près treize mètres [3] d'élévation, auxquels il faut ajouter encore la hauteur des dépôts du Nil sous lesquels leur base est cachée. La largeur de ces monticules est de cinquante mètres à fleur de terre, et leurs longueurs sont très-inégales ; ils sont séparés par des intervalles presque égaux. Ils ne se prolongent point jusqu'aux côtés de l'est et de l'ouest de l'enceinte, de manière que, dans les angles, il y a de grandes ouvertures qui servaient d'issues principales. Il est difficile de distinguer, après les dégradations que le temps a fait éprouver à ces masses, quelles étaient ori-

---

[1] *Voyez* l'Introduction, pag. 11 ; *voyez* aussi la pl. 1, *A*., vol. II.
[2] Mesuré au pas, il a été trouvé de 988 mètres.
[3] Quarante pieds.

ginairement leurs limites : nous avons seulement remarqué qu'elles sont distantes à leur sommet de cinquante à soixante mètres. Ces monticules ne présentent au premier aspect qu'un amas de terres qui ont pris leur talus naturel; mais, en les examinant de plus près et avec plus de soin, on ne tarde point à reconnaître qu'ils ont été construits en briques de très-gros échantillon, séchées au soleil. On retrouve encore, dans quelques endroits, des restes du parement qu'elles présentaient. La forme pyramidale de ces constructions ne permet guère de douter qu'elles ne fussent une suite de pylônes dont les portes donnaient entrée dans l'enceinte. Peut-être aussi n'était-ce que des massifs pyramidaux présentant dans leur élévation la forme trapézoïde, et séparés par des intervalles qui servaient d'issues. Cette dernière hypothèse paraît d'autant plus probable, que d'autres lieux de l'Égypte offrent dans un état parfait de conservation des murs d'enceinte tels que nous les supposons ici. On trouve, sur ces monticules, des restes de constructions qui annoncent qu'à une époque postérieure, on y a élevé quelques villages dont les débris ont encore contribué à augmenter leur masse et à altérer la régularité de leurs formes.

Le côté occidental de l'enceinte est formé de deux rangées de monticules, de cinquante à soixante mètres de longueur à la base : elles laissent entre elles un intervalle de vingt-cinq mètres. Les monticules de l'une et de l'autre rangée se correspondent parfaitement, ainsi que les ouvertures qui les séparent. Malgré leur état de dégradation, on trouve encore, dans beaucoup d'endroits, de quoi justifier l'opinion que nous avons émise plus haut sur leur forme primitive. Ces monticules sont au nombre de vingt-trois, et laissent entre eux vingt-deux ouvertures, qui probablement étaient primitivement égales, mais qui ne le paraissent plus maintenant. Ce côté de l'enceinte a deux mille cinq cents mètres. Les monticules sont moins élevés que ceux qui forment le côté nord, et sont d'inégale longueur. Les plus considérables se trouvent immédiatement à partir du petit temple : ce sont aussi ceux dont les intervalles se correspondent le mieux, et dont la hauteur est la plus grande. Sur la plupart d'entre eux, on trouve des tessons de poteries et des débris de constructions modernes. Un tombeau de santon se voit encore sur les derniers monticules, vers le sud, où l'on trouve des restes d'habitations. Vers le milieu de cette longue avenue, on remarque une ouverture plus grande que les autres, qui paraît se prolonger bien au-delà de l'enceinte, à travers les mamelons de pierre calcaire formant en cet endroit le pied de la chaîne libyque : elle offre des traces d'un torrent, qui, dans quelques saisons de l'année, se précipite du haut de la montagne et sillonne tout le terrain vers le nord-ouest. De petits cailloux roulés, d'agate et de jaspe, dont tout le sol est semé, annoncent aussi le passage des eaux.

Le côté oriental de l'enceinte n'est formé, comme le côté nord, que d'une seule rangée de monticules; mais il offre cela de remarquable, qu'il y a, dans le milieu, une grande ouverture de sept cent quatre-vingts à huit cents mètres de largeur. C'était probablement l'entrée

principale. A droite de cette ouverture, en regardant la
chaîne libyque, les monticules sont au nombre de six,
laissant entre eux des intervalles très-distincts. Sur le
dernier, vers le nord, s'élève encore le village d'el-
Ba'yrât[1]. Ces monticules n'ont guère maintenant que
trois mètres et demi à quatre mètres[2] d'élévation. La
terre s'est successivement écroulée, soit par l'effet du
temps, soit par l'effet du travail des hommes, et elle
forme une sorte de demi-fer-à-cheval autour du village.
A gauche de la grande entrée, toujours en regardant la
chaîne libyque, les monticules ne sont plus séparés, et
ne forment qu'une seule et unique butte, bien moins
élevée que celle dont nous venons de parler, et qui a
huit cent quarante-six mètres de long. Il est facile de
reconnaître, au premier abord, qu'ainsi que beaucoup
de décombres semblables dans la haute Égypte, elle a été
exploitée par les habitans du pays, qui en tiraient une
espèce d'engrais employé dans la culture du dourah. Des
fellâh que nous avons vus, sur les lieux, livrés à ce
genre de travail, ne nous ont laissé aucun doute sur
cette cause de destruction.

Le côté sud de l'enceinte avait aussi ses monticules;
mais ils sont très-peu élevés, et se laissent difficilement
distinguer. Il n'y a guère que l'analogie qui puisse conduire à attribuer à ce côté la même forme que nous avons
reconnue dans les autres, et surtout, d'une manière si
peu équivoque, dans celui qui est en face.

A l'angle sud-est, où se trouve, ainsi qu'à l'angle
sud-ouest, une large ouverture, on voit les traces d'un

---

[1] *Voyez* pl. 1, *A.*, vol. II.   [2] Dix à douze pieds.

canal qui, dérivé de la partie supérieure, parcourt la plaine en longeant la chaîne libyque, et amène dans l'enceinte les eaux de l'inondation. Lorsque les crues du Nil sont favorables, tout le terrain qu'elle renferme est brillant de verdure et fournit une abondante moisson.

Pour achever de donner une idée de la superficie de l'hippodrome de Medynet-abou, il suffira de dire qu'elle est sept fois plus considérable que celle du Champ de Mars à Paris [1]; encore ne faisons-nous point entrer dans notre calcul le terrain occupé par les deux rangées de monticules qui forment le côté occidental.

Le nombre total des ouvertures qui sont pratiquées dans les murs d'enceinte, et que l'on reconnaît d'une manière non équivoque, se monte à trente-neuf, et il est extrêmement probable qu'en supposant rétablies celles qui ont été détruites, le nombre n'a pas pu s'en élever à cinquante. Ainsi se trouve dénuée de fondement la première opinion que nous avions eue sur les lieux, que ces ouvertures pourraient bien être les cent portes de Thèbes, célébrées par Homère, et après lui par les poëtes de l'antiquité. Nous reviendrons plus tard sur le passage du prince des poëtes, qui a, en quelque sorte, consacré les cent portes de l'antique capitale de l'Égypte, et nous le discuterons avec quelques détails [2].

Quel pouvait être l'usage de l'enceinte de Medynet-

---

[1] Le Champ de Mars à Paris a 911 mètres de long, et 390 mètres de large; ce qui donne une superficie de 355290 mètres carrés, faisant 93400 toises carrées. L'enceinte de Medynet-abou a 2500 mètres de long, et 988 mètres de large; ce qui donne une superficie de 2460000 mètres carrés, équivalens à 624380 toises carrées.

[2] *Voyez* la dissertation à la fin de ce chapitre.

abou? Tout ce qui l'environne semble en indiquer clairement la destination. Sa situation près d'une grande ville, capitale d'un royaume florissant, où toutes les sculptures des monumens rappellent des expéditions militaires, des célébrations de fêtes solennelles, ne semble-t-elle pas indiquer une espèce de camp fortifié, un emplacement destiné à rassembler des armées nombreuses, une sorte de cirque, un lieu de réunion pour la célébration des fêtes publiques? C'était un hippodrome, un vaste champ de Mars, où les troupes étaient exercées au maniement des armes, aux courses à pied, aux courses de chevaux et de chars, et en général à toutes les évolutions militaires. C'était de là que les troupes égyptiennes partaient pour voler, sous des Osymandyas et des Sésostris, à des conquêtes assurées. C'était là qu'un peuple nombreux honorait par des récompenses et des applaudissemens le courage et l'adresse. C'était là enfin qu'il apprenait à se bien conduire et à rapporter tout à la plus grande gloire de la religion et de la patrie.

Un passage assez curieux d'Hérodote peut justifier l'opinion que nous venons d'avancer, bien qu'il n'ait pas trait directement à la ville de Thèbes ni à l'enceinte dont il est ici question. Cet historien rapporte[1] que les Égyptiens avaient un grand éloignement pour les coutumes des Grecs, mais que cependant à Chemmis (aujourd'hui *Akhmym*), ville considérable de la haute Égypte, on célébrait, en l'honneur de Persée et à la mémoire des Grecs, des jeux gymniques, qui de tous les jeux sont les plus excellens. Ce passage donne bien

[1] *Voyez* la citation n°. XIII.

à entendre qu'il se célébrait des jeux en Égypte; mais ce n'était qu'à Chemmis qu'on les célébrait à la manière des Grecs. Les jeux gymniques consistaient, comme on le sait, principalement en des combats d'athlètes. Les jeux des Égyptiens étaient fort différens. Suivant l'opinion de Bossuet[1], la course à pied, la course à cheval et la course dans les chariots[2], se faisaient en Égypte avec une adresse admirable, et il n'y avait pas dans l'univers de meilleurs hommes de cheval que les Égyptiens. Ce que Diodore de Sicile rapporte, prouve qu'ils faisaient aussi des courses à pied vraiment prodigieuses. D'après cet historien[3], le père de Sésostris, ayant réuni tous les enfans du même âge que son fils, les exerçait à toutes sortes de travaux, et on ne leur donnait point à manger, qu'ils n'eussent couru cent quatre-vingts stades. Cette distance se trouve être exactement égale à sept fois la longueur de l'hippodrome.

Nous ne quitterons pas ce sujet sans faire remarquer que les deux mille cinq cents mètres qui forment la longueur de l'enceinte, font exactement vingt-cinq stades égyptiens, de cent mètres. La largeur de l'enceinte, si elle avait été mesurée avec précision, eût été sans doute trouvée exactement de mille mètres, équivalens à dix stades. Mesurée au pas, elle a été trouvée de neuf cent quatre-vingt-huit mètres. Il y a tout lieu de croire

---

[1] *Voyez* le Discours sur l'histoire universelle, tom. II, pag. 189, de l'*édition stéréotype*.

[2] Outre les chars nombreux sculptés sur les murs des monumens, on trouve encore représenté, dans les grottes de Thèbes, l'art de fabriquer ces chars; ce qui doit faire naturellement supposer que les Égyptiens en faisaient un fréquent usage à la guerre et dans les jeux publics.

[3] *Voyez* la citation n°. XIV.

qu'une pareille rencontre n'est pas l'effet du hasard. Cette remarque servira de plus en plus à confirmer ce que nous aurons occasion de développer davantage par la suite[1], que le stade dont Diodore se sert le plus habituellement, est celui de cent mètres ou cinquante et une toises, que tous les savans s'accordent généralement à attribuer aux Égyptiens.

Article II.

Du petit temple situé à l'extrémité sud de l'hippodrome.

A neuf cents mètres à peu près de l'extrémité sud de l'enceinte, et presque dans la direction de la grande avenue de portes triomphales formant le côté occidental de l'hippodrome, on trouve les restes d'un temple[2]. Sur le chemin que l'on suit pour y arriver, on rencontre quelques buttes factices, qui semblent, au premier abord, être la continuation de celles que nous venons d'examiner, mais qui, dans la réalité, n'ont avec elles aucune espèce de liaison. Le temple nous a été désigné, par les gens du pays, sous le nom de *Deyr;* et le lieu qu'il occupe, sous celui d'*el-Katreh*. Cette dénomination de *Deyr* (couvent) est peut-être restée à l'édifice, à cause de l'usage auquel il aura servi dans les premiers siècles du christianisme. Quoi qu'il en soit, c'est un temple d'architecture égyptienne, maintenant peu considérable, mais qui paraît l'avoir été beaucoup plus

[1] *Voyez* la dissertation à la fin de ce chapitre.
[2] *Voyez* pl. 18, fig. 4, *A.*, vol. II.

autrefois. Il est situé sur une butte factice, qui s'étend à trente mètres, de part et d'autre de l'édifice, au nord et au sud. Ces décombres sont peu élevés au-dessus de la plaine; et c'est une raison de croire que les constructions qu'elle renferme, ne sont pas d'une antiquité moindre que la plupart des autres monumens de Thèbes. On arrive au temple par une porte située à l'ouest, et en face du Nil. Elle est maintenant détruite en grande partie. Son axe, qui est le même que celui du temple, fait un angle de 66° avec le méridien magnétique. Son épaisseur est à peu près de six mètres. Dans l'intérieur, elle est divisée, comme toutes les portes de ce genre, en trois parties, dont les deux extrêmes sont égales : la partie intermédiaire, qui est la plus grande, recevait les deux battans de la porte lorsqu'ils étaient ouverts. Ce qui subsiste de cette construction, annonce qu'elle devait être colossale, et qu'elle formait l'entrée d'un édifice de quelque importance. On trouve les restes du temple à soixante-un mètres de là vers l'ouest : ils s'étendent dans un espace rectangulaire de treize mètres de long et de huit mètres et demi de large. On y pénètre par une porte pratiquée dans un mur presque ruiné à sa partie nord. On entre d'abord dans une première salle oblongue, qui semble n'être que la continuation d'un couloir, d'un mètre de large. Ce couloir isole de toutes parts la seule portion intacte, qui est le sanctuaire du temple.

La partie sud de l'édifice est la mieux conservée. Le couloir est dans une obscurité profonde. Il sert d'issue à trois pièces plus longues que larges, toutes ornées de sculptures. Elles étaient probablement éclairées par des soupiraux pratiqués dans l'épaisseur du plafond. La première renferme encore les restes d'un escalier qui conduisait sur les terrasses du temple. Au nord, il y avait un pareil couloir et de semblables pièces ; mais tout est maintenant enseveli sous les décombres.

On pénètre dans le sanctuaire [1], qui a quatre mètres de long et deux mètres de large, par une porte décorée d'une corniche surmontée d'*ubœus*. La face antérieure du sanctuaire [2] est couronnée d'un entablement pareil qui se reproduit à l'extérieur dans tout le pourtour de l'édifice. Ce sanctuaire est couvert de sculptures dont on n'a recueilli qu'un seul tableau [3], situé dans le coin à droite en entrant : il représente Horus assis dans une tribune posée sur un autel. Un sphinx est sculpté sur un des côtés de la tribune. Au-dessous on voit un lion, attribut d'Horus ou du Soleil, dont la puissance augmente, lorsqu'arrivé au solstice d'été, il parcourt le signe du lion. Une petite figure, la tête mitrée, et tenant à la main une palme, est couchée sur le côté de la tribune près d'Horus. Un prêtre offre à cette divinité une longue guirlande de lotus implantés les uns dans les autres. Un pareil enlacement de lotus est placé derrière la tribune, et semble l'envelopper.

Si l'on en juge par la grandeur de la porte située en avant des ruines, et si l'on considère que ce qui reste du temple n'en est que le sanctuaire, on ne doutera

---

[1] *Voyez* pl. 18, fig. 4, *A.*, vol. II.
[2] *Voyez* pl. 18, fig. 6 et 7, *A.*, vol. II.
[3] *Voyez* pl. 18, *A.*, vol. II.

pas qu'il ne faille voir ici les débris d'un édifice considérable. Probablement il y avait un premier et un second portique, comme dans la plupart des temples dont les plans ont de l'analogie avec les constructions que nous venons d'examiner[1].

[1] *Voyez* le plan d'Edfoû, *A.*, vol. 1, et le plan de Denderah, *A.*, vol. IV.

TEXTES
DES AUTEURS CITÉS.

I.

Εὕροιμεν δ' ἂν καὶ ἄλλο μαρτύριον εἰς βεβαίωσιν τοῦ τὰ κάλλιστα τῶν δογμάτων τοὺς ἀρίστους τῶν φιλοσόφων παρ' ἡμῶν σφετερισαμένους, ὡσεὶ διαυχεῖν τῶν καὶ παρὰ τῶν ἄλλων βαρβάρων ἀπηνθίσθαι, τῶν εἰς ἑκάστην αἵρεσιν συντεινόντων τινά, μάλιστα δὲ Αἰγυπτίων τά τε ἄλλα, καὶ τὸ περὶ τὴν μετενσωμάτωσιν τῆς ψυχῆς δόγμα· μετίασι γὰρ οἰκείαν τινὰ φιλοσοφίαν Αἰγύπτιοι. Αὐτίκα τοῦτο ἐμφαίνει μάλιστα ἡ ἱεροπρεπὴς αὐτῶν θρησκεία. Πρῶτος μὲν γὰρ προέρχεται ὁ ᾠδός, ἕν τι τῶν τῆς μουσικῆς ἐπιφερόμενος συμβόλων· τοῦτον φασὶ δύο βίβλους ἀνειληφέναι δεῖν ἐκ τῶν Ἑρμοῦ, ὧν θάτερον μὲν ὕμνους περιέχει θεῶν, ἐκλογισμὸν δὲ βασιλικοῦ βίου τὸ δεύτερον. Μετὰ δὲ τὸν ᾠδόν, ὁ ὡροσκόπος, ὡρολόγιόν τε μετὰ χεῖρα καὶ φοίνικα ἀστρολογίας ἔχων σύμβολα, πρόσεισιν· τοῦτον τὰ ἀστρολογούμενα τῶν Ἑρμοῦ βιβλίων, τέσσαρα ὄντα τὸν ἀριθμόν, ἀεὶ διὰ στόματος ἔχειν χρή· ὧν τὸ μέν ἐστι περὶ τοῦ διακόσμου τῶν ἀπλανῶν φαινομένων ἄστρων· τὸ δὲ περὶ τῶν συνόδων καὶ φωτισμῶν ἡλίου καὶ σελήνης· τὸ δὲ λοιπόν, περὶ τῶν ἀνατολῶν. Ἑξῆς

Sed et aliud quoque inveniemus testimonium, ad confirmandum, quòd, cùm præstantissimi philosophi pulcherrima ex iis quæ sunt apud nos dogmata sibi vindicaverint, iis se veluti jactent et glorientur : nempe quòd ex aliis quoque barbaris quædam decerpserint quæ ad unamquamque conferunt sectam, maximè autem ex Ægyptiis, cùm alia, tum dogma de migratione animæ in corpora : suam enim quamdam ac peculiarem exercent Ægyptii philosophiam. Hoc autem maximè ostendunt sacræ eorum cæremoniæ. Primus enim procedit cantor, unum aliquod afferens ex symbolis musicæ : eum dicunt oportere accipere duos libros ex libris Mercurii, ex quibus unus quidem continet hymnos deorum, alter verò rationes vitæ regiæ. Post cantorem verò procedit horoscopus, qui in manu habet horologium et palmam, symbola astrologiæ et signa : eum libros Mercurii qui tractant de astrologiâ, qui quidem sunt quatuor numero, oportet semper habere in ore; ex quibus unus quidem est de ordine inerrantium quæ videntur astrorum, alius verò de coitu et illuminatione solis et lunæ, reliqui de eorum ortu. Deinceps autem ἱερογραμματεύς, id est, scriba sacrorum, pennas habens

δ'ὁ ἱερογραμματεὺς προέρχεται, ἔχων πτερὰ ἐπὶ τῆς κεφαλῆς, βιβλίον τε ἐν χερσὶ καὶ κανόνα, ἐν ᾧ τό τε γραφικὸν μέλαν, καὶ σχοῖνος ᾗ γράφουσι. τοῦτον τά τε ἱερογλυφικὰ καλούμενα, περί τε τῆς κοσμογραφίας, καὶ γεωγραφίας, τῆς τάξεως τοῦ ἡλίου καὶ τῆς σελήνης, καὶ περὶ τῶν ἓ πλανωμένων· χωρογραφίαν τε τῆς Αἰγύπτου, καὶ τῆς τοῦ Νείλου διαγραφῆς· περί τε τῆς καταγραφῆς σκευῆς τῶν ἱερῶν, καὶ τῶν ἀφιερωμένων αὐτοῖς χωρίων· περί τε μέτρων καὶ τῶν ἐν τοῖς ἱεροῖς χρησίμων, εἰδέναι χρή. Ἔπειτα ὁ στολιστὴς τοῖς προειρημένοις ἕπεται, ἔχων τόν τε τῆς δικαιοσύνης πῆχυν, καὶ τὸ σπονδεῖον· οὗτος τὰ παιδευτικὰ πάντα καὶ μοσχοσφαγιστικὰ καλούμενα. Δίκα δέ ἐστι τὰ εἰς τὴν τιμὴν ἀνήκοντα τῶν παρ' αὐτοῖς θεῶν, καὶ τὴν Αἰγυπτίαν εὐσέβειαν περιέχοντα· οἷον περὶ θυμάτων, ἀπαρχῶν, ὕμνων, εὐχῶν, πομπῶν, ἑορτῶν, καὶ τῶν τούτοις ὁμοίων. Ἐπὶ πᾶσι δὲ ὁ προφήτης ἔξεισι, προφανὲς τὸ ὑδρεῖον ἐγκεκολπισμένος· ᾧ ἕπονται οἱ τὴν ἐκπεμψιν τῶν ἄρτων βαστάζοντες. Οὗτος, ὡς ἂν προστάτης τοῦ ἱεροῦ, τὰ ἱερατικὰ καλούμενα ἱ βιβλία ἐκμανθάνει. περιέχει δὲ περί τε νόμων καὶ θεῶν, καὶ τῆς ὅλης παιδείας τῶν ἱερῶν· ὁ γάρ τοι προφήτης παρὰ τοῖς Αἰγυπτίοις, καὶ τῆς διανομῆς τῶν προσόδων ἐπιστάτης ἐστίν. Δύο μὲν οὖν καὶ τεσσαράκοντα αἱ πάνυ ἀναγκαῖαι τῷ Ἑρμῇ γεγόνασι βίβλοι· ὧν τὰς μὲν λς', τὴν πᾶσαν Αἰγυπτίαν περιεχούσας φιλοσοφίαν, οἱ προειρημένοι ἐκμανθάνουσι· τὰς δὲ λοιπὰς ἓξ, οἱ παστο-

in capite, et librum in manibus ac regulam, in quâ est et atramentum ad scribendum, et juncus quo scribunt, progreditur : hunc oportet scire et ea quæ vocantur hieroglyphica, et mundi descriptionem, et geographiam, et ordinem solis et lunæ, et quinque errantium, Ægyptique chorographiam et Nili descriptionem, et descriptionem instrumentorum ornamentorumque sacrorum, et locorum eis consecratorum, mensurasque, et ea quæ sunt in sacris utilia. Deinde post eos qui priùs dicti sunt, sequitur qui dicitur στολιστής, id est, ornator, qui justitiæ cubitum, et ad libandum habet calicem : is scit omnia quæ vocantur παιδευτικά, id est, ad disciplinam et institutionem pertinentia, et μοσχοσφαγιστικά, hoc est, quæ ad ritum mactandorum spectant vitulorum. Sunt autem decem quæ pertinent ad honorem eorum qui sunt apud eos deorum, et Ægyptiam continent religionem : nempe sacrificia, primitiæ, hymni, preces, pompæ, dies festi, et quæ sunt his similia. Post omnes exit propheta, qui apertè in sinu gestat hydriam; quem sequuntur qui emissos panes portant. Is, ut qui sit sacrorum præfectus, ediscit libros decem qui vocantur sacerdotales : continent autem de legibus, et diis, et universa sacerdotum disciplina ; propheta enim apud Ægyptios præest etiam distributioni vectigalium. Sunt ergo quadraginta duo libri Mercurii valdè necessarii, ex quibus triginta quidem et sex, qui continent omnem Ægyptiorum philosophiam, ediscunt ii qui antè dicti sunt : reliquos autem sex παστοφόροι, id est, qui gestant pallium, ut qui pertineant ad medicinam, nempe de construc-

DE THÈBES. SECTION I.

Φόροι, ἰατρικὰς οὖσας, περί τε τῆς τοῦ σώματος κατασκευῆς, καὶ περὶ νόσων, καὶ περὶ ὀργάνων, καὶ φαρμάκων, καὶ περὶ ὀφθαλμῶν, καὶ τὸ τελευταῖον περὶ τῶν γυναικίων· καὶ τὰ μὲν Αἰγυπτίων, ὡς ἐν βραχεῖ φάναι, τοσαῦτα.

tione corporis, et de morbis, et de instrumentis et medicamentis, et de oculis, et postremò de mulieribus. Et res quidem Ægyptiorum, ut paucis dicam, sunt ejusmodi. (Clem. Alex. *Stromat.* lib. VI, pag. 633, ed. Paris, 1629.)

II.

Σεσόωσιν δὲ φασὶν ὕστερον ἑπτὰ γενεαῖς βασιλέα γενόμενον, ἐπιφανεστάτας καὶ μεγίστας τῶν πρὸ αὐτοῦ ἐπιτελέσασθαι πράξεις. ἐπεὶ δὲ περὶ τούτου τοῦ βασιλέως οὐ μόνον οἱ συγγραφεῖς οἱ παρὰ τοῖς Ἕλλησι διαπεφωνήκασι πρὸς ἀλλήλους, ἀλλὰ καὶ τῶν καθ᾽ Αἴγυπτον οἵ τε ἱερεῖς καὶ οἱ διὰ τῆς ᾠδῆς αὐτὸν ἐγκωμιάζοντες, οὐχ ὁμολογούμενα λέγουσιν, ἡμεῖς πειρασόμεθα τὰ πιθανώτατα καὶ τοῖς ὑπάρχουσιν ἔτι κατὰ τὴν χώραν σημείοις τὰ μάλιστα συμφωνοῦντα διελθεῖν.

Post ætates inde septem, aiunt, Sesostris, qui et Sesoösis et Sesonchis, rex fuit, qui majores rebus gestis omnes superavit. Quandoquidem verò de rege isto non Græci solùm scriptores inter sese discrepant, verùm etiam sacerdotes Ægyptii, et qui carmine laudes ejus celebrant, non consentanea inter se narrant, nos verisimillima, et cum restantibus in Ægypto signis maximè congruentia, referre conabimur. (Diod. Sicul. *Biblioth. hist.* lib. I, pag. 62, edit. 1746.)

III.

Τὸ μὲν οὖν πρῶτον ὁ Σεσόωσις ἀποσταλεὶς ὑπὸ τοῦ πατρὸς μετὰ δυνάμεως εἰς Ἀραβίαν, συστρατευομένων καὶ τῶν συντρόφων, περί τε τὰς θήρας διεπονήθη, καὶ ταῖς ἀνυδρίαις καὶ σπανοσιτίαις ἐγκαρτερήσας, κατεστρέψατο τὸ γένος ἅπαν τὸ τῶν βαρβάρων, ἀδούλωτον τὸν πρὸ τοῦ χρόνον γεγονός. ἔπειτα εἰς τοὺς πρὸς τὴν ἑσπέραν τόπους ἀποσταλεὶς, τὴν πλείστην τῆς Λιβύης ὑπήκοον ἐποιήσατο, παντελῶς νέος ὢν τὴν ἡλικίαν.

Principio autem Sesostris à parente cum exercitu in Arabiam missus (unà militabant etiam simul educati sodales), venationibus se exercuit, et, fortiter evictâ aquarum et ciborum penuriâ, totam illic barbarorum nationem, nondum sub jugum redactam, perdomuit. Posthæc, ad occiduas legatus terras, maximam Libyæ partem, admodum juvenis, imperio subjunxit. (*Ibid.* pag. 63.)

IV.

Ἐπελέξατο δὲ καὶ τούτων τῶν ἀνδρῶν τοὺς ταῖς ῥώμαις διαφέροντας, καὶ συνεστήσατο στρατόπεδον ἄξιον τοῦ μεγέθους τῆς ἐπιβολῆς. κατέγραψε γὰρ πεζῶν μὲν ἑξήκοντα μυριάδας, ἱππεῖς δὲ δισμυρίους καὶ τετρακισχιλίους, ζεύγη δὲ πολεμιστήρια δισμύρια καὶ ἑπτακισχίλια· ἐπὶ δὲ τὰς κατὰ μέρος ἡγεμονίας ἔταξε τῶν στρατιωτῶν τοὺς συντρόφους, ἐνηθληκότας μὲν ἤ᾽η τοῖς πολεμίοις, ἀρετὴν δ᾽ ἐζηλωκότας ἐκ παίδων, εὔνοιαν δὲ ἀδελφικὴν ἔχοντας πρός τε τὸν βασιλέα καὶ πρὸς ἀλλήλους, ὄντας τὸν ἀριθμὸν πλείους τῶν χιλίων καὶ ἑπτακοσίων.

Ex horum quoque numero viribus praestantissimos elegit, et exercitum, prout ceptorum magnitudine dignum erat, conscripsit ad sexcenta millia peditum et viginti quatuor millia equitum, curruumque bellicorum XXVII M.; ordinum verò singulorum educatos secum, ductores fecit, jam pridem in re bellicâ exercitatos, et à pueritiâ virtutis gnaviter studiosos, fraternâque regi et sibi mutuò benevolentiâ devinctos; quorum numerus CIƆ.IƆCC. excedebat. (*Ibid.* pag. 64.)

V.

Κατασκευάσας δὲ τὴν δύναμιν, ἐστράτευσεν ἐπὶ πρώτους Αἰθίοπας, τοὺς πρὸς τὴν μεσημβρίαν κατοικοῦντας· καὶ καταπολεμήσας, ἠνάγκασε τὸ ἔθνος φόρους τελεῖν, ἔβενον καὶ χρυσὸν, καὶ τῶν ἐλεφάντων τοὺς ὀδόντας. ἔπειτ᾽ εἰς μὲν τὴν Ἐρυθρὰν θάλασσαν ἀπέστειλε στόλον νεῶν τετρακοσίων, πρῶτος τῶν ἐγχωρίων μακρὰ σκάφη ναυπηγησάμενος· καὶ τὰς τε νήσους τὰς ἐν τοῖς τόποις κατεκτήσατο, καὶ τῆς ἠπείρου τὰ παρὰ θάλατταν μέρη κατεστρέψατο, μέχρι τῆς Ἰνδικῆς. αὐτὸς δὲ μετὰ τῆς δυνάμεως πεζῇ τὴν πορείαν ποιησάμενος, κατεστρέψατο πᾶσαν τὴν Ἀσίαν.

Contractis igitur copiis, primos Æthiopes, meridiem versùs habitantes, bello aggressus est, debellatosque vectigal sibi pendere coegit, ebenum, aurum, dentesque elephantûm. Deinde classem CCCC navium expedivit in mare Rubrum, indigenarum primus qui longa navigia construxit. Hâc insulas istic locorum occupavit, et quidquid continentis mare attingit, ditioni suæ ad Indiam usque adjunxit. Ipse verò, terrestri agmen itinere promovens, Asiam totam subegit. (*Ibid.* p. 64.)

VI.

Οὐ μόνον γὰρ τὴν ὕστερον ὑπ᾽ Ἀλεξάνδρου τοῦ Μακεδόνος κατακτη-

Non enim provincias solùm ab Alexandro Macedone postmodum

VII.

Θεῖσαν χώραν ἐπῆλθεν, ἀλλὰ καὶ τινα τῶν ἐθνῶν, ἃν ἐκεῖνος οὐ παρέβαλεν εἰς τὴν χώραν. καὶ γὰρ τὸν Γάγγην ποταμὸν διέβη, καὶ τὴν Ἰνδικὴν ἐπῆλθε πᾶσαν ἕως Ὠκεανοῦ, καὶ τὰ τῶν Σκυθῶν ἔθνη μέχρι Ταναΐδος ποταμοῦ, τοῦ διορίζοντος τὴν Εὐρώπην ἀπὸ τῆς Ἀσίας.

acquisitas, verùm etiam gentes quarum terras ille non aggressus est, invasit: nam et Gangen fluvium transiit, et Indiam ad Oceanum usque totam permeavit; tum et Scytharum gentes subjecit ad Tanaïm usque fluvium, qui Europam ab Asia dispescit. (*Ibid.* pag. 64.)

VII.

Ἐπιεικῶς δὲ προσενεχθεὶς ἅπασι τοῖς ὑποτεταγμένοις, καὶ συντελέσας τὴν στρατείαν ἐν ἔτεσιν ἐννέα, τοῖς μὲν ἔθνεσι κατὰ δύναμιν προσέταξε δωροφορεῖν, κατ᾽ ἐνιαυτὸν εἰς Αἴγυπτον· αὐτὸς δὲ ἀθροίσας αἰχμαλώτων τε καὶ τῶν ἄλλων λαφύρων πλῆθος ἀνυπέρβλητον, ἐπανῆλθεν εἰς τὴν πατρίδα, μεγίστας πράξεις τῶν πρὸ αὐτοῦ κατειργασμένος. καὶ τὰ μὲν ἱερὰ πάντα τὰ κατ᾽ Αἴγυπτον ἀναθήμασιν ἀξιολόγοις καὶ σκύλοις ἐκόσμησε. τῶν δὲ στρατιωτῶν τοὺς ἀνδραγαθήσαντας δωρεαῖς κατὰ τὴν ἀξίαν ἐτίμησε.

Peractâ tandem novem annorum expeditione (cùm moderatum et comem se interea subditis praebuisset), gentes pro facultatum modo munera quotannis in Ægyptum perferre jussit. Et ipse cum captivis, cæterisque spoliis, quorum vim immensam collegerat, in Ægyptum remeavit, rerum gestarum magnitudine omnes ante se reges supergressus; donariisque eximiis et manubiis hostium cuncta per Ægyptum templa exornavit. Tum milites qui strenuam bello operam navassent, donis pro merito cohonestavit. (*Ibid.* p. 65.)

VIII.

Παραμειψάμενος ἂν τούτους, τοῦ ἐπὶ τούτοισι γενομένου βασιλέος, τῷ οὔνομα ἦν Σέσωστρις, τούτου μνήμην ποιήσομαι· τὸν ἔλεγον οἱ ἱρέες πρῶτον μὲν, πλοίοισι μακροῖσι ὁρμηθέντα ἐκ τοῦ Ἀραβίου κόλπου, τοὺς περὶ τὴν Ἐρυθρὴν θάλασσαν κατοικημένους καταστρέφεσθαι· ἐς ὃ πλέοντά μιν πρόσω, ἀπικέσθαι ἐς θάλασσαν, μηκέτι πλωτὴν ὑπὸ βραχέων.

Quos ego praetergressus, ejus qui his successit regis nomine Sesostris mentionem habebo. Istum dicebant sacerdotes, primum quidem longis navibus ex Arabico sinu profectum, Rubri maris accolas in suam potestatem redegisse; progressumque longiùs, venisse in mare jam vadosum, et proinde non navigabile. (Herodot. *Histor.* lib. II, c. 102, p. 126, edit. 1618.)

IX.

Συναποφαίνεται δὲ πως καὶ Μέγασ-

Patrocinatur nostro sermoni quo-

θένης τῷ λόγῳ τούτῳ, κελεύων ἀπιστεῖν ταῖς ἀρχαίαις περὶ Ἰνδῶν ἱστορίαις· οὔτε γὰρ παρ' Ἰνδῶν ἔξω σταλῆναί ποτε στρατιάν, οὔτ' ἐπελθεῖν ἔξωθεν καὶ κρατῆσαι, πλὴν τῆς μεθ' Ἡρακλέους καὶ Διονύσου, καὶ τῆς νῦν μετὰ Μακεδόνων· καί τοι Σέσωστριν μὲν τὸν Αἰγύπτιον καὶ Τεάρκωνα τὸν Αἰθίοπα ἕως Εὐρώπης προελθεῖν.

dammodo etiam Megasthenes, fidem jubens derogare antiquis de India narrationibus : neque enim ab Indis foras missum exercitum nusquam, neque extrinsecus ingruisse et obtinuisse, exceptâ Herculis et Bacchi expeditione, et hâc ipsâ Macedonicâ; sanè Sesostrim Ægyptium, et Tearconem Æthiopem, usque in Europam processisse. (Str. Geogr. lib. xv, pag. 686, ed. 1620.)

X.

Καὶ φασὶν ἐνταῦθα στήλην εἶναι Σεσώστριός τοῦ Αἰγυπτίου, μηνύουσαν ἱεροῖς γράμμασι τὴν διάβασιν αὐτοῦ. Φαίνεται γὰρ τὴν Αἰθιοπίδα, καὶ τὴν Τρωγλοδυτικὴν πρῶτος καταστρεψάμενος οὗτος· εἶτα διαβὰς εἰς τὴν Ἀραβίαν, κἀντεῦθεν τὴν Ἀσίαν ἐπελθὼν τὴν σύμπασαν· διὸ καὶ πολλαχοῦ Σεσώστριος χάρακες προσαγορεύονται, καὶ ἀφιδρύματά ἐστιν Αἰγυπτίων θεῶν ἱερῶν.

Narrant ibi Sesostris Ægyptii columnam esse quæ sacris literis transitum ejus significet. Is enim primus videtur Æthiopiam Troglodyticamque subegisse, postea in Arabiam transgressus, inde Asiam omnem peragrâsse : quapropter multis in locis Sesostris vallum appellatur; et Ægyptiorum deorum templa inveniuntur ab eo constructa. (Strab. Geogr. lib. xvi, pag. 769.)

XI.

Ὁ δὲ Σεσόωσις ἀποστήσας τὰ πλήθη ἀπὸ τῶν πολεμικῶν ἔργων, τοῖς μὲν συνανδραγαθήσασι συνεχώρησε τὴν ῥᾳστώνην καὶ τὴν ἀπόλαυσιν τῶν κατακτηθέντων ἀγαθῶν· αὐτὸς δὲ, φιλόδοξος ὢν καὶ τῆς εἰς τὸν αἰῶνα μνήμης ὀρεγόμενος, κατεσκεύασεν ἔργα τε μεγάλα καὶ θαυμαστὰ ταῖς ἐπινοίαις καὶ ταῖς χορηγίαις, ἑαυτῷ μὲν ἀθάνατον περιποιοῦντα δόξαν, τοῖς δ' Αἰγυπτίοις τὴν εἰς ἅπαντα τὸν χρόνον ἀσφάλειαν μετὰ ῥᾳστώνης· πρῶτον μὲν γὰρ, ἀπὸ θεῶν ἀρξάμενος, ᾠκοδόμησεν ἐν πάσαις ταῖς κατ' Αἴγυπτον

Finitis inde bellis, copiisque dimissis, victoriarum sociis otium partisque fruendi potestatem concessit. At ipse, gloriæ studio et sempiternæ ad posteros memoriæ cupiditate incensus, magnas operum moles edidit, nec minùs ingenio quàm sumptu admirabiles, quibus et sibi gloriam immortalem, et Ægyptiis plena securitatis et otii commoda, in omne tempus comparavit. Nam primùm, à diis exorsus, in omnibus Ægypti urbibus, templum deo quem singuli maximè colerent, ædificavit. Ad labores autem Ægyptiorum neminem admovit; sed captivorum

πόλεσιν ἱερὸν τοῦ μάλιστα παρ᾽ ἑκάστοις τιμωμένου. πρὸς δὲ τὰς ἐργασίας τῶν μὲν Αἰγυπτίων οὐδένα παρέλαβε, δι᾽ αὐτῶν δὲ τῶν αἰχμαλώτων ἅπαντα κατεσκεύασε. διόπερ ἐπὶ πᾶσι τοῖς ἱεροῖς ἐπέγραψεν ὡς οὐδεὶς ἐγχώριος εἰς αὐτὰ μεμόχθηκε.

operâ cuncta perfecit. Ideo templis omnibus adscripsit: *Indigenarum nemo huc laborem impendit.* (Diod. Sicul. *Biblioth. hist.* lib. 1, pag. 65 et 66.)

XII.

Οἷς (Αἰγυπτίοις) ναοὶ καὶ προπύλαια παρ᾽ αὐτοῖς καὶ προτεμενίσματα ἐξήσκηνται, ἄλση τε, καὶ ὀργάδες κίοσί τε παμπόλλοις ἐστεφάνωνται αἱ αὐλαί· τοῖχοι δὲ ἀποστίλβουσι ξενικοῖς λίθοις, καὶ γραφῆς ἐντέχνου οἷς ἐνδεῖ οὐδ᾽ ἕν· χρυσῷ δὲ καὶ ἀργύρῳ καὶ ἠλέκτρῳ παραστίλβουσιν οἱ ναοί· καὶ τοῖς ἀπὸ Ἰνδίας καὶ Αἰθιοπίας πεποικιλμένοις μαρμαίρουσι λιθιδίοις· τὰ δὲ ἄδυτα χρυσοπάστοις ἐπισκιάζεται πέπλοις. ἀλλ᾽ ἢν παρεισέλθῃς τὸ βάθος τοῦ περιβόλου, καὶ σπεύδων ἐπὶ τὴν θέαν τοῦ κρείττονος, ζητήσῃς τὸ ἄγαλμα τὸ ἔνοικον τοῦ νεώ· παστοφόρος δέ, ἤ τις ἄλλος τῶν ἱεροποιούντων περὶ τὸ τέμενος, σεμνὸν δεδορκώς, παιᾶνα τῇ Αἰγυπτίων ᾄδων γλώσσῃ, ὀλίγον ἐπαναστείλας τοῦ καλαπετάσματος, ὡς δείξων τὸν θεόν, πλατὺν ἡμῖν ἐνδίδωσι γέλωτα τοῦ σεβάσματος· οὐ γὰρ θεὸς ὁ ζητούμενος ἔνδον εὑρεθήσεται, ἐφ᾽ ὃν ἐσπεύσαμεν· αἴλουρος δέ, ἢ κροκόδειλος, ἢ αὐτόχθων ὄφις, ἤ τι τοιοῦτον θηρίον· ἀνάξιον μὲν τοῦ νεώ· χηραμοῦ δέ, ἢ φαλεοῦ, ἢ βορβόρου ἀντάξιον. ὁ θεὸς Αἰγυπτίων ἐπὶ στρωμνῆς ἀλουργῆς καταφαίνεται κυλιόμενον θηρίον· ταύτῃ μοι δοκοῦσιν αἱ χρυσοφοροῦσαι γυναῖκες, κ. τ. λ.

Apud quos (Ægyptios) templa, eorumque porticus, vestibula ac luci magnificè instructi, eorumque atria multis columnis cincta sunt; parietes autem lapidibus externis et artificiosè depictis resplendent, ita ut nihil desit: ædes autem auro, argento et electro collucent, et ex Indiâ ac Æthiopiâ variis fulgent lapillis; adyta verò intextis auro obumbrantur peplis. Sed, si penetralia templi subieris, et ad ejus quod est præstantius spectaculum properans, imaginem quæ templum habitat, quæsieris, sacerdos quispiam ex iis qui in templo sacrificant, gravi et venerando vultu aspiciens, et Ægyptiorum linguâ pæanem concinens, cùm veli aliquantùm contraxerit, tanquam deum ostensurus, magnam suppeditat occasionem irridendi numinis: neque enim intùs invenitur deus qui quærebatur, ad quem festinabamus, sed felis, vel crocodilus, vel serpens indigena, vel aliqua ejusmodi bellua, quæ templo quidem est indigna, sed antro, speluncâ aut cœno dignissima. Apparet deus Ægyptiorum, bellua, quæ super stragulam purpuream volutatur. Ita etiam mihi videntur feminæ quæ aurum gestant, etc. (Cl. Alex. *Pædagog.* l. III, c. 2, p. 216.)

XIII.

Ἑλληνικοῖσι δὲ νομαίοισι φεύγουσι χρᾶσθαι τὸ δὲ σύμπαν εἰπεῖν. μηδ᾽ ἄλλων μηδαμᾶ μηδαμῶν ἀνθρώπων νομαίοισι. Οἱ μέν νυν ἄλλοι Αἰγύπτιοι οὕτω τοῦτο φυλάσσουσι.......

Ποιεῦσι δὲ (Χεμμῖται) τάδε Ἑλληνικὰ τῷ Περσέϊ· ἀγῶνα γυμνικὸν τιθεῖσι διὰ πάσης ἀγωνίης ἔχοντα· παρέχοντες ἆεθλα, κτήνεα, καὶ χλαίνας, καὶ δέρματα.

Græcanicis institutis uti recusant, et, ut semel dicam, nullorum hominum aliorum institutis uti volunt. Et hoc quidem cæteri Ægyptii observant. . . .

Celebrant (Chemmitæ) autem Perseo Græcanica hæc : gymnicos ludos faciunt per omne certandi genus, propositis præmiis tum pecorum, tum palliorum, tum pellium. (Herod. *Hist.* lib. II, cap. 91, pag. 121 et 122.)

XIV.

Γεννηθέντος γὰρ τοῦ Σεσοώσιος, ὁ πατὴρ αὐτοῦ μεγαλοπρεπές τι καὶ βασιλικὸν ἔπραξε. Τοὺς γὰρ κατὰ τὴν αὐτὴν ἡμέραν γεννηθέντας παῖδας ἐξ ὅλης τῆς Αἰγύπτου συναγαγὼν, καὶ τροφοὺς καὶ τοὺς ἐπιμελησομένους ἐπιστήσας, τὴν αὐτὴν ἀγωγὴν καὶ παιδείαν ὥρισε τοῖς πᾶσιν, ὑπολαμβάνων τοὺς μάλιστα συντραφέντας καὶ τῆς αὐτῆς παρρησίας κεκοινωνηκότας, εὐνουστάτους καὶ συναγωνιστὰς ἐν τοῖς πολέμοις ἀρίστους ἔσεσθαι. πάντα δὲ δαψιλῶς χορηγήσας, διεπόνησε τοὺς παῖδας ἐν γυμνασίοις συνεχέσι καὶ κακοπαθείαις. οὐδενὶ γὰρ αὐτῶν ἐξῆν προσενέγκασθαι τροφὴν, εἰ μὴ πρότερον δράμοι σταδίους ἑκατὸν καὶ ὀγδοήκοντα.

Nato enim Sesostri, pater ejus magnificum et regium opus suscepit. Omnes eo die natos ex totâ Ægypto congregat, nutricibusque ac curatoribus adjunctis, eamdem omnibus educationis et disciplinæ formam præscribit ; persnasum habens, unà familiarissimè educatos, et ejusdem in sermone fiduciæ participes, in amicos benevolentissimos et commilitones optimos evasuros esse. Cuncta igitur affatim subministrans, assiduis laborum tirociniis pueros exercebat : nulli enim cibum sumere, nisi priùs CLXXX stadia percurrisset, licebat. (Diod. Sicul. *Biblioth. hist.* lib. I, pag. 62.)

SECTION DEUXIÈME,

Par MM. JOLLOIS et DEVILLIERS,

INGÉNIEURS DES PONTS ET CHAUSSÉES.

Description des colosses de la plaine de Thèbes et des ruines qui les environnent, et Recherches sur le monument dont ils faisaient partie.

§. I. *Des colosses de la plaine.*

Après avoir admiré les riches et magnifiques monumens de Medynet-abou, le voyageur porte naturellement ses pas vers les colosses de la plaine de Thèbes, que leur grande élévation lui a déjà fait apercevoir de bien loin. Ils sont environnés d'un petit bois de *mimosa* épineux, de trois à quatre mètres de hauteur, qui occupe peut-être l'emplacement de l'une de ces forêts d'acanthe, qu'au rapport d'Hérodote [1], on voyait autour des temples égyptiens ou dans leur enceinte.

Les deux colosses regardent l'est-sud-est, et se présentent parallèlement au cours du Nil. Ils sont connus, dans le pays, sous les noms de *Táma* et *Cháma*. Châma

---
[1] Herod. *Hist.* lib. II, cap. 138, pag. 143.

est le colosse du sud, et Tâma le colosse du nord. L'un et l'autre se ressemblent à beaucoup d'égards, surtout sous le rapport de l'art; mais ils offrent aussi, dans leurs dimensions, des différences que nous allons successivement indiquer. Ils sont tous deux d'une espèce de grès brèche, composé d'une masse de cailloux agatisés, liés entre eux par une pâte d'une dureté remarquable. Cette matière, très-dense et d'une composition tout-à-fait hétérogène, offre à la sculpture des difficultés peut-être plus grandes que celles que présente le granit; cependant les sculpteurs égyptiens en ont triomphé avec le plus grand succès.

Le colosse du sud [1] ne présente plus aucun des traits de la figure; le nez, la bouche et toutes les parties de la face, sont singulièrement mutilés : il n'y a de conservé que les oreilles et une partie de la coiffure. La poitrine, les jambes et une portion du corps, n'offrent plus que de rudes aspérités, qui paraissent être moins le résultat d'une destruction préméditée que l'effet de la vétusté. On dirait que la pierre a été exposée à l'action du feu; elle a une teinte noirâtre, qui provient sans doute de l'action long-temps continuée de la chaleur du soleil. De petites parcelles se sont successivement détachées de la masse, et il en résulte que les surfaces qui avaient, dans leur état primitif, un poli parfait, sont maintenant toutes remplies d'aspérités.

Le colosse du nord [2] a été rompu dans le milieu. La partie supérieure, depuis la jointure des bras jusqu'au-

---

[1] *Voyez* la pl. 20, *ordonnée* 1, *A*., vol. II. [2] *Voyez* pl. 20, *ordonnée* 2, *A*., vol. II.

dessus de la tête, a été rebâtie par assises. La partie inférieure, comprenant les bras, qui sont étendus sur les genoux, les jambes et le tronc de la statue, est d'un seul bloc de pierre, de même nature que celle dont est formé en entier le colosse du sud. Le grès employé dans la reconstruction de la partie supérieure est semblable à celui qui a été extrait des nombreuses carrières situées sur le bord du Nil, pour bâtir les palais et les temples. Il est disposé par assises au nombre de cinq : la première commence au-dessus du coude, et comprend toute l'épaisseur de l'avant-bras ; la deuxième se termine à peu près au milieu du bras, la troisième aux aisselles, la quatrième aux clavicules, et la cinquième comprend la tête et le cou, qui sont d'un seul morceau de pierre. Les quatre premières assises sont formées de trois et quatre blocs, que leurs joints ouverts, et en partie brisés, laissent facilement distinguer.

L'un et l'autre colosses ont éprouvé, par l'action du climat et par le laps du temps, des dégradations notables; on y remarque des fentes profondes, qui nous ont paru provenir du poids énorme de ces masses, et qui sont peut-être aussi le résultat de l'action alternative de l'humidité de la nuit et de l'excessive chaleur du jour.

Ces statues ne sont point d'aplomb[1]. L'effet du tassement inégal des fondations a été de les faire pencher l'une vers l'autre, et en arrière, de telle sorte que leurs piédestaux ont, en deux sens différens, une inclinaison qui les éloigne du plan horizontal.

Telles sont les observations générales auxquelles don-

[1] *Voyez* pl. 22, fig. 4, *A.*, vol. II.

nent lieu ces statues colossales, que nous allons maintenant décrire, l'une après l'autre, d'une manière plus particulière, ayant le soin d'en indiquer les dimensions principales.

Le colosse du sud est placé sur un piédestal de forme rectangulaire, dont une portion seulement s'élève maintenant au-dessus du sol : le reste est enfoui sous les dépôts du Nil, comme nous nous en sommes assurés. Ce piédestal a cinq mètres vingt centièmes[1] de large, et une longueur double. L'inégalité du terrain, jointe à l'inclinaison du plan supérieur du piédestal, fait qu'on ne trouve point partout la même hauteur au-dessus du sol. Sur les côtés, elle varie d'un mètre quarante-six centièmes à un mètre soixante-dix-neuf centièmes[2]. Tout autour, et dans la partie supérieure, règne une ligne de grands hiéroglyphes, qui a cinquante centimètres de hauteur. Ces hiéroglyphes sont exécutés avec une perfection qui ne laisse rien à désirer; les plus petits détails sont exprimés avec exactitude et vérité, et l'on distingue jusqu'aux plumes des ailes des oiseaux qui y sont représentés. On regrette que le temps ait détruit une partie de ces beaux hiéroglyphes. Des traces du séjour des eaux sont marquées sur le piédestal; celles de la plus grande inondation sont à cinquante-quatre centimètres[3] du milieu de l'arête de la face antérieure. Par l'effet du tassement dont nous avons parlé, l'extrémité de l'arête de la

---

[1] Seize pieds.
[2] Quatre pieds six lignes à cinq pieds six lignes. *Voyez* pl. 22, fig. 1, 2 et 4, *A.*, vol. II.
[3] Un pied huit pouces. *Voyez* pl. 22, fig. 4, *A.*, vol. II.

face nord, du côté de l'est, est de trente centimètres au-dessous de l'extrémité ouest de la même arête; cette face nord fait, avec la verticale, un angle d'un degré trente minutes. Le piédestal dans toute sa hauteur, et sa forme dans la partie inférieure, ne nous sont point connus, parce qu'il est caché sous les dépôts du Nil; la seule analogie nous porte à croire qu'il ressemble entièrement à celui du colosse du nord, que nous avons mis à découvert par des fouilles.

Sur le piédestal s'élève la statue, qui est toute d'un seul morceau de pierre; le trône sur lequel elle est assise a quatre mètres soixante-dix-neuf centièmes[1] de hauteur, et une largeur de quatre mètres soixante centièmes[2] : les deux côtés sont décorés de sculptures représentant un enlacement de lotus; que deux femmes, la tête couronnée de fleurs et de boutons de cette plante, paraissent occupées à enrouler autour d'une tige principale. Au-dessus de ce tableau, sont des hiéroglyphes qui en expliquent probablement le sujet; ils sont très-beaux, et sont exécutés avec une rare perfection. Le dossier du trône s'élève d'abord à la hauteur de plus de six mètres et demi, en conservant, jusqu'au-dessous du coude du colosse, la largeur qu'il a dans la partie inférieure; réduit alors à deux mètres[3], il atteint jusqu'à l'extrémité de la coiffure de la figure. Les jambes de la statue ont six mètres, depuis la plante des pieds jusqu'à la partie supérieure du genou; elles sont mutilées, et l'extrémité des pieds est même entièrement détruite.

[1] Quatorze pieds neuf pouces.
[2] Quatorze pieds un pouce.
[3] Six pieds deux pouces.

Les pieds n'ont pas dû avoir moins de trois mètres et un cinquième [1] de longueur. En avant du trône, de chaque côté des jambes du colosse, et dans l'intervalle qui les sépare, sont trois statues de ronde-bosse ; elles sont debout et très-mutilées. Celles qui sont placées de chaque côté des jambes ont près de cinq mètres [2], depuis la plante des pieds jusqu'au sommet de la tête ; ce sont deux figures de femmes [3] : elles ont le corps enveloppé dans une longue robe, qui tient les deux jambes serrées l'une contre l'autre ; les deux bras sont pendans, et, dans l'une des mains, elles tiennent la croix à anse, attribut ordinaire des divinités ; leur tête est ornée de la dépouille du vautour. On remarque, dans la coiffure, plusieurs rangées de grandes plumes, au-dessus desquelles on a figuré les plus petites plumes des ailes des oiseaux. La collerette est richement ornée de dentelures et de perles. La tête est surmontée d'un boisseau conique, dont le contour est orné de sculptures représentant des *ubœus* mitrés. La troisième figure, qui est entre les jambes, est tellement mutilée, qu'il est difficile de la distinguer au premier abord : elle n'est pas plus grande que nature.

On aperçoit encore, sur les cuisses du colosse principal, des restes de la sculpture du vêtement qui les couvrait ; les plis de l'étoffe sont figurés par des espèces de cannelures assez profondes. Ce vêtement prenait du dessus des hanches, et s'étendait jusqu'aux deux tiers de la cuisse.

---

[1] Neuf pieds dix pouces.
[2] Quinze pieds quatre pouces.
[3] *Voyez* pl. 22, fig. 1 et 2, *A.*, vol. II.

DE THEBES. SECTION II.

Pour donner une idée exacte de la grandeur énorme du colosse du sud, il suffit de dire que sa hauteur totale, depuis les pieds jusqu'au sommet de la tête, est de quinze mètres cinquante-neuf centièmes [1], à quoi ajoutant trois mètres quatre-vingt-dix-sept centièmes [2] pour le piédestal, la hauteur totale du monument au-dessus du sol antique est de dix-neuf mètres cinquante-neuf centièmes [3]; la largeur de la statue, mesurée en ligne droite entre les deux épaules, est de six mètres dix-sept centièmes [4]; la longueur du doigt du milieu de la main est d'un mètre trente-huit centièmes [5], et, de l'extrémité des doigts au coude, on a mesuré quatre mètres soixante-dix-neuf centièmes [6]. Le piédestal renferme deux cent seize mètres cubes [7], et pèse cinq cent cinquante-six mille quatre-vingt-treize kilogrammes [8]; la statue monolithe contient deux cent quatre-vingt-douze mètres cubes [9], et pèse sept cent quarante-neuf mille huit cent quatre-vingt dix-neuf kilogrammes [10] : de sorte que le piédestal et le colosse réunis pèsent un million trois cent cinq mille neuf cent quatre-vingt-douze kilogrammes [11].

[1] Quarante-huit pieds.
[2] Douze pieds.
[3] Soixante pieds.
[4] Dix-neuf pieds.
[5] Quatre pieds cinq pouces.
[6] Quatorze pieds huit pouces.
[7] Cinq mille huit cent trente-deux pieds cubes.
[8] Un million cent douze mille cent quatre-vingt-huit livres Un échantillon de grès siliceux des colosses, pesant dans l'air 4245ᵍ,42, a perdu de son poids, dans l'eau, 165ᵍ,10; ce qui donne, pour la pesanteur spécifique, 2,5707. Ainsi le mètre cube de grès siliceux pèse 2570,70 kilogrammes.
[9] Sept mille huit cent quatre-vingt-quatre pieds cubes.
[10] Un million quatre cent quatre-vingt-dix-neuf mille sept cent quatre-vingt-dix-huit livres.
[11] Deux millions six cent onze mille neuf cent quatre-vingt-cinq livres.

CH. IX, DESCRIPTION GÉNÉRALE

Il est digne de remarque qu'on est encore moins frappé des dimensions énormes de cette statue, aux lieux où on la voit maintenant, que lorsqu'en l'isolant, pour ainsi dire, par la pensée, des grands monumens de Thèbes, on en examine toutes les parties : c'est alors qu'elle paraît réellement immense; car sa hauteur totale est celle d'une maison de Paris à cinq étages.

Pour établir une comparaison entre l'état actuel du colosse du sud et son état primitif, on peut jeter les yeux sur les planches 20 et 21 du second volume de l'Atlas des antiquités. Dans la première, on s'est attaché à représenter exactement son état actuel de dégradation; dans la seconde, on a rétabli ce colosse d'après des monumens analogues.

Le piédestal du colosse du nord a cinq mètres quatre-vingt-cinq centièmes[1] de largeur, et dix mètres quatre-vingts centièmes de longueur[2]. Il est en partie caché sous les dépôts du Nil; mais nous avons fait exécuter, en avant, des fouilles qui nous ont mis à portée d'en reconnaître la forme et d'avoir exactement sa hauteur totale. Ce piédestal est une espèce de cube allongé; il est terminé, dans sa partie inférieure, par un cavet qui lie le corps du piédestal avec un socle de vingt centimètres[3]. La hauteur du piédestal est de trois mètres quatre-vingt-seize centièmes[4] vers l'angle nord-est, où il est le moins caché; il est encore enfoui d'un mètre quatre-vingt-neuf centièmes[5]. Les traces que les plus hautes inondations

---

[1] Dix-huit pieds.
[2] Trente-trois pieds trois pouces.
[3] Sept pouces quatre lignes.
[4] Douze pieds trois pouces.
[5] Cinq pieds dix pouces.

DE THÈBES. SECTION II.

ont laissées sur la face antérieure du piédestal, sont à cinq cent vingt-trois millièmes[1] du milieu de son arête supérieure.

Les faces nord et sud du piédestal font, avec la verticale, un angle de deux degrés trente-neuf minutes. Cette inclinaison, qui est très-forte, a peut-être beaucoup favorisé les destructeurs de cette statue. L'extrémité antérieure de l'arête de la face nord du piédestal est de cinquante centimètres[2] au-dessus de l'extrémité postérieure de cette même arête.

Les fouilles qui ont été faites en avant du piédestal ont été poussées jusqu'à soixante-cinq centimètres[3] en contre-bas du socle, et il a été facile de s'assurer que les fondations sont formées d'un amas de gros blocs de grès. On a pu se convaincre aussi que cette espèce de matériaux se conserve mieux à l'air que cachée sous la terre; car la portion enfouie du piédestal est très-dégradée, tandis que la partie supérieure est bien mieux conservée. Il n'est guère douteux, d'après cette observation, que le tassement considérable que la statue a éprouvé, ne provienne de la détérioration des matériaux employés dans la fondation.

Sur la face antérieure du piédestal, on aperçoit une inscription grecque[4] en huit lignes; elle a été dessinée par Pococke: c'est une épigramme du poëte Asclépiodote. La face sud du piédestal offrant au-dessus du sol trois lignes d'une inscription grecque qui paraissait de-

---

[1] Un pied onze pouces.
[2] Un pied six pouces cinq lignes.
[3] Deux pieds.
[4] *Voyez* l'inscription I et sa traduction, à la fin de cette section.

voir être beaucoup plus considérable, nous fîmes exécuter une fouille qui la mit entièrement à découvert : cette inscription se compose de onze lignes, qui ne sont pas toutes également bien conservées; elle est enfouie d'environ soixante-cinq centimètres [1]. La pl. 21, *A.*, vol. II, la fait connaître telle qu'elle a été recueillie par M. Girard ; et dans la collection des inscriptions, à la fin de cette section, nous avons indiqué la séparation de quelques-uns des mots et leur interprétation [2].

Le trône du colosse du nord a les mêmes dimensions à peu près que celui du colosse du sud, et l'on y voit des représentations tout-à-fait semblables à celles que nous avons déjà décrites. Le sujet des tableaux est absolument le même; les hiéroglyphes seuls offrent des différences. Ce siége est sillonné de fissures profondes. Des quartiers considérables de pierre en ont été détachés, et sa partie supérieure est même entièrement détruite; elle est comprise dans la restauration par assises dont nous avons parlé.

La hauteur totale du colosse du nord est, comme celle du colosse du sud, de quinze mètres cinquante-neuf centièmes [3]. La face antérieure du premier présente, de même que celle du second, des statues de ronde-bosse. Deux figures isiaques sont de chaque côté des jambes, et une troisième figure, beaucoup plus petite, est dans l'intervalle qui les sépare. Mais ce qui ne se voit que sur le colosse du nord, c'est le grand nombre d'inscriptions grecques et latines qui couvrent ses deux jambes : on

---

[1] Deux pieds.
[2] *Voyez* l'inscription II.
[3] Quarante-huit pieds.

en a compté jusqu'à soixante-douze. L'un de nos collègues, feu M. Coquebert, qu'une mort prématurée a enlevé à sa famille et à ses amis, les avait recueillies en grande partie; mais ses papiers ont été perdus. Il eût été curieux de comparer son travail avec les inscriptions publiées par les voyageurs Pococke et Norden. Ces inscriptions paraissent avoir été gravées par les ordres de personnages distingués[1], tels que des préfets de l'Égypte, des généraux, l'empereur Adrien lui-même et l'impératrice Sabine. Nous avons rassemblé toutes celles que les savans ont pu déchiffrer; elles forment un appendice à cette section : nous y avons joint celles que nous avons recueillies nous-mêmes, et qui n'ont point encore été publiées. Quant aux inscriptions que leur altération n'a pas permis de déchiffrer, on peut consulter l'édition anglaise du Voyage de Pococke, qui paraît les avoir copiées avec soin. Toutes ces inscriptions célèbrent Memnon, et attestent que ceux qui les ont fait graver ont entendu le son de la statue. Il est remarquable qu'aucune d'entre elles n'est du temps des Ptolémées; elles sont toutes postérieures à la conquête des Romains. Probablement, sous les Ptolémées, la religion égyptienne était encore assez en vigueur, et les monumens assez respectés, pour qu'on écartât soigneusement les profanes et les étrangers de l'édifice sacré où, comme nous allons bientôt le voir, étaient renfermées les deux statues qui nous occupent. C'est au moins ce que prouvent l'histoire de ces temps, et quelques monumens

---

[1] *Voyez*, à la fin de cette section, XVIII, XX, XXIX, XXX, XXXI, les inscriptions III, V, VIII, IX, XXXII.

trouvés récemment, tels que l'inscription de la pierre de Rosette, qui constate que les Ptolémées protégeaient la religion égyptienne, et qu'ils s'occupaient même de l'entretien des temples[1].

Sous les Romains, au contraire, la religion égyptienne était avilie, pour ainsi dire, et opprimée; et, si l'on en croit Strabon[2], on ne trouvait plus dans les temples ces prêtres habiles et instruits auprès desquels Platon, Solon, Eudoxe, et les plus grands philosophes de la Grèce, allaient puiser des leçons de science et de sagesse; on n'y voyait plus que des hommes ignorans et vains, qui étaient livrés aux superstitions, et qui n'avaient retenu des anciennes institutions religieuses que les rites et le culte apparent.

Les inscriptions gravées sur le colosse du nord sont, en grande partie, du temps d'Adrien[3]; quelques-unes datent du règne de Domitien, et l'on n'en trouve point d'une époque plus rapprochée : elles prouvent combien la statue a eu de célébrité pendant près d'un siècle. Parmi les écrivains qui ont parlé de l'Égypte et des choses remarquables que l'on y voit, il n'en est presque aucun qui n'ait appelé l'attention sur la statue de Memnon; elle a excité la curiosité des plus grands personnages.

---

[1] Τα προς θεους ευεργετικως διακειμενος (Πτολεμαιος) ανατεθεικεν εις τα ιερα αργυρικας τε και σιτικας προσοδους· και δαπανας πολλας υπομεμενηκεν ενεκα του την Αιγυπτον εις ουδιαν αγαγειν και τα ιερα καταστησασθαι.

In ea quæ pertinent ad deos benefico animo propensus (Ptolemæus), consecravit in templorum commoda argentarios et frumentarios proventus; et multa impendia sustinuit ad Ægyptum in tranquillitatem reducendam et ad templa erigenda (Éclaircissemens sur l'inscription grecque de Rosette, par M. Ameilhon, ligne 11, page 13).

[2] Voyez la citation n°. 1.

[3] Voyez les inscriptions à la fin de cette section.

Indépendamment de la renommée dont elle a joui pendant la période de temps dont nous venons de parler, elle était encore célèbre dans les siècles antérieurs. L'historien d'Alexandre [1] rapporte que ce héros, entraîné par un désir louable, sans doute, mais tout-à-fait hors de propos, avait formé le projet de parcourir non-seulement l'intérieur de l'Égypte, mais encore l'Éthiopie; qu'avide de connaître les antiquités, il aurait visité les palais célèbres de Memnon et de Tithon, et se serait avancé par-delà les lieux où le soleil se lève, si les soins d'une guerre imminente ne l'en eussent détourné. On pourrait croire que Quinte-Curce, bien au fait des merveilles que l'on allait admirer de son temps en Égypte, n'a point voulu qu'elles parussent avoir été ignorées de son héros : cependant, comme son témoignage se réunit à celui d'autres anciens historiens, et qu'une inscription grecque, encore subsistante sur la statue, atteste qu'avant d'avoir été brisée par Cambyse [2], elle rendait des sons plus clairs et plus harmonieux, on doit croire que cette statue avait déjà très-anciennement de la célébrité, et que sa qualité sonore était connue même avant l'invasion des Perses, au temps où la religion égyptienne était dans toute sa splendeur. On en serait encore plus convaincu, si l'on se laissait guider par l'analogie des monumens : on voit en effet, dans les temples de l'Égypte, des conduits

---

[1] *Cupido, haud injusta quidem, cæterùm intempestiva, incesserat, non interiòra modò Ægypti, sed etiam Æthiopiam invisere. Memnonis Tithoniqué celebrata regia cognoscendæ vetustatis avidum trahebat penè extra terminos solis; sed imminens bellum, cujus multò major supererat moles, otiosæ peregrinationi tempora exemerat* (Quint. Curt. Hist. Alex. lib. iv).

[2] *Voyez* l'inscription XXVII, à la fin de cette section.

secrets au moyen desquels les prêtres entretenaient la superstition des peuples, peut-être par des oracles, ou seulement par de simples sons, tels que ceux que faisait entendre la statue de Memnon[1].

Il est fâcheux que l'état de dégradation où se trouvent les deux colosses dont nous venons de parler, ne permette pas de juger du mérite de leur sculpture, qui sans doute était digne d'admiration. C'est une remarque importante à faire, qu'on s'est en général mépris sur l'état de la sculpture chez les anciens Égyptiens; on en a jugé par cette multitude de figures égyptiennes qui servaient d'amulettes, et que l'on fabriquait en si grand nombre et avec si peu de soin, pour satisfaire la superstition des Égyptiens et leur empressement à se les procurer. Ces figures inondent, pour ainsi dire, tous les cabinets de l'Europe. Porter d'après elles un jugement sur l'état de l'art en Égypte, c'est comme si l'on voulait juger chez nous de l'avancement de la peinture et de la sculpture par cette multitude de figures et d'images de saints qui sont entre les mains de tous les gens du peuple. Pour se faire une juste idée de la sculpture égyptienne, il faut la considérer dans les beaux morceaux que nous avons trouvés au milieu des ruines des villes anciennes, tels que la superbe tête du tombeau d'Osymandyas[2], le torse d'Abydus[3], et celui de Semenhoud, qui est maintenant déposé à la bibliothèque royale. Il faut surtout considérer la sculpture dans ses rapports avec l'archi-

[1] *Voyez* ci-après, §. VI, ce que nous disons de la manière dont la statue rendait des sons.
[2] *Voyez* la description de ce monument, *section* III *de ce chapitre.*
[3] *Voyez* le Ve. volume de l'Atlas des antiquités.

tecture ; c'est alors qu'elle paraît vraiment grandiose et monumentale. Quoi de plus magnifique et de plus majestueux en effet, que ces masses colossales placées en avant de constructions plus colossales encore [1] ! Elles ne séduisent point par ce charme, cette grâce, ce mouvement, qui plaisent dans les statues des Grecs; mais l'immobilité et la tranquillité de leur pose, ainsi que la régularité de leurs proportions, ont quelque chose de grave et d'imposant qui caractérise éminemment le peuple qui les a fait élever. On y retrouve la trace de quelques-unes de ces grandes pensées qui dominaient les Égyptiens ; et ce qui n'avait d'abord semblé qu'un effort naissant de l'art, finit par en paraître une des perfections. Aucun peuple n'a mieux entendu cette sculpture extérieure qui, pour être en rapport avec l'architecture, doit être surtout monumentale.

§. II. *De l'exhaussement de la plaine de Thèbes.*

En considérant avec attention les piédestaux des colosses du nord et du sud, il est facile d'apercevoir les traces que les inondations successives ont laissées de leur séjour sur la plaine de Thèbes : aussi ont-elles été remarquées de beaucoup de voyageurs, parmi lesquels plusieurs ont indiqué ces statues comme des espèces de nilomètres placés là, par les anciens Égyptiens, pour mesurer les crues du fleuve. Cette opinion, qui paraît d'abord se présenter naturellement, est tout-à-fait inad-

---

[1] *Voyez* ce que nous rapportons ci-après du monument dont les deux colosses du nord et du sud faisaient partie.

missible, si l'on considère le silence des auteurs anciens sur une pareille destination, et si l'on examine la forme qu'ils ont assignée aux nilomètres[1] dont ils nous ont transmis des descriptions. Bruce[2] est un des voyageurs modernes qui l'ont le plus accréditée; c'est aussi celui qui a nié avec le plus d'assurance le fait de l'exhaussement du sol de l'Égypte. Il était tellement préoccupé du système qu'il s'était fait d'avance, que, trouvant ici de quoi démontrer jusqu'à l'évidence l'exhaussement de la plaine de Thèbes, il n'a vu, dans les faits qui se présentaient en foule à son observation, que des preuves de l'opinion contraire.

Nous ne nous proposons point, dans cet article, de traiter à fond la question vraiment curieuse et importante de l'exhaussement de la vallée de l'Égypte; question qui a déjà fait la matière de savantes controverses entre des hommes d'un mérite distingué, et le sujet des recherches et des observations de beaucoup de voyageurs anciens et modernes. Nous laissons à d'autres le soin de rassembler les faits nombreux qui ont été recueillis pendant le cours de l'expédition, pour discuter convenablement cette question. Ici nous avons seulement en vue de réunir ceux qui sont particuliers à la plaine de Thèbes, et que nous ne pouvions passer sous silence dans une description des ruines de cette ancienne capitale; de les comparer entre eux, et de les faire concourir à prouver ce résultat, qui est pour nous évident; savoir, que la ville de Thèbes n'a point maintenant le même

---

[1] *Voyez* Strabon, Diodore de Sicile, Héliodore.

[2] *Voyez* le Voyage aux sources du Nil, par Bruce, tome Ier., pag. 133.

niveau qu'elle avait dans des temps très-reculés (nous n'entendons parler toutefois que des temps historiques). On pourrait croire, au premier abord, que cette question n'est qu'accessoire et incidente dans le plan de notre travail; mais on verra bientôt qu'elle en est une partie essentielle et principale, touchant les conséquences [1] que nous aurons à tirer, par la suite, sur l'étendue de l'ancienne capitale de l'Égypte, et sur la cause de la disparition d'une grande partie de ses ruines.

Il résulte des faits exposés précédemment, que les piédestaux des colosses sont maintenant cachés par les dépôts du Nil, jusqu'à un mètre quatre-vingt-neuf centièmes [2] environ, à partir de la base des monumens. Nous avons fait, le 9 fructidor de l'an VII (27 août 1799), sur la rive droite du fleuve, un nivellement qui constate que les monumens de Karnak sont enfouis à peu près de la même quantité. Le résultat de cette opération nous a fait connaître que le terrain est presque horizontal depuis le bord oriental du fleuve jusqu'au pied de la butte des décombres de Karnak, dans une étendue de six à sept cents mètres, tandis que nous avons trouvé, dans une autre opération, une pente d'un mètre soixante-huit centièmes [3] depuis le bord occidental du Nil jusqu'aux colosses de la plaine, dans un intervalle d'à peu près deux mille mètres [4]. Il suit de notre nivellement,

---

[1] *Voyez* la dissertation à la fin de ce chapitre.

[2] Cinq pieds dix pouces. La fig. 4, pl. 22, *A.*, vol. II, indique avec exactitude la quantité des dépôts du Nil pour une partie quelconque du piédestal. Ce dépôt est de cinq pieds dix pouces dans la partie où le piédestal est le moins caché.

[3] Cinq pieds deux pouces.

[4] Mille toises à peu près.

que la partie supérieure du socle du piédestal des deux sphinx placés en avant de l'une des principales entrées du vaste palais de Karnak, à l'ouest, est d'un mètre soixante-quatre centièmes [1] au-dessous du niveau moyen de la plaine. On n'apercevait plus que la tête de ces deux sphinx [2] au-dessus des décombres. Nous avons fait creuser à la base de l'un d'eux; mais les fouilles n'ont point été poussées assez loin pour mettre le socle à nu et arriver à la fondation. Cependant, si l'on admet que ce socle ait une hauteur de vingt-quatre à vingt-sept centimètres [3], ce à quoi nous sommes suffisamment autorisés par l'analogie des autres sphinx, il en résultera que le piédestal, à partir des fondations, est enfoui, sous les dépôts du Nil, d'un mètre quatre-vingt-neuf centièmes [4], de même que les colosses de la plaine.

Il est donc bien constant que, depuis l'époque de l'érection des colosses et de l'allée de sphinx de Karnak, le sol de la plaine de Thèbes s'est exhaussé d'au moins un mètre quatre-vingt-neuf centièmes. Mais il est à peu près certain qu'il s'est élevé de beaucoup plus encore : car, si l'exhaussement se bornait à cette quantité, il faudrait admettre que les anciens Égyptiens auraient laissé leurs monumens exposés aux inondations du fleuve, ce qui n'est nullement probable, et ce qu'ils n'ont point fait évidemment ailleurs, comme nous allons en apporter, plus bas, quelques preuves.

Les traces successives que les eaux limoneuses du fleuve

---

[1] Cinq pieds six lignes.
[2] *Voyez* la Description de Karnak, section VIII de ce chapitre.
[3] Neuf à dix pouces.
[4] Cinq pieds dix pouces.

ont laissées sur les piédestaux des colosses, donnent le moyen d'apprécier la quantité dont l'inondation s'élève encore actuellement au-dessus de la plaine. Leur hauteur moyenne au-dessus du sol est de plus d'un mètre [1]. Il faut donc ajouter cette hauteur à celle de la portion des piédestaux qui est cachée sous les dépôts du Nil, pour avoir le niveau de la butte factice [2] sur laquelle les colosses ont dû être placés, afin d'être garantis des eaux de l'inondation, au temps de leur érection [3]. Ainsi nous pouvons conclure un *minimum* de deux mètres quatre-vingt-neuf centièmes pour l'exhaussement de la plaine de Thèbes, depuis l'époque de la construction des monumens dont nous avons parlé. Nous nous en tiendrons à cette limite inférieure, mais certaine, bien que des hypothèses particulières, plus ou moins fondées, puissent autoriser à admettre un exhaussement plus considérable. Si l'on parvenait à déterminer le temps précis où les monumens ont été construits, on pourrait en tirer quelque conséquence pour la quantité de l'exhaussement par siècle : mais les résultats que

---

[1] Trois pieds un pouce.

[2] Il est très-remarquable que toutes les fondations qui ont été découvertes à Esné, à Louqsor, à Karnak, à Syout et à Héliopolis, sont établies sur un sol de décombres; d'où l'on peut conclure que, dans les temps anciens, comme actuellement encore, les villes et les édifices étaient bâtis sur des buttes factices.

[3] Nous supposons ici que les eaux s'élèvent maintenant au-dessus de la plaine de Thèbes, de la même quantité dont elles s'élevaient dans les temps les plus anciens. On ne voit pas de raisons pour qu'il en soit autrement, si les causes qui produisent les débordemens du fleuve, c'est-à-dire les pluies périodiques du tropique, sont les mêmes qu'autrefois ; ce qui est infiniment probable. En supposant que l'on puisse admettre une différence, elle ne peut provenir que de l'extension plus ou moins grande et de la répartition des eaux du fleuve, facilitée par des débouchés plus ou moins nombreux.

l'on admettrait seraient toujours de la plus grande incertitude, si l'on ne connaissait point d'une manière certaine la hauteur exacte, au-dessus de la plaine inondée, de la butte factice sur laquelle ces monumens auraient été construits ; et c'est ce qu'on ne saura probablement jamais.

Ce qui démontre encore incontestablement l'exhaussement du sol de la vallée de Thèbes, c'est l'inscription grecque [1] que l'on trouve sur le côté sud du piédestal du colosse du nord : elle est enfouie d'environ soixante-cinq centimètres [2]. Qu'on y ajoute encore soixante-cinq autres centimètres pour la hauteur d'un homme qui s'assied par terre pour écrire, ce qui est le moins qu'on puisse supposer, on trouvera un mètre trente centièmes pour l'élévation du sol, depuis l'époque où paraît avoir été gravée cette inscription, qui date du règne de l'empereur Antonin [3] ; car on ne peut croire qu'on a fait fouiller la terre pour graver cette inscription dans l'endroit où on la voit maintenant.

S'il fallait de nouveaux faits pour justifier les conséquences que nous avons tirées relativement à l'exhaussement du sol de la vallée de Thèbes, nous ne serions point embarrassés d'en citer. Nous nous bornerons à ceux que nous avons recueillis dans des lieux peu éloignés de Thèbes. A Esné [4], le pavé du petit temple du nord se trouve maintenant au niveau de la plaine ; celui du grand

---

[1] *Voyez* la pl. 22, fig. 1 et 6, *A.*, vol. II.
[2] Deux pieds.
[3] *Voy.* l'inscription, planche 22, figure 6, *A.*, vol. II, et l'interprétation d'une partie de cette inscription, n°. II.
[4] *Voyez* la Description d'Esné, chap. *VII*.

temple est très-inférieur au sol de la ville actuelle, et il s'en faut de bien peu qu'il ne soit au niveau de la plaine environnante. Ces faits sont des indices certains de l'exhaussement du sol ; car on ne peut raisonnablement supposer que les anciens Égyptiens n'aient pas mis ces édifices à l'abri de l'inondation. L'expérience devait certainement leur avoir fait connaître les changemens qu'éprouvait la vallée d'Égypte. On ne peut pas croire qu'ils étaient moins instruits que les habitans actuels du pays, dont la conduite suppose cette connaissance [1]. Mais, sans nous tenir ici dans ce vague d'idées, nous ferons remarquer que les anciens Égyptiens eux-mêmes nous fournissent une preuve non équivoque de l'expérience qu'ils ont eue de l'exhaussement du sol de l'Égypte : nous la trouvons dans un lieu voisin de Thèbes, à Denderah, autrefois *Tentyris*. La plate-forme sur laquelle s'élève le magnifique temple que l'on y voit, surpasse encore de plus de quatre mètres et demi le niveau de la plaine environnante. Si l'on n'avait eu pour but que de garantir le temple de Denderah des inondations, au temps seulement de sa construction, où était la nécessité de le tenir à une aussi grande élévation au-dessus de la plaine ? Mais les anciens Égyptiens connaissaient le fait de l'exhaussement de la vallée de l'Égypte. Hérodote rapporte [2] que, sous le roi éthiopien Sabacos, on condam-

---

[1] Tous les villages de l'Égypte sont élevés sur des buttes factices, dont le niveau est bien supérieur aux plus grandes inondations. Pendant la dernière année du séjour des Français en Égypte, la crue du fleuve a été très-considérable, et nous n'avons pas appris qu'aucun village ait été submergé par l'effet de l'inondation.

[2] Herod. *Hist.* lib. II, cap. 138, pag. 142, edit. 1618.

CH. IX, DESCRIPTION GÉNÉRALE

nait les coupables à travailler aux levées et aux chaussées près des villes; qu'elles avaient déjà été rehaussées sous le règne de Sésostris ¹, mais qu'elles le furent bien davantage sous la domination de l'Éthiopien. D'ailleurs, les prêtres de Memphis, d'Héliopolis et de Thèbes, avaient fourni d'autres preuves de ce fait à Hérodote, dans les entretiens qu'il avait eus avec eux. Il est extrêmement vraisemblable qu'ils ne mettaient pas moins de soin dans l'observation de ce phénomène terrestre, qui devait singulièrement les intéresser, que dans celle des phénomènes célestes, attestée par l'histoire. On est même bien fondé à croire, d'après le témoignage de Diodore de Sicile ², que tout ce qui avait rapport à l'exhaussement de la vallée était consigné dans les registres publics, ainsi qu'on le faisait pour les crues du fleuve. Il nous paraît donc incontestable, d'après tous ces faits et tous ces rapprochemens, que les architectes égyptiens, ou les prêtres qui les dirigeaient, ne se bornaient pas à garantir de l'inondation les édifices au temps seulement de leur construction, mais qu'ils voulaient les en préserver pour les siècles à venir, en les établissant sur des plates-formes très-élevées au-dessus du niveau moyen de la plaine. D'ailleurs, les Égyptiens, très-bons observateurs, avaient dû s'apercevoir que les inondations moyennes et les inondations extraordinaires se reproduisant nécessairement à de certains intervalles d'une manière semblable, ou, ce qui est la même chose, le volume des eaux du fleuve étant à peu près invariable,

---

¹ *Voyez* la citation n°. II, à la fin de cette section.   ² *Voyez* la citation n°. III, à la fin de cette section.

si les traces des inondations s'élevaient, après un laps de temps déterminé, à une plus grande hauteur, cela ne pouvait provenir que de l'exhaussement général du lit du fleuve et de la vallée qu'il arrose. Nous n'avons point eu égard à ce que, par suite de l'élévation même du sol, la vallée s'est étendue, et que les eaux se sont, en conséquence, répandues sur une plus grande surface, et élevées à une hauteur un peu moindre, toutes choses égales d'ailleurs, c'est-à-dire, la distribution des eaux ayant été également favorisée. Cette considération ne contrarierait point les conséquences auxquelles nous sommes conduits.

Il nous reste maintenant à faire voir que tous les témoignages de l'antiquité coïncident avec l'opinion et les faits que nous venons d'exposer sur l'exhaussement de la plaine de Thèbes et de toute la vallée de l'Égypte. Les citations d'Hérodote que nous avons déjà faites y sont entièrement conformes. Mais d'autres passages de cet historien s'y rapportent encore : il dit[1], sur la foi de tous les prêtres du pays, qu'au temps de Menès, toute la basse Égypte n'était qu'un marais ; et, d'après ce qu'il a observé lui-même, que la plus grande partie de l'Égypte est un présent du fleuve[2].

---

[1] Herod. *Hist.* lib. II, cap. 4, pag. 92, edit. 1618.

[2] *Ibid.* cap. 5 et seq.

Hérodote rapporte toutes les raisons qu'on lui a données et qu'il a cherchées lui-même pour motiver cette opinion : mais les conséquences qu'il en tire ne sont pas toujours exactes. Ainsi, par exemple, il suppose que, par suite de l'exhaussement du sol de l'Égypte, ce pays deviendra stérile et absolument inhabitable ; conséquence absurde, qui ne provient que de ce qu'Hérodote ne considère pas que le fond du lit du fleuve et le sol de la vallée s'exhaussent l'un et l'autre dans un rapport tel, que le résultat qu'il annonce ne peut arriver. L'infertilité plus ou moins grande de l'Égypte

Aristote[1] énonce la même opinion en parlant de l'Égypte, dont il dit que le terrain est entièrement formé par le limon que le Nil charrie avec ses eaux.

Diodore[2], Strabon[3], Pline[4], Plutarque[5], adoptent tous l'opinion d'Hérodote, qu'ils appuient chacun de raisons qui leur sont particulières. Cette unanimité est extrêmement remarquable, et l'on a peine à concevoir comment un académicien célèbre[6] a pu, d'après les mêmes autorités, avancer une opinion diamétralement opposée. Un des plus forts argumens dont Fréret se sert pour soutenir que le sol de l'Égypte n'a éprouvé aucun changement, consiste en ce que toute l'antiquité et tous les écrivains du moyen âge s'accordent à assigner le même nombre de coudées[7] pour termes d'abondance.

ne proviendra probablement jamais que de la mauvaise distribution des eaux, de la direction peu favorable des canaux, du défaut de leur entretien, et de l'envahissement des sables du désert.

[1] Aristot. *Meteorolog.* l. I, c. 14.
[2] Diod. Sic. *Biblioth. hist.* l. III, pag. 175, edit. 1746.
[3] Strab. *Geogr.* lib. XII, p. 536, edit. 1620.
[4] Plin. *Hist. nat.* lib. XIII, c. II.
[5] Plutarch. *de Iside et Osiride*, pag. 367, edit. Francofurt. 1599.
[6] *Voyez* un mémoire de Fréret, ayant pour titre, *De l'accroissement ou élévation du sol de l'Égypte par le débordement du Nil*, tom. XVI de l'édition in-4° des Mémoires de l'Académie des inscriptions et belles-lettres, pag. 333.
[7] Hérodote (*Hist.* liv. II, ch. 13, pag. 94 de l'édition de 1618) indique seize ou au moins quinze coudées.

Strabon (*Geogr.* liv. XVII, p. 788 de l'édition de 1620) indique quatorze coudées.

Plin. (*Hist. nat.* lib. V, cap. 9) s'exprime ainsi : *Justum (Nili) incrementum est cubitorum sexdecim. Minores aquæ non omnia rigant; ampliores detinent, tardius recedendo. Hæ serendi tempora absumunt solo madente; illæ non dant sitiente. Utrumque reputat provincia : in duodecim cubitis famem sentit, in tredecim etiamnum esurit; quatuordecim cubita hilaritatem afferunt, quindecim securitatem, sexdecim delicias.*

Plutarque, dans son Traité d'Isis et d'Osiride, et Aristide, dans son Discours sur l'Égypte, indiquent l'un et l'autre quatorze coudées.

Un grand nombre de médailles d'empereurs marquent seize coudées.

Ammien-Marcellin, dans le *cha-*

DE THÈBES. SECTION II.

C'est ainsi qu'Hérodote, Strabon, Pline, Plutarque, Aristide, Ammien-Marcellin, indiquent, tous, les termes de quatorze à quinze coudées pour les années de fertilité; il en est de même des écrivains mahométans : d'où Fréret conclut que le sol de l'Égypte n'a éprouvé aucun changement. Encore actuellement même, une crue effective de quatorze, quinze et seize coudées marquées au nilomètre du Kaire, est un indice certain d'une abondante récolte : mais nous n'en tirerons point les mêmes conséquences que l'académicien; car il est facile de concevoir que le lit du fleuve et des canaux, et le sol de la vallée, peuvent, par l'effet des dépôts qu'y laissent les eaux limoneuses du Nil, augmenter réellement et conserver la même différence de niveau [1]. Alors, si le volume des eaux ne change point, et c'est ce qui

---

pitre 15 du *livre* XXII de son Histoire, s'exprime ainsi : *Abundè itaque luxurians ita est noxius, ut infructuosus, si venerit parcior : gurgitum enim nimietate humectans diutiùs terras, culturas moratur agrorum; parvitate autem minatur steriles segetes. Eumque nemo aliquando extolli cubitis altiùs* XVI *possessor optavit.*

Kalkashendi, d'après le témoignage d'al-Kodaï, indique quinze et seize coudées; Maçoudy, quinze, seize et même dix-sept coudées; l'Edricy, seize coudées.

Quelques voyageurs modernes indiquent des crues de vingt-deux à vingt-trois coudées; mais il n'y a point de doute qu'ils ne fassent mention de toute la hauteur du fleuve, à partir du fond de son lit.

Notre objet n'est point de discuter tous ces témoignages, qui nous conduiraient à examiner si la coudée dont il est fait mention est toujours restée la même depuis Hérodote jusqu'à ces derniers temps; ce travail sera entrepris par quelques-uns de nos collègues. Il nous a suffi de rassembler ici tous ces témoignages, pour en conclure seulement que la quantité à peu près invariable des crues effectives, exprimée en coudées, ne peut conduire à cette conséquence, que le sol de l'Égypte n'a éprouvé aucun changement.

[1] Pour mieux faire sentir la conséquence à laquelle nous voulons arriver, nous supposons ici que le fond du Nil et le sol de la vallée s'exhaussent également; ce qui n'est point cependant rigoureusement vrai. Il ne faut considérer ce rapport que comme une sorte de limite autour

arrive au Nil, la crue effective se manifestera toujours la même, toutes choses égales d'ailleurs. Il n'y a point de doute que le nombre de coudées n'indique une crue effective, et non pas la hauteur des eaux, à partir du fond du lit du fleuve ; hauteur que des circonstances particulières rendaient trop variable pour qu'elle pût servir de point fixe de départ et de terme de comparaison. Ainsi, de cette constance dans les crues effectives du fleuve, on ne peut point absolument conclure que le sol de la vallée de l'Égypte n'a éprouvé aucun changement. Il n'est pas inutile de faire observer que les coudées dont parlent les auteurs que nous venons de citer ont été marquées aux nilomètres de Memphis et du Kaire, nilomètres comparables [1] entre eux à cause de la petite distance qui les sépare.

L'exhaussement de la plaine de Thèbes étant bien constaté, pour donner le moyen d'apprécier dans les siècles à venir la quantité dont le sol se sera élevé, nous avons comparé le niveau moyen de cette plaine à des points remarquables et durables des monumens. Nous avons choisi, sur la rive droite du fleuve, le bas de la fenêtre la plus méridionale [2] faisant partie de la seconde rangée d'ouvertures pratiquées dans le premier pylône du palais de Karnak à l'ouest. Cette fenêtre, du côté de laquelle oscille sans cesse le vrai rapport d'exhaussement, que l'on ne pourra probablement jamais apprécier, tant il y a de causes différentes qui contribuent à sa détermination pour un lieu donné.

[1] On sait que la crue effective des eaux du Nil n'est point la même dans toute l'étendue de l'Égypte. Elle est bien plus considérable à Éléphantine qu'au meqyâs de l'île de Roudah, et les eaux s'élèvent de moins en moins à mesure que le fleuve s'approche de la mer.

[2] *Voyez* la pl. 21, fig. 3, *A.*, vol. III.

DE THÈBES. SECTION II.

la cour, est élevée de seize mètres cent seize millièmes[1] au-dessus du niveau moyen de la plaine environnante. Sur la rive gauche, nous avons choisi pour repères les piédestaux des deux colosses du nord et du sud. A l'époque de notre séjour à Thèbes, le niveau moyen de la plaine était inférieur d'un mètre quatre-vingt-sept centimètres[2] à l'arête supérieure de la face du piédestal du colosse du nord exposée à l'est, et d'un mètre soixante-dix-neuf centièmes[3] seulement, à l'arête pareille du piédestal de l'autre colosse.

§. III. *Des ruines et des débris qui se trouvent autour des colosses.*

Si, à partir des colosses dont nous venons de donner la description, on s'avance à l'ouest-nord-ouest, on trouve, à la distance de cent mètres environ, les débris de quatre statues colossales. Le fragment le plus considérable est celui qui se trouve le plus au midi. Il est à droite d'une ligne qui passerait au milieu de l'intervalle des deux colosses[4]. Il a onze mètres de longueur; il est formé de ce beau grès siliceux dont nous avons déjà parlé. Une partie de ce fragment est enveloppée sous les dépôts du Nil. A vingt mètres de là, vers le nord, et dans une direction à peu près parallèle aux faces des deux colosses de la plaine, on retrouve pêle-mêle les débris de trois statues en pierre calcaire compacte, sus-

---

[1] Huit toises un pied sept pouces quatre lignes.
[2] Cinq pieds neuf pouces.
[3] Cinq pieds six pouces.
[4] *Voyez* le plan topographique, pl. 19, *A.*, vol. II.

ceptible de poli. Cette matière nous a paru entièrement semblable à celle des colosses placés en avant des pylônes des propylées de Karnak[1]. On est porté à croire, par la situation de ces débris, que les quatre statues étaient érigées sur une même ligne en avant d'un édifice dont il ne reste plus de vestiges. Il en était probablement ainsi de la statue de Memnon et du colosse du sud : ils étaient placés devant quelque construction maintenant ruinée, à moins que l'on ne suppose, contre toutes les règles de l'analogie et même contre toute vraisemblance, que ces statues devaient être primitivement isolées comme elles le sont à présent[2]. Mais nos conjectures prendront bientôt tout le caractère de la certitude.

En s'avançant toujours vers l'ouest-nord-ouest, jusqu'à cent cinq mètres de distance, on trouve les restes de deux autres statues mutilées[3]. Elles sont de pierre calcaire compacte, et distantes l'une de l'autre de vingt mètres. Ces débris sont également disposés sur une ligne à peu près parallèle à la face des deux colosses du nord et du sud ; mais, comme ils sont placés à droite de l'axe dont nous avons parlé, il y a lieu de croire que, sur la même ligne, se trouvaient autrefois deux autres colosses semblables et disposés symétriquement en avant de constructions qui ne subsistent plus.

A cent soixante mètres plus loin, et toujours dans la même direction, on trouve deux blocs énormes de grès

---

[1] *Voyez* la Description de Karnak, section VIII *de ce chapitre.*

[2] Aucun des lieux qui renferment des restes de la splendeur de Thèbes, ni même aucune autre ville ancienne de l'Égypte, n'offrent d'exemple d'un pareil isolement.

[3] *Voyez* le plan topographique, pl. 19, *A.*, vol. II.

brèche[1]. Ils sont disposés parallèlement aux autres débris, et distans l'un de l'autre de dix mètres. Le plus grand des deux a dix mètres de long, quatre mètres de large, et s'élève d'un mètre trente centièmes au-dessus de terre. L'un et l'autre présentent des surfaces planes dressées avec le plus grand soin. Ils sont ornés d'hiéroglyphes sculptés avec une finesse de détail très-remarquable. Ces sculptures peuvent soutenir la comparaison avec ce que nous avons trouvé de mieux exécuté sur le granit à Louqsor et à Karnak. Que penser de l'usage et de la destination de ces blocs? L'opinion qui nous a paru la plus probable, est qu'ils ne sont autre chose que la partie postérieure des trônes de deux colosses. Nous n'avons pas eu le temps de faire exécuter des fouilles pour éclaircir nos doutes : c'est un travail que pourront entreprendre ceux qui nous suivront dans la recherche et l'étude des monumens de l'ancienne Égypte. Jusque-là tout nous porte à croire que l'on trouverait enfouis sous les dépôts du Nil, le corps, les jambes et toutes les autres parties des statues dont l'existence est si positivement indiquée.

A la suite de ces blocs, en s'écartant un peu vers le nord, et à la distance de soixante-onze mètres, on trouve les restes de trois rangées de colonnes qui sont maintenant au niveau du sol[2]. Elles occupent un espace rectangulaire de trente-deux mètres de long, et de trente-cinq mètres de large : elles ont deux mètres et demi de diamètre.

[1] *Voyez* le plan topographique, pl. 19, *A.*, vol. II.

[2] *Voyez* le plan topographique, pl. 19, *A.*, vol. II.

Au sud de ces rangées de colonnes, et à une très-petite distance, on aperçoit un fragment considérable d'une statue colossale, représentée dans l'action de marcher [1] : il est de grès siliceux, et a dix mètres de longueur. Plus loin, à vingt mètres à peu près de la colonne qui est le plus au sud, on trouve un tronc de statue assise, en granit noir [2]. Au nord de la première rangée de colonnes, se voient les débris d'une autre statue qui nous a paru être d'une espèce de marbre jaune : elle était, comme la première dont nous avons parlé, dans l'action de marcher, et il est assez probable qu'elles étaient placées symétriquement. A quarante mètres de là, vers l'ouest-nord-ouest, on aperçoit les restes de deux statues assises, en granit rouge, autour desquelles sont beaucoup d'autres débris granitiques. De là, si l'on s'avance dans une direction faisant avec le méridien magnétique un angle de trente-six degrés et demi, jusqu'à la distance de trois cent douze mètres, on rencontre les restes de deux colosses dans l'action de marcher : ils sont de grès siliceux, et peuvent avoir treize mètres [3] de proportion.

Tels sont les nombreux colosses que l'extrême prodigalité des Égyptiens avait entassés, pour ainsi dire, dans ce quartier de Thèbes. On reconnaît les débris de dix-sept de ces statues, et il est probable qu'il y en avait un plus grand nombre. La disposition qu'elles conservent entre elles, leurs distances relatives, les bases des co-

---

[1] *Voyez* le plan topographique, pl. 19, *A.*, vol. II.
[2] *Idem.*
[3] Quarante pieds.

lonnes qui subsistent encore, tout indique ici les restes d'un édifice immense, composé de cours, de péristyles, de salles hypostyles, et de pylônes au-devant desquels étaient disposées, deux à deux, et quatre à quatre, toutes les statues que nous avons retrouvées. Cet édifice, si l'on doit en juger par la longueur de près de six cents mètres sur laquelle se trouvent dispersés tous les débris qui en restent, ne devait point le céder au palais de Karnak. Sa destruction presque totale ne permet guère de déterminer quelle devait être sa largeur. Les statues retrouvées le plus au nord indiquent que, du côté du tombeau d'Osymandyas, il existait des constructions qui lui servaient d'avenue.

Comment un édifice aussi immense peut-il avoir été détruit, ou comment n'en reste-t-il pas plus de traces? On peut en donner des raisons plus ou moins plausibles. Comme on ne retrouve plus que des débris qui, par leur dureté, étaient le plus capables de résister à la destruction, il est à croire que les édifices qui ne subsistent plus, étaient construits, pour la plupart, en pierre calcaire. Il faut bien que l'emploi de cette espèce de pierre ait été très-fréquent à Thèbes : car, autrement, où auraient passé les immenses matériaux tirés des hypogées, dont on ne voit plus de vestiges autour de ces étonnantes et nombreuses excavations? Une remarque que nous avons faite sur les lieux, c'est que les constructions encore existantes sur l'emplacement des villes anciennes ne sont point en rapport avec les carrières exploitées, et cela est plus particulièrement vrai des carrières de pierre calcaire : ainsi nous sommes forcés de reconnaître qu'il a existé beaucoup de monumens en pierre calcaire, dont il ne subsiste plus de traces. Mais ici nous retrouvons, sur les lieux mêmes, de quoi justifier nos conjectures. En effet, à quelque distance du vaste emplacement que nous avons indiqué, et au milieu d'une enceinte en briques crues, on trouve les matériaux d'un édifice[1] qui a été incontestablement construit en pierre calcaire. On les a exploités pour en faire de la chaux; ce qui n'est pas douteux, puisque l'on voit encore les débris des fours qui ont servi à calciner la pierre. Il a été facile de constater la cause de la destruction de cet édifice, parce qu'étant élevé sur le rocher qui forme le pied de la chaîne libyque, il est à l'abri des inondations et des dépôts du fleuve. Mais le grand édifice dont l'existence nous est en quelque sorte démontrée, était au contraire bâti au milieu de la plaine, où rien ne pouvait le garantir des dépôts du fleuve, dont le *minimum* est, comme nous l'avons dit, de deux mètres quatre-vingt-neuf centièmes, depuis l'érection des colosses de la plaine : on peut même admettre que la hauteur de ces dépôts est de quatre à cinq mètres; car il n'est point probable qu'à cette époque on se soit contenté de tenir la partie inférieure des piédestaux au niveau seulement des eaux de l'inondation. Les Égyptiens observaient trop bien, comme nous en avons apporté des preuves, ce qui avait rapport au Nil et à toutes les circonstances de l'épanchement de ses eaux sur le sol de l'Égypte, pour ignorer que ces monumens n'auraient point tardé à être inondés : ils n'ont pas dû, en conséquence, les élever de

[1] *Voyez* le plan topographique, pl. 19, *A.*, vol. II.

moins d'un mètre et demi à deux mètres au-dessus des plus hautes eaux. Que de vestiges et de débris de constructions peuvent être cachés maintenant dans une hauteur de cinq mètres de limon! Ceux des matériaux calcaires qui étaient employés dans le grand édifice dont nous avons parlé, et ce qui est resté de leur exploitation pour les transformer en chaux, tout est actuellement enseveli sous les dépôts du fleuve. Si les fragmens de statues qui existent en si grand nombre sont encore apparens, c'est que les colosses auront été renversés plus tard de dessus leurs piédestaux; mais, dans quelques siècles, ils seront entièrement dérobés aux yeux des voyageurs qui nous suivront dans la recherche des monumens de l'antique Égypte.

§. IV. *Identité du colosse du nord et de la statue de Memnon, ainsi que de l'édifice dont l'existence vient d'être constatée, et du palais ou temple dans lequel les anciens auteurs rapportent qu'était renfermé le colosse de Memnon.*

Nos conjectures sur le grand édifice dont nous sommes conduits à admettre l'existence se changeront en certitude, si nous démontrons maintenant que les témoignages de l'antiquité les autorisent. Les passages des anciens auteurs dont nous allons faire le rapprochement pour établir l'identité du colosse du nord et de la statue de Memnon, ont aussi rapport à l'édifice dont nous avons parlé dans le précédent paragraphe : nous ne pouvons donc mieux faire que de traiter ces deux objets à la fois.

Les nombreuses inscriptions grecques et latines[1] qui sont gravées sur le piédestal et sur les jambes du colosse du nord, presque toutes en l'honneur de Memnon, autorisent suffisamment à croire que cette statue est bien celle de Memnon, celle au moins qui a été désignée par cette dénomination sous le gouvernement des Romains en Égypte. Les témoignages de Strabon et de Pausanias[2], auteurs très-recommandables, viennent encore à l'appui de cette opinion ; et d'ailleurs, il serait vraiment absurde d'admettre qu'une autre statue eût rendu des sons, et que le fait eût été constaté sur le colosse du nord. Si, à cet égard, il s'est élevé des doutes parmi les modernes ; si, dans les différentes dissertations[3] qui ont été écrites sur la statue de Memnon, on s'est laissé aller à reconnaître la représentation de ce personnage dans une autre statue colossale que nous avons décrite au tombeau d'Osymandyas[4] ; si enfin l'on a, sur des raisons assez faibles, telles que de simples étymologies de noms, confondu les personnages de Memnon et d'Osymandyas, ainsi que leurs statues, il faut en attribuer la cause au peu d'exactitude des voyageurs modernes, à leurs conjectures mal fondées, et au silence absolu de la plupart d'entre eux sur les objets qui pouvaient éclairer la question.

Le P. Sicard est le seul qui ait indiqué d'une manière

---

[1] *Voyez* le recueil de toutes ces inscriptions, à la fin de cette section.

[2] *Voyez* les témoignages de ces auteurs, cités ci-après.

[3] *Voyez*, entre autres, la dissertation de M. Langlès, insérée dans l'édition des Voyages de Norden, tom. II, pag. 159.

[4] *Voyez* la description du tombeau d'Osymandyas, *section* III *de ce chapitre.*

bien précise l'existence de trois statues colossales, mais sans avoir su les distinguer et sans les avoir désignées convenablement. « Il y a, dit-il[1], à Thèbes, des choses que l'on peut dire être uniques dans le monde; savoir, les sépulcres des rois de Thèbes et trois statues colossales. Les deux premières, dont a tant parlé Strabon, sont remplies d'une vingtaine d'inscriptions, soit grecques, soit latines. La troisième est la statue du roi Memnon, qui, selon la tradition des anciens, rendait un son au lever du soleil. »

Pococke[2] a bien constaté l'existence des trois statues colossales; il les décrit avec précision, et donne même, avec une certaine exactitude, le dessin de celle qui est couverte d'inscriptions. L'une des trois qui se voient dans le monument que nous avons reconnu pour être le tombeau d'Osymandyas[3], est même désignée par Pococke comme pouvant être la statue de Memnon : mais l'opinion de ce voyageur à ce sujet paraît fort indécise; et d'ailleurs, comme il a cru retrouver le tombeau d'Osymandyas dans le palais de Louqsor, il n'était point sur la voie d'établir, ainsi que nous l'avons fait, une distinction entre la statue d'Osymandyas et celle de Memnon. Au reste, il nous paraît assez probable que Pococke n'a parlé que d'après le P. Sicard[4].

Hérodote, qui dit avoir parcouru l'Égypte jusqu'à Éléphantine, a dû visiter Thèbes; cependant il ne parle

---

[1] Lettres édifiantes, t. v, p. 90.
[2] *Voyez* le premier volume de la traduction de Pococke, à l'article de Thèbes.
[3] *Voyez* la description du tombeau d'Osymandyas, *section* III *de ce chapitre*.
[4] Le P. Sicard voyageait de 1697 à 1727, et Pococke de 1737 à 1739.

point de la statue vocale de Memnon. On ne trouve, dans tout le second livre de son Histoire, qu'une seule fois le nom de Memnon [1]; et encore n'est-ce point à l'occasion de Thèbes; c'est lorsqu'il parle de deux statues que l'on voyait de son temps en Ionie, et sur l'une desquelles étaient gravés des caractères égyptiens en langue sacrée. Cet historien indique ces deux statues comme étant celles de Sésostris; mais en même temps il dit que ceux qui ont examiné ces figures, pensent qu'elles représentent Memnon; ce qui, selon lui, est fort éloigné de la vérité. En s'exprimant ainsi, il paraît bien avoir voulu désigner le personnage de Memnon : mais était-ce celui dont la statue se voit à Thèbes? c'est ce qu'on ne peut affirmer. Tout ce que l'on peut inférer de plus certain d'après ce passage, c'est qu'Hérodote n'a point confondu les deux personnages de Memnon et de Sésostris. Il donne en général si peu de détails sur les monumens de l'ancienne capitale de l'Égypte, que l'on doit croire qu'il n'y a pas séjourné, et qu'il n'a point eu le loisir d'en admirer les merveilles. Peut-être aussi, et cela est assez vraisemblable, les historiens voyageurs qui l'avaient précédé, tels qu'Hécatée, avaient donné, sur les monumens de cette ville fameuse, des détails qui étaient généralement connus, et qu'il n'a pas cru devoir répéter.

Diodore de Sicile ne parle point de la statue de Memnon; mais son silence est moins étonnant que celui d'Hérodote, puisqu'il n'avait point été à Thèbes. Cependant, dans le livre second de son Histoire [2], Diodore

---

[1] *Voyez* le chapitre 106 du liv. II d'Hérodote.

[2] *Voyez* la citation n°. IV, à la fin de cette section.

fait mention d'un Memnon qui avait été envoyé au secours de Troie par un roi d'Assyrie. Il dit que les Éthiopiens (et il faut entendre évidemment ici les habitans de la haute Égypte) prétendaient que ce Memnon était né chez eux. Ils montraient encore dans leur pays de vieux palais qu'ils appelaient *Memnoniens*.

Voici comment Strabon s'exprime à l'occasion des monumens dont la description fait l'objet de cette section : « La ville de Thèbes, dit-il [1], renferme beaucoup de temples, en grande partie brisés et détruits par Cambyse. On n'y voit plus maintenant que des villages : une partie est dans la région arabique, où existe encore une ville, et l'autre partie est dans la région qui est au-delà et où se trouve le *Memnonium*. Là sont deux colosses monolithes, peu distans l'un de l'autre : l'un est encore entier, et la partie supérieure de l'autre a été renversée, dit-on, par un tremblement de terre. C'est une opinion générale, qu'une fois tous les jours un son tel que celui qui proviendrait d'un coup léger, sort de la partie de la statue restée sur le siége et sur le piédestal. » Strabon, qui accompagnait Ælius Gallus avec un grand nombre de ses amis et de soldats, entendit lui-même un son vers la première heure du jour; mais il ajoute qu'il ne saurait dire si ce bruit est parti ou de la base, ou du colosse, ou même de ceux qui étaient autour de la statue. Dans l'incertitude, il est disposé à croire tout ce que l'on voudra, plutôt que de penser que le son provienne de l'arrangement des pierres.

Ce témoignage de Strabon prouve que le colosse du

---

[1] *Voyez* la citation n°. v, à la fin de cette section.

nord, où se trouvent des inscriptions grecques et latines, est bien la représentation de Memnon. A la vérité, cet auteur ne donne aucun nom à la statue ; mais la suite et l'enchaînement de ses idées font voir que la dénomination de *Memnonium* donnée par lui au lieu où elle se trouvait, indique déjà le colosse de Memnon. C'est ainsi que, dans un autre passage[1], le même auteur désigne sous le nom de Μεμνόνειον βασίλειον, *palais de Memnon*, les édifices dont il existe encore des restes à *Abydus*, et que l'on disait alors avoir été bâtis par Memnon, ou en son honneur. Au temps de Strabon, la statue était brisée : ce n'est que plus de deux siècles après qu'elle fut rétablie dans l'état où nous la voyons aujourd'hui. L'historien géographe indique, d'une manière non équivoque, qu'elle était renfermée dans un édifice appelé *Memnonium*. Quel était cet édifice ? et où peut-on le retrouver parmi les ruines situées au pied de la chaîne libyque ? Quelques-uns ont voulu le voir à Medynet-abou ; d'autres[2], dans le monument que nous avons reconnu pour le tombeau d'Osymandyas[3] ; d'autres, enfin, ont cru que Strabon a voulu désigner sous le nom de *Memnonium* l'ensemble des ruines de Medynet-abou et du tombeau d'Osymandyas. Quant à nous, nous avons toutes sortes de raisons de croire que le *Memnonium* de Strabon n'est autre chose que le vaste édifice ruiné dont nous avons constaté l'existence. Si les témoignages de l'antiquité que nous avons encore à examiner confirment

---

[1] Strab. *Geogr.* lib. XVII, p. 813, edit. 1620.

[2] Le voyageur Norden est de ce nombre.

[3] *Voyez* la description du tombeau d'Osymandyas, *section* III *de ce chapitre.*

cette conséquence, il nous sera permis de croire que nos conjectures sont tout-à-fait fondées.

Denis le géographe, dans sa Description de la terre [1], n'a point passé sous silence, à l'article de Thèbes, la célèbre statue de Memnon; mais il ne parle point de l'édifice où elle était renfermée. Il n'en est pas ainsi de Pline, qui fait mention de la statue et du monument où elle était [2]. « A Thèbes, rapporte-t-il, dans un temple de Sérapis, on voit une statue que l'on dit être consacrée à Memnon, et qui rend tous les jours un son au lever de l'aurore. »

La statue qui, au temps de Pline, rendait des sons, est certainement celle que nous désignons sous le nom de *colosse de Memnon*; cela paraît constant et n'a pas besoin de développement. Pline s'accorde avec Strabon pour placer cette statue dans un édifice; mais, suivant le premier, cet édifice était consacré à Sérapis. Ce temple de Sérapis ne peut être que le grand bâtiment où se trouvaient les deux colosses, puisque, par la suite de nos recherches, nous avons reconnu l'identité [3] des ruines

---

[1] Ἡ μὲν ὅσοι Θήβην ἐρικυδέα ναιετάουσι,
Θήβην ὠγυγίην, ἑκατόμπυλον, ἔνθα γιγωνὸς
Μέμνων ἀντέλλουσαν ἑὴν ἀσπάζεται Ἠῶ.

Et qui Thebas per celebres inhabitant,
Thebas priscas, centum portas habentes, ubi resonans
Memnon exorientem suam salutat Auroram.
Geographiæ veteris Scriptores Græci minores, t. IV, p. 44.

[2] *Non absimilis illi narratur in Thebis, delubro Serapis, ut putant, Memnonis statua dicatus: quem quotidiano solis ortu contactum radiis crepare dicunt* (Plin. *Nat. Hist.* lib. XXXVI, cap. 7).

[3] *Voyez* la description de Medynet-abou, sect. 1re, et celle du tombeau d'Osymandyas, sect. III de ce chapitre.

qui sont au pied de la chaîne libyque avec d'autres monumens dont les anciens nous ont conservé des descriptions. Mais comment deux auteurs tels que Strabon et Pline, qui se suivent à si peu d'intervalle, ont-ils pu désigner le même édifice, l'un sous le nom de *Memnonium*, et l'autre sous celui de *temple de Sérapis*? Tout porte à croire que les temples de l'Égypte n'étaient point exclusivement consacrés à une seule et même divinité, et que les palais de Thèbes renfermaient des édifices destinés au culte. Ainsi le *Memnonium* de Strabon pouvait avoir dans son enceinte un temple de Sérapis : ce qui le confirme, c'est une inscription [1] gravée sur la jambe droite du colosse du nord, où on lit encore les deux noms de *Sérapis* et de *Memnon*. Quoique cette inscription soit en grande partie effacée, on y distingue encore des mots qui peuvent être ainsi restitués d'après la copie que Pococke en a faite, ΝΕωΚΟΡΟC ΤΟΥ CΑΡΑΠΙΔΟC ΚΑΙ ΤΟΥ ΜΕΜΝΟΝΟC : d'où il résulte qu'un certain personnage, dont le nom se trouve probablement dans l'inscription, et dont la charge, indiquée par le mot de *néocore* [2], était d'entretenir et d'orner le temple de Sérapis et de Memnon, avait entendu le

---

[1] *Voyez* l'inscription XII, à la fin de cette section.

[2] Le mot de νεωκόρος est composé de deux mots grecs νεώς, ναός, *templum*, et de κορείν, *verrere et ornare*. Ainsi νεωκόρος indique celui à qui était commis le soin de nettoyer et d'orner le temple. Les Latins l'ont appelé *œdituus*, et ensuite *neocorus*. Le néocore était, dans le principe, un simple valet chargé de nettoyer et de décorer le temple : il devint un personnage très-important lorsque la richesse des offrandes exigea un dépositaire d'un état plus distingué. Dans la suite des temps, le néocore connaissait l'origine du culte qui se rendait à la divinité dont il gardait le temple ; il apprenait ce culte aux étrangers ; il fut même chargé de tout ce qui concernait les choses sacrées.

son de la voix miraculeuse. Le mot ΑΔΡΙΑΝΟ, que l'on peut lire à la fin de l'inscription, paraîtrait indiquer qu'elle est du temps de l'empereur Adrien.

Tacite [1], en parlant du voyage de Germanicus, rapporte qu'entre autres merveilles que ce prince s'était attaché à connaître en Égypte, il alla visiter la statue de pierre de Memnon, qui rend un son dès qu'elle est frappée par les rayons du soleil. Tacite ne parle point de l'édifice ou le colosse était renfermé.

Juvénal [2] fait mention de la statue de Memnon et de l'endroit où on la voyait. Quoique poëte, son témoignage n'est point à négliger, puisqu'il avait visité Thèbes en se rendant au lieu de son exil à Syène. « On voit, dit-il, briller la statue d'or d'un singe ou cynocéphale dans les lieux mêmes où l'on entend sortir des sons de la statue mutilée de Memnon, et où l'antique Thèbes est ensevelie sous les débris de ses cent portes. » Le cynocéphale était, comme l'on sait, un des objets du culte des Égyptiens. Son effigie ne pouvait se voir que dans le sanctuaire d'un temple, et ce temple était, selon

---

Les peuples et les villes prenaient la qualité de néocores, lorsqu'ils célébraient des jeux ou élevaient des temples en l'honneur des empereurs, et ils étaient néocores plusieurs fois.

[1] *Cæterùm Germanicus aliis quoque miraculis intendit animum, quorum præcipua fuere Memnonis saxea effigies, ubi radiis solis icta est, vocalem sonum reddens.....* (Tacit. Annal. lib. II).

[2] *Quis nescit, Volusi Bithynice, qualia demens*
Ægyptus portenta colat? Crocodilon adorat
Pars hæc : illa pavet saturam serpentibus ibin.
Effigies sacri nitet aurea cercopitheci,
Dimidio magicæ resonant ubi Memnone chordæ,
Atque vetus Thebe centum jacet obruta portis.
Juven. sat. xv.

CH. IX, DESCRIPTION GÉNÉRALE.

Juvénal, celui même qui renfermait la statue de Memnon. Ainsi le témoignage de ce poëte concourt à prouver ce que nous avons établi par les rapprochemens précédens. Une autre conséquence que nous pouvons en tirer, c'est que la restauration de la statue, telle qu'elle existe maintenant, n'était point encore faite au temps de Juvénal.

Dans l'ordre chronologique, Pausanias vient après tous les auteurs que nous avons cités. Voici ce qu'il nous apprend sur les ruines dont nous avons donné la description, et qu'il avait vues lui-même. On sait combien son témoignage mérite de confiance. Pausanias, après avoir parlé d'une certaine pierre que l'on gardait à Mégare, et qui, étant frappée avec un caillou, rendait un son semblable à celui d'un instrument à cordes, poursuit ainsi [1] : « J'ai été moins frappé de cette merveille que de la statue colossale que j'ai vue en Égypte, à Thèbes, au-delà du Nil, non loin des syringes. Ce colosse est une statue assise du Soleil [2], ou de Memnon,

---

[1] *Voyez* la citation n°. VI.

[2] Nous adoptons ici la correction du texte proposée par l'abbé Sevin, tome XIV, page 197, de l'Histoire de l'Académie des inscriptions et belles-lettres.

« Pausanias, dit l'abbé Sevin, fait la description de la statue colossale de Memnon, et marque avec beaucoup de netteté l'endroit précis où elle était placée : Παρέσχε δὲ πολλῷ μάλιστα (θαυμάσαι) Αἰγυπτίων ὁ κολοσσὸς ἐν Θήβαις ταῖς Αἰγυπτίαις διαβᾶσι τὸν Νεῖλον πρὸς τὰς Σύριγγας καλουμένας· ἔστι γὰρ ἔτι καθήμενον ἄγαλμα ἡλίου, Μέμνονα ὀνομάζουσιν

οἱ πολλοί. Les extraits de Phralités présentent ici des différences assez considérables. La fin du passage en question y est ainsi exprimée : πρὸς τὰς Σύριγγας καλουμένας ὁδόν, ἔστι καθήμενον ἄγαλμα Ἡλίου; auquel cas il le faudra traduire de cette manière : *Une chose encore plus digne d'admiration, c'est le colosse qui se voit à Thèbes d'Égypte, sur la rive du Nil qui conduit aux souterrains connus sous le nom de Syringes. Ce colosse est une statue assise du Soleil, ou de Memnon, suivant la tradition la plus communément reçue.* Quant à la première partie du texte,

DE THÈBES. SECTION II.

suivant la tradition la plus commune. On raconte que ce Memnon est venu d'Éthiopie en Égypte, et qu'il a pénétré jusqu'à Suses. Mais les Thébains eux-mêmes nient que ce soit Memnon; car ils prétendent que c'est Phamenoph, né dans leur pays. J'en ai même entendu qui disaient que cette statue était celle de Sésostris. Cambyse l'a fait couper par le milieu; et maintenant la partie supérieure, depuis la tête jusqu'à la moitié du corps, est renversée par terre et abandonnée. Le tronc est encore debout, et tous les jours, au lever du soleil, il rend un son tel que celui des cordes d'une cithare ou d'une lyre, qui, étant fortement tendues, viendraient à se rompre. »

Ce passage très-curieux ne dit rien de l'édifice où pouvait être renfermée la statue de Memnon; mais il a évidemment rapport au colosse du nord. La position que Pausanias assigne à la statue près des syringes, coïncide fort bien avec la position du colosse du nord

---

elle n'a pas absolument besoin d'être corrigée. Il n'en est pas de même de la seconde : le mot ἡλσίον ne saurait recevoir une explication raisonnable, et Sylburge a très-bien vu que le génitif Ἡλίου convenait infiniment mieux en cet endroit ; conjecture dont le manuscrit du Roi ne permet pas de révoquer en doute la vérité. On ne doit pas omettre que Joseph Scaliger, dans ses notes sur la Chronique d'Eusèbe, a cru remédier au mal en changeant le terme ἡλσίον en celui d'ἠχσίον. Il appuie ce changement de divers témoignages des anciens, dont la plupart assurent que la statue de Memnon rendait une espèce de son, lorsque les premiers rayons du soleil venaient à l'éclairer; mais, tout bien considéré, il est plus sûr de s'en tenir à la leçon du manuscrit. Il semble du moins que Pausanias se propose ici de marquer la diversité des sentimens par rapport à l'objet que représentait le colosse : les uns le prétendaient consacré au Soleil, et les autres à l'honneur de Memnon. Il ajoute que le grand nombre avait adopté la dernière de ces opinions. C'est en effet la seule qui soit conservée dans les écrits qui sont venus jusqu'à nous. »

près des grottes magnifiques creusées dans la montagne libyque. La statue de Memnon n'avait point encore été réparée au temps de Pausanias. Cet auteur en attribue la destruction à Cambyse, tandis que Strabon a recours à un tremblement de terre pour en expliquer le renversement. L'un et l'autre ont rapporté probablement ce qu'ils ont entendu dire : cependant il faut convenir que, dans un lieu où tout rappelle l'animosité et la fureur de Cambyse, l'opinion la plus probable est celle qui attribue à ce conquérant destructeur la mutilation du colosse; on doit même croire qu'il aura été singulièrement favorisé dans cette entreprise par la grande inclinaison[1] de la statue, dont la partie supérieure se sera détachée de la partie inférieure, à peu près comme un rocher suspendu se détache de la montagne, lorsque quelques travaux préliminaires en ont préparé la chute. On ne retrouve plus sur les lieux aucun vestige de la partie supérieure de la statue, que Pausanias a vue gisante auprès de son piédestal : probablement elle aura été exploitée pour faire des meules de moulin, comme il arrive encore aujourd'hui à de gros blocs de granit dispersés au milieu des ruines. Le reste de ces exploitations est sans doute enveloppé maintenant sous les dépôts du Nil.

Lucien ne nous fournit aucun détail nouveau sur l'édifice détruit dont nous cherchons à établir l'antique existence; et l'on ne saurait même de quelle statue il a voulu parler, si d'autres témoignages et nos propres observations ne nous l'indiquaient suffisamment. En

[1] *Voyez* ce que nous avons dit ci-dessus, pag. 161.

effet, Lucien[1] fait dire à Eucrates, l'un de ses interlocuteurs, dans le dialogue intitulé *Philopseudes*, qu'il n'a point entendu le son de la statue comme l'entend le vulgaire, c'est-à-dire un vain son; mais que Memnon, en ouvrant la bouche, a articulé sept vers, qu'il rapporterait, si cela n'était superflu. Il est inutile de faire remarquer l'exagération qui règne en général dans cette narration, et qui frappera tout le monde. Cependant ce témoignage mérite de fixer l'attention, en ce qu'il prouve qu'au temps de Lucien la statue de Memnon faisait encore entendre sa voix miraculeuse, et qu'on peut en inférer qu'alors elle avait été rebâtie dans l'état où nous l'avons trouvée, puisque dans son langage exagéré et merveilleux, Lucien suppose qu'elle a ouvert la bouche pour rendre des oracles. Mais, d'ailleurs, cette dernière conséquence va trouver un appui bien plus solide dans le témoignage de Philostrate, le seul qu'il nous reste à examiner.

Philostrate, postérieur à Lucien d'à peu près un demi-siècle, est, comme l'on sait, l'historien de la vie d'Apollonius de Tyane. Il raconte fort en détail les voyages de ce célèbre philosophe. Il nous le montre parcourant la haute Égypte, suivi de ses disciples, au nombre desquels il compte un certain Damis, dont il semble ne transmettre que les récits. Tandis qu'Apollonius s'avance vers l'ancienne capitale de l'Égypte, il est joint par un Égyptien, nommé *Timasion*, de la vie duquel il raconte plusieurs circonstances à ses disciples, sans cependant l'avoir jamais connu. « C'est avec un tel guide

[1] *Voyez* les citations n°s. VII et VIII.

qu'Apollonius et Damis arrivent au temple de Memnon [1]. D'après ce que rapporte Damis, Memnon était fils de l'Aurore. Il n'est point mort à Troie, où il est même constant qu'il n'est jamais allé; mais il est mort en Éthiopie, où il a régné durant cinq générations. Cependant les Éthiopiens eux-mêmes, parce qu'ils ont une longévité beaucoup plus grande que les autres hommes, pleurent Memnon comme s'il avait péri encore jeune et qu'il eût été enlevé par une mort prématurée. Le lieu où l'on voit sa statue, ressemble à un ancien *forum*, tel qu'on en voit dans les villes les plus anciennement habitées, où l'on trouve encore des fragmens de colonnes, des vestiges de murailles, des chambranles de portes, et des statues de Mercure, dont une partie est tombée de vétusté, et l'autre partie a été détruite par la main des hommes. La statue de Memnon est représentée sous la figure d'un adolescent encore imberbe : elle est exposée aux rayons du soleil levant. Elle est de pierre noire. Les deux pieds sont réunis, comme cela se pratiquait au temps de Dédale. Les mains étendues sont appuyées sur le siége; et elle est assise dans l'attitude d'un homme qui se dispose à se lever. A voir sa figure, l'expression de ses yeux et de sa bouche, on dirait qu'elle va parler. Jusque-là Apollonius et ses compagnons de voyage n'avaient manifesté qu'une faible admiration, parce qu'ils ne connaissaient point encore tout le mérite de la statue; mais ils furent frappés d'étonnement lorsque les premiers rayons du soleil vinrent à l'atteindre; car elle rendit des sons; ses yeux parurent exprimer la joie

[1] *Voyez* la citation n°. IX.

de revoir la lumière, comme ceux des hommes qui l'aiment et la recherchent le plus. Apollonius et ses compagnons de voyage rapportent qu'ils comprirent alors que la statue paraissait vouloir se lever devant le soleil, comme ont coutume de faire ceux qui croient honorer mieux la divinité en restant debout devant elle. Ils offrirent donc des sacrifices au Soleil éthiopien et à Memnon Eous; car c'est ainsi que les prêtres nomment ces divinités, la première, de la qualité qu'elle a de brûler et d'échauffer, et la seconde, du nom de l'Aurore sa mère. Ils se rendirent ensuite, portés sur des chameaux, vers le pays des Gymnosophistes. »

Ce témoignage de Philostrate, le dernier de ceux qu'on peut regarder comme appartenant à une antiquité reculée, est infiniment précieux. En le dépouillant de tout le merveilleux dont le récit est orné, il constate, d'une manière certaine, que la statue de Memnon était dans un temple dont on ne voyait plus, à l'époque du voyage d'Apollonius, que quelques troncs de colonnes, des vestiges de salles, des chambranles de portes, et des débris de statues de Mercure. Cette énumération de ruines n'était pas de nature à embellir un récit; et l'on doit croire que si l'auteur l'a faite, ce n'est point l'amour du merveilleux qui l'y a déterminé. Tout, en ce point, porte donc le cachet de la vérité. Mais quelles circonstances peuvent mieux convenir à l'état actuel des choses, aux débris que nous avons encore reconnus sur les lieux mêmes? N'avons-nous pas retrouvé ces restes de colonnes dont parle notre auteur? Et ces statues de Mercure, partie tombées de vétusté et partie détruites par la main des hommes, peuvent-elles être autre chose que ces colosses dans l'action de marcher, dont nous avons parlé? On ne trouve plus, à la vérité, quelques autres débris de murailles et de salles dont parle Philostrate; mais ils ont pu être exploités pour servir à faire de la chaux; et ce qui en reste encore, est maintenant caché sous les dépôts du Nil. Si, à l'époque du voyage d'Apollonius, l'immense édifice dont l'existence nous paraît incontestable, était déjà dans un si grand état de destruction, doit-on s'étonner que, seize siècles après, on en retrouve à peine des traces? A toutes les circonstances qui se réunissent pour démontrer l'identité que nous avons en vue, il faut ajouter la description exacte de la statue de Memnon, donnée par Philostrate : elle est faite avec tant de vérité, qu'il est impossible de n'y point reconnaître le colosse du nord.

Ce n'est pas sans dessein que nous avons cité de suite et dans l'ordre chronologique les autorités les plus imposantes qui font mention de la statue de Memnon et de l'édifice où elle était renfermée : on peut suivre en quelque sorte les différens changemens et les altérations que l'un et l'autre ont éprouvés dans la succession des siècles. Ainsi, au temps de Strabon, il paraît que le palais ou le temple, l'édifice enfin qu'il appelle *Memnonium*, avait encore une certaine splendeur; on peut l'inférer au moins de ce qu'il ne parle point de sa destruction, tandis qu'il ne néglige pas de faire mention de la mutilation de la statue. Deux cent cinquante ans après, l'édifice était déjà ruiné en grande partie; mais la statue était alors restaurée. C'est donc antérieurement à Philostrate qu'il faut placer le rétablissement du colosse du nord par assises de pierre : il aura été ordonné par quelque préfet romain, gouverneur de l'Égypte. Les détails dans lesquels entre cet auteur sur la figure de Memnon, prouvent assez que de son temps la restauration de la statue était récente. Depuis, ce colosse a éprouvé des dégradations telles, que maintenant on ne peut reconnaître aucune des parties de sa figure.

§. V. *De la statue de Memnon en particulier.*

Après avoir démontré l'identité que nous nous étions proposé d'établir, il nous reste à rechercher quel est le personnage représenté par le colosse du nord. C'est une question sur laquelle tous les auteurs ne paraissent point être d'accord, comme cela résulte des citations que nous avons déjà faites. Quelques-uns veulent que ce ne soit pas Memnon, mais bien Phamenoph. Le témoignage de Pausanias[1], et quelques inscriptions[2] parmi celles dont nous avons fait le recueil à la fin de cette section, autorisent une pareille opinion. *Phamenoph* est composé, suivant Jablonski[3], de l'article *ph*, qui désigne le masculin, et du nom *Amenoph*, ou *Amenophis*, répété quatre fois dans les fragmens de Manéthon. Ainsi le colosse du nord représenterait un de ces rois Aménophis sur lesquels l'histoire ne nous transmet, pour ainsi

---

[1] *Voy.* la citation que nous avons faite de cet auteur, n°. IV.
[2] *Voyez* particulièrement l'inscription XXX.
[3] *Voyez* Jablonski, *De Memnone* Græcorum et Ægyptiorum, hujusque celeberrima in *Thebaide statua* (Francof. ad Viad., 1753, in-4°.), synt. II, cap. I, pag. 32.

dire, rien de certain. Il faut consulter à ce sujet la dissertation de Jablonski, *dè Memnone Græcorum et Ægyptiorum* : ce savant y a fait preuve d'une érudition peu commune; et il aurait jeté le plus grand jour sur toute cette matière, si de sa nature elle n'était et ne devait toujours être enveloppée de l'obscurité des siècles.

Suivant Jablonski[1], *Amenophis*, en lettres qobtes, pouvait s'écrire, *Amun-noh-phi*, qu'il traduit par *gardien de la ville de Thèbes*. On sait, dit-il, que le nom ancien de cette ville était *Amun-noh*, *No-amun*, que les *Septante* ont rendu par μερίδα Ἀμμὼν, *portion et possession d'Ammon*. Ainsi *Amenophis*, d'après cette dérivation, indiquerait le protecteur de la ville de Thèbes. C'est ce que semble confirmer une inscription recueillie par Pococke[2], où on lit, ἐφθέγξατο Μέμνων Θηβαίων πρόμαχος, *sonum dedit Memnon Thebæorum propugnator*.

Le même Jablonski[3], pour ramener la dénomination de *Memnon* à celle d'*Amenophis*, propose cette étymologie dérivée de la langue égyptienne. *Oni*, en égyptien, signifie *pierre*; et *noni* ou *enoni*, qui fait *menoni* ou *emenoni* au quatrième cas, *de pierre*, sous-entendu *statue* ou *colosse*. Il est probable, dit Jablonski, que le peuple, en parlant du colosse vocal d'Aménophis, le nommait simplement *emenoni* ou *menoni*, comme a fait Tacite en le désignant sous le nom de *saxea effigies*; et c'est ce nom de *Menoni* dont Homère aura fait *Memnon*, déno-

---

[1] *Voyez* le même ouvrage de Jablonski, synt. II, cap. I, pag. 37.

[2] *Voyez* les inscriptions recueillies par Pococke, et qui se trouvent dans l'édition anglaise de l'ouvrage de ce voyageur.

[3] *Voyez* le même ouvrage de Jablonski, pag. 36.

mination que tous les autres poëtes ont adoptée après lui. Il est inutile de faire remarquer que ces étymologies reposent sur des fondemens bien peu solides, et que l'auteur les déduit péniblement pour arriver aux conséquences qu'il en tire. Il faut cependant voir encore comment Jablonski parvient à conclure l'identité des deux noms d'*Osymandyas* et de *Memnon*[1]. *Sma*, dit-il, en égyptien, signifie *voix* : si l'on ajoute l'article *u*, on a *u-sma*, et si à ce dernier mot on ajoute encore le mot *di*, qui veut dire *donner*, et qu'on fait précéder du *noun* pour l'euphonie, on obtient *u-smandi*, c'est-à-dire *vocal* ou *parlant*. Les Grecs ont hellénisé ce mot, selon Jablonski, et en ont fait *Osymandyas*, l'*Ismandès* de Strabon. Il paraît que le témoignage de ce dernier est ce qui a le plus séduit Jablonski dans les rapprochemens qu'il a faits pour arriver à cette étymologie. Cependant il faut remarquer que tout cela ne repose que sur quelque chose de bien vague, avancé par Strabon lui-même. Si, dit-il[2], comme quelques-uns le pensent, Memnon est le même qu'Ismandès, le labyrinthe sera aussi un ouvrage de Memnon.

Ainsi donc, suivant Jablonski, *Amenophis*, *Memnon* et *Osymandyas* seraient les noms d'une seule et même statue. Les savans ont déjà reconnu que cet auteur s'est souvent laissé entraîner avec trop de facilité aux conséquences qu'il a tirées des étymologies; celles qui nous occupent en sont une preuve. Il ne les a recherchées que pour faire concourir ensemble des témoignages qui lui

---

[1] *Voyez* l'ouvrage de Jablonski, cité ci-dessus, synt. III, c. 5, p. 107.
[2] *Voy.* Strab., *Géogr.*, liv. XVII, pag. 113, édition de 1620.

ont paru devoir se rapporter à un même sujet. C'est ainsi, pour n'en citer qu'un exemple, qu'il veut appliquer au colosse du nord, décrit et dessiné par Pococke, le passage de Diodore relatif à la statue d'Osymandyas [1]. Indépendamment de ce que des étymologies peuvent tout au plus appuyer des faits historiques, et de ce que, dans aucun cas, elles ne peuvent servir à les établir, il nous est impossible de partager l'opinion de Jablonski. Nous avons retrouvé le tombeau d'Osymandyas et les débris de sa statue [2]; nous déterminons dans cette section, avec autant d'exactitude qu'on peut en mettre dans une pareille matière, l'emplacement de l'édifice désigné par Strabon sous le nom de *Memnonium* : nous ne pouvons donc pas plus confondre les palais de Memnon et d'Osymandyas que les statues de ces personnages célèbres. Nous devons toutefois convenir que les heureuses circonstances où nous nous sommes trouvés, de pouvoir étudier les monumens sur les lieux mêmes, et non d'après des dessins inexacts, de les parcourir les auteurs anciens à la main, nous donnent seules quelque avantage dans une discussion que nous aurions soigneusement évitée, s'il n'eût fallu que de l'érudition pour arriver à un résultat satisfaisant. Ainsi donc, d'après les autorités précédemment citées, Memnon peut être le même qu'Aménophis ; mais il n'y a aucun rapport entre Memnon et Osymandyas.

Quelques personnes ont pensé que le colosse du nord

---

[1] *Voyez* Jablonski, *de Memnone Græcorum et Ægyptiorum*, synt. III, cap. 5, pag. 104.

[2] *Voyez* la description du tombeau d'Osymandyas, *section* III *de ce chapitre*.

pourrait être une statue de Sésostris. Jablonski lui-même semble pencher pour cette opinion[1]. Tous se fondent sur l'analogie qui existe entre les exploits de Sésostris et ceux d'Osymandyas. Mais cette analogie, quand bien même elle existerait, ce qui est loin de nous être démontré, ne prouverait encore rien. C'est comme si l'on voulait conclure l'identité de quelques rois de France, de ce qu'ils auraient fait les mêmes conquêtes en Allemagne ou en Italie. Jablonski rapporte à ce sujet une étymologie tirée de la langue égyptienne. Le Sésostris des Grecs ne serait que le *Sois* ou *Sis-ostré* ou *Sis-sustéré* des Égyptiens, dénomination qui signifie *seigneur adorant* ou *regardant le soleil*[2]. Un pareil nom pouvait être applicable à la statue d'Aménophis, qui était tournée au soleil levant, et qui rendait des sons aussitôt qu'elle était frappée de ses rayons. Outre que cette étymologie est singulièrement forcée, nous sommes d'autant moins portés à la regarder comme pouvant appuyer l'identité de Memnon et de Sésostris, qu'à Medynet-abou il existe un monument de Sésostris, un palais où la sculpture a consacré les exploits de ce héros. Si sa statue a été placée quelque part à Thèbes, ce n'est probablement qu'à Medynet-abou qu'on pourrait en retrouver des vestiges.

Quant à l'opinion de ceux[3] qui prétendent que le colosse du nord a servi de gnomon aux anciens Égyptiens,

---

[1] *Voyez* Jablonski, *de Memnone Græcorum et Ægyptiorum*, synt. II, cap. I, pag. 39.
[2] *Ibid.*
[3] Jean-Frédéric Polac, professeur de droit et de mathématiques à Francfort sur l'Oder. *Voyez* Jablonski, *de Memnone Græcorum et Ægyptiorum*, synt. III, c. 6, p. 121.

pour indiquer, à l'aide de l'ombre, les principales époques de l'année, telles que les solstices et les équinoxes, elle est tout-à-fait insoutenable, puisque, par la disposition de cette statue au-devant d'un édifice, il était impossible d'obtenir l'effet que l'on suppose. Ajoutons à cela qu'un pareil gnomon serait bien peu propre à donner des résultats exacts.

S'il nous était permis de nous livrer nous-mêmes à quelques conjectures, nous dirions que le colosse du nord est la représentation du personnage de Memnon ou Aménophis sous les attributs et les formes consacrés à la divinité, que c'est l'effigie de Memnon mis au rang des dieux. Il est même très-probable que la plupart des colosses que l'on retrouve à Thèbes, ne sont autre chose que des représentations de personnages déifiés, si toutefois ils ne sont pas des effigies de divinités. Il est remarquable, en effet, que les figures de ces nombreux colosses ont beaucoup de ressemblance entre elles. Aucun trait caractéristique d'un âge plus ou moins avancé ne s'y fait apercevoir, comme cela serait nécessairement arrivé, si les Égyptiens avaient voulu faire des portraits : elles ont presque toutes les mêmes airs de tête, et présentent le plus souvent l'aspect gracieux de l'adolescence et de la jeunesse. Notre conjecture, à l'égard de la statue de Memnon, est surtout appuyée par les inscriptions[1] qui sont gravées sur ses jambes, et qui constatent que l'on est venu entendre le *dieu*, que l'on a offert des sacrifices au *dieu* : à quoi il faut ajouter le témoignage de Phi-

[1] *Voyez* les inscriptions X, XIX, XXII, XXX, XXXII et XXXIII, à la fin de cette section.

lostrate[1], qui parle des sacrifices qu'Apollonius et ses compagnons de voyage firent au *dieu Memnon;* celui de Pausanias[2], dont le texte restitué semble indiquer que la statue de Memnon était faite à l'image du soleil ou d'Osiris. Nos conjectures sur les apothéoses des rois égyptiens acquerront plus de poids encore, si l'on considère que de semblables déifications étaient en usage chez les Grecs, qui ont fait tant de choses à l'imitation des Égyptiens. C'est ainsi que sous les rois Ptolémées, chez ces mêmes Égyptiens, on a consacré sur les médailles la figure d'Alexandre déclaré dieu dans le temple de Memphis[3]. C'est encore ainsi que dans des temps postérieurs, sous le gouvernement des Romains, les Égyptiens, pour plaire à l'empereur Adrien, ont déifié son favori Antinoüs, l'ont représenté sous les attributs d'Osiris et de Thot, et ont institué en son honneur un culte qui s'est ensuite étendu dans tout l'empire romain.

§. VI. *De l'espèce de son que rendait la statue de Memnon, et des moyens que l'on mettait probablement en usage pour la faire résonner.*

Tous les auteurs de l'antiquité que nous avons cités[4], s'accordent sur la qualité merveilleuse de la statue de Memnon : elle faisait entendre une sorte de craquement,

---

[1] *Voyez* la citation n°. IX.
[2] *Voyez* la citation n°. VI.
[3] *Voyez* un ouvrage de M. Cousinery qui a pour titre, *Recueil de lettres critiques, historiques et numismatiques sur une inscription trouvée à Rosette pendant le séjour des armées françaises en Égypte.*
[4] *Voyez* les citations à la fin de cette section.

une espèce de son semblable à celui d'une corde d'instrument qui se rompt, un bruit pareil à celui qui résulte du choc d'un caillou sur une pierre sonore. Voilà ce qu'attestent presque tous les auteurs anciens, jusqu'à Lucien et Philostrate; mais ces deux derniers historiens rapportent[1] que la statue articulait des sons[2]. Ceux qui ont écrit, d'après eux, sur le colosse de Memnon, tels que Callistrate[3] et beaucoup d'autres[4], en ont encore parlé avec plus d'exagération; ils vont jusqu'à lui accorder la faculté d'exprimer sa joie à l'apparition de l'aurore, qu'ils disent être sa mère, et de répandre des larmes à la disparition du jour. Il faut remarquer, en général, qu'on a parlé avec plus d'emphase de la statue de Memnon, à mesure qu'on s'est plus éloigné de l'institution primitive du culte qu'on lui a rendu.

De quelque nature qu'ait été le son provenant du colosse, on ne peut douter qu'il ne soit le résultat d'une fraude pieuse. On pourrait se livrer ici à une foule de conjectures, toutes également probables, sur le mécanisme que les prêtres de l'Égypte mettaient en usage pour le produire. Strabon[5], observateur exact et véridique, qui avait entendu de ses propres oreilles le son qui s'échappait du colosse de Memnon, n'a point été la dupe du charlatanisme des prêtres, et même, d'après son témoignage, il n'est pas certain que le son sortît de la statue. Il nous paraît très-probable que les constructions qui l'enveloppaient, favorisaient singulièrement

---

[1] *Voyez* les citations à la fin de cette section.
[2] *Voyez* la citation n°. XI.
[3] *Voyez* la citation n°. XII.
[4] *Voyez* les citations à la fin de cette section.
[5] *Voyez* la citation n°. V.

l'émission du son miraculeux : peut-être y avait-il un conduit souterrain qui établissait une communication entre le piédestal du colosse et les édifices voisins. Nous avons souvent trouvé de semblables conduits ménagés dans l'épaisseur des murs des temples, et surtout des sanctuaires[1]. La matière dans laquelle la statue de Memnon est taillée, est trop dure pour que nous puissions croire qu'elle ait été creusée, afin de communiquer avec le conduit souterrain dont nous soupçonnons l'existence. On a avancé[2] que Cambyse n'a fait couper le colosse en deux que pour en connaître le mécanisme intérieur; mais il est probable que sa curiosité n'aura point été satisfaite, puisque la statue rendait encore des sons après avoir été ainsi mutilée.

Il résulte de l'examen attentif des inscriptions, que la voix de Memnon ne se faisait point entendre tous les jours[3], comme l'assurent Strabon et Pausanias[4], mais bien à de certains jours et à de certaines heures que les prêtres choisissaient; c'était ordinairement vers la première heure du jour, ou une demi-heure après. Il arrivait aussi qu'on entendait le son de la statue plusieurs fois dans le même jour, à des intervalles différens[5] : ceux

---

[1] *Voyez* le sanctuaire du grand temple de Philæ, et particulièrement celui du temple de Denderah; *voyez* aussi les temples situés au nord et à l'est d'Esné.

[2] Syncellus, *in Chronographia*, pag. 151, edit. 1652. *Voyez* aussi l'inscription XXVII, à la fin de cette section, pag. 224.

[3] *Voyez* les inscriptions IV et X, pag. 215, 218.

[4] *Voyez* le témoignage de ces auteurs, cité à la fin de cette section, pag. 213 et suiv.

[5] *Voyez* les inscriptions V, VII et XVIII, à la fin de cette section, pag. 216, 217, 221.

qui jouissaient de cette singulière faveur, s'en félicitaient et en rendaient grâces aux dieux[1], surtout si le son avait été plus distinct et plus éclatant. Postérieurement aux IVe. et V^e. siècles de l'ère vulgaire, aucun écrivain, soit chrétien, soit mahométan, ne parle plus de la voix de Memnon. Il est à croire qu'elle aura cessé, lorsque les prêtres de l'Égypte ont été totalement dépouillés de leurs richesses et de leur autorité, et que la religion égyptienne a été entièrement abandonnée. Nous manquons de témoignages positifs qui indiquent comment se comportait la statue de Memnon sous le gouvernement des Grecs et des Perses, et même antérieurement; mais il est probable que sa vertu sonore s'était manifestée à ces époques éloignées.

§. VII. *Du Memnon des Grecs.*

Dans quelques-unes des inscriptions grecques et latines qu'on lit encore sur le colosse du nord[2], on paraît avoir confondu le Memnon égyptien, ou Aménophis, avec le Memnon des Grecs; cependant, si l'on en croit les témoignages de l'antiquité[3], ces deux personnages sont essentiellement distincts. Le Memnon des Égyptiens est beaucoup plus ancien que celui des Grecs, dont il paraît être le type original. Le Memnon des

---

[1] *Voy.* l'inscription XXII, p. 222.
[2] *Voy.* les inscriptions I et XXVI, à la fin de cette section, pag. 213, 224.
[3] Philostrat. *in Heroïcis*, p. 699. *Voyez* la citation n°. XIII, à la fin de cette section.

Grecs est venu au secours de Troie, suivant la tradition conservée par les poëtes et les historiens; il a été tué sous les murs de cette ville fameuse[1], et il y avait son tombeau[2]. Homère[3] est le premier qui ait parlé de ce personnage, et son histoire fabuleuse a été successivement étendue et amplifiée par tous les poëtes, les rhéteurs et les historiens qui l'ont suivi. La plupart d'entre eux font venir leur Memnon de l'Orient, et lui donnent un teint noir[4]. En le faisant fils de l'Aurore[5], ils semblent en indiquer l'origine : il nous paraît donc extrêmement probable que les Grecs, en cela comme en beaucoup d'autres choses, se sont approprié ce qui appartient aux Égyptiens. Nous ne pourrions parler plus au long du Memnon des Grecs, sans sortir des bornes de notre sujet; c'est pourquoi nous nous contentons de renvoyer, pour de plus amples détails, à la dissertation de Jablonski[6], où toute l'érudition de ce

---

[1] Pindar. od. 2, p. 19, ed. 1773. — Dictys Cretensis, *de bello Trojano*, lib. VI, cap. X, pag. 135, ed. 1702. ed. 1613. — Ælian. *de Animal*. l. V, c. I. — Servius *ad Virgil*. Æn. l. I, v. 493, p. 204, ed. 1600. — Quint. Smyrn. *Paralip.* lib. II, pag. 225, ed. 1604.

[2] Plin. *Hist. natur.* l. X, c. XXVI. — Pausan. *in Phocicis*, l. X, p. 669,

[3] Μνήσατο γὰρ κατὰ θυμὸν ἀμύμονος Ἀντιλόχοιο,
Τὸν ῥ' Ἠοῦς ἔκτεινε φαεινῆς ἀγλαὸς υἱός.
Recordabatur enim mente suâ eximii Antilochi,
Quem scilicet Auroræ interfecit splendidæ inclytus filius.
Homer. *Odyss.* lib. IV, v. 187.

[4] Pausan. *in Phocicis*, c. XXXI, p. 875. — Virg. *Æn.* lib. I, v. 493. — Ovid. *Amor.* lib. I, eleg. 8.
[5] *Voyez* les vers d'Homère, cités ci-dessus. Hesiod. *Theog.* v. 984.
— Dion. Perieg. *Orbis Descriptio*, v. 250. — Virgil. *Æn.* l. I, v. 755. — Ovid. *Metam.* lib. XIII, v. 576.
[6] *Syntagm.* I, cap. I, 2, 3 et 4.

savant ne sert guère qu'à prouver que l'histoire et les actions guerrières du Memnon des Grecs ne sont pas mieux connues que celles d'Aménophis ou du Memnon des Égyptiens.

INSCRIPTIONS
GRAVÉES SUR LA STATUE DE MEMNON.

PIÉDESTAL.

Sur la face antérieure du piédestal, on trouve l'inscription suivante, qui a été recueillie par Pococke, et restituée par Philippe d'Orville; c'est une épigramme du poëte Asclépiodote.

I.

ΑΣΚΛΗΠΙΟΔΟΤΟΥ
ΖωϵΙΝ ϵΙΝΑΛΙΗ ΘϵΤΙ ΜΕΜΝΟΝΑ ΧΑΛΚΑ ΦωΝϵΙΝ
ΜΑΝΘΑΝ ϵΠΙ ΤΡωΙΗϹ ΑΛΛΟΚ ΑΠΟΛΛΥΜϵΝΟΝ
ΑΙΓΥΠΤΟΥ ΛΙΒΥΚΗϹΙΝ ΥΠ ΟΦΡΥϹΙΝ ΟΥ ΑΠΟΤΑΜΝϵΙ
ΚΑΛΛΙΠΥΛΟΝ ΘΗΒΗΝ ΝϵΙΛΟϹ ϵΛΑΥΝΟΜϵΝΟϹ
ΤΟΝ Δϵ ΜΑΧΗϹ ΑΚΟΡΗΤΟΝ ΑΧΙΛΛΑΑ ΜΗΤ ϵΠΙ ΤΡωωΝ
ΦΘϵΓΓϵϹΘΑΙ ΠϵΔΙω ΜΗΤ ϵΝΙ ΘϵϹϹΑΛΙΗ
ΠΟΙΗΤΟΥ ΤΟΥ

Vivere, marina Theti, Memnona et suaviter sonare
Disce, ad Trojam quondam occisum,
Ægypti Libycis sub tumulis, ubi abscindit
Pulchras portas habentem Thebam Nilus incitatus:
Insatiabilem verò pugnæ Achillem, neque in Troum
Loqui campo, neque in Thessalia.

Divinité des mers, Thétis, apprends que Memnon, tué autrefois sous les murs de Troie, vit encore, qu'il rend des sons harmonieux. Quoiqu'enfermé dans les tombeaux de la Libye, non loin de cette Thèbes aux belles portes que le Nil traverse, il parle; tandis que ton Achille, insatiable de combats, est muet dans les champs troyens et dans ceux de la Thessalie.

Sur la face sud du piédestal, est une autre inscription qui a été recueillie par M. Girard; elle est gravée dans la pl. 22, fig. 6, telle qu'elle a été dessinée. Nous allons la reproduire ici avec quelques-uns des mots séparés et restitués : nous espérons que notre travail mettra sur la voie de rétablir en entier cette inscription curieuse.

II.

ΘΗΚΕC ΕΦωΝΙΕΝΤΑ ΘΕΑ ΡΟΔΟΔΑΚΤΥΛΟC ΗωC
CΗ ΜΗΤΕΡ ΚΑΤΤΕ ΜΕΜΝΟΝΕ ΕΑΔΟΜΕΝωΝ ΟΙ ΑΚΟΥCΑΙ
CΗ ΕΦωΝΕΙ ΛΥΚΑΒΑΝΤΙ ΠΕΡΙ ΚΛΥΤΟΥ ΑΝΤωΝΕΙΝΟΥ
ΑΥΤΟΚΡΑΤΟΡΟC ΚΑΜΕΝ ΥΠΑΤωΝ ΤΡΙC ΚΑΙ ΔΕΚΑ ΕΧΟΝΤΙ
ΤΑ ΔΙCΤΑΜΟΝΤΕC ΕΚΑΤΟΝ ΑΥΔΗCΑΝΤΟC
ΚΑΜΕΑΡΕΙΘΑΛΠΕωΝΤΟC
ΟΛΙΗCΒΑCΙΑΝΑΘΑ ΘΗΚΕ ΚΡΟΝΕ
ΟΥ ΦωΝΗΝ ΔΑΠΟΠΕΤΕΟΤΕ
ΟΕΑΜΟΙ ΒΑΔΙCΕΝ
ΑΛΟΧωΕΟΥ............CΕ
ΕΤΥΧω

Il résulte de l'examen de cette inscription, qu'un personnage dont le nom est probablement effacé, est venu pour entendre (οἱ ἀκοῦσαι) la voix et les oracles du célèbre Memnon, fils de l'Aurore, déesse aux doigts de rose, sous le règne du très-illustre empereur Antonin, lorsque ce souverain était consul pour la treizième fois. (Λυκάβαντι περὶ κλυτῦ Ἀντωνεῖνε ὑπάτων τεὶς καὶ δέκα ἔχοντι.) Le mot εὐτυχῶ, *je me réjouis*, qui termine l'inscription, exprime la vive satisfaction de celui qui l'a fait graver.

La partie la plus précieuse de l'inscription, celle qui indique l'époque où elle a été sculptée sur la statue de Memnon, est assez bien conservée pour qu'on ne puisse avoir aucun doute sur la restauration et l'interprétation que nous proposons.

DE THÈBES. SECTION II.

JAMBE DROITE.

III.

ANNO V. HADRIANI
IMP. T. HATER...
NÈPOS PRAEF. AEG.
AVDIT MEMNONEM
XII. K. MART. HORA I-S

Cette inscription a été recueillie par Pococke et restituée par Jablonski. Elle constate que Titus Haterius Nepos, homme connu dans les fastes consulaires et par des inscriptions romaines, préfet d'Égypte, a entendu Memnon, une demi-heure après la première heure du jour, le 12 des calendes de mars, l'an v du règne d'Adrien.

IV.

TVNIS VENNA VERTVLLA
C. CETTI AFRICANI PRAE. AEG.
VXOR AVDIVI MEMNONEM
PRIDIE FEBR. HORA I. S
ANNO I. IMP. DOMITIANI AVG.
CVM IAM TERTIO VENISSEM.

Cette inscription, fort altérée dans Pococke, a été ainsi recueillie par M. Girard. Elle constate qu'une femme, dont les noms se lisent dans la première ligne, épouse de C. Cettus Africanus, préfet d'Égypte, a entendu Memnon, la veille, peut-être, des calendes de février, une demi-heure après la première heure du jour, c'est-à-dire, vers six heures et demie du matin, l'an 1er du règne de Domitien Auguste, après qu'elle fut venue trois fois.

V.

ANNO VII IMP. CAESARIS
NERVAE TRAIANI AVG. GER. DACICI
C. VIBIVS MAXIMVS PRAE. AEG.
AVDIT MEMNONEM XIIII K. MAII
HORA II S SEMEL ET III S SEMEL

Cette inscription, altérée et incomplète dans Pococke, a été ainsi copiée par M. Girard. Elle constate que, l'an VII du règne de César Nerva Trajan, Auguste, Germanique, Dacique, C. Vibius Maximus, préfet d'Égypte, a entendu Memnon, le 14 des calendes de mai, une fois d'abord, une demi-heure après la seconde heure du jour, et, une autre fois, une demi-heure après la troisième heure.

VI.

PRAEF AEG.
AVDIT
MEMNONEM
XIII. K. APRILIS
VERO III. ET AMBIBVLO COSS.
HORA. I

Un préfet d'Égypte, dont le nom se lisait dans la première ligne de cette inscription, qui est trop altérée pour qu'on puisse le reconnaître, a entendu Memnon, le 13 des calendes d'avril, sous le troisième consulat de Vérus, et sous celui d'Ambibulus, à la première heure du jour. La date correspond à la Xe. année du règne d'Adrien, ou à l'année 126 de Jésus-Christ. Cette inscription a été restaurée par Jablonski, sur la copie qu'en a donnée Pococke.

VII.

C. MANIVS HANIOCHVS
DOMO CORINTHIVS......ITEM
.... AVDIVI MEMNONEM ANTE SECV. HORAM
XIII..............TITIANO COS. EODEM DIE
HORA PRIMA EIVSDEM DIEI

Cette inscription a été sculptée par les ordres de Manius Haniochus, sous le consulat de Titianus; ce qui correspond à l'an 245 de l'ère chrétienne. Il atteste qu'à un certain jour dont la date est effacée, et avant la seconde heure, il a entendu Memnon. Un autre personnage, dont le nom ne peut plus se lire, dit avoir entendu Memnon le même jour, mais à la première heure.

VIII.

IMP. DOMITIANO
CAESARE AVG. GERMANIC. XIII. C
T. PETRONIVS SECVNDVS PRAE. AEG.
AVDIT MEMNONEM HORA T PR. IBVS MART
ET HONORAT EVM VERSIBVS GRAECIS
INFRA SCRIPTIS.
ΦΘΕΓΣΛΟΜΟΙΔΑϹΟΝΓΑΡΜΕΡΟϹωΛΕΚΑΗΟΛΙ
ΜΕΜΝΟΝΑ ΚΙΕΙϹΙΝΒΑΜΟΜϹΝΟϹΠΤΡΙΛΛΙϹ

Cette inscription, qui nous a été communiquée par M. Girard, atteste que sous le règne de Domitien, César, Auguste, Germanique, treize fois consul, Titus Petronius Secundus, préfet d'Égypte, a entendu Memnon à la première heure du jour, la veille des ides de mars, et qu'il le célèbre par les vers grecs gravés au-dessous de l'inscription. Ces vers sont trop effacés pour qu'on puisse les interpréter; mais on y lit distinctement le nom de Memnon.

IX.

λ. INSSVLIVS TENAX PRIMIPILARIS LEG. XII
PVLMINAL ET VALERIVS PRISCVS λ. LEG. XXII
ET L. QVINTIVS VIATOR DECVRIO AVDIMVS
MEMNONEM
ANNO XI NERONIS IMP. XVII KAL.

Cette inscription, qui nous a été communiquée par M. Girard, atteste qu'un certain Julius Tenax, centurion de la douzième légion, Pulminal et Valerius Priscus de la vingt-deuxième, et le décurion L. Quintius Viator, ont tous entendu Memnon, l'an xi du règne de Néron, le 17 des calendes d'un mois dont le nom est effacé.

Une inscription grecque, en neuf lignes, suit celles que nous venons de rapporter. Elle est fort altérée; cependant la quatrième ligne se compose distinctement de ces mots :

X.

ΠΑΡΗΝ ΘΕΩΡΟC ΚΑΙ ΠΡΟCΕΚΤΝΗCΕΝ

Adfuit Prætor, sacrâ legatione fungens ad Memnonem, eumque adoravit.

La septième, la huitième et la neuvième lignes se lisent ainsi :

ΜΕCΑC ΔΙΑCΤΗCΑC ΗΜΕΡΑC ΔΥΟ
ΗΚΟΥCΕΝ ΕΛΘΩΝ ΤΟΥ ΘΕΟΥ ΤΟΝ ΗΧΟΝ
LZ ΑΔΡΙΑΝΟΥ ΚΑΙCΑΡΟC ΤΟΥ ΚΥΡΙΟΥ.

Cette inscription est de l'an vii du règne d'Adrien. Jablonski conjecture qu'elle atteste qu'un certain préteur était venu, de sa propre inspiration, vers la statue de Memnon; qu'il l'a adorée, mais que Memnon ne rendit alors aucun son; que, par une inspiration divine, étant retourné dans la ville, et y ayant attendu deux jours, il revint enfin vers la statue, et entendit les sons de sa voix divine.

XI.

V. NONAS MARTIAS
FELIX AVG. C. LIBERTVS
PROCVRATOR YSIACVS
HORA PRIMA SEMIS
MEMNONEM
AVDIVIT

Le 5 des nones de mars, celui dont on lit le nom et les qualités dans l'inscription, a entendu Memnon une demi-heure après la première heure du jour, c'est-à-dire, à six heures et demie du matin.

L'inscription suivante est composée de huit lignes, dont on lit ainsi les dernières :

XII.

ΝΕωΚΟΡΟC ΤΟΥ
CAPAΠIΔOC
KAI TOY MεMNONOC
ΣA ΠIANO

Nous avons exposé, dans le cours de cette section, nos conjectures sur ce que renferme cette inscription.

XIII.

ΗΛΙΟΔΩΡΟC ΖΗΝΩ
ΝΟC ΚΑΙ ΚΑICΑΡΕΙΑC ΠΑ
ΝΙΑΔΟC ΗΚΟΥCΑ $\overline{\text{Α}}$ ΚΑΙ

EMNHCΘHN ZHNΩNOC
KAI AIΛIANOY AΔEΛΦΩN

Heliodorus, Zenonis filius ex Cæ- Héliodore, fils de Zenon de Cé-
sarea Paneade, audivi quater, et sarée Panéade, j'ai entendu quatre
recordatus sum Zenonis et Æliani fois (la voix divine), et je me suis
fratrum. rappelé mes frères Zenon et Ælien.

XIV.

L. IVNIVS CALVINVS
.........MONTIS BERINI
AVDIVI MEMNONEM CVM
MINICIA
KAL. IVNIIS HORA II. ANNO

Cette inscription constate qu'un certain L. Junius Calvinus, dont le lieu de naissance ou la qualité se trouvent effacés, a entendu Memnon, avec Minicia, un jour des calendes de juin, dont l'indication ne subsiste plus, à la seconde heure du jour; l'indication de l'année a aussi disparu.

XV.

SEX. LICINIVS PVDENS LEGIONIS XXII
XI. K. IANVARIAS ANNO IIII D. N.
DOMITIANI CAESARIS AVGVSTI
GERMANICI AVDI MEMNONEM.

Moi, Sextus Licinius Pudens, de la vingt-deuxième légion, le onzième jour des calendes de janvier, l'an IV du règne de notre seigneur Domitien César, Auguste, Germanique, j'ai entendu Memnon.

Il est assez connu que Domitien est le premier de tous les empereurs qui ait pris le titre de seigneur.

XVI.

CLAVDIVS MAXIMVS
LEG. XXII AVDIVI
MEMNONEM HORA I

DE THÈBES. SECTION II.

Claudius Maximus, de la vingt-deuxième légion, j'ai entendu Memnon à la première heure.

XVII.

C. AEMILIVS
HORA PRIMA
SEMIS AVDIVI
MEMNONEM

Caius Æmilius, j'ai entendu Memnon une demi-heure après la première heure du jour.

XVIII.

PETRONIVS PRAEF. AEG.
HORAM CVM PRIMAM CVMQVE
HORAM. SOLE SECVNDAM.......E
PROLATO OCEANO LVMINAT
ALMA DIES
VOX AVDITA MIIII EST TER
BENE MEMNONIA

Pétrone, préfet d'Égypte, lorsqu'à la première heure et à la seconde heure du jour, le soleil, sorti de l'Océan, répand sa lumière bienfaisante, j'ai bien distinctement entendu trois fois la voix de Memnon.

JAMBE GAUCHE.

La première inscription que l'on trouve sur le côté intérieur de cette jambe, est celle-ci :

XIX.

ΤΡϹΒΟΛΛΗϹ
ΤΗϹ ΙΕΡΑϹ ΑΚΟΥΟΥϹΑ ΦΩΝΗϹ ΜϹΜΝΟΝΟϹ
ϹΠΟΘΟΥΝ ϹϹ ΜΗΤϹΡ ΚΑΙϹΑΡΟϹ ϹΝϹΤΩΧϹΙΝ

Après m'être acquitté du vœu que j'avais fait d'entendre la sainte voix de Memnon, ce que je désire le plus maintenant, c'est de vous donner un festin, ô mère de César !

XX.

ΙΟΥΛΙΑϹ ΚΑΜΙΛΛΗϹ
ΟΤϹ ΗΚΟΥϹϹ ΤΟΥ ΜϹΜΝΟΝΟϹ
Ο ϹϹΒΑϹΤΟϹ ΑΔΡΙΑΝΟϹ

CH. IX, DESCRIPTION GÉNÉRALE

Cette inscription constate que Julie Camille l'a fait graver, lorsqu'Adrien Auguste a entendu la voix de Memnon.

Les inscriptions que nous venons de rapporter, sont suivies, toujours sur le côté intérieur de la jambe, de trois inscriptions formant dix-huit lignes : elles sont si altérées dans la copie de Pococke, qu'il est difficile d'y rien déchiffrer ; on y lit cependant le nom d'Adrien.

XXI.

ΓΑΙΟС ΙΟΥΛΙΟС ΔΙΟΝΥCΙΟС
ΑΡΧΙΔΙΚΑCΤΗС ΘΕΩΝΟС
ΑΡΧΙΔΙΚΑCΤΟΥ ΥΙΟС ΚΑΙ
ΠΑΤΗΡ ΗΚΟΥCΑ ΜΕΜΝΟ
ΝΟС ΩΡΑС ΠΡΩΤΗС

Caius Julius Dionysius, premier juge, fils de Théon premier juge, et père, j'ai entendu Memnon à la première heure.

XXII.

ΑΡΤΕΜΙΔΩΡΟС ΠΤΟΛΕΜΑΙΟΥ ΒΑCΙΛΙΚΟС
ΓΡΑΜΜΑΤΕΥС ΕΡΜΟΝΘΕΙΤΟΥ ΚΑΙ ΛΑΤΟΠΟ
ΛΕΠΟΥ ΗΚΟΥCΑ ΜΕΜΝΟΝΟС ΤΟΥ ΟCΙΟΤΑΤΟΥ
ΜΕΤΑ ΚΑΙ ΤΗС СΥΜΒΙΟΥ ΑΡСΙΝΟΗС ΚΑΙ
ΤΩΝ ΤΕΚΝΩΝ ΑΛΛΟΥΤΡΙΩΝΟС ΚΑΙ ΚΟ
ΔΡΑΤΟΥ ΚΑΙ ΠΤΟΛΕΜΑΙΟΥ ΕΤΕΙ ΙΕ ΑΔΡΙΑΝΟΥ
ΚΑΙCΑΡΟС ΤΟΥ ΚΥΡΙΟΥ   ΧΟΙΑΚ

Cette inscription a été relevée par notre collègue M. Delile. En voici les traductions latine et française :

Artemidorus Ptolemæi filius, regius
Scriba Hermonthis et Latopolis,
Audivi Memnonem sanctissimum,
Unâ cum conjuge Arsinoe et
Filiis Alurione et Kodrato
Et Ptolemæo, anno xv *Adriani*
Cæsaris domini, die... mensis choiac.

Artémidore, fils de Ptolémée, écrivain royal d'Hermonthis et de Latopolis, j'ai entendu le très-saint Memnon, avec ma femme Arsinoé et nos fils Alurion, Kodratus et Ptolémée, l'an xv d'Adrien César souverain... du mois de choiac.

La date du mois est effacée. L'an xv du règne d'Adrien correspond à l'an 151 de Jésus-Christ, et le mois de choiac au mois de novembre.

A la suite de cette inscription, sur le même côté de la jambe, il y en a huit autres publiées par Pococke, et formant vingt-cinq lignes. La copie qu'il en donne permet à peine d'en déchiffrer quelques mots détachés et quelques lignes. C'est ainsi qu'on y lit :

XXIII.

ΛΟΥΚΑC ΩΡΑC Γ. ΗΚΟΥCΑ.

Ce qui indique qu'un certain Lucas a entendu Memnon à la troisième heure.

XXIV.

S. MITHRIDATICVS TRIBVNVS
LEG. XXII. DEIOT. XIII. K. IVL.
MEMNONEM AVDIVI H. I.

S. Mithridaticus, tribun de la vingt-deuxième légion surnommée la déjotarienne, le 13 des calendes de juillet, j'ai entendu Memnon à la première heure.

On sait qu'Auguste avait confié à cette XXIIe légion la garde de l'Égypte.

Cette inscription est suivie d'une autre en trois lignes, dont la première, qui paraît renfermer un nom propre, se lit difficilement. Voici les deux autres lignes :

XXV.

ΔΕΥΤΕΡΟΝ ΑΚΟΥΣΑΣΑ
ΜΕΜΝΟΝΟΣ

Ce qui indique que la personne qui a fait mettre l'inscription, a deux fois entendu Memnon.

XXVI.

ΑΥΔΗΣ ΤΟ ΠΡΟΣΘΕΝ ΜΟΥΝΟΝ ΕΙΣΑΚΟΥΣΑΝΤΑΣ
ΝΥΝ ΩΣ ΣΥΝΗΘΕΙΣ ΚΑΙ ΦΙΔΟΥΣ ΗΣΠΑΣΑΤΟ
ΜΕΜΝΩΝ Ο ΠΑΙΣ ΗΟΥΣ ΤΕ ΚΑΙ ΤΕΙΘΩΝΟΙΟ
ΑΙΣΙΟΝ ΙΝΑ ΚΑΤΑΝΟΩ ΚΑΙ ΦΘΕΓΜΑΤΑ
Η ΦΥΣΙΣ ΕΔΩΚΕ ΔΗΜΙΟΥΡΓΟΣ ΤΩΝ ΟΛΩΝ

Qui quondam solum audiveramus vocis sonum,
Nos nunc ut familiares et amicos salutavit
Memnon, Auroræ et Tithoni filius,
Omine auspicato, ut nempe ego et sensum perciperem harum
    vocum :
Ipsa natura eas promit, opifex totius universi.

Nous, qui autréfois n'avions entendu qu'un seul son, maintenant Memnon, fils de l'Aurore et de Tithon, nous a salués affectueusement comme ses alliés et ses amis. Plus heureux, j'ai saisi le sens et la force de ses paroles : la nature elle-même, créatrice de toutes choses, les a proférées.

A la suite, viennent deux inscriptions en trois lignes, qui sont trop altérées dans la copie donnée par Pococke pour qu'on puisse les lire. Celle-ci vient après :

XXVII.

ΕΓΡΑΨΑ ΑΚΟΥΣΑΣΑΣ ΤΟΥΔΕ ΜΕΜΝΟΝΟΣ
ΕΘΡΑΥΣΕ ΚΑΜΒΥΣΗΣΜΕ ΤΟΝΔΕ ΤΟΝ ΛΙΘΟΝ
ΒΑΣΙΔΕΟΣ ΗΔΙΟΥ ΕΙΚΟΝΑ ΕΚΜΕΜΑΓΜΕΝΟΝ
ΦΩΝΗ ΔΗ ΗΔΥΜΟΣ ΗΝ ΠΑΛΑΙ ΜΟΙ ΜΕΜΝΟΝΟΣ
ΤΑ ΠΑΘΗ ΔΕ ΟΣΣΑ ΗΝ ΑΦΕΙΛΕ ΚΑΜΒΥΣΗΣ
ΔΥΣΦΟΡΑ ΓΕ ΝΥΝΙ ΣΟΙ ΑΣΑΦΗ ΤΑ ΦΘΕΓΜΑΤΑ
ΟΛΟΦΥΡΟΜΑΙ ΤΗΣ ΠΡΟΣΘΕ ΔΕΙΛΟΤΑΤΕ ΤΥΧΗΣ

DE THÈBES. SECTION II.

Scripsi auditâ voce Memnonis :

« *Vulneravit me Cambyses huncce lapidem,*
In effigiem regis Solis conformatum.
Vox mihi suavis quondam erat Memnonis :
At voces lætitiæ aut tristitiæ abstulit Cambyses.
Sanè intoleranda narras. Nunc tibi obscura vox sonat.
Deploro eam, quæ olim te, miserrime, afflixit, calamitatem. »

Après avoir entendu Memnon, j'ai mis cette inscription :
« Cambyse m'a blessée moi pierre taillée à l'image du Soleil roi. J'avais autrefois la douce voix de Memnon ; mais Cambyse m'a enlevé les accens qui exprimaient la joie et la douleur. Tu racontes des choses affreuses. Tu ne rends maintenant que des sons obscurs et inintelligibles. Infortunée, je déplore le malheur qui t'a accablée. »

Cette inscription est un dialogue entre la statue et un spectateur. Elle est suivie d'une autre en cinq lignes, tout-à-fait illisibles.

XXVIII.

Δ. ΦΛΑΟΥΙΑΝΟC
ΦΙΛΙΠΠΟC
ΕΚΑΥΟΝ ΜΕ
ΜΝΟΝΟC ΘΕΙΟΤΑΤΟΥ

L. Flavianus
Philippus
Audivi Me-
mnonem maximè divinum.

L. Flavianus Philippus, j'ai entendu le très-saint Memnon.

XXIX.

ΑΥΤΟΚΡΑΤΟΡΟC ΑΔΡΙΑΝΟC
ΗΚΟΥCΑ ΤΟΝ CΕΠΤΟΝ
ΟΡΑ........Β...Α..Ι.C

Cette inscription porte que l'empereur Adrien a entendu celui qui doit être adoré, c'est-à-dire le dieu Memnon. L'heure du jour et la date sont illisibles.

A. D. II.

XXX.

ϵΚΑΤΟΝ ΑΤΔΗϹΑΝΤΟϹ ϵΓω ΠΟΒΛΙΟϹ ΒΑΛΒΙΝΟϹ
ΦωΝΑϹ ΤΑϹ ΘϵΙΑϹ ΜϵΜΝΟΝΟϹ Η ΦΑΜϵΝΟΦ
ΗΛΘΟΝ ΟΜΟΥ ΔϵΡΑΤΑ ΒΑϹΙΛΗΙΔΙ ΤΗ Δϵ ϹΑΒΙΝΑ
ωΡΑϹ Δϵ ΠΡωΤΑϹ ΑΛΙΟϹ ϵϹΧϵ ΔΡΟΜΟΝ
ΚΟΙΡΑΝω ΑΔΡΙΑΝω ΠϵΜΠΤω ΔϵΚΑΤω ϵΝΙΑΥΤω
ΑΜΑΤΑ Δϵ ϵϹΧϵΝ ΑΘΥΡ ϵΙΚΟϹΙ ΚΑΙ ΠΙϹΥΡΑ
ϵΙΚΟϹΤω ΠϵΜΠΤω ΑΜΑΤΙ ΜΗΝΟϹ ΝΟϵΜΒΡΙΟϹ

Audivi loquentis ego Publius Balbinus
   Voces divinas Memnonis vel Phamenoph.
Veni verò huc unà cum amabili regina Sabina,
   Primæ horæ sol habebat cursum,
Imperatoris Hadriani quinto et decimo anno:
   Dies autem habebat athyr viginti et quatuor,
Vigesimo quinto die mensis novembris.

Moi, Publius Balbinus, j'ai entendu les paroles divines de Memnon ou de Phamenoph. Je suis venu ici avec l'aimable reine Sabine, à la première heure de la course du soleil, la quinzième année du règne d'Adrien, le 24 du mois d'athyr, correspondant au 25 du mois de novembre.

Les inscriptions suivantes se trouvent sur le côté extérieur de la jambe gauche. Elles ont été copiées par Pococke. La première a été ainsi restituée par Jablonski.

XXXI.

PETRONIVS S. BALBVS
PRAEF. PR. LEG. AVDI MEMNON
VI. IDVS MARTIAS
SERVIANO III ET VARO COSS.
HORA DIEI ANTE PRIMAM

Jablonski élève lui-même des doutes sur la restitution de la seconde ligne, parce qu'il est constant que la première légion n'était point en Égypte, et il propose, en conséquence, de lire, PRAEF. AEG. Cette inscription constaterait donc qu'un préfet d'Égypte, du nom de Petronius Balbus, a entendu Memnon, le 6 des ides de mars, Servianus étant consul pour la troisième fois, et Varus pour la première, avant la première heure du jour. La date de cette inscription correspond à l'an 134 de Jésus-Christ, sous le règne d'Adrien.

XXXII.

M. VLPIVS PRIMIANVS
PRAEF. AEG.
VI. KAL. MARTIAS....
ITERVM HORA
DIEI SECVNDA XV........EGI GRATIAS

Cette inscription, dont les trois dernières lignes sont fort altérées, est de M. Ulpius Primianus, préfet d'Égypte. Elle atteste que, le 6 des calendes de mars, il a entendu la voix de Memnon, probablement une première fois (car, là, l'inscription est tout-à-fait illisible), à une heure du jour dont l'indication ne subsiste plus, et, une seconde fois, à la seconde heure du jour, et qu'il en a rendu grâces au dieu Memnon. La date de l'année est effacée; cependant le nombre xv que l'on voit encore, porterait à croire que l'inscription est, comme plusieurs autres déjà citées, de l'an xv du règne d'Adrien.

Cette inscription est suivie d'une douzaine de lignes entièrement effacées, où on lit le nom de Memnon. Vient ensuite une inscription grecque, en six lignes, dont on ne peut lire distinctement que les trois dernières.

XXXIII.

ΘΕΙΟΤΑΤΟΥ ΝΥΚΤωΡ
ΟΜΦΗΝ ΕΠΙ ΜΕΜΝΟΝΟC
ΗΛΘΟΝ

Cette inscription constate que celui dont le nom est probablement dans l'une des trois premières lignes, est venu, pendant la nuit, pour entendre la voix divine du très-saint Memnon.

Le côté extérieur de la jambe offre encore une trentaine de lignes en caractères grecs, qui sont trop altérés dans la copie de Pococke, pour qu'on puisse les interpréter. C'est pour nous une raison de plus de regretter la perte des papiers de feu notre collègue M. Coquebert, qui nous auraient mis à portée de lever bien des difficultés et des incertitudes.

TEXTES
DES AUTEURS CITÉS.

I.

Ἐν δὲ τῇ Ἡλιουπόλει, καὶ οἴκους εἴδομεν μεγάλους, ἐν οἷς διέτριβον οἱ ἱερεῖς· μάλιστα γὰρ δὴ ταύτην κατοικίαν ἱερέων γεγονέναι φασὶ τὸ παλαιόν, φιλοσόφων ἀνδρῶν, καὶ ἀστρονομικῶν· ἐκλέλοιπε δὲ καὶ τοῦτο νυνὶ τὸ σύστημα, καὶ ἡ ἄσκησις. Ἐκεῖ μὲν οὖν οὐδεὶς ἡμῖν ἐδείκνυτο τῆς τοιαύτης ἀσκήσεως προεστώς, ἀλλ' οἱ ἱεροποιοὶ μόνον, καὶ ἐξηγηταὶ τοῖς ξένοις τῶν περὶ τὰ ἱερά.

Heliopoli domos amplas vidimus, in quibus sacerdotes habitabant. Hanc enim perhibent olim sacerdotum habitationem fuisse, hominum philosophiæ et astronomiæ deditorum: nunc is ordo ac studium defecit; nec quisquam nobis tali exercitationi præfectus ostendebatur, sed homines tantum qui sacrificia curarent, atque ritus eos peregrinis commonstrarent. (*Str. Geograph.* l. XVII, p. 806, edit. 1620.)

II.

Ὁ δ' οὖν Σεσόωσις χώματα πολλὰ καὶ μεγάλα κατασκευάσας, τὰς πόλεις ταύτας μετῴκισεν, ὅσαι μὴ φυσικῶς τὸ ἔδαφος ἐτύγχανον ἐπηρμένον ἔχουσαι, ὅπως κατὰ τὰς πληρώσεις τοῦ ποταμοῦ καταφυγὰς ἔχωσιν ἀκινδύνους οἵ τε ἄνθρωποι καὶ τὰ κτήνη.

Sesostris porro multas et ingentes aggerum moles eduxit, in quas civitates, quibus editiorem natura positum negaverat, transmigrare jussit; ut, insurgente fluvio, tutos ibi receptos homines et animalia capesserent. (*Diod. Sic. Biblioth. hist.* l. I, p. 66, edit. 1746.)

III.

Διὰ δὲ τὴν ἀγωνίαν τὴν ἐκ τῆς ἀναβάσεως τοῦ ποταμοῦ γινομένην, κατεσκεύασται Νειλοσκοπεῖον ὑπὸ τῶν βασιλέων ἐν τῇ Μέμφει. Ἐν τούτῳ δὲ τὴν ἀνάβασιν ἀκριβῶς ἐκμετροῦντες οἱ τὴν τούτου διοίκησιν ἔχοντες, ἐξαπόσ-

Propter metum vero ex inundatione ortum, specula quædam Nili a regibus in Memphi exstructa est, ubi, mensura illius exacte cognita, negotii hujus curatores per literas ad urbes huc illuc missas significant quot cubitis et digitis fluvius adscen-

τέλλουσιν εἰς τὰς πόλεις ἐπιστολὰς, διασαφοῦντες πόσους πήχεις ἢ δακτύλους ἀναβέβηκεν ὁ ποταμὸς, καὶ πότε τὴν ἀρχὴν πεποίηται τῆς ἐλαττώσεως...
....
Ἐκ πολλῶν χρόνων τῆς παρατηρήσεως ταύτης παρὰ τοῖς Αἰγυπτίοις ἀκριβῶς ἀναγεγραμμένης.

derit, et quando decrementi fecerit initium.....................
....
Observatio hæc per multas hominum ætates diligenter in literas ab Ægyptiis relata est. (*Ibid.* pag. 44.)

IV.

Ἀμφισβητοῦσι δὲ καὶ οἱ περὶ τὴν Αἴγυπτον Αἰθίοπες, λέγοντες ἐν ἐκείνοις τοῖς τόποις γεγονέναι τὸν ἄνδρα τοῦτον, καὶ βασίλεια παλαιὰ δεικνύουσιν, ἅ μέχρι τοῦ νῦν ὀνομάζεσθαι φασὶ Μεμνόνεια.

Verùm in dubium hoc vocant Æthiopes, Ægypti accolæ, qui suæ Memnonem patriæ arrogant, et palatia, quæ hodieque Memnonia vocitentur, ostendunt. (*Ibid.* lib. II, pag. 136.)

V.

Ἔστι δ' ἱερὰ πλείω. Καὶ τούτων δὲ τὰ πολλὰ ἠκρωτηρίασε Καμβύσης· νυνὶ δὲ κωμηδὸν συνοικεῖται· μέρος δ' ἔστιν ἐν τῇ Ἀραβίᾳ, ἐν ᾗπερ ἡ πόλις. μέρος δ' ἐστὶ καὶ ἐν τῇ περαίᾳ, ὅπου τὸ Μεμνόνιον· ἐνταῦθα δὲ δυοῖν κολοσσῶν ὄντων μονολίθων ἀλλήλων πλησίον, ὁ μὲν σώζεται, τοῦ δ' ἑτέρου τὰ ἄνω μέρη τὰ ἀπὸ τῆς καθέδρας πέπτωκε σεισμοῦ γενηθέντος, ὥς φασι. Πεπίστευται δ' ὅτι ἅπαξ καθ' ἡμέραν ἑκάστην, ψόφος, ὡς ἂν πληγῆς οὐ μεγάλης ἀποτελεῖται, ἀπὸ τοῦ μένοντος ἐν τῷ θρόνῳ, καὶ τῇ βάσει μέρους· κἀγὼ δὲ παρὼν ἐπὶ τῶν τόπων μετὰ Γάλλου Αἰλίου, καὶ τοῦ πλήθους τῶν συνόντων αὐτῷ φίλων τε καὶ στρατιωτῶν, περὶ ὥραν πρώτην ἤκουσα τοῦ ψόφου, εἴτε δὲ ἀπὸ τῆς βάσεως, εἴτε ἀπὸ τοῦ κολοσσοῦ, εἴτ' ἐπίτηδες τῶν ἐγκύκλῳ, καὶ περὶ τὴν βάσιν ἱδρυμένων τινὸς ποιησάντος τὸν ψόφον, οὐκ ἔχω διϊσχυρίσασθαι· διὰ γὰρ τὸ ἄδηλον τῆς αἰτίας, πᾶν μᾶλλον ἐπέρχεται πιστεύειν, ἢ τὸ ἐκ τῶν λίθων οὕτω τεταγμένων ἐκπέμπεσθαι τὸν ἦχον.

Habet templa quàm plurima, magnâ ex parte à Cambyse mutilata : nunc per vicos habitatur, ac pars ejus in Arabiâ, ubi et urbs est; pars etiam in ulteriore regione, ubi Memnonium. Hic cùm duo colossi essent de solido lapide inter se propinqui, alter adhuc exstat, alterius verò superiores à sede partes corruerunt, terræ (ut fama est) motu. Creditum etiam est, semel quotidie sonitum quemdam veluti ictus haud magni edi à parte quæ in sede ac basi remansit. Ipse, cùm Ælio Gallo adessem, et cum reliqua multitudine amicorum ac militum qui cum eo erant, circiter horam primam sonitum audivi; utrùm à basi, sive à colosso, an verò ab eam circumstantium aliquo editus fuerit, non habeo affirmare : cùm propter incertitudinem causæ quidvis potius credere subeat, quàm ex lapidibus sic compositis sonitum edi. (Strab. *Geogr.* lib. XVII, pag. 816, edit. 1620.)

DE THÈBES. SECTION II.

VI.

Ἐμοὶ δὲ παρέσχε μὲν καὶ τοῦτο θαυμάσαι· παρέσχε δὲ πολλῷ μάλιστα Αἰγυπτίων ὁ κολοσσὸς ἐν Θήβαις ταῖς Αἰγυπτίαις διαβᾶσι τὸν Νεῖλον, πρὸς τὰς Σύριγγας καλουμένας. Ἔστι γὰρ ἔτι καθήμενον ἄγαλμα Ἡλεῖον, Μέμνονα ὀνομάζουσιν οἱ πολλοί. Τοῦτον γάρ φασιν ἐξ Αἰθιοπίας ὁρμηθῆναι ἐς Αἴγυπτον, καὶ τὴν ἄχρι Σούσων. Ἀλλὰ γὰρ οὐ Μέμνονα οἱ Θηβαῖοι λέγουσι, Φαμένωφα δὲ εἶναι τῶν ἐγχωρίων, οὗ τοῦτο ἄγαλμα ἦν· ἤκουσα δὲ ἤδη καὶ Σέσωστριν Φαμένων εἶναι τοῦτο τὸ ἄγαλμα. Ὁ Καμβύσης διέκοψε, καὶ νῦν ὁπόσον ἐκ κεφαλῆς ἐς μέσον σῶμα, ἔστιν ἀπερριμμένον· τὸ δὲ λοιπὸν κάθηταί τε καὶ ἀνὰ πᾶσαν ἡμέραν ἀνίσχοντος ἡλίου βοᾷ, καὶ τὸν ἦχον μάλιστα εἰκάσει τις κιθάρας ἢ λύρας ῥαγείσης χορδῆς.

Quæ mihi res planè admirabilis visa est : quanquam colossum qui Thebis Ægyptiis est trans Nilum, non longè ab eo loco quæ *Syringes* (id est, *Fistulæ*) appellantur, majore utique cum admiratione spectavi. Statua ibi est sedentis hominis : eam multi Memnonis nominant ; quem ex Æthiopiâ in Ægyptum venisse, ac Susa etiam usque penetrasse tradunt. At ipsi Thebani Memnonem esse negant : nam Phamenophem fuisse indigenam hominem dicunt. Audivi etiam qui Sesostris illam statuam esse dicerent. Eam Cambyses diffidit : et nunc etiam superior pars à vertice ad medium truncum humi neglecta jacet ; reliquum adhuc sedere videtur, ac quotidie, sub ipsum solis ortum, sonum edit, qualem vel citharæ vel lyræ nervi, si fortè, *dum tenduntur*, rumpantur. (Pausan. *Attica*, sive lib. 1, p. 101, edit. Lips. 1696.)

VII.

Ὁπότε γὰρ ἐν Αἰγύπτῳ διῆγον, ἔτι νέος ὤν, ὑπὸ τοῦ πατρὸς ἐπὶ παιδείας προφάσει ἀποσταλείς, ἐπεθύμησα, ἐς Κοπτὸν ἀναπλεύσας, ἐκεῖθεν ἐπὶ τὸν Μέμνονα ἐλθὼν, ἀκοῦσαι τὸ θαυμαστὸν ἐκεῖνο ἠχοῦντα, πρὸς ἀνίσχοντα τὸν ἥλιον. Ἐκείνου μὲν οὖν ἤκουσα, οὐ κατὰ τὸ κοινὸν τοῖς πολλοῖς ἄσημόν τινα φωνὴν, ἀλλά μοι καὶ ἔχρησεν ὁ Μέμνων αὐτὸς, ἀνοίξας τὸ στόμα ἐν ἔπεσιν ἑπτά· καὶ εἴ γε μὴ περιττὸν ἦν, αὐτὰ ἂν ὑμῖν εἶπον τὰ ἔπη.

Cùm in Ægypto versarer adhuc adolescens, à patre videlicet doctrinæ gratiâ transmissus, cupiebam, navigio profectus in Coptum, illinc adiens Memnonem, miraculum illud audire, eum videlicet sonum reddentem ad orientem solem. Illum igitur audivi, non hoc vulgari modo quo audiunt alii sonum quempiam inanem, sed mihi oracula etiam edidit Memnon ipse aperto ore septem versibus ; quod nisi esset supervacaneum, ipsos vobis versus renunciarem. (Lucian. *Philopseudes*, p. 842, edit. 1615.)

VIII.

Καὶ δή ποτε ὁ μὲν Δημήτριος ἔτυχεν ἐς τὴν Αἴγυπτον ἀποδημῶν κατὰ θέαν τῶν πυραμίδων καὶ τοῦ Μέμνονος. Ἤκουε γὰρ ταύτας, ὑψηλὰς οὔσας, μὴ παρέχεσθαι σκιάν· τὸν δὲ Μέμνονα βοᾶν πρὸς ἀνατέλλοντα τὸν ἥλιον. Τούτων ἐπιθυμήσας Δημήτριος, θέας μὲν τῶν πυραμίδων, ἀκροάσεως δὲ τοῦ Μέμνονος, ἀναπεπλευκὼς κατὰ τὸν Νεῖλον, ἕκτον ἤδη μῆνα, ὀκνήσαντα πρὸς τὴν ὁδὸν καὶ τὸ θάλπος, ἀπολιπὼν τὸν Ἀντίφιλον.

At hoc temporis fortè profectus fuerat in Ægyptum, ad spectaculum pyramidum Memnonisque. Nam audiverat, illas, cùm essent sublimes, umbram non jacere; Memnonem autem vocem edere exoriente sole. Harum igitur rerum cupiditate adductus Demetrius, videlicet ut pyramides intueretur ac Memnonem audiret, sextum jam mensem adverso Nilo navigabat, relicto Antiphilo, quòd is itinere atque æstu defessus esset. (Lucian. *Toxaris seu Amicitia*, pag. 625.)

IX.

Ὑπὸ τούτῳ ἡγεμόνι παρελθεῖν φασιν ἐς τὸ τέμενος τοῦ Μέμνονος. Περὶ δὲ τοῦ Μέμνονος τάδε ἀναγράφει Δάμις. Ἠοῦς μὲν παῖδα γενέσθαι αὐτόν, ἀποθανεῖν δὲ οὐκ ἐν Τροίᾳ, ὅτι μηδὲ ἀφικέσθαι ἐς Τροίαν, ἀλλ᾽ ἐν Αἰθιοπίᾳ τελευτῆσαι, βασιλεύσαντα Αἰθιόπων γενεὰς πέντε. Οἵδ᾽, ἐπειδὴ μακροβιώτατοι ἀνθρώπων εἰσίν, ὀλοφύρονται τὸν Μέμνονα, ὡς κομιδῇ νέον, καὶ ὅσα ἐπὶ ἀώρῳ κλαίουσι. τὸ δὲ χωρίον, ἐν ᾧ ἵδρυται, φασὶ μὲν προσεοικέναι ἀγορᾷ ἀρχαίᾳ, οἷαι τῶν ἀγορῶν ἐν πόλεσί ποτε οἰκηθείσαις λείπονται, στηλῶν παρεχόμεναι τρύφη, καὶ τειχῶν ἴχνη, καὶ θάκους, καὶ φλιάς, Ἑρμῶν τε ἀγάλματα, τὰ μὲν ὑπὸ χειρῶν διεφθορότα, τὰ δὲ ὑπὸ χρόνου· τὸ δὲ ἄγαλμα τετράφθαι πρὸς ἀκτῖνα, μήπω γενειάσκον· λίθου δὲ εἶναι μέλανος. Συμβεβηκέναι δὲ τὼ πόδε ἄμφω, κατὰ τὴν ἀγαλματο-

Hoc igitur duce in Memnonis templum venerunt, de quo talia Damis refert, fuisse Memnonem Auroræ filium: occubuisse verò non apud Trojam, quò etiam neque venisse illum unquam constat; sed in Æthiopiâ, cùm regnasset apud Æthiopes per generationum quinque spatium. Ipsi tamen Æthiopes, quoniam supra cæteros homines longissimæ sunt vitæ, quasi in adolescentiâ Memnonem lugent, et quæcumque in acerbo funere dici solent, conqueruntur, Locum enim ubi templum fundatum fuerat, antiquo foro similem dicunt esse. Exstant ejusmodi fora quædam in vetustissimis civitatibus, ubi et columnarum visuntur fragmenta et parietum quædam vestigia. Præterea sedes et limina, et Mercurii simulacra partim manu, partim vetustate consumpta, illic etiam conspici dicunt. Ipsius verò Memnonis statua, adolescentis impuberis imaginem referens, *ad solis radios conversa est.* Est autem ex nigro lapide fabricata,

DE THEBES. SECTION II.

ποιῆσαι τὴν ἐπὶ Δαιδάλου, καὶ τὰς χεῖρας ἀπερείδειν ὀρθὰς ἐς τὸν δᾶκον κα-
θῆσθαι γὰρ ἐν ὁρμῇ τοῦ ὑπανίστασ-
θαι· τὸ δὲ σχῆμα τοῦτο, καὶ τὸν τῶν
ὀφθαλμῶν νοῦν, καὶ ὁπόσα τοῦ στόματος ὡς φθεγξαμένου ᾄδουσι, καὶ
τὸν μὲν ἄλλον χρόνον ἦτ]ον θαυμάσαι
φασὶν, οὔπω γὰρ ἐνεργὰ φαίνεσθαι
προσβαλούσης δὲ τῷ ἀγάλματι τῆς ἀ-
κτῖνος, τουτὶ δὲ γίγνεσθαι περὶ ἡλίου
ἐκτολὰς, μὴ κατασχεῖν τὸ θαῦμα
φθέγξασθαι μὲν γὰρ παραχρῆμα τῆς
ἀκτῖνος ἐλθούσης αὐτῷ ἐπὶ στόμα· φαι-
δροὺς δὲ ἱστάναι τοὺς ὀφθαλμοὺς δόξαι πρὸς τὸ φῶς, οἷα τῶν ἀνθρώπων
οἱ εὐήλιοι. Τότε ξυνεῖναι λέγουσιν, ὅτι
τῷ ἡλίῳ δοκεῖ ὑπανίστασθαι, καθάπερ οἱ τὸ κρεῖττον ὀρθοὶ θεραπεύοντες.
Θύσαντες οὖν Ἡλίῳ τε Αἰθίοπι, καὶ
Ἠῷῳ Μέμνονι, τουτὶ γὰρ ἔφραζον οἱ
ἱερεῖς, τὸν μὲν ἀπὸ τοῦ αἴθειν τε καὶ
θάλπειν, τὸν δὲ ἀπὸ τῆς μητρὸς ἐπονο-
μάζοντες ἐπορεύοντο ἐπὶ καμήλων ἐς
τὰ τῶν Γυμνῶν ἤθη.

atque utroque pede solum attingens,
juxta Dædali statuariam artem. Erec-
tæ autem manus sedi innituntur,
hominis surgere volentis similitudi-
nem exprimentes. Oculorum autem
et totius oris imaginem quasi locu-
turi hominis esse perhibetur. Et hæc
quidem antea minorem ipsi dabant
admirationem quòd nondum actuosa
rideretur, et quantum artis operi
inesset ignorarent. Cùm verò solis
radius statuam attingeret (id autem
circa solis ortum evenire perhibent),
tum verò supra modum admirabilis
visa est. Tum enim statuam loqui
perhibent, ubi primùm solis radius
ad ejus os pervenit. Ejus oculi splen-
dentes lætique ad solem expositi
sunt, sicut eorum qui valde solis
aspectum tolerare possunt. At tunc
quidem contenire eum dicunt, quòd
soli assurgere videatur, ut qui erecti
numen colunt. Sacra igitur Æthiopi
Soli et Memnoni Eoo fecerunt. Sic
enim ea numina sacerdotes cogno-
minant, hunc quidem ex matris Auroræ nomine, illum autem quòd ea
maximè loca perurat et calefaciat.
Camelis vecti ad Gymnosophistarum
sedes profecti sunt. (Philostrat. *de
Vita Apollonii Tyanensis*, lib. VI,
pag. 232, edit. Lips. 1709.)

X.

Ἐν τῇ πατρίδι δ' ἀπαχθεὶς ἐτάφη δ' οἰκείᾳ,
Καὶ στήλη τούτῳ γέγονε πυρροποικίλου λίθου
Μηχανιτῇ χαρμόσυνον δ' ἡμέρα πέμπει μέλος,
Ὥσπερ ἐπιγαννύμενος μητρὸς τῇ παρουσίᾳ,
Τῇ δὲ νυκτὶ γε γοερὸν ἔμπαλιν ἀφίει μέλος.

In patriâ verò propriâ, postquam Trojâ abductus esset, sepultus est,
Et posuerunt ei statuam ex variegato lapide
Artificiosè fabricatam, quæ lætum oriente die emittit cantum,
Veluti gaudens matris præsentiâ;
Noctu autem flebile quoddam contrà canit carmen.

(Joan. Tzetz. *Versus politici*, chiliad. VI, hist. 64.)

XI.

Καὶ ἔστιν ἐπὶ τέρμασι τῆς γραφῆς σπουδὴ, καὶ κατά τι τῆς γῆς, τάφος οὐδαμοῦ Μέμνονος, ὁ δὲ Μέμνων, ἐν Αἰθιοπίᾳ μεταβέβληκὼς εἰς λίθον μέλανα· καὶ τὸ σχῆμα μὲν καθημένου, τὸ δὲ εἶδος ἐκείνου οἶμαι. Καὶ προσβάλλει τῷ ἀγάλματι ἡ ἀκτὶς τοῦ ἡλίου δοκεῖ γὰρ ὁ ἥλιος οἱονεὶ πλῆκτρον, κατὰ τὸ στόμα ἐμπίπτων τῷ Μέμνονι, ἐκκαλεῖσθαι φωνὴν ἐκεῖθεν, καὶ λαλοῦντι σοφίσματι, παραμυθεῖσθαι τὴν ἡμέραν.

Estque in picturæ ora extrema industria artis conspicua : nempe apparet in aliqua terræ parte, tumulus quidem nequaquam Memnonis, sed ipse Memnon, prout in nigrum lapidem transformatus in Æthiopia fuit; corporisque quidem situs sedentis est, forma vero ipsius Memnonis, ut puto. Incidunt in statuam solis radii : sol enim, Memnonis os veluti plectrum percutiens, inde vocem elicere, et commento isto loquelam producente Auroram solari videtur. (Philostrat. Icon. lib. 1, pag. 773.)

XII.

Τοῦτο θεασάμενοι τὸ εἴδωλον, τὸν Αἰθίοπα λίθον ἔμφωνον Μέμνονος ἐπιστεύομεν γενέσθαι, ὃς προσιούσης μὲν τῆς ἡμέρας ἐπὶ ταῖς παρουσίαις ἐφαιδρύνετο, ἀπιούσης δὲ, ἀνίᾳ βαλλόμενος, πενθιμον ἐπέστενε. καὶ μόνος ἐκ λίθων ἡδονῆς καὶ λύπης παρουσίᾳ διοικούμενος, τῆς οἰκείας ἀπιστῇ κωφότητος εἰς ἐξουσίαν φωνῆς, τὴν ἀναισθησίαν ἐκνενικηκώς.

Ἐθέλω δέ σοι καὶ τὸ Μέμνονος ἀφηγήσασθαι θαῦμα. Καὶ γὰρ ὄντως παράδοξος ἡ τέχνη, καὶ κρεῖττων ἀνθρωπίνης χειρός. Τοῦ Τιθώνου Μέμνονος εἰκὼν ἦν ἐν Αἰθιοπίᾳ, ἐκ λίθου πεποιημένη. Οὐ μὴν ἐν τοῖς οἰκείοις ὅροις ἔμενε, λίθος ὤν· οὐδὲ τὸ τῆς φύσεως σιγηλὸν ἐνέσχετο, ἀλλὰ, καὶ λίθος ὤν, εἶχεν ἐξουσίαν φωνῆς. Νῦν μὲν γὰρ ἀνίσχουσαν τὴν ἡμέραν προσεφθέγγετο, ἐπισημαίνων τῇ φωνῇ τὴν χα-

Hoc intuiti simulacrum, Æthiopicum marmor Memnonis vocale exstitisse credidimus, quod accedente quidem die ejus præsentiâ lætatum fuerit; abeunte vero, mœrore tactum, quidpiam ingemuerit lugubre, solumque è marmoribus voluptatis ac doloris præsentia directum, mutam indolem suam cum dicendi facultate permutaverit, victo sensûs experte stupore. (Callistrat. Statuæ, pag. 891, edit. Lips. 1769.)

Volo Memnonis tibi quoque miraculum exponere. Vere enim stupenda fuit ars, et humanam excedens manum. Memnonis Tithoni filii simulacrum in Æthiopia erat, è marmore factum. At certe intra suos lapis non consistebat limites, neque, quod à natura ipsi competebat, silentium tenebat : verum, lapis quantumvis esset, vocis facultatem habebat. Modo enim orientem diem alloquebatur, voce gaudium significans, et ob matris præsentiam lætus:

ρὰν, καὶ ἐπὶ ταῖς τῆς μητρὸς παρουσίαις φαιδρυνόμενος· νῦν δὲ, ἀποκλινομένης εἰς νύκτα, ἐλεεινόν τι καὶ ἀλγεινὸν ἔστενε, πρὸς τὴν ἀπουσίαν ἀνιάμενος. Ἠπόρει δὲ οὐδὲ δακρύων ὁ λίθος, ἀλλ᾽ εἶχεν ὑπηρετούμενα τῇ βουλήσει καὶ ταῦτα. Καὶ ἦν Μέμνονος ἡ εἰκὼν μόνῳ τῷ ἀνθρωπείῳ διαλλάτ- ἰειν μοι δοκοῦσα σώματι, ὑπὸ δὲ τύχης τινὸς ὁμοίας, καὶ προαιρέσεως, ἀγομένη κατηυθύνετο. Εἶχεν οὖν ἐγκεκραμένα καὶ τὰ λυποῦντα· Καὶ πάλιν ἡδονῆς αἴσθησις αὐτὸν κατελάμβανεν, ὑπ᾽ ἀμφοτέρων τῶν παθῶν πληρούμενον. Καὶ ἡ μὲν φύσις τὴν λίθων γένεσιν ἄφθογγον παρήγαγε, καὶ κωφὴν, καὶ μήτε ὑπὸ λύπης ἐθέλουσαν διοικεῖσθαι, μήτε εἰδυῖαν ἡσθῆναι, ἀλλὰ καὶ πάσαις τύχαις ἄτρωτον. Ἐκείνῳ δὲ τῷ Μέμνονος λίθῳ καὶ ἡδονὴν παρέδωκεν ἡ φύσις, καὶ πέτραν ἀνέμιξεν ἀλγεινῷ, καὶ μόνην ταύτην ἐπιστάμεθα τὴν τέχνην, νοήματα λίθῳ, καὶ φωνὴν ἐνθεῖσαν.

modò, ad noctem inclinatâ die, miserandum et anxium quiddam gemebat, ob absentiam mœrore affectus. Neque verò lacrymis carebat, sed has quoque voluntati habebat obsequentes. Videbaturque mihi Memnonis imago ab humana natura solo corpore differre, cæterùm simili quodam genio animique motu acta regebatur. Immistam igitur sibi et tristitiam habebat, rursusque ipsum voluptatis occupabat sensus, ab utroque affectu perculsum. Naturaque lapidibus quidem indolem dedit vocalem minimè, atque mutam, et neque doloris regimen admittentem, neque lætitiæ participem, sed omnibus casibus invulnerabilem. Illi verò Memnonis lapidi et voluptatem natura indulsit, et cauti dolorem admiscuit: solamque hanc novimus artem, quæ sensa saxo et vocem inseruerit. (*Ibid.* pag. 900 et 901.)

XIII.

Ἀποθανεῖν δὲ (τὸν Ἀντίλοχον) οὐχ, ὡς οἱ πολλοὶ ᾄδουσιν, ὑπὸ Μέμνονος, ἐξ Αἰθιοπίας ἥκοντος. Αἰθίοπα μὲν γὰρ γενέσθαι Μέμνονα, δυναστεύσαντα ἐπὶ τῶν Τρωϊκῶν ἐν Αἰθιοπίᾳ· ἐφ᾽ οὗ καὶ τὸ Ψάμμιον ὄρος ἀναχωσθῆναι λέγεται ὑπὸ τοῦ Νείλου· καὶ θύουσιν αὐτῷ κατὰ Μερόην καὶ Μέμφιν Αἰγύπτιοί καὶ Αἰθίοπες, ἐπειδὴ ἀκτῖνα πρώτην ὁ Ἥλιος ἐκβάλλῃ, παρ᾽ ἧς τὸ ἄγαλμα φωνὴν ἐκρήγνυσιν, ᾗ τοὺς θεραπεύοντας ἀσπάζεται. Τρῶα δὲ ἕτερόν φησι γενέσθαι Μέμνονα, νεώτερον

Occisum (Antilochum) verò esse, non, ut vulgò canunt, à Memnone, ex Æthiopia adveniente. Exstitisse enim Æthiopem quidem Memnonem, penes quem Trojani belli tempore in Æthiopia rerum esset summa, sub quo et Psammius mons à Nilo dicitur esse aggestus; eique ipsi circa Meroën sacra faciunt ac Memphin Ægyptii atque Æthiopes, simul ac primos sol emittit radios, quibus mota statua vocem emittit, quâ eos, à quibus colitur, salutat. Trojanum tamen Memnonem diversum ab illo fuisse ait, omnium he-

τοῦ Τρωϊκοῦ, ὃν, ζῶντος μὲν Ἕκτο-ρος, οὐδὲν βελτίω δόξαι τῶν ἀμφὶ Δηΐφοβόν τε καὶ Εὔφορβον, ἀποβά=ντος δὲ προθυμότατον τε καὶ ἀν-δρειότατον νομισθῆναι· καὶ τὴν Τροίαν εἰς αὐτὸν βλέψαι, κακῶς ἤδη πράτ]ου-σαν. Οὗτος, ξένε, τὸν καλόν τε καὶ χρηστὸν Ἀντίλοχον ἀποκλεῖναι λέγε-ται, προασπίζοντα τοῦ πατρὸς Νέσ-τορος. ὅτε δὴ τὸν Ἀχιλλέα πυρὰν τε τῷ Ἀντιλόχῳ νῆσαι, καὶ πολλὰ ἐς αὐ-τὴν σφάξαι, τά τε ὅπλα καὶ τὴν κε-φαλὴν τοῦ Μέμνονος ἐπικαῦσαι αὐτῷ.

roum Trojanorum natu minimum, qui, dum Hector viveret, nihil Deiphobo atque Euphorbo melior sit visus; defuncto vero eo, pro promptissimo fortissimoque fuerit habitus: atque ad eum, rebus jam attritis, Trojam maximè respexisse. Hic, ò hospes, pulchrum optimumque interfecisse Antilochum dicitur, dum pro patre Nestore dimicaret: quo facto Achillem pyram Antilocho struxisse aiunt, multaque ei imponenda mactasse; armaque Memnonis ac caput in ea cremasse, ut ipsi gratificaretur. (Philostrat. *Heroica*, pag. 699, edit. Lips. 1709.)

SECTION TROISIÈME,

Par MM. JOLLOIS et DEVILLIERS,

INGÉNIEURS DES PONTS ET CHAUSSÉES.

Description du tombeau d'Osymandyas, désigné par quelques voyageurs sous la dénomination de Palais de Memnon.

PREMIÈRE PARTIE.

De l'état actuel des ruines.

Les ruines que nous nous proposons de décrire dans cette section, sont situées au nord-nord-ouest des grands colosses de la plaine de Thèbes, à la distance d'environ six cent cinquante mètres. Elles ont été désignées sous le nom de *Memnonium* par d'Anville[1], et sous celui de *palais de Memnon* par les voyageurs modernes, entre lesquels il faut plus particulièrement distinguer Norden[2], le dernier qui ait publié des dessins des monu-

---

[1] *Voy.* les Mémoires sur l'Égypte, pag. 205.
[2] Consultez le Voyage d'Égypte et de Nubie par Norden, nouvelle édition, publiée par M. Langlès, tom. II, pag. 123.

mens de la haute Égypte. M. Nouet leur a conservé cette dernière dénomination, dans le compte qu'il a rendu de ses observations astronomiques [1]. Nous ferons voir bientôt [2] qu'elles appartiennent à un monument que les anciens historiens ont indiqué sous le nom de *tombeau d'Osymandyas*. Quoi qu'il en soit, pour conserver le souvenir des dénominations anciennes et modernes, nous désignerons indifféremment, dans le cours de cette section, les ruines qui en sont l'objet, sous la dénomination de *Memnonium*, ou de *palais de Memnon*. Le lecteur ne devra pas en conclure l'identité du monument que nous allons décrire et du *Memnonium* de Strabon, quoiqu'il paraisse certain que les voyageurs modernes ont emprunté de ce dernier le nom qu'ils lui ont donné, ni celle de Memnon et d'Osymandyas. Nous avons déjà discuté assez au long cette dernière question dans la section précédente, et nous en dirons encore quelques mots dans celle-ci.

Le palais de Memnon est situé sous le 30° 18′ 6″ de longitude, et sous le 25° 43′ 27″ de latitude boréale. Il se présente en face du Nil, et son axe fait avec le méridien magnétique un angle de 35°. Les ruines de cet édifice sont peut-être les plus pittoresques de toutes celles qui existent encore sur l'emplacement de Thèbes [3]. Vues du nord, elles présentent leur plus beau développement. On distingue les pylônes, les colonnes et les piliers cariatides qui sont encore debout, d'énormes

[1] *Voyez* le premier volume des Mémoires sur l'état moderne de l'Égypte.
[2] *Voyez* la seconde partie de cette section.
[3] *Voyez* la pl. 23, par M. Dutertre, *A.*, vol. II.

débris de statues colossales, les colonnes en partie détruites et maintenant plus ou moins élevées au-dessus du sol, celles qui ont été renversées d'une seule pièce, et les fondations de quelques autres. A une assez grande distance, on aperçoit les deux colosses de la plaine et le bois d'acacias qui les environne; plus loin, coule le fleuve au milieu de l'emplacement de l'ancienne cité; à l'horizon, se montrent les sommets découpés de la chaîne arabique. A sa droite, le spectateur voit les rochers escarpés de la montagne libyque[1], où il découvre un nombre prodigieux d'ouvertures[2] qui toutes conduisent à des grottes profondes. Ces mêmes ruines, vues du sud, n'offrent pas un moindre intérêt : le fond du paysage se compose des beaux sycomores et de la petite forêt de palmiers de Qournah[3]; on aperçoit, tout-à-fait dans le lointain, les magnifiques ruines de Karnak.

On entre dans le palais par une de ces grandes portes encastrées, pour ainsi dire, dans deux constructions pyramidales à l'ensemble desquelles nous avons donné le nom de *pylône*. C'est ce genre d'édifice, considéré dans ce lieu même, qui nous a conduits, comme on va bientôt le voir[4], à admettre cette dénomination. La partie située à gauche en entrant n'offre qu'un amas de pierres renversées les unes sur les autres. Le grès dont l'édifice est construit, est fort blanc et d'un grain très-fin. La face extérieure de tout le pylône est dans un si grand état de dégradation, qu'on aperçoit à peine les

---

[1] *Voyez* la pl. 26, par M. Cécile, *A.*, vol. II.
[2] *Voyez* la pl. 24, par M. Balzac, *A.*, vol. II.
[3] *Voyez* la pl. 25, par M. Dutertre, *A.*, vol. II.
[4] *Voy.* la seconde partie de cette section.

sculptures dont elle est ornée; mais il n'en est pas ainsi de la face intérieure, dont la partie à droite offre encore beaucoup de restes des bas-reliefs qui l'ont décorée. On y voit la représentation d'un combat[1] : l'infanterie s'avance en ordre de bataille; à sa tête est un chef d'une stature colossale, monté dans un char. Plus loin on voit une mêlée d'hommes, de chars et de chevaux : les uns courent à toute bride sur leurs adversaires, d'autres s'élancent sur les ennemis qui les attaquent; ceux-ci fuient, ceux-là poursuivent les fuyards; d'autres enfin sont renversés. Dans cette mêlée, on aperçoit des morts et des blessés épars de tous côtés, des chars renversés, et ceux qui les montent culbutés avec leurs chevaux. Les héros, c'est-à-dire ceux qui sont figurés de stature colossale, fondent avec impétuosité sur les ennemis : avec leur arc tendu, ils sont prêts à décocher les flèches qu'ils ont tirées des carquois suspendus autour de leurs chars. Au milieu du pan de muraille sur lequel est représentée cette scène de carnage, on reconnaît, à de grandes lignes ondulées, la configuration d'un fleuve qui partage en deux, par des détours sinueux, le champ de bataille où se précipitent les guerriers. Des hommes se jettent dans le fleuve; d'autres se sauvent à la nage, ou se noient, tandis que, du côté opposé, quelques hommes de leur parti leur tendent les bras pour les secourir. Dans plusieurs endroits de cette scène si vivement animée, des guerriers se couvrent de leurs boucliers. Ces boucliers sont de deux espèces : les uns ont

---

[1] Nous sommes redevables à M. Villoteau de la description de ce bas-relief, qu'il nous a permis d'extraire de son journal.

DE THÈBES. SECTION III.

la forme d'un disque échancré sur les côtés; les autres sont rectangulaires, un peu plus longs que larges : ils distinguent les guerriers qui les portent, et empêchent qu'on ne les confonde avec les Égyptiens[1].

L'autre partie à gauche du pylône, toujours dans l'intérieur du monument, offre aussi des restes de bas-reliefs où l'on remarque un héros[2] de stature colossale, assis sur un siége élégamment décoré; ses pieds reposent sur un tabouret dont la face latérale est ornée de sculptures représentant deux captifs étendus par terre et les mains liées derrière le dos. Au-dessous d'eux sont des arcs. Les coussins du siége et du tabouret paraissent faits d'étoffes précieuses, parsemées d'étoiles. Le héros tient à la main gauche une espèce de sceptre terminé par une fleur de lotus; il tend la main droite à vingt-une figures qui arrivent à lui inclinées et dans une attitude suppliante : deux d'entre elles portent des volumes[3], et la première élève la main droite vers le héros comme si elle lui adressait la parole; toutes ces figures sont habillées de longs vêtemens. Derrière le trône du héros, sont des porte-enseignes et des étendards. Au-dessous de ce tableau, on voit deux figures agenouillées, tendant les mains comme pour implorer la clémence de quatre autres personnages qui les entourent.

Tout près de ce bas-relief, sont des guerriers et des

---

[1] Les Égyptiens ont de grands boucliers, comme nous l'avons déjà fait remarquer à Medynet-abou, et comme nous venons encore de le dire ici. *Voyez* la fig. 1, pl. 31, *A*., vol. II; *voyez* aussi la Description de Medynet-abou, sect. 1, pag. 111, et la note [2].

[2] Une partie de ce bas-relief est représentée pl. 31, fig. 2, *A*., vol. II.

[3] *Voyez* la fig. 2, pl. 31, *A*., vol. II.

chariots. On voit encore sur la même muraille une troupe nombreuse de fantassins armés d'une espèce de couteau recourbé, et tenant un javelot dans la main droite; ils portent à la main gauche de grands boucliers qui les couvrent depuis les pieds jusqu'à la tête; ces boucliers sont arrondis par le haut et terminés carrément dans la partie inférieure : ce sont les mêmes qui sont figurés à Medynet-abou [1], et que nous avons déjà reconnus pour égyptiens. L'armée dont ces fantassins font partie, a une arrière-garde nombreuse, soutenue par une assez grande quantité de chars, dans chacun desquels il ne se trouve qu'un seul guerrier. Plus haut, et comme au centre, sont les bagages de l'armée, chargés sur des ânes; ils consistent en pots, marmites, sacs et autres ustensiles. Quelques-uns de ces bagages sont déjà pris par un parti ennemi; d'autres sont attaqués, mais vigoureusement défendus. Des guerriers montés sur des chars sont assaillis et forcés de fuir. Partout, sur une même ligne droite suppléant à une perspective lointaine, on voit des partis de guerriers qui sont aux mains.

Ce premier pylône forme le côté d'une grande cour à peu près carrée, de quarante-six mètres et demi [2] de long, dont les clôtures, sur les côtés, sont presque entièrement détruites. Les fondations de deux colonnes que l'on aperçoit à gauche, sont tout ce qui en subsiste encore [3]. Dans quelques endroits, on voit les fondations du mur latéral qui, avec les colonnes dont nous venons

---

[1] *Voyez* la Description de Medynet-abou, sect. 1, pag. 111.

[2] Vingt-trois toises cinq pieds six pouces.

[3] *Voyez* la fig. 1, pl. 27, *A.*, vol. II, et l'explication de cette planche.

DE THÈBES. SECTION III.

de parler, formait une galerie. Il en existait indubitablement une semblable à droite, mais il n'en reste plus de traces. La largeur de la cour est de plus de cinquante-deux mètres [1].

Cette cour est remplie de tant de débris de granit, qu'on se croit transporté au milieu d'une carrière; ils sont épars dans un rayon de plus de vingt mètres [2] : ce sont les restes d'un colosse énorme, dont on ne trouve plus réunis que la tête, la poitrine, et les bras jusqu'au coude. Un autre bloc qui contient le reste du corps et les cuisses, est tout voisin de celui-là, et n'en a été détaché qu'à force de coins; ce dont on ne peut douter à la vue des entailles qui ont été pratiquées pour les introduire. La tête du colosse a conservé sa forme : on y distingue très-bien les ornemens de la coiffure; mais la face est tout-à-fait mutilée. Parmi les débris dispersés, on retrouve le pied et la main gauches. Des mesures prises avec beaucoup de soin offrent les résultats suivans :

Longueur de l'oreille....................	1^m05.	(3^{ds} $2°$).
D'une oreille à l'autre, en passant sur la face.	2. 08.	(6^{ds} $4°$).
D'une épaule à l'autre, en passant sur la poitrine.......................	7. 11.	(21^{ds} $11°$).
D'une épaule à l'autre, en ligne droite.....	6. 84.	(21^{ds} »).
De la jointure de l'épaule au pli du coude..	3. 90.	(12^{ds} »).
Contour du bras au pli du coude..........	5. 33.	(16^{ds} $5°$).
Diamètre du bras entre le coude et l'épaule.	1. 46.	(4^{ds} $6°$).
Longueur de l'index...................	1. 09.	(3^{ds} $11°$).
Longueur de l'ongle du grand doigt de la main.......................	0. 19.	(» $7°$).
Largeur du même...............	0. 16.	(» $6°$).
Largeur développée du pied, depuis l'articulation du pouce jusqu'à celle du petit doigt.	1. 40.	(4^{ds} $4°$).

[1] Vingt-cinq toises trois pieds six pouces.
[2] Soixante pieds.

Ce colosse est renversé dans la direction nord et sud, et sa tête touche l'endroit où existait la porte du pylône formant l'entrée du péristyle suivant. Le piédestal de cette statue est encore en place. Il est orné, à sa partie supérieure, d'une ligne d'hiéroglyphes où l'on remarque des couteaux, des demi-cercles, et des figures d'oiseaux et d'animaux. Il est adossé à la muraille du fond; il a onze mètres soixante-dix centièmes [1] de longueur, et une largeur à peu près moindre de moitié. La statue et son piédestal sont tout entiers de beau granit rose de Syène. Le poli de la matière est d'un fini précieux, que l'on ne s'attend point à trouver dans une aussi grande étendue et sur une roche aussi dure. D'après les proportions qui résultent des mesures que nous venons de rapporter, il est très-vraisemblable que ce colosse assis ne devait pas avoir moins de dix-sept mètres et demi [2] de hauteur, depuis le sommet de la tête jusqu'à la plante des pieds. Il pesait plus de deux millions de livres [3]. Où trouvera-t-on plus de sujet d'admirer le goût des Égyptiens pour tout ce qui est grand, et ce penchant irrésistible qu'ils paraissent avoir eu pour vaincre des difficultés? On ne sait vraiment de quoi l'on doit le plus s'étonner, ou de la patience qu'il a fallu pour façonner en statue un si énorme bloc, et lui donner un poli parfait, ou de l'art merveilleux et des moyens mécaniques extraordinaires qu'on a dû mettre en usage pour déplacer une aussi lourde masse.

---

[1] Six toises environ.
[2] Cinquante-quatre pieds à peu près.
[3] Ce colosse contient 412 mèt. cubes, équivalens à 11965 pieds cubes; ce qui produit un poids de 2225510 livres, à raison de 186 livres pour le poids du pied cube de granit.

Les traces de l'extraction de ce colosse ont été reconnues dans les carrières de Syène[1] : c'est donc de quarante-cinq lieues de l'endroit où on le voit maintenant qu'il a été amené; et l'on aurait peine à concevoir la possibilité de ce transport, si le fleuve, en même temps qu'il répandait la fertilité sur toutes les plaines de l'Égypte, n'avait secondé les anciens Égyptiens dans cette entreprise audacieuse. On conçoit en effet que, pour transporter cette masse, on a pu d'abord, par un chemin uni et consolidé à dessein, la traîner sur des rouleaux, dans le court espace qui séparait les carrières, du Nil, ou d'un canal dérivé tout exprès du fleuve. Là, un radeau chargé d'un poids au moins égal à celui du colosse aura été introduit sous l'énorme statue, posée en travers du canal : étant déchargé successivement, il a dû s'élever peu à peu au-dessus du niveau des eaux, et bientôt atteindre et soulever avec facilité cette masse prodigieuse. C'est par un procédé semblable, qu'au rapport de Callisthène, cité par Pline, on transporta, sous le règne de Ptolémée-Philadelphe, un obélisque de quatre-vingts coudées, que Nectanébis avait autrefois fait tailler dans les carrières de Syène. Le colosse, placé sur le radeau, voguait sur le Nil dans le temps des hautes eaux. Plusieurs années ont pu être employées à ce transport; car la constance des Égyptiens, leur résolution ferme et inébranlable, ne se laissaient point rebuter par les difficultés qui pouvaient se lever avec le temps. La statue, arrivée, par le moyen du fleuve, jusqu'à la hauteur du lieu de sa destination, dut être introduite dans un canal

---

[1] *Voyez* la Description de Syène, par M. Jomard, *chap. II*, pag. 141.

dérivé tout exprès du Nil, jusqu'à l'endroit où elle fut érigée.

Rien ne peut nous indiquer les moyens que les Égyptiens ont mis en usage pour élever et remuer, pour ainsi dire, à leur gré, ces masses énormes amenées de si loin. On est naturellement conduit à supposer que ces moyens leur étaient fournis par une mécanique perfectionnée; mais nulle part ils ne les ont représentés sur les monumens, et nous n'en connaîtrons probablement jamais que les étonnans résultats. Les procédés pratiqués, dans les temps modernes, pour élever ces fameux obélisques apportés d'Égypte, qui font encore aujourd'hui un des plus beaux ornemens de Rome, ne peuvent donner qu'une idée imparfaite de ceux dont les anciens Égyptiens faisaient usage : ces derniers mettaient sûrement, dans l'emploi des forces, l'économie et la réserve qui étaient les résultats d'une longue expérience et d'une grande habitude de remuer de pareilles masses; on peut même présumer, avec assez de vraisemblance, qu'ils cherchaient des points d'appui, non pas dans des échafaudages en charpente, dont la construction aurait été presque impossible à cause de la rareté du bois en Égypte, et qui d'ailleurs n'auraient point offert une résistance suffisante, mais dans des constructions solides, faites en gros matériaux, et que l'on détruisait après l'érection du monument.

Les dimensions considérables de la statue que nous venons de décrire, portent à croire qu'elle a été transportée dans l'endroit où on en voit les restes, avant que l'édifice fût entièrement achevé; il est naturel de penser que la première cour est celle qui a été construite la dernière. On a déjà fait remarquer plus d'une fois l'espèce d'enchevêtrement des diverses parties qui constituent les temples et les palais égyptiens [1]; il est donc assez probable que les architectes, après avoir conçu d'un seul jet les plans de leurs édifices, n'en exécutaient que successivement toutes les parties. Ils commençaient par les pièces centrales les moins considérables, mais les plus soignées; ils s'occupaient ensuite des constructions qui enveloppaient celles-là, et arrivaient ainsi, de proche en proche, aux salles de l'édifice qui devaient être les plus vastes. C'est au moins là l'idée que fera naître la vue des planches de l'ouvrage.

Au milieu de la foule d'objets remarquables que l'on rencontre sur l'emplacement des ruines de Thèbes, il serait difficile à un seul voyageur de tout observer. C'est ce qui est effectivement arrivé à chacun de nous en particulier : les uns ont consigné, dans leurs journaux, des observations qui avaient échappé à d'autres, tandis que ceux-ci s'étaient proposé pour objets de recherches, des choses auxquelles les premiers n'avaient pas pensé. Pour offrir au lecteur un ensemble aussi complet que possible dans la description des ruines anciennes, il était nécessaire de nous concerter, et de nous communiquer réciproquement nos observations sur les matières que nous avions à traiter; c'est le parti que nous nous sommes empressés de prendre, et qui nous a toujours donné des résultats plus certains. C'est ainsi qu'un

---

[1] *Voyez* ce que nous disons à ce sujet dans la Description de Karnak, *troisième partie de la section* VIII *de ce chapitre.*

CH. IX, DESCRIPTION GÉNÉRALE

de nos collègues a constaté[1] qu'il existe, sur l'emplacement du palais de Memnon, quatre statues colossales en granit. Nous sommes très-portés à croire, d'après les nombreux débris que nous avons vus nous-mêmes, que, tout près du grand colosse, et contre le mur de fond[2], était une des statues de granit que notre collègue a remarquées; nous verrons bientôt où sont placées les deux autres.

Telle est la première partie du palais, à laquelle les Grecs ont donné, comme nous le verrons dans cette section, le nom de *péristyle*[3], dénomination plutôt justifiée par l'usage que par l'étymologie du mot[4]. Le mur de fond de la cour est percé d'une très-belle porte qui conduit à un véritable péristyle. La partie qui est vers le sud est presque entièrement détruite : celle qui est au nord est seule debout; encore ne présente-t-elle, dans l'intérieur de la cour, que l'aspect de la destruction. La moitié de l'épaisseur du mur a été démolie, et l'on ne voit plus que des arrachemens de pierres inégalement saillantes, qui se liaient au parement dont il n'existe presque plus de traces. Ce mur, comme il est aisé de le reconnaître à l'inclinaison de ses deux faces, faisait partie d'un pylône semblable au précédent, mais moins épais, et d'une hauteur moins considérable. Si l'on pénètre dans le péristyle, on aperçoit quatre piliers cariatides en avant de la partie du pylône encore existante : c'est le reste d'une galerie dont les plafonds sont intacts.

---

[1] M. Jomard, dans son journal.
[2] *Voyez* le plan restauré, pl. 33, fig. 1 et 3, *A.*, vol. II.
[3] *Voy.* ci-après la seconde partie de cette section.
[4] Le lecteur peut consulter ce que nous disons à ce sujet dans la Description de Medynet-abou, section 1re, page 72, note 2.

DE THÈBES. SECTION III.

Deux rangées de colonnes qui ne subsistent plus en entier, mais dont on retrouve les fondations, formaient une galerie latérale. En avant du mur de fond, il existe une galerie pareille, si ce n'est que la première rangée de colonnes est remplacée par des piliers cariatides absolument semblables et correspondans parfaitement à ceux de la face opposée. L'intervalle qui sépare ces derniers piliers était autrefois fermé par des murs peu élevés, dont nous n'avons retrouvé que quelques arrachemens et des débris. Tout ce que nous venons de décrire, et dont il reste des traces évidentes, et même des parties parfaitement conservées, existe au nord, et se répétait probablement au sud; mais là il n'en subsiste plus rien. Il faut donc, pour se faire une idée exacte de l'ensemble de ces constructions, se représenter un vaste et beau péristyle, presque carré, de quarante-quatre mètres de long et de cinquante-deux mètres de large, décoré de galeries formées, à l'est, d'une seule rangée de piliers cariatides; au nord et au sud, d'une double rangée de colonnes; et à l'ouest, de colonnes et de piliers cariatides. Ce péristyle a une ressemblance parfaite avec celui de Medynet-abou[1], sur lequel nous nous sommes déjà fort étendus. Les statues adossées aux piliers sont ici vêtues d'une tunique longue et étroite, qui descend jusqu'aux pieds; elles sont élevées sur un double socle, et tiennent dans la main droite un fléau, et dans la main gauche un instrument terminé en forme de crochet. Au-devant de la robe, une ligne d'hiéroglyphes s'étend depuis le bas de la poitrine jusqu'aux pieds. Toutes ces figures sont

---

[1] *Voyez* la Description de Medynet-abou, sect. 1re, p. 72 et suiv.

plus ou moins mutilées; quelques-unes ont encore leur tête, et les fragmens que l'on trouve renversés par terre ont fait connaître la forme de leurs bonnets. Elles ont neuf mètres et demi[1] de hauteur. Les piliers auxquels elles sont adossées sont recouverts, sur toutes leurs faces, de tableaux allégoriques encadrés par des lignes d'hiéroglyphes : on y distingue surtout des offrandes faites aux divinités qui président à l'agriculture, telles qu'Harpocrate entouré de productions du règne végétal, et Isis coiffée d'un disque enveloppé des cornes du taureau. La première de ces divinités porte dans ses mains la houe et le fléau. Des prêtres leur présentent des fleurs et des fruits, sur lesquels ils font des libations; ou bien ils brûlent devant elles des parfums, dans une espèce de cassolette adaptée à un long manche.

L'architrave portée par les piliers cariatides est décorée d'hiéroglyphes; et la corniche qui la couronne est ornée alternativement de légendes hiéroglyphiques et de cannelures. Les colonnes des galeries latérales et celles du fond ont des chapiteaux à boutons de lotus tronqués, qui sont décorés, dans la partie supérieure, de serpens et de légendes hiéroglyphiques; le haut du fût paraît figurer un faisceau de tiges de plantes, retenues par cinq bandeaux ou cercles. On voit encore, sur quelques colonnes, des restes de sculptures représentant des offrandes aux dieux; les tableaux sont séparés par des bandes circulaires d'hiéroglyphes. Les apophyges des colonnes sont terminées par une courbe convexe, et décorées d'espèces de triangles placés les uns dans les autres :

[1] Vingt-neuf pieds deux pouces dix lignes.

dans les intervalles qui les séparent, sont des légendes hiéroglyphiques. Les colonnes s'élèvent sur des bases cylindriques d'une hauteur médiocre, et dont l'arête supérieure est arrondie. Si l'on prend pour module le demi-diamètre supérieur de la colonne, on trouve que le chapiteau a deux modules, que la colonne en a huit et demi, et que la base n'a qu'un quart de module. Un dé carré, placé sur le chapiteau, reçoit l'architrave qui porte elle-même la corniche.

Toutes les bases des colonnes de la cour et du péristyle ne sont point au même niveau ; elles s'élèvent sur des espèces de gradins ou de marches dont l'existence a été constatée par des fouilles : ce n'est qu'ici qu'on en a vu de semblables, quoiqu'il soit infiniment probable qu'il en existe dans beaucoup d'autres monumens égyptiens[1]. Il semble que les architectes se soient proposé d'en tirer parti pour produire de grands effets. Rien sans doute ne devait être plus imposant que ces degrés que l'on était obligé de franchir avant d'arriver au centre du monument, où la magnificence des arts et le mystère de la religion avaient rassemblé ce qui excitait le plus vivement l'intérêt et la curiosité. Les effets de la perspective qui résultaient de cette disposition, étaient encore augmentés par la diminution graduée de la hauteur et de la largeur des portes des pièces successives de l'édifice, depuis la première entrée jusqu'au fond des appartemens les plus reculés.

La figure première de la pl. 27, et les planches des

---

[1] La disposition des monumens d'Edfoû en a indiqué, et on les a restaurés dans les planches. *Voyez* la pl. 50, fig. 1 et 2, *A.*, vol. 1.

vues¹, donnent exactement l'état actuel du péristyle, dont la plus grande partie est ruinée, comme nous venons de l'exposer. On y voit, au sud, les restes d'un très-beau colosse : la tête, qui est de la plus parfaite conservation, est en granit rose, tandis que le reste du corps dont elle a été détachée, est en granit noir : ces accidens du granit se présentent assez fréquemment dans les carrières de Syène. Voici les mesures des diverses parties de cette tête colossale² :

	centim.	pouc.	lig.
Du dessus de la tête à l'extrémité de la coiffure sur le front....................	40.60.	(15	»).
Du dessus du bonnet au-dessous du sourcil..	56.84.	(21	»).
Largeur de la face.....................	97.45.	(36	»).
Longueur du nez jusqu'à la ligne des sourcils.	31.30.	(11	5).
Longueur du nez seulement.............	24.36.	(8	10).
Largeur du nez......................	21.66.	(8	»).
Longueur de l'œil....................	16.35.	(6	6).
Longueur de l'oreille..................	31.48.	(11	7).
Longueur de la bouche................	29.77.	(11	»).
Depuis le dessous du nez jusqu'au menton...	22.50.	(8	2).
Grosseur des lèvres...................	8.79.	(3	3).
Longueur du cou.....................	32.48.	(12	»).

Ce buste représente un homme jeune encore. Sa poitrine est large et bien prononcée. Sa barbe, réunie en une seule natte, est adhérente au menton. La figure a ce calme plein de grâce, cette physionomie heureuse, qui plus que la beauté même a le don de plaire. Les coins de la bouche, un peu relevés vers l'œil, expriment le sourire. On ne peut représenter la divinité sous des traits qui la fassent mieux chérir et respecter. Peut-être la ligne des sourcils n'a pas tout-à-fait assez de saillie

¹ *Voyez* les pl. 23, 24, 25 et 26, *A.*, vol. II.   ² *Voyez* la pl. 32, fig. 6 et 7, *A.*, vol. II.

sur le globe de l'œil; peut-être aussi le bout du nez est-il trop arrondi; les oreilles, comme dans toutes les statues égyptiennes, sont placées un peu haut; mais ces légers défauts n'empêchent pas que ce monument ne soit un des plus précieux de l'art égyptien. L'exécution en est admirable; et l'on serait tenté de le croire sorti de la main des Grecs dans les plus beaux temps de l'art, s'il ne portait avec évidence l'empreinte de ce style égyptien que les Grecs n'ont jamais imité avec précision, et qu'il est impossible de méconnaître, pour peu qu'on ait l'habitude d'observer les monumens de l'ancienne Égypte. On peut juger, d'après ce qui reste de cette statue, qu'elle pouvait avoir de sept mètres à sept mètres et demi[1] de proportion.

Non loin de la tête dont nous venons de parler, on en voit une autre qui ne mérite pas moins de fixer l'attention des voyageurs. Elle a des proportions un peu moins considérables, et elle est tout en granit noir; elle est travaillée avec beaucoup d'art et de soin. Les débris granitiques qui sont voisins de là, sont, pour la plupart, de diverses couleurs, bien que primitivement ils aient fait partie du même bloc. On voit à quelque distance, vers l'est, la chaise et la moitié du corps de la statue qui était assise.

Pour achever de donner une description complète du beau péristyle qui renferme ces chefs-d'œuvre de l'art égyptien, il nous reste à parler des sculptures dont les pans de mur encore subsistans sont ornés. Les plus intéressantes se voient sous la première galerie que l'on

[1] Vingt-deux à vingt-trois pieds.

trouve à droite en entrant dans le péristyle : elles représentent des combats[1]. La scène qu'on y a figurée, paraît être une invasion. Si l'on se met en face pour considérer ce tableau, on voit à sa gauche, et à la partie supérieure de la muraille, se précipiter un fleuve qui parcourt toute l'étendue inférieure du mur, en suivant des détours nombreux. Le fleuve se reconnaît à des lignes ondulées, qui présentent encore, dans quelques endroits, des restes de la couleur bleue dont elles ont été primitivement peintes : il entoure de ses eaux une citadelle, qui paraît être l'objet de tous les mouvemens que l'on remarque sur l'une et l'autre rives. Les habitans de la citadelle ont déjà passé le fleuve pour s'opposer aux efforts de leurs ennemis. On les voit défiler dans des chars portant chacun trois guerriers vêtus de longues tuniques[2]. Celui qui est au milieu dirige les chevaux ; et les deux combattans qui sont à ses côtés, sont armés, l'un, d'une lance dont il est prêt à frapper l'ennemi, et l'autre, d'un bouclier rectangulaire, qu'il porte en avant comme pour se couvrir ainsi que ses compagnons d'armes. Ces guerriers ont de longues barbes ; ce qui contribue, avec la forme de leurs chars et de leurs boucliers, à les distinguer des Égyptiens. Ces derniers, partie à pied, partie montés sur des chars, sont conduits par le roi et divisés en corps d'armée, à la tête desquels on voit des héros de stature colossale. Ils renversent tout ce qu'ils rencontrent sur leur passage ; ils

---

[1] On n'a point eu le temps de dessiner ce bas-relief extrêmement curieux.

[2] *Voyez* la pl. 32, fig. 3, *A.*, vol. II.

foulent aux pieds les morts et les blessés. Trois ou quatre carquois renferment les traits qu'ils lancent de tous côtés. Des ennemis qui en sont atteints, sont étendus sur leurs chars et emportés par leurs chevaux blessés eux-mêmes et furieux. Beaucoup d'entre eux veulent repasser le fleuve, et s'y noient. Sur l'une et l'autre rives, partout où s'étend la mêlée, on voit des guerriers se précipiter dans le fleuve, ou y être culbutés par les ennemis. Les uns, en nageant, cherchent à se sauver; les autres, morts, sont emportés par le courant. Les vainqueurs se jettent à la nage et poursuivent les vaincus. Quelques-uns des assiégés s'efforcent de parler aux assiégeans; du moins on le croirait en voyant à la bouche de l'un d'eux des hiéroglyphes, qui sont les seuls qu'on ait figurés dans toute cette mêlée. Les assiégés se tiennent en file en avant du fort, comme pour soutenir le choc : ils sont armés de piques, et le premier a un poignard. On voit aussi une multitude sans armes, qui semble venue là pour être témoin de l'action. Quelques-uns renoncent au spectacle et fuient à toutes jambes. A gauche du spectateur et vers l'extrémité de la muraille, dans un groupe d'Égyptiens, sont des cavaliers renversés de dessus leurs chevaux qui se cabrent. Les harnois de ces chevaux ne paraissent pas avoir beaucoup de rapport avec ceux dont les Arabes et les Égyptiens font usage aujourd'hui. Dans la mêlée, on distingue une grande quantité de boucliers en forme de disques échancrés sur les côtés : ce sont, comme nous l'avons déjà fait remarquer, ceux des guerriers ennemis des Égyptiens.

Plus bas que le fleuve, et sur toute la largeur du mur, est une armée d'hommes à pied avec des boucliers en forme de disques échancrés; elle est soutenue par des chars qui s'avancent sur deux de front, et paraissent en protéger les flancs.

Le combat que nous venons de décrire, est un des plus distincts et des plus curieux que nous ayons vus sur les monumens de Thèbes : les détails sont nombreux, sans être trop surchargés; l'action principale peut être facilement saisie; et l'on reconnaît, au premier coup d'œil, que les assiégés, pour éloigner l'ennemi de leur forteresse, ont lancé, à travers son armée, des chars qu'ils font soutenir par des troupes à pied.

On ne citera point comme des modèles d'exécution ces bas-reliefs, où toutes les règles de la perspective et du dessin sont continuellement violées; mais leur composition est naïve et pleine de chaleur et d'expression. L'action générale est bien exprimée, et tous les épisodes particuliers excitent vivement la curiosité du spectateur. Les Égyptiens sont les seuls qui aient confié à la sculpture d'aussi grands sujets relatifs à l'histoire. Peut-être un jour nos artistes, en cherchant à les imiter et en faisant à leurs procédés d'heureuses modifications, trouveront-ils le moyen de représenter de grandes compositions historiques sur les parois des murs de nos monumens, que l'on voit toujours lisses ou revêtues d'ornemens qui ne rappellent rien à l'esprit. La sculpture pourrait alors rivaliser, pour ainsi dire, avec la peinture, et obtiendrait incontestablement sur elle l'avantage de transmettre à la postérité les faits de l'histoire sur le

DE THÈBES. SECTION III.

marbre et sur la pierre, qui, bien plus que la toile et les couleurs, résistent aux injures du temps.

Nous ne quitterons point ce sujet sans faire remarquer l'élégance de la construction des chars égyptiens, et combien ils l'emportent sur les chars si vantés des peuples de la Grèce, que l'on imite encore aujourd'hui dans nos fêtes et nos jeux publics. La pl. 32[1] en offre de quatre espèces. Ils présentent, dans leurs décorations, des différences qui devaient sans doute caractériser les personnages plus ou moins distingués auxquels ils étaient destinés. Les plus simples n'offrent qu'une caisse d'une coupe élégante, aux côtés de laquelle sont suspendus des carquois. Les plus beaux chars, ceux qui appartenaient probablement aux chefs des guerriers, aux rois, ont leur caisse entourée de ces mêmes carquois, mais en plus grand nombre et plus ornés : on y voit aussi des lions qui sont dans l'action de s'élancer sur leur proie, et qui, sans doute, doivent être considérés ici comme des emblèmes de la force et du courage des héros. La légèreté de la construction de ces caisses[2] nous porte à croire qu'elles étaient en métal. Elles sont arrondies, et présentent à peu près la même coupe que quelques-unes des voitures dont nous nous servons actuellement; à cette différence près, que le devant se termine verticalement, et que la caisse est ouverte par derrière. Quelquefois le milieu de la caisse, mais le plus souvent son extrémité postérieure, reposent immédiatement sur l'essieu, qui est de métal. Les extrémités de l'essieu sont

---

[1] *Voy.* cette planche, *A.*, vol. II, fig. 1, 2, 3, 4 et 5.

[2] *Voyez* la pl. 32, *A.*, vol. II, fig. 1, 2, 3, 4 et 5.

A. D.   II.

percées de trous destinés à recevoir des chevillettes dont l'objet est d'empêcher l'écartement des roues. Celles-ci ont ordinairement de quatre à six rais, dont la petite épaisseur est encore pour nous une raison de croire qu'ils étaient de métal, ainsi que les jantes. Les roues devaient avoir une certaine largeur que le défaut de perspective empêche de voir dans la sculpture, et qui était nécessaire pour éviter qu'elles n'enfonçassent trop dans le terrain sur lequel elles devaient rouler. A l'extrémité du timon du char, on voit le joug [1] terminé par des espèces d'anneaux qui servaient à l'attacher aux harnais. La pl. 32 présente un petit chariot couvert [2], qui, semblable aux fourgons dont on se sert dans nos armées, était probablement destiné à recevoir des munitions de bouche. Une traverse qui se trouve près du timon, et la forme de l'extrémité du timon lui-même, semblent indiquer que ces sortes de voitures étaient tirées à bras d'hommes.

Le mur de fond du péristyle est en partie ruiné. La portion la mieux conservée est celle qui se voit à gauche [3]. On y remarque encore beaucoup de sculptures, parmi lesquelles on distingue une figure coiffée d'un bonnet symbolique, et accroupie sur les talons : elle est posée sur une espèce de vase, en présence de trois personnages assis, dont la barbe réunie en une seule tresse est un peu recourbée en avant. Elle semble recevoir de la première un bâton que l'on voit toujours à la main des personnages à tête d'ibis, représentant le Thot ou le Mercure

---

[1] *Voyez* la pl. 32, *A.*, vol. II, fig. 1.
[2] *Voyez* la pl. 32, *A.*, vol. II, fig. 2.
[3] *Voyez* la pl. 27, *A.*, vol. II, et l'explication de cette planche.

des Égyptiens. A la partie supérieure de ce bâton, est une espèce de lanterne[1] où l'on distingue plusieurs hiéroglyphes et plusieurs divinités. La première figure paraît étendre la main droite, comme pour accorder sa protection à celle qui est devant elle, dans une attitude suppliante; la seconde étend la main gauche sur la première; et la troisième, qui porte un disque sur la tête et dont les cheveux tombent sur les épaules, tient en ses mains plusieurs instrumens d'agriculture. Plus loin est un personnage à tête d'ibis, qui écrit sur une colonne avec un style. Sur la même ligne, sont trois figures qui se tiennent par la main : la première des trois a une tête d'épervier, et porte la croix à anse sur la bouche de celle du milieu. Au-dessus est le dieu Harpocrate, placé devant un autel où sont trois gros fruits : un prêtre brûle de l'encens devant lui. Plus loin encore sont d'autres sculptures où l'on remarque un personnage faisant une offrande à une divinité terminée en Hermès[2], ou plutôt vêtue d'une robe longue et unie, au travers de laquelle elle passe les deux poignets à la hauteur du ventre : elle tient en ses mains le fléau, la crosse, et un autre instrument en forme de triple croix.

Ce mur de fond est percé de trois portes. Celle du milieu est grande et élevée; les deux autres sont plus petites, mais construites entièrement en granit noir. Toutes trois donnent entrée dans une vaste salle, maintenant ruinée, dont les murs latéraux ne subsistent plus,

---

[1] Les pl. 22, fig. 2, et 23, fig. 1, *A.*, vol. 1, offrent de semblables bâtons.

[2] Les pl. 95, fig. 1, *A.*, vol. 1, et 32, fig. 4, *A.*, vol. 11, présentent des figures semblables.

et dont les plafonds étaient autrefois soutenus par soixante colonnes disposées sur dix rangées de six de profondeur[1]. Il ne reste plus debout que quatre rangées entières, et çà et là quelques colonnes plus ou moins élevées au-dessus du sol; les autres ont entièrement disparu, ou il n'en reste plus que les fondations. Cette grande salle peut être considérée comme partagée en trois parties distinctes. La partie intermédiaire, qui s'élève au-dessus des deux autres, a son plafond soutenu par quatre rangées de colonnes de proportions et de diamètres différens. Celles qui forment l'entre-colonnement du milieu, sont les plus grosses: leur diamètre inférieur est de deux mètres; leur hauteur totale, en y comprenant le chapiteau et la base, est de onze mètres. Si l'on prend pour module le demi-diamètre supérieur, on trouve que le fût en renferme à peu près dix et demi, et le chapiteau un peu moins de deux. Ce chapiteau est très-évasé; sa saillie sur le nu de la colonne est d'un module et un quart. Il a la forme d'une fleur de lotus épanouie. Sa partie inférieure est décorée d'espèces de triangles curvilignes placés les uns dans les autres, et sur lesquels sont implantés des fleurs et des boutons de lotus avec leur tige. D'espace en espace, ces lotus sont surmontés de légendes hiéroglyphiques. Cinq anneaux circulaires, gravés sur le haut du fût, semblent réunir ce bouquet de plantes indigènes: au-dessus est un ornement de serpens et de légendes hiéroglyphiques. Le reste du fût, jusqu'aux apophyges, est orné de tableaux représentant des offrandes accompagnées d'hiéroglyphes. Toutes ces

[1] *Voyez* pl. 27, fig. 1, *A.*, vol. II.

sculptures ont été peintes autrefois, et ce qui reste encore des peintures a la plus grande fraîcheur, et donne une haute idée de la vivacité des couleurs employées par les anciens Égyptiens. Le fût de la colonne est de forme conique dans la plus grande partie de sa hauteur, et les apophyges se terminent par une courbe convexe, en sorte que le diamètre inférieur est égal au diamètre supérieur. Par cette disposition, la force et la solidité des supports ne sont point compromises; comme on pourrait d'abord le craindre. Les apophyges sont décorées des mêmes ornemens que nous avons décrits dans le péristyle précédent. Le galbe de la colonne, qui paraît étrange au premier abord, finit ensuite par plaire lorsqu'on a reconnu qu'il est le résultat de l'imitation des objets naturels. Qui pourrait douter, en effet, qu'on n'ait voulu imiter entièrement le lotus ? Le fût de la colonne en est la tige, et le chapiteau la fleur. Bien plus, la partie inférieure de la colonne nous paraît être la représentation exacte de celle du lotus et des plantes en général [1]. Cette courbe convexe qui la termine, se remarque plus particulièrement à la naissance de la tige des plantes bulbeuses. Les triangles curvilignes placés les uns dans les autres ne sont autre chose que ces espèces de follicules qui sont indiquées par les naturalistes sous le nom de *gaînes*, et qui accompagnent toujours la naissance de la tige [2]. C'est dans un monument tel que celui-ci, qui, portant plus particulièrement l'empreinte d'une haute antiquité, nous transporte à une époque plus rapprochée

---

[1] *Voyez* les pl. 6 et 7 de la Botanique.

[2] *Voyez* les pl. 6 et 7 de la Botanique.

des temps de l'imitation, que ces remarques peuvent être mieux senties ; à quoi il faut ajouter que c'est aussi le seul édifice de l'ancienne Egypte qui offre les bases de la plupart de ses colonnes entièrement dégagées des décombres. Cette circonstance favorable est due particulièrement à ce que le palais de Memnon est situé sur le penchant de la chaîne libyque. Dans d'autres monumens, les apophyges des colonnes ne sont pas diminuées, et les triangles placés les uns dans les autres sont rectilignes. Il eût été difficile d'y reconnaître d'abord l'imitation ; mais on en suit bien la trace, en considérant les colonnes dans l'état où le palais de Memnon nous les offre. On l'aurait encore moins soupçonnée dans ces mêmes triangles que nous avons trouvés tant de fois sculptés à la partie inférieure des pans de muraille. C'est une remarque générale à faire, que ce système d'imitation de la naissance de la tige des plantes se retrouve dans toutes les parties inférieures soit des pans de muraille, soit des colonnes, soit même de quelque membre d'architecture considéré isolément, tel, par exemple, que le chapiteau. Le monument qui nous occupe, et la plus grande partie des édifices de la haute Égypte, nous en fournissent de nombreux exemples. Au reste, les Grecs n'avaient point d'opinion différente de la nôtre sur l'imitation des productions de la nature dans l'architecture égyptienne. Hérodote[1], en parlant des colonnes d'un temple de Saïs, dit positivement qu'elles avaient la forme du palmier, de cet arbre indigène qui croît en abondance dans toute l'Égypte. Les grandes

[1] Herodot. *Hist.* lib. II, cap. 169, pag. 156, édit. 1618.

colonnes que nous venons de décrire, sont élevées sur de larges bases cylindriques dont l'arête supérieure est arrondie.

Les autres colonnes de la partie intermédiaire de la salle sont moins élevées; elles ont sept mètres et demi de hauteur, en y comprenant la base, et leur diamètre a un mètre soixante-dix-huit centièmes à l'endroit où il est le plus gros. Les chapiteaux ont la forme de boutons de lotus tronqués dans leur partie supérieure : ils sont ornés de légendes hiéroglyphiques et de serpens. Le haut du fût est décoré de bandeaux circulaires, au-dessous desquels sont des tiges de plantes. Le reste, jusqu'à l'apophyge, est orné de tableaux hiéroglyphiques représentant des offrandes aux dieux. Les apophyges ont les mêmes ornemens que celles des colonnes du grand ordre[1]. En prenant pour module le demi-diamètre supérieur, on trouve que le fût en contient neuf et demi, et le chapiteau deux et un quart. Ces colonnes sont couronnées d'une architrave et d'une corniche sur lesquelles s'élève un mur d'une hauteur peu considérable, mais telle qu'il atteint au plafond de l'entre-colonnement du milieu. On y a pratiqué des ouvertures rectangulaires, qui répandent dans toute la salle un jour doux et mystérieux, tel qu'il convient au climat et au monument. Ce mur forme à l'extérieur une espèce d'attique couronné d'un cordon et d'une corniche.

Les deux autres portions de la salle hypostyle[2] ren-

---

[1] Nous n'employons ici ce mot que pour indiquer la différence de grandeur des colonnes.

[2] On verra ci-après, *seconde partie*, sur quoi est fondée la dénomination de *salle hypostyle* que nous employons ici.

ferment des colonnes à boutons de lotus tronqués, semblables à celles que nous venons de décrire : ces colonnes sont surmontées d'un dé et d'une architrave sur lesquels reposent les pierres du plafond. Il résulte de cette disposition, que les terrasses de la partie intermédiaire de la salle sont plus élevées de deux mètres que celles des deux parties contiguës. Les pierres du plafond du grand entre-colonnement ont six mètres et un tiers de longueur, deux mètres de largeur et soixante-cinq centimètres d'épaisseur; celles des autres entre-colonnemens n'ont guère moins de cinq mètres de longueur. Aucun des soffites, excepté celui du milieu, n'a été décoré. Le reste de la salle hypostyle est orné de sculptures peintes, dont les couleurs, partout où elles n'ont point été enlevées, brillent encore d'un très-vif éclat.

Cette pièce est parfaitement distribuée comme la grande salle hypostyle du palais de Karnak [1], et probablement aussi elle avait une destination analogue. Le premier mur, qui est à gauche en entrant, et que nous avons dit être le mieux conservé, est décoré de sculptures d'un grand intérêt. On y voit représenté le siège d'une ville dont on escalade un des forts. Une partie de cette scène se trouve figurée dans la pl. 31 [2]. Au pied des murs sont des machines pour l'escalade : elles sont soutenues par des militaires qu'elles cachent de telle manière qu'on n'aperçoit que leurs pieds; ce sont comme des espèces de boucliers énormes. Des guerriers armés d'un poignard sont au bas de ces machines, prêts à suivre

---

[1] *Voyez* la section VIII de ce chapitre.

[2] *Voyez* la pl. 31, fig. 1, *A.*, vol. II.

ceux qui en ont déjà atteint le sommet et qui attaquent avec ardeur ; d'autres soldats montent dessus, pour gagner une échelle qui est appuyée contre les murs, et dont le pied est soutenu par un guerrier. On voit à gauche un homme qui porte une grande *couffe*[1] où sont des vivres destinés aux assiégeans. Ceux qui montent à l'échelle, se couvrent de leurs boucliers ; ils paraissent saisir, pour se maintenir, les joints des pierres qui forment les murs du fort : on en voit même dont les pieds reposent tout-à-fait sur ces joints. Il est difficile de concevoir qu'ils pussent s'y arrêter, à moins que les assises ne fussent en retraite les unes sur les autres ; ce que n'a point exprimé l'artiste égyptien qui a représenté cette scène, où le défaut de perspective se fait particulièrement remarquer. La forteresse a quatre étages. Les assiégeans ont déjà dépassé le premier, que les assiégés s'y défendent encore. Ces derniers montrent la plus grande ardeur, et lancent de toutes parts des flèches dont sont atteints quelques assaillans, que l'on voit tomber du haut des murs où ils étaient déjà parvenus. Dans la partie supérieure du fort, l'un des défenseurs de la citadelle jette des matières enflammées. Les assiégeans ne combattent pas avec moins d'ardeur, et des assiégés que l'on voit tomber du haut des remparts, attestent assez la vigueur de leur attaque. Le fort est couronné d'un étendard percé de flèches ; il est construit sur un lieu élevé. On voit à gauche la porte qui y conduit ; elle paraît hermétiquement fermée. Le système de construction de cette forteresse semble être une suite de tours carrées inscrites les

[1] Les couffes sont de grands paniers faits de feuilles de palmier.

unes dans les autres, en sorte que celle qui est au milieu doit être considérée comme entourée de quatre enceintes qu'il faut successivement escalader et franchir pour s'en rendre maître. Ces différentes enceintes sont surmontées de créneaux, tels que ceux qui couronnent encore, à Medynet-abou, les sommités des murs du pavillon[1]. Dans le bas-relief curieux qui nous occupe, la forme des boucliers est ce qui distingue particulièrement les guerriers. Ceux des assiégeans sont arrondis dans la partie supérieure, et ceux des assiégés sont ronds, quelquefois échancrés sur les côtés, et aussi de forme rectangulaire. Les premiers[2] distinguent les Égyptiens, dont le costume d'ailleurs ne diffère pas essentiellement de celui de leurs ennemis.

Au pied du fort, on voit des archers lancer des flèches sur les soldats qui le défendent; tout près de là, un héros égyptien, de stature colossale, monté sur un char, se précipite sur les ennemis, qui probablement arrivent au secours des assiégés : il les contraint de fuir dans le plus grand désordre. On le voit, l'arc en main, leur décocher des traits qui sont encore enfoncés dans le corps de plusieurs d'entre eux : ces derniers se retournent du côté du héros, en élevant les mains, comme pour implorer sa clémence. Ceux des ennemis qui sont montés sur des chars, lancent leurs chevaux et fuient à toute bride. Le héros est près de les atteindre, et renverse tout ce qu'il rencontre sur son passage : il paraît inexorable et insensible aux prières que semblent lui adresser

---

[1] *Voyez* la pl. 15, ordonnée 4, *A.*, vol. II.

[2] *Voyez* la Description de Medynet-abou, section 1re, p. 111.

les victimes qui tombent sous ses coups. Devant lui sont quelques archers qui prennent par les cheveux les ennemis qu'ils rencontrent, et les tuent à coups de massue, de poignard ou de sabre; les femmes, les enfans même, ne sont point épargnés.

Au-dessus de cette scène de carnage, sont des tableaux représentant des offrandes faites au héros vainqueur et aux dieux.

Le mur de fond de la salle hypostyle est décoré, dans la partie encore subsistante, de sujets de sculpture tels qu'on en voit partout. Ce sont des tableaux encadrés d'hiéroglyphes, et représentant des sacrifices à des divinités.

On passe de là dans une petite salle dont il ne reste plus que huit colonnes encore debout. Les murs de clôture sont détruits; mais il est facile de juger, sur les lieux, que les murs latéraux des pièces précédentes devaient s'étendre jusqu'à celle-là. Cette salle renfermait donc probablement un plus grand nombre de colonnes. Peut-être aussi quelques pièces latérales en rétrécissaient-elles l'étendue. Les colonnes sont de même forme et de même hauteur que celles de la salle hypostyle. Les entre-colonnemens sont peu différens. Sur le mur de fond, on voit à droite deux figures enveloppées par le feuillage d'un arbre vert qui étend ses branches au-dessus de leur tête, et les prolonge presque jusqu'à leurs pieds : cet arbre porte des espèces de fruits qui présentent le même contour que ces légendes hiéroglyphiques auxquelles nous avons donné le nom de *scarabées*. Une des figures est debout devant l'autre qui est assise. Celle-là trace quelques caractères hiéroglyphiques sur un des fruits, avec un style qu'elle appuie sur un bâton à crans passé dans sa main gauche, et surmonté d'une espèce de lanterne. C'est l'attribut du personnage à tête d'ibis, représentant le Thot ou le Mercure des Égyptiens. Derrière la figure assise, et à une certaine distance, il s'en trouve une autre qui n'est point enveloppée par les branches de l'arbre : elle tient aussi un bâton à crans, et elle est occupée à graver une légende hiéroglyphique que l'on aperçoit sur un des fruits suspendus à l'arbre.

En sortant de cette salle, on entre dans une autre dont il ne reste plus aucun des murs de clôture. Huit colonnes de même forme que les précédentes subsistent encore, et ne portent plus que des architraves; le plafond est entièrement détruit.

Le palais de Memnon paraît avoir été entouré de constructions de briques d'un genre tout particulier. On en voit des parties intactes au nord de cet édifice, à la distance d'une cinquantaine de mètres. Ce sont deux rangées de voûtes [1] accolées les unes contre les autres, au nombre de dix ou douze, et laissant entre elles un intervalle assez considérable. Ces voûtes sont bâties au pied de la chaîne libyque, et s'étendent jusqu'à la limite du terrain cultivé; elles sont en plein cintre, et les arcs sont formés par un seul rang de briques posées de champ. On a établi dessus une plate-forme, où l'on voit beaucoup de débris de poterie, et même quelques restes de constructions en pierre. Quelle pouvait être la destination de ces voûtes, et sont-elles des restes d'antiques

[1] *Voyez* pl. 24, *ordonnée* 2, *A.*, vol. II.

constructions égyptiennes? Voilà les questions qui se présentent d'abord à la pensée. Un examen attentif ne nous a fait reconnaître rien d'égyptien d'une haute antiquité, ni dans l'exécution des voûtes, ni dans les dimensions des matériaux. Les briques diffèrent de celles qui ont été employées dans la construction des enceintes antiques[1] et dans les grottes de Thèbes[2], en ce qu'elles sont d'un petit échantillon, et qu'elles ne portent point d'empreintes hiéroglyphiques. Bien plus, l'emploi des briques en voussoirs doit faire soupçonner que ces constructions ne sont point d'une haute antiquité, puisqu'à quelque distance du palais de Memnon, tout contre les rochers escarpés de la chaîne libyque, un monument dont l'origine ne peut être douteuse, nous donne presque la certitude que les anciens Égyptiens n'ont jamais connu l'art de faire des voûtes[3]. Nous sommes donc portés à croire que les constructions qui nous occupent ont été élevées dans des temps plus modernes; et leur disposition régulière autour du monument prouve qu'elles sont dues à des hommes qui respectaient encore cet antique édifice. Il est assez difficile de déterminer avec précision si elles datent du temps où les Romains gouvernaient l'Égypte. Cependant leur analogie parfaite avec les maisons figurées dans la mosaïque de Palestrine[4], où tous les savans s'accordent à voir la représen-

---

[1] Ces briques ont jusqu'à trente-trois centimètres de longueur.

[2] *Voy.* la description des grottes de Thèbes, *section x de ce chapitre.*

[3] *Voyez* la description de l'édifice avec un plafond en forme de voûte, *section v de ce chapitre.*

[4] Une opinion assez généralement reçue, c'est que la mosaïque de Palestrine représente l'arrivée d'Alexandre-le-Grand en Égypte. Le savant abbé Barthélemy nous paraît être plus près de la vérité, en faisant voir, dans son ingénieuse

tation d'une scène qui se passe en Égypte, fera conclure avec beaucoup de vraisemblance qu'elles ne sont que des habitations particulières bâties à l'époque où les Romains étaient maîtres de cette contrée. Cette conséquence trouve encore un appui dans la ressemblance de ces constructions avec les maisons actuelles de la ville de Syène, où l'on bâtit actuellement même comme au temps des Romains. En effet, ces maisons, de même que celles de la mosaïque de Palestrine, ne sont autre chose que de longs vestibules construits en briques et voûtés en plein cintre, dont l'entrée n'est point fermée : elles sont à l'abri des rayons brûlans du soleil, et laissent à l'air, si nécessaire dans ce climat ardent, un facile accès.

Quelques personnes ont voulu voir dans ces constructions, des tombeaux; d'autres, des espèces de caves bâties du temps des premiers chrétiens, pour servir à la célébration de leurs cérémonies religieuses; mais nous devons dire que nous n'avons trouvé sur les lieux aucun indice qui puisse justifier ces conjectures.

Tels sont les restes du palais de Memnon, qui porte plus particulièrement l'empreinte de ce grandiose et de cette magnificence qui caractérisent les monumens de l'ancienne Égypte. Nous avons jugé sur les lieux mêmes, en le comparant à d'autres édifices encore existans, qu'il doit avoir été beaucoup plus considérable, et qu'il se

explication, que la scène représentée dans la mosaïque de Palestrine a pour objet de transmettre le souvenir du voyage de l'empereur Adrien dans la partie la plus reculée de la Thébaïde, vers les rochers granitiques de Syène.

Winckelman voit, dans la mosaïque de Palestrine, un sujet tiré de la fable et emprunté d'Homère, qui représente les aventures de Ménélas et d'Hélène en Égypte.

prolongeait plus avant vers la chaîne libyque; mais nous allons voir bientôt que des raisons plus fortes et bien plus concluantes confirment cette opinion [1].

La régularité du plan de l'édifice, dont rien ne rompt les belles lignes, frappe d'abord, et l'on n'admire pas moins ensuite le style simple et noble de son architecture. Les amateurs de l'art y trouvent des statues remarquables non-seulement par leurs masses colossales et leur exécution parfaite, mais encore par le choix des matériaux dont elles sont formées. Celui qui cherche à pénétrer dans les annales des Égyptiens, voit en quelque sorte ouvert devant lui le livre des exploits de ce peuple. Ses actions guerrières y sont partout représentées. Il faudrait, pour en fixer les époques, savoir lire les hiéroglyphes qui probablement les constatent.

Les bas-reliefs historiques, loin d'annoncer la perfection de l'art, paraissent au contraire n'en déceler que l'enfance. Cependant on peut dire, à la louange des artistes égyptiens, qu'il est impossible de mettre plus de mouvement qu'ils n'ont fait dans ces sortes de compositions. On a vraiment peine à concevoir comment se trouvent réunis dans le même édifice des statues qui supposent l'étude perfectionnée de la sculpture en ronde-bosse, et des bas-reliefs dont l'exécution n'atteste, pour ainsi dire, que la barbarie de l'art. Un pareil résultat ne peut s'expliquer que par la contrainte où étaient retenus les artistes égyptiens dans l'exécution des bas-reliefs religieux; contrainte qui a toujours été telle, que les ressources leur ont manqué lorsqu'ils ont voulu se

[1] *Voyez* ci-après la seconde partie de cette section.

livrer à leur imagination et composer avec liberté, comme il est arrivé dans les batailles que nous avons décrites.

SECONDE PARTIE.

Identité du monument qui vient d'être décrit, et du tombeau d'Osymandyas.

Les constructions que nous venons de décrire ont trop d'analogie avec un des édifices de Thèbes, dont Diodore de Sicile nous a transmis la description sous la dénomination de *tombeau d'Osymandyas,* pour que nous ne nous occupions pas de comparer ces deux monumens et d'en démontrer l'identité.

Diodore vient de parler des tombeaux des rois et d'en indiquer le nombre. Il dit ensuite[1] : « Ce que j'avance est confirmé non-seulement par le témoignage des prêtres de l'Égypte, qui le racontent d'après leurs livres, mais encore par beaucoup de Grecs qui ont visité Thèbes sous Ptolémée-Lagus, et qui ont écrit l'histoire d'Égypte, du nombre desquels est Hécatée. »

Ce préambule fait assez connaître que les faits que Diodore va rapporter, ne sont point le résultat de ses propres observations. On peut douter en effet, avec raison, que cet historien ait parcouru la haute Égypte. Quoi qu'il en soit, ses écrits portent un caractère d'authenticité d'autant plus grand, qu'ils sont puisés à des sources plus anciennes, et dans les ouvrages d'auteurs et de voyageurs qui avaient vu, à une époque très-

[1] *Voyez* la citation n°. 1.

éloignée, les monumens dont il parle. Hécatée est antérieur à Hérodote, qui est lui-même un des plus anciens historiens dont les ouvrages nous sont parvenus. On peut conjecturer que le premier a visité l'Égypte peu de temps après la conquête de ce pays par Cambyse. Alors les temples et les palais n'avaient point subi les altérations et les changemens qu'ils ont éprouvés depuis cette époque. Ils avaient été, à la vérité, pillés par les Perses; beaucoup de statues avaient été brisées et renversées: mais tous les élémens de ces édifices subsistaient encore, le souvenir en était récent, et l'on pouvait, pour ainsi dire, se les représenter dans leur état primitif. D'ailleurs, si l'on s'en rapporte au jugement de Denys d'Halicarnasse sur les historiens du temps d'Hécatée, il paraît que ceux-ci se bornaient, dans leurs écrits, à publier les mémoires particuliers qui étaient conservés dans les temples : ils n'y faisaient aucun changement. Il pourrait donc se faire qu'Hécatée eût seulement traduit dans sa langue une description égyptienne du tombeau d'Osymandyas, conservée dans les archives de Thèbes. Ainsi, en admettant, ce qui, nous l'avouons, est très-hypothétique, que les récits de cet historien cité par Diodore nous aient été transmis sans altération, nous tiendrions des Égyptiens eux-mêmes la description d'un de leurs plus magnifiques monumens. Voici cette description telle que Diodore la donne[1] :

« Ils (les Grecs dont il vient d'être question) rapportent que le tombeau du roi connu sous le nom d'*Osymandyas* existe à dix stades des premiers tombeaux où

[1] *Voyez* la citation n°. II.

sont déposés les corps des jeunes vierges consacrées au culte de Jupiter. A l'entrée de ce monument, est un pylône bâti de pierres de diverses couleurs ; sa longueur est de deux plèthres, et sa hauteur de quarante-cinq coudées. En s'avançant, on trouve un péristyle carré, construit tout en pierres, dont chaque côté a quatre plèthres. Au-devant des colonnes, il y a des figures monolithes de seize coudées de haut, sculptées suivant l'ancienne manière. Le plafond est formé de pierres monolithes de deux orgyies, qui en embrassent toute la largeur : il est parsemé d'étoiles sur un fond bleu. A la suite de ce péristyle, est un nouveau passage, ainsi qu'un autre pylône entièrement semblable à celui dont on vient de parler, mais orné de toutes sortes de sculptures plus parfaites. Près de l'entrée, on voit trois statues taillées dans un seul morceau de pierre de Syène. L'une d'elles, qui représente le roi, est assise : elle est la plus grande de toutes celles que renferme l'Égypte ; la mesure de son pied surpasse sept coudées. Les deux autres sont auprès de ses genoux, l'une à droite et l'autre à gauche ; elles représentent la fille et la mère du roi, et sont de dimensions beaucoup moindres que la statue principale. Cet ouvrage n'est pas seulement recommandable par sa grandeur, mais il est encore digne d'admiration sous le rapport de l'art qui s'y fait remarquer, et il est précieux par la nature de la pierre, qui, dans une si grande masse, ne laisse apercevoir aucune fissure ni aucune tache. On y a gravé cette inscription :

JE SUIS OSYMANDYAS, ROI DES ROIS.
SI QUELQU'UN VEUT SAVOIR QUEL JE SUIS ET OU JE REPOSE,
QU'IL DÉTRUISE QUELQUES-UNS DE MES OUVRAGES.

« Près de cette statue, il en existe une autre qui représente la mère d'Osymandyas; elle est monolithe, et a vingt coudées de hauteur : elle porte sur sa tête trois couronnes, pour montrer qu'elle a été fille, femme et mère de roi. Après le pylône, on trouve un péristyle plus admirable que le premier, dans lequel on voit toutes sortes de sculptures en bas-relief, représentant la guerre faite par le roi aux révoltés de la Bactriane, contre lesquels il marcha avec quatre cent mille hommes d'infanterie et vingt mille chevaux. Toute cette armée était divisée en quatre corps, commandés chacun par un des fils du roi:

« Sur le premier mur, on voit le roi faisant le siége d'une forteresse entourée des eaux d'un fleuve : il combat quelques troupes ennemies qui se sont avancées, ayant à côté de lui un lion terrible qui le défend avec ardeur. Parmi ceux qui expliquent ces sculptures, il y en a qui prétendent qu'effectivement un lion privé, nourri par le roi, partageait ses dangers dans les combats, et contribuait par sa force à mettre les ennemis en déroute; quelques autres racontent que le roi, étant extraordinairement fort et courageux, avait voulu marquer ces qualités, dont il était fort vain, par le symbole du lion. Sur le second mur sont représentés les captifs que le roi avait ramenés de son expédition. Ils n'ont ni parties génitales ni mains; ce qui paraît indiquer qu'ils ont manqué de courage, et qu'ils se sont conduits dans le danger comme s'ils n'avaient point eu de mains. Le troisième mur est orné de toutes sortes de sculptures et de très-beaux hiéroglyphes qui constatent les sacrifices offerts par le roi, et son triomphe au retour de cette guerre. Au milieu du péristyle, à l'endroit où il est découvert, s'élève un autel d'une très-belle pierre, admirablement travaillé et étonnant par sa grandeur. Contre la dernière muraille, sont deux statues monolithes assises, de vingt-sept coudées de hauteur. A côté d'elles, sont trois portes par lesquelles on sort du péristyle pour entrer dans un édifice soutenu par des colonnes, à la manière d'un odéon : chacun de ses côtés a deux pléthres. On y voit un grand nombre de statues de bois représentant des plaideurs : ils ont les yeux tournés vers les juges, qui sont sculptés, au nombre de trente, sur un des murs. Au milieu de ces derniers est le président, au cou duquel est suspendue une image de la Vérité qui a les yeux fermés : près de lui sont beaucoup de livres. Ces figures indiquent, par la manière dont elles sont représentées, qu'il est du devoir des juges de ne rien recevoir, et que leur président ne doit considérer que la vérité.

« De là on passe dans un promenoir environné de salles de toute espèce, dans lesquelles on a représenté, sur des tables, toutes sortes d'alimens les plus propres à flatter le goût. Dans l'une, le roi, artistement sculpté et brillant de couleur, offre aux dieux l'or et l'argent qu'il retire chaque année des mines de toute l'Égypte. Au-dessous on a inscrit la quantité, qui, évaluée en notre monnaie, s'élève à trente-deux millions de mines. Ensuite vient la bibliothèque sacrée, sur laquelle est cette inscription : REMÈDES DE L'AME. On y voit les images de tous les dieux de l'Égypte. Le roi leur présente de la même manière les offrandes qui conviennent à chacun d'eux. Il est debout devant Osiris et les juges qui l'accompagnent aux enfers, attestant qu'il a exercé la piété envers les dieux, et la justice envers les hommes. Tout contre la bibliothèque, s'élève une salle plus grande, qui renferme vingt tables entourées de lits sur lesquels sont les images de Jupiter, de Junon et d'Osymandyas lui-même. Il paraît que c'est là qu'est déposé le corps du roi. Autour de cette salle, sont distribuées beaucoup de petites chambres obscures, dans lesquelles on a peint avec art tous les animaux sacrés de l'Égypte. Ensuite on monte dans le lieu qui est véritablement construit en tombeau. Arrivé là, on voit au-dessus du cénotaphe un cercle d'or de trois cent soixante-cinq coudées de tour, et d'une coudée d'épaisseur : on a inscrit et réparti dans chaque coudée les jours de l'année avec le lever et le coucher naturel des astres, et les interprétations qu'en tiraient les astrologues égyptiens. On dit que ce cercle fut enlevé par Cambyse et les Perses, à l'époque où ils s'emparèrent de l'Égypte. Tel était, d'après les autorités citées, le tombeau d'Osymandyas, qui paraît l'emporter de beaucoup sur les autres, non-seulement par la somptuosité de sa construction, mais encore par l'habileté des ouvriers qui l'ont bâti. »

Pour être convaincu de l'identité du palais de Memnon et du monument décrit par Diodore sous la dénomination de *tombeau d'Osymandyas*, il suffit, pour ainsi dire, de jeter les yeux sur le plan topographique de la plaine de Thèbes et sur les plans particuliers et les vues de l'édifice, après avoir lu avec un peu d'attention la description rapportée par l'historien que nous citons, et celle que nous avons donnée nous-mêmes du palais de Memnon. Cependant, pour lever tous les doutes, nous allons établir la comparaison des deux descriptions, pour ainsi dire partie par partie, et justifier la traduction que nous venons de donner du passage de Diodore qui s'y rapporte. Nous ferons voir avec quelle facilité on peut se servir des ruines encore existantes, tant pour restaurer l'ancien édifice, que pour éclaircir quelques passages obscurs du récit de Diodore.

Cet historien place le monument d'Osymandyas à dix stades des premiers tombeaux où sont déposés les corps des jeunes vierges consacrées au culte de Jupiter. Nous avons rendu παλλακίδας par *jeunes vierges*, au lieu de *concubines* que l'on trouve dans les traductions : voici quelles sont nos autorités à ce sujet. Hérodote rapporte [1] que les prêtres du Jupiter Thébéen lui ont raconté que des Phéniciens avaient enlevé, à Thèbes, deux femmes consacrées au service de ce dieu. Il est vrai que, dans un autre passage [2], le même historien avance que, chez les Égyptiens, les femmes ne peuvent être prêtresses d'aucun dieu ni d'aucune déesse, le sacerdoce étant réservé aux seuls hommes. On pourrait croire, au premier abord, que ces deux passages impliquent contradiction ; cependant on conçoit facilement que les femmes aient pu remplir quelques emplois dans les temples, sans être pour cela chargées des fonctions éminentes du sacerdoce. Le témoignage de Strabon confirme cette opinion. Cet historien géographe parle en effet de ces jeunes vierges

---

[1] *Hist.* lib. II, cap. 54, pag. 111, edit. 1618.   [2] *Hist.* lib. II, cap. 35, pag. 103.

consacrées au culte de Jupiter[1]. La précieuse inscription de Rosette[2] vient aussi à notre secours, et lève même absolument toutes les incertitudes; car elle rappelle le culte établi en l'honneur de quelques princesses de la famille des Ptolémées, très-certainement sur le modèle du culte des anciens dieux de l'Égypte. Il y est question de Pyrrha, athlophore de Bérénice; d'Areia, fille de Diogène, canéphore d'Arsinoé Philadelphe; et d'Irène, prêtresse d'Arsinoé Philopator : Aétès est désigné comme le souverain pontife de la famille des Ptolémées.

L'histoire de Diodore étant composée, comme il le dit lui-même, d'après les annales de l'Égypte, les mesures qu'il rapporte ne peuvent être que des mesures en usage dans cette contrée. Tous les auteurs s'accordent à évaluer le stade égyptien à cent mètres[3]. Les dix stades font donc mille mètres. Si l'on prend cette distance, et que l'on décrive sur le plan topographique un cercle autour du palais de Memnon, on rencontre la chaîne libyque en un lieu rempli d'hypogées[4] qui ont autrefois servi de sépultures. Parmi ces grottes, il en est de très-vastes et de très-spacieuses, destinées certainement à des personnages importans. Ainsi la position respective du palais de Memnon et des hypogées s'accorde bien avec celle du tombeau d'Osymandyas et des sépultures des jeunes vierges consacrées au culte de Jupiter. On pourrait croire toutefois que ces sépultures ne sont autre chose que les tombeaux des rois : mais l'auteur lève lui-

---

[1] *Voyez* la citation n°. III.
[2] *Voyez* la citation n°. IV, à la fin de cette section.
[3] Cinquante-une toises.
[4] *Voyez* la pl. 24, *ordonnée* 9, et l'explication de cette planche.

même tous les doutes à ce sujet; car, avant de donner la description du tombeau d'Osymandyas, il parle en termes précis des tombeaux des rois, qu'il n'aurait point manqué de rappeler sous la même désignation, s'il avait eu en effet l'intention de les indiquer ici.

« A l'entrée de ce monument, est un pylône bâti de pierres de diverses couleurs : sa longueur est de deux plèthres, et sa hauteur de quarante-cinq coudées. »

Le texte renferme le mot πυλῶνα, que l'on a rendu dans les traductions latines par *atrium*, et dans les traductions françaises par *vestibule*. Ces dénominations ne donnent nullement l'idée de la partie de l'édifice que Diodore a voulu désigner : elles présentent en effet, à l'esprit, des formes sur lesquelles nous avons des idées fixes et arrêtées. C'est, chez les Romains et chez nous, cette première pièce, souvent ornée de colonnes, où l'on entre avant d'arriver aux appartemens distribués dans l'intérieur des palais et des maisons particulières. Il n'y a rien là qui rappelle l'idée de porte, renfermée dans le mot πυλών. Il suffit d'ailleurs de jeter les yeux sur les dessins [1], pour s'assurer du peu d'analogie qui existe entre la partie des édifices égyptiens désignée sous la dénomination grecque de πυλών, et la partie des édifices romains et français connue sous les noms d'*atrium* et de *vestibule*. Nous avons donc adopté le mot de *pylône*, pour indiquer une construction qui n'a d'analogue ni dans l'architecture des Grecs et des Romains, ni dans la nôtre. Cette dénomination est d'ailleurs justifiée par l'emploi qu'en ont fait les anciens auteurs [2].

[1] *Voy.* les pl. 5 et 6, *A.*, vol. II.   [2] *Voyez* la Description d'Edfoû,

Le texte porte, λίθȣ ποικίλȣ, que nous avons rendu par *pierres de diverses couleurs*, et non pas par *marbre mouchetè*, ou *pierre granitique*, comme on serait tenté de le préférer, en s'appuyant d'un passage d'Hérodote où cet historien se sert des expressions λίθȣ Άιθιωπικȣ̃ ποικίλȣ, pour indiquer le granit dont était formée la première assise de l'une des pyramides de Memphis. Mais dans notre traduction nous sommes justifiés par les faits; car, ici ni ailleurs, nous n'avons trouvé aucun pylône construit entièrement en granit, et encore bien moins en marbre, dont il n'existe pas en Egypte de carrières en exploitation. Il nous paraît donc très-vraisemblable que l'épithète ποικίλȣ, *de diverses couleurs*, doit s'entendre des différentes peintures dont étaient revêtues les sculptures qui décoraient le palais de Memnon.

La hauteur du pylône n'a pu être prise exactement, puisqu'il est tout-à-fait détruit dans sa partie supérieure. La restauration la plus probable lui donnerait vingt-trois à vingt-quatre mètres, mesure qui convient assez bien avec les quarante-cinq coudées de Diodore, en évaluant la coudée d'après celle du nilomètre d'Éléphantine [2]. Quant à la longueur du pylône, Diodore la fait de deux plèthres, équivalens, d'après les mêmes données, à soixante-dix mètres. Ce nombre excède de trois mètres sa mesure réelle.

chap. *V*, pag. 296 et suiv., où l'on a cru devoir donner, par anticipation, quelques détails qui se trouveraient ici à leur véritable place, mais que nous ne répéterons cependant point.

Voyez aussi la note au bas de l'explication de la pl. 4 des monumens de Philæ, *A.*, vol. 1.

[1] *Hist.* lib. II, cap. 127, pag. 138, edit. 1618.

[2] Nous avons mesuré les coudées

« En s'avançant, on trouve un péristyle carré, construit tout en pierres, dont chaque côté a quatre plèthres. »

Ce péristyle, que, dans la première partie de cette section, nous avons désigné sous la dénomination de cour[1], n'est point rigoureusement carré. Les vestiges qui en subsistent encore, ont permis de le mesurer dans toute son étendue. Nous avons trouvé sa longueur de quarante-six mètres soixante centièmes[2], et sa largeur de cinquante-deux mètres cinquante centièmes[3]. La différence qui existe entre ces deux dimensions, n'est point assez considérable pour qu'on puisse taxer un historien d'inexactitude; mais la dimension de quatre plèthres qu'il assigne au côté de ce péristyle, est tout-à-fait inconcevable, et il est à croire qu'ici le texte pourrait bien avoir été altéré. En effet, d'après la forme constante et bien connue des plans des édifices égyptiens, le pylône est toujours un côté de la cour ou du péristyle, ou, en général, de la pièce intérieure à laquelle il sert d'entrée, et toujours il en excède un peu les murs extérieurs. Or, si le pylône a deux plèthres, comme nous venons de le vérifier, il est impossible que le péristyle carré qui le suit en ait quatre. L'erreur viendrait-elle de ce qu'après avoir considéré toute la longueur du pylône, on n'aurait plus fait attention qu'à la moitié de cet édifice, à laquelle

du nilomètre d'Éléphantine, et nous leur avons trouvé une longueur réduite de $0^m,527$. *Voyez*, pour de plus amples détails, le Mémoire de M. Girard sur le nilomètre d'Éléphantine, *A. M.*

Les quarante-cinq coudées valent $23^m,615$.

[1] *Voyez* ce que nous disons à l'occasion de la dénomination de *péristyle*, dans la Description de Medynet-abou, sect. I, p. 72, note [2].

[2] Vingt-trois toises cinq pieds six pouces.

[3] Vingt-six toises cinq pieds trois pouces.

on aurait conservé la dimension du pylône entier? Cette sorte de méprise est facile à concevoir, et l'on y est naturellement conduit par la forme même de cette construction. En effet, elle est composée de deux massifs de forme pyramidale, qu'on ne peut guère s'empêcher, au premier aspect, de considérer isolément; car ils ne sont liés entre eux que par la porte d'entrée, dont ils paraissent être en quelque sorte les jambages; et cela nous avait tellement frappés nous-mêmes sur les lieux, que nous les avions appelés chacun du nom de *môle*, dénomination que nous avons changée depuis en celle de *pylône*, pour désigner l'ensemble des deux môles et de la porte. L'explication de cette erreur nous paraît d'autant plus vraisemblable, que l'historien semble se rectifier lui-même dans la suite, en assignant la largeur de deux plèthres à la salle hypostyle, qui occupe, comme la cour, toute la largeur de l'édifice. Ce n'est pas, toutefois, que cette mesure de deux plèthres soit rigoureusement exacte, puisqu'elle doit être diminuée de la quantité dont le pylône excède de part et d'autre les murs extérieurs; mais on ne doit point s'attendre ici à une précision géométrique. Hécatée et les autres Grecs dont Diodore emprunte ses récits, se trouvent peut-être dans le même cas que la plus grande partie des modernes qui, n'ayant que peu ou point de connaissance en architecture et dans les arts du dessin, n'ont pu fournir dans leurs relations que des notions très-imparfaites et des mesures approximatives des monumens qu'ils ont voulu décrire. Ceux qui ont parcouru l'Égypte, reconnaissent bien que ces voyageurs ont vu les édifices dont ils parlent; mais ils s'aperçoivent aussi que leurs relations sont bien peu propres à en donner une idée exacte. Ainsi, dans la question qui nous occupe, il s'agit moins de rechercher une précision rigoureuse, que de s'assurer du plus grand nombre possible de rapports entre l'édifice décrit par Diodore et le palais de Memnon.

« Au-devant des colonnes, il y a des figures monolithes de seize coudées de hauteur, sculptées suivant l'ancienne manière. »

Le texte porte ἀντὶ τῶν κιόνων, que les traducteurs ont rendu par *au lieu de colonnes*, et que nous interprétons par *au-devant des colonnes*. Voici nos motifs. Le premier péristyle est entièrement détruit; il reste à peine quelques traces des murs latéraux. On voit seulement, à gauche, les fondations de deux colonnes dont on a pu prendre les mesures; elles sont des indices certains d'une galerie qui était peut-être formée de plusieurs rangées de colonnes, mais qui pouvait aussi n'en avoir qu'une seule rangée, au-devant de laquelle étaient placés des piliers cariatides. La pl. 27, fig. 1 et 2, *A.*, vol. II, offre une restauration dans la première hypothèse; la pl. 33 en présente une dans la seconde. Mais cette dernière doit être préférée, parce qu'elle est plus conforme à la description de Diodore. En effet, l'auteur fait remarquer que le second péristyle est tout-à-fait semblable au premier, sinon qu'il est plus admirable encore et plus rempli de sculptures intéressantes. On voit donc que l'analogie des constructions encore existantes dans l'un et l'autre péristyle nous autorise à donner au texte l'interprétation que nous proposons. C'est ainsi que nous croyons pouvoir nous servir des portions d'édifices encore existantes, pour traduire avec plus d'exactitude le texte de Diodore, et réciproquement, nous appuyer de la description de cet auteur, pour restaurer les parties du monument qui ne subsistent plus, sans qu'on puisse nous faire le reproche d'admettre d'avance ce qu'il faut prouver.

La hauteur de seize coudées, qui est assignée aux figures sculptées placées au-devant des colonnes, ne peut être vérifiée maintenant, puisque le premier péristyle est entièrement détruit : les débris des colonnes et des piliers cariatides, ceux des entablemens et des corniches, tout a disparu. Cependant, si l'on admet, ce qui est extrêmement vraisemblable, que ces figures étaient de même hauteur que celles du second péristyle, on trouve que les seize coudées, équivalentes à huit mètres et demi, d'après le nilomètre d'Éléphantine, s'éloignent peu de neuf mètres, qui sont effectivement la hauteur des figures adossées aux piliers carrés du second péristyle.

Le texte renferme le mot ζώδια qui signifie en général des figures en relief, des figures sculptées; ce qui ne peut s'appliquer évidemment qu'aux piliers cariatides. L'auteur leur donne l'épithète de *monolithes*, tandis qu'ils sont bâtis par assises. La perfection que l'on trouve dans l'exécution des édifices égyptiens, le soin que l'on a mis à cacher les joints des assises, peuvent seuls avoir induit en erreur le voyageur à qui nous devons la description du tombeau d'Osymandyas.

« A la suite de ce péristyle, est un nouveau passage,

ainsi qu'un autre pylône semblable en tout à celui dont on vient de parler, mais orné de toutes sortes de sculptures mieux exécutées. »

Ce qui reste encore de ce pylône est parfaitement d'accord avec la description; et d'après une indication aussi positive, nous avons été conduits à la restauration de la pl. 33, laquelle est d'ailleurs suffisamment motivée par l'analogie des péristyles et des pylônes encore subsistans avec ceux du palais de Medynet-abou.

« Près de l'entrée, on voit trois statues taillées dans un seul morceau de pierre de Syène. L'une d'elles » etc.

Le texte porte : Παρὰ δὲ τὴν εἴσοδον ἀνδριάντας εἶναι τρεῖς ἐξ ἑνὸς τὰς πάντας λίθε Μέμνονος τῦ Συκνίτε· καὶ τούτων ἕνα μὲν καθήμενον ὑπάρχειν μέγιστον πάντων τῶν κατ' Αἴγυπλον. Nous n'avons point hésité d'adopter la version proposée par Saumaise, et reproduite par Wesseling dans les notes dont il a accompagné son édition in-folio de Diodore de Sicile, publiée en 1746. Indépendamment de ce que cette version est conforme aux règles grammaticales, elle est tellement d'accord avec ce qui reste sur les lieux et la nature des débris que nous avons retrouvés, que ce qui n'était proposé par Wesseling que comme une probabilité, s'est changé pour nous en certitude. Voici le passage tel qu'il le rétablit : Παρὰ δὲ τὴν εἴσοδον ἀνδριάντας εἶναι τρεῖς ἐξ ἑνὸς τὰς πάντας λίθε τεμνομένες τῦ Συηνίτε. Comme Diodore annonce bien positivement qu'il veut parler du colosse d'Osymandyas, il ne peut pas être ici question de Memnon, à moins que ce Memnon ne fût le sculpteur dont le ciseau a produit la statue. Mais, outre que le nom de ce sculpteur est ignoré dans les fastes de l'antiquité, il faudrait, dans cette hypothèse, que μέμνονος fût écrit par une lettre majuscule; et dans le manuscrit, on ne trouve qu'une lettre minuscule. La clarté et la pureté du langage exigeraient encore le mot ἔργον, ouvrage, qui ne s'y trouve point, et qu'il n'est pas permis de sous-entendre. Toutes ces considérations portent donc à croire que les copistes ont introduit dans le texte μέμνονος au lieu de τεμνομένες. Quant à la correction de τῦ Συηνίτε au lieu de τῦ Συκνίτε, elle s'accorde si bien avec ce qui subsiste encore de la statue décrite, qui est de granit rouge, de pierre de Syène, que, dans aucune circonstance peut-être, un texte altéré n'a été plus heureusement et plus sûrement rétabli. La sagacité que Wesseling montre ici, n'est pas moins remarquable dans l'observation qu'il a faite, que la description de la statue d'Osymandyas ne peut convenir à celle de Memnon dont parlent Strabon et Pausanias; ce que nous croyons avoir démontré dans la section précédente.

Nous ne pouvons passer sous silence une correction proposée par Jablonski, pour le passage qui nous occupe. Voici sa version [1] : Παρὰ δὲ τὴν εἴσοδον ἀνδριαντας εἶναι τρεῖς ἐξ ἑνὸς τῦ πάντας λίθε, τῦ Συηνίτε. Καὶ τέτων ἕνα μὲν καθημένον τῦ Μέμνονος, ὑπάρχειν μέγιστον πάντων τῶν κατ' Αἴγυπτον. Malgré l'autorité d'un aussi profond érudit, cette correction ne nous paraît pas devoir être admise. En effet, si l'on conservait le mot de Μέμνονος, il s'ensuivrait, ce qui n'est nullement probable, que

---

[1] Jablonski, *de Memnone Græcorum et Ægyptiorum*, syntag. III, pag. 104.

Diodore donnerait deux noms différens à la même statue, et intercalerait le nom de Memnon entre deux parties de son récit où celui d'Osymandyas est employé d'une manière remarquable; car, après avoir rapporté l'inscription pompeuse où le nom d'Osymandyas est consigné, il termine ainsi : « Telle est la description que l'on donne du tombeau du roi Osymandyas. »

Les restes du colosse que nous avons décrit, sont parfaitement d'accord avec la description rapportée par Diodore. Cette coïncidence a motivé le dessin que nous avons donné de la statue d'Osymandyas, dans le monument restauré [1]. On peut y voir, de chaque côté de la figure assise, des statues qui sont debout, et qui ne s'élèvent qu'à la hauteur de ses genoux. La partie inférieure du colosse ayant été mutilée, et les débris en étant dispersés, nous n'avons point aperçu les restes de ces figures qui accompagnaient le colosse principal; mais nous ne doutons point qu'en en faisant exprès la recherche, on n'en trouvât des vestiges. D'ailleurs, l'analogie de la statue d'Osymandyas avec les colosses de la plaine [2] se réunit à l'autorité de Diodore pour motiver notre restauration.

La statue d'Osymandyas est bien, comme le rapporte Diodore, la plus grande de toutes les statues érigées en Égypte : on ne peut lui comparer que les deux colosses de la plaine de Thèbes ; qui faisaient partie du *Memnonium* [3] décrit par Strabon. Sa hauteur, estimée d'après

---

[1] *Voyez* la pl. 33, fig. 1, 2 et 3, *A.*, vol. II.
[2] *Voyez* la pl. 21 et la pl. 22, fig. 1 et 2, *A.*, vol. II.
[3] *Voyez* la section II de ce chapitre.

le rapport de la largeur du colosse du sud prise entre les bras avec la hauteur totale de ce même colosse, donne, pour la statue assise d'Osymandyas, dix-sept mètres et demi[1]. Cette hauteur surpasse à peu près d'un huitième celle du colosse du sud dans le *Memnonium* de Strabon[2].

Les sept coudées de longueur données au pied de la statue s'accordent assez bien avec les mesures prises sur les lieux. Elles fournissent un autre moyen d'évaluer la hauteur totale du colosse. Il résulte de l'examen des dessins des figures assises et debout, représentées dans les planches de l'atlas, et d'un assez grand nombre d'antiques dont l'authenticité n'est point douteuse, puisque nous les avons recueillies nous-mêmes dans les tombeaux, que la proportion des figures la plus généralement suivie est celle qui donne la longueur du pied contenue six fois dans une statue debout et cinq fois dans une statue assise. Ainsi, d'après ce rapport, la statue d'Osymandyas, qui était assise, doit avoir eu trente-cinq coudées.

On trouve encore au milieu des débris le pied de la statue. Sa largeur à la naissance des doigts, qui est d'un mètre quarante centièmes[3], devait être contenue à peu

---

[1] Cinquante-trois pieds dix pouces.
[2] *Voyez* les cotes de la pl. 21, *A.*, vol. II.
[3] Quatre pieds trois pouces huit lignes. C'est la proportion que donnait le pied de la statue égyptienne qui se voyait au musée Royal. Toutes les parties de cette statue ne sont pas également antiques. Il ne faut pas même un coup d'œil très exercé pour s'apercevoir, au premier abord, que toute la partie supérieure est de restauration grecque ou romaine. Ce qui le dénote plus particulièrement, c'est la main appuyée sur la cuisse et tenant une croix à anse. On voit la paume de cette main; ce que nous n'avons remarqué dans aucune statue vraiment égyptienne.

près deux fois et demie dans toute sa longueur. Ainsi le pied du colosse avait probablement trois mètres et demi de long : en quintuplant ce résultat, on retrouve la hauteur totale de dix-sept mètres et demi, que nous avons déterminée plus haut par d'autres rapports.

Les trente-cinq coudées de hauteur qu'aurait eues la statue d'Osymandyas, évaluées d'après la coudée d'Éléphantine, produiraient dix-huit mètres quarante-quatre centièmes, qui diffèrent d'un peu moins d'un mètre de la hauteur précédente. Notre but, en faisant de pareils rapprochemens, est moins de rechercher et d'apprécier la valeur exacte de la coudée égyptienne, que de faire voir la conformité qui existe entre la description de Diodore et ce que l'on voit encore sur l'emplacement des ruines; car nous sommes bien persuadés, avec des auteurs très-recommandables [1], que ce n'est point dans les mesures des monumens qu'on peut retrouver cette coudée avec quelque précision.

« Cet ouvrage n'est pas seulement recommandable par sa grandeur, mais il est encore digne d'admiration sous le rapport de l'art qui s'y fait remarquer, etc. »

Tout ce qui existe sur les lieux est bien d'accord avec ce récit. Quant à l'art qui se fait remarquer dans la statue, si l'on compare cet ouvrage à ceux des Grecs, on trouvera l'expression de l'historien un peu exagérée. Cependant la pose tranquille et roide des statues égyptiennes, commandée probablement par les lois, et devenue le résultat d'une longue habitude, a quelque

---

[1] M. Gosselin, dans ses observations préliminaires et générales mises en tête de la traduction française de Strabon, pag. 2 et 3.

DE THÈBES. SECTION III.

chose de monumental qui est dans un rapport parfait avec le grandiose de l'architecture. D'ailleurs, il est bien vrai que l'exécution surpasse tout ce que l'on peut se figurer[1].

« On y a gravé cette inscription :

« JE SUIS OSYMANDYAS, ROI DES ROIS.
SI QUELQU'UN VEUT SAVOIR QUEL JE SUIS ET OÙ JE REPOSE,
QU'IL DÉTRUISE QUELQUES-UNS DE MES OUVRAGES. »

Nous n'avons aperçu sur les débris de la statue d'Osymandyas que deux inscriptions en caractères hiéroglyphiques sculptés sur les bras : ce sont de ces légendes qui sont placées dans le même endroit sur presque toutes les statues assises. Sur la partie supérieure du piédestal, on voit aussi les restes d'une autre inscription qui en faisait tout le tour. Serait-ce cette dernière qui se trouverait traduite dans la description donnée par Diodore?

Le texte renferme, νικάτω τὶ τῶν ἐμῶν ἔργων, que nous avons traduit : *qu'il détruise quelques-uns de mes ouvrages*. Il nous semble que le commencement de l'inscription détermine nécessairement ce sens. On sait en effet avec quel soin les rois faisaient cacher leur corps dans les monumens qui passaient pour être leurs tombeaux. Nous pouvons citer à ce sujet les pyramides de Memphis. Il est donc bien évident que l'on ne peut découvrir le lieu où repose le corps d'Osymandyas, sans détruire quelques-uns des grands ouvrages que ce roi a fait exécuter pour le dérober à toutes les recherches.

---

[1] *Voyez* ce que nous avons dit de la sculpture, dans la section II de ce chapitre, pag. 166 et 167.

« Près de cette statue, il en existe une autre qui représente la mère d'Osymandyas : elle est monolithe, et a vingt coudées de hauteur. »

Nous n'avons pas vu nous-mêmes les restes de cette statue, probablement parce qu'ils sont confondus avec les débris de celle d'Osymandyas; mais nous rappellerons ici le témoignage [1] d'un de nos collègues, qui a compté sur l'emplacement du palais de Memnon quatre statues colossales, du nombre desquelles devait être très-certainement celle dont il est fait ici mention [2].

« Après le pylône, on trouve un péristyle plus admirable que le premier, dans lequel on voit toutes sortes de sculptures en bas-relief, représentant la guerre faite par le roi aux révoltés de la Bactriane, etc. »

Il suffit de lire notre description et celle qui est rapportée par Diodore, pour reconnaître qu'elles s'accordent parfaitement, non-seulement sous le rapport de la position des bas-reliefs, mais encore pour l'identité des sujets qui y sont représentés. Un seul fait a échappé à notre observation particulière, mais il a été constaté par quelques-uns de nos collègues [3] : c'est que le héros principal dans le grand bas-relief que nous avons décrit [4] est accompagné d'un lion, soit qu'un animal vivant de cette

---

[1] *Voyez* la pag. 248.

[2] On peut voir la restauration que nous avons faite de cette statue, dans la pl. 33, fig. 1, 2 et 3, *A.*, vol. II.

[3] Nous citerons particulièrement M. Lancret, que la mort a enlevé aux sciences et aux arts, et dont plusieurs mémoires, très-intéressans, se trouvent dans la Description de l'Égypte. Pendant le cours de la longue maladie à laquelle notre ami a succombé, nous nous entretenions souvent avec lui des faits qui avaient été le sujet de nos observations en Égypte, et il nous a souvent confirmé celui que nous rappelons ici.

[4] *Voyez* la pag. 254.

espèce suivît réellement le souverain ici représenté, soit, ce qui est plus vraisemblable, que ce ne fût qu'un emblème de la force et du courage, pour faire distinguer plus éminemment le roi déjà très-remarquable par sa haute stature. On trouve un pareil emblème à Medynet-abou dans la marche triomphale où le roi vainqueur, le grand Sésostris, est porté sur une espèce de trône[1]. Ainsi les faits observés se trouvent encore confirmés ici par l'analogie.

Il serait curieux de savoir quelle est la citadelle qui est représentée dans le grand bas-relief que nous avons décrit[2]. Serait-ce celle de Suses, dont les remparts, au rapport de Pline, étaient baignés par les eaux de l'Eulée, et à laquelle, suivant le même auteur, Memnon l'Éthiopien avait donné le nom de *Memnonia ?*

Les murs désignés par Diodore, sous la dénomination de *second* et de *troisième*, sont évidemment ceux qui fermaient le péristyle sur les côtés. Il en reste à peine quelques traces : il est donc impossible de retrouver les sculptures dont parle l'historien. Quoi qu'il en soit, nous nous arrêterons un moment sur le passage où elles sont décrites, parce qu'il offre quelques difficultés. Ces sculptures représentaient, dit l'auteur, des captifs sans parties génitales et sans mains. On a peine à concevoir comment des prisonniers à qui l'on aurait fait subir une pareille mutilation, pourraient marcher et être amenés devant le vainqueur. Il faut ici se laisser con-

---

[1] *Voyez* la Description de Medynet-abou, section 1re; *voyez* aussi la pl. 19, n°. 11, *A.*, vol. II.
[2] *Voyez* la pag. 254.

CH. IX, DESCRIPTION GÉNÉRALE

duire par l'analogie, pour ne point admettre des faits qui paraissent absurdes. On trouve, dans le palais de Medynet-abou [1], des bas-reliefs dont on aurait pu dire, après un examen à la vérité superficiel, ce que l'historien Hécatée rapporte des sculptures du tombeau d'Osymandyas : elles représentent en effet des prisonniers qu'on amène au vainqueur [2]. Des mains et des parties génitales coupées sont mises en tas et comptées devant lui. Mais ces mains coupées ne sont pas celles des prisonniers que l'on conduit, puisqu'on les leur voit encore; et il est à croire qu'il en est de même des parties génitales. Ainsi, comme nous l'avons déjà dit dans la description de Medynet-abou [3], les mains et les parties génitales coupées sont celles des ennemis restés morts sur le champ de bataille, et non pas celles des prisonniers. Peut-être aurions-nous partagé l'opinion d'Hécatée, si sur les lieux nous n'eussions point examiné les sculptures avec un soin particulier, et si les dessins qui en ont été recueillis ne nous eussent donné la facilité de les considérer et de les étudier encore à loisir après notre retour. Le troisième mur était orné de toutes sortes de sculptures et de très-beaux hiéroglyphes constatant les sacrifices offerts par le roi et son triomphe au retour de son expédition. Ce devait être des sculptures analogues à celles qui, à Medynet-abou, représentaient le triomphe de Sésostris [4].

« Au milieu du péristyle, à l'endroit où il est dé-

---

[1] *Voyez* la pl. 12, *A.*, vol. II; voyez aussi la *section* 1re *de ce chapitre*.

[2] *Voyez* la pl. 12, *A.*, vol. II.

[3] *Voyez* la section 1re, pag. 185.

[4] *Voyez* la section 1re, pag. 93 et suiv., et pag. 125.

DE THÈBES. SECTION III.

couvert, s'élève un autel d'une très-belle pierre, admirablement travaillé et étonnant par sa grandeur. »

« On ne trouve plus cet autel, soit qu'il ait disparu sous les décombres, soit qu'il ait été brisé et enlevé, comme beaucoup d'autres parties de l'édifice. Il est très-probable qu'il devait ressembler aux autels sculptés dans plusieurs bas-reliefs, et plus particulièrement dans ceux que nous avons décrits à Medynet-abou [1]. C'est dans cet esprit que nous l'avons restauré [2]. Quant au travail admirable que l'on voyait sur cet autel, c'étaient sans doute de beaux hiéroglyphes, aussi parfaitement exécutés que ceux des obélisques et des statues colossales.

« Contre la dernière muraille, on voit deux statues monolithes assises, de vingt-sept coudées de hauteur. A côté d'elles, sont trois portes par lesquelles on sort du péristyle pour entrer dans un édifice soutenu par des colonnes, à la manière d'un odéon. »

La dernière muraille est évidemment celle qui se présente en face en entrant dans le péristyle, et dans laquelle se voient encore les trois portes dont il est ici question. Diodore donne aux deux statues vingt-sept coudées de hauteur, équivalentes à quatorze mètres vingt-trois centièmes [3], d'après la coudée d'Éléphantine. Ce qui reste encore des statues que nous avons retrouvées, ne comporte point une aussi grande proportion; elles ne peuvent avoir eu plus de sept mètres [4] : ainsi la narration de Diodore ne convient pas parfaitement en ce

---

[1] *Voyez* la pl. 10, *A.*, vol. II, où le vainqueur est représenté près d'un autel.

[2] *Voyez* la pl. 33, *A.*, vol. II.

[3] Quarante-quatre pieds à peu près.

[4] Vingt-un à vingt-deux pieds.

point avec ce que nous avons observé sur les lieux. Ces deux colosses ont été déplacés. Il paraît hors de doute, d'après l'auteur, qu'ils étaient sous la galerie contre la muraille, de chaque côté de la porte. C'est cette indication précise qui nous les a fait placer dans l'endroit où on les voit sur notre plan restauré[1]. On nous objectera peut-être qu'ils y sont cachés en partie par les piliers cariatides, et qu'ils obstruent la galerie; mais il n'est pas rare de trouver, dans les monumens égyptiens, des masses colossales accumulées, pour ainsi dire, les unes sur les autres. Ce qui nous a principalement déterminés dans notre restauration, c'est que l'existence de deux colonnes qui auraient été placées au-devant de la porte, telles qu'elles sont indiquées par M. Le Père dans le plan[2], n'a point été constatée. Les planches des vues[3] n'en offrent aucun indice, bien que les restes des autres colonnes et leurs débris épars y aient été soigneusement exprimés. Il était, à la vérité, bien naturel de croire à l'existence de ces deux colonnes, ainsi placées derrière les deux piliers cariatides formant l'entre-colonnement du milieu, puisqu'il y en a derrière les autres piliers encore subsistans. Nous avons nous-mêmes penché pour cette restauration, jusqu'à ce qu'un examen plus approfondi du texte de Diodore nous en ait tout-à-fait éloignés.

L'odéon était, chez les Grecs, un édifice[4] où, suivant les anciens auteurs, les musiciens et les poëtes venaient

[1] *Voyez* la pl. 33, *A.*, vol. II.
[2] *Voy.* la pl. 27, fig. 1, *A.*, vol. II.
[3] *Voy.* les pl. 23, 24 et 26, *A.*, vol. II.
[4] *Voyez* la traduction de Vitruve par Perrault, liv. v, chap. 9, et les notes du traducteur.

disputer le prix du chant et de la poésie. Un tribunal de juges y siégeait pour distribuer les couronnes aux vainqueurs. On manque d'autorité pour prouver que la salle hypostyle[1] devait être employée à cet usage; mais la suite du passage de Diodore fait connaître qu'on y rendait la justice; ce qui établit quelque analogie dans la destination de ces deux édifices. On sait que l'odéon que Périclès fit construire à Athènes, et qu'il fit couvrir avec les mâts et les antennes des navires pris sur les Perses, renfermait des colonnes dans l'intérieur, et c'est peut-être là le seul point de ressemblance qu'il ait avec le monument égyptien ; car il en différait essentiellement dans la forme : l'odéon était elliptique, et la salle hypostyle du tombeau d'Osymandyas est un carré long. On conçoit toutefois que la sorte d'analogie que nous avons fait remarquer, a pu déterminer Hécatée à se servir de l'odéon comme de terme de comparaison, pour donner l'idée d'un édifice tout-à-fait nouveau pour lui, et dont on ne retrouve point d'exemple dans les monumens de l'architecture des Grecs.

« On y voit un grand nombre de statues de bois représentant des plaideurs : ils ont les yeux tournés vers les juges, qui sont sculptés, au nombre de trente, sur un des murs. Au milieu de ces derniers est le président, au cou duquel est suspendue une image de la Vérité

---

[1] Nous nous servirons désormais exclusivement de cette dénomination pour désigner ces grandes salles dont les plafonds sont portés sur des quinconces de colonnes. Nous avons cru devoir franciser le mot grec ὑπόστυλος que présente le texte, et qui, réuni à celui de οἶκος, indique une salle qui est sous des colonnes, dont les plafonds sont portés par des colonnes.

qui a les yeux fermés : près de lui on voit beaucoup de livres. »

On ne croira sûrement pas que nous ayons retrouvé les statues en bois dont Diodore fait mention, lors même que des constructions en pierre sont détruites. Les bas-reliefs dont il est ici question, sont très-précieux. Il est certain qu'on les voyait sur des parties du mur de fond qui ne subsistent plus maintenant, puisque, malgré nos recherches, nous ne les avons point observés sur celles qui sont encore debout. Combien il eût été curieux de retrouver ici la représentation de ce tribunal suprême qui était chargé de rendre la justice, et qui, au rapport de Diodore de Sicile[1], ne le cédait point à l'aréopage d'Athènes ni au sénat de Lacédémone ! Il était formé de trente juges, en même nombre que ceux qui étaient sculptés sur les murs de la salle hypostyle. C'étaient les hommes les plus recommandables du pays : ils étaient tirés des trois principales villes de l'Égypte, Héliopolis, Memphis, et Thèbes, au nombre de dix pour chacune d'elles. Le plus vertueux d'entre eux était choisi pour les présider : il portait un collier d'or et de pierres précieuses, d'où pendait une figure qu'on appelait *la Vérité*.

Quelle ressemblance parfaite ce rapprochement laisse apercevoir entre le tribunal représenté dans la salle hypostyle du tombeau d'Osymandyas, et celui qui était institué en Égypte pour rendre la justice ! Aurions-nous retrouvé l'usage et la destination de ces grandes salles hypostyles que l'on voit encore dans d'autres palais de Thèbes, à Karnak et à Louqsor ? Étaient-elles des-

[1] *Voyez* la citation n°. v, à la fin de cette section.

tinées à donner des audiences où les monarques rendaient la justice? et serait-ce plus particulièrement dans la salle hypostyle du tombeau d'Osymandyas, que le tribunal suprême de la nation aurait tenu ses séances augustes? Cet édifice ne serait donc pas seulement un monument destiné à perpétuer des souvenirs de conquêtes et de victoires, mais il attesterait encore que le souverain qui l'a fait élever, ou en l'honneur de qui il a été construit, né s'attachait pas moins à accroître la splendeur de ses états par l'ordre, les lois et la justice qu'il y faisait régner, que par les guerres qu'il avait entreprises pour en augmenter la puissance.

Nous devons terminer ici la comparaison que nous nous sommes proposé de faire du tombeau d'Osymandyas et du palais de Memnon; car, après la grande salle hypostyle, on passe dans deux pièces qui sont tout-à-fait en ruine, et qui conduisaient à d'autres bâtimens dont il ne reste plus rien. L'identité des deux édifices ayant été, jusqu'à présent, démontrée avec autant d'exactitude et de rigueur qu'on peut en mettre dans une pareille matière, nous avons pris le parti de rétablir le reste du tombeau d'Osymandyas d'après la description même d'Hécatée, pour achever de donner une idée complète de ce somptueux monument. Nous ne nous étendrons point sur cette restauration, que la pl. 33, *A*., vol. II, fera parfaitement connaître. Nous férons seulement remarquer que la description de Diodore ne suffisait point pour la tracer; il fallait encore s'aider de l'analogie des autres monumens encore subsistans à Thèbes, pour disposer et distribuer convenablement les différentes pièces indiquées par l'auteur de la description. Il est nécessaire aussi de fixer l'attention sur la valeur des deux mots οἶκοι et οἰκήματα, dont la distinction est soigneusement établie dans le texte, et que les traducteurs ont mal-à-propos rendus par *palais* et *bâtimens*[1]; ce qui jette la plus grande confusion dans l'esprit, lorsqu'on veut se représenter un seul et unique édifice dans le style égyptien, comme devait être évidemment celui dont il est ici question. Le mot οἶκοι nous paraît parfaitement convenir à ces salles assez spacieuses, distribuées dans l'intérieur des temples et des palais, et que l'on trouve avant d'arriver au lieu mystérieux; tandis que le mot οἰκήματα est applicable à ces petites chambres obscures[2] qui entourent les sanctuaires des temples et les pièces les plus secrètes des palais, dont les murs sont ornés de sculptures consacrées plus particulièrement à la représentation des divinités de l'Égypte. Ces dernières pièces entouraient la bibliothèque, où le roi Osymandyas était représenté devant Osiris et les juges qui l'accompagnent aux enfers; circonstance qui justifie la dénomination de *tombeau* que Diodore conserve à l'édifice. Il y avait une quantité de livres en Égypte, et l'on sait qu'après la conquête de Cambyse, les Perses en enlevèrent beaucoup aux prêtres, pour les transporter dans leur pays. Si l'on en juge d'après la forme des manuscrits trouvés dans les momies, et la configuration qu'on leur a donnée

---

[1] *Voyez* la traduction de Diodore par l'abbé Terrasson, t. i, p. 108.

[2] Hérodote ne donne pas une autre signification à ce mot. *Voyez* liv. ii, chap. 148; *voyez* aussi la note 519, pag. 495, tom. ii de la dernière édition de la traduction française de cet historien par M. Larcher (Paris, 1802, 9 vol. in-8º.).

dans les sculptures des monumens, les livres consistaient en rouleaux qui ne tenaient que peu de place. Nous nous figurons donc qu'ils étaient disposés dans des cases construites à la partie inférieure de la salle servant de bibliothèque, de manière que les parois, n'étant masquées qu'à une certaine hauteur, étaient en outre décorées de ces sculptures où l'on avait représenté le roi Osymandyas faisant des offrandes à tous les dieux de l'Égypte. L'inscription que portait cette bibliothèque, prouve que les Égyptiens faisaient beaucoup de cas des livres, et qu'ils regardaient l'ignorance comme la maladie de l'ame la plus dangereuse. La collection de volumes renfermés dans le tombeau d'Osymandyas était probablement la plus considérable de l'Égypte; car nous ne pouvons douter que chaque temple n'eût au moins un dépôt d'archives.

La bibliothèque était suivie d'une salle qui renfermait vingt tables entourées de lits sur lesquels étaient disposées les images de Jupiter et de Junon, et même celle du roi. Il paraît que les anciens Égyptiens avaient coutume de dresser, dans les temples, des tables pour les festins. C'est au moins ce que Juvénal [1] fait positivement entendre, lorsqu'en parlant de la guerre des Tentyrites et des habitans de *Coptos* [2], il dit que ceux-ci résolurent

[1] *Sed, tempore festo*
Alterius populi, rapienda occasio cunctis
Visa inimicorum primoribus ac ducibus, ne
Lætum hilaremque diem, ne magnæ gaudia cœnæ
Sentirent, positis ad templa et compita mensis,
Pervigilique toro, quem nocte ac luce jacentem
Septimus interdum sol invenit.
Juvenal. satyr. xv.

[2] Nous adoptons ici la version la Description d'Ombos, *chap. IV*, proposée par M. Villoteau. *Voyez* pag. 231, note [2].

de troubler la joie des habitans de *Tentyris*, en les surprenant, au milieu de leurs festins, à ces tables dressées dans les temples et dans les places, autour desquelles la septième aurore avait coutume de les trouver étendus sur leurs lits. C'est dans cette salle de festins que, suivant Diodore, était réellement déposé le corps d'Osymandyas : ce n'était qu'ensuite que l'on arrivait au lieu véritablement construit en tombeau. Mais ici la restauration[1] que nous avons esquissée, paraîtra peut-être, au premier abord, en contradiction avec la description. Le texte porte, en effet, qu'on voit sur le cénotaphe un cercle d'or de trois cent soixante-cinq coudées de tour et d'une coudée d'épaisseur. Un pareil cercle a de quoi effrayer l'imagination. Sa circonférence aurait, en l'évaluant d'après la coudée d'Éléphantine, cent quatre-vingt-neuf mètres[2]; et son diamètre, qui serait de soixante-quatre mètres[3], excéderait les limites mêmes de l'édifice dans le sens de sa plus grande largeur, limites nécessairement déterminées par les traces que nous avons retrouvées des murs de clôture. Ainsi la pièce qui aurait renfermé ce cercle énorme, sortirait tout-à-fait du système suivi dans la disposition des plans égyptiens. Nous sommes donc fondés à croire qu'il ne faut point prendre le mot de *coudée* au pied de la lettre; qu'il ne s'agit point ici de la longueur absolue de la coudée, mais bien d'une division en trois cent soixante-cinq parties égales, auxquelles on aura donné le nom de *coudées*, comme

[1] *Voyez* la pl. 33, *A.*, vol. II.,
[2] Quatre-vingt-seize toises cinq pieds sept pouces.
[3] Trente-deux toises cinq pieds.

nous donnons aux trois cent soixante parties du cercle le nom de *degrés*. L'astronomie était assez en honneur chez les Égyptiens, pour que l'on construisît souvent de ces cercles, qui n'étaient autre chose que des calendriers ou des instrumens propres à faire des observations. L'usage de ces instrumens était probablement réservé aux seuls prêtres de l'Égypte et aux initiés. On les conservait dans les lieux les plus secrets des temples et des palais. On les consultait tous les jours de l'année, pour connaître les phénomènes astronomiques, et l'on s'en servait probablement aussi pour régler les fêtes. A la vérité, ces calendriers ne pouvaient être long-temps exacts; mais les prêtres, qui n'ignoraient point les causes de leurs variations, savaient aussi en corriger les défauts. Nous ferons remarquer que si l'on doutait que les anciens Égyptiens aient eu une année vague de trois cent soixante-cinq jours, tout ce que nous venons de rapporter en donnerait la certitude.

Le P. Sicard a cru reconnaître le tombeau d'Osymandyas dans le palais de Louqsor; mais il ne donne aucune raison pour justifier ce qu'il avance. Après lui, Pococke a avancé la même opinion [1]. Ce voyageur, d'ailleurs exact et savant, a sans doute été trompé par l'analogie qu'il a remarquée entre les sculptures de l'entrée du palais de Louqsor et les bas-reliefs décrits par Diodore; mais ce n'est là qu'un seul point de ressemblance, qui ne pouvait suffire pour établir l'identité des deux édifices. Si on lit la description de Louqsor donnée par

[1] Le P. Sicard voyageait de 1697 à 1727, et Pococke de 1737 à 1739.

Pococke[1], on pourra se convaincre que, presque à chaque pas, il est en contradiction avec Diodore, et que, là même où l'identité lui paraît la plus frappante, il y a le moins de ressemblance entre les édifices dont il parle, tant il était préoccupé de la première idée qui l'avait séduit. Ce n'est que sur des hypothèses à peu près gratuites relativement à l'étendue des constructions et à la position des différentes statues, que les conséquences du voyageur anglais sont appuyées.

A toutes les preuves que nous avons données jusqu'ici de l'identité du palais de Memnon et du tombeau d'Osymandyas, on peut ajouter encore l'examen des planches où sont figurés les autres édifices de Thèbes, et l'on sera convaincu que leur position topographique, la distribution de leurs plans, les motifs de leurs coupes et de leurs élévations, ne peuvent nullement s'accorder avec la description qui nous a été transmise par Diodore.

Ce que nous venons de rapporter du palais de Memnon et du tombeau d'Osymandyas, nous forcerait seul à conclure, quand bien même le témoignage d'Hérodote[2] ne viendrait pas le confirmer, que les rois égyptiens avaient quelquefois leurs tombeaux dans l'enceinte des édifices sacrés, et peut-être au sein même de leurs propres palais. Au rapport de Diodore lui-même[3], les particuliers qui n'avaient point de monumens destinés à leur sépulture, réservaient dans leurs habitations une pièce

---

[1] *Voyez* pag. 309 et suivantes du t. 1er de la traduction des Voyages de Richard Pococke, par une société de gens de lettres.

[2] Hérodot. *Hist.* lib. II, cap. 186, pag. 120, edit. 1618.

[3] *Voyez* la citation n°. VI, à la fin de cette section.

pour recevoir les momies de leurs parens. Ainsi il ne faut pas chercher les sépultures des souverains de Thèbes seulement dans la vallée des tombeaux des rois, ou dans les autres hypogées de la chaîne libyque. Cette dernière remarque nous conduit à concilier les témoignages de Strabon et de Diodore, dans ce qu'ils rapportent, le premier, des tombeaux en général, et le second, du tombeau d'Osymandyas en particulier. En effet, Strabon dit [1] que les tombeaux des rois sont situés au-dessus du *Memnonium*, et creusés dans le roc en forme de grottes; qu'ils sont au nombre de quarante, construits d'une manière merveilleuse, et qu'ils méritent d'être admirés; qu'auprès de ces tombeaux, sur des obélisques, sont des inscriptions qui vantent la puissance et la richesse des souverains, et qui témoignent que leur empire s'est étendu jusque dans la Scythie, la Bactriane et le pays qu'on nomme maintenant *Ionie*.

Quoique les choses les plus extraordinaires puissent être le résultat de ce goût dominant que les Égyptiens ont montré pour les grandes entreprises, de ce désir excessif qu'ils ont eu d'étonner la postérité par la hardiesse de leurs travaux, il est difficile de croire cependant qu'ils aient jamais amené des obélisques dans le fond de la vallée des tombeaux des rois, ou sur le penchant de la chaîne libyque. Rien sur les lieux n'a pu nous faire deviner comment ces monolithes, dont on ne voit d'ailleurs aucune trace, auraient pu se lier au système des plans de ces excavations, et à leurs entrées, qui, presque toujours peu apparentes, ne répondent point à la

[1] *Voyez* la citation n°. vii, à la fin de cette section.

magnificence intérieure des hypogées. Il nous semble bien plus raisonnable de penser que les obélisques dont il est ici question, faisaient partie de quelques monumens sépulcraux construits au pied de la chaîne libyque; et l'un de ces monumens pouvait être le tombeau d'Osymandyas. Ce qui nous confirme dans cette opinion, c'est que les sculptures de cet édifice ont une grande analogie avec les inscriptions des obélisques cités par Strabon : les unes et les autres transmettent le souvenir de conquêtes faites dans la Bactriane. D'ailleurs, la position du tombeau d'Osymandyas s'accorde fort bien avec celle que Strabon assigne aux tombeaux des rois, en les plaçant au-dessus du *Memnonium*, édifice presque entièrement détruit, dont nous avons assigné les limites [1]. Nos conjectures acquerraient plus de vraisemblance, si l'on trouvait encore des restes de ces obélisques près du tombeau d'Osymandyas. Quoique ce fait ait échappé à notre observation, nous n'oserions point cependant affirmer qu'il n'existe point de pareils débris. C'est d'ailleurs une chose digne de remarque, que, dans tout le quartier de Thèbes situé à la gauche du fleuve, on ne trouve point d'obélisques. Il est à croire que toute cette portion de la ville aura été dépouillée, de préférence, de ce genre de monumens, par les conquérans de l'Égypte; car on n'a aucune raison de supposer que la prodigalité des Égyptiens en ce genre se soit ici moins signalée que dans la partie de Thèbes située sur la rive droite du Nil. Nous avons fait voir que tout le quartier du *Memnonium* a été le théâtre de grandes dévastations; et que des édifices im-

[1] *Voyez* la section 11 de ce chapitre.

menses[1] ont presque entièrement disparu. Cela explique pourquoi des quarante-sept tombeaux[2] des rois dont les annales des Égyptiens faisaient mention, il n'en subsistait plus que dix-sept au temps de Ptolémée fils de Lagus. En effet, il est très-probable que tous les édifices sépulcraux n'avaient pas été taillés dans le rocher, comme les hypogées de la vallée des tombeaux, mais que plusieurs d'entre eux avaient été construits dans la plaine de Thèbes. Ils ont subi le sort du *Memnonium* de Strabon, celui qui attend incessamment le tombeau d'Osymandyas lui-même, dont il ne subsiste plus qu'un tiers à peu près.

Si les anciennes chronologies pouvaient nous être de quelque secours, nous connaîtrions l'époque du précieux monument que nous venons de décrire; mais les témoignages historiques manquent absolument pour assigner la place d'Osymandyas, dont pourtant il reste encore de si grands souvenirs. Jablonski[3] pense que les actions et les faits guerriers attribués par Diodore à Osymandyas ont beaucoup d'analogie avec ceux qui sont attribués par Manéthon à son quatrième Aménophis, d'où il conclut l'identité des deux personnages; il veut aussi confondre Osymandyas avec Sésostris : mais nous ne pouvons partager de pareilles opinions. En effet, nous avons retrouvé un monument consacré à Sésostris[4];

---

[1] *Voyez* la section II de ce chapitre.

[2] *Voyez* la citation n°. VIII, à la fin de cette section.

[3] *Voyez* l'ouvrage de Jablonski que nous avons cité souvent dans le cours de cet écrit, et qui a pour titre, *De Memnone Græcorum et Ægyptiorum, hujusque celeberrima in Thebaïde statua*, synt. III, c. 5.

[4] *Voyez* la Description de Medynet-abou, section 1re de ce chapitre.

nous avons reconnu celui de Memnon ou Aménophis[1], et nous sommes forcés de voir ici le tombeau d'Osymandyas. Loin donc que nous ayons des raisons de confondre ces divers personnages, nous sommes assurés au contraire que les édifices qu'ils ont élevés, les expéditions qu'ils ont entreprises, les guerres qu'ils ont faites, diffèrent essentiellement. Ainsi sont confirmés, par les monumens mêmes, ces témoignages historiques qui autorisaient à croire que l'empire d'Égypte était, dans l'antiquité, d'une étendue considérable; que, sous les rois qui l'ont élevé à la plus haute splendeur, il comprenait la haute Asie, et que la Bactriane en était une province. Bien plus, tous les détails des conquêtes, sur lesquels l'histoire se tait, sont gravés sur les édifices, et exposés à la curiosité des voyageurs. Quel plus grand intérêt ils offriraient encore, si l'on savait interpréter les hiéroglyphes!

Nous ne quitterons point le tombeau d'Osymandyas sans faire remarquer que c'est, après le vaste palais de Karnak et le *Memnonium* de Strabon, un des plus grands édifices de Thèbes.

[1] *Voyez* la section III de ce chapitre.

TEXTES
DES AUTEURS CITÉS.

I.

Ὅτι μόνον δ' οἱ κατ' Αἴγυπτον ἱερεῖς ἐκ τῶν ἀναγραφῶν ἱστοροῦσιν, ἀλλὰ καὶ πολλοὶ τῶν Ἑλλήνων, τῶν παραβαλόντων μὲν εἰς τὰς Θήβας ἐπὶ Πτολεμαίου τοῦ Λάγου, συνταξαμένων δὲ τὰς Αἰγυπτιακὰς ἱστορίας (ὧν ἐστι καὶ Ἑκαταῖος) συμφωνοῦσι τοῖς ὑφ' ἡμῶν εἰρημένοις.

Nec verò à sacerdotibus tantùm ægyptiis hæc è libris sacris referuntur, sed et Græcorum multi, qui, Ptolemæi Lagi ætate Thebas profecti, historias ægyptiacas contexuerunt (inter quos etiam Hecatæus est), cum narratione hac nostra consentiunt. (Diod. Sic. *Biblioth. hist.* lib. 1, pag. 56, edit. 1746.)

II.

Ἀπὸ γὰρ τῶν πρώτων τάφων, ἐν οἷς παραδίδοται τὰς παλλακίδας τοῦ Διὸς τεθάφθαι, δέκα σταδίων φασὶν ὑπάρξαι βασιλέως μνῆμα τοῦ προσαγορευθέντος Ὀσυμανδύου· τούτου δὲ κατὰ μὲν τὴν εἴσοδον ὑπάρχειν πυλῶνα λίθου ποικίλου, τὸ μὲν μῆκος δίπλεθρον, τὸ δ' ὕψος τετταράκοντα καὶ πέντε πηχῶν. Διελθόντι δὲ αὐτὸν εἶναι λίθινον περίστυλον τετράγωνον, ἑκάστης πλευρᾶς οὔσης τεττάρων πλέθρων· ὑπηρεῖσθαι δὲ ἀντὶ τῶν κιόνων ζῴδια πηχῶν ἑκκαίδεκα μονόλιθα, τὴν τύπον τὸν ἀρχαῖον τρόπον εἰργασμένα· τὴν ὀροφήν τε πᾶσαν ἐπὶ πλάτος δυεῖν ὀργυιῶν ὑπάρχειν μονόλιθον, ἀστέρας ἐν κυανῷ καταπεποικιλμένην. Ἑξῆς δὲ τοῦ περιστύλου τούτου πάλιν ἑτέραν εἴσοδον, καὶ πυλῶνα, τὰ μὲν ἄλλα παραπλήσιον τῷ προειρημένῳ, γλυφαῖς δὲ παντοίαις περιττότερον εἰρ-

De primis enim sepulcris, quibus Jovis pellices conditas esse traditur, regis Osymanduæ (quem vocant) monumentum decem stadiorum fuisse, sub cujus introïtum e vario lapide atrium longitudine duûm plethrûm (ducenûm pedum) et altitudine cubitorum XLV. Hinc digresso lapideum occurrere peristylion quadratum, cujus unumquodque latus quaternûm plethrorum; columnarum loco, animalibus XVI cubitorum ex uno saxo, figuris ad antiquum morem cælatis, suffultum : totum verò tectum et lacunar duas orgyias (IIX cubitos) latum, et stellis in cæruleo variegatum, è solido lapide constare. Secundùm id peristylion, ingressum rursus alium et atrium esse, cætera assimile priori, sed variis elaboratum sculpturis. In aditu

γασμένον. Παρὰ δὲ τὴν εἴσοδον ἀνδριάντας εἶναι τρεῖς ἐξ ἑνὸς τοὺς πάντας λίθου Μέμνονος τοῦ Συηνίτου. Καὶ
τούτων ἕνα μὲν καθήμενον ὑπάρχειν
μέγιστον πάντων τῶν καθ᾽ Αἴγυπ]ον,
οὗ τὸν πόδα μετρούμενον ὑπερβάλλειν
τοὺς ἑπ]ὰ πήχεις. Ἑτέρους καὶ δύο
πρὸς τοῖς γόνασι, τὸν μὲν ἐκ δεξιῶν,
τὸν δὲ ἐξ εὐωνύμων, θυγατρὸς καὶ
μητρός, τῷ μεγέθει λειπομένους τοῦ
προειρημένου. Τὸ δ᾽ ἔργον τοῦτο μὴ
μόνον εἶναι κατὰ τὸ μέγεθος ἀποδοχῆς
ἄξιον, ἀλλὰ καὶ τῇ τέχνῃ θαυμαστὸν,
καὶ τῇ τοῦ λίθου φύσει διαφέρον, ὡς
ἂν ἐν τηλικούτῳ μεγέθει μήτε διαφυά-
δος μήτε κηλῖδος μηδεμιᾶς θεωρουμέ-
νης. Ἐπιγεγράφθαι δ᾽ ἐπ᾽ αὐτοῦ, Βα-
σιλεὺς βασιλέων Ὀσυμανδύας εἰμί.
Εἰ δέ τις εἰδέναι βούλεται πηλίκος εἰμὶ
καὶ ποῦ κεῖμαι, νικάτω τι τῶν ἐμῶν
ἔργων. Εἶναι δὲ καὶ ἄλλην εἰκόνα τῆς
μητρὸς αὐτοῦ καθ᾽ αὑτήν, εἴκοσι πηχῶν, μονόλιθον. Ἔχουσαν δὲ τρεῖς
βασιλείας ἐπὶ τῆς κεφαλῆς, ἃς διαση-
μαίνειν, ὅτι καὶ θυγάτηρ καὶ γυνὴ
καὶ μήτηρ βασιλέως ὑπῆρξε. Μετὰ δὲ
τὸν πυλῶνα, περίστυλον εἶναι τοῦ προ-
τέρου ἀξιολογώτερον, ἐν ᾧ γλυφὰς
ὑπάρχειν παντοίας, δηλούσας τὸν πό-
λεμον τὸν γεγενημένον αὐτῷ πρὸς τοὺς
ἐν τοῖς Βάκτροις ἀποστάντας. Ἐφ᾽
οὓς ἐστρατεῦσθαι πεζῶν μὲν τετ]α-
ράκοντα μυριάσιν, ἱππεῦσι δὲ δισ-
μυρίοις, εἰς τέτ]αρα μέρη διῃρημένης
τῆς πάσης στρατιᾶς, ὧν ἁπάντων
υἱοὺς τοῦ βασιλέως ἐσχηκέναι τὴν ἡγε-
μονίαν.

Καὶ κατὰ μὲν τὸν πρῶτον τῶν τοίχων τὸν βασιλέα κατεσκευάσθαι πο-
λιορκοῦντα τεῖχος ὑπὸ ποταμοῦ περίρ-
ρυτον, καὶ προκινδυνεύοντα πρός τινας
ἀντιτεταγμένους, μετὰ λέοντος, συνα-
γωνιζομένου τοῦ θηρίου καταπληκτι-
κῶς. Ὑπὲρ ὧν τῶν ἐξηγουμένων οἱ μὲν
ἔφασαν, πρὸς ἀλήθειαν χειροήθη λέοντα,

tres statuas videri ex uno saxo omnes, Memnonis Syenitæ (opus).
Harum unam sedere, omnium in
Ægypto maximam; quæ pedis sui
mensura excedat cubitos vii. Reli-
quas duas ad genua illius repositas,
alteram à dextris, à sinistris alteram, filiæ nimirum et matris, prio-
ris magnitudinem non assequentes.
Opus id non tantùm ob magnitudinem commendatione dignum, sed
etiam ob artem admirandum, et saxi
naturâ excellens, cùm in tam vasta
mole neque fissura, neque labes ulla
conspiciatur. Hanc verò inscriptio-
nem præferre : *Sum Osymanduas,
rex regum. Si quis nosse velit quan-
tus sim et ubi jaceam, meorum ali-
quid operum vincat.* Aliam insuper
imaginem esse matris illius seorsum,
cubitorum xx, uno saxo constans.
In cujus capite tres reginæ, quibus
significetur filiam, uxorem et ma-
trem regis fuisse. Secundùm hoc
atrium, aiunt, peristylion erat priore
memorabilius, in quo variæ sculp-
turæ repræsentantes bellum cum
Bactris, qui desciverant ab eo, ges-
tum; in quos expeditionem fecisse
cum quadringentis millibus peditum, et viginti millibus equitum;
exercituque in quatuor agmina di-
viso, omnibus cum imperio filios
regis præfuisse memoratur.

In primo itaque pariete rex videtur murum oppugnans amni circum-
fluum, in primaque acie cum adversis
hostibus quibusdam dimicans, leone
socio qui terribilem ad modum regi
opitulatur. Quod pars interpretum
de vero leone accipiendum esse affir-
mabat; quem mansuefactum rex

DE THÈBES. SECTION III.

τρεφόμενον ὑπὸ τοῦ βασιλέως, συγκινδυνεύειν αὐτῷ κατὰ τὰς μάχας, καὶ τροπὴν ποιεῖν τῶν ἐναντίων διὰ τὴν ἀλκήν. Τινὲς δ᾽ ἱστόρουν ὅτι καθ᾽ ὑπερβολὴν ἀνδρεῖος ὢν καὶ φορτικὸς, ἑαυτὸν ἐγκωμιάζειν βουλόμενος, διὰ τῆς τοῦ λέοντος εἰκόνος τὴν διάθεσιν ἑαυτοῦ τῆς ψυχῆς ἐσήμαινεν. Ἐν δὲ τῷ δευτέρῳ τοίχῳ τοὺς αἰχμαλώτους ὑπὸ τοῦ βασιλέως ἀγομένους εἰργάσθαι τά τε αἰδοῖα καὶ τὰς χεῖρας οὐκ ἔχοντας· δι᾽ ὧν δοκεῖν δηλοῦσθαι διότι ταῖς ψυχαῖς ἄνανδροι καὶ κατὰ τὰς ἐν τοῖς δεινοῖς ἐνεργείας ἄχειρες ἦσαν. Τὸν δὲ τρίτον ἔχειν γλυφὰς παντοίας, καὶ διαπρεπεῖς γραφὰς, δι᾽ ὧν δηλοῦσθαι βουθυσίας τοῦ βασιλέως, καὶ θρίαμβον ἀπὸ τοῦ πολέμου κατηγόμενον. Κατὰ δὲ μέσον τὸν περίστυλον ὑπαίθριον βωμὸν κατεσκευάσθαι τοῦ καλλίστου λίθου, τῇ τε χειρουργίᾳ διάφορον καὶ τῷ μεγέθει θαυμαστόν. Κατὰ δὲ τὸν τελευταῖον τοῖχον ὑπάρχειν ἀνδριάντας καθημένους δύο μονολίθους, ἑπτὰ καὶ εἴκοσι πηχῶν. Παρ᾽ οἷς εἰσόδους τρεῖς ἐκ τοῦ περιστύλου κατεσκευάσθαι, καθ᾽ ἃς οἶκον ὑπάρχειν ὑπόστυλον, ᾠδείου τρόπον κατεσκευασμένον, ἑκάστην πλευρὰν ἔχοντα δίπλεθρον. Ἐν τούτῳ δὲ εἶναι πλῆθος ἀνδριάντων ξυλίνων, διασημαῖνον τοὺς τὰς ἀμφισβητήσεις ἔχοντας καὶ προσβλέποντας τοῖς τὰς δίκας κρίνουσι. Τούτους δ᾽ ἐφ᾽ ἑνὸς τῶν τοίχων ἐξεγλύφθαι τριάκοντα τὸν ἀριθμὸν, καὶ κατὰ τὸ μέσον τὸν ἀρχιδικαστὴν, ἔχοντα τὴν Ἀλήθειαν ἐξηρτημένην ἐκ τοῦ τραχήλου, καὶ τοὺς ὀφθαλμοὺς ἐπιμύουσαν. Καὶ βιβλίων αὐτῷ παρακείμενοι πλῆθος, ταύτας δὲ τὰς εἰκόνας ἐνδείκνυσθαι διὰ τοῦ σχήματος, ὅτι τοὺς μὲν δικαστὰς οὐδὲν δεῖ λαμβάνειν, τὸν ἀρχιδικαστὴν δὲ πρὸς μόνην βλέπειν τὴν ἀλήθειαν.

Ἑξῆς δὲ ὑπάρχειν περίπατον οἴκων

aluerit, quique ad pugnarum discrimina cum eo descendens, roboris strenuitate facilè in fugam hostes verterit : pars aliter explicabat, quòd, cùm majorem in modum fortis esset et insolens, suas ita laudes decantare voluerit, imagine leonis animi sui habitum significans. In secundo pariete captivi regis trahuntur, absque virilibus et manibus effigiati; quo effeminatos animos, nullasque in periculosis negotiis manus habuisse illos, significatum videtur. Tertius inde paries omnis generis sculpturas et picturas insignes exhibet, quibus victimæ regis, et triumphus à bello isto actus, exprimuntur. In medio peristylio ara sub dio ex lapide pulcherrimo constructa erat, artificio manuum excellens, et magnitudine admiranda. In ultimo pariete duæ sunt imagines residentes, ex integro saxo XXVII cubitorum. Juxta quas tres è peristylio introïtus facti, atque inde domus columnis substructa, ad musici theatri instar, cujus latera singula duûm plethrorum. In ea multæ ex ligno statuæ ; quibus disceptantes in judicio, et respectantes ad juri dicundo præfectos, significantur. Hi numero XXX in uno parietum exsculpti. In medio est prætor judicii, Veritatem clausis oculis collo appensam, plurimosque sibi libros adjacentes, habens. Hâc imaginum figurâ ostenditur judicum esse, nihil accipere ; et judiciorum præsidem ad solam respicere veritatem oportere.

Exinde ambulacrum est variis ædi-

παντοδαπῶν πλήρη, καθ' οὓς παντοῖα γένη βρωτῶν κατεσκευάσθαι τῶν πρὸς ἀπόλαυσιν ἡδίστων. Καθ' ὃν δὴ γλυφαῖς ἐντυχεῖν εἶναι καὶ χρώμασιν ἐπηνθισμένον τὸν βασιλέα, φέροντα τῷ θεῷ χρυσὸν καὶ ἄργυρον, ὃν ἐξ ἁπάσης ἐλάμβανε τῆς Αἰγύπτου κατ' ἐνιαυτὸν, ἐκ τῶν ἀργυρείων καὶ χρυσείων μετάλλων. Ὑπογυγράφθαι δὲ καὶ τὸ πλῆθος, ὃ συγκεφαλαιούμενον εἰς ἀργυρίου λόγον, εἶναι μνῶν τρισχιλίας καὶ διακοσίας μυριάδας. Ἑξῆς δ' ὑπάρχειν τὴν ἱερὰν βιβλιοθήκην, ἐφ' ἧς ἐπιγεγράφθαι, Ψυχῆς ἰατρεῖον. συνεχεῖς δὲ ταύτῃ τῶν κατ' Αἰγυπτον θεῶν ἁπάντων εἰκόνας, τοῦ βασιλέως ὁμοίως δωροφοροῦντος, ἃ προσῆκον ἦν ἑκάστοις καθάπερ ἐνδεικνυμένου πρὸς τε τὸν Ὄσιριν καὶ τοὺς κάτω παρέδρους, ὅτι τὸν βίον ἐξετέλεσεν εὐσεβῶν καὶ δικαιοπραγῶν πρός τε ἀνθρώπους καὶ θεούς. Ὁμότοιχον δὲ τῇ βιβλιοθήκῃ κατεσκευάσθαι περιπτῶς οἶκον εἰκοσίκλινον, ἔχοντα τοῦ τε Διὸς καὶ τῆς Ἥρας ἔτι δὲ τοῦ βασιλέως εἰκόνας. Ἐν ᾧ δοκεῖν καὶ τὸ σῶμα τοῦ βασιλέως ἐντετάφθαι. Κύκλῳ δὲ τούτου πλῆθος οἰκημάτων κατεσκευάσθαι, γραφὴν ἐχόντων εὐπρεπῆ πάντων τῶν καθιερωμένων ἐν Αἰγύπτῳ ζώων. Ἀνάβασίν τε ἀπ' αὐτῶν εἶναι πρὸς ὅλον τὸν τάφον. Ἣν διελθοῦσιν ὑπάρχειν ἐπὶ τοῦ μνήματος κύκλον χρυσοῦν, τριακοσίων καὶ ἑξήκοντα καὶ πέντε πηχῶν τὴν περίμετρον, τὸ δὲ πάχος πηχυαῖον. Ἐπιγεγράφθαι δὲ καὶ διῃρῆσθαι καθ' ἕκαστον πῆχυν τὰς ἡμέρας τοῦ ἐνιαυτοῦ, παραγεγραμμένων τῶν κατὰ φύσιν γινομένων τοῖς ἄστροις ἀνατολῶν τε καὶ δύσεων, καὶ τῶν διὰ ταύτας ἐπιτελουμένων ἐπισημασιῶν κατὰ τοὺς Αἰγυπτίους ἀστρολόγους. Τοῦτον δὲ τὸν κύκλον ὑπὸ Καμβύσου καὶ Περσῶν ἔφασαν σεσυλῆσθαι καθ' οὓς χρόνους ἐκράτησεν Αἰγύπτου. Τὸν μὲν οὖν Ὀσυμανδύου τοῦ βασιλέως

ficiis refertum ; in quibus omnia esculentorum genera, quibus summa in fruendo suavitas, elaborata habentur. Tum affabrè sculptus et floridè pictus rex spectatur, aurum et argentum Deo offerens, quod annuatim ex omni Ægypto de argenti et auri fodinis percepit. Summa quoque ad argenti rationem adscripta erat trecenties vicies cenjena minarum millia. Posthæc sacram essé bibliothecam cum inscriptione, *Medicatorium animæ*; contiguasque huic omnium in Ægypto deorum imagines, rege munus unicuique competens offerente, utque Osiridi et collocatis infrà assessoribus demonstret quomodo piam erga deos justamque in homines vitam transegerit. Juxta bibliothecam domus affabrè exstructa cum xx lectisterniis, in quibus Jovis et Junonis, regisque effigies ; ubi etiam regis corpus tumulatum videtur. Circùm verò undique ædes non paucæ existunt, quæ omnium in Ægypto consecratorum animalium elegantes picturas exhibent. Inde ad totum sepulcrum adscensus. Quò superato, aureus est circulus in ipso monimento, cccLxv cubitorum ambitu, crassitie cubitali ; inscriptique et divisi in singulos cubitos anni dies, cum notatione ortùs et occasùs stellarum naturalis, et significationum quas ægyptii astrologi ab illis effici docent. Hic, aiunt, circulus à Cambyse et Persis abreptus est, quando in ejus potestatem Ægyptus pervenit. Ad istum ergò modum Osymandyæ regis sepulcrum describunt : quod non modò sumptuum magnificenciâ, sed artificum etiam industriâ, longò supergressum alia videtur. (*Ibid.* lib. 1, pag. 56.)

DE THÈBES. SECTION III.

τάφον τοιοῦτον γενέσθαι φασὶν, ὃς οὐ μόνον δοκεῖ τῇ κατὰ τὴν δαπάνην χορηγίᾳ πολὺ τῶν ἄλλων διενεῖκεῖν, ἀλλὰ καὶ τῇ τῶν τεχνιτῶν ἐπινοίᾳ.

III.

Τῷ δὲ Διὶ, ὃν μάλιστα τιμῶσιν, εὐειδεστάτη, καὶ γένους λαμπροτάτου παρθένος ἱερᾶται, ἃς καλοῦσιν οἱ Ἕλληνες παλλάδας· αὕτη δὲ καὶ παλλακεύει, καὶ σύνεστιν οἷς βούλεται μέχρις ἂν ἡ φυσικὴ γένηται τοῦ σώματος κάθαρσις· μετὰ δὲ τὴν κάθαρσιν δίδοται πρὸς ἄνδρας. πρὶν δὲ δοθῆναι, πένθος αὐτῆς ἄγεται μετὰ τὸν τῆς παλλακείας καιρόν.

Jovi, quem præcipuè colunt, virgo quædam genere clarissima et specie pulcherrima sacratur: quales Græci pallacas, hoc est pellices, vocant. Ea, pellicis more, cum quibus vult coït, usque ad naturalem corporis purgationem. Post purgationem viro datur: sed, priusquam nubat, post pellicatûs tempus in mortuæ morem lugetur. (Strab. *Hist.* lib. XXVII, pag. 816, edit. 1620.)

IV.

Εφ ιερεως Αετου του δε του Αλεξανδρου και θεων Σωτηρων και θεων Αδελφων και θεων Ευεργετων και θεων Φιλοπατορων και θεου Επιφανους ευχαριστου αθλοφορου Βερενικης Ευεργετιδος Πυρρας της Φιλινου Κανηφορου Αρσινοης Φιλαδελφου Αρειας της Διογενους ιερειας Αρσινοης Φιλοπατορος Ειρηνης της Πτολεμαιου.

Sub pontifice Aete Alexandri quidem et deorum Soterum, et deorum Adelphorum, et deorum Evergetum, et deorum Philopatorum, et dei Epiphanis, gratiosi athlophorâ Berenices Evergetidis Pyrrhâ filiâ Philini; canephorâ, Arsinoes Philadelphæ, Areiâ filiâ Diogenis; sacerdote Arsinoes Philopatoros, Irene filiâ Ptolemæi. (Éclaircissemens sur l'inscription grecque du monument trouvé à Rosette, par M. Ameilhon, lignes 4, 5 et 6, pag. 11 et 12.)

V.

Περὶ δὲ τὰς κρίσεις οὐ τὴν τυχοῦσαν ἐποιοῦντο σπουδὴν, ἡγούμενοι τὰς ἐν τοῖς δικαστηρίοις ἀποφάσεις μεγίστην ῥοπὴν τῷ κοινῷ βίῳ φέρειν πρὸς ἀμφότερα. δῆλον γὰρ ἦν ὅτι τῶν μὲν παρανομούντων κολαζομένων, τῶν δ' ἀδικουμένων βοηθείας τυγχανόντων, ἀρίστη διόρθωσις ἔσται τῶν ἁμαρτημάτων· εἰ δ' ὁ φόβος, ὁ γινόμενος ἐκ τῶν κρίσεων τοῖς παρανομοῦσιν, ἀνα-

Judiciis verò diligentiam non vulgarem adhibent, quòd sententias pro tribunali pronunciatas maximum vitæ communi momentum afferre in utramque partem censent: nam haud obscurum ipsis erat, si facinorosi punirentur, et injuriâ oppressis auxilium ferretur, optimam hanc delictorum emendationem fore; et contra, si terror à judiciis impendens

τρέποιτο χρήμασιν ἢ χάρισιν, ἐσομένην ἑώρων τοῦ κοινοῦ βίου σύγχυσιν. Διόπερ ἐκ τῶν ἐπιφανεστάτων πόλεων τοὺς ἀρίστους ἄνδρας ἀποδεικνύντες δικαστὰς κοινοὺς, οὐκ ἀπετύγχανον τῆς προαιρέσεως. ἐξ Ἡλιουπόλεως γὰρ καὶ Θηβῶν καὶ Μέμφεως, δέκα δικαστὰς ἐξ ἑκάστης, προέκριναν. Καὶ τοῦτο τὸ συνέδριον οὐκ ἐδόκει λείπεσθαι τῶν Ἀθήνησιν Ἀρεοπαγιτῶν, ἢ τῶν παρὰ Λακεδαιμονίοις γερόντων. Ἐπεὶ δὲ συνέλθοιεν οἱ τριάκοντα ἐπέκριναν ἐξ ἑαυτῶν ἕνα τὸν ἄριστον, καὶ τοῦτον μὲν ἀρχιδικαστὴν καθίσταντο, εἰς δὲ τὸν τούτου τόπον ἀπέστελλεν ἡ πόλις ἕτερον δικαστήν. Συντάξεις δὲ τῶν ἀναγκαίων παρὰ τοῦ βασιλέως τοῖς μὲν δικασταῖς ἱκαναὶ πρὸς διατροφὴν ἐχορηγοῦντο· τῷ δὲ ἀρχιδικαστῇ πολλαπλάσιοι. Ἐφόρει δὲ οὗτος περὶ τὸν τράχηλον ἐκ χρυσῆς ἁλύσεως ἠρτημένον ζῴδιον τῶν πολυτελῶν λίθων, ὃ προσηγόρευον Ἀλήθειαν. Τῶν δ᾽ ἀμφισβητήσεων ἤρχοντο ἐπειδὰν τὴν τῆς Ἀληθείας εἰκόνα ὁ ἀρχιδικαστὴς προσθεῖτο. Τῶν δὲ πάντων νόμων ἐν βιβλίοις ὀκτὼ γεγραμμένων, καὶ τούτων παρακειμένων τοῖς δικασταῖς, ἔθος ἦν τὸν μὲν κατήγορον γράψαι καθ᾽ ἓν ἂν ἐνεκάλει, καὶ πῶς γέγονε, καὶ τὴν ἀξίαν τοῦ ἀδικήματος, ἢ τῆς βλάβης· τὸν δὲ ἀπολογούμενον δὲ, λαβόντα τὰ χρηματισθέντα ὑπὸ τῶν ἀντιδίκων, ἀντιγράψαι πρὸς ἕκαστον, ὡς οὐκ ἔπραξεν, ἢ πράξας οὐκ ἠδίκησεν, ἢ ἀδικήσας, ἐλάττονος ζημίας ἄξιός ἐστι τυχεῖν. Ἔπειτα νόμιμον ἦν, τὸν κατήγορον ἀντιγράψαι, καὶ πάλιν τὸν ἀπολογούμενον ἀντιθεῖναι. Ἀμφοτέρων δὲ τῶν ἀντιδίκων τὰ γεγραμμένα δὶς τοῖς δικασταῖς δόντων, τὸ τηνικαῦτα ἔδει τοὺς μὲν τριάκοντα τὰς γνώμας ἐν ἀλλήλοις ἀποφαίνεσθαι, τὸν ἀρχιδικαστὴν δὲ τὸ ζῴδιον τῆς Ἀληθείας προστίθεσθαι τῇ ἑτέρᾳ τῶν ἀμφισβητήσεων.

sceleratis vel pecuniâ vel gratiâ everteretur, confusionem universæ hominum societatis eventuram prospiciebant. Nec absque successu consilium fuit, quo optimos ex civitatibus nobilissimis viros judiciis præfecerunt : nam ex urbe Solis et Thebis et Memphi denos judices elegerunt. Qui consessus nec Areopagitis Atheniensium, nec Senatui Lacedæmoniorum, postponendus videbatur. Congressi hi xxx viri unum ex collegio, et quidem optimum, præsidem judiciorum crearunt, in cujus locum urbs alium submittebat judicem. Stipendia in victum et alias res necessarias à rege judicibus præbebantur, sed prætori multo ampliùs. Gestabat is in collo ex aureâ catenâ dependens è lapillis pretiosissimis simulacrum, cui Veritas nomen. Hoc à judiciorum principe assumptum disceptandi lites auspicium erat. Tum IIX codicibus (quibus universæ leges descriptæ continebantur) apud judices depositis, mos fuit, ut actor singulatim scripto exhiberet et crimen, et facti modum, et damni illati æstimationem. Reus contrà post acceptum ab adversario criminationis libellum ad singula scriptum opponere, se vel non fecisse, vel faciendo non deliquisse, vel delenquindo minùs pœnæ commeruisse. Tum accusator scripto replicare, defensor responsionem duplicare. Postquam bis ita libellos judicibus exhibuerant litigantes, tandem sententias inter se dicendi xxx viris, prætori Veritatis effigiem alteri controversantium parti applicandi, officium incumbebat. (Diod. Sicul. *Biblioth. hist.* lib. 1, pag. 86.)

VI.

Τὸ δὲ σῶμα τιθέασιν, οἱ μὲν ἰδίους ἔχοντες τάφους, ἐν ταῖς ἀποδεδειγμέναις θήκαις. Οἷς δ' οὐχ ὑπάρχουσι τάφων κτήσεις, καινὸν οἴκημα ποιοῦσι κατὰ τὴν ἰδίαν οἰκίαν, καὶ πρὸς τὸν ἀσφαλέστατον τῶν τοίχων ὀρθὴν ἱστᾶσι τὴν λάρνακα· καὶ τοὺς κωλυομένους δὲ διὰ τὰς κατηγορίας, ἢ πρὸς δανείων ὑποθήκας, θάπτεσθαι, τιθέασι κατὰ τὴν ἰδίαν οἰκίαν.

Cadavera, quibus propria sunt monimenta, in designatis ad hoc conditoriis reponunt: at qui sepulcra propria non possident, domi suae novam condunt aediculam, erectumque loculum ad firmissimum parietem statuunt. Sepulturâ prohibitos, vel ob intentata crimina, vel ob aeris alieni debitionem, suis in aedibus condunt. (Diod. Sic. *Biblioth. hist.* lib. 1., pag. 103.)

VII.

Ὑπὲρ δὲ τοῦ Μεμνονείου θῆκαι βασιλέων ἐν σπηλαίοις λατομηταὶ περὶ τετταράκοντα, θαυμαστῶς κατεσκευασμέναι, θέας ἄξιαι· ἐν δὲ ταῖς θήκαις ἐπί τινων ὀβελίσκων ἀναγραφαὶ δηλοῦσαι τὸν πλοῦτον τῶν τότε βασιλέων, καὶ τὴν ἐπικράτειαν, ὡς μέχρι Σκυθῶν, καὶ Βακτρίων, καὶ Ἰνδῶν, καὶ τῆς νῦν Ἰωνίας διατείνασαν· καὶ φόρων πλῆθος, καὶ στρατιᾶς περὶ ἑκατὸν μυριάδας.

Supra Memnonium sunt regum loculi in speluncis quibusdam in lapidem incisi, circiter XL, mirum in modum structi, spectatuque sane digni. Juxta hos in obeliscis quibusdam inscriptiones sunt, quae regum illorum divitias ac potentiam declarant, atque imperium usque in Scythiam, et Bactrianam, et Indiam, et quae nunc Ionia dicitur, propagatum; item tributorum magnitudinem, et exercitus circiter mille millia. (Strab. *Geogr.* lib. XVII, pag. 816, edit. 1620.)

VIII.

Εἶναι δέ φασι καὶ τάφους ἐνταῦθα τῶν ἀρχαίων βασιλέων θαυμαστοὺς καὶ τῶν μεταγενεστέρων τοῖς εἰς τὰ παραπλήσια φιλοτιμουμένοις ὑπερβολὴν οὐκ ἀπολείποντας. Οἱ μὲν οὖν ἱερεῖς ἐκ τῶν ἀναγραφῶν ἔφασαν εὑρίσκειν ἑπτὰ πρὸς τοῖς τετταράκοντα τάφους βασιλικούς, εἰς δὲ Πτολεμαῖον τὸν Λάγου διαμεῖναι ἑπτακαίδεκα μόνον.

Ibi mirifica priscorum regum sepulcra, quae posteris ad similis magnificentiae studium nihil reliqui fecerunt; horumque in sacris commentariis XLVII inveniri: sed ad Ptolemaeum Lagi XVII tantum remansisse. (Diod. Sic. *Biblioth. hist.* lib. 1, pag. 56.)

SECTION QUATRIÈME,

Par MM. JOLLOIS et DEVILLIERS,

Ingénieurs des Ponts et Chaussées.

Description du temple de l'ouest, ou du temple d'Isis.

A six cents mètres de distance, à peu près, du tombeau d'Osymandyas, au sud-ouest, dans une gorge formée par des mamelons détachés de la chaîne libyque, on trouve un petit temple qui paraît avoir été consacré à la déesse Isis. Cet édifice est situé au milieu d'une enceinte rectangulaire, construite en grosses briques séchées au soleil. On y pénètre par une de ces portes d'un effet imposant, qui, précédant presque toujours les temples et les palais des anciens Égyptiens, sont enchâssées, pour ainsi dire, soit dans un pylône, soit, comme ici, dans l'épaisseur d'un mur d'enceinte. Ces portes ont ordinairement des dimensions proportionnées à la grandeur et à l'importance des édifices auxquels elles conduisent. Celle que nous avons sous les yeux, n'a qu'un mètre et demi d'ouverture, et trois mètres deux tiers à peu près de profondeur: ses montans ont un mètre de largeur, et sa hauteur totale n'excède pas cinq mètres et demi. Les proportions de cette porte sont dans un rapport parfait avec le petit édifice qu'elle précède. Un globe ailé qui se détache sur un fond orné de cannelures, forme la décoration de la corniche. L'axe de la porte, qui est aussi celui du temple, fait un angle de soixante-deux degrés trente minutes avec le méridien magnétique. Le mur d'enceinte vient se terminer aux côtés de la porte. Il est moins élevé qu'elle de toute la hauteur de son couronnement, c'est-à-dire d'à peu près un mètre quatre-vingts centièmes : il n'a lui-même que trois mètres sept dixièmes de hauteur. Son plus petit côté, qui a trente-six mètres de long, fait face au sud : la longueur du plus grand côté est de quarante-huit mètres. C'est une des enceintes les mieux conservées que nous ayons retrouvées dans toutes les ruines de Thèbes. Élevée au pied de la chaîne libyque, sur un sol calcaire qui est à l'abri des alluvions du fleuve, et cachée, pour ainsi dire, dans la montagne, elle n'est point encombrée et n'a éprouvé aucune de ces dégradations qui sont dues au voisinage des habitations modernes : elle se voit encore actuellement dans son état primitif; on y distingue très-bien l'appareil régulier des briques, dont les dimensions considérables ne peuvent laisser aucun doute sur leur antique origine. Le mur d'enceinte a autant d'épaisseur que la porte a de profondeur. On conçoit qu'un pareil rempart était bien propre à garantir de toute violation l'édifice sacré qu'il renfermait, et qu'au besoin même on pouvait s'y défendre contre les incursions et les poursuites d'un ennemi.

A seize mètres de distance de la porte, s'élève le temple, qui occupe en longueur une étendue à peu près double de sa largeur. Cette proportion a été adoptée par les anciens Égyptiens dans les petits édifices du genre de celui dont il est ici question : elle plaît singulièrement à l'œil, et produit toujours le plus heureux effet. On la retrouve souvent dans les plus anciens édifices des Grecs, et l'on ne peut guère douter que ces derniers ne l'aient empruntée des Égyptiens.

Le temple est bâti tout entier en pierres de grès d'un grain très-fin, dont le ton jaune, modifié par une vive lumière, offre l'apparence de la blancheur. Sa façade est de la plus grande simplicité : c'est un mur trapézoïde, surmonté de la corniche égyptienne, au-dessous de laquelle règne un cordon qui court sur tous les angles de l'édifice. Un globe ailé décore le milieu de cette corniche, qui ne présente aucun autre ornement. Au milieu de la façade, est une porte dont l'encadrement a une légère saillie sur le nu du mur, et dont l'entablement est décoré d'un globe ailé qui se détache sur un fond de cannelures. C'est par-là qu'on pénètre dans le portique, qui consiste en une grande salle presque carrée, dont le plafond est soutenu par deux rangées de deux colonnes seulement. Ce portique est séparé en deux parties inégales par des murs à hauteur d'appui qui s'élèvent entre les colonnes de la deuxième rangée et des pilastres placés sur la même ligne. Dans les grands temples égyptiens, on trouve successivement un premier et un second portique : ici ces deux pièces paraissent être en quelque sorte réunies. Leur sol cependant n'est point le même : il faut monter quatre marches, à la vérité peu élevées, pour arriver de la première à la seconde.

Un soupirail évasé dans l'intérieur est pratiqué près

du plafond, au-dessus d'une porte percée dans le mur latéral, à gauche : il augmente le jour que le portique reçoit par ses deux portes. Il est fort remarquable que, sur la paroi inférieure de ce soupirail, on a sculpté un disque d'où partent six lignes divergentes de cônes tronqués, enchevêtrés, pour ainsi dire, les uns dans les autres. La place où se trouve cet emblème, donne à croire que l'on a voulu figurer ici la lumière du soleil pénétrant dans le temple. On le trouve ailleurs dans des circonstances où il paraît avoir un sens analogue. C'est ainsi qu'à Denderah on le voit à l'une des extrémités du zodiaque par bandes, où il représente le soleil dans le signe du cancer, absorbant dans ses rayons une figure d'Isis placée au-dessus d'un temple. Les sculptures qui décorent les corniches des temples d'Edfoû et de Denderah, tous les soupiraux qui donnent du jour dans le dernier de ces édifices, présentent également des disques d'où partent des rayons divergens de cônes tronqués. Cet emblème se retrouve très-souvent dans les hiéroglyphes, et l'on ne peut douter qu'il n'y exprime la lumière. Il faudrait maintenant connaître, outre le sens propre de cet hiéroglyphe, les différens sens métaphoriques que les anciens Égyptiens ont dû très-probablement lui attribuer, pour pouvoir l'interpréter dans les diverses inscriptions où on le rencontre : toujours est-il certain que nous pouvons le ranger au nombre des hiéroglyphes dont la configuration exprime bien les objets qu'ils représentent. Il en est ainsi de l'eau et d'un petit nombre d'autres signes [1]. La manière dont les anciens Égyptiens ont

[1] *Voyez* la Description de Philæ, par feu M. Lancret, *chap. I*, p. 40

figuré la lumière, est peut-être celle qui exprime le mieux l'objet qu'ils ont voulu représenter : on doit présumer qu'ils avaient, sur la nature et l'émission de ce fluide, un système bien entendu et des idées très-saines.

Mais revenons au portique du temple, qui offre une disposition qu'on ne retrouve point ailleurs. Ses colonnes ne manquent point d'une certaine élégance. Si l'on prend pour module leur demi-diamètre supérieur, on peut s'assurer qu'elles ont douze modules et demi, en y comprenant le chapiteau qui en a exactement deux, et la base qui n'a que deux tiers de module. Ces proportions approchent de l'élégance des ordres grecs. Le galbe du chapiteau est celui d'une campane découpée en quatre parties. Dans les angles sont des tiges et des feuilles de plantes indigènes, et l'on y remarque ces triangles enchevêtrés les uns dans les autres, dont nous avons déjà eu plus d'une fois occasion de parler[1]. Les tiges verticales et arrondies, et les bandeaux circulaires qui décorent ordinairement le fût des colonnes égyptiennes, se retrouvent encore ici. Les dés des chapiteaux qui soutiennent l'architrave sont ornés d'hiéroglyphes.

Aux angles de cette première partie du portique, sont des pilastres dont la face antérieure est arrondie, et dont les chapiteaux sont ornés de figures d'Isis[2]. C'est, à proprement parler, le seul exemple que l'on puisse citer

et 51, *A. D.*, vol. 1; *voyez* aussi le Mémoire de M. Costaz sur les grottes d'Elethyia, *A. M.*, vol. 1.

[1] *Voyez* la description que nous avons donnée du tombeau d'Osy-

mandyas, dans la section précédente, pag. 261.

[2] *Voyez* la pl. 34, fig. 7 et 8, et la pl. 36, fig. 2, *A.*, vol. 11.

de l'emploi de ces membres d'architecture dans les monumens égyptiens. Ils sont élevés sur un petit socle décoré de tiges de lotus avec des boutons et des fleurs épanouies. Le corps du pilastre est orné, au milieu, d'une ligne d'hiéroglyphes, accompagnée, de chaque côté, de fleurs de lotus au-dessus desquelles s'élèvent des *ubœus* coiffés de mitres symboliques. Ce que l'on peut appeler le chapiteau du pilastre, consiste en trois têtes d'Isis, qui se dessinent sur ses trois faces apparentes : elles sont coiffées d'une draperie qui forme une espèce de turban sur le front, passe derrière les oreilles, et tombe le long des joues et sur le cou; elles ont un collier de perles et une sorte de collerette. Au-dessus de la tête d'Isis, est une corniche décorée de cannelures et surmontée d'un temple. Tout cet ensemble offre enfin le chapiteau à tête d'Isis, tel que nous l'avons décrit à Philæ et à Esné, et tel qu'on aura occasion de le considérer encore dans toute sa beauté à Denderah. Il est ici tout brillant des plus vives couleurs, parmi lesquelles on remarque plus particulièrement le bleu. L'agencement de ces pilastres, considérés isolément, a quelque chose d'agréable; mais ils ne sont point ici en rapport avec les chapiteaux des colonnes du portique. Les Égyptiens ne se faisaient point scrupule de ces sortes de disparates. Le petit temple de *Contra-Lato*[1] en offre un exemple absolument pareil. Ce qui peut seul excuser cette espèce de bizarrerie, c'est le motif que l'on paraît avoir eu de mettre en évidence l'image de la divinité principalement vénérée dans le temple.

Voyez la pl. 89, *A.*, vol. 1.

On arrive à la seconde partie du portique en montant, comme nous l'avons dit, quatre marches d'une hauteur totale de cinq décimètres, égale à celle du stylobate sur lequel s'élèvent la seconde rangée de colonnes ainsi que la porte et les murs d'entre-colonnement. Cette seconde partie du portique a deux mètres et demi de long, sur une largeur d'un peu plus de huit mètres; ce n'est, à proprement parler, qu'une sorte de couloir qui sert d'issue à trois pièces que nous avons encore à décrire. A gauche en entrant, on aperçoit, contre la paroi latérale, un petit escalier dont les marches sont encastrées dans la muraille et ont une saillie d'un mètre et demi sur le nu du mur : cet escalier conduit sur les terrasses de l'édifice, et est éclairé, ainsi que toute la seconde partie du portique, par une fenêtre presque carrée, fermée par une claire-voie en pierre, pareille à celles que l'on voit à Karnak et à Medynet-abou, si ce n'est cependant que la composition en est plus recherchée. La traverse horizontale est ici placée plus bas, et se trouve à peu près au tiers de la hauteur de la fenêtre : elle reçoit trois petites colonnes qui, étant également espacées, ne peuvent correspondre aux quatre barreaux de la partie inférieure, et portent entièrement à faux. Les deux colonnes extrêmes sont couronnées de chapiteaux à têtes d'Isis surmontées de temples. Le chapiteau de la colonne du milieu a la forme d'une campane décorée de feuilles de plantes indigènes. Toute cette claire-voie, qui est de très-petite dimension, est exécutée avec une finesse de détails extrêmement remarquable.

Le mur de fond du couloir est percé de trois portes

conduisant à des pièces dont la disposition est tout-à-fait pareille à celle des trois sanctuaires du grand temple de Philæ. La porte du milieu est couronnée d'une corniche décorée d'un globe ailé qui se détache sur un fond de cannelures. Au-dessus, et tout-à-fait en évidence, sont sept têtes d'Isis, accompagnées de draperies et surmontées de dés en forme de temples. Il semble que l'on ait voulu montrer plus particulièrement ici l'image de la divinité révérée dans ce petit édifice. Les trois sanctuaires ont cinq mètres de longueur : celui du milieu est plus large que les deux autres.

Tout ce petit temple est couvert de sculptures d'une exécution fine et délicate, revêtues des peintures les plus éclatantes; il est d'une conservation parfaite, et peut donner une idée exacte de l'art avec lequel les Égyptiens employaient les couleurs. Le lecteur a déjà pu prendre, dans la description des monumens de Philæ[1], et en jetant les yeux sur la gravure qui représente l'intérieur du portique du grand temple de cette île[2], une idée assez exacte de ce genre de décorations; mais c'est plus particulièrement ici qu'il peut s'en représenter l'effet d'une manière complète; les petites dimensions de l'édifice permettent à la vue d'embrasser, pour ainsi dire, tout d'un seul coup d'œil, et de saisir en même temps les moindres détails. Nous avons donc pu nous confirmer dans l'opinion que cette réunion de la peinture et de la sculpture, qui paraîtrait devoir n'être considérée que comme une sorte de bigarrure, n'offre à la première vue rien de choquant, et qu'au contraire, soit qu'on doive

[1] *Voyez* le chapitre Ier, *A. D.* [2] *Voyez* la pl. 18, *A.*, vol. 1.

l'attribuer à l'art des architectes égyptiens, soit que l'observateur s'accoutume à ce spectacle, l'œil se complait dans les sensations qu'il en éprouve, et même en recherche l'effet.

De toutes les sculptures qui décorent le temple, on n'a dessiné que deux tableaux complets. Le premier [1] se voit dans l'intérieur du sanctuaire de gauche, au-dessus de la porte, et remplit tout l'espace qui se trouve entre le plafond et le linteau. L'objet le plus remarquable qu'il renferme, est un belier à quatre têtes surmontées d'un disque au milieu duquel est un *ubœus*. Un vautour mitré et les ailes déployées plane au-dessus de cet animal emblématique : en avant et en arrière, deux femmes sont en adoration devant lui. Au-dessus de ce tableau sont des représentations d'espèces de balustres, qui forment ordinairement la décoration des parties supérieures des murs dans l'intérieur des édifices.

Le second tableau [2] offre une scène fort curieuse, qui a une ressemblance parfaite avec celles que l'on retrouve dans presque tous les manuscrits sur papyrus recueillis à Thèbes [3]. La première partie de cette scène se compose de trois figures qui ont le même costume, la même attitude, les mêmes attributs et les mêmes coiffures que celles des manuscrits. La figure du milieu représente un personnage qui semble solliciter la faveur d'être admis en présence d'un dieu que l'on voit à la droite du tableau : il paraît la demander avec instance à une femme qui

---

[1] *Voyez* la pl. 35, fig. 6, *A.*, vol. II.
[2] *Voyez* la pl. 35, fig. 2, *A.*, vol. II.
[3] *Voyez* les pl. 60, 66 et 72, *A.*, vol. II.

tient dans ses mains les attributs de la divinité, et qui ne peut être que la déesse Isis. Une prêtresse placée derrière le personnage paraît se joindre à lui pour solliciter la faveur qu'il demande. Derrière Isis est une balance que mettent en équilibre deux hommes, dont l'un a un masque à tête d'épervier, et l'autre un masque à tête de chacal : ce dernier porte dans l'une de ses mains une croix à anse. L'un et l'autre ne sont sans doute que la divinité considérée sous des attributs divers. Un cynocéphale est accroupi sur le milieu du fléau de la balance. Un poids tout-à-fait pareil à celui qui est placé dans l'un des plateaux, est suspendu à une corde passée dans le fléau au moyen d'un nœud : il est sans doute destiné à rétablir l'équilibre de la balance; ce dont paraît s'occuper plus particulièrement le personnage à tête d'épervier. Il est vraisemblable que ce contre-poids avait la facilité de se mouvoir le long du fléau de la balance, de manière qu'on pouvait, pour rétablir l'équilibre, augmenter ou diminuer au besoin sa distance du point d'appui. Dans le plateau qui est mis en mouvement par le dieu à tête de chacal, est la feuille d'une plante. Cette balance et les personnages qui la mettent en équilibre, sont parfaitement les mêmes que dans les papyrus. Seulement, dans quelques manuscrits, les personnages à tête d'épervier et à tête de chacal se regardent au lieu de se suivre, et tantôt c'est le personnage à tête d'épervier qui est occupé à établir l'équilibre, tantôt c'est celui à tête de chacal. Quelquefois aussi le cynocéphale placé au-dessus de la balance n'est pas accompagné de deux espèces de sphinx, tels que ceux qui existent dans le tableau qui nous occupe. Après la balance, vient un personnage à tête d'ibis, représentant le dieu Thot ou le Mercure des Égyptiens : il paraît être dans l'action d'écrire le résultat de la pesée qui vient de se faire. Il est précédé d'un Harpocrate élevé sur une espèce de crochet, et tenant dans chaque main un fléau[1], et de plus une crosse dans la main gauche. En avant du dieu, est un monstre dont le corps paraît être celui d'un lion et la tête celle d'un sanglier : il est élevé sur un autel. Dans les manuscrits sur papyrus, la tête du monstre est la même que l'on voit ici, sinon que la gueule est tout-à-fait béante, et que le corps a des mamelles pendantes et des formes qui paraissent se rapprocher de celles d'une truie. Au-devant du monstre, est une fleur de lotus sur laquelle sont quatre petites statues enveloppées comme des momies, dont la première a une tête humaine, la seconde une tête de cynocéphale, la troisième une tête de chacal, et la quatrième une tête d'épervier. Ce sont les quatre figures que l'on retrouve constamment dans les tombeaux, soit ajustées sur des statues en gaîne comme ici, soit formant des couvercles de ces vases appelés *canopes*, tels que nous en avons recueilli nous-mêmes dans les hypogées[2]. Dans quelques-uns des manuscrits sur papyrus, l'offrande dont nous venons de parler est absolument la même ; dans d'autres, elle ne se compose que de plusieurs fleurs de lotus placées sur un autel. Après les quatre petites statues, on voit ici un

---

[1] Le fléau a été oublié dans la gravure, pl. 35, fig. 2, *A.*, vol. II.

[2] On peut en voir la configuration, pl. 81, fig. 7, 8, 9, 10, 11, 12, 13, 14 et 15, *A.*, vol. II.

quadrupède dont la tête, séparée du tronc, paraît tomber dans un vase qui est tout près de là, et dont le corps est percé d'une flèche; ses formes se rapprochent de celles du cheval. Enfin, à l'extrémité du tableau, Osiris est assis sur un trône, et porte dans ses mains la crosse et le fléau, attributs de la divinité.

L'identité parfaite du tableau que nous venons de décrire, avec ceux des manuscrits sur papyrus, indiquerait suffisamment un sujet funèbre, si d'ailleurs toute la scène qui y est représentée ne le désignait d'une manière peu équivoque. Cette sculpture est évidemment relative au jugement des morts dans les enfers. On sait, d'après les témoignages de l'antiquité, qu'Isis, et surtout Osiris, regardé par les Egyptiens comme le principe fécondant, comme l'ame de l'univers, n'étaient pas seulement des divinités célestes; mais qu'envisagés sous de nouveaux rapports, ils étaient considérés comme des divinités infernales[1], préposées à la punition des coupables et à la récompense des justes dans l'autre vie. Dans le tableau que nous venons de décrire, le mort est conduit par Isis devant le souverain juge. C'est avec la balance que se fait la pesée de ses bonnes et de ses mauvaises actions, dont le dieu Thot écrit le résultat en présence d'Osiris. Ce quadrupède percé d'une flèche est peut-être l'animal d'où sort l'ame du mort qui est en présence du juge redoutable. En effet, on sait que les Égyptiens croyaient à la métempsycose. Il est constant, d'après le rapprochement de tous les témoignages de l'antiquité, qu'ils pensaient que l'ame est immortelle[2],

[1] *Voyez* les citations n°*. I et II.   [2] *Voyez* le savant ouvrage de

et qu'elle restait unie aux corps aussi long-temps que ceux-ci pouvaient se conserver; d'où est venu sans doute le soin extrême que l'on apportait aux embaumemens. Rien n'annonce que les Égyptiens crussent à la résurrection des corps; mais il paraît incontestable qu'ils croyaient à la migration des ames. Cette doctrine établissait que l'ame, après être restée unie à la matière, tant que celle-ci n'était point tombée en corruption et pouvait lui servir d'habitation, revenait des enfers pour animer de nouveaux corps. Après avoir passé successivement dans toutes les espèces d'animaux terrestres, aquatiques, volatiles, elle rentrait dans un corps humain [1]. Toutes ces transmigrations se faisaient dans l'espace de trois mille ans. Rien, dit Zoëga [2], n'indique si les Égyptiens pensaient qu'elles fussent limitées, ou si elles devaient se reproduire à l'infini. Cependant il paraîtrait, suivant les Grecs, qui avaient adopté les opinions égyptiennes sur la métempsycose, en les modifiant toutefois selon leurs croyances religieuses, qu'après trois migrations, les ames qui avaient été trouvées justes, devaient vivre éternellement heureuses avec Osiris, et ne plus occuper de nouveaux corps [3].

Plusieurs historiens de l'antiquité, parmi lesquels on doit plus particulièrement compter Diodore de Sicile [4],

---

Zoëga, ayant pour titre, *De origine et usu obeliscorum*, sect. IV, cap. I, §. 16, pag. 294 et seq.

[1] *Voyez* la citation n°. IV, à la fin de cette section.

[2] *Voyez* l'ouvrage de Zoëga qui a pour titre, *De origine et usu obeliscorum*, pag. 296.

[3] Zoëga cite la première des *Olympiques* de Pindare, qui renferme toute cette doctrine. *Voyez* son ouvrage cité ci-dessus.

[4] Diod. Sic. *Bibliot. hist.* lib. I, p. 107, ed. Amstelodami, an. 1746.

ont avancé que les Grecs ont calqué sur les cérémonies funèbres des Égyptiens toute leur fable de l'enfer. Si cette opinion pouvait encore éprouver quelques contradictions, l'inspection du tableau que nous avons sous les yeux les ferait toutes disparaître. Comment, en effet, ne point reconnaître dans l'Osiris que l'on voit ici, le type original de ce Minos que les Grecs [1] nous montrent remplissant, armé d'un sceptre d'or, les fonctions de juge dans le séjour des morts ? Les poëtes latins [2] ont attribué à ce même Minos la souveraineté dans leur enfer ; mais ils lui ont donné pour assesseurs deux autres juges, Éaque [3] et Rhadamanthe. Ce monstre qui précède Osiris, n'aurait-il pas pu fournir la première idée du Cerbère défendant l'entrée des sombres lieux ? Et quand Homère nous montre Mercure introduisant les ames

[1] Ἔνθ' ἤτοι Μίνωα ἴδον, Διὸς ἀγλαὸν υἱὸν,
Χρύσεον σκῆπΐρον ἔχοντα, θεμιστεύοντα νεκύεσσιν,
Ἥμενον· οἱ δέ μιν ἀμφὶ δίκας εἴροντο ἄνακτα,
Ἥμενοι ἑσταότες τε κατ' εὐρυπυλὲς Ἄϊδος δῶ.

*Ibi autem Minoem vidi, Jovis illustrem filium,
Aureum sceptrum habentem, jus dicentem mortuis,
Sedentem : illi verò circa ipsum causas dicebant regem,
Sedentes et partim stantes per latè patentem Plutonis domum.*
                                        Homer. *Odyss.* lib. XI, v. 567.

[2] *Nec verò hæ sine sorte datæ, sine judice, sedes.
Quæsitor Minos urnam movet : ille silentum
Conciliumque vocat, vitasque et crimina discit.*
                                        Virgil. *Æneid.* lib. VI, v. 431.

*Gnosius hæc Rhadamanthus habet durissima regna ;
Castigatque, auditque dolos, subigitque fateri
Quæ quis apud superos, furto lætatus inani,
Distulit in seram commissa piacula mortem.*
                                        Ibid. v. 566.

[3] Virgile ne fait point mention d'Éaque.

dans les enfers¹, comment n'en point reconnaître le type original dans ce Thot, ce Mercure égyptien, qui paraît enregistrer, sous les yeux d'Osiris, le résultat de la pesée qui se fait des bonnes et des mauvaises actions du mort? Si l'on veut pousser plus loin ces rapprochemens, il faut avoir recours aux sculptures peintes des grottes d'*Elethyia*, où sont représentées avec détail toutes les cérémonies funèbres², dont on ne voit ici, pour ainsi dire, que la dernière scène : on y trouvera l'origine du nocher Charon, de sa barque fatale et des fleuves de l'enfer.

Ce jugement des morts, que les Égyptiens, d'après leurs doctrines religieuses, supposaient institué par les dieux dans les enfers, les lois l'avaient réellement établi en Égypte. Chez ce peuple, si l'on en croit Diodore de Sicile, le discernement du vice et de la vertu n'était point renvoyé à un tribunal invisible : il se faisait en présence de tout le monde, lorsque l'homme avait cessé de vivre. Tous les jours les Égyptiens étaient témoins de ce spectacle; et l'attente d'un pareil jugement était bien propre à retenir chaque particulier dans l'exacte observation de ses devoirs. Voici comment on y procédait³. Quand on avait fait tout le travail de l'embaumement,

---

¹ Ἑρμῆς δὲ ψυχὰς Κυλλήνιος ἐξεκαλεῖτο
Ἀνδρῶν μνηστήρων· ἔχε δὲ ῥάβδον μετὰ χερσὶν
Καλὴν, χρυσείην, τῇ τ' ἀνδρῶν ὄμματα θέλγει
Ὧν ἐθέλει, τοὺς δ' αὖτε καὶ ὑπνώοντας ἐγείρει.

Mercurius autem animas Cyllenius evocabat
Virorum procorum : habebat autem virgam in manibus
Pulchram, auream, quâ hominum oculos mulcet
Quorum vult, quosdam contrà etiam dormientes suscitat.

Homer. *Odyss.* lib. XXIV, v. 1.

² *Voyez* la pl. 70, *A*., vol. 1.
³ *Voyez* la citation n°. III, à la fin de cette section.

et que l'inhumation du corps pouvait avoir lieu, on en annonçait le jour, premièrement aux juges, et ensuite à toute la famille et à tous les amis du mort. Cet avertissement se faisait en exprimant le nom du défunt, et en disant que bientôt il passerait le lac. Aussitôt s'assemblaient quarante juges, qui allaient s'asseoir au-delà du fleuve. Avant que le cercueil fût placé dans la barque, la loi permettait à tout le monde de venir faire ses plaintes contre le mort; et à la suite de l'espèce de plaidoyer qui se faisait, les juges lui accordaient ou lui refusaient les honneurs de la sépulture. S'il était admis à ces honneurs, alors commençait un concert d'éloges sur les qualités qui le distinguaient. On priait les dieux infernaux de le recevoir dans le séjour des bienheureux, et on le félicitait de ce qu'il devait passer l'éternité dans la paix et dans la gloire. Ce jugement prononcé sur les bonnes et les mauvaises actions du mort, avant de l'admettre aux honneurs de la sépulture, était sur la terre une représentation du jugement qu'il devait subir aux enfers, et dont le bas-relief qui nous occupe offre toutes les circonstances.

Les sculptures peintes d'*Elethyia* et le bas-relief du temple d'Isis, rapprochés des descriptions des anciens auteurs, et surtout de celle de Diodore de Sicile, donnent des notions fort étendues et très-complètes sur les cérémonies funèbres des anciens Égyptiens, et démontrent que les Grecs ont, à ce sujet, tout emprunté d'eux; mais, si l'on vient à considérer l'Égypte elle-même et toutes les localités qu'elle présente, on en sera encore bien plus convaincu. En effet, on ne pouvait aller déposer les morts dans leur dernier asile, et cela arrive encore ainsi aujourd'hui, sans traverser le Nil, ou quelques canaux qui en étaient dérivés, ou quelques lacs formés de la surabondance de ses eaux. De là est venu tout ce que nous voyons peint dans les hypogées, et tout ce que les Grecs nous ont appris de Charon et de sa barque fatale, du fleuve et des marais fangeux du Cocyte. La ville de Thèbes, comme la partie de l'Égypte la plus anciennement habitée, a dû voir naître et se développer successivement les cérémonies funèbres. Le Nil, qui la sépare en deux, les hypogées qui sont tous dans la chaîne libyque, tandis que la montagne arabique n'en offre pas de traces, sont autant de circonstances qui ont nécessairement dû donner lieu à ce qui est représenté dans les grottes sépulcrales et rapporté par les anciens auteurs.

Le tableau que nous avons décrit est sculpté dans un des sanctuaires[1] du temple, et il n'y est sans doute pas placé sans motif. On ne peut guère douter, en effet, que la pièce où on le voit ne fût destinée aux sépultures. Il résulte du témoignage des anciens auteurs, et nous en avons déjà parlé avec quelque détail dans la description du tombeau d'Osymandyas[2], que les Égyptiens ne se bornaient pas seulement à déposer leurs morts dans les hypogées, mais qu'ils les plaçaient encore dans les habitations et dans les palais; et ce que nous venons de dire semble prouver que les temples eux-mêmes servaient de sépultures. A toutes ces circonstances se joint le té-

[1] *Voyez* l'explication de la pl. 35, fig. 2, *A.*, vol. II.

[2] *Voyez* la section III de ce chapitre.

moignage d'Hérodote[1], qui nous apprend qu'à Thèbes on le conduisit dans une vaste pièce de l'un des temples de cette capitale, et qu'on lui montra autant de colosses en bois qu'il y avait eu de grands-prêtres. Il est facile de se figurer ce que pouvaient être ces statues, par ce que nous connaissons de l'état de l'art chez les Égyptiens : c'étaient sans doute des espèces de gaînes semblables à celles qui décorent les piliers cariatides, ou bien faites sur le modèle de ces coffres en bois de sycomore que l'on retrouve dans les hypogées, enveloppant les momies des gens riches. Ces coffres sont, comme l'on sait, enrichis de dorures et de figures hiéroglyphiques dessinées avec beaucoup de recherche et de soin. Tout porte donc à croire que, lorsque les grands-prêtres mouraient, leurs momies étaient déposées dans l'intérieur de ces statues de bois, que, pendant leur vie, ils avaient fait placer dans le temple. On sait que c'était à Thèbes, la plus ancienne capitale de l'Égypte, que résidait le grand collége des prêtres, sous l'autorité duquel étaient probablement tous les autres colléges du pays. Celui qui le présidait était, pour ainsi dire, considéré comme le souverain pontife de toute la religion égyptienne : on le nommait *Piromis*, mot égyptien qui, au rapport d'Hérodote[2], veut dire *bon et vertueux*. Ce devait être, après le roi, un des premiers personnages de l'État : il n'est donc point étonnant que la sépulture de ces grands-prêtres eût lieu dans un monument remarquable.

---

[1] *Voyez* la citation n°. v.
[2] Πίρωμις δέ ἐστι, κατ' Ἑλλάδα γλῶσσαν, καλὸς κἀγαθός.
(Herodot. *Hist.* lib. ii, cap. 143.)

Quelquefois, des statues d'une autre nature que celles que nous venons d'indiquer, recevaient les momies des morts distingués. C'est ainsi qu'au rapport du même Hérodote[1], le roi Mycérinus, voulant inhumer sa fille d'une manière plus recherchée qu'il n'était d'usage pour d'autres défunts, fit enfermer son corps dans une génisse de bois doré, qui était encore exposée, du temps de l'historien, à la vue de tout le monde, dans le palais royal de Saïs. Cette génisse[2] était couverte en entier d'une housse cramoisie, à l'exception de la tête et du cou qui étaient dorés. Entre ses cornes était un soleil d'or. Elle n'était point debout, mais sur les genoux, et elle était de la stature des plus grandes génisses. Nous avons dessiné un semblable sarcophage[3] dans une des petites chambres du cinquième tombeau des rois à l'est. Il suffit, pour ainsi dire, de jeter les yeux sur la peinture dont nous parlons, pour s'assurer de son identité avec le coffre sépulcral décrit par Hérodote. L'attitude de la génisse, la draperie dont son corps est recouvert, le disque posé entre les cornes, tout, dans notre dessin, est conforme au récit de l'historien.

Ces rapprochemens, auxquels nous avons été naturellement conduits par notre sujet, tendent à prouver ce que nous avons déjà établi ailleurs[4], qu'une partie des temples et des palais eux-mêmes, réunis aux hypogées, servaient de dépôts pour les momies, et qu'ainsi les morts partageaient, en quelque sorte, les habitations

---

[1] *Voyez* la citation n°. VI.
[2] *Voyez* la citation n°. VII.
[3] *Voyez* la pl. 87, fig. 6, *A*., vol. II.
[4] *Voyez* la description du tombeau d'Osymandyas, *section* III de ce chapitre.

des vivans. Mais, si les momies des souverains pontifes étaient placées dans les édifices les plus somptueux, on doit présumer, par analogie, que les chefs des différens chapitres de prêtres avaient leur sépulture dans les temples qu'ils avaient desservis pendant leur vie ; et c'est probablement ce qui est arrivé pour le temple de l'ouest. Cette conséquence est encore appuyée par quelques faits que nous avons observés dans plusieurs édifices sacrés de l'Égypte, et dont l'explication sur les lieux mêmes nous paraissait fort embarrassante. Nous avons constaté, en effet, qu'à Philæ l'un des pylônes du grand temple renfermait beaucoup de débris de momies. Dans les salles intérieures du pylône d'Edfoû, on trouve des langes et des ossemens. Les couloirs qui environnent le sanctuaire du *Typhonium* de Denderah offrent de semblables débris, mêlés avec les décombres.

L'air de fraîcheur du petit monument que nous venons de décrire, sa conservation si parfaite qu'aucune de ses parties n'a subi la moindre altération, la fermeté et le fini précieux de ses sculptures, l'éclat des couleurs que l'on y voit appliquées, l'élégance de son architecture, tout porte à croire qu'il est d'une époque beaucoup plus récente que les autres monumens de Thèbes ; d'une époque où le goût, plus épuré, s'attachait à des formes plus gracieuses et à une exécution plus fine et plus délicate ; de l'époque peut-être qui a vu s'élever le temple de Denderah, le monument le plus parfait de l'architecture des Égyptiens.

TEXTE
DES AUTEURS CITÉS.

I.

Αὕτη δὲ (ἡ Ἶσις) καὶ Ὄσιρις ἐκ δαιμόνων ἀγαθῶν δι' ἀρετῆς εἰς θεοὺς μεταβαλόντες, ὡς ὕστερον Ἡρακλῆς καὶ Διόνυσος, ἅμα καὶ θεῶν καὶ δαιμόνων οὐκ ἀπὸ τρόπου μεμιγμένας τιμὰς ἔχουσι, πανταχοῦ μὲν, ἐν δὲ τούτοις ὑπὲρ γῆν καὶ ὑπὸ γῆν δυνάμενοι μέγιστον. Οὐ γὰρ ἄλλον εἶναι Σάραπιν ἢ τὸν Πλούτωνά φασι, καὶ Ἶσιν τὴν Περσέφασσαν, ὡς Ἀρχέμαχος εἴρηκεν ὁ Εὐβοεὺς, καὶ ὁ Ποντικὸς Ἡράκλειτος τὸ χρηστήριον ἐν Κανώβῳ Πλούτωνος ἡγούμενος εἶναι.

Ipsa autem (Isis) et Osiris, de bonis geniis ob virtutem in deos mutati, ut postmodo Hercules et Liber, haud abs re deorum et geniorum permixtis honoribus coluntur, ubique magnâ, maximâ autem in rebus supra et infra terram potentiâ præditi. Neque verò Sarapis alius est quàm Pluto, aut Isis à Proserpina differt, ut et Archemachus Euboensis docuit, et Heraclides Ponticus, qui oraculum Canopicum Plutonis esse judicat. (Plutarch. *de Iside et Osiride*, Opp. tom. II, edit. Francofurt. 1599, pag. 361.)

II.

Καὶ τοῦτο ὅπερ οἱ νῦν ἱερεῖς ἀφοσιούμενοι καὶ παρακαλυπτόμενοι μετ' εὐλαβείας ὑποδηλοῦσιν, ὡς ὁ θεὸς οὗτος ἄρχει καὶ βασιλεύει τῶν τεθνηκότων, οὐχ ἕτερος ὢν τοῦ καλουμένου παρ' Ἕλλησιν ᾅδου καὶ Πλούτωνος. ἀγνοούμενον ὅπως ἀληθές ἐστι, διαταράττειν τοὺς πολλοὺς ὑπονοοῦντας ἐν γῇ καὶ ὑπὸ γῆν τὸν ἱερὸν καὶ ὅσιον ὡς ἀληθῶς Ὄσιριν οἰκεῖν, ὅπου τὰ σώματα κρύπτεται τῶν τέλος ἔχειν δοκούντων.

Id etiam, quod hodie sacerdotes veluti abominantes et occultantes trepidè significant, Osiridem mortuis imperare, neque à Dite seu Plutone alium esse: ignoratum quomodo verum sit, plerosque turbat, suspicantes in terra et infra terram sacrosanctum istum verè Osirin habitare, ubi corpora latent eorum qui jam esse desiisse putantur. (*Ibid.* pag. 382.)

A. D. II.

III.

Ἔπειτα παραγενομένων δικαστῶν πλείω τῶν τετ]αράκοντα, καὶ καθισάντων ἐπί τινος ἡμικυκλίου. κατεσκευασμένου πέραν τῆς λίμνης, ἡ μὲν βᾶρις καθέλκεται κατεσκευασμένη πρότερον ὑπὸ τῶν ταύτην ἐχόντων τὴν ἐπιμέλειαν. ἐφίστηκε δὲ ταύτῃ πρωρεὺς, ὃν Αἰγύπτιοι κατὰ τὴν ἰδίαν διάλεκ]ον ὀνομάζουσι Χάρωνα· δ.ὸ καὶ φασὶν Ὀρφέα τὸ παλαιὸν εἰς Αἴγυπ]ον παραβαλόντα καὶ θεασάμενον τοῦτο τὸ νόμιμον, μυθοποιῆσαι τὰ καθ᾽ ᾅδου, τὰ μὲν μιμησάμενον, τὰ δ᾽ αὐτὸν ἰδίᾳ πλασάμενον. περὶ οὗ τὰ κατὰ μέρος μικρὸν ὕστερον ἀναγράψομεν. οὐ μὴν ἀλλὰ τῆς βάρεως εἰς τὴν λίμνην καθελκυσθείσης, πρὶν ἢ τὴν λάρνακα τὴν τὸν νεκρὸν ἔχουσαν εἰς αὐτὴν τίθεσθαι, τῷ βουλομένῳ κατηγορεῖν ὁ νόμος ἐξουσίαν δίδωσιν. ἐὰν μὲν οὖν τις παρελθὼν ἐγκαλέσῃ καὶ δείξῃ βεβιωκότα κακῶς, οἱ μὲν κριταὶ γνώμας ἀποφαίνονται, τὸ δὲ σῶμα εἴργεται τῆς εἰθισμένης ταφῆς. ἐὰν δὲ ὁ ἐγκαλέσας δόξῃ μὴ δικαίως ἐγκαλεῖν, μεγάλοις περιπίπ]ει προστίμοις. ὅταν δὲ μηδεὶς ὑπακούσῃ κατηγορος, ἢ παρελθὼν γνωσθῇ συκοφάντης ὑπάρχειν, οἱ μὲν συγγενεῖς ἀποθέμενοι τὸ πένθος, ἐγκωμιάζουσι τὸν τετελευτηκότα, καὶ περὶ μὲν τοῦ γένους οὐδὲν λέγουσιν, ὥσπερ παρὰ τοῖς Ἕλλησιν, ὑπολαμβάνοντες ἅπάντας ὁμοίως εὐγενεῖς εἶναι τοὺς κατ᾽ Αἴγυπτον· τὴν δ᾽ ἐκ παιδὸς ἀγωγὴν καὶ παιδείαν διελθόντες, πάλιν ἀνδρὸς γεγονότος τὴν εὐσέβειαν καὶ δικαιοσύνην, ἔτι δὲ τὴν ἐγκράτειαν καὶ τὰς ἄλλας ἀρετὰς αὐτοῦ διεξέρχονται, καὶ παρακαλοῦσι τοὺς κάτω θεοὺς σύνοικον δέξασθαι τοῖς εὐσεβέσι. τὸ δὲ πλῆθος ἐπευφημεῖ, καὶ συναποσεμνύνει τὴν δόξαν τοῦ τελευτηκότος, ὡς τὸν αἰῶνα δια-

Inde plures XL judices accedunt, habitoque in hemicyclo quodam ultra lacum consessu, navis, ab hujus negotii curatoribus priùs instructa, attrahitur, proretâ quodam gubernatore, quem suâ linguâ Charontem vocant; ideoque Orpheum, cùm peregrinatus quondam in Ægyptum hunc ritum vidisset, fabulam de inferis partim imitatum, partim ex ingenio suo commentum esse, perhibent: de quo particulatim paulò inferiùs agemus. Deducto igitur in stagnum navigio, priusquam mortui loculus inibi deponatur, quisquis accusare velit, à lege potestatem habet. Quòd si quis, in medium progressus, institutam accusationem probarit, quòd vitam malam egerit, latâ per judices sententiâ, tum ab usitata cadaver sepultura arcetur. Sin accusator calumniosam intendisse actionem deprehensus sit, magnae obnoxius est poenae. Quando verò nullus se offert accusator, aut oblatus criminationis falsae convincitur; deposito cognati luctu, ad mortui laudes procedunt, et degenere quidem nihil, ut Graecorum consuetudo habet, memorant, quia omnes aequè nobiles in Ægypto esse censent: sed ut à puero educatus et institutus, et ad virilem aetatem progressus, pietatem in deos et justitiam itemque continentiam et alias virtutes coluerit, recensent, ac deos inferos, ut in contubernium piorum recipiatur, obtestantes rogant. Laudes clamore secundo vulgus excipit, et magnificis simul laudibus defunctum praedicat, ut qui sempiternum cum piis aevum in Ditis regno sit peracturus. Cadavera, qui-

τρίβειν μέλλοντος καθ' ᾅδου μετὰ τῶν εὐσεβῶν. τὸ δὲ σῶμα τιθέασιν, οἱ μὲν ἰδίους ἔχοντες τάφους, ἐν ταῖς ἀποδεδειγμέναις θήκαις. οἷς δ' οὐχ ὑπάρχουσι τάφων κτήσεις, καινὸν οἴκημα ποιοῦσι κατὰ τὴν ἰδίαν οἰκίαν, καὶ πρὸς τὸν ἀσφαλέστατον τῶν τοίχων ὀρθὴν ἱστᾶσι τὴν λάρνακα. καὶ τοὺς κωλυομένους δὲ διὰ τὰς κατηγορίας, ἢ πρὸς δανείων ὑποθήκας, θάπτεσθαι, τιθέασι κατὰ τὴν ἰδίαν οἰκίαν. οὓς ὕστερον ἐνίοτε παίδων παῖδες εὐπορήσαντες, καὶ τῶν τε συμβολαίων καὶ τῶν ἐγκλημάτων ἀπολύσαντες, μεγαλοπρεποῦς ταφῆς ἀξιοῦσι.

bus propria sunt monimenta, in designatis ad hoc conditoriis reponunt: at qui sepulcra propria non possident, domi suæ novam condunt ædiculam, erectumque loculum ad firmissimum parietem statuunt. Sepulturâ prohibitos, vel ob intentata crimina, vel ob æris alieni debitionem, suis in ædibus condunt. Et sæpe fit in posterum, ut opibus aucti nepotes, debitis aut criminibus exsolutos, honorificâ majores sepulturâ dignentur. (Diod. Sic. *Biblioth. Hist.* lib. I, pag. 103, edit. 1746.)

IV.

Ἀρχηγετεύειν δὲ τῶν κάτω Αἰγύπτιοι λέγουσι Δήμητρα καὶ Διόνυσον. Πρῶτοι δὲ καὶ τόνδε τὸν λόγον Αἰγύπτιοί εἰσι οἱ εἰπόντες, ὡς ἀνθρώπου ψυχὴ ἀθάνατός ἐστι· τοῦ σώματος δὲ καταφθίνοντος, ἐς ἄλλο ζῶον αἰεὶ γινόμενον ἐσδύεται· ἐπεὰν δὲ περιέλθῃ πάντα τὰ χερσαῖα καὶ τὰ θαλάσσια καὶ τὰ πτηνά, αὖτις ἐς ἀνθρώπου σῶμα γινόμενον ἐσδύνειν· τὴν περιήλυσιν δὲ αὐτῇ γίνεσθαι ἐν τρισχιλίοισι ἔτεσι. Τούτῳ τῷ λόγῳ εἰσὶ οἳ Ἑλλήνων ἐχρήσαντο, οἱ μὲν, πρότερον, οἱ δὲ, ὕστερον, ὡς ἰδίῳ ἑωυτῶν ἐόντι· τῶν ἐγὼ εἰδὼς τὰ οὐνόματα, οὐ γράφω.

Inferorum principatum tenere Cererem et Liberum Ægyptii aiunt. Hi denique primi exstiterunt qui dicerent animam hominis esse immortalem, quæ de mortuo corpore sub inde in aliud atque aliud corpus, ut quodque gigneretur, immigraret; atque ubi per omnia se circumtulisset, terrestria, marina, volucria, rursus in hominis corpus genitum introire; atque hunc ab ea circuitum fieri intra annorum tria millia. Hanc rationem sunt è Græcis qui usurpaverint tanquam ipsorum, alii prius, alii posteriùs: quorum ego nomina sciens non duco scribenda. (Herodot. *Hist.* lib. II, cap. 123, pag. 137, edit. 1618.)

V.

Πρότερον δὲ Ἑκαταίῳ τῷ λογοποιῷ ἐν Θήβῃσι γενεηλογήσαντί ἑωυτὸν, καὶ ἀναδήσαντί τε τὴν πατριὴν ἐς ἑκκαιδέκατον θεὸν, ἐποίησαν οἱ ἱρέες τοῦ Διὸς, οἶόν τι καὶ ἐμοὶ συγγενεηλογή-

Atque ante Hecatæum sermonum scriptorem, apud Thebas originem generis sui recensentem, ac progenitores familiæ suæ repetentem ad sextum decimum deum, sacerdotes Jovis tale quiddam fecerant. Et

22.

σαντι ἐμεωυτὸν. Ἐσαγαγόντες ἐς τὸ μέγαρον ἔσω ἐὸν μέγα, ἐξηρίθμεον δεικνύντες κολοσσοὺς ξυλίνους τοσούτους ὅσους περ εἶπον. Ἀρχιερεὺς γὰρ ἕκαστος αὐτόθι ἱστᾷ ἐπὶ τῆς ἑωυτοῦ ζόης εἰκόνα ἑωυτοῦ.

mihi non recensenti originem familiæ meæ, introducto in quoddam grande cœnaculum, enumerando demonstrabant tot è ligno colossos quot dixi. Ibi namque stabant pontifices sub imagine vitæ quâ quisque vixerat. (Herodot. *Hist.* lib. II, c. 143, pag. 145.)

VI.

Ἐόντι δὲ ἠπίῳ τῷ Μυκερίνῳ κατὰ τοὺς πολιήτας, καὶ ταῦτα ἐπιτηδεύοντι, πρῶτον κακῶν ἄρξαι τὴν θυγατέρα ἀποθανοῦσαν αὐτοῦ, τὴν μούνην οἱ εἶναι ἐν τοῖσι οἰκηίοισι τέκνον. Τὸν δὲ, ὑπεραλγήσαντά τε τῷ περιπεπτώκεε πρήγματι, καὶ βουλόμενον περισσότερόν τι τῶν ἄλλων θάψαι τὴν θυγατέρα, ποιήσασθαι βοῦν ξυλίνην κοίλην, καὶ ἔπειτα καταχρυσώσαντά μιν ταύτην, ἔσω ἐν αὐτῇ θάψαι τὴν ἀποθανοῦσαν θυγατέρα.

Cùm autem esset in cives ita clemens Mycerinus, atque ita studiosus, principium ei malorum contigisse obitum filiæ, quæ domi unica soboles erat. Quâ clade supra modum dum doleret, velletque filiam excellentiori aliquo genere sepelire quàm cæteri, fecisse ligneam bovem cavam, quam cùm inaurasset, in ea filiam sepelisse defunctam. (*Ibid.* cap. 129, pag. 139.)

VII.

Ἡ δὲ βοῦς τὰ μὲν ἄλλα κατακέκρυπται φοινικέῳ εἵματι· τὸν αὐχένα δὲ καὶ τὴν κεφαλὴν φαίνει κεχρυσωμένα παχέϊ κάρτα χρυσῷ. Μεταξὺ δὲ τῶν κερέων, ὁ τοῦ ἡλίου κύκλος μεμιμημένος ἔπεστι χρύσεος. Ἔστι δὲ ἡ βοῦς οὐκ ὀρθὴ, ἀλλ' ἐν γούνασι κειμένη. μέγαθος δὲ ὅσηπερ μεγάλη βοῦς ζωή.

Bos quoque cùm cæterum corpus operta est phœniceo pallio, tum verò cervicem et caput crasso admodum auro: cujus inter media cornua circulus annexus inest, soli assimilatus. Neque stans est bos, sed in genua cubans, magnitudine quanta est grandis vacca viva. (*Ibid.* c. 132, pag. 140.

SECTION CINQUIÈME,

Par MM. JOLLOIS et DEVILLIERS,

Ingénieurs des Ponts et Chaussées.

Description des ruines situées au nord du tombeau d'Osymandyas.

En suivant le chemin qui conduit du tombeau d'Osymandyas au palais de Qournah, si l'on s'arrête à une distance à peu près égale de ces deux monumens, et que l'on se dirige au nord-ouest, vers le pied de la chaîne libyque, on trouve, à deux cents mètres de distance environ, une avenue[1] de petits tas de débris disposés d'une manière régulière et symétrique, dont il est difficile de découvrir d'abord la forme primitive. L'habitude de voir de ces sortes de ruines a pu seule nous faire juger de ce qu'elles ont été autrefois, et un examen attentif nous a convaincus que ce ne peut être que des restes de piédestaux de sphinx ou de beliers, semblables à ceux que l'on voit encore presque entiers à Karnak[2]. Tous ces débris sont en matériaux calcaires très-menus : leur état actuel ne provient sans doute que de la décomposition de la pierre, qui se serait comme effleurie à

---

[1] *Voyez* le plan topographique, pl. 38, *A.*, vol. II.

[2] *Voy.* la description de Karnak, section VIII de ce chapitre; voyez aussi les pl. 29 et 46, *A.*, vol. III.

l'air, et qui aurait été presque réduite en poudre; car, s'ils étaient le résultat d'une destruction faite à dessein, on ne verrait certainement plus, dans leur disposition, la régularité, la symétrie et les alignemens exacts qu'ils présentent encore.

On trouve d'abord, dans une longueur de cent quarante mètres[1], à droite et à gauche, trente-trois de ces tas de débris formant une allée de treize mètres de large: ils sont distans les uns des autres de deux mètres à deux mètres et demi; ils ont une largeur de deux mètres et une longueur double. Cette avenue est interrompue dans un intervalle de cinquante mètres, et elle est ensuite continuée dans une étendue de deux cent soixante mètres, où l'on compte, de chaque côté, les restes de soixante-sept sphinx. Elle ne contenait donc pas moins de deux cents sphinx, et l'on ne peut douter que les bâtimens auxquels elle conduisait ne fussent de quelque importance. Les restes de ces constructions se voient immédiatement à l'extrémité de l'avenue vers le nord; ils consistent dans des murs[2] dont on n'aperçoit plus que les fondations au niveau du sol: ils laissent entre eux une ouverture qui a pu servir de porte. De pareilles constructions auraient-elles été placées régulièrement et symétriquement au midi, et leur ensemble aurait-il formé autrefois un de ces pylônes qui annoncent toujours l'entrée des monumens de l'ancienne Égypte? C'est une opinion qui a quelque vraisemblance, mais qui, nous l'avouons, ne trouve point, dans ce qui subsiste encore, un appui

[1] *Voyez* le plan topographique, pl. 38, *A.*, vol. II.
[2] *Voyez* la même planche.

suffisant. En s'avançant toujours vers le nord, on rencontre les vestiges d'une muraille de plus de quarante-cinq mètres; elle retourne à angle droit dans un intervalle de trente mètres. A ses extrémités, on voit les restes de deux colonnes qui ne s'élèvent point au-dessus du sol. En face de l'avenue de sphinx, et à la distance de vingt-cinq mètres, est une espèce de monticule carré, qui paraît avoir formé autrefois une enceinte : à son angle nord-ouest, on aperçoit un gros bloc de granit.

En continuant à s'avancer dans la direction de l'avenue de sphinx, on trouve les débris d'un escalier qui conduisait à des bâtimens construits sur un sol plus élevé, et dont il ne subsiste plus maintenant d'autres vestiges qu'un tas de décombres de forme oblongue : au sud, on voit encore quelques pierres disposées par assises. A quelque distance de là, est un autre escalier qui conduisait à une grande construction rectangulaire, établie sur un sol encore plus élevé; sa longueur est de quarante-huit mètres, et sa largeur de vingt-neuf. Du même côté, il existe quelques distributions intérieures, dont on suit facilement la trace. Pococke, qui a vu les ruines que nous décrivons, a trouvé dans cet endroit beaucoup de débris de momies. Une porte de granit rouge, qui n'a éprouvé presque aucune dégradation, sert d'entrée à ces constructions; elle est couverte d'hiéroglyphes sculptés en relief dans le creux, et exécutés avec un soin extrême. Elle est cachée sous le plâtre, dont il paraît que les chrétiens l'ont enduite; car on y voit encore des images de leurs saints. La portion de ces bâtimens la mieux conservée, consiste dans un enfoncement[1] de forme rectangulaire, pratiqué dans le mur de l'ouest, qui est tout-à-fait adossé à la montagne libyque, taillée presque à pic dans cet endroit. L'espace qu'il renferme a un peu plus de cinq mètres de largeur, et treize mètres et demi de longueur; il était autrefois recouvert par un plafond circulaire, qui ne subsiste plus maintenant que sur une longueur de sept mètres. Ce plafond n'a, comme nous allons bientôt le voir, que l'apparence d'une voûte. A la naissance de l'arc, et à la hauteur de deux mètres et demi au-dessus des décombres, règne, tout le long des murs, le cordon égyptien avec ses enroulemens. Le plafond est formé de cinq assises de cinquante-un à cinquante-quatre centimètres de hauteur; la pierre qui forme le sommet du plafond a soixante centimètres d'épaisseur. Toutes ces pierres sont posées en saillie les unes sur les autres; à mesure qu'elles sont plus élevées, il y en a une plus grande partie d'encastrées dans les pieds-droits, probablement pour faire équilibre à la portion formant encorbellement: la saillie de la dernière pierre ne s'étend pas au-delà du sommet de l'arc du plafond. Ce système d'assises forme la première moitié du plafond; il y en a un pareil pour l'autre moitié, et tous les deux se réunissent au sommet, suivant un plan de joint vertical. La corde de l'arc de cette espèce de voûte est de cinq mètres vingt centièmes, et sa flèche, de deux mètres trente-cinq centièmes; de sorte que la courbe est un peu surbaissée. On ne peut douter que, pour exé-

---

[1] *Voyez*, dans la pl. 39, fig. 6 et 7, *A.*, vol. II, le plan et la coupe de cet enfoncement.

cuter ce plafond, les architectes égyptiens, après avoir posé les pierres en encorbellement les unes sur les autres, et avoir ainsi fermé l'espace qu'ils se proposaient de couvrir, n'en aient abattu ensuite tous les angles, pour exécuter la courbure qu'ils se proposaient d'obtenir. Lorsqu'on a parcouru les grottes nombreuses, les syringes et les tombeaux de l'ancienne Égypte, on se persuade facilement que, dans l'espèce de voûte dont la description fait l'objet de cette section, les Égyptiens ont eu en vue l'imitation de ces plafonds cylindriques qu'on y rencontre si fréquemment : c'est donc comme une sorte de grotte artificielle qu'ils se sont proposé de construire, et ils ne pouvaient placer l'imitation plus près de l'objet imité.

Dans le fond de la grotte artificielle, on voit figurée une porte surmontée d'un cordon et d'une corniche. L'encombrement ne laisse pas voir si elle était percée pour servir d'issue; le voisinage de la montagne, à laquelle le monument est pour ainsi dire adossé, ne permet pas de le croire, à moins toutefois que cette porte ne conduisît à quelques excavations pratiquées dans le roc. Des fouilles entreprises autour du monument pourraient seules lever tous les doutes. Le mur de fond, au-dessus du cordon, renferme douze assises d'un appareil beaucoup plus petit que celles qui forment le plafond cylindrique; les murs latéraux offrent des figures sculptées, sur lesquelles on remarque encore quelques restes des couleurs dont elles ont été peintes. Les hiéroglyphes sont exécutés avec la plus grande pureté; le dessin des animaux s'y fait surtout remarquer par la netteté et la vérité des contours. La plupart de ces sculptures sont cachées sous un enduit de plâtre, où l'on a peint des figures de Christ ; ce qui fait présumer que les chrétiens ont célébré leur culte dans ce lieu pendant les premiers siècles de l'ère vulgaire, ainsi qu'ils l'ont fait à Medynet-abou, à Louqsor, et dans beaucoup d'autres endroits de l'Égypte.

Tous les édifices dont nous venons de décrire les restes, et particulièrement la grotte artificielle, sont construits avec des matériaux extraits des montagnes voisines. Ces matériaux consistent en une pierre calcaire très-blanche et d'un grain très-fin, qui se taille avec la plus grande facilité, et qui est susceptible de prendre un certain poli. C'est particulièrement dans les hypogées qu'on juge de l'emploi qu'il est possible d'en faire, pour obtenir des surfaces dressées avec la plus grande perfection. On s'en fera une assez juste idée en la comparant à la pierre statuaire de Tonnerre.

Nous terminerons ce chapitre par quelques réflexions sur le monument remarquable que nous venons de décrire. Nous avons dit qu'il n'a que l'apparence d'une voûte ; il n'offre en effet rien de ce qui constitue ce genre de constructions, telles que les Romains les ont conçues, et telles que nous les exécutons encore. Dans celles-là, les pierres se soutiennent les unes les autres, et leur effort est reporté sur les pieds-droits. Pour obtenir ce résultat, on fait tendre à un ou plusieurs centres communs tous les joints des différentes pierres, qui prennent alors le nom de *voussoirs*. La solidité exige que la direction des joints soit perpendiculaire à la surface de la voûte. Rien de ce que nous venons d'exposer n'arrive dans le plafond cylindrique que nous avons décrit : l'effort de chacune des pierres qui le forment s'exerce verticalement dans la direction de la pesanteur; il tend à les renverser de dessus les pieds-droits, ou à les rompre dans quelque point de leur partie saillante. La construction qui nous occupe n'est donc point une voûte, elle n'en offre absolument que l'apparence; et l'on peut avancer que ceux qui l'ont conçue et exécutée, étaient loin de ces génies hardis à qui nous devons ces coupoles magnifiques et ces dômes élégans, élevés au milieu des airs pour attester la puissance de l'homme. Il serait hors de notre sujet de traiter ici cette question, *Si les Égyptiens ont connu l'art de construire les voûtes :* il nous suffit d'affirmer que cet art paraît leur avoir été étranger; ce que nous prouverons par toutes sortes de rapprochemens et de recherches, dans notre Mémoire général sur l'architecture des anciens Égyptiens.

SECTION SIXIÈME,

Par MM. JOLLOIS et DEVILLIERS,

INGÉNIEURS DES PONTS ET CHAUSSÉES.

Description des ruines de Qournah.

En quittant les ruines du tombeau d'Osymandyas, et en se dirigeant vers le nord-est, on retrouve ce chemin étroit dont nous avons parlé dans les sections précédentes : il est tracé sur la limite du désert et du terrain cultivé, et au-dessus des plus grandes inondations. C'est la route que suivent les caravanes lors des débordemens du Nil. Après l'avoir parcourue sur une longueur de quatre cent cinquante mètres, on passe auprès d'une enceinte assez vaste, qui s'étend vers la montagne dans la direction du sud-est au nord-ouest. Cette enceinte, formée d'un mur fort épais, construit en briques crues, est divisée par un mur semblable en deux parties inégales, dont l'une est un carré de cent mètres de côté, et dont l'autre a cent mètres de largeur sur cinquante mètres de longueur. Là, sans doute, existaient des édifices ; et s'il n'en reste plus de vestiges, on doit l'attribuer à ce qu'ayant été construits en pierre calcaire, ils ont été convertis en chaux comme ceux de l'enceinte [1]

[1] *Voyez* l'Introduction, pag. 15.

située entre le palais de Medynet-abou et le tombeau d'Osymandyas.

Si l'on suit, dans la même direction, le chemin dont nous avons parlé, on laisse à sa gauche une colline isolée en avant de la chaîne libyque. Parmi les hypogées qui y sont creusés, on en remarque un dont l'ouverture est tournée au sud-est, et qui a plus particulièrement attiré notre attention par sa grandeur, la régularité de son plan, et la perfection des sculptures qui le décorent[1].

Le même chemin conduit bientôt à un énorme bloc de granit, situé presque exactement dans la direction de l'axe des édifices décrits dans la Ve. section. Ce bloc dépendait peut-être de constructions qui précédaient celles qui existent encore, et que l'on n'aperçoit pas de cet endroit. Il paraît y avoir été joint par une allée de sphinx[2], dont on trouve des débris à quelque distance de là, et il peut avoir servi de socle à une statue ou à un obélisque.

Le sentier se dirige ensuite un peu plus vers l'est; et à mille mètres plus loin, il passe entre Qournah et la croupe des montagnes de la chaîne libyque. Un peu avant d'arriver à ce village, on voit sur le bord du chemin, du côté de la plaine, deux statues mutilées; elles sont en granit noir, et représentent deux personnages assis et de grandeur naturelle. Près de là existait un palmier remarquable par sa hauteur et par son isolement; il se voyait de fort loin, et nous l'avons indiqué

---

[1] *Voyez* le plan et les détails de cet hypogée, pl. 39, *A.*, vol. II.

[2] *Voyez* la *section* V *de ce chapitre*, pag. 341.

sur notre carte[1], parce qu'il nous a servi dans la levée du plan général de Thèbes.

La butte factice sur laquelle le village de Qournah est en partie situé, est peu élevée au-dessus de la plaine: elle est au pied de la montagne, et semble faire suite à la croupe qui s'avance vers le Nil. A l'est du village, on voit un bois de palmiers qui s'étend jusqu'au fleuve, et dans lequel se trouvent encore quelques habitations: ce sont, pour la plupart, des cahutes en terre, mal construites. Les habitans de Qournah sont presque toujours en révolte à l'époque de la levée des impôts. Ils échappent avec une grande facilité aux poursuites que l'on exerce contre eux, en se retirant dans les grottes voisines, où ils se défendent opiniâtrément à coups de pierres et de fusil. Hors les momens où l'on exige le *myry*, ils sont assez doux. Pendant le séjour d'un mois que nous avons fait à Thèbes, quoique nous fussions à quinze lieues de tous les postes français et sous la faible escorte de dix soldats, nous n'avons cependant jamais été inquiétés: souvent même nous avons été seuls travailler durant des journées entières au milieu de ces hommes que la misère accable. Ils nous apportaient de l'eau, du pain, des dattes fraîches, des médailles et des amulettes, pour obtenir quelques pièces de monnaie, qu'ils auraient pu se procurer bien impunément par la violence, s'ils n'eussent respecté les droits de l'hospitalité. Sans doute nous étions imprudens de nous mettre ainsi entre les mains de fanatiques qui pouvaient avoir des vengeances à exercer; mais nous ne songions point au danger de notre situation;

---

[1] *Voyez* le plan topographique, pl. 40, *A.*, vol. II.

CH. IX, DESCRIPTION GÉNÉRALE

toute notre attention était captivée par les merveilleux restes de l'ancienne capitale de l'Égypte.

Les ruines de Qournah sont situées sur un monticule de décombres qui a deux cent cinquante mètres de longueur et deux cents mètres de largeur : elles en occupent l'extrémité occidentale, qui est la plus rapprochée de la montagne, et font face au Nil, qui coule à l'orient, en sorte que la plus grande partie de la butte se trouve en avant du monument [1]. A peu près au milieu, à la hauteur du sol, on voit des restes de constructions qui se trouvent dans l'axe du palais, et qui faisaient sans doute partie d'édifices considérables. Le Nil passe à onze cents mètres des ruines.

Le palais de Qournah n'est point à comparer aux grands monumens dont toute la plaine de Thèbes est couverte : on ne trouve ici, ni sphinx, ni obélisques, ni statues colossales. Si ce monument, dont aucun voyageur n'a parlé, a quelque intérêt, il le doit au caractère simple de son architecture et à la disposition singulière de son plan. Sa façade est tournée presque directement vers le nord-est ; son axe fait un angle de 42° 50′ avec le méridien magnétique.

La distribution intérieure de l'édifice [2] ne ressemble en rien à celle des autres monumens égyptiens. On n'y voit point de pylônes, ni de vastes péristyles ; rien n'annonce le faste des grands palais de Thèbes : tout au contraire est simple, et l'architecte paraît s'être occupé soigneusement de construire une habitation commode et

[1] *Voyez* le plan topographique, pl. 40, *A.*, vol. II.

[2] *Voyez* la pl. 41, fig. 1, *A.*, vol. II.

appropriée aux besoins les plus habituels de la vie. Au milieu de cette simplicité même, on est frappé d'un certain air de grandeur qui ne permet pas de douter que l'édifice de Qournah n'ait été la demeure d'un souverain : son étendue, ses décorations, la nature des matériaux employés à sa construction, ont exigé une dépense au-dessus de la portée des particuliers les plus riches.

Ce palais s'annonce, en effet, par un portique[1] de plus de cinquante mètres de longueur, composé de dix colonnes de près de quatre mètres et demi de circonférence, et de sept mètres et demi de hauteur, en y comprenant la base, le chapiteau et le dé. Au-dessus sont posées l'architrave et la corniche, qui donnent à l'édifice une hauteur totale de dix mètres. Les entre-colonnemens sont tous égaux et d'un peu plus de trois mètres, à l'exception de celui du milieu, qui est de quatre mètres et demi environ.

Les colonnes ne sont point élégantes; elles n'ont guère que cinq fois leur diamètre. Les chapiteaux seuls ont en hauteur plus du cinquième de la colonne; ils ont la forme de boutons de lotus tronqués[2], et sont de l'ordre le plus fréquemment employé à Thèbes. L'entablement du palais n'a rien de particulier.

Toute la façade est encore debout, à l'exception de la dernière colonne et de l'ante au sud : elle est encombrée jusqu'à la hauteur de quatre mètres dans quelques endroits; ce qui nous fait présumer que, si nous avions fait des fouilles, nous aurions retrouvé des traces de plu-

[1] *Voyez* les pl. 41, fig. 1, et 42, fig. 1, *A.*, vol. II.
[2] *Voyez* la pl. 41, fig. 4 et 5, *A.*, vol. II.

sieurs parties du plan dont nous n'avons pu donner que la restauration la plus probable.

Le portique formé par la colonnade a trois mètres environ de largeur; il est couvert de pierres posées à plat, qui portent d'un côté sur l'architrave, et de l'autre sur le mur du fond.

On trouve, sous ce portique, trois entrées par lesquelles on peut pénétrer dans l'intérieur du palais. La porte principale correspond à l'entre-colonnement du milieu; les deux autres sont des deux côtés et à des distances inégales, et ne répondent pas aux entre-colonnemens. Cette irrégularité peut provenir de ce que l'architecte s'est moins occupé de l'aspect extérieur de l'édifice que de sa distribution intérieure. Il serait possible aussi que le portique eût été construit postérieurement aux autres parties du palais, et que l'on eût placé les colonnes suivant l'ordonnance habituelle, sans avoir égard à ce qui existait déjà, peut-être même pour dissimuler autant que possible l'irrégularité qui résultait de l'inégalité de l'espacement des trois portes. La porte du milieu est la plus large; elle a quatre mètres d'ouverture, et n'a que cinq mètres de hauteur. On demandera sans doute quel pouvait être le motif de cette singulière proportion. Aussi peu instruits que nous le sommes des usages des anciens Égyptiens, il nous serait difficile de rendre compte de l'intention des architectes; mais nous sommes tellement habitués à trouver leurs conceptions sages et méthodiques, que nous ne pouvons croire qu'ils aient agi ainsi, dans cette circonstance, sans de très-bonnes raisons. En comparant ce fait à d'autres, on pourra peut-être l'expliquer, et c'est un des exemples dont nous nous appuierons, pour prouver[1] que l'étude de la distribution des édifices doit jeter quelques lumières sur l'histoire des mœurs et des usages des Égyptiens.

Les portes sont tellement encombrées, que l'on ne peut y passer qu'en se baissant jusqu'à terre. La plus grande donne entrée sous un vestibule[2] de onze mètres de longueur et de seize mètres de largeur, soutenu par six colonnes rangées sur deux files, qui laissent entre elles un passage de quatre mètres environ, et dont l'espacement, dans l'autre sens, est à peu près de deux mètres et demi. Ces colonnes sont moins grosses et moins élevées que celles de la façade; mais leurs décorations et celles de leurs chapiteaux sont absolument les mêmes. Dans les murs latéraux, et en face des entre-colonnemens, on voit les portes de quatre petites salles qui ont trois mètres de largeur sur quatre de longueur. Il n'y en a pas qui réponde aux espaces compris entre les deux premières colonnes à droite et à gauche et le premier mur du vestibule : il existe cependant dans cet intervalle deux petites salles semblables à celles que nous venons d'indiquer; mais on y entre d'un autre côté, comme nous le verrons bientôt.

Au-delà des colonnes, le vestibule s'élargit de toute la profondeur des petites salles latérales, et forme une espèce de corridor de vingt-un mètres de long sur trois mètres et demi de large environ. Dans le mur qui fait face à l'entrée principale, sont ouvertes cinq portes de

---

[1] *Voyez* notre Mémoire sur l'architecture égyptienne.
[2] *Voyez* la pl. 41, *A.*, vol. II.

largeurs inégales. Les deux plus éloignées conduisent à deux grandes salles, de quatre mètres de largeur sur douze mètres de profondeur; elles ont toutes deux un mètre et demi d'ouverture, et sont symétriquement disposées par rapport à l'axe de l'édifice. Les deux portes intermédiaires sont aussi placées avec régularité; elles sont moins larges, mais égales entre elles : elles correspondent aux espaces compris entre les colonnes du vestibule et les murs latéraux; elles donnent entrée dans deux salles qui n'ont que deux mètres et demi de largeur sur neuf mètres de profondeur. Enfin la porte du milieu, plus large que toutes les autres, conduit à une salle de douze mètres de long, après laquelle on arrive à des appartemens qui existaient plus loin, et dont il ne reste plus que quatre piliers carrés et quelques arrachemens de murs. Avant de sortir de cette espèce de passage, on voit à droite et à gauche, et en face l'une de l'autre, les entrées de deux cabinets qui occupent l'espace existant derrière les salles intermédiaires. Nous avons indiqué seulement les quatre piliers, les arrachemens de murs, et la masse des constructions qui étaient à la suite. Le passage dont nous avons parlé occupe à peu près le centre de l'édifice : il est découvert; et si l'on en juge par une corniche qui règne tout autour dans l'intérieur, on sera porté à croire qu'il n'a jamais eu de plafond.

Pour continuer à faire connaître les appartemens du palais de Qournah, nous nous reporterons sous la galerie de la façade. Nous avons supposé d'abord que nous pénétrions par la porte du milieu; nous allons maintenant entrer par celle qui est à gauche, sous la colonnade. Nous avons déjà fait remarquer que cette dernière ne correspond ni à un entre-colonnement, ni au centre d'une colonne; sa position n'a de régularité que dans l'intérieur. C'est ce qui nous a fait dire que l'architecte s'était plutôt attaché à la distribution intérieure, qu'à l'aspect extérieur du palais.

La première salle a dix mètres de largeur sur six mètres de profondeur. Son plafond est soutenu dans le milieu par deux colonnes espacées de trois mètres; elles n'ont pas un mètre de grosseur, et sont par conséquent beaucoup moindres que celles de la colonnade extérieure, et même que celles du vestibule principal : elles sont proportionnées à l'étendue de la pièce qu'elles décorent. D'ailleurs, les rapports de leurs parties, leurs ornemens et leurs chapiteaux, sont les mêmes.

C'est sur le plafond de cette salle, à soixante-dix centimètres au sud de l'aplomb de la colonne à gauche en entrant, que M. Nouet a fait les observations qui lui ont servi à déterminer la position de Qournah.

En entrant dans cette première salle, que l'on peut considérer comme un vestibule, et avant d'arriver aux colonnes, on voit, à droite et à gauche, deux portes qui sont en face l'une de l'autre, et qui sont à peu près de même grandeur. A droite, est celle d'un des petits cabinets dont nous avons parlé plus haut, et qui sont adjacens au grand vestibule, sans communiquer avec lui. Ce cabinet a quatre mètres de longueur sur deux de largeur.

Au fond du vestibule, sont trois portes correspondantes aux trois espacemens que laissent entre eux les murs et les deux colonnes. Celle du milieu donne entrée dans une salle de quatre mètres de largeur sur sept mètres environ de longueur; les deux autres, placées symétriquement, conduisent à deux salles de même longueur que celle du milieu, et de deux mètres de largeur. On remarquera dans ce petit ensemble une disposition analogue à celle des premiers appartemens que nous avons décrits. Nous avons souvent eu l'occasion d'observer l'art avec lequel les Égyptiens savaient étendre ou restreindre le luxe de leur architecture, sans s'écarter d'une seule et même idée qui naissait naturellement des convenances.

La petite porte qui se trouve à gauche en entrant dans le vestibule, conduit hors de l'édifice. Il est bien facile de voir qu'originairement ce n'était point là sa destination : elle communiquait par un corridor avec une salle oblongue, où l'on voit les restes d'appartemens semblables à ceux qui donnent dans le vestibule; ces constructions sont en très-grande partie détruites. Au fond de la salle oblongue, qui est perpendiculaire à l'axe de l'édifice, est une brèche par où l'on peut pénétrer dans les appartemens principaux.

Pour terminer la description des édifices de Qoûrnah, il faut nous supposer de nouveau transportés sous la colonnade de la façade. Nous avons successivement pénétré par deux des trois portes qui s'y trouvent. La troisième, que l'on voit à sa droite quand on est en face du palais, n'est pas placée plus régulièrement que la seconde, relativement aux colonnes. Elle donne entrée dans un emplacement de quatorze mètres sur vingt-trois environ, où il ne reste plus de traces de construction. Dans l'intérieur, elle est exactement au milieu de l'espace compris entre le mur latéral du palais et l'arrachement d'un autre mur, qui sans doute environnait des appartemens analogues à ceux que nous avons précédemment décrits. Derrière l'arrachement du mur, à gauche, on voit l'entrée d'une petite salle adjacente de ce côté au grand vestibule, et qui ne communique pas avec lui : nous en avons parlé plus haut. Il est possible que dans cette salle il y ait eu une niche monolithe : il y existe un petit avant-corps qui aurait servi de socle pour la recevoir. A l'extrémité de l'emplacement dans lequel nous nous trouvons, et sur la moitié de sa largeur, est une petite salle placée en travers, ainsi que quelques arrachemens de murs. D'après toutes ces données, on pourra juger de la probabilité de la restauration que nous avons proposée. Elle ne présentait aucune difficulté, et c'est pour cette raison que nous n'avons pas hésité d'en indiquer sur le plan toutes les parties, en les désignant d'une manière particulière.

On voit par la description que nous venons de donner du palais de Qournah, qu'il est divisé en trois parties, indépendantes les unes des autres, formant trois appartemens distribués d'une manière analogue, mais d'étendues différentes. Cette distribution, qui ne ressemble en rien à celle des autres édifices anciens de l'Égypte, est une des choses les plus importantes à remarquer ici.

Nous avons dit que les habitans de Qournah se retirent souvent dans les grottes nombreuses de la montagne voisine. Ces hypogées sont pour eux des mines intarissables d'amulettes, de scarabées, de petites statues en bois, en terre cuite, en pierre et en bronze. Nous avons fait une nombreuse collection de ces objets sur les lieux, et nous l'aurions beaucoup augmentée si nous fussions restés quelques jours de plus dans ce village; ce qui nous aurait donné le temps de gagner entièrement la confiance des vendeurs. Les habitans de Qournah ont à leur disposition une multitude de grottes dans lesquelles personne autre qu'eux ne peut jamais pénétrer, et où ils se seraient bien gardés de nous introduire. Si nous en avons visité de très-curieuses [1], nous le devons au hasard qui nous y a conduits.

On trouve quelques grottes à droite, et à l'entrée de la vallée des tombeaux des rois, dont l'origine est derrière Qournah; mais rien n'est comparable aux magnifiques hypogées qui sont creusés dans le fond de cette vallée, et que l'on appelle dans le pays *Bybân el-Molouk* [2]. Enfin, à un quart de lieue au nord de Qournah, on rencontre, sur le penchant de la montagne, une excavation régulière, de plus de cent mètres de longueur sur cinquante mètres de largeur [3], dont le sol est dressé horizontalement, en sorte que du côté de la plaine ce sol est de niveau avec le terrain naturel, tandis que de l'autre côté la montagne est taillée à pic sur une hauteur de trois à quatre mètres plus ou moins, à raison de l'inclinaison du terrain. Cette excavation sert d'entrée commune

[1] *Voyez* la description des hypogées, *section* IX *de ce chapitre.*

[2] *Voyez* la description des tombeaux des rois, *section* XI *de ce chapitre.*

[3] Ces dimensions n'ont été évaluées qu'approximativement.

à de nombreuses catacombes qui sont ouvertes dans les trois côtés où la montagne a été coupée. Au-devant de ces grottes est une galerie formée par un double et quelquefois un triple rang de piliers carrés ménagés dans la masse du rocher. Ces catacombes sont continuellement habitées, et ce n'est pas sans risques que l'on entreprendrait d'y entrer de vive force. Quand ceux qui en ont fait leur demeure, s'apercevaient que nous pénétrions par un côté, ils se répandaient dans les galeries adjacentes, et témoignaient leur mécontentement par des hurlemens épouvantables et en nous jetant des pierres. Ces grottes seraient cependant curieuses à visiter, quand elles n'offriraient que le tableau hideux d'un peuple troglodyte, tel que l'on a prétendu qu'étaient les premiers Égyptiens et les Éthiopiens. Nulle part, sur la surface du globe, on ne trouvera l'homme dans un état plus voisin de l'abrutissement, et cependant environné d'un plus grand nombre de monumens qui attestent les vastes conceptions de son génie.

SECTION SEPTIÈME,

Par MM. JOLLOIS et DEVILLIERS,

INGÉNIEURS DES PONTS ET CHAUSSÉES.

Description des ruines de Louqsor.

De quelque côté que l'on arrive à Louqsor, soit qu'on le considère de Karnak, de la chaîne arabique, ou du rivage opposé, soit que l'on monte ou que l'on descende le fleuve, on n'aperçoit, au premier coup d'œil, que la masse imposante des monumens antiques qui s'élèvent majestueusement au-dessus des constructions modernes. Celles-ci se distinguent à peine au milieu des décombres qui les environnent, tandis que de très-loin le pylône et les obélisques annoncent aux voyageurs l'ancienne capitale de l'Égypte.

Le village et les ruines de Louqsor sont situés sur un même monticule de décombres, qui s'élève de trois mètres environ au-dessus de la plaine, sur une longueur de sept cents mètres et une largeur de trois cent cinquante mètres. La partie septentrionale du palais est enveloppée dans le village. Vers le sud, les édifices ne sont plus environnés d'habitations modernes; ils en renferment au contraire quelques-unes. Sur le chemin de Karnak, on voit un autre monticule[1] de décombres,

[1] *Voyez* le plan général de Thèbes, pl. 1, *A.*, vol. II, et le plan topographique, pl. 1, *A.*, vol. III.

qui s'étend dans la même direction que le premier : il a environ huit cents mètres de longueur sur quatre cents de largeur et deux mètres de hauteur. A la suite, et en allant du même côté, on trouve encore un autre monticule de la même nature : celui-ci est moins élevé et beaucoup moins étendu que les autres. Toujours dans la même direction, et presque jusqu'à Karnak, il existe des buttes semblables, qui forment une espèce d'amphithéâtre, dont la concavité est tournée vers le Nil. Du côté du sud-est, un bois de palmiers est planté sur une élévation factice, peu exhaussée au-dessus de la plaine, et qui paraît faire suite à toutes ces ruines. Aucun des monticules dont nous venons de parler, excepté celui sur lequel sont situés les édifices et le village de Louqsor, ne présente d'habitations anciennes ou modernes : ils sont cependant formés des débris des constructions particulières qui composaient le quartier de Thèbes sur lequel dominait le palais.

Dès qu'on aborde à Louqsor, si l'on y est conduit par le goût des arts et des antiquités, on a bientôt franchi l'espace couvert de décombres qui sépare le fleuve du monument. On se trouve alors transporté au milieu d'une forêt de colonnes, les unes de six mètres[1], les autres de dix mètres[2] de circonférence. A droite sont des vestibules nombreux, à gauche les obélisques et les masses imposantes du pylône : de tous côtés se signalent la grandeur et la magnificence. On traverse plusieurs fois des portiques et des colonnades, on gravit les monticules les plus élevés pour saisir d'un seul coup d'œil

[1] Dix-huit pieds cinq pouces.   [2] Trente pieds neuf pouces.

l'ensemble des ruines; on s'empresse comme si le monument devait incessamment s'écrouler et disparaître pour toujours. Après cet examen mal dirigé, dont l'esprit et les yeux sont également fatigués, on rentre dans sa barque, plus étonné que satisfait. Si les menaces d'une populace inquiète, ou le caprice de quelque cheykh, forcent alors de quitter ce rivage, on n'emporte des édifices de Louqsor que des idées confuses; et si l'on cherche à se rendre compte de ce que l'on a vu, on ne trace que d'une manière incertaine les masses du monument, on exagère les caractères distinctifs de son architecture, sans exprimer les beautés de détail qui tiennent à la précision avec laquelle elles ont été exécutées, et qui ne peuvent être rendues qu'avec une précision pareille. Tout est dénaturé; on n'emporte et l'on ne donne que des idées fausses. Les erreurs du voyageur entretiennent et fortifient encore les préjugés défavorables des lecteurs, pour lesquels le monument n'est plus qu'une masse informe et une preuve de la barbarie et de l'ignorance de ceux qui l'ont élevé. Tels sont à peu près les résultats des relations de la plupart des voyages entrepris en Égypte avant l'expédition française.

Si, au contraire, on peut, dans une sécurité parfaite, se rappeler les objets qui ont le plus frappé, les réunir par la pensée et les coordonner, alors on se trace aisément un plan d'examen plus méthodique pour de nouvelles recherches. C'est la situation favorable dans laquelle nous nous sommes trouvés. Il nous a été facile de nous apercevoir que nous étions entrés dans le palais par un de ses flancs vers le milieu de sa longueur, et que, dans notre marche irrégulière, nous n'avions pu prendre une idée juste de l'ensemble des édifices.

Nous avons donc cherché à pénétrer, par l'intérieur du village, sur la place qui est en face du premier pylône. On peut y arriver par deux chemins différens. L'un, commençant au rivage où l'on aborde ordinairement, conduit à l'entrée du palais en passant par-dessus des décombres situés près des habitations modernes, et en faisant ensuite un double détour en sens inverse dans des rues étroites. L'autre chemin vient de Karnak; c'est présentement la rue principale de Louqsor, et sans doute la trace de l'ancienne route qui réunissait les deux quartiers de Thèbes situés sur la rive orientale du Nil. Des restes de sphinx que nous avons trouvés sur toute cette ligne jusqu'à Karnak, nous font présumer que le chemin en était bordé. On aperçoit tantôt des débris de piédestaux, tantôt des fragmens de sphinx à corps de lion et à tête de femme. Plus on approche de Karnak, plus les fragmens se multiplient et moins ils sont défigurés; à Karnak enfin on trouve des sphinx entiers élevés sur leurs piédestaux. Il est donc certain qu'il existait là une allée de sphinx de deux mille trois cents mètres de longueur; elle était dirigée de la porte la plus méridionale de Karnak sur l'entrée principale du palais de Louqsor. Lors du débordement du Nil, les eaux arrivent dans cette route. Ne pourrait-on pas croire qu'elles y arrivaient de même dans le temps de la splendeur de Thèbes; que ces sphinx étaient situés sur les bords d'un canal qui, dans le temps de l'inondation, était couvert de barques, et qui, après la retraite des eaux, devenait une des principales avenues de la ville ?

Lorsque l'on arrive en face du palais de Louqsor, les monumens de grandeur colossale que l'on y voit accumulés, frappent à-la-fois d'étonnement et d'admiration; mais on remarque, avant tout, deux obélisques monolithes en granit rouge. La belle qualité de ce granit, que l'on ne retrouve que dans un seul point de l'Égypte, aurait été pour nous une raison suffisante de croire que les obélisques avaient été tirés des montagnes de Syène, quand bien même nous n'aurions pas reconnu, dans les carrières qui sont voisines de cette ville, des traces non équivoques de l'exploitation de ces sortes de monumens [1]. Les hiéroglyphes qui décorent les faces des obélisques de Louqsor, sont sculptés avec la dernière précision, et les figures d'animaux, surtout, joignent à la beauté et au fini des sculptures une grande pureté de dessin. Les hiéroglyphes sont disposés sur trois lignes ou colonnes verticales. Dans celle du milieu, ils ont un poli parfait et sont creusés à la profondeur de quinze centimètres; dans les colonnes latérales, ils ont été seulement piqués à la pointe : les portions des faces qui ne sont pas sculptées, ont été dressées avec soin. Cette différence dans le travail, jointe à ce que la profondeur des sculptures du milieu est double de la profondeur des autres, établit des tons et des reflets variés, et des oppositions telles, que tout est net, distinct, et qu'on aperçoit faci-

[1] *Voyez* la Description de Syène, chap. *II*, le Mémoire sur l'exploitation des carrières de granit par les anciens Égyptiens, et notre Mémoire sur l'architecture.

lement jusqu'aux moindres détails. C'était évidemment là le but des artistes égyptiens ; et l'on ne conçoit pas comment quelques personnes ont pris pour un état d'imperfection ce qui est le résultat d'une combinaison savante.

Les arêtes des obélisques sont vives et bien dressées ; mais, ce qui doit paraître fort extraordinaire, leurs faces ne sont pas parfaitement planes ; elles ont à l'extérieur une convexité de trente-quatre millimètres[1], qui est exécutée avec tant de soin et de régularité, qu'il est impossible de supposer qu'elle n'a pas été faite avec intention. On aurait tort sans doute d'en chercher le motif dans des calculs trop savans ; mais on sait que les Égyptiens avaient une patience et un tact particuliers pour les observations les plus délicates des phénomènes de la nature. Or, en voici quelques-unes qui n'ont pu leur échapper. La face éclairée d'un obélisque présente au soleil une arête qui, quelque bien exécutée qu'elle soit, forme toujours une portion de cylindre d'un diamètre extrêmement petit, sur laquelle les rayons lumineux tracent une ligne brillante. L'arête opposée, au contraire, présente une ligne obscure en opposition avec la face éclairée. L'expérience démontre tous les jours que des contrastes de ce genre produisent des illusions dont l'œil le plus exercé ne peut se défendre, en faisant paraître plus sombres qu'elles ne le sont réellement les parties voisines de celles qui sont très-éclairées, et réciproquement, en faisant paraître plus claires celles qui sont opposées à des parties sombres. Il suit de là qu'en

[1] Quinze lignes.

supposant la face d'un obélisque parfaitement plane, les portions de la surface qui sont voisines de l'arête brillante, perdant en apparence un peu de leur lumière par cette opposition, sembleront un peu plus obliques par rapport aux rayons lumineux; au contraire, les parties qui sont voisines de l'arête obscure sembleront plus claires, et par conséquent moins inclinées sur ces mêmes rayons. La surface plane d'un obélisque doit donc paraître concave. C'est ce que les Égyptiens ont observé sur les premiers monumens de ce genre qu'ils ont élevés; et c'est ce qu'ils ont voulu éviter en donnant à leurs faces une légère convexité à l'extérieur. Zoëga, dans l'ouvrage très-considérable qu'il a publié [1], a consigné des observations du même genre faites par lui-même sur plusieurs faces des obélisques de Rome.

Les deux obélisques de Louqsor ne sont pas de mêmes dimensions. Le plus élevé est à gauche; il a vingt-cinq mètres trois centièmes de hauteur, en y comprenant le pyramidion, qui a deux mètres cinquante-six centièmes; sa base a deux mètres cinquante-un centièmes en tout sens: cette masse énorme doit peser deux cent cinquante-sept mille cent soixante-neuf kilogrammes [2].

---

[1] *Figuram plerumque esse quadrilaterum, in longitudinem porrectam et coarctatam, et pyramidali apice præditam, jam in obelisco definiendo monui capite præcedenti. Latera ut plurimùm plana sunt, nec magna esse solet amplitudinis differentia inter singulas ejusdem molis facies; quæ autem sibi sunt oppositæ, ferè æquales inveniuntur. At non semper perfectè complanata esse latera, sed nonnunquam aliquá convexitate trabem efficere subrotundam, notavi de obelisco Mahuteo et de eo fragmento quod Cataneæ est in museo Paternonio : etiam Lateranensis obeliscus unum latus habet subconvexum.* (De origine et usu obeliscorum, pag. 132.)

[2] Cinq cent vingt-cinq mille deux cent trente-six livres.

L'obélisque occidental a vingt-trois mètres cinquante-sept centièmes de hauteur, en supposant le pyramidion restauré, et deux mètres trente-neuf centièmes de largeur à sa base; il doit peser cent soixante-douze mille six cent quatre-vingt-deux kilogrammes[1]. Une de ses arêtes est brisée jusqu'à la hauteur de trois mètres au-dessus du socle. Le pyramidion du grand obélisque est assez bien conservé; mais celui du petit est à moitié détruit. S'il est difficile de croire que ce dernier ait été érigé dans cet état, il est peut-être encore moins aisé de trouver la cause de son altération : nous avouons qu'il ne s'en est présenté à notre pensée aucune qui soit satisfaisante.

On remarque avec regret que les deux obélisques de Louqsor,-qui sont placés devant le même édifice, exposés à un même coup d'œil, et, pour ainsi dire, en regard l'un de l'autre, ne sont pas d'égales dimensions. Cette irrégularité ne peut être justifiée que par la difficulté d'exécuter de semblables monumens. Que l'on considère, en effet, les travaux qu'exigeait l'érection d'un obélisque. On avait pour but de le faire de la plus grande dimension possible : on devait donc chercher dans la montagne une masse de granit sans fissure et sans défauts, de vingt-cinq à trente mètres de longueur et de quatre mètres de largeur; beaucoup de travaux préliminaires devaient précéder la découverte d'un pareil bloc. Après l'avoir bien reconnu, on le dégageait des roches environnantes, on préparait l'obélisque sur place, et enfin on le détachait du rocher. Les précautions à

[1] Trois cent cinquante-deux mille sept cent soixante-sept livres.

prendre dans cette dernière opération sont telles, que, malgré l'avancement des arts mécaniques en Europe, personne ne pourrait peut-être actuellement répondre de la réussite d'une semblable entreprise. Quels moyens employer, en effet, pour séparer en même temps et pour faire éclater d'un bout à l'autre, sur une longueur de trente mètres, une masse de trois mètres seulement d'épaisseur ? Car on doit remarquer que le granit résiste également dans tous les sens, et n'a pas de fils ni de lits qui puissent en favoriser la séparation dans une direction plutôt que dans une autre. Nous avons retrouvé en divers endroits, dans les carrières, les traces des coins que les anciens employaient pour l'exploitation du granit. Ils les disposaient dans toute la longueur du bloc qu'ils voulaient détacher. Ces coins étaient de métal ou de bois. Dans le premier cas, c'était en les frappant tous en même temps, et dans le second cas, en les humectant, qu'on rendait leur action égale et simultanée.

Lorsque ce bloc se séparait du rocher, il fallait le recevoir sur un sol assez bien dressé et assez élastique, pour opposer, dans toute la longueur, une résistance uniforme ; on devait ensuite le transporter jusqu'au fleuve. Quelques carrières étaient sur les bords du Nil, et les rochers en exploitation étaient baignés lors des grandes inondations, ce qui facilitait beaucoup les embarquemens ; mais d'autres carrières, et notamment celle où nous avons trouvé des obélisques ébauchés, étaient à une distance assez considérable du fleuve. Le transport par eau est aisé à concevoir ; et c'était, sans contredit, l'opération la plus facile, quoiqu'elle demandât beaucoup de précautions. Pline nous a fait connaître avec détail les procédés mis en usage dans ces sortes de transports. Pour conduire ensuite l'obélisque à la place qu'il devait occuper, le moyen le plus sûr, le plus simple, et peut-être le moins dispendieux, était de dériver du Nil un canal que l'on comblait ensuite : ce canal pouvait servir au transport, non-seulement des obélisques, mais encore de tous les matériaux qui étaient destinés au même édifice. L'érection de l'obélisque et sa mise en place sont les opérations dont nous pouvons le moins rendre compte, et celles dans lesquelles les Égyptiens devaient déployer toutes les ressources de leurs connaissances en mécanique.

Tant de difficultés dans de semblables entreprises doivent faire présumer que les Égyptiens ont échoué quelquefois dans leur exécution, et que les obélisques ne conservaient pas toujours les dimensions qu'on s'était proposé de leur donner. On employait le bloc de granit dans toute la longueur qu'il avait en sortant de la carrière; mais une foule d'accidens pouvait obliger à réduire sa longueur primitive. Ce n'était jamais volontairement qu'on opérait cette réduction : on n'y aurait pas même été décidé par le désir de rendre semblables deux obélisques destinés, comme ceux de Louqsor, à être placés devant un même édifice; car un monument de ce genre a d'autant plus de valeur que ses dimensions sont plus considérables.

L'architecte, pour remédier à l'inconvénient de la dissemblance des deux obélisques de Louqsor, les a posés sur des socles inégaux, en sorte que le plus petit est élevé au-dessus du grand, de la moitié de la différence de leur longueur; de plus, il l'a placé en avant de ce dernier, en sorte que l'on croirait qu'il a eu l'intention de forcer en apparence ses dimensions, en le mettant sur un plan plus rapproché de l'œil du spectateur. C'est par un artifice semblable, s'il est permis de comparer de petites choses aux grandes, qu'un lapidaire chargé de monter symétriquement deux pierres précieuses, d'inégales grosseurs, emploie toutes les ressources de son art pour dissimuler leurs différences sans diminuer leur valeur réelle.

Les hiéroglyphes sculptés sur les obélisques de Louqsor semblent, au premier abord, confus et sans ordre; ils paraissent plutôt avoir été accumulés pour couvrir entièrement la surface du monolithe, que coordonnés pour présenter un sens suivi : c'est ainsi que les voyageurs qui nous ont précédés, les ont vus et représentés. Mais, en les dessinant, nous nous sommes aperçus de l'ordre qui règne dans leur distribution : nous avons remarqué, sur les diverses faces, certaines analogies qui feraient croire qu'en les comparant on pourrait établir, dans ces grandes phrases, des subdivisions qui en faciliteraient l'interprétation. Ainsi l'on s'aperçoit d'abord que les parties les plus élevées de ces tableaux, sur une hauteur de quatre mètres, diffèrent très-peu dans les six faces que nous avons dessinées, en sorte que, certainement, elles ont à peu près le même sens. Ce sont peut-être des titres multipliés, qui, suivant l'usage ancien des peuples de l'Orient, rappellent toutes les qualités vraies ou supposées d'un grand personnage. On verra aussi que les trois colonnes verticales d'hiéroglyphes qui règnent dans toute la hauteur de chaque face des obélisques, quoique très-distinctes les unes des autres, n'ont pourtant pas de sens indépendant. Cette ressemblance est surtout plus remarquable entre les deux lignes extrêmes, où l'on voit des caractères principaux placés fréquemment avec la plus parfaite symétrie. On ne doit pas supposer que la construction des phrases hiéroglyphiques ait pu se prêter assez facilement à la volonté du sculpteur, pour lui permettre d'établir une correspondance aussi exacte; on ne peut non plus l'attribuer au hasard. Enfin il n'est pas possible d'admettre que les hiéroglyphes soient de simples décorations; car, indépendamment de ce que cette supposition est contraire à tous les témoignages historiques, on doit considérer que, dans ce cas, la symétrie serait complète, au lieu de n'être que partielle : il faut donc en revenir à notre première conclusion, que le sens des trois lignes verticales, et surtout de celles qui sont voisines des angles, est à peu près le même. En poussant l'examen plus loin, on partagerait chaque colonne en portions de phrase au moyen des légendes où scarabées absolument semblables qui se retrouvent à différentes hauteurs. En subdivisant ces grandes phrases, en comparant leurs parties, il n'est pas impossible qu'un savant versé dans l'étude des langues anciennes de l'Orient, et parfaitement au courant de toutes les recherches auxquelles les hiéroglyphes ont donné lieu, rende compte de ces grandes et mémorables inscriptions, contre lesquelles le temps aura vainement épuisé ses efforts. Mais un semblable travail est au-dessus de nos forces et hors de notre sujet : revenons à la description du palais de Louqsor.

Derrière les obélisques, à droite et à gauche, on voit les bustes de deux colosses dont le reste est enfoui sous les décombres. Leurs visages sont considérablement mutilés, et leurs formes presque méconnaissables. Il a fallu beaucoup de temps et des moyens extraordinaires pour détacher les morceaux qui en ont été enlevés. La mutilation de ces statues colossales n'est pas l'ouvrage du peuple faible et indifférent qui habite actuellement Louqsor; car les parties enfouies ne sont pas mieux conservées que les autres. Les fouilles que nous avons faites autour de ces colosses nous ont procuré la connaissance parfaite de leurs proportions, et nous ont mis à portée de les dessiner complétement. Ils ont sur la tête des bonnets très-élevés, qui ont à peu près la forme de mitres. Au-dessous du bonnet, la coiffure est soigneusement arrangée, et paraît recouverte d'une étoffe très-fine, dont les plis réguliers partent du front et vont se réunir derrière la tête, tandis que deux bandelettes se déploient sur les épaules et tombent en avant des bras. Ces statues ont de riches colliers. Sur le haut et en avant de leurs bras, sont gravés des légendes, et au-dessous, quelques autres caractères hiéroglyphiques. Le seul vêtement dont elles soient couvertes, est une espèce de caleçon d'une étoffe rayée et plissée, attachée à une ceinture nouée très-bas sur les reins, et serrée au-dessus des genoux.

Chacune de ces statues est d'un seul morceau de granit de Syène, mélangé de rouge et de noir. Dans le bonnet de celle qui est à l'ouest, il se trouve une veine d'une couleur jaune très-remarquable.

Le colosse occidental est adossé contre un petit obélisque taillé dans le même bloc que lui. Les hiéroglyphes qui en décorent les trois faces ont de l'analogie avec ceux des obélisques de Louqsor : on y voit représentés, comme dans ces derniers, une offrande dans la partie supérieure, et au-dessous, un épervier et un bœuf. La comparaison n'a pu être poussée plus loin, à cause de l'encombrement du monument.

Derrière le colosse oriental, est une espèce de dossier en granit, de peu d'épaisseur, qui fait partie du même bloc que lui. Il est terminé circulairement par le haut, et couvert de beaux hiéroglyphes dont la forme et la distribution ont une grande analogie avec les hiéroglyphes des obélisques de Louqsor[1]. Cette ressemblance qui existe entre les sculptures hiéroglyphiques des obélisques et des colosses est une preuve, entre mille autres, que ces monumens n'ont point été réunis là, comme quelques personnes pourraient être portées à le croire, par un peuple auquel la religion et les connaissances des anciens Égyptiens n'auraient pas été familières.

Les deux statues colossales ont treize mètres de hauteur au-dessus du sol ancien : les fouilles n'ayant été faites que jusqu'à la moitié de la jambe, le reste a été restauré suivant les proportions des parties connues. La hauteur des socles a été calculée d'après le sol sur lequel reposent les obélisques. Les statues sont assises sur des dés cubiques; elles ont neuf mètres environ, du dessus

[1] *Voyez* pl. 11, 12 et 13, *A.*, vol. III.

de la tête au-dessous des pieds : la tête a un mètre cinquante centièmes; le tronc a trois mètres cinquante centièmes, et l'on juge que les jambes ont la même longueur. La figure debout aurait environ huit têtes deux tiers, ou treize mètres. On a mesuré la distance entre les deux épaules, et on l'a trouvée de quatre mètres : l'index a cinquante-quatre centimètres. Toutes les autres mesures sont cotées sur les dessins[1].

Sur la même ligne que les deux colosses, et à quatorze mètres environ de distance, nous avons aperçu, du haut des édifices de Louqsor, la tête d'une autre statue, qui nous a paru de la même dimension que celles dont nous venons de parler. Il est infiniment probable qu'il en existe une semblable de l'autre côté. Il nous a été impossible de pousser nos recherches vers l'endroit où elle doit se trouver, et même d'approcher de celle que nous avions aperçue : elles sont environnées de maisons modernes, dont les habitans nous ont constamment refusé l'entrée. En y pénétrant de vive force, nous aurions inconsidérément compromis la tranquillité dont nous jouissions au milieu des ruines de Thèbes.

Immédiatement après les colosses, se trouve un pylône composé de deux massifs pyramidaux entre lesquels était comprise une porte de dix-sept mètres de hauteur, surmontée d'une corniche élégante dont il ne reste plus que quelques arrachemens : il s'élève de six mètres au-dessus de cette ancienne porte, et s'étend à trente mètres de part et d'autre. Sous plusieurs rapports, cet édifice est d'un grand intérêt; il est couvert de sculp-

[1] *Voyez* pl. 13, *A.*, vol. III.

tures, parmi lesquelles, malgré les altérations qu'elles ont éprouvées, on distingue encore des sujets infiniment curieux. Sur la partie orientale, on voit des guerriers montés sur des chars traînés par deux chevaux : quelques-uns sont culbutés ; d'autres traversent un fleuve, passent sur les soldats de l'armée vaincue, et franchissent victorieusement tous les obstacles. En avant, un héros se fait remarquer par sa haute stature et par le poste qu'il occupe : monté sur son char, et l'arc à la main, il paraît décider la victoire. Au-dessus de ce tableau, on aperçoit un camp et des tentes. Sur la partie occidentale du pylône, on voit le vainqueur sur son char, passant en revue des prisonniers enchaînés : on remarque aussi une procession triomphale, des sacrifices et des offrandes aux dieux. Toutes ces sculptures paraissent avoir rapport à une expédition glorieuse pour les Égyptiens. Sans cesse exposées devant leurs yeux, elles leur inspiraient l'amour de la gloire, un respect inviolable pour leurs rois, et une vénération profonde pour les dieux, dans les temples desquels ces conquérans venaient humblement déposer les trophées de leurs expéditions lointaines.

La partie supérieure de la grande porte qui sépare les deux massifs du pylône est presque entièrement détruite; cependant nous avons pu mesurer les proportions de sa corniche sur les arrachemens qui en subsistent encore. Entre ses deux jambages, on a bâti, en briques crues et en vieux matériaux, une grosse muraille dans laquelle on a ménagé seulement une petite porte d'un mètre et demi de hauteur environ. Cette construction, bien moins ancienne que le palais, ne paraît pas cependant tout-à-fait récente, puisque, depuis qu'elle existe, il s'est accumulé environ un mètre soixante-deux centièmes de décombres en cet endroit. On ne peut en effet passer sous la porte actuelle qu'en descendant d'un côté pour monter de l'autre par des pentes fort roides. Les habitans de Louqsor ne font plus de constructions aussi solides; ils se servent toutefois de celle-ci pour fermer un des quartiers du village, qui est bâti dans l'intérieur du palais.

Après avoir passé le pylône, on se trouve au milieu d'habitations modernes délabrées, qui surmontent et cachent presque entièrement les constructions anciennes situées en cet endroit. On voit seulement à gauche quelques gros blocs de grès couverts d'hiéroglyphes; ce qui dénote des portions d'édifices enfouis. Ces blocs font partie de l'architrave de la galerie; mais, si l'on n'a pas présente à l'esprit la hauteur à laquelle on se trouve au-dessus du sol du monument, on prendra ces pierres pour des restes de fondations. Ce fut notre première idée : un examen plus attentif nous fit apercevoir au milieu de ces blocs quelques indices de chapiteaux; et en pénétrant à gauche par des maisons modernes dont le sol n'a pas autant été exhaussé, nous vîmes les colonnes en grande partie dégagées. Elles ont servi d'appui pour établir les constructions nouvelles, et les habitans de Louqsor se sont partagé les espaces compris entre les colonnes de la galerie pour en faire des écuries, des étables, des logemens, une école publique, et même une mosquée. L'ignorance et le fanatisme des musulmans qu'on y rencontre, mis en opposition avec les vastes connaissances qui ont présidé à l'érection du palais de Louqsor, ne présentent pas un contraste moins frappant que celui des maisons modernes et des édifices majestueux contre lesquels ces constructions de boue sont appliquées.

Les colonnes que nous avons indiquées dans le plan [1], sont renfermées entièrement dans la masse des constructions modernes. Elles sont isolées dans les diverses habitations; il était difficile d'en approcher, et nous avons eu beaucoup de peine à nous rendre compte de leur disposition. Les habitans ne voyaient jamais nos recherches sans beaucoup d'inquiétude : néanmoins, à force de persévérance, nous sommes parvenus à mesurer toutes les parties du plan que nous donnons. On y voit que ces colonnes formaient deux galeries qui partaient des deux côtés de la porte du pylône, se prolongeaient de part et d'autre jusqu'aux trois quarts des massifs pyramidaux, retournaient ensuite perpendiculairement sur elles-mêmes, s'étendaient dans cette direction à cinquante-cinq mètres, et revenaient enfin carrément pour former une cour rectangulaire de deux mille quatre cent soixante-quinze mètres superficiels. Un autre pylône, moins considérable que le premier, et dont on ne voit plus que quelques parties de niveau avec les décombres, et seulement à l'est, formait le fond de la dernière partie des colonnades. Sa porte a le même axe que celle du premier. Des deux côtés, dans l'intérieur de la cour, il y a probablement deux colosses semblables

[1] *Voyez* pl. 5, *A*., vol. III.

à ceux qui sont en avant du premier pylône. Le sol est tellement exhaussé en cet endroit, qu'on ne voit plus rien du colosse occidental, et que le sommet du bonnet du colosse oriental est la seule partie de cette statue qui soit apparente au-dessus des décombres. Nous avons passé plusieurs fois auprès de ce bloc de granit sans soupçonner ce qu'il pouvait être.

Les colonnes ne sont pas d'une proportion élégante : elles ont une forme et un caractère particuliers. Il est à remarquer que cet *ordre*, si l'on peut se servir de cette expression, est proprement celui de Thèbes : partout il y est employé, et on ne le retrouve que rarement ailleurs[1]. Le bas du chapiteau est renflé du quart ou du cinquième du diamètre de la colonne, et a l'apparence d'une capsule dans laquelle sont réunis huit boutons de lotus tronqués, correspondans aux tiges de la partie inférieure de la colonne, qui représente assez bien un faisceau. Sur les chapiteaux sont placés des dés carrés, dont les côtés sont égaux au diamètre de la partie supérieure des colonnes. Les dés supportent l'architrave, qui reçoit, dans l'intérieur, les pierres du plafond, et qui est décorée, à l'extérieur, d'une baguette horizontale, surmontée d'une corniche. Cet entablement a pour hauteur deux fois le chapiteau. Ses décorations n'ont point été recueillies; elles sont composées en grande partie d'hiéroglyphes profondément sculptés.

Le vaste péristyle dont nous venons de faire connaître successivement toutes les parties devait produire dans son ensemble, par sa régularité et son étendue, un très-

[1] *Voyez* notre Mémoire général sur l'architecture égyptienne.

bel effet. Dans beaucoup de monumens égyptiens, on voit de semblables cours environnées de galeries couvertes. Quelquefois ces galeries ne règnent que de deux ou de trois côtés. Il en existe d'analogues à Philæ, à Edfoû, et dans presque tous les édifices de Thèbes ; mais nulle part il n'y en a d'aussi vastes qu'à Louqsor, si ce n'est dans le palais de Karnak, qui, en toutes choses, est supérieur aux autres monumens de l'Égypte. La disposition de ces péristyles a été imitée par les Arabes, dans les grandes mosquées et dans les *okel*. Elle est très-convenable dans les contrées méridionales, parce qu'elle offre, à toutes les heures du jour, un abri contre les rayons ardens du soleil.

Le dessus des galeries du péristyle forme des terrasses spacieuses. Une petite porte pratiquée dans la partie orientale du pylône conduit à un escalier qui monte en ligne droite dans le sens de la plus grande longueur de l'édifice, et qui aboutissait, probablement, sur la porte principale, à un passage découvert, semblable à ceux que nous avons trouvés dans d'autres monumens du même genre : actuellement il mène sur la muraille en briques qui a été construite postérieurement dans cet emplacement. En face est l'entrée d'un escalier qui n'est en quelque sorte que le prolongement de celui dont il vient d'être question. Comme la muraille en briques n'est plus assez élevée, il faut gravir le long des arrachemens de pierre pour y arriver. L'escalier conduit sur la terrasse de cette partie du pylône. Ses marches ont environ vingt-quatre centimètres. A la quinzième, il est obstrué par une grosse pierre détachée d'une des parois; on ne peut plus alors monter qu'en se glissant à travers des blocs bouleversés. Les terrasses du pylône sont au niveau de la baguette de la corniche, qui, par cette disposition, forme une espèce de parapet. C'est de ce point élevé que nous avons aperçu au milieu des habitations modernes le colosse semblable à ceux qui sont situés près des obélisques; c'est aussi de là que nous avons pris, avec un graphomètre à lunettes, les différens angles qui nous ont servi à rattacher Louqsor aux autres monumens de Thèbes, dans le plan général que nous avons donné [1].

La partie orientale du pylône est très-dégradée, et l'on ne peut parvenir à son sommet qu'en passant avec peine par les interstices que le hasard a conservés entre les plus grandes pierres. Nous n'avons pu retrouver l'escalier par lequel on montait sur la terrasse, ni vérifier si l'on communiquait de dessous les galeries du péristyle dans les escaliers du pylône. Il est infiniment probable que ces diverses communications existaient; nous pensons même que la petite salle contiguë au palier inférieur de l'escalier de la partie orientale du pylône, dont nous avons aperçu la porte, mais dans laquelle nous ne sommes pas entrés, communiquait avec un escalier tournant sur lui-même, et qui descendait sous la galerie. On trouve une disposition à peu près semblable à Philæ.

Ce premier pylône de Louqsor n'a pas été construit avec soin. Dans l'intérieur, les pierres paraissent avoir été posées en simple blocage. Le parement extérieur seul

[1] *Voyez* pl. 1, *A.*, vol. II.

avait été parfaitement dressé. Si une pareille négligence de la part des constructeurs n'a pas eu de suites plus fâcheuses ici, on ne peut douter toutefois qu'elle n'ait causé la ruine d'un grand nombre d'édifices semblables, et notamment du deuxième pylône de Louqsor, de presque tous ceux de Karnak, et du tombeau d'Osymandyas.

Immédiatement après le deuxième pylône, on trouve quatorze colonnes rangées sur deux files, dans une direction inclinée de huit degrés trente minutes à l'ouest sur l'axe des premiers édifices. Elles sont remarquables par leurs proportions : elles ont quinze mètres de hauteur, trois mètres quarante centièmes de diamètre à la base, et trois mètres près du chapiteau. On n'en voit d'aussi fortes que dans la grande salle hypostyle de Karnak. Ces colonnes sont construites par assises. Les lits et les joints des pierres ne sont pleins que sur un tiers du diamètre environ; le milieu est évidé et rempli d'un mortier de ciment de brique qui est devenu friable.

Les chapiteaux ont la forme de campanes renversées. Ils ont, à leur naissance, trois mètres cinquante centièmes de diamètre; dans le haut, ils ont cinq mètres et demi de diamètre : ce qui produit environ seize mètres cinquante centièmes de circonférence, et quarante-cinq mètres ou quatre cent neuf pieds de superficie. Leurs décorations n'ont rien de particulier. Ils ont trois mètres et demi de hauteur, et sont surmontés de dés carrés d'un mètre d'épaisseur, dont le côté est égal au diamètre supérieur de la colonne. Au-dessus des dés sont encore les pierres énormes de l'architrave, qui les réunissent dans le sens de la longueur de la colonnade, et qui ont un mètre quatre-vingts centièmes de hauteur, trois mètres et demi de largeur, et six mètres et demi de longueur. Il ne reste plus rien de la corniche, ni des pierres qui couvraient cette colonnade dans le sens de sa largeur, et qui ne pouvaient pas avoir moins de huit mètres de longueur. Ces dimensions ne doivent pas étonner, ni empêcher de croire que la colonnade était couverte; car il existe des plafonds construits en blocs plus considérables encore, dans quelques monumens de l'Égypte. Les quatorze colonnes dont nous nous occupons, sont enfouies sous les décombres jusqu'à une hauteur de dix mètres environ : on s'en est assuré par des fouilles. Les mesures du chapiteau et de l'entablement n'ont pu être prises qu'au graphomètre. L'entrecolonnement, dans le sens de la longueur de la galerie, est de trois mètres, et de cinq mètres dans l'autre sens. Les colonnes sont couvertes de décorations hiéroglyphiques, sculptées en relief dans l'intérieur de la colonnade, et en creux à l'extérieur. Cette dernière circonstance porterait à croire qu'elles ne faisaient pas partie d'une salle hypostyle, comme à Karnak; car alors, à en juger par analogie, tous les hiéroglyphes auraient été en relief : néanmoins elles paraissent avoir été enfermées dans une enceinte assez élevée. En effet, du côté opposé au fleuve, et à quatre mètres de distance, nous avons trouvé les restes d'un mur fort épais qui tient au second pylône, et qui se prolongeait certainement jusqu'à l'extrémité de la colonnade. Il en existait probablement un semblable du côté du fleuve : nous n'avons pas hésité à en tracer la restauration sur le plan[1]. Cette partie de l'édifice n'avait d'autre largeur que l'espace compris entre les deux murs d'enceinte, c'est-à-dire dix-neuf à vingt mètres; et la colonnade n'était réellement qu'une communication indispensable entre les deux autres parties principales du palais.

Les décombres qui sont accumulés en cet endroit sont très-considérables, puisque les colonnes sont, comme nous l'avons dit, enfouies de près de dix mètres. Ils s'étendent, à l'est, jusqu'à la butte de Louqsor, et forment, du côté du Nil, un escarpement assez rapide. Ils sont composés de fragmens de briques de différentes espèces, de tessons de poterie, de débris de pierres provenant du monument, et d'une grande quantité de sable apportée par le vent.

A dix-huit mètres au sud, on trouve un vaste emplacement carré, dont trois côtés sont fermés par des colonnades régulières. L'axe de cette partie du monument, qui est le même que celui de tous les édifices de Louqsor que nous avons encore à décrire, est incliné de trois degrés neuf minutes sur celui de la galerie qui les précède. Cette espèce de second péristyle a quarante-quatre mètres de profondeur sur trente-deux mètres de largeur. L'espace compris entre les grandes colonnes et le second péristyle est assez considérable pour faire présumer que ce vaste emplacement a été occupé par un pylône, dont il ne reste plus rien d'apparent. Cette disposition est entièrement dans le goût de l'architecture égyptienne. On la trouve à peu près à Edfoû, à Philæ et à Karnak.

[1] *Voyez* pl. 5, *A.*, vol. III.

Nous n'avons pas hésité à faire cette restauration dans le plan du palais, en la désignant néanmoins d'une manière particulière, afin qu'on ne la confonde pas avec les parties qui ont été vues et mesurées.

Les deux galeries latérales avaient onze colonnes de face sur deux de profondeur. Celle du fond en a quatre rangées, de huit chacune. Les colonnes des deux galeries parallèles sont lisses; les autres sont sculptées en faisceaux : du reste, elles sont toutes du même ordre et de mêmes dimensions. Elles sont aussi semblables à celles du premier péristyle, mais d'un diamètre un peu plus fort. Nous n'avons point fait de fouilles pour en avoir la hauteur exacte. Si elles sont de la même proportion que celle du premier péristyle, elles ont dix mètres; le sol sur lequel elles reposent est plus exhaussé que celui des parties septentrionales du palais, et il a dû exister un escalier dans le pylône que nous avons placé en avant du second péristyle. Si, au contraire, ces colonnes ont la même proportion que celles qui se trouvent dans les dernières salles méridionales, le sol sur lequel elles reposent est à la même hauteur que celui des parties de l'édifice qui les précèdent. Ces deux hypothèses sont également admissibles, comme nous le verrons dans la suite de cette description.

Les dés placés au-dessus des chapiteaux supportaient un entablement dont il ne reste plus qu'une architrave d'un mètre soixante centièmes de hauteur, placée parallèlement à la longueur des galeries.

L'entre-colonnement, suivant l'axe du palais, est d'un mètre quatre-vingt-cinq centièmes; dans l'autre sens, il est plus considérable. Nous avons supposé que ces deux galeries étaient enveloppées d'un mur qui, partant du pylône que nous avons rétabli, devait s'étendre jusqu'à l'autre extrémité de la galerie, et retourner ensuite, à angle droit, dans l'alignement de la façade du portique à quatre rangs de colonnes. Il existe à l'est une construction qui justifie en partie cette restauration : nous avons conclu le reste par analogie.

Sous le portique, l'entre-colonnement, suivant la longueur, est de deux mètres; celui du milieu est plus que double. Dans le sens de la profondeur, l'entre-colonnement est de deux mètres quarante centièmes. Cette construction est fermée à l'est par un mur qui existe presque dans son entier. On voit encore, à la hauteur des décombres, l'arrachement d'un mur qui devait le fermer au sud, et dont il n'existe rien du côté du fleuve. En général, dans le palais de Louqsor, ce côté est celui qui a éprouvé le plus de dégradations.

Entre les colonnades et les édifices qui les suivent immédiatement, se trouve un espace de quinze mètres de longueur environ, fermé à l'est par la continuation du mur du portique, et qui sans doute était clos de la même manière de l'autre côté. Dans l'angle nord-est de cet emplacement, on voit quelques murs élevés sur un plan irrégulier, qui nous ont paru bâtis postérieurement aux autres constructions : ils en diffèrent surtout en ce que la taille des pierres n'y est pas faite avec autant de soin. Il est très-probable qu'il y avait là des appartemens qui réunissaient le portique avec le reste du palais. Cette partie de l'édifice a éprouvé des changemens notables, et a servi, depuis la destruction de la religion égyptienne, à d'autres usages que celui auquel elle était destinée. On y voit, en effet, une niche circulaire très-bien exécutée, et dont les pierres sont de la même nature que celles qui ont été employées dans tout l'édifice. Les joints et les assises sont bien raccordés, et rien ne peut faire soupçonner que cette construction soit postérieure à celles qui l'environnent. Cependant la persuasion dans laquelle nous étions et nous sommes encore, que les Égyptiens n'ont jamais fait de voûtes, nous engagea à examiner celle-ci avec une grande attention. L'analogie nous portait à croire qu'il avait existé un passage dans l'emplacement de la niche; car, depuis le premier pylône jusqu'au fond du palais, tous les murs transversaux, à l'exception de celui-là, sont percés d'une porte dans l'axe du monument. Nos conjectures se changèrent en certitude lorsque nous visitâmes la face opposée du mur : là on n'a pas raccordé les pierres avec autant de soin, et nous y avons reconnu facilement des indices de l'ancienne porte. Nous avons remarqué, sur les joints, des sculptures qui prouvent que ces matériaux proviennent de la démolition de quelques parties du palais. Cette raison seule n'aurait pas suffi pour prouver que la voûte n'est pas égyptienne, puisque, dans le plus ancien temple de Thèbes, à Karnak, on reconnaît des pierres qui ont très-certainement servi successivement dans deux édifices, avant d'être employées dans la place qu'elles occupent maintenant[1]. L'erreur de quelques voyageurs[2], qui ont pris la voûte dont nous avons parlé

[1] *Voy.* la sect. VIII de ce chapitre.   [2] Pococke, entre autres.

pour une construction égyptienne, était une des plus faciles à commettre, et il nous a fallu toute l'attention que nous y avons mise pour ne pas la partager. Il est très-probable que cette niche, et quelques autres constructions que nous avons fait remarquer précédemment, telles que la grosse muraille en briques élevée entre les deux parties du premier pylône, sont du temps des Romains, et qu'elles auront été faites par les premiers chrétiens, lorsque les empereurs permirent de convertir en églises les temples du paganisme.

Pour ne pas interrompre la régularité de la marche que nous avons suivie dans la description du palais, nous supposerons l'ancienne porte rétablie. Elle donnait entrée dans un vestibule dont le plafond est soutenu par quatre colonnes de même ordre que celles du péristyle et des portiques, mais de dimensions moins considérables. A en juger seulement par la partie qui est hors des décombres, leur fût a près de quatre fois la hauteur du chapiteau : elles sont donc plus élégantes que celles des péristyles et des portiques. Nous ferons observer que le sol du vestibule n'a pas été retrouvé, mais seulement celui de la pièce qui le suit immédiatement. En admettant que l'une et l'autre salles aient eu le même sol, ce qui est infiniment probable, les colonnes du vestibule auraient les mêmes proportions que celles qui existent dans les derniers appartemens vers le sud, ce qui est encore très-probable. Cet accord ne laisse presque aucun doute sur la hauteur du sol du vestibule. Étant ainsi fixé, il se trouve à deux mètres au-dessus de celui des obélisques, et à près d'un mètre au-dessous de celui que nous avons indiqué pour les portiques, en admettant que leurs colonnes aient eu les mêmes proportions que celles du péristyle. Si nous avions déterminé ce sol, en donnant aux colonnes la même proportion qu'à celles des vestibules et de toutes les salles qui sont à la suite, c'est-à-dire près de quatre fois le chapiteau, nous en aurions conclu que le sol des portiques est le même que celui des vestibules. Ces deux suppositions sont également admissibles.

Les chapiteaux des colonnes du vestibule supportent des dés carrés, sur lesquels sont posées les architraves qui les réunissent deux à deux parallèlement à l'axe de l'édifice, et au-dessus desquelles sont les pierres du plafond formant corniche à l'extérieur. Au fond du vestibule, à droite, on voit la porte d'une salle latérale, qui est située du côté du fleuve, et extrêmement encombrée; elle est actuellement découverte, et le mur qui la fermait à l'ouest est démoli. Au nord, est un couloir formé par deux murs très-rapprochés, dont le plafond est presque entièrement détruit, et à l'extrémité duquel est une porte qui donne sur le fleuve. Il n'y a pas de communication entre le vestibule et la salle latérale à l'est; on y pénètre par un autre côté. Le plafond de cette salle est supporté par trois colonnes de même ordre que celles du vestibule. Il nous reste quelques incertitudes sur les dimensions et les proportions de ces colonnes; les mesures que nous en avons prises ne se sont pas trouvées d'accord avec celles de M. Le Père : nous croyons cependant qu'elles diffèrent peu de celles du vestibule. Leurs espacemens sont très-étroits. Au milieu de chacun d'eux, et dans les intervalles des deux colonnes extrêmes et des murs, correspondent, du côté de l'est, quatre petites portes, derrière lesquelles il n'existe plus de constructions apparentes. Nous avons tracé là quatre petits cabinets; ce qu'il nous reste à décrire, justifiera suffisamment cette restauration.

Une autre porte principale du vestibule est située dans l'axe de l'édifice, et directement en face de celle qui a été bouchée par la niche voûtée dont nous avons parlé. Sa corniche est décorée d'un globe ailé; mais il est à remarquer qu'ici le disque n'existe plus, probablement parce qu'il était en métal; en effet, on aperçoit encore les trous de scellement des crampons qui le retenaient, et le vide dans lequel il était encastré.

Après avoir passé cette porte, on se trouve dans une salle de même largeur que le vestibule, mais un peu plus longue, et dans laquelle est enfermée une autre salle[1] extrêmement remarquable. Les murs de celle-ci sont entièrement construits en granit, et ce sont les seuls, dans tout le palais de Louqsor, où cette matière ait été employée. Cette pièce a le même axe que la salle qui l'environne, et est isolée de toutes parts; mais elle n'occupe pas tout-à-fait le milieu de l'espace où elle est renfermée; elle est plus voisine de l'extrémité sud, en sorte que, de ce côté, le couloir est fort étroit. Sa longueur intérieurement est de cinq mètres quatre-vingt-treize centièmes, et sa largeur de trois mètres et demi; ses murs ont quatre-vingt-dix centimètres d'épaisseur. On y entre par deux portes de deux mètres quarante cen-

[1] *Voyez* pl. 5, fig. 1; pl. 8, fig. 2, et pl. 10, fig. 1 et 2, *A*., vol. III.

tièmes de largeur, percées en face l'une de l'autre, et situées dans l'axe du palais. Chacune d'elles a sa corniche extérieure, au-dessus de laquelle se développe une autre corniche plus riche, et qui règne tout autour de la salle : celle-ci est composée de la moulure ordinaire, surmontée d'une rangée d'*ubœus* couronnés de disques ; elle n'atteint pas le plafond des couloirs. Au-dessus et en retraite, s'élèvent verticalement des murs d'un mètre et demi de hauteur, qui soutiennent les pierres du plafond. Les Égyptiens ont toujours évité de faire porter une charge sur une saillie qu'elle aurait pu briser ; et de cette précaution sage, il est souvent résulté un bon effet sous le rapport de la décoration : c'est ainsi qu'en plaçant des dés quelquefois très-élevés entre les chapiteaux et les architraves, ils ont donné à plusieurs édifices beaucoup d'élégance, malgré la courte proportion de leurs colonnes.

Le dessus de la corniche extérieure de la salle en granit est à la même hauteur que la surface supérieure des pierres du plafond, qui ont quatre-vingts centimètres d'épaisseur. A cinquante centimètres au-dessous dans l'intérieur, et tout autour de la pièce, règne une corniche de neuf mètres quatre-vingt-dix centièmes de hauteur.

Le plafond est décoré de sculptures peintes de différentes couleurs, parmi lesquelles le bleu se fait particulièrement distinguer. Sur l'un des murs, on voit un vainqueur, accompagné du vautour tutélaire, présentant au dieu de la génération et de l'abondance une offrande de gâteaux, de fleurs et de fruits. Tous les murs de cette salle sont couverts de sculptures intéressantes.

Au-dessus du plafond de la salle en granit, nous

avons trouvé un espace vide, dont il n'est pas facile de deviner l'usage : il est trop bas pour avoir été habitable, et il est recouvert en grosses pierres de grès, qui forment un double plafond. Peut-être cette salle devait-elle être isolée par-dessus, comme elle l'est tout autour, ainsi que nous l'avons expliqué précédemment.

En sortant de la salle en granit et des couloirs qui l'environnent, on entre dans une galerie transversale de vingt-deux mètres quatre centièmes de longueur sur huit mètres soixante-sept centièmes de profondeur, dont le plafond est soutenu par deux rangées de six colonnes chacune, distantes l'une de l'autre de deux mètres cinquante-six centièmes. Les espacemens des colonnes, dans le sens de la longueur, sont tous de deux mètres et un dixième à peu près, à l'exception de celui du milieu, qui correspond à l'axe de l'édifice, et qui est de trois mètres vingt-un centièmes. Cette galerie est environnée d'appartemens de tous les côtés; on y compte six portes disposées symétriquement : une d'elles conduit à la salle en granit; une seconde, en face de celle-ci, conduit à une pièce de huit mètres de profondeur sur neuf mètres trente centièmes de largeur, soutenue par quatre colonnes. Nous en avons retrouvé le sol : il est de deux mètres plus bas que celui du vestibule, et de niveau avec celui des obélisques. Les proportions des colonnes de la galerie, et des portes, font voir que ces appartemens avaient le même sol que ceux du fond, et que l'escalier qui servait à monter au vestibule devait être placé entre ce vestibule et la salle en granit [1]. Cela

---

[1] *Voyez* la coupe générale, pl. 5, fig. 2, *A.*, vol. III.

expliquerait pourquoi le couloir est plus large de ce côté.

A droite et à gauche de la dernière porte de la galerie, il en existe deux autres symétriquement placées, qui donnent entrée, par les angles, dans deux salles parfaitement semblables, dont les plafonds sont soutenus par deux couples de colonnes rangées parallèlement à l'axe du palais. Il paraît, par ce qui reste de celle de ces deux pièces qui est la plus voisine du Nil, qu'elles communiquaient avec de petits appartemens dont nous n'avons figuré que les masses dans notre plan.

Les deux dernières portes de la galerie sont situées à ses deux extrémités, et en face l'une de l'autre : elles correspondent au milieu des deux rangs de colonnes, et conduisent à de petits appartemens semblables à ceux dont nous venons de parler. De plus, elles donnaient entrée, par de petits corridors, dans deux salles semblables et symétriquement placées des deux côtés de la salle en granit. Ces salles ont dix à onze mètres de largeur, sur six à sept de longueur. Leurs plafonds sont soutenus par un rang de trois colonnes espacées de deux mètres. Le palais de Louqsor offre plusieurs exemples de cette disposition. Elle paraît extraordinaire au premier abord; mais on ne trouve pas de motifs suffisans pour la blâmer. Celle des deux salles qui est du côté du Nil, communiquait, par quatre portes que l'on reconnaît encore, avec de petites chambres de deux mètres quatre-vingts centièmes en carré. Cette salle, et les quatre petites pièces qui en dépendent, sont encore dans leur entier. Il n'en est pas de même de l'autre : toutes les constructions vers l'extérieur sont démolies, et l'on ne voit que les trois colonnes, et la moitié des murs qui les renfermaient. Les petites chambres que nous avons indiquées [1] sont les seules que nous ayons retrouvées ; mais il est facile de voir, par la composition du plan, qu'il en existait de semblables, en grand nombre, de part et d'autre du palais.

Les colonnes de la galerie et des pièces voisines de la salle en granit sont toutes du même ordre. Leurs fûts sont un peu diminués par le haut, et arrondis par le bas. Leurs chapiteaux ont la même forme que ceux du péristyle et des portiques ; c'est un bouton de lotus tronqué et surmonté d'un dé sur lequel portent les architraves. Les colonnes n'ont aucune décoration ; mais les six qui subsistent encore dans les salles les plus méridionales ont reçu une forme particulière, que nous ne pouvons nous dispenser de faire remarquer. Nous avons pu les mesurer et les dessiner avec précision, attendu qu'elles n'ont point été encombrées comme les autres, et que le sol sur lequel elles reposent est à découvert. Nous nous sommes attachés à les faire connaître, parce que les descriptions inexactes qui en ont été données par des voyageurs modernes, ont singulièrement induit en erreur les personnes qui se sont occupées de l'architecture égyptienne. On les a prises pour des faisceaux d'autres petites colonnes, et on les a comparées à des compositions de même nature qui se trouvent dans l'architecture gothique. Quelques voyageurs en parlent comme d'une chose fort extraordinaire : ce qui prouve

[1] *Voyez* pl. 5, fig. 1, *A.*, vol. III.

qu'ils avaient vu avec bien peu d'attention les monumens de la haute Égypte; car ils auraient remarqué qu'elles ne diffèrent de celles qui sont employées dans les autres parties du palais de Louqsor, dans tous les édifices de Thèbes, au temple d'Abydus et au portique d'Achmouneyn, que par le nombre et la saillie des tiges qui les composent. Nous en avons donné un dessin [1] qui levera tous les doutes : on y a représenté à l'échelle de trois centimètres pour un mètre, et avec le plus grand détail, une des colonnes dont nous nous occupons. On verra que sa base est un simple tambour d'un diamètre un peu plus grand que celui du fût qui s'élève dans la forme d'une tige de plante. Ce fût est rétréci par le bas, comme le lotus à son origine; il augmente ensuite de diamètre jusqu'au septième de sa hauteur, et il subit enfin une diminution sensible jusqu'au chapiteau. Il est sculpté de manière à figurer une réunion de plusieurs tiges, dont douze seulement sont apparentes et correspondent à douze boutons de lotus qui composent le chapiteau. Le haut du fût et le bas du chapiteau sont recouverts d'une enveloppe formée de tiges plus petites, liées autour de la colonne. Toutes ces sculptures ont, comme nous l'avons dit, plus de relief que dans les autres édifices de l'Égypte. Les colonnes ont environ dix modules.

Dans aucune des salles du palais qui subsistent encore, nous n'avons trouvé d'escalier pour monter sur les terrasses : nous avons pu cependant y parvenir au moyen de quelques dégradations du mur près de la niche romaine. On y trouve un assez grand nombre d'inscrip-

[1] *Voyez* pl. 10, fig. 7, *A.*, vol. III.

tions hiéroglyphiques, semblables à celles qui sont sur le vieux temple de Karnak [1]; et l'on en remarque dont les caractères sont faits librement, et paraissent former une écriture courante. Nous y avons vu aussi des inscriptions très-nettes et bien écrites, mais dont les caractères nous sont tout-à-fait inconnus.

Tout autour des terrasses sont de grandes rainures de vingt centimètres de profondeur, et de trente-deux centimètres de largeur environ : elles sont creusées dans les pierres du plafond, et tracées avec soin et précision. C'était peut-être un moyen que l'on s'était ménagé pour élever momentanément au-dessus du palais un second étage qui n'était construit qu'en charpente et en toiles.

En faisant des fouilles à l'extrémité du palais, dans l'angle le plus rapproché du Nil, on a retrouvé un soubassement que l'on verra profilé dans la coupe que nous en avons donnée [2] : il devait environner entièrement le monument, puisqu'il est inférieur au sol de toutes les parties de l'édifice, et même des obélisques. Il a un mètre soixante-cinq centièmes de hauteur, sans compter un double socle d'un mètre, sur lequel il est posé; il est couronné d'une corniche de quatre-vingts centimètres de hauteur : le socle inférieur est composé de gros blocs de grès de quatre-vingts centimètres d'épaisseur, posés à plat sur un remblai de trois mètres soixante-un centièmes, au-dessous duquel on trouve le terrain primitif.

On remarque à Louqsor une preuve bien convaincante d'un exhaussement considérable du sol de l'Égypte.

---

[1] *Voyez* la section VIII de ce chapitre.   [2] *Voyez* pl. 8, *A.*, vol. III.

Nous venons de voir que les assises de fondations du soubassement ont été posées, à trois mètres soixante-un centièmes au-dessus du terrain primitif, sur un lit de décombres : or, le niveau de la plaine est actuellement à deux mètres vingt-cinq centièmes au-dessus de cette assise; le sol s'est donc exhaussé de cinq mètres quatre-vingt-six centièmes.

On sait, d'après le témoignage des anciens auteurs, que les Égyptiens bâtissaient sur des remblais; on en trouve ici la preuve.

Depuis les temps les plus anciens, le Nil menace le rivage de Louqsor, vers l'extrémité méridionale du palais. Les Égyptiens, pour se défendre des envahissemens du fleuve, ont construit un mur de quai en pierres de grès semblables à celles qui ont été employées pour le palais; ce mur a soixante-cinq mètres de longueur environ : il y manque plusieurs assises, et cependant il s'élève encore à la même hauteur que le premier socle du soubassement. Il a très-bien résisté à l'effort direct des eaux. Seulement, pour éviter qu'il ne fût tourné par le fleuve, on a senti la nécessité de le prolonger; ce que l'on a fait en maçonnerie de briques cuites; mais une particularité difficile à croire, c'est que, l'étendue de ce mur ayant encore été jugée insuffisante, on l'a prolongé de nouveau en briques crues. Les épaisseurs de ce mur n'ont point été constatées; mais elles sont considérables. Nous n'avons pu observer les moyens employés pour en consolider les fondations; nous n'en avons jamais vu le pied : d'ailleurs ces fondations, qui sans doute ont été établies au niveau des plus basses eaux du Nil, à l'époque de leur construction, sont au-dessous des plus basses eaux actuelles ; car le fond du fleuve s'est exhaussé dans la même proportion que le niveau moyen de la plaine[1]. Quoique nous n'ayons pu vérifier l'état des fondations des murs de quai, nous pouvons cependant assurer qu'ils sont très-solides sur leurs bases, et qu'ils seront plutôt rongés par la force du courant que renversés. On croira sans peine que la partie construite en briques crues a considérablement souffert, tant parce qu'elle est plus exposée, qu'à cause de la nature des matériaux qui la composent ; ce qui en reste est peu de chose, et ne s'aperçoit même que lors des basses eaux. Le Nil a tourné successivement toutes ces portions de quai, qu'il faudrait prolonger de nouveau. Dans leur état actuel, elles forment une espèce d'épi, en sorte qu'on peut espérer qu'elles finiront par détourner le courant, et que cette construction des Égyptiens protégera long-temps encore, contre l'effort des eaux, l'antique palais des rois de Thèbes.

Les édifices de Louqsor sont disposés sur trois axes différens : l'axe du premier péristyle fait un angle de cinquante-huit degrés avec le méridien magnétique ; celui de la grande colonnade, un angle de quarante-neuf degrés trente minutes ; celui de la partie méridionale du palais, un angle de quarante-six degrés vingt-une minutes.

Ces trois parties bien distinctes du palais doivent être considérées isolément. Elles paraissent avoir été exécutées à des époques éloignées les unes des autres :

[1] *Voyez* la section II de ce chapitre, §. II.

la première, à la disposition près des obélisques, et la dernière, sont construites sur des plans qui, par leur régularité et leur simplicité, ne le cèdent point aux autres monumens de l'Égypte. Il est probable que les appartemens qui environnent la salle en granit, auront été construits les premiers : ce sont les seuls édifices indispensables; le reste ne sert qu'à l'embellissement du palais, et aura été ajouté à différentes époques. On sait que les rois d'Égypte signalaient leur grandeur et leur piété en ajoutant des portiques, des statues et des obélisques aux anciens temples[1] : les palais devaient aussi éprouver des effets de leur magnificence. Les rois honoraient les dieux en décorant les temples; ils rendaient hommage à leurs ancêtres par la restauration, l'embellissement et l'agrandissement de leurs anciens palais, et ils satisfaisaient leur vanité personnelle en surpassant leurs prédécesseurs en luxe et en somptuosité.

Le fondateur du palais de Louqsor aura construit les édifices qui environnent la salle en granit, jusqu'au portique à quatre rangs de colonnes, et peut-être les deux portiques latéraux; son successeur se sera distingué en faisant élever la colonnade qui les précède; un roi plus magnifique encore aura construit le grand péristyle et les pylônes, en les enrichissant des colonnes et des obélisques, si toutefois il n'a pas laissé cette gloire à un quatrième souverain, qui, par ces monumens seuls, a égalé ou même surpassé ses prédécesseurs.

Il est bien difficile d'excuser et même d'expliquer

---

[1] Herod. *Hist.* lib. II, cap. 101, 108, 110, 121, 153, 175; et Diod. Sic. *Biblioth. hist.* lib. II.

l'irrégularité vraiment choquante avec laquelle sont ajustées les belles parties du plan du palais. Pourquoi les architectes n'ont-ils pas suivi la direction des édifices construits les premiers? On pouvait en établir toutes les parties sur le même axe, sans être gêné par le fleuve. Le seul motif que l'on aperçoive, peut avoir été de présenter la façade du pylône aux édifices de Karnak, afin de réunir ces deux quartiers de Thèbes par l'allée de sphinx dont nous avons parlé. Peut-être aussi les deux extrémités du palais de Louqsor ont été construites séparément, et sans qu'on ait prévu la possibilité de les réunir par la suite : ce ne serait que très-postérieurement que l'on aurait opéré cette réunion, au moyen de la colonnade intermédiaire. Ce qui tendrait à faire rejeter cette opinion, c'est que l'inclinaison de l'axe de la colonnade sur les deux autres axes n'est pas égale, comme cela aurait dû avoir lieu pour rendre l'irrégularité moins sensible.

Nous ne devons pas négliger de dire que, si l'on en juge par l'apparence extérieure des édifices, par la couleur des pierres et par le caractère même de l'architecture, ce que nous indiquons ici comme ayant été le plus récemment construit, porte au contraire une empreinte de vétusté que n'a pas le reste du palais. Il faudrait croire alors que le péristyle et les pylônes dépendaient d'un édifice dont une partie, tombée en ruine, aura été relevée conformément au plan actuel. On sent que, dans une question de cette nature, on ne peut former que des conjectures bien vagues, et l'on ne nous fera pas un reproche de laisser le lecteur dans l'incertitude où nous nous trouvons nous-mêmes.

DE THÈBES. SECTION VII.

Les voyageurs anciens qui ont parlé de Thèbes, n'ont fait mention d'aucun monument de cette ville que nous puissions reconnaître à Louqsor, à l'exception de Diodore[1], qui parle de l'existence de quatre principaux temples, au nombre desquels on peut croire qu'était le palais que nous avons décrit. Peut-être la rive gauche du fleuve attirait-elle davantage la curiosité des étrangers, ou peut-être était-elle pour eux d'un accès plus facile. Il est toutefois certain qu'il nous est parvenu des détails plus circonstanciés sur le tombeau d'Osymandyas, les colosses et le palais de Memnon, que sur les monumens de la rive droite.

Pococke a cru reconnaître à Louqsor le tombeau d'Osymandyas, décrit par Diodore d'après Hécatée. Nous avons fait voir, en parlant du palais vulgairement connu sous le nom de *Memnonium*, dans quelle suite d'erreurs ce voyageur s'est laissé entraîner[2].

A trois mille cinq cents mètres au sud du palais de Louqsor, et à deux mille mètres du fleuve, existe une vaste enceinte rectangulaire; elle a mille sept cents mètres[3] de longueur et mille cinquante[4] de largeur. Ses murs en briques crues avaient au moins vingt mètres d'épaisseur : ils ne s'élèvent actuellement que de trois ou quatre mètres au-dessus de la plaine; dans beaucoup d'endroits, ils sont encore moins élevés, et, dans quelques-uns, ils ont même entièrement disparu[5]. La plus grande partie de ces murs est enfouie sous le limon du

---

[1] Diod. Sic. *Biblioth. hist.* lib. II.
[2] *Voyez* les sections II et III de ce chapitre.
[3] Huit cent soixante-douze toises.
[4] Cinq cent trente-neuf toises.
[5] *Voy.* le plan général de Thèbes, pl. I, *A.*, vol. II.

Nil; et ce qui reste au-dessus du sol, fournit, depuis nombre de siècles, aux habitans des villages les plus voisins, un engrais employé particulièrement pour la culture du *dourah*. Sur les côtés ouest et sud de cette enceinte, on voit quelques maisons modernes, abandonnées et à moitié détruites.

Après avoir constaté l'existence de ces ruines, où nous avions été seuls et presque sans armes, et après en avoir mesuré les principales dimensions, nous quittâmes ce vaste hippodrome, qui n'offre plus aucune construction intéressante, et qui n'est remarquable que par son immense étendue. Nous étions alors assez près des montagnes de la chaîne arabique pour juger qu'il n'y existe pas de grottes.

SECTION HUITIÈME,

Par MM. JOLLOIS et DEVILLIERS,

Ingénieurs des Ponts et Chaussées.

Description du palais, des propylées, des avenues de sphinx, des temples et de diverses autres ruines de Karnak.

PREMIÈRE PARTIE.

Du palais de Karnak.

§. I. *De la position géographique des ruines, de leur étendue, et de l'enceinte du palais.*

Les ruines de Karnak sont situées à trente degrés vingt minutes trente-quatre secondes de longitude, à l'orient de Paris, et à vingt-cinq degrés quarante-deux minutes sept secondes de latitude boréale. Le point où les observations astronomiques ont été faites, est le milieu de la porte du grand pylône de l'ouest, qui fait face au Nil, et qui est une des principales entrées du palais. Ces ruines sont à sept à huit cents mètres environ des bords du fleuve. La portion de la vallée comprise entre le Nil et le pied de la chaîne arabique a près de sept mille mètres de largeur¹. Ainsi toute la butte factice sur laquelle s'élèvent les édifices de Karnak, est au milieu d'une plaine fort étendue, qui pourrait être toute entière cultivée, si l'incurie des habitans, et surtout le despotisme du gouvernement, n'y apportaient pas d'obstacle. La seule portion située en avant du village est mise en valeur; quelques terrains à l'orient, arrosés par un canal dérivé du Nil, au-dessus de Louqsor, présentent aussi l'aspect riant de la culture; mais, partout ailleurs, on ne voit que des champs en friche, offrant seulement quelques herbes parasites, qui s'élèvent à un mètre de hauteur environ au-dessus du sol.

Nous avons voulu connaître d'abord l'ensemble et l'étendue des ruines de Karnak, qui ne sont, comme nous le verrons bientôt, qu'une partie de l'ancienne cité de Thèbes². Nous en avons fait le tour, au pas ordinaire du cheval, en une heure et demie; ce que l'on peut évaluer à plus de cinq mille mètres³. Quoique ce circuit soit déjà assez étendu, on peut assurer cependant qu'il doit avoir été beaucoup plus considérable autrefois. On conçoit en effet que le sol de la plaine de Thèbes s'étant élevé d'au moins quatre mètres⁴ depuis la construction des principaux édifices, une grande partie de la butte factice et des débris des monumens a pu être couverte par les dépôts du fleuve. Quoi qu'il en soit, le fait que nous venons d'indiquer suffit pour faire voir

---

¹ Une lieue trois quarts environ de deux mille toises.

² *Voyez* la dissertation à la fin de ce chapitre.

³ Deux mille cinq cents toises environ.

⁴ *Voy.* la description des colosses de la plaine de Thèbes, *section* ii *de ce chapitre*, pag. 153 et suiv.

combien est bizarre l'opinion de ceux qui ont avancé que les ruines de Thèbes n'ont pas plus de trois quarts de lieue de tour.

Si l'on monte sur quelques-uns des monticules dont se compose la butte factice de Karnak, on découvre bientôt une enceinte qui s'étend au nord et à l'est, et dont on perd les traces au sud et à l'ouest; cependant toutes les probabilités semblent se réunir pour faire croire que cette enceinte environnait le palais : si maintenant on ne l'aperçoit plus toute entière, c'est que, dans quelques endroits, elle est cachée sous les décombres, et que, dans d'autres, ses matériaux ont été employés à la construction des maisons de briques crues dont se compose le village de Karnak. Ses murs ne sont pas perpendiculaires entre eux; ils ont à peu près dix mètres [1] d'épaisseur : ils paraissent, au premier coup d'œil, construits avec de grosses masses de limon du Nil pétri; mais un examen plus attentif ne tarde point à y faire reconnaître des briques de grande dimension. Elles ont été séchées au soleil, et elles ont trente-deux centimètres [2] de longueur, seize centimètres [3] de largeur et quatorze centimètres d'épaisseur [4]. Toute l'enceinte, telle que nous concevons qu'elle a dû autrefois exister, aurait eu deux mille deux cent quatre-vingt-quatre mètres [5], c'est-à-dire plus d'une demi-lieue de tour : la portion dont on suit maintenant les traces, a mille cinq cent soixante-dix-neuf mètres [6] d'étendue. Il est difficile

---

[1] Trente pieds environ.
[2] Douze pouces.
[3] Six pouces.
[4] Cinq pouces.
[5] Onze cent soixante-douze toises.
[6] Huit cent dix toises.

de dire si cette enceinte a été construite antérieurement ou postérieurement aux monumens qu'elle renferme : cependant, si l'on considère sa forme peu régulière, on sera plutôt porté à croire qu'elle est d'une date postérieure, et que son irrégularité provient seulement de la position des édifices dispersés çà et là, qu'on a voulu y comprendre. On est d'autant plus porté à adopter cette opinion, que partout ailleurs ces sortes de constructions sont d'une régularité parfaite[1].

On rencontre à Karnak, comme nous le verrons bientôt, d'autres enceintes isolées et très-bien conservées, qui renferment des édifices plus ou moins nombreux ; mais nous n'avons trouvé aucune trace d'une enceinte générale[2] de la ville de Thèbes, ou de l'un de ses quartiers, tel que paraît avoir été l'emplacement des ruines de Karnak.

§. II. *De l'état actuel du palais de Karnak, de sa construction et de sa destination.*

Quand on arrive sur les ruines de Thèbes, le monument le plus grand qui frappe la vue, celui qui excite le plus le désir impatient de la curiosité, celui qui attire d'abord tous les regards, celui enfin que sa masse imposante et son immense étendue font distinguer entre tous, c'est le palais de Karnak[3]. Lorsqu'on fait le voyage

---

[1] *Voyez* l'enceinte d'Elethyia, pl. 66, fig. 2, *A.*, vol. 1 ; celle de Medynet-abou, pl. 2, *A.*, vol. 11, et celle des ruines de Bahbeyt et de plusieurs villes anciennes dans la basse Égypte.

[2] *Voyez* ce que nous disons à ce sujet dans notre dissertation, à la fin de ce chapitre.

[3] Nous avons fait, à Thèbes, un premier voyage avec M. le général Béliard, et M. Denon, connu dans

par terre, comme cela nous est arrivé, et que l'on vient de Qené, le chemin que l'on suit passe devant le palais, qui fait face au Nil, et dont l'entrée était précédée autrefois d'une avenue de sphinx. Il est difficile de dire jusqu'où s'étendait cette avenue, qui s'approchait peut-être fort près du fleuve; mais il est certain qu'entre le palais et les débris encore subsistans de deux sphinx dont on aperçoit les têtes mutilées au-dessus des décombres, il y avait au moins soixante autres sphinx.

la littérature et les arts par son intéressant ouvrage sur l'Égypte. Nous avons ensuite, dans un second et un troisième voyages, passé deux mois entiers sur les ruines de Thèbes. Pendant ce temps, il n'est aucun monument qui ait échappé à nos recherches. Nous avions déjà levé les plans topographiques de toutes les villes anciennes, et nous avions recueilli toutes les esquisses et les cotes nécessaires pour tracer les plans, les élévations et les coupes de tous les temples ou palais dont on retrouve encore les restes, lorsque nous nous réunîmes aux deux commissions qui avaient été envoyées par le général en chef pour visiter la haute Égypte. Nous complétâmes alors notre portefeuille et nous l'augmentâmes de nouvelles richesses, en y ajoutant beaucoup de détails de sculptures et de bas-reliefs. M. Le Père, architecte, secondé par MM. Saint-Genis et Corabœuf, avait recueilli, de son côté, ce qui est relatif à l'architecture ancienne; et ce que l'on a inséré dans l'ouvrage est le résultat des communications réciproques que nous nous sommes faites. C'est une circonstance sur laquelle nous appelons particulièrement l'attention des lecteurs, parce qu'elle est très-remarquable. Aucun autre ouvrage, en effet, n'a présenté et ne présentera peut-être des dessins de monumens dont les plans, levés par des architectes et des ingénieurs, sont le résultat de cotes comparées, vérifiées et complétées réciproquement par chacun d'eux. C'est pourquoi nous croyons devoir prévenir les voyageurs qui nous suivront, que ce serait vainement qu'ils chercheraient à ajouter aux travaux publiés sur l'architecture dans la Description de l'Égypte. S'ils désirent donner des notions encore plus étendues sur les anciens monumens, ils doivent s'occuper des détails innombrables de sculpture dont les édifices sont couverts, et recueillir surtout les bas-reliefs historiques qui se rapportent aux conquêtes des anciens rois de l'Égypte; ils doivent s'appliquer à visiter tous les hypogées, à donner des plans et des coupes qui puissent en faire bien connaître la distribution, et à dessiner les bas-reliefs extrêmement curieux qu'ils renferment, et qui ont trait aux mœurs et aux usages civils des anciens Égyptiens.

Les deux que nous avons retrouvés, sont distans l'un de l'autre d'un mètre quatre dixièmes[1], et situés à soixante mètres[2] du premier pylône; ils sont formés de têtes de belier placées sur des corps de lion. Ils sont couchés, les jambes de devant étendues, et celles de derrière repliées sous le corps. Une coiffure symbolique, qui couvre la tête, retombe sur le dos et sur la poitrine. En avant est posée debout, et sculptée dans un tenon qui paraît destiné à soutenir la tête du sphinx, une figure de divinité terminée en gaîne; elle a les bras croisés sur la poitrine, et tient dans ses mains la croix à anse, attribut ordinaire des dieux. Le sphinx est posé sur un socle de trois mètres neuf dixièmes[3] de longueur, un mètre quatorze centièmes[4] de largeur, et seulement vingt-quatre centimètres[5] de hauteur, placé sur un piédestal décoré d'un cordon et d'une corniche. Les fouilles que nous avons fait exécuter, nous ont permis d'en mesurer toutes les dimensions, à l'exception de la hauteur du socle inférieur du piédestal. Sa hauteur totale est de trois mètres et trois dixièmes[6]. On voit écrits, sur l'épaule gauche du sphinx qui est le plus près du pylône, les deux mots grecs ΑΒΑϹΚΑΝΤΟΣ ΨΑΩ. C'est probablement le nom d'un Grec qui, ayant visité Karnak, n'aura pu résister au désir de laisser sur les monumens quelques traces de son passage.

Nous avons fait, dans cette partie de la plaine de Thèbes, un nivellement qui nous a fait connaître que

---

[1] Quatre pieds trois pouces.
[2] Trente toises quatre pieds huit pouces.
[3] Douze pieds.
[4] Trois pieds six pouces.
[5] Neuf pouces.
[6] Dix pieds un pouce neuf lignes. *Voyez* la pl. 29, *A.*, vol. III.

le terrain s'élève, par une pente presque insensible, des bords du Nil au pied de la butte factice de Karnak; il n'y a guère que dix-neuf centimètres [1] de différence entre les deux points extrêmes. La partie supérieure du socle du piédestal est d'un mètre soixante-quatre centièmes [2] au-dessous du niveau moyen de la plaine, et, le 26 août 1799, les eaux du Nil étaient inférieures de deux mètres dix-huit centièmes [3] à ce niveau moyen.

Le pylône au-devant duquel est l'avenue de sphinx dont nous venons de parler, s'étend du nord-est au sud-ouest, dans une longueur de cent treize mètres [4]; c'est plus de la moitié de la façade des Invalides. Cette grande construction n'a point été achevée. Le massif qui est du côté du sud, est le seul où l'on voie encore la sommité de l'édifice; et cependant il est aisé de reconnaître qu'il n'a point été terminé. En effet, son parement extérieur, loin de présenter ces nombreuses et colossales sculptures qui décorent ordinairement les pylônes, est à peine dégrossi; et il offre encore des pierres dont les faces antérieures présentent des parties saillantes, qui auraient disparu sous la main de l'ouvrier. Ce premier massif est percé de deux rangées d'espèces de fenêtres carrées [5] qui le traversent de part en part. Il y a quatre de ces ouvertures dans chaque rangée, et elles correspondent exactement au-dessus d'un même nombre

---

[1] Sept pouces.
[2] Cinq pieds six lignes. *Voyez* les conséquences que nous avons tirées de ce fait, dans la description des colosses de la plaine de Thèbes, *section* 11 *de ce chapitre*, où nous avons parlé avec détail de l'exhaussement de la vallée du Nil.
[3] Six pieds huit pouces neuf lignes.
[4] Trois cent quarante-huit pieds.
[5] *Voy.* pl. 21, fig. 3, *A.*, vol. III.

de rainures cunéiformes où l'on plaçait, comme nous le prouverons bientôt [1], des mâts [2] ornés de pavillons et de banderoles. La hauteur totale du pylône, à partir du sol, est de quarante-trois mètres et demi [3]: elle est bien supérieure à celle de nos édifices les plus élevés, et approche de celle des tours de nos églises. Le bas de la fenêtre la plus méridionale de la rangée inférieure est de seize mètres cent seize millièmes [4] au-dessus du niveau moyen de la plaine.

La porte du pylône a été détruite avant d'avoir été terminée. Il n'existe en place aucune des pierres qui devaient en former le couronnement : on les voit encore renversées pour la plupart sur les décombres. En avant de l'entrée, on trouve un gros bloc de granit rouge, qui paraît être le reste d'une statue [5]. La porte a dû être une des plus élevées de toutes celles qui existent dans les ruines de l'Égypte. Sa largeur, qui est de six mètres et demi [6], et ses montans, qui ont près de cinq mètres [7], nous ont fait juger qu'elle a dû avoir plus de vingt mètres [8] de hauteur sous le plafond, et plus de vingt-six mètres [9] de hauteur totale, en y comprenant l'architrave et la corniche. Que l'on se représente maintenant les énormes battans en bois ou en bronze, qui, en roulant péniblement sur leurs gonds, annonçaient au loin quel-

[1] *Voyez* ci-après la description du grand temple du sud, et la pl. 57, fig. 9, *A*., vol. III.

[2] On peut voir l'effet de ces mâts dans la pl. 41, *A*., vol. III.

[3] Cent trente-quatre pieds environ.

[4] Huit toises un pied sept pouces quatre lignes.

[5] M. Denon indique ici deux grands colosses.

[6] Vingt pieds.

[7] Quinze pieds.

[8] Soixante pieds.

[9] Quatre-vingts pieds environ.

DE THÈBES. SECTION VIII.

ques cérémonies imposantes, et l'on aura déjà une idée des monumens prodigieux que nous allons décrire.

Le massif du pylône qui est vers le nord, est à moitié détruit; il s'élève seulement de quelques pieds au-dessus de la rangée inférieure des fenêtres. On n'y voit aucune trace d'hiéroglyphes. A la quantité de pierres [1] qui ont été remuées ou qui sont encore sur les décombres accumulés autour de l'édifice, on peut juger qu'il a été exploité comme une carrière, et qu'on en a tiré des matériaux pour des constructions modernes qui déjà ont cessé d'exister.

Cet édifice non achevé nous a fourni l'occasion de faire des observations nouvelles, et de vérifier celles qui ont été faites ailleurs [2] sur la manière dont les anciens Égyptiens bâtissaient. Nous avons pu remarquer ici que les assises ne présentent pas la plus grande régularité; les pierres ne sont pas toujours de même hauteur. La construction est formée de gros blocs dont les joints ne sont dressés que dans les deux tiers ou les trois quarts de leur épaisseur; le reste est piqué rustiquement pour se lier à la maçonnerie, qui est composée de pierres irrégulières et plus petites. Le parement n'est point même entièrement dressé : il n'y a qu'une ciselure de deux à trois centimètres [3] environ faite tout autour; ce

---

[1] Toutes les fois que, dans la suite du discours, nous n'indiquerons point de quelle nature sont les matériaux employés dans la construction des monumens que nous décrirons, il sera entendu que ces matériaux sont de grès. Nous aurons toujours soin d'indiquer spécialement la pierre calcaire et le granit, qui sont d'un emploi moins fréquent.

[2] *Voyez* ce qui a déjà été dit de la construction dans la Description de Philæ, par feu M. Lancret, *A. D.*, chap. *I*.

[3] Un pouce.

qui suffit pour la pose des pierres. Quand l'édifice aurait été tout-à-fait construit, on se serait occupé de faire un ragrément général, de remplir les joints des pierres, et de dresser définitivement la surface, sur laquelle on aurait exécuté les sculptures colossales qui sont l'ornement ordinaire de ces sortes de constructions.

Le premier désir que l'on éprouve après avoir examiné tout l'extérieur de ce grand pylône, est de pénétrer dans l'intérieur et de parcourir les appartemens qu'il doit contenir. Malheureusement on ne peut point satisfaire sa curiosité; l'édifice est tellement encombré, que presque le tiers de sa hauteur est caché, et que toutes les entrées sont bouchées. Le milieu du pylône est occupé dans toute sa longueur par un petit escalier droit et très-étroit, d'un peu plus d'un mètre et demi [1] de large, dont l'entrée devait être certainement dans la cour, vers le nord; mais sa porte est maintenant cachée par les décombres. Ce n'est qu'en escaladant les murs avec beaucoup de difficulté, et en nous cramponnant aux joints des pierres, que nous avons pu parvenir à la portion de l'escalier pratiquée dans le massif du sud. La montée est extrêmement douce : les marches n'ont pas plus de huit à dix centimètres [2] de hauteur; et au premier aspect, on pourrait croire qu'elles ont été taillées dans la maçonnerie comme dans un rocher. Ce n'est pas sans étonnement que l'on voit inscrits les noms de quelques voyageurs dans un endroit où il est si difficile de pénétrer. L'escalier conduit jusqu'au sommet du pylône, où l'on jouit de la vue la plus riche et la plus magnifique.

[1] Quatre pieds sept pouces.   [2] Trois à quatre pouces.

DE THÈBES. SECTION VIII.

On peut faire de là une sorte de reconnaissance générale des édifices variés et multipliés que renferme Karnak. On commence déjà à apercevoir distinctement les parties successives du palais; et ce qui d'en bas n'offrait, pour ainsi dire, que l'aspect d'une carrière en exploitation, se dessine tout-à-coup et prend des formes dont on admire la régularité.

L'intérieur de ce pylône ressemble à celui du temple de Philæ [1], qui ne renferme qu'un seul escalier droit. Cependant il est difficile de croire que dans son épaisseur, qui est de près de quinze mètres [2], il n'y ait point quelques salles. Si l'on se laisse guider par l'analogie des constructions de ce genre que l'on trouve à Philæ et à Edfoû [3], il est probable qu'un escalier particulier devait conduire à la sommité de la partie nord du pylône, et que les deux massifs doivent renfermer quelques appartemens.

Dans des lieux qui rappellent tant de souvenirs, et où la difficulté de pénétrer est telle, qu'on regarde déjà comme un rare bonheur d'avoir seulement aperçu les monumens; dans des lieux où il ne faut pas moins que la présence d'une armée pour tout visiter avec quelque sécurité, on ne résiste point au désir de laisser des marques de son passage : c'est, d'ailleurs, ménager à d'autres voyageurs les jouissances qu'on a soi-même éprouvées à la vue de quelques mots tracés en caractères connus. Il semble que les inscriptions charment la soli-

---

[1] *Voyez* pl. 5, fig. 1, et pl. 9, fig. 4, *A.*, vol. 1.
[2] Quarante-six pieds.
[3] *Voyez* les planches relatives à ces monumens, dans le 1er volume de l'Atlas des antiquités.

tude des lieux abandonnés. On les recherche bien plus avidement encore, lorsqu'elles renferment quelques faits importans, relatifs à l'histoire ou aux sciences. Déterminés par ces considérations, et désirant perpétuer le souvenir du passage des Français au milieu de ces ruines mystérieuses, les membres de la Commission des sciences et arts ont gravé dans le palais de Karnak les longitudes et les latitudes des principales villes anciennes dont on retrouve les vestiges sur le sol de la haute Égypte. C'est dans l'enfoncement pratiqué au sud, sous la porte du pylône, que se trouve cette inscription [1].

Pénétrons maintenant dans la grande cour qui se développe devant nous, et dont le pylône forme un côté. Une foule d'objets frappe la vue; et dans son enceinte, qui a cent deux mètres et demi [2] de large, sur quatre-vingt-quatre mètres [3] de profondeur, on trouve des édifices entiers. Cette cour est fermée sur les côtés, au nord et au sud, par des colonnades de quinze mètres [4] de hauteur au-dessus du sol antique. Les colonnes sont couronnées de chapiteaux en forme de boutons de lotus tronqués. La galerie du nord est la plus régulière, et présente un front de dix-huit colonnes, toutes debout, et d'une très-belle conservation. Un entablement composé d'une architrave et d'une corniche repose sur les dés carrés des chapiteaux, de sorte que les lignes droites

---

[1] Il s'est glissé, dans les nombres, une erreur dont on trouvera la rectification dans un mémoire de M. Nouet ayant pour titre, *Observations astronomiques*, etc. Voyez É. M., tom. 1er, pag. 1 et suiv.

[2] Cinquante-deux toises. trois pieds. cinq pouces.

[3] Quarante-deux toises.

[4] Quarante-six pieds.

ne sont point interrompues; ce qui produit toujours en architecture le plus grand effet. Les colonnes ont deux mètres[1] de diamètre, et une hauteur de neuf mètres[2] au-dessus du sol sur lequel sont établis les sphinx qui précèdent le pylône. Tous les entre-colonnemens sont égaux entre eux, et moindres que le diamètre de la colonne, à l'exception de celui qui répond à la sortie de la galerie, lequel est un peu plus que double des autres. C'est, en général, une convenance à laquelle les Égyptiens n'ont jamais manqué, de donner plus de largeur aux entre-colonnemens qui devaient servir de passage. Les murs de fond sont percés de deux portes vers leur extrémité à l'est. Il faut avouer que l'œil serait plus satisfait, si elles étaient pratiquées au milieu de la galerie; mais les architectes égyptiens paraissent avoir toujours été moins sensibles aux lois de la symétrie qu'à celles des convenances. Toute la galerie du nord est entièrement dépourvue de sculptures : on n'y aperçoit point d'hiéroglyphes ni de tableaux symboliques, et elle a moins l'air d'un édifice terminé, que d'une construction en quelque sorte dégrossie, et préparée pour recevoir ces ornemens nombreux qui forment un des caractères essentiels de l'architecture égyptienne. Aux extrémités de la colonnade, s'élèvent des pilastres verticaux qui sauvent le mauvais effet que produirait infailliblement l'inclinaison des pylônes auxquels la galerie aboutit. A l'extrémité, vers l'est, on a pratiqué dans l'épaisseur du mur un petit escalier droit, qui n'a pas plus de huit décimètres[3]

[1] Six pieds deux pouces.
[2] Vingt-sept pieds.
[3] Deux pieds six pouces.

de large, et qui conduit sur la terrasse. A l'ouest, les décombres sont tellement élevés, qu'ils passent par-dessus les pierres du plafond. Il n'est guère douteux qu'en faisant des fouilles dans cet endroit, on ne trouvât la porte qui conduisait dans l'intérieur du pylône.

La colonnade du sud n'est point aussi régulière que celle du nord : un temple, dont nous allons bientôt parler avec détail, en interrompt la continuité à peu près à la moitié de sa longueur. La première partie présente neuf colonnes de front et deux pilastres dont les dimensions, la forme et les espacemens sont les mêmes que dans la colonnade du nord. La largeur de la galerie est de deux mètres et six dixièmes [1]. Un petit escalier pratiqué à l'extrémité ouest conduit sur la terrasse. La deuxième partie de la colonnade, qui est au-delà du temple, se compose seulement de deux pilastres et de deux colonnes, dont l'espacement est de cinq mètres [2] et correspond à l'ouverture de la porte. Des fouilles n'ont point été entreprises pour mettre à découvert la partie inférieure des colonnes ; c'est ce qui fait que, dans les dessins, on ne leur a point donné de base. Cependant il y a quelque raison de croire qu'elles ne se terminaient point ici autrement qu'ailleurs ; et en se les représentant élevées sur des bases cylindriques de peu de hauteur, on aura une restauration qui est tout-à-fait dans le style de l'architecture égyptienne.

La galerie du sud n'est guère plus terminée que celle du nord. Sa frise présente cependant quelques-uns des hiéroglyphes qui devaient la décorer : on les voit dans

---

[1] Huit pieds.   [2] Quinze pieds.

DE THÈBES. SECTION VIII.

la partie qui est au-delà du temple, où ils sont disposés sur deux rangées horizontales.

Les deux galeries n'étant pas plus achevées que le pylône, on doit présumer que tout cet ensemble d'édifices a été entrepris à la même époque, mais postérieurement à la construction du reste du palais. C'est un propylée tout entier qui lui a été ajouté. Nous avons déjà remarqué plus d'une fois, et nous aurons occasion de l'observer encore, que le système suivi dans l'ajustement des plans égyptiens consistait, pour ainsi dire, à engager les uns dans les autres les propylées, les péristyles, les salles hypostyles, les sanctuaires et les appartemens particuliers, dont les formes et la distribution, en quelque sorte consacrées, avaient été réglées d'après des convenances générales, subordonnées aux usages, aux mœurs et au climat. On augmentait ou l'on diminuait le nombre de ces constructions, selon l'importance que l'on se proposait de donner au monument tout entier. C'est ce que Strabon a très-bien indiqué, et sur quoi nous insisterons bientôt avec plus de détail[1].

Au milieu de la cour, on trouve les restes d'une avenue formée de deux files de six colonnes de dimensions colossales, dont il ne subsiste plus que l'avant-dernière dans la rangée du sud ; toutes les autres sont renversées : mais, dans leur chute, l'ordre des assises n'a point été dérangé ; il semblerait qu'elles ont été sapées dans leurs fondemens. Cependant, si la destruction de quelques-unes peut être attribuée à l'effort des hommes, il paraît certain aussi que la cause de la chute de quelques autres

---

[1] *Voyez* ci-après la troisième partie de cette section.

est due à des circonstances locales. On remarque en effet qu'à la base il s'est formé des cristallisations salines qui ont détruit et rongé les pierres à tel point, que les colonnes, n'étant plus soutenues, ont dû céder aux efforts de la pesanteur. Ces cristallisations sont favorisées par l'humidité provenant de l'infiltration des eaux à travers les décombres : car le sol du palais, qui a certainement été élevé au-dessus de l'inondation, lui est maintenant bien inférieur, puisqu'il est même au-dessous du niveau général de la plaine environnante; d'où il résulte que les eaux se répandraient dans le palais, si les montagnes de décombres qui l'entourent ne le défendaient de leur approche. On conçoit sans peine qu'une telle disposition est très-propre à favoriser les infiltrations; et c'est certainement là une des causes qui influeront de plus en plus sur la destruction du palais, dans un pays où d'ailleurs le climat tend si puissamment à conserver les monumens.

Le diamètre des colonnes est de deux mètres quatre-vingt-douze centièmes[1]; leur espacement, de l'ouest à à l'est, est un peu moindre ; mais la largeur de l'avenue qu'elles forment surpasse treize mètres soixante-quatre centièmes[2]. La colonne qui reste encore debout, donne une idée complète de celles qui n'existent plus, ou qui gisent au loin renversées : elle a vingt-un mètres[3] de hauteur totale, en y comprenant la base, le chapiteau et le dé; elle est formée d'un très-grand nombre d'assises ou tambours, qui ont à peu près six cent vingt-

---

[1] Neuf pieds.
[2] Quarante-deux pieds.
[3] Soixante-deux à soixante-trois pieds.

trois millimètres[1] d'épaisseur. Le fût de la colonne contient vingt-trois assises, le chapiteau cinq, et le dé trois. La construction du chapiteau mérite d'être remarquée : sa dernière assise, qui, d'après le galbe de ce membre d'architecture, en embrasse presque toute la saillie, est composée de vingt-six pierres, dont les joints verticaux tendent au centre de la colonne; le dé posé sur leurs parties supérieures les retient dans la position qu'elles doivent conserver. Ce fait, que nous n'avons observé nulle autre part, doit d'autant plus étonner, que les Égyptiens ne nous ont point accoutumés à voir dans leurs constructions l'emploi de menus matériaux : c'est une négligence échappée à leur goût, qui les portait toujours à assurer l'indestructibilité de leurs monumens par la grandeur des masses.

Les monceaux de décombres accumulés à une grande hauteur autour des constructions voisines ne s'étendent pas jusqu'à la colonne, qui est presque entièrement dégagée, et dont on voit même la base en partie : on a donc pu en recueillir avec facilité toutes les sculptures. Elle est décorée par anneaux composés de croix à anse, et de bâtons auguraux à tête de lévrier diversement combinés avec d'autres figures. Ces ornemens sont séparés par des bandes circulaires de grands hiéroglyphes. A peu près au tiers de la colonne, on a sculpté des tableaux accompagnés d'hiéroglyphes, et représentant des offrandes à des divinités égyptiennes. L'apophyge de la colonne est décorée de ces triangles placés les uns dans les autres, qui sont, comme nous

[1] Un pied dix à onze pouces.

l'avons déjà fait remarquer, une imitation de la partie inférieure des plantes. Le haut du fût est orné de cinq liens horizontaux destinés à retenir le bouquet de fleurs et de boutons de lotus qui compose la décoration du chapiteau, dont la forme est celle d'une fleur de lotus épanouie : c'est une campane dont la plus grande largeur est de cinq mètres[1]; ce qui lui donne un contour de plus de quinze mètres[2]. Le dé qui est placé au-dessus du chapiteau, est décoré d'hiéroglyphes sur toutes ses faces. La colonne ainsi isolée rappelle bien plus sensiblement encore que dans l'intérieur des monumens, la tige du lotus dont elle est une imitation parfaite, et elle offre une nouvelle preuve, ajoutée à tant d'autres, que l'architecture égyptienne est indigène. Tous les faits que nous avons déjà observés, et tous ceux sur lesquels nous aurons encore occasion d'arrêter l'attention des lecteurs, tendent à prouver que les différentes parties dont cette architecture se compose, sont une imitation des arbres et des plantes qui croissent sur les bords du Nil. Ce sont des circonstances sur lesquelles nous insistons à dessein, pour détruire l'opinion de ceux qui seraient portés à croire que les Égyptiens ont imité l'architecture de quelques autres peuples[3].

Il est assez probable que les deux files de colonnes qui existaient autrefois, n'ont jamais dû être destinées qu'à former une avenue. On ne voit pas trop, en effet, comment elles pourraient se lier au système des cons-

[1] Quinze pieds.
[2] Quarante-cinq pieds.
[3] Cette thèse sera développée avec le plus grand détail dans notre Mémoire général sur l'architecture.

tructions qui les précèdent et qui les suivent. Il n'est guère possible de supposer non plus que cette avenue ait jamais été couverte. En effet, il n'aurait pas fallu moins que des pierres de seize mètres et demi de long et d'une épaisseur proportionnée; et quelque gigantesques que soient les efforts des Égyptiens, nous n'avons trouvé nulle part l'emploi de blocs d'une aussi grande portée. Pour la couvrir en bois, il eût fallu des pièces de dix-sept mètres de longueur; car, dans le système des plafonds égyptiens, on ne peut admettre aucun assemblage. L'emploi du bois, sur d'aussi grandes dimensions, n'est pas probable, surtout si l'on considère qu'il était fort rare en Égypte. Quelques recherches que nous ayons faites sur les lieux, nous n'avons point vu de restes d'un entablement qui aurait été placé au-dessus des colonnes. Nous pensons donc que ces colonnes ont toujours été isolées, et qu'elles ont dû porter des objets du culte. Ce ne serait point le premier exemple de monumens égyptiens qui auraient été destinés à cet usage. Hérodote nous apprend qu'à Chemmis on voyait des statues au haut du temple de Persée, et que les pyramides qui semblaient sortir du sein du lac de Mœris en étaient ornées. Nous sommes encore confirmés dans notre opinion par la vue d'un bas-relief où l'on peut remarquer quatre tiges de lotus avec leurs fleurs surmontées d'éperviers et de statues, figurant des colonnes absolument semblables à celles que nous venons de décrire[1]. C'étaient des colonnes votives. Ce qui porte à le

[1] *Voyez* ci-après, la description du bas-relief de la pl. 33, fig. 1, *A*., vol. III.

croire, c'est qu'on en retrouve d'absolument semblables parmi les amulettes[1] qui représentaient en petit les objets du culte égyptien.

Près du pylône, vers le nord et à la distance de dix-huit mètres[2], on aperçoit la sommité d'un édifice qui est entièrement enfoui. Sa terrasse est en partie apparente : elle a seize mètres et demi de large sur une longueur de près de vingt mètres. Il faudrait entreprendre des fouilles considérables pour découvrir cet édifice. Nous n'avons point retrouvé, au sud, de construction qui fût symétriquement placée : cependant la hauteur des décombres est telle, qu'on ne peut pas assurer qu'il n'y existe rien.

§. III. *Description du temple dépendant du palais.*

Avant de pénétrer plus loin dans le vaste palais de Karnak, entrons dans le temple que nous avons déjà indiqué, et qui, étant avancé dans la cour de près de douze mètres[3], interrompt d'une manière assez étrange la colonnade du sud. Il est remarquable, d'abord, que son axe n'est point tout-à-fait perpendiculaire à la direction de la galerie, soit que cela provienne d'un défaut d'exécution, soit, ce qui est infiniment plus probable, que cet édifice ait été construit antérieurement aux deux colonnades et au pylône compris dans l'enceinte du propylée qu'ils forment par leur réunion. Ce qui donne encore plus de poids à cette opinion, c'est que le temple

---

[1] *Voyez* les planches d'antiques, *A.*, vol. v.
[2] Cinquante-quatre pieds.
[3] Trente-six pieds.

est couvert de décorations et de sculptures, tandis que les colonnades et le pylône en sont presque entièrement dépourvus.

Un pylône d'une médiocre étendue, mais proportionné à la grandeur du temple, forme l'entrée de l'édifice. Il a vingt-cinq mètres [1] de longueur. Sa hauteur ne peut plus être mesurée maintenant, car il a éprouvé de grandes dégradations. Il a été démoli jusqu'au niveau des terrasses du portique; et encore les débris de terre et de poteries sont-ils tellement amoncelés autour de cette construction, qu'on n'en voit pas plus de trois mètres [2] de hauteur au-dessus des décombres. De chaque côté de la porte, dont on ne voit plus que l'architrave, sont sculptés, sur le parement du pylône, des bas-reliefs tels que l'on en rencontre presque toujours à l'entrée des temples : ils sont formés de figures colossales armées de massues, et prêtes à assommer un grand nombre de victimes qu'elles tiennent par les cheveux. Parmi les hiéroglyphes qui accompagnent ces sculptures, on en remarque un fort singulier[3] : il consiste en deux bras suspendus à une même attache, et armés l'un d'une croix à anse, et l'autre d'une sorte d'étendard.

La plus grande dimension du temple s'étend du nord au sud. Si l'on avance sous la porte du pylône, on entre dans une espèce de cour ou de portique à jour, dont les galeries latérales, larges de deux mètres quatre-vingt-quatre centièmes[4], sont formées de piliers cariatides. Une autre galerie décore le fond du portique; mais

---

[1] Treize toises.
[2] Neuf pieds.
[3] *Voyez* la pl. 22, *A.*, vol. III.
[4] Huit pieds neuf pouces.

celle-ci est formée d'une rangée de quatre piliers cariatides placés en avant de quatre colonnes dont les chapiteaux ont le galbe du bouton de lotus tronqué.

L'espace découvert compris entre les galeries a la forme d'un rectangle dont la longueur est exactement double de la largeur. Sur les côtés, l'intervalle qui sépare les piliers cariatides est à peu près égal à leur grosseur; mais, dans le fond, il est plus que double. Les divinités qui sont adossées aux piliers, sont encombrées presque jusqu'à la hauteur des épaules. Beaucoup d'entre elles ont été mutilées, et leurs têtes brisées et renversées ont disparu. Des fouilles nous les ont fait connaître jusqu'au socle sur lequel elles s'élèvent. Ce sont des statues terminées en gaîne. Elles ont les bras croisés sur la poitrine : elles tiennent dans la main droite une crosse, et dans la main gauche un fléau. Leur coiffure est une espèce de mitre décorée, en avant, de l'*ubœus*, et en arrière, de bandelettes qui retombent sur les épaules. Elles portent une barbe liée en une seule tresse qui descend jusque sur la poitrine. La largeur de leurs épaules excède la grosseur du pilier, de telle sorte qu'elles saillent de part et d'autre de toute l'épaisseur du bras. Une longue ligne d'hiéroglyphes est sculptée sur le devant de leur robe.

Il serait impossible de décrire ici toutes les sculptures de ce premier portique; il suffira de dire que, dans l'intérieur et à l'extérieur, il est décoré d'hiéroglyphes et de tableaux religieux dont les figures sont presque toutes d'une proportion colossale.

Le mur de fond est percé d'une porte couronnée

d'une corniche, au milieu de laquelle est un globe ailé, accompagné d'*ubœus*. Elle conduit à un second portique, dont les plafonds sont soutenus par deux rangées de quatre colonnes également espacées dans le sens de la largeur de l'édifice, à l'exception de l'entre-colonnement du milieu, qui est double des autres. Les chapiteaux ont la forme d'un bouton de lotus tronqué; les soffites de l'entre-colonnement du milieu, et des deux qui lui sont contigus, sont percés de trous carrés, évasés en forme d'entonnoir, dont la partie la plus large est dans l'intérieur. Tout ce second portique ne recevait de lumière que par ces soupiraux. Le mur de fond a un petit avant-corps qui figure la façade d'un temple : il en résulte que la porte qui y est pratiquée, est surmontée de deux corniches, ornées l'une et l'autre du disque ailé, accompagné d'*ubœus*. Cette porte donne entrée dans un sanctuaire de huit mètres un tiers [1] de profondeur sur quatorze mètres [2] de largeur, éclairé par des soupiraux ouverts dans la partie supérieure. Au fond est un petit corps avancé, où l'on a pratiqué une niche qui renfermait sans doute le simulacre de la divinité adorée dans le temple. L'encombrement [3] ne nous a point permis de vérifier cette conjecture. Sur les côtés, sont deux couloirs qui communiquaient probablement au sanctuaire : celui

---

[1] Vingt-cinq pieds sept pouces.
[2] Quarante-trois pieds.
[3] Si l'état d'encombrement dans lequel nous avons trouvé la plupart des constructions anciennes de l'Égypte ne nous a point permis de juger, sur les lieux mêmes, de l'ensemble des rapports et des proportions des différentes parties des édifices, il nous a cependant été favorable sous ce point de vue, que nous avons pu atteindre aux parties supérieures des monumens, dont il nous a été facile de mesurer toutes les parties.

de l'est renferme un escalier qui conduit sur les terrasses. Ce monument paraît peu considérable, si on le compare aux constructions colossales qui l'environnent : cependant il a cinquante-deux mètres[1] de long et vingt-cinq mètres[2] de large, dimensions qui le rapprochent beaucoup des grands temples de l'Égypte.

Nous avons désigné jusqu'à présent sous le nom de *temple* le monument que nous venons de décrire : on peut reconnaître maintenant toute la justesse de cette dénomination ; elle résulte de la forme même du plan, de la distribution intérieure, et du système de décoration. L'analogie parfaite de cet édifice avec le grand temple du sud[3] ne permet pas de douter qu'il ne fût destiné au culte égyptien. C'était ici peut-être, dans l'enceinte du palais, le lieu où les rois venaient offrir des sacrifices avant de se livrer aux soins du gouvernement. Ici, environnés de toute leur cour, ils assistaient à cette prière pleine d'instruction, dans laquelle le pontife suppliait les dieux de donner au prince toutes les vertus royales, leur demandant qu'il fût maître de lui-même, magnanime, bienfaisant, doux envers les autres, et ennemi du mensonge[4]. C'était ici qu'ouvrant les livres sacrés, on lisait aux souverains les conseils et les actions des grands hommes, pour leur servir de règle dans l'administration de l'empire.

[1] Cent soixante pieds.
[2] Soixante-seize pieds.
[3] *Voyez* ci-après, la description du grand temple du sud.
[4] Diod. Sic. *Biblioth. hist.* lib. 1, pag. 81, edit. Amstelodami, 1746.

§. IV. *Suite de la description du palais.*

Continuons d'avancer dans l'intérieur du palais de Karnak. Ce qui attire le plus l'attention en s'approchant du fond de la cour et en se plaçant dans l'axe du monument, c'est cette suite, à perte de vue, de pièces immenses et magnifiques qui par leur réunion forment un des plus grands édifices connus. Au sentiment de plaisir que l'on éprouve d'abord, succède bientôt un sentiment de peine à l'aspect de la destruction totale et du bouleversement du pylône qui forme le fond de la cour. Toute la partie antérieure est tellement ruinée, qu'il est impossible de se figurer que ces pierres, maintenant roulées les unes sur les autres, aient pu former le parement d'un édifice régulier. Il semble qu'il n'y a qu'une secousse générale, produite par un tremblement de terre, qui ait pu l'ébranler jusque dans ses fondemens et le réduire à l'état de destruction où on le voit à présent. Quoi qu'il en soit, il est plus raisonnable de penser qu'un tel bouleversement provient d'un vice de construction. En effet, bien que l'inclinaison des murs soit en général un principe de solidité, on conçoit pourtant que si elle est excessive, comme il arrive ici, pour peu qu'il y ait de vide dans l'intérieur, et que les pierres soient mal liées entre elles, il doit arriver nécessairement qu'elles seront poussées à l'extérieur et glisseront sur leurs joints. Qu'à ces causes de dégradation on ajoute l'humidité, qui, comme nous l'avons déjà fait observer, s'attache à la base des édifices de Karnak, les mine et les ronge, et l'on se fera une idée plus exacte de l'état de destruction que l'on remarque ici.

La porte s'élève encore en partie au-dessus des débris du pylône : elle était précédée de deux grands colosses monolithes en granit rouge, de sept mètres[1] de proportion. Celui qui est au sud, est le seul qui soit encore debout. Les débris du second sont cachés sous les décombres; mais son socle est resté en place. Les statues sont distantes de dix mètres[2]. Leurs piédestaux consistent en deux morceaux de granit, de la forme d'un cube allongé, placés en retraite l'un sur l'autre : celui sur lequel repose immédiatement la statue, fait partie du même bloc; il a trois mètres soixante-dix-neuf centièmes[3] de longueur, et un peu moins de deux mètres et un tiers[4] de largeur. Le colosse, encore debout, est dans l'attitude d'un homme qui marche : il a les jambes séparées. Ses pieds ont quatre-vingt-dix-sept centimètres[5] de long, et il a cinq mètres quatre-vingt-cinq centièmes[6] depuis la partie supérieure de l'épaule jusqu'à la plante des pieds; ce qui suppose une hauteur totale de six mètres quatre-vingt-deux centièmes[7] : à quoi ajoutant un mètre soixante-deux centièmes[8] pour le piédestal, on a huit mètres et demi[9] de hauteur totale au-dessus du sol. Cette statue a éprouvé des dégradations notables : elle n'a plus ni bras ni tête. Elle est sculptée avec une grande perfection sous le rapport du poli de la

[1] Vingt-un pieds.
[2] Trente-pieds.
[3] Onze pieds huit pouces.
[4] Sept pieds.
[5] Trois pieds.
[6] Dix-huit pieds.
[7] Vingt-un pieds.
[8] Cinq pieds.
[9] Vingt-six pieds.

matière, de la recherche que l'on a mise dans l'exécution du costume, et de la richesse des ornemens dont il est décoré. On remarque, un peu au-dessus du nombril et près de la ceinture, une légende, et des hiéroglyphes sur la poitrine. La partie antérieure du premier socle qui fait partie du piédestal, est ornée de six lignes de grands hiéroglyphes. En considérant avec attention les débris du colosse du nord et l'état de son piédestal, il y a tout lieu de penser que sa destruction provient en grande partie des altérations causées par l'infiltration des eaux.

Il est à croire que les deux statues qui existent à l'entrée du pylône, et qui, placées en face l'une de l'autre, paraissent être, pour ainsi dire, les gardiens du palais, offrent la représentation de quelques divinités, ou bien seulement celle de rois et de héros avec les attributs des dieux. Hérodote[1] autorise jusqu'à un certain point cette dernière conjecture, en rapportant qu'au-devant des propylées des édifices de Memphis, Sésostris avait fait placer sa statue avec celles de sa femme et de ses enfans.

L'entrée du pylône est précédée d'une sorte de vestibule de sept mètres et demi[2] de long, et d'une largeur un peu plus que double : on y arrive par une montée de sept marches que des fouilles ont mises à découvert. Ses murs s'élèvent verticalement jusqu'à la hauteur de vingt-neuf mètres soixante-dix centièmes[3] : ils sont décorés

---

[1] Herod. *Hist.* lib. II, cap. 110, pag. 129, edit. 1618.

[2] Vingt-trois pieds.

[3] Quatre-vingt-onze pieds cinq pouces.

dans toute leur étendue, sur la façade et dans l'intérieur, de tableaux allégoriques et religieux, encadrés d'hiéroglyphes, et représentant des offrandes à des divinités. Il est difficile d'assigner avec certitude l'usage de cette construction, assez étendue pour être considérée comme une sorte de vestibule où l'on était admis avant de pénétrer dans les grandes salles qui suivent. La porte du pylône en forme le fond : elle n'a point éprouvé les mêmes dégradations que le reste de l'édifice ; quoi qu'il en soit, elle est fort endommagée. Les énormes pierres de plus de huit mètres [1] de longueur, dont se composait l'architrave, sont tombées et ont entraîné dans leur chute tout l'entablement ; on n'aperçoit plus que vers les angles des restes des cannelures de la corniche, et quelques figures de prêtres et de dieux qui faisaient partie du système de décoration de la frise. Les montans de la porte présentent encore dans leur entier toutes les sculptures dont ils ont été primitivement décorés, et qui y sont distribuées en cinq compartimens égaux. Le dernier bas-relief est caché par les décombres jusqu'à la moitié de la hauteur des figures : probablement il y avait, au-dessous, des ornemens de lotus semblables à ceux qui décorent toujours la partie inférieure des édifices. Parmi les divinités qui entrent dans la composition de ces tableaux, on remarque plus particulièrement Harpocrate avec le signe de la virilité, emblème du soleil fécondant ; c'est le dieu dont la représentation se répète le plus souvent dans le palais de Karnak. Ces bas-reliefs présentent encore, dans quelques endroits,

[1] Vingt-quatre pieds.

des restes des couleurs brillantes dont ils étaient revêtus.

La porte a six mètres et demi[1] de large, et vingt mètres soixante centièmes[2] depuis le sol jusqu'au plafond : ainsi la largeur est exactement le tiers de la hauteur. La corniche et l'architrave réunies ont dix mètres[3] d'élévation; ce qui donne, depuis le sol jusqu'au sommet, vingt-neuf mètres et demi[4], hauteur vraiment prodigieuse pour une porte, et telle qu'elle n'a point son égale dans tous les édifices de Thèbes : elle surpasse de deux mètres et un tiers[5] la hauteur totale du Louvre.

L'épaisseur de la porte, qui est égale à celle du pylône, est de seize mètres[6]. On a pratiqué de part et d'autre, dans la maçonnerie, des enfoncemens destinés à recevoir les deux battans de la porte, en bois ou en bronze, qui fermaient l'ouverture. Bien qu'ils fussent cachés lorsque la porte était ouverte, ils sont cependant sculptés dans toute leur étendue; tant les Égyptiens étaient prodigues de ces ornemens sans nombre qui font un des caractères principaux de leur architecture. Il suffisait que, dans quelques circonstances, le parement d'un mur pût être aperçu, pour que les architectes le couvrissent de décorations.

On a pratiqué, dans l'intérieur de la baie, une autre porte incomparablement plus petite, puisqu'elle n'a pas plus de cinq mètres et demi[7] d'élévation, de trois mètres[8]

---

[1] Vingt pieds.
[2] Soixante-trois pieds cinq pouc.
[3] Trente-un pieds.
[4] Quatre-vingt-onze pieds.
[5] Sept pieds.
[6] Quarante-neuf pieds.
[7] Dix-sept pieds.
[8] Neuf pieds trois pouces.

de profondeur, et d'un mètre et un tiers[1] d'épaisseur. Il est assez facile de reconnaître que cette construction est postérieure à celle de la porte, contre laquelle elle n'est en quelque sorte qu'appliquée, et dont elle cache même en partie les sculptures. Il semblerait, au premier abord, que les Égyptiens auraient renoncé à fermer par des battans la grande ouverture dont nous venons de parler : cependant, si l'on se rappelle que le propylée, composé du premier pylône et des deux galeries, a été construit postérieurement au reste de l'édifice, on ne répugnera point à croire que les énormes portes en bois ou en bronze qui, dans le principe, ont dû être établies ici, n'étant plus aussi nécessaires pour la fermeture du palais, ont dû être reportées à la première entrée.

Si l'on traverse le pylône, on se trouve dans le monument le plus extraordinaire de la magnificence égyptienne : c'est une vaste salle dont les plafonds sont portés par cent trente-quatre colonnes de proportions colossales, où tout signale la somptuosité des anciens rois de l'Égypte. C'est en général le propre des grands monumens de produire dans l'ame du spectateur de vives émotions. La solitude profonde semble ajouter aux dimensions colossales et à l'étendue de celui qui nous occupe. La grande antiquité de ces vastes ruines, et les souvenirs qu'elles rappellent, leur prêtent encore un nouvel attrait. Ici, peut-être, se voyaient ces trois cent quarante-cinq statues de souverains pontifes, tous nés l'un de l'autre, que les prêtres Égyptiens montrèrent à Hécatée, pour confondre la folle prétention qu'il avait

---

[1] Quatre pieds.

de faire remonter sa famille à un dieu [1]. Combien la majesté du lieu devait être augmentée par la réunion de ces colosses ! Dans cet endroit même, on mettait en pratique ces lois pleines de sagesse qui ont élevé l'Égypte à un si haut degré de splendeur. Ici les rois, livrés aux soins du gouvernement, s'occupaient de régler les intérêts des moindres de leurs sujets ; ici le souverain, assis sur son trône, rendait la justice, et recevait les ambassadeurs des nations amies et la soumission des peuples vaincus ; c'est ici que les héros étaient portés en triomphe, que les prisonniers étaient amenés devant eux, que les tributs et les offrandes étaient déposés à leurs pieds ; c'est ici enfin que se passaient toutes les scènes imposantes que l'on voit encore représentées sur les murs mêmes du palais. Lorsque tous ces souvenirs se reproduisent dans la pensée, on admire la grandeur des anciens rois d'Égypte, et l'ame se sent de plus en plus élevée en méditant sur une magnificence qui paraît être au-dessus des efforts humains. Une simple description mettra le lecteur à portée de juger de l'effet que cette vaste salle hypostyle [2] doit produire. C'est un rectangle de cinquante mètres [3] de long et de cent mètres [4] de large : ainsi l'une de ses dimensions est exactement double de l'autre. L'espace qu'il renferme, et qui est entièrement couvert, a plus de cinq mille mètres carrés [5].

---

[1] Herod. *Hist.* lib. II, cap. 143, pag. 145, edit. 1618.
[2] Nous avons donné ailleurs la raison de cette dénomination. *Voyez* la section III de ce chapitre, p. 297.
[3] Vingt-cinq toises quatre pieds cinq pouces. C'est un demi-stade égyptien.
[4] Cinquante et une toises un pied dix pouces. C'est un stade égyptien.
[5] Quarante-sept mille pieds carrés.

Il faut se figurer que l'une de nos plus grandes églises, telles que Notre-Dame de Paris, peut s'y placer toute entière. Les proportions des colonnes employées dans la salle hypostyle ont forcé d'établir les terrasses à des hauteurs différentes. On peut considérer cette salle comme partagée en trois portions d'égale longueur, mais de largeurs inégales. La partie intermédiaire, qui renferme les plus grosses colonnes, forme une sorte d'avenue entre les deux distributions latérales. Toutes les descriptions, tous les plans, sont insuffisans pour donner une idée exacte de cette construction; car, bien que l'on puisse en fixer les mesures, et comparer les colonnes qui la décorent à celles d'édifices plus connus, il y a toujours des effets qui tiennent aux localités, et que ni les dessins ni les discours ne peuvent rendre. Il faut se représenter une avenue formée de deux rangées de six colonnes, qui ont chacune trois mètres cinquante-sept centièmes[1] de diamètre, et plus de dix mètres[2] de circonférence. Ce sont, sans contredit, les plus grosses colonnes qui aient jamais été employées dans l'intérieur des édifices : elles sont égales en grosseur à la colonne Trajane et à celle qui a été récemment élevée, sur la place Vendôme, à la gloire des armées françaises et de leur chef[3]. Il ne faudrait pas moins de six hommes pour en embrasser le tour. Ces colonnes ont vingt-un mètres[4] depuis le sol jusqu'à la partie supérieure du dé.

---

[1] Onze pieds.
[2] Trente pieds neuf pouces.
[3] La construction de la colonne de la place Vendôme a été confiée à notre collègue, M. Le Père, architecte, qui a donné conjointement avec nous les dessins de toute l'architecture des anciens monumens de l'Égypte.
[4] Soixante-cinq pieds.

DE THÈBES. SECTION VIII.

Le chapiteau seul a trois mètres et un tiers[1] de hauteur; son plus grand diamètre en a sept[2] : ce qui fait un contour de vingt-un mètres[3], comprenant une surface de quatre-vingt-trois mètres carrés[4]. Sur les chapiteaux s'élèvent des dés d'un mètre et un tiers de haut, qui reçoivent des architraves destinées elles-mêmes à porter les pierres du plafond. Ce sont les plus grandes de toutes celles que nous avons trouvées employées dans les constructions égyptiennes. En effet, la largeur de l'avenue entre les colonnes étant de cinq mètres et demi[5], et les pierres s'étendant d'un milieu d'une colonne à l'autre, leur longueur n'a pu être moindre de neuf mètres et un cinquième[6]. Elles ont un mètre trente centièmes d'épaisseur, et une largeur variable, mais qui n'est jamais moindre de deux mètres soixante centièmes[7]. Chacune d'elles renferme trente-un mètres cubes[8], et devait peser soixante-cinq mille kilogrammes[9]. Il y en avait dans tout le plafond dix-sept à dix-huit de ces dimensions : il n'en reste plus maintenant une seule en place; toutes sont tombées, soit qu'elles aient été renversées à dessein, où qu'elles se soient rompues sous leur énorme poids. Leurs débris, dispersés au pied des colonnes, ont dans leur chute plus ou moins brisé les chapiteaux. Les architraves sur lesquelles étaient établies les pierres du plafond, sont encore en place; elles sont formées de

---

[1] Dix pieds.
[2] Vingt-un pieds.
[3] Soixante-cinq pieds.
[4] Sept cent quatre-vingt-six pieds carrés.
[5] Dix-sept pieds quatre pouces.
[6] Vingt-huit pieds quatre pouces.
[7] Huit pieds.
[8] Neuf cent quatre pieds cubes.
[9] Cent trente mille huit cent seize livres.

438 CH. IX, DESCRIPTION GÉNÉRALE

deux blocs posés l'un à côté de l'autre sur les dés dont ils occupent toute la largeur; ils s'étendent du centre d'une colonne à l'autre; ils ont sept mètres et demi[1] de longueur, et une épaisseur de deux mètres[2]. Ces deux blocs contiennent ensemble vingt-cinq mètres cubes[3], et pèsent cinquante-quatre mille kilogrammes[4].

Les colonnes, qui contiennent chacune plus de deux cents mètres cubes[5], sont construites par assises régulières de onze décimètres[6] de hauteur, composées de quatre pierres. Leurs fûts sont couverts, depuis le haut jusqu'au bas, de sculptures qui sont généralement en relief bas dans un creux peu profond, si ce n'est dans les parties inférieures, où elles ressemblent à celles de Medynet-abou. Le galbe du chapiteau est celui de la fleur du lotus épanouie; sa partie inférieure est décorée de triangles placés les uns dans les autres, dont les contours, formés de lignes courbes rentrantes sur elles-mêmes, viennent se réunir à la jonction du chapiteau et de la colonne. Au-dessus de ces triangles, s'élèvent des tiges de lotus avec leurs fleurs, dont la distribution présente une grande variété; tantôt c'est la réunion de trois tiges avec la fleur épanouie et le bouton, qui monte jusqu'à la partie supérieure du chapiteau; tantôt c'est un bouquet de lotus au-dessus duquel on voit une légende encadrée et surmontée d'un bonnet emblématique. Le haut du fût est terminé par cinq liens horizontaux.

[1] Vingt-trois pieds.
[2] Six pieds.
[3] Sept cent vingt-neuf pieds cubes.
[4] Cent huit mille cent quatre-vingt-six livres.
[5] Cinq mille huit cent trente-quatre pieds cubes.
[6] Trois pieds deux pouces.

Le reste de la colonne est décoré de phrases hiérogly‑
phiques et d'*ubœus* diversement combinés, et de grands
tableaux représentant des offrandes et des sacrifices aux
dieux. Les apophyges sont ornées de ces triangles placés
les uns dans les autres, que l'on trouve toujours dans
les parties inférieures des édifices. Ces ornemens étant
ici d'une grandeur extraordinaire, on a pu en augmenter
la richesse. On voit, en effet, placée en avant et sculptée
très-profondément, une légende hiéroglyphique, sur‑
montée d'un bonnet emblématique et accompagnée d'un
double rang d'*ubœus*. De chaque côté sont des éperviers
avec des mitres, placés au-dessus d'un encadrement rec‑
tangulaire d'hiéroglyphes. Les intervalles des triangles
sont remplis par des légendes et des serpens.

Les dernières colonnes de l'avenue sont appliquées
contre le parement d'un mur où est ouverte une porte
qui conduit dans les autres appartemens du palais.

Les deux autres parties de la salle hypostyle sont
formées d'abord de six rangées de neuf colonnes, et
d'une septième rangée qui est contiguë à la grande
avenue, et qui n'en a que sept. L'espace qui reste entre
la dernière colonne à l'est et le fond de la salle, est oc‑
cupé par des murs verticaux qui forment les côtés d'une
sorte de vestibule, et dont les faces figurent des pilastres.
Les colonnes ont de hauteur totale, en y comprenant
le dé et la base, treize mètres[1] : leur diamètre inférieur
est de deux mètres et huit dixièmes[2], ce qui leur donne
une circonférence de huit mètres quarante centièmes[3] :
elles sont construites par assises.

[1] Quarante pieds quatre pouces.
[2] Huit pieds huit pouces.
[3] Vingt-six pieds.

Les rangées de colonnes contiguës à la grande avenue ont leurs chapiteaux surmontés de dés sur lesquels s'élève une architrave couronnée d'une corniche. Mais comme la hauteur qui résulte de la réunion de ces différens membres d'architecture est loin d'égaler celle des architraves des grandes colonnes, condition qu'il fallait remplir pour établir le plafond de niveau, on a élevé au-dessus de la corniche une sorte d'attique composé de montans en pierre dont la largeur est égale au diamètre supérieur des colonnes, et dont la hauteur arrive à la partie inférieure des architraves de la grande avenue: ces montans sont eux-mêmes couronnés de longues pierres qui portent le plafond. L'attique est décoré, tout autour et à l'extérieur, d'une corniche. Les espèces de fenêtres formées par les montans sont remplies par des claires-voies en pierre, dont l'objet est de diminuer la trop grande lumière qui aurait pénétré par ces ouvertures, en laissant à l'air un libre passage; condition qu'il est également indispensable de remplir dans un climat tel que celui de l'Égypte, où la vivacité de la lumière fatigue la vue, et où l'ardeur du soleil n'est tempérée que par les vents de nord qui soufflent régulièrement pendant les six mois les plus chauds de l'année.

Les colonnes des deux parties nord et sud de la salle hypostyle sont couvertes d'ornemens. Leurs chapiteaux ont la forme de boutons de lotus tronqués : ils sont décorés de deux rangées de légendes séparées par des hiéroglyphes, dont les unes sont seulement surmontées d'un disque, et les autres sont en outre accompagnées d'*ubœus*. Le fût de la colonne a, dans sa partie supérieure, des ornemens analogues; vers le milieu sont sculptés des tableaux religieux, et les apophyges sont décorées d'une ligne circulaire d'hiéroglyphes et de triangles placés les uns dans les autres. Tout le reste de l'architecture de la salle hypostyle ne présente pas moins de sculptures que les colonnes. Les dés, les architraves, sont couverts d'hiéroglyphes; les corniches sont remplies de ces ornemens composés alternativement de phrases hiéroglyphiques et de cannelures.

La partie septentrionale de la salle hypostyle est moins encombrée que celle du sud; on y aperçoit encore treize assises du mur, depuis le sol de décombres jusqu'aux soffites, tandis que, dans la partie méridionale, on n'en compte que dix. La grande avenue n'a guère que quatre ou cinq assises qui soient cachées sous les décombres.

Aucune des énormes colonnes que présente en si grand nombre la salle hypostyle, n'a éprouvé de dégradation notable; elles subsistent toutes dans leur entier: quelques-unes seulement ont perdu leur aplomb; ce que l'on doit attribuer au peu de fermeté du terrain, qui est maintenant, comme nous l'avons dit, pénétré par les eaux de l'inondation. L'époque n'est peut-être pas très-éloignée où la salle hypostyle cédera enfin à cette cause de destruction, toujours agissante. Déjà les pierres du plafond posées sur les supports qui ont perdu leur aplomb, sont tombées et se sont brisées. Lorsque toutes les colonnes, minées à leur base, s'écrouleront elles-mêmes, elles entraîneront dans leur chute les architraves et le reste du plafond, et les ruines ne présenteront plus que les parties supérieures de l'édifice[1].

L'état de dégradation où se trouvent quelques portions de la salle hypostyle, nous a donné la facilité de monter sur les terrasses, où probablement on arrivait autrefois par des escaliers pratiqués dans les épaisseurs des murs, et particulièrement dans les pylônes. Ces terrasses offrent une surface plane et bien dressée : elles pouvaient servir de promenoirs, où les anciens habitans du palais venaient, à la chute du jour, respirer la fraîcheur; peut-être même y passaient-ils les belles nuits d'été, durant lesquelles encore aujourd'hui les habitans actuels de l'Égypte restent sur les terrasses de leurs maisons[2].

Les murs de clôture, au nord et au sud, sont détruits dans la partie supérieure; ce qui nous a donné lieu de vérifier les observations que nous avons déjà faites sur la construction des édifices et sur l'emploi des tenons de bois[3] pour assurer la liaison des matériaux. En examinant avec attention l'intérieur de ces murs, nous y avons aperçu un grand nombre de pierres provenant d'autres monumens : elles présentent encore des hiéroglyphes aussi bien sculptés que ceux du palais, et même revêtus de couleurs, parmi lesquelles on remarque plus

---

[1] Le temple d'Isis à Bahbeyt, dans le Delta, construit entièrement en granit, offre l'exemple d'une pareille destruction, due probablement à une cause semblable. *Voyez* le Voyage dans le Delta, par MM. Jollois et du Bois-Aymé.

[2] Des rainures que nous avons remarquées sur quelques terrasses des édifices de Thèbes, nous font présumer que l'on y élevait quelque abri. *Voyez* la description de Louqsor, *section* VII *de ce chapitre*.

[3] On a figuré, dans l'ouvrage, plusieurs de ces tenons. *Voy*. pl. 57, fig. 1 et 2, *A.*, vol. II.

DE THÈBES. SECTION VIII. 443

particulièrement le jaune et le bleu. Ce fait, l'un de
ceux qui ont le plus excité notre étonnement, mérite
toute l'attention des observateurs. Il faut donc admettre
que ce palais de Karnak, dont l'antiquité est constatée
par les témoignages de l'histoire[1] autant que par l'aspect
de vétusté qu'il présente, et par l'état de son sol, qui
est maintenant au-dessous du niveau moyen de la plaine,
a été construit avec les débris d'autres monumens beaucoup plus anciens que lui, et qui étaient peut-être eux-
mêmes tombés de vétusté. On pourrait peut-être croire
que les ornemens de ces pierres intérieures sont de la
même époque que ceux des paremens des murs; mais il
faut se rappeler que les Égyptiens sculptaient sur place.
D'ailleurs, ces pierres sont peintes, et l'on y remarque
des légendes encadrées, différentes de celles qui sont
sculptées sur les murs du palais, et qui lui appartiennent
exclusivement[2]. L'esprit est en quelque sorte entraîné
vers les conséquences qui résultent de ces observations
pour la haute antiquité des monumens et de la civilisation de l'Égypte; conséquences fortifiées par des preuves
d'un autre ordre, et à l'évidence desquelles on est forcé
de se rendre.

Ces murs de clôture sont percés de portes qui correspondent à l'entre-colonnement du milieu de la grande
avenue, et qui ont trois mètres soixante centièmes

---

[1] *Voyez* ci-après, dans la troisième partie de cette section, la discussion d'un passage de Diodore de
Sicile.

[2] Nous avons remarqué que de
certaines légendes hiéroglyphiques
sont exclusivement employées dans
les ornemens d'un même édifice, et
qu'on ne les retrouve point ou que
très-rarement ailleurs. C'est, en
quelque sorte, le monogramme de
la divinité adorée dans le temple.

d'ouverture. Ce sont deux des principales issues du palais.

Le pylône qui ferme à l'ouest la salle hypostyle, bien que bouleversé de fond en comble du côté de la cour, présente cependant encore, dans l'intérieur de l'édifice, une portion de son parement bien conservée jusqu'à une assez grande hauteur au-dessus du sol. Le mur de l'est est en partie détruit : tout fait présumer qu'il existait là un pylône comme à l'ouest. Malgré toutes les dégradations que ces murs ont éprouvées, il est aisé de reconnaître que leurs ornemens ne le cédaient point en magnificence à ceux des colonnes. Les décorations sont tellement multipliées, qu'on n'attendra sûrement pas de nous que nous les décrivions toutes : nous allons en faire connaître quelques-unes qui donneront une idée suffisante de leur système général dans la salle hypostyle. Elles consistent particulièrement en barques votives ou symboliques de proportions colossales, et en d'autres représentations de ce genre, que les rois égyptiens consacraient peut-être aux dieux pour les remercier des bienfaits qu'ils en avaient reçus, des succès qu'ils avaient obtenus à la guerre, des victoires qu'ils avaient remportées, des découvertes heureuses qu'ils avaient faites dans les sciences et dans les arts. L'examen attentif de ces sculptures nous a donné lieu de remarquer que l'artiste, dans leur exécution, ne s'est pas toujours astreint à suivre le trait primitif, qui était ordinairement tracé à l'encre rouge ; mais que, le modifiant à son gré, sans s'écarter toutefois des règles reçues, il se laissait, en quelque sorte, guider par les effets qu'il voyait naître sous ses mains. Le mur de l'ouest de la salle hypostyle présente particulièrement la preuve de ce que nous avançons : on y remarque de très-grandes sculptures, dans lesquelles le trait du ciseau s'éloigne plus ou moins de l'esquisse. Il résulte de cette observation, que les sculpteurs égyptiens ne se servaient point de patron dans l'exécution de leurs dessins, qui n'étaient pas tous parfaitement conformes, ainsi qu'un examen superficiel pourrait le faire croire. Cette conséquence est d'ailleurs confirmée par des faits sur lesquels on a déjà plusieurs fois arrêté l'attention des lecteurs : on sait que les Égyptiens construisaient leurs figures par carreaux, et que les caractères de tête étaient souvent très-variés.

* La pl. 32, fig. 5, *A.*, vol. III, représente une de ces barques votives que nous venons d'indiquer, et qui, étudiées avec soin, pourront peut-être jeter quelque lumière sur l'objet et les cérémonies du culte mystérieux des anciens Égyptiens. Cette barque est portée par quarante prêtres vêtus de longues robes; ses extrémités sont terminées par des têtes de belier surmontées de disques et ornées de riches colliers. Des étendards demi-circulaires, portés sur des tiges de lotus, s'élèvent des deux côtés. On y voit un encadrement d'hiéroglyphes accompagné d'*ubœus*. Au milieu de la barque, s'élève une châsse richement décorée, dont les montans sont formés de colones imitant la tige du lotus. Ces colonnes sont surmontées d'une espèce de double chapiteau composé de deux fleurs de lotus épanouies, opposées par leur partie supérieure. Le palais offre lui-même, comme nous le verrons, l'exemple d'un chapiteau exécuté d'après

cette pensée[1]. La châsse est couronnée d'une corniche surmontée d'*ubœus*, et de figures accroupies qui portent des disques sur la tête. L'intérieur est richement décoré de serpens et d'encadremens hiéroglyphiques. Deux idoles accroupies, à tête de belier et à tête d'épervier, sont placées l'une au-dessus de l'autre, et accompagnées d'espèces de génies dont les ailes déployées semblent les envelopper : on sait que ce sont les emblèmes sous lesquels les Thébéens adoraient le soleil[2]. Sur le devant de la barque, on voit un homme dans l'attitude du respect et de la vénération : il semble faire à la divinité l'offrande d'une espèce de disque où sont représentées différentes figures qui ont probablement rapport au culte égyptien. Un sphinx accroupi, emblème de l'Égypte[3], paraît faire l'offrande d'une fleur de lotus. Deux figures et un sphinx debout sont tout-à-fait à la poupe. A la proue de la barque, sont deux figures debout, qui paraissent diriger le vaisseau, au moyen de cordages terminés par des *ubœus*; des rames, en partie cachées, sont appliquées contre la barque, et servent de gouvernail.

Ce tableau serait-il destiné à rappeler la consécration d'une de ces chapelles monolithes que les souverains de l'Égypte faisaient extraire des carrières de Syène pour orner les sanctuaires et recevoir les objets sacrés du culte ? ou bien, n'est-il que la représentation de l'une de ces châsses qui, destinées à recevoir les images des

---

[1] *Voyez* ci-après la description de la galerie du palais.

[2] *Voyez* Plutarque, Lucien, S. Clément d'Alexandrie.

[3] *Voyez* le savant ouvrage de Zoëga, ayant pour titre, *De origine et usu obeliscorum*, sect. IV, cap. 2, pag. 589 et 590.

dieux, étaient déposées dans les temples, d'où on les tirait à de certains jours de fêtes, pour les porter avec pompe dans les processions et les cérémonies du culte égyptien[1]? Une étude approfondie et comparée des monumens pourrait seule jeter quelque lumière sur cette question.

La pl. 33, fig. 1, *A.*, vol. III, offre encore un autre exemple de ces barques votives. Dans le bas-relief que l'on y a représenté, on en voit deux de dimensions colossales, qui se suivent et composent un même sujet : elles sont à peu près d'égale longueur, et elles occupent toutes deux une étendue de vingt mètres. La première a ses deux extrémités terminées par des fleurs de lotus. La proue est surmontée d'un épervier. Sur le devant sont plantées des enseignes portant divers objets du culte égyptien, et, entre autres, un chacal aux pieds duquel sont deux serpens, un épervier dont la tête est surmontée d'une coiffure symbolique, et une légende accompagnée d'*ubœus* et placée sur une fleur de lotus. On peut remarquer que le premier étendard porte sur des tiges qui sont retenues dans la position verticale par des bras attachés à une croix à anse et à une espèce d'échelle nilométrique fixées elles-mêmes sur la barque. Des banderoles sont suspendues à la partie supérieure des étendards. Quatre personnages, dont un à tête humaine, deux à tête d'épervier, et le quatrième à tête de belier, occupent le milieu du vaisseau; ils tiennent

---

[1] *Voyez* l'ouvrage de M. Ameilhon qui est intitulé, *Éclaircissemens sur l'inscription grecque du monument trouvé à Rosette*, Paris, 1803, in-4°.

dans les mains une corde enroulée autour d'une espèce de cabestan, de forme très-remarquable, et dont l'extrémité est attachée à la seconde barque. Une Isis couronnée de lotus paraît diriger leur marche. La poupe est armée d'avirons placés de manière à servir de gouvernail, et dont les extrémités sont terminées par des têtes d'épervier.

La proue et la poupe de la seconde barque sont terminées par des têtes de belier surmontées de riches coiffures ornées d'*ubœus*. En avant du bâtiment, sont deux figures de femmes et un sphinx, symbole de l'Égypte, que l'on retrouve dans tous les sujets qui ont trait à la religion. Au milieu, s'élève, sur un socle, une châsse richement ornée, qui, avec ses accessoires, paraît représenter un édifice tout entier. En effet, on voit, en avant, une avenue de colonnes semblables à celles que nous avons décrites dans la première cour du palais[1]. Ce sont des tiges de lotus avec la fleur épanouie; elles sont surmontées d'objets consacrés au culte égyptien, parmi lesquels il est facile de remarquer un épervier avec un bonnet symbolique sur la tête. On distingue aussi deux obélisques, et deux de ces mâts triomphaux[2] ornés de banderoles, qui se plaçaient en avant des pylônes. Les deux corniches placées l'une au-dessus de

[1] C'est une chose très-remarquable, que l'on retrouve dans les bas-reliefs la représentation de presque toutes les parties des édifices égyptiens. On ne peut guère douter que les sculptures relatives aux usages civils, militaires et religieux, ne fournissent matière à des rapprochemens curieux, de la nature de ceux que nous avons déjà faits et que nous aurons occasion de faire encore.

[2] *Voyez*, pl. 57, fig. 9, *A.*, vol. III, le dessin de ces mâts, dans un bas-relief du grand temple du sud.

l'autre, dans la partie supérieure de la châsse, figurent celles du *pronaos* et du second portique d'un temple; le sanctuaire qui vient ensuite, est représenté par une niche richement décorée, placée elle-même sur une barque dont la poupe et la proue sont terminées par des têtes de belier, et où se voit deux fois l'idole sacrée : c'est une petite figure accroupie, enveloppée des ailes protectrices de deux génies. Cette niche repose sur une espèce d'autel décoré d'*ubœus*. On voit, en avant des édifices ici représentés, un homme que sa haute stature, et le vautour qui plane sur sa tête, font assez connaître pour un héros égyptien; son vêtement et sa coiffure ne laissent à cet égard aucune incertitude. Il tient à sa main une cassolette dans laquelle il jette des grains d'encens; sa position un peu inclinée indique suffisamment que ses vœux s'adressent à la divinité renfermée dans le temple. Il a derrière lui des offrandes qui consistent en vases, en tiges de lotus, et en victuailles, telles que des pains et des oiseaux aquatiques. Devant lui est une offrande d'un autre genre; c'est une barque votive, ornée, à ses extrémités, de têtes d'Isis : elle est armée de son gouvernail, et elle porte une châsse analogue à celle devant laquelle le héros fait son offrande. On peut remarquer que cette dernière est soutenue par quatre figures accroupies, à tête de chacal. On voit aussi, à la poupe du navire, des offrandes consistant en deux petites barques votives, accompagnées de fleurs de lotus et d'autels sur lesquels sont placées des victuailles. Dans l'une des barques, est un disque devant lequel un personnage est en adoration. Aurait-on voulu indiquer ici le soleil achevant son cours?

Dans ce bas-relief extrêmement curieux, il nous semble qu'on a voulu rappeler non pas seulement l'inauguration d'un simple monolithe, mais celle d'un édifice tout entier. Le temple est ici consacré par celui même qui l'a fait ériger, par un de ces rois conquérans qui ont porté à un si haut point la gloire de l'empire égyptien. C'est peut-être au retour d'une expédition heureuse, et pour rendre grâces aux dieux des succès qu'ils lui avaient accordés, que le héros a fait élever un nouveau temple. Tout semble être ici le résultat de l'inspiration et de l'influence des dieux qui, placés dans la première barque, paraissent diriger le héros.

Peut-être aussi tout ce bas-relief n'est-il qu'un *ex-voto*; peut-être les rois ou les héros égyptiens faisaient-ils sculpter, dans le grand palais de Thèbes, des tableaux du genre de celui que nous venons de décrire, lorsqu'ils avaient échappé à un danger imminent, ou qu'ils avaient obtenu l'objet de leurs vœux les plus ardens. C'est un usage encore établi parmi nous, et nos temples sont remplis de tableaux, de statues et de bas-reliefs, qui ne sont que des *ex-voto*.

Nous ne quitterons point ce bas-relief sans faire observer l'extrême finesse de ses détails et la délicatesse de sa sculpture. La poupe et la proue de la barque sont ornées de têtes de belier très-heureusement ajustées; la tête de l'épervier et celle du belier sont employées avec infiniment de goût, pour décorer les plus petits détails

DE THÈBES. SECTION VIII. 451

de la barque, tels que l'extrémité des rames, et jusqu'à des crochets destinés à amarrer les cordes.

Abandonnons maintenant la salle hypostyle, la pièce la plus considérable du monument le plus vaste que les Égyptiens aient construit, quoique nous soyons loin d'avoir fait connaître tout ce qui est digne de remarque dans cette portion du palais. On en sort par la porte d'un pylône presque entièrement détruit. Cette porte est moins élevée que celles qui la précèdent; il est probable que le pylône[1] dont elle fait partie, était aussi moins élevé que ceux que nous avons déjà décrits. C'est un fait d'observation générale, et qui ne souffre aucune exception, que la diminution successive de la hauteur des différentes parties des édifices égyptiens; elle a lieu dans les temples, depuis le portique jusqu'au fond du sanctuaire, et, dans les palais, depuis les premières cours jusqu'aux appartemens les plus éloignés. Il semble qu'en prenant ce parti, les Égyptiens se sont proposé d'augmenter les effets de la perspective. Quoi qu'il en soit, la porte de ce dernier pylône ne laisse pas d'avoir près de seize mètres[2] de hauteur. Lorsqu'on l'a traversée, on se trouve dans une sorte de couloir découvert, qui a quinze mètres[3] de largeur et quatre-vingt-douze mètres[4] de longueur, perpendiculairement à l'axe du palais. Ce couloir est plus étroit sur les côtés, où il n'a guère que quatre à cinq mètres[5] d'étendue; il est formé par le

---

[1] Dans la pl. 21, fig. 2, *A.*, vol. III, nous avons exprimé par des lignes ponctuées la forme probable et l'élévation de ces pylônes.
[2] Quarante-neuf pieds.
[3] Quarante-six pieds.
[4] Deux cent quatre-vingt-trois pieds.
[5] Douze à quinze pieds.

mur de clôture du palais et les murs extérieurs des édifices que nous avons encore à décrire, et dont il fait tout le tour.

Le voyageur porte d'abord son attention sur les obélisques, qu'il a déjà aperçus de tous les points d'où il a pu considérer les ruines de Karnak. Les premiers que l'on rencontre sont en beau granit rose de Syène; leur base est un carré d'un mètre quatre-vingt-trois centièmes[1] de côté, au niveau du sol actuel de décombres; la hauteur au-dessus du même sol est de vingt mètres[2], et il est certain que la hauteur totale ne devait pas être moindre de vingt-deux mètres trois quarts[3]. Le pyramidion a un mètre soixante-deux centièmes[4] de largeur à sa base, et deux mètres quatre-vingt-douze centièmes[5] de hauteur; ses arêtes sont très-vives, et ses faces bien polies. Ces obélisques n'ont, pour toute décoration, qu'une seule ligne d'hiéroglyphes, qui s'étend de la partie inférieure des pyramidions jusqu'en bas : en cela, ils ressemblent à celui qui s'élève au milieu des ruines d'*Héliopolis*, et à quelques-uns de ceux que l'on voit à Rome. De ces deux obélisques, un seul reste encore debout, c'est celui du sud; l'autre a été renversé, et ses débris paraissent avoir été exploités par les gens du pays, qui en ont tiré des meules. Ils sont placés en avant d'une construction dont les paremens extérieurs sont en talus, et qui est entièrement détruite dans sa partie supérieure. Les débris amoncelés autour la rendraient tout-à-fait

---

[1] Cinq pieds sept pouces.
[2] Soixante-un pieds.
[3] Soixante-dix pieds.
[4] Cinq pieds.
[5] Neuf pieds.

méconnaissable pour ceux qui ne seraient point déjà familiarisés avec les édifices égyptiens. Il est extrêmement probable que c'était un pylône[1] moins élevé que ceux que nous avons décrits. Sa porte d'entrée diffère de celles des autres pylônes par la saillie de ses deux montans, qui est de plus de deux mètres[2]; elle en diffère encore, en ce qu'elle conduit dans une sorte de vestibule de treize mètres[3] de longueur, et de près de quatre mètres[4] de largeur, qui occupe toute l'épaisseur du pylône, et qui est encore saillant de quatre mètres dans le péristyle du palais. Cette pièce offre l'aspect d'un bouleversement général, et semble avoir été sapée dans ses fondemens. Il est difficile de dire si c'est là l'effet d'une dévastation préméditée, ou bien le résultat de ces infiltrations des eaux de l'inondation, qui minent le pied des édifices de Karnak : peut-être l'une et l'autre cause ont-elles concouru à la destruction de ce péristyle. Quoi qu'il en soit, avec de la persévérance, on parvient à démêler la forme primitive de ces édifices, qui maintenant paraissent n'en avoir aucune. On reconnaît, de chaque côté de la porte, l'emplacement de deux hypètres de dix-neuf mètres[5] de largeur, et de vingt-six mètres[6] de longueur; des piliers cariatides, qui restent encore debout, au nord et au sud, et les nombreux débris de semblables colosses, que l'on rencontre partout sous ses pas, indiquent, d'une manière certaine, que

---

[1] Ce pylône est rétabli par des lignes ponctuées dans la coupe générale du palais. *Voyez* pl. 21, fig. 2, *A.*, vol. III.
[2] Six pieds.
[3] Quarante pieds.
[4] Douze pieds.
[5] Cinquante-huit pieds.
[6] Quatre-vingts pieds.

chacun de ces hypètres était orné, sur trois côtés, de pareils piliers. D'après la vérification que nous en avons pu faire, ils étaient tous également espacés, à l'exception de ceux du fond, qui présentent un écartement plus considérable, correspondant à deux portes latérales. Les deux hypètres, en quelque sorte contigus, puisqu'ils ne sont séparés que par des portes saillantes sur le nu des murs, forment, par leur réunion, un péristyle qui ne devait point le céder en beauté à ceux de Medynet-abou[1] et du tombeau d'Osymandyas[2]. Les planches d'architecture qui en offrent la restauration, peuvent déjà en donner une haute idée. Sa magnificence était encore rehaussée par deux des plus grands obélisques que les Égyptiens aient élevés. Ces deux monolithes étaient placés de chaque côté de la porte : celui du nord est le seul qui reste debout ; c'est le plus élevé des onze que renferme encore l'Égypte, et il égale presque en hauteur les plus grands qui se trouvent à Rome[3]. Sa

---

[1] *Voyez* la section Ire de ce chapitre.

[2] *Voyez* la section III de ce chapitre.

[3] On ne sera peut-être pas fâché de trouver ici les dimensions des principaux obélisques de Rome. Nous les extrairons du savant ouvrage de Zoëga, intitulé, *De origine et usu obeliscorum*, et de l'ouvrage de M. Rondelet sur l'art de bâtir.

Obélisque de Saint-Jean de Latran.

Cet obélisque fut retiré, en trois morceaux, des décombres où il était resté long-temps enfoui. Le plus grand de ces morceaux a $14^m,628$ (45^{ds} $0°$ $4^1 \frac{1}{7}$), le second $9^m,715$ (29^{ds} $10°$ $10^1 \frac{1}{7}$), et le troisième, comprenant le pyramidion, $8^m,709$ (26^{ds} $9°$ 9^1). Ce monument, restauré et actuellement élevé sur la place Saint-Jean de Latran, est le plus grand obélisque connu. Sa hauteur est de $32^m,159$ (99^{ds}). Le cube des trois parties dont il est formé est de $169^m,50$ cubes (4945 pieds cubes), et son poids est de 461437 kilogrammes (942651 livres, poids de marc). Les calculs faits du temps de Mercati ne portent le cube de cet obélisque qu'à 15129 palmes cubiques, équivalens à $168^m,25$ cubes (4912 pieds cubes), et le poids à 1301094 livres romaines, équiva-

DE THÈBES. SECTION VIII. 455

base est un carré de deux mètres quarante-huit centièmes [1] de côté, au niveau du sol de décombres. Il a vingt-trois mètres quatre-vingt-treize centièmes [2] de hauteur au-dessus du même sol. On n'a pas eu le temps d'entreprendre des fouilles au pied; mais on ne peut douter qu'il ne s'élevât sur le pavé du péristyle; ce qui

lentes à 458733 kilogr. (938223 liv., poids de marc). Dominique Fontana lui donne 15383 palmes cubiques, égaux à $171^m,33$ cubes (4998,50 pieds cubes), ce qui fournit un poids de 461946 kilogr. (943691,25 livres, poids de marc). Ces différences proviennent de l'irrégularité de la figure de l'obélisque, dont les faces prolongées n'iraient point aboutir à un point unique.

La mesure réduite du côté du quadrilatère qui forme la base de cet obélisque, est de $2^m,923$. La base du pyramidion a $1^m,895$ de côté.

Obélisque de la place de Saint-Pierre.

Cet obélisque est intact et d'un seul morceau de granit. Sa hauteur est de $25^m,135$ (78^{ds}). Sa base est un quadrilatère dont les côtés sont tous inégaux. Le premier a $3^m,015$ ($9^{ds}\ 3°\ 4^1\ \frac{1}{7}$), le deuxième $2^m,903$ ($8^{ds}\ 11°\ 3^1$), le troisième $2^m,791$ ($8^{ds}\ 7°\ 1^1\ \frac{1}{7}$), le quatrième $2^m,68$ ($8^{ds}\ 3°$). La longueur réduite du côté de l'obélisque est de $2^m,847$ ($8^{ds}\ 9°\ 2^1$); le côté de la base du pyramidion est de $1^m,785$ ($5^{ds}\ 6°$). Fontana évalue le cube de cet obélisque à 11204 palmes cubiques, correspondans à $129^m,79$ cubes (3640 pieds cubes), et le poids à 964538 liv. rom., équivalentes à 339723,25 kilogram. (694005,50 livres, poids de marc).

Obélisque de la place de la Porte du Peuple.

Cet obélisque a été brisé en trois morceaux, qui, maintenant réunis, ont une longueur de $23^m,896$ ($73^{ds}\ 6°$), compris le pyramidion. Sa section n'offre point un carré parfait : c'est un rectangle qui, dans la partie inférieure de l'obélisque, a deux de ses côtés opposés de $2^m,40$ ($7^{ds}\ 4°\ 8^1$). Les deux autres côtés ont $2^m,121$ ($6^{ds}\ 6°\ 4^1\ \frac{1}{7}$).

Obélisque de Sainte-Marie-Majeure.

Cet obélisque, qui a été brisé en quatre morceaux, a été très-bien restauré, et a de longueur totale $14^m,74$ ($45^{ds}\ 4°\ 6^1$). Sa grosseur, par le bas, est de $1^m,421$ ($4^{ds}\ 4°\ 6^1$); et par le haut, de $0^m,913$ ($2^{ds}\ 10°\ 3^1$).

Nous ne parlerons point ici des autres obélisques de Rome, qui sont d'une grandeur relativement beaucoup moindre, et qui n'importent point aussi essentiellement à la comparaison que nous avons eu en vue de faciliter au lecteur.

[1] Sept pieds sept pouces six lignes.
[2] Soixante-treize pieds sept pouces neuf lignes.

lui donne une hauteur totale de vingt-neuf mètres quatre-vingt-trois centièmes[1]. Sa base, à la partie inférieure, ne peut avoir moins de deux mètres soixante-cinq centièmes[2]. Cet énorme monolithe renferme un cube de cent trente-huit mètres[3], et pèse trois cent soixante-quatorze mille kilogrammes[4]. Bien que des fouilles ne nous aient pas fait connaître comment il se termine, cependant, d'après l'analogie des obélisques de Louqsor et les représentations de ce genre de monumens que l'on trouve dans les bas-reliefs[5], on sera porté à croire qu'il s'élevait sur un socle d'une hauteur médiocre, tel qu'il est figuré dans l'atlas[6]. Le système de décoration de ce monolithe est différent de celui des obélisques de Louqsor, et des petits obélisques de Karnak que nous avons décrits : il se compose d'une ligne d'hiéroglyphes, qui occupe le milieu des faces, depuis le haut jusqu'en bas. A droite et à gauche de cette ligne, et jusqu'à la moitié de la hauteur seulement, sont disposés des tableaux où l'on remarque une même divinité, à laquelle des prêtres font diverses offrandes.

L'obélisque du sud montre encore au loin ses énormes débris dispersés. Un morceau de plus de dix mètres[7] de longueur, qui renferme tout le pyramidion, présente une décoration absolument semblable à celle de l'obé-

---

[1] Quatre-vingt-onze pieds dix pouces.

[2] Huit pieds un pouce.

[3] Quatre mille vingt-un pieds cubes.

[4] Sept cent quarante-sept mille neuf cent soixante-sept livres. Le poids du pied cube de granit est de cent quatre-vingt-six livres.

[5] *Voyez* les bas-reliefs sculptés sur la face même de l'un des obélisques de Louqsor, pl. 11, fig. 1, *A.*, vol. III.

[6] *Voy.* pl. 30, fig. 5, *A.*, vol. III.

[7] Trente pieds.

lisque du nord [1]. Nous avons pu apprécier exactement la perfection rare que les Égyptiens mettaient dans l'exécution de ces monumens : leurs sculptures sont en relief dans le creux ; et en adoptant ce parti, ils semblent avoir tout fait pour la conservation de ces précieux monolithes. En effet, des sculptures exécutées en creux auraient été à peine distinguées ; en relief, elles eussent été plus exposées aux dégradations, et d'ailleurs elles auraient altéré la forme de l'obélisque. Les Égyptiens ont donc paré à ces deux inconvéniens, en donnant aux figures un léger relief dans le creux. Toutes les sculptures sont polies avec le plus grand soin ; celles qui étaient placées loin de l'œil, au sommet de l'obélisque, sont terminées avec autant de recherche et de patience que si elles eussent dû être vues de très-près.

Il existe encore de nombreux débris [2] dans l'emplacement de l'obélisque du sud ; mais les habitans en ont exploité la plupart pour faire des meules de moulin.

Ceux qui pourraient avoir encore quelque penchant pour cette opinion singulière, que les obélisques ont été primitivement élevés par les Égyptiens pour servir de gnomons, seront entièrement détrompés, en considérant la position de ceux dont il est ici question. En effet, enclavés comme on les voit dans des constructions, il n'y a point de sol propre à recevoir leur ombre. Les obélisques ne pourraient être regardés comme des monumens astronomiques que sous ce point de vue, qu'on y rencontre quelquefois des signes du zodiaque, et qu'il

---

[1] *Voyez* la pl. 18 et la pl. 30, fig. 5, *A.*, vol. III. [2] *Voyez* la pl. 18, *A.*, vol. III.

est assez probable que les anciens Égyptiens, dans leur langage hiéroglyphique, y avaient consigné leurs connaissances dans la science du ciel. Quelle qu'ait été d'ailleurs leur destination, ces monumens si simples, si précieux dans leur exécution, doivent être considérés comme la production la plus élégante et la plus parfaite de l'architecture égyptienne. Bossuet en a fait le plus bel éloge, lorsqu'il a dit [1] que la puissance romaine, désespérant d'égaler les Égyptiens, a cru faire assez pour sa grandeur, d'emprunter les obélisques de leurs rois. En effet, que de soins, que de constance n'ont point demandés la construction et l'érection de semblables monumens au milieu du palais de Karnak! Il n'a pas suffi de trouver, parmi les rochers de Syène, des blocs d'une étendue immense; il a fallu encore, avec une précaution infinie, les détacher de la masse sans les rompre, puis les dégrossir, en dresser les faces, et les orner de sculptures variées. On conçoit à peine comment les arts si perfectionnés de l'Europe pourraient enfanter un pareil prodige. Et qui oserait encore assigner ce qu'il faudrait de temps pour conduire à sa fin une pareille entreprise?

Plusieurs historiens, et Pline [2] entre autres, rapportent que la forme des obélisques est une imitation des rayons solaires, et qu'en égyptien le mot *obélisque* ne signifie autre chose que *rayon*. Zoëga [3] ne partage point cette opinion, et ne trouve, ni dans la langue

---

[1] *Voyez* le Discours sur l'histoire universelle, pag. 186 du tom. II, édition stéréotype de Didot.

[2] *Voyez* Pline, *Hist. nat.* l. XXXVI, chap. 8.

[3] *Voyez* l'ouvrage de Zoëga, *De usu et origine obeliscorum*, p. 130.

qobte, ni dans la langue arabe, rien qui justifie l'étymologie que Pline semble indiquer. Quoi qu'il en soit, il n'est guère possible de douter que quelques-uns de ces monumens ne fussent consacrés au soleil : la nature des décorations que présentent les grands obélisques de Karnak, semble le confirmer. Cette divinité à laquelle se font toutes les offrandes, est certainement l'emblème du soleil, et les hiéroglyphes expriment sans doute des louanges en l'honneur de cet astre, l'un des douze grands dieux que révérait l'Égypte[1]. Il paraît cependant certain aussi que quelques obélisques étaient des monumens élevés à la gloire des grands rois, pour conserver la mémoire des peuples qu'ils avaient domptés, des grandes prospérités dont ils avaient joui, et des tributs qu'ils avaient imposés aux nations vaincues[2]. Ces monolithes étaient souvent des dons offerts aux temples par les peuples de l'Égypte; ils attestaient l'amour des sujets envers le prince et leur attachement à la religion.

Il n'est aucun voyageur qui, ayant parcouru les ruines de Thèbes, n'ait été frappé de la beauté du grand obélisque de Karnak : sa hauteur prodigieuse pour un monolithe, la finesse des détails et l'exécution précieuse des sculptures, la beauté et le poli parfait de la matière, tout excite l'étonnement.

La porte par laquelle on sort du péristyle où se trouvent les monumens précieux qui viennent de faire l'objet de notre examen et de nos recherches, se fait

---

[1] *Voyez* Hérodote, *Hist.* liv. II. (*Annales*), Pline, Ammien-Marcellin.
[2] *Voyez*, entre autres auteurs, Diodore de Sicile, Strabon, Tacite

remarquer par sa grande simplicité : tous ses murs sont lisses et sans aucune espèce d'ornement. Sa corniche seule est décorée d'un globe ailé, en relief sur un fond de cannelures. Cette porte a quatorze mètres [1] d'élévation, et domine sur les terrasses du péristyle. Une différence de niveau, trouvée entre le sol de la galerie et celui des pièces suivantes, a motivé les marches que l'on voit dans la coupe générale [2]. En sortant du péristyle, on pénètre d'abord dans une espèce de vestibule de six mètres [3] de long et de douze mètres [4] de large, percé de deux portes au nord et au sud : il conduit à une masse de constructions qui offrent maintenant le plus grand désordre. Des éboulemens ont eu lieu dans une longueur de trente-cinq mètres [5] et une largeur de trente-huit mètres et demi [6]. Les planches des vues [7] donnent une idée du bouleversement de toute cette portion du palais de Karnak ; mais il est absolument impossible de se le représenter complétement, si on ne l'a point vu. On n'aperçoit partout, en effet, que des débris de pierre, des membres d'architecture brisés et renversés. Ce n'est qu'avec une grande persévérance qu'il a été possible de parvenir à débrouiller ce chaos.

Le premier mur a trois mètres quarante centièmes [8] d'épaisseur. C'est probablement le reste d'un pylône. Il renferme une porte construite toute entière en granit, qui conduit dans une petite cour de six mètres [9] de long

---

[1] Quarante-cinq pieds.
[2] *Voyez* pl. 21, fig. 2, et pl. 24, *A.*, vol. III.
[3] Dix-huit pieds environ.
[4] Trente-sept pieds six pouces.
[5] Cent huit pieds.
[6] Cent dix-neuf pieds deux pouc.
[7] *Voy.* les pl. 18 et 43, *A.*, vol. III.
[8] Dix pieds six pouces.
[9] Dix-huit pieds.

sur quinze mètres[1] de large. Deux portes pratiquées au nord et au sud donnent entrée dans deux salles d'égales dimensions : elles ont sept mètres[2] de large sur dix mètres[3] de long. Celle qui est au nord offre encore les restes des colonnes à pans dont elle était décorée. On en voit une qui est cassée à deux mètres soixante centièmes[4] de sa base. La position assez irrégulière de ces colonnes donnerait à croire qu'elles ont été placées là après coup pour diminuer la portée des pierres du plafond. Il ne s'en trouve point de pareilles dans la salle du sud. Ces deux pièces ont l'une et l'autre quatre issues au dehors.

Trois portes pratiquées dans le fond de la petite cour conduisent à des appartemens très-remarquables, soit par la richesse des matériaux dont ils sont construits, soit par la multiplicité et le fini précieux des sculptures. Tout semble indiquer ici un lieu mystérieux et révéré, dans lequel les prêtres ou les ministres du roi avaient seuls la faculté de pénétrer. Deux stèles[5], espèces d'obélisques tronqués, du plus beau granit rose, en décorent l'entrée : leur base inférieure est un carré de plus d'un mètre[6] de côté, et ils ont quatre-vingt-douze centimètres[7] seulement à la partie supérieure; leur hauteur totale est de cinq mètres soixante-quatorze centièmes[8].

---

[1] Quarante-six pieds deux pouc.
[2] Vingt-un pieds.
[3] Cinq toises.
[4] Huit pieds.
[5] Cette dénomination est dérivée du mot στήλη, dont les Grecs faisaient l'application à des pierres de bases carrées qui conservaient à peu près une même grosseur dans toute leur longueur. Sous ce point de vue, elle est applicable aux monumens dont il est ici question.
[6] Trois pieds deux pouces.
[7] Trois pieds.
[8] Dix-sept pieds sept pouces.

Ils sont parfaitement polis. Leur forme semblerait annoncer qu'ils étaient destinés à porter des statues. Les sculptures qui les décorent, joignent à une exécution ferme et vigoureuse une certaine grâce dans les contours. Celles de leurs faces qui sont exposées à l'est et à l'ouest, sont chacune ornées de trois bas-reliefs, qui paraissent avoir plutôt trait à des scènes familières qu'à des objets religieux : ils sont en effet composés de deux figures qui se tiennent embrassées, et dans deux des tableaux, on remarque des femmes. Le vautour qui plane au-dessus de la tête des personnages, les attributs qu'ils portent et que l'on retrouve toujours dans les mains des héros, tels que la croix à anse et le sceptre à tige de lotus, indiquent assez que les scènes ici représentées se passent entre des personnages d'un haut rang. Ces tableaux paraissent être relatifs à l'hymen et à l'amitié. Les faces nord et sud de ces stèles offrent trois tiges de lotus sculptées en grand relief : la tige du milieu est beaucoup plus grosse que les deux autres, et elle est surmontée d'une légende hiéroglyphique. Le calice de la plante est bien exprimé. Ces sculptures présentent encore les restes des couleurs qui y ont été appliquées.

C'est par la porte que décorent les deux stèles, qu'on entre dans les appartemens de granit : ils consistent en un petit vestibule et deux salles successives de même largeur; mais la première a six mètres[1] de longueur, et la seconde, un peu plus de huit[2]. Outre la richesse de la matière ici prodiguée par les anciens Égyptiens, on retrouve encore une multitude de sculptures variées

[1] Dix-huit pieds six pouces. [2] Vingt-cinq pieds trois pouces.

et peintes de diverses couleurs. Tous les murs intérieurs offrent des tableaux exécutés avec beaucoup d'art. Nulle autre part nous n'avons vu plus fréquemment sculptée la figure d'Harpocrate, dieu de l'abondance, emblème de la reproduction, caractérisé par le signe de la virilité, qu'à une époque plus récente on a mis un soin particulier à détruire. On y voit aussi gravés des sujets amoureux et des scènes familières[1], représentant un personnage, un roi sans doute, assis à côté de sa femme, qui paraît le tenir tendrement embrassé. Ces tableaux sont analogues à ceux qui ont été recueillis dans les grottes, et qui peignent les traits de la vie civile des anciens Égyptiens. Dans la première pièce, toutes les sculptures sont encore peintes de couleurs vives et brillantes : on y remarque particulièrement le vert, qui les fait ressortir fortement sur le granit rouge. Les plafonds, formés de gros blocs de granit, sont parsemés d'étoiles peintes en jaune sur un fond bleu ; le milieu de l'étoile est rouge. La seconde pièce offre aussi des figures peintes de couleurs variées, mais en moindre nombre que la première, parce que le parement du granit est en partie exfolié : les chairs sont d'un rouge brun ; les ornemens des vêtemens sont verts ou bleus. Le plafond est parsemé d'étoiles rouges. Dans les deux pièces, on remarque des sculptures qui n'ont point été achevées ; elles sont seulement dessinées au trait ; et l'on voit, comme à Ombos[2], les carreaux tracés en rouge, qui ont servi à

---

[1] Ces tableaux n'ont point été dessinés, mais ils ont été décrits sur les lieux mêmes.

[2] *Voyez* la pl. 44, fig. 3, *A.*, vol. I.

en établir les proportions. Ainsi, dans les monumens où la patience et le génie des Égyptiens semblent avoir triomphé de tous les obstacles, on trouve encore des travaux imparfaits, tant la sculpture sur le granit devait être longue et dispendieuse.

Les corniches des portes de ces deux salles étaient ornées, comme partout ailleurs, de globes ailés; à cette différence près, qu'ici les disques étaient de métal. On voit encore la place qu'ils occupaient, et les trous qui servaient à leur scellement. Nous avons déjà fait remarquer un pareil fait à Louqsor[1], et le grand temple du sud à Karnak nous en présentera un autre entièrement semblable[2]. On sait combien les Égyptiens excellaient dans l'application de la dorure sur les métaux[3], et il est assez probable que les globes ailés dont il est ici question étaient de bronze doré, s'ils n'étaient en or massif.

Les appartemens de granit donnent lieu à une remarque assez curieuse; c'est que, dans les trous des linteaux où se logeaient les tourillons des portes, on voit encore une couleur verte qui indique un oxide de cuivre. Ainsi l'on ne peut douter que les portes qui fermaient les appartemens de granit, ne roulassent sur des tourillons de ce métal. La magnificence que les Égyptiens mettaient dans la construction de leurs édifices, les riches mines de cuivre qui étaient autrefois exploitées en Égypte, tout doit faire présumer que les portes elles-mêmes étaient entièrement en bronze.

---

[1] *Voyez* la description de Louqsor, *section* VII, pag. 363.
[2] *Voyez* ci-après.
[3] On trouve encore en fouillant les décombres, et l'on voit dans les cabinets de l'Europe, un grand nombre d'idoles égyptiennes en bronze doré.

DE THÈBES. SECTION VIII.

Le petit vestibule et une partie de la première pièce des appartemens de granit sont couverts à l'extérieur par un revêtement construit en grosses pierres de grès. De semblables blocs enveloppent le plafond; mais ils ne posent point immédiatement sur le granit, et ils laissent un vide de vingt-cinq centimètres de hauteur. Parmi les différentes dégradations que le temps a fait éprouver à cette portion du palais de Karnak, on remarque avec étonnement que quelques-uns des blocs de granit qui forment le plafond se sont rompus et menacent ruine, tandis que les pierres de grès dont ils sont enveloppés sont restées tout-à-fait intactes. Ainsi le granit, cette matière si dure et dont l'emploi paraîtrait devoir être si avantageux dans les constructions que l'on veut rendre indestructibles, résiste pourtant quelquefois moins que les pierres les plus tendres. La qualité saline de l'air, et l'humidité sans doute, ont causé ici cette altération, dont nous avons rencontré peu d'exemples ailleurs.

Parmi les morceaux de granit employés dans les pierres du plafond, on en remarque qui sont chargés de sculptures. Il en existe, entre autres, un qui est couvert d'hiéroglyphes, et qui nous a paru être un fragment d'un ancien obélisque. Voilà donc encore un fait qui, réuni à tous ceux que nous avons déjà cités, prouve que cet antique palais de Karnak est construit en partie avec des débris de monumens encore plus anciens que lui.

C'est dans les appartemens de granit que nous avons entendu se renouveler le phénomène, si célèbre dans l'antiquité, des sons rendus par des pierres au lever de l'aurore. Il nous est plusieurs fois arrivé, lorsque nous étions occupés à mesurer les monumens, ou à dessiner les bas-reliefs dont les parois des murs sont couvertes, d'entendre à la même heure, après le lever du soleil, un léger craquement sonore qui se répétait plusieurs fois [1]. Le son nous a paru partir des pierres énormes qui couvrent les appartemens de granit, et dont quelques-unes menacent de s'écrouler. Ce phénomène provient, sans doute, du changement de température presque subit qui se fait au lever du soleil. Quelque forte, en effet, que soit la chaleur que l'on éprouve en Égypte pendant le jour, les nuits sont toujours fraîches. La chaleur, se faisant sentir tout-à-coup à la surface extérieure des pierres, qui en est aussitôt frappée, ne se répartit pas également dans le reste de la masse; et le craquement, pareil au son d'une corde vibrante, que nous avons entendu, pourrait bien n'être que le résultat du rétablissement de l'équilibre. Il ne faut pas perdre de vue que c'est du sein d'un monument en ruine, où les pierres brisées sont renversées les unes sur les autres, que part le son que nous avons entendu; circonstance qui est sans doute favorable à son émission.

Les édifices qui viennent de faire le sujet de notre examen, sont les plus considérables de tous ceux en granit que nous avons rencontrés dans la haute Égypte. Ce n'est que dans le Delta, c'est-à-dire à quatre-vingt-dix myriamètres [2] des carrières de Syène, que l'on re-

---

[1] Ce phénomène a été observé par MM. Costaz, Redouté, Coutelle, Le Père, Delille et Jollois.

[2] Deux cent trente lieues de deux mille toises. Cette distance est prise en suivant le cours du fleuve.

DE THÈBES. SECTION VIII. 467

trouve des monumens construits entièrement en granit [1].

On fait extérieurement le tour des salles en granit, en pénétrant par deux portes latérales, qui conduisent d'abord à deux petites pièces carrées, puis à un corridor enveloppant tous ces appartemens. Ce corridor ou couloir a ses parois couvertes de sculptures. On y rencontre deux portes en beau granit noir, qui conduisent à de petites pièces dont le plan fait mieux connaître la disposition que toutes les descriptions que l'on pourrait en donner [2]. L'un de ces petits appartemens est couvert intérieurement et extérieurement d'hiéroglyphes plus nombreux que dans aucun autre endroit. C'est là que, sur le mur même et à la superficie des débris entassés au pied, on trouve en grande quantité des signes qui paraissent être des chiffres : ils sont distribués seuls, ou au nombre de deux et quatre, au milieu de carrés ou de rectangles régulièrement tracés [3]. Les sculptures qui se trouvent de ce côté, à l'extérieur de l'édifice de granit, sont toutes coloriées, et la pl. 34 en donne une idée très-exacte [4] : on peut y remarquer une série de tableaux dans lesquels le personnage principal, un prince [5] sans

---

[1] C'est le temple d'Isis à Bahbeyt. Voyez-en la description dans l'écrit intitulé, *Voyage dans le Delta*, par MM. Jollois et du Bois-Aymé.

[2] *Voy.* pl. 21, fig. 1, *A.*, vol. III.

[3] *Voyez* pl. 38, fig. 28, 30 et 31, *A.*, vol. III.

[4] *Voyez* l'Atlas, *A.*, vol. III.

[5] Plutarque nous apprend que les rois égyptiens étaient choisis parmi les prêtres ou parmi les gens de guerre, et que, lorsqu'ils sortaient de la caste militaire, ils étaient initiés aux mystères. Voici le passage de cet auteur :

Οἱ δὲ βασιλεῖς ἀπεδείκνυντο μὲν ἐκ τῶν ἱερέων ἢ τῶν μαχίμων, τοῦ μὲν δι' ἀνδρίαν, τοῦ δὲ διὰ σοφίαν, γένους ἀξίωμα καὶ τιμὴν ἔχοντος. Ὁ δὲ ἐκ μαχίμων ἀποδεδειγμένος, εὐθὺς ἐγίνετο τῶν ἱερέων, καὶ μετεῖχε τῆς φιλοσοφίας ἐπικεκρυμμένης τὰ πολλὰ

doute, passe par les différens degrés de l'initiation. Il est d'abord purifié par deux prêtres qui lui versent sur la tête les eaux régénératrices du Nil. Dans la seconde scène, on lui impose les mains, comme cela se pratique encore aujourd'hui dans quelques cérémonies de la religion chrétienne, et on lui met sur la tête un bonnet sacerdotal en forme de mitre. Dans le troisième tableau, l'initié, conduit entre deux prêtres, s'avance vers une sorte de sanctuaire où sont renfermées les images des dieux; ce qui signifie probablement qu'après bien des épreuves il parvient à la connaissance de la divinité et des mystères sacrés de la religion. Tous ces tableaux sont accompagnés d'hiéroglyphes qui en sont peut-être l'explication. Au-dessous, on voit représentées des barques sacrées, posées sur des autels, ou portées par des prêtres, et dans lesquelles sont des châsses renfermant les images des dieux : elles sont environnées de toute la pompe des cérémonies religieuses.

Les sujets de sculpture qui se trouvent dans les autres parties du couloir, vers le nord, paraissent relatifs aux richesses des souverains de l'Égypte. On y a représenté beaucoup de vases [1], de colliers de perles, de cassolettes, et toutes sortes d'objets qui annoncent le luxe des arts et une grande magnificence. Il serait assez curieux de pouvoir assigner la destination et l'usage de chacun des

μύθοις καὶ λόγοις ἀμυδρὰς ἐμφάσεις τῆς ἀληθείας καὶ διαφάσεις ἔχουσιν.
Reges porrò aut è sacerdotibus aut è bellicosis legebantur, cùm hæc gens ob virtutem, illa ob sapientiam, in honore et auctoritate esset. Qui autem è bellicosis creabatur rex, statim se sacerdotibus dabat, ac philosophiæ fiebat particeps, pleraque fabulis occultantis ac sermonibus obscura veritatis indicia et argumenta habentibus. (Plut. *de Iside et Osiride*, tom. II, p. 354, ed. 1599).

[1] *Voyez* la pl. 35, *A.*, vol. III.

DE THÈBES. SECTION VIII.

objets figurés dans les planches de l'Atlas. On peut observer en général que les vases, par la pureté de leurs formes, l'élégance de leurs proportions, l'emportent sur tout ce que l'antiquité nous a laissé de plus précieux en ce genre. Les vases étrusques, si renommés, ne présentent rien de plus agréable ni de plus gracieux, et il pourrait bien se faire que leurs rapports avec les productions égyptiennes du même genre ne fussent pas seulement l'effet du hasard. La pl. 55 offre des meubles, des ustensiles, des étendards, des coffres, des colliers, et divers objets du culte égyptien, distribués dans quatre bandes horizontales et mêlés avec des hiéroglyphes. Nous n'entreprendrons pas d'en donner une description complète : nous indiquerons seulement, dans la première rangée, trois vases remarquables par l'élégance de leurs formes, surmontés de tiges et de fleurs de lotus; du milieu de l'un d'eux s'élève une musaraigne, et sur l'autre est un homme debout. Des vases placés sur trois lignes les uns au-dessus des autres sont posés sur des tables, aux extrémités desquelles on en voit deux autres petits retenus par des liens. Au commencement des trois autres bandes, sont deux obélisques dont le pyramidion est tronqué; circonstance que ne présentent pas les obélisques encore subsistans à Karnak, mais qui se retrouve ailleurs en Égypte[1]. La seconde bande offre surtout des colliers, dont un seul est très-orné, et une espèce de coffre qui pouvait se porter sur les épaules, au moyen de deux bâtons passés dans la longueur; ce dernier a

---

[1] *Voyez* les dessins des obélisques d'Héliopolis et d'Alexandrie, *A.*, vol. v.

beaucoup d'analogie avec celui qui se trouve dans la scène funéraire dessinée à Elethyia[1], et avec le sarcophage que l'on remarque dans le bas-relief qui, à Philæ[2], représente la sépulture d'Osiris. On voit encore d'autres coffres figurés dans la même planche : ce sont peut-être les modèles de ceux que, suivant Apulée, on portait dans les processions publiques, et où étaient renfermés et cachés aux yeux du vulgaire les mystères de la religion. La troisième bande renferme des vases qui l'emportent sur tous les autres par la richesse des détails dont ils sont ornés. Du milieu de l'un d'eux sort une tour, à la circonférence de laquelle sont groupés des hommes montés sur des chars traînés par des chevaux : des quadrupèdes dont il est difficile d'assigner l'espèce en couronnent le sommet; deux léopards, élancés sur des tiges de lotus autour desquelles sont ciselés des hommes étendus, en forment les anses. Un autre vase, non moins digne d'être distingué, est surmonté d'éperviers qui ont les ailes déployées et la tête couronnée de disques. On ne peut guère douter que tous ces objets ne fussent exécutés en orfévrerie ou en matière précieuse, pour décorer les palais des souverains. Nous ferons observer encore, dans la même pl. 35, et dans la troisième bande, une espèce d'équerre[3] dont on pouvait se servir

---

[1] *Voyez* la pl. 70, fig. 5, *A.*, vol. I.

[2] *Voyez* la pl. 19, fig. 2, *A.*, vol. I.

[3] Il est digne de remarque que cet instrument est absolument de la même forme que ces équerres à deux branches qui, se repliant l'une sur l'autre, trouvent place dans nos étuis de mathématiques. La forme du trou dont l'une des branches est percée, ressemble même parfaitement à celle qui se voit dans l'instrument que nous signalons dans la pl. 35, *A.*, vol. III.

pour juger du niveau dans les constructions : le milieu est percé d'un trou qui recevait le poids suspendu au fil à plomb. Les différentes bandes que nous avons indiquées dans la pl. 35, sont séparées par des lignes de ces espèces de chiffres sur lesquels nous avons déjà fixé l'attention du lecteur. Ces unités sont seules, ou distribuées par groupes de deux, trois et quatre; quelquefois elles sont réunies deux par deux par un demi-cercle, et forment une sorte de fer-à-cheval. Telles sont les sculptures les plus remarquables qui sont exécutées sur les parois des couloirs. Deux portes de granit noir, situées au nord et au sud, conduisent à de petites pièces qui étaient aussi couvertes d'ornemens.

Les appartemens de granit étaient accessibles, au nord et au sud, par vingt petites portes presque toutes ruinées maintenant. Au-devant des montans de l'une d'elles, au nord, on aperçoit un gros bloc de spath calcaire, actuellement informe : il présente encore des traces du tore égyptien; ce qui fait présumer que c'est le reste d'un chambranle de porte.

A dix-sept mètres[1] de distance des appartemens de granit, au nord et au sud, on trouve les fondations de deux murs d'un mètre[2] d'épaisseur, séparés par un intervalle d'un peu plus de trois mètres[3]. Ces murs commencent aux extrémités de la face extérieure du péristyle exposée à l'est, et se prolongent dans une étendue de quatre-vingt-dix mètres[4]. Ils ont été tellement détruits,

---

[1] Cinquante-deux pieds quatre pouces.
[2] Trois pieds.
[3] Dix pieds.
[4] Quarante-six toises et un pied.

qu'il serait impossible d'en suivre la trace, si, de distance en distance, il ne se montrait quelques vestiges de leurs fondations; et l'on serait resté dans une ignorance absolue sur l'usage et la destination de ces couloirs longs et étroits, si l'on ne voyait encore à présent, à l'extrémité de celui du nord vers l'est, deux petites chambres ou cellules presque carrées[1] qui paraissent avoir servi de logemens particuliers. Il y en avait sûrement de semblables dans toute l'étendue de ces couloirs. Peut-être était-ce l'habitation des prêtres qui ne quittaient pas le roi, ou bien celle des gens de guerre qui gardaient sa personne sacrée. Aujourd'hui même, au Kaire, les petites chambres qui, dans les palais des beys, servent au logement des Mamlouks, n'offrent pas plus d'étendue que celles dont il est ici question. Dans toute la longueur des couloirs, le mur de clôture générale du palais n'existe plus; et ces habitations qu'entouraient autrefois de doubles et de triples enceintes, sont maintenant accessibles de toutes parts.

En quittant les appartemens de granit, si l'on avance vers l'est jusqu'à la distance de cinquante mètres[2] à peu près, on trouve encore une masse de constructions considérables. On voit d'abord, au nord et au sud, trois murs avancés qui forment des espèces de salles découvertes, et en avant desquels sont des statues égyptiennes terminées en gaîne[3], semblables à celles des piliers cariatides. Dans l'intervalle qui les sépare, on trouve les

---

[1] *Voyez* la pl. 21, fig. 1, en *h* et en *i*, *A.*, vol. III.
[2] Vingt-six toises.
[3] *Voyez* la pl. 21, fig. 1, en *g*, *A.*, vol. III.

restes d'un mur de clôture presque entièrement détruit, qui laisse sans appui de ce côté les pierres de plafond de la galerie où nous allons pénétrer. Ces dernières sont saillantes de plus de deux mètres, et présentent un effet de ruines très-pittoresque [1]. Une assez large porte s'ouvrait au milieu de ce mur, et donnait entrée dans une longue galerie de quarante-quatre mètres [2] de largeur et de seize mètres et demi [3] de longueur. Cet édifice, de forme rectangulaire, a son plafond soutenu par deux rangées de colonnes. Il est environné de bas-côtés formés de piliers carrés. Ceux-ci étant moins élevés que les colonnes, les plafonds qu'ils supportent sont aussi moins hauts que ceux de la galerie. Pour établir ces derniers de niveau, on a construit, sur l'architrave que portent les piliers, un petit mur dont les parois sont inclinées à l'extérieur, et qui est terminé par un cordon et une corniche [4]. On a ménagé dans cette sorte d'attique, entre chacun des piliers, des fenêtres rectangulaires, plus larges que hautes, qui ne laissent pénétrer que peu de lumière. Les pierres du plafond des bas-côtés sont en encorbellement dans l'intérieur et tout autour de la galerie. Elles sont taillées en biseau dans leur partie supérieure; ce qui donne aux fenêtres la forme de soupiraux. C'est le seul exemple d'une semblable disposition que nous ayons remarqué dans les édifices égyptiens. Les murs de clôture sont presque entièrement détruits, surtout ceux de l'ouest, du nord et de l'est; et les pierres

---

[1] *Voyez* la pl. 17, ordonnée 18, et la pl. 43, ordonnée 19, *A.*, vol. III.

[2] Cent trente-six pieds.

[3] Cinquante pieds huit pouces.

[4] *Voyez* la pl. 24, fig. 2, et la pl. 28, fig. 2, *A.*, vol. III.

de plafond, ne tenant plus que par leur encastrement dans l'attique, restent comme suspendues en l'air tout autour de la galerie.[1] Les colonnes sont tout-à-fait lisses et sans ornemens; elles sont de forme conique, et se font distinguer par la singularité de leur chapiteau, qui présente la forme de deux fleurs de lotus épanouies, opposées l'une à l'autre. On est surtout frappé de cette imitation, lorsque l'on compare ce chapiteau aux fleurs de lotus que l'on voit dans les encadremens des châsses qui renferment les images des dieux[2]. Ce chapiteau, dont la forme ne présente au premier abord rien d'agréable, cesse de paraître bizarre lorsqu'on en a reconnu le motif dans la nature, dont les Égyptiens ont été en général de fidèles imitateurs. Le dé qui le surmonte est fort élevé, et porte une architrave richement décorée d'hiéroglyphes sculptés et peints de couleurs aussi fraîches que si elles venaient d'être appliquées[3].

La forme et la disposition de la galerie sembleraient annoncer une sorte de lieu de réunion pour toutes les personnes qui habitaient l'intérieur du palais; peut-être aussi était-ce une salle où l'on exposait les monumens des arts et les ameublemens précieux dont les anciens Égyptiens nous ont laissé des modèles dans les tombeaux des rois et dans les sculptures mêmes qui décorent le palais que nous décrivons[4].

---

[1] *Voyez* les planches des vues que nous avons déjà citées.

[2] *Voyez*, entre autres, la pl. 32, fig. 5, et la pl. 33, fig. 1, *A.*, vol. III, qui renferment des châsses dont nous avons parlé avec détail, pag. 445 et suiv.

[3] *Voyez* la pl. 34, fig. 2 et 3, *A.*, vol. III.

[4] *Voyez* ce que nous avons rapporté pag. 468.

DE THÈBES. SECTION VIII.

De la galerie l'on passe dans un espace de seize mètres [1] de longueur, et de vingt-huit mètres et demi [2] de largeur, rempli de débris qui ne présentent au premier abord aucune forme bien déterminée. Au sud, sont deux rangées de quatre colonnes qui sortent du milieu de plusieurs monceaux de pierres; elles portent des architraves sur lesquelles sont posés les plafonds. Elles sont polygonales, et taillées en petites facettes au nombre de seize : elles n'ont pas de chapiteau. C'est là sans doute le véritable type et l'idée première des colonnes cannelées; c'est aussi probablement l'indication du procédé que l'on employait pour les arrondir en les taillant par pans plus ou moins larges. L'intervalle qui sépare le second rang de colonnes du mur de fond vers l'est, permet de supposer qu'il en existait une troisième rangée pareille à celles dont nous venons de parler; et tout porte à croire qu'il y avait ici une salle considérable dont les plafonds étaient soutenus par ces colonnes. Le mur de fond, vers l'est, est percé de quatre portes qui conduisent à des espèces de cellules [3] ou petites chambres de deux mètres soixante centièmes [4] de large, et de huit mètres [5] de longueur; elles ne recevaient de jour que par les portes et par des trous carrés, évasés en forme d'entonnoir, et pratiqués dans l'épaisseur des plafonds.

Au nord de la galerie, s'élevait une salle semblable à celle que nous venons d'indiquer, et symétriquement placée. On voit encore les restes de trois rangées de co-

---

[1] Quarante-neuf pieds quatre pouces.

[2] Quatre-vingt-huit pieds.

[3] *Voyez* la pl. 21, fig. 1, en a', b', c' et d'.

[4] Huit pieds.

[5] Vingt-quatre à vingt-cinq pieds.

lonnes : quatre seulement de ces colonnes sont entières, et portent des architraves et des pierres de plafond. Elles ont un galbe différent de celles qui sont au sud; leur fût est formé de la réunion de tiges de lotus, et leur chapiteau présente la forme d'un bouton de cette plante qui aurait été tronqué. Sur ce chapiteau sont sculptées des côtes dont les unes, arrondies, figurent des tiges de lotus, et les autres, prismatiques, paraissent être une imitation de la tige angulaire du papyrus. Tout le reste de la salle n'offre plus que des ruines confusément éparses, où il est difficile de retrouver quelque distribution. A l'est, sont les fondations d'une muraille qui devait clore cette pièce; mais il n'existe plus aucun des murs de séparation qui formaient probablement de petites chambres pareilles à celles qui sont de l'autre côté vers le sud.

Au milieu de la confusion qui règne dans cette partie du palais de Karnak, nous avons pu observer dans son entier un petit édifice carré qui est entièrement isolé[1]. Il a quatre mètres[2] dans tous les sens : les parois extérieures de ses murs sont en talus; l'intérieur est orné de sculptures exécutées avec soin, et encore toutes brillantes des couleurs dont elles ont été revêtues. Cet édifice était peut-être un petit sanctuaire.

Tout contre le mur d'enceinte du palais, sont sept petites pièces[3] d'égales dimensions, à la suite desquelles il en existe deux autres[4] qui ont plus de largeur, et

---

[1] *Voyez* la pl. 21, fig. 1, en e', A., vol. III.

[2] Douze pieds.

[3] *Voyez* la pl. 21, fig. 1, en o, p, q, r, s, t, u, A., vol. III.

[4] *Voyez* la même planche, en m et n.

dont les plafonds sont soutenus par des piliers carrés. Ces chambres ne reçoivent de lumière que par les portes et par des soupiraux pratiqués dans l'épaisseur des plafonds : elles sont séparées des autres constructions que nous avons décrites, par des salles qu'il suffit d'examiner sur le plan pour s'en faire une idée exacte[1].

Au nord, il existait probablement des distributions semblables; mais on ne reconnaît plus que les fondations des murs principaux[2]. Il n'y a point de doute que ce grand nombre de petites salles ne fût destiné à des logemens particuliers : elles servaient d'habitation aux personnes de la maison du roi, ou aux prêtres dont il était entouré. Dans un pays où les intempéries des saisons ne sont point à craindre, et où d'ailleurs de longues galeries et de vastes portiques élevés de toutes parts offraient des abris contre la chaleur du jour, de semblables cellules pouvaient suffire pour servir de retraite pendant la nuit. Encore aujourd'hui, c'est dans de grandes salles où l'on a soin de ménager la circulation de l'air, que les riches habitans du Kaire se tiennent habituellement; ils couchent dans de petits appartemens qui n'occupent, pour ainsi dire, qu'un coin de leurs vastes habitations.

Parmi les ruines du nord du palais, on a trouvé un monolithe en granit[3] dont le plan a la forme d'un carré long; il peut avoir un mètre vingt-neuf centièmes[4] de hauteur. Six figures qui se donnent la main, sont grou-

[1] *Voyez* la même planche, en *l*, *x* et *v*.
[2] *Voyez* la même planche, en *g'* et *h'*.
[3] *Voyez* la pl. 31, *A.*, vol. III.
[4] Quatre pieds environ.

pées tout autour : il y en a deux sur les faces les plus larges, et une seulement sur chacune des deux autres faces. Elles sont presque de ronde-bosse, et représentent des divinités égyptiennes : on y remarque Isis coiffée d'un disque entouré des cornes du taureau, Osiris à tête d'épervier, et Horus. Les corps de femme sont d'un très-beau dessin, et les costumes d'un fini parfait. C'est un des morceaux de sculpture les plus précieux que nous ayons retrouvés dans les ruines de l'Égypte : il est surtout extrêmement remarquable par la beauté et le poli de la matière. Sa position près de la galerie du palais porterait à croire qu'il était un des monumens des arts qui en faisaient l'ornement [1].

Une porte pratiquée dans le mur du palais, à l'est, conduit à des ruines dont nous parlerons bientôt.

Maintenant que nous avons parcouru tout l'intérieur du vaste palais de Karnak, il nous reste à en examiner l'extérieur. Le grand mur qui en forme la clôture, est couvert de sculptures. Il ne présente point partout le même état de conservation : quelques-unes de ses parties sont détruites jusque dans les fondations; d'autres sont plus ou moins dégradées, et partout on remarque l'effet d'une destruction préméditée. C'est particulièrement sur la face exposée au nord, que se trouvent la plupart des sculptures gravées dans l'Atlas [2] : elles ont trait aux victoires et aux conquêtes des rois égyptiens, et ce serait entreprendre un travail très-curieux que d'en

---

[1] Ce bloc a été déplacé. Des Français ont tenté de l'emporter; mais ils ont abandonné l'entreprise, à cause de la difficulté.

[2] *Voyez* les pl. 39 et 40, *A.*, vol. III.

DE THÈBES. SECTION VIII. 479

recueillir toute la suite. Nous avons déjà vu que le monument de Medynet-abou offre dans ses bas-reliefs l'histoire des conquêtes de Sésostris [1], et il est assez probable que l'on trouverait ici exprimée d'une manière analogue l'histoire de quelques autres rois égyptiens. Bien que nous n'ayons pas le recueil complet de ces sculptures, qui demanderaient, pour être dessinées, beaucoup de constance et de temps, et le concours d'un grand nombre de personnes, nous allons cependant procéder à l'examen des dessins que nous avons rapportés, et qui peuvent déjà donner lieu à des observations et à des recherches curieuses.

Le fragment qui se trouve dans la pl. 39, fig. 2 [2], représente l'action glorieuse d'un jeune héros; sa stature est colossale, et son attitude tout-à-fait guerrière. Il foule aux pieds un ennemi déjà vaincu; il en a saisi par le bras un autre, que ses flèches ont atteint et dont les genoux fléchissent. Le costume et l'air de tête du héros le font assez reconnaître pour égyptien; le profil et la barbe du vaincu indiquent suffisamment que c'est un guerrier d'une nation étrangère. Il est difficile de n'être point frappé de la composition de ce groupe : on y reconnaît une noble simplicité dans la pose des personnages; l'action principale est rendue avec beaucoup de vigueur et de vérité. On retrouve ici les défauts qui tiennent à l'ignorance où paraissent avoir été les artistes égyptiens des règles de la perspective. Quoi qu'il en soit, la composition d'un pareil tableau suppose déjà une

---

[1] *Voyez* la section 1re de ce chapitre.

[2] *Voyez* l'Atlas des antiquités, vol. III.

grande habitude et des connaissances approfondies de l'art de la sculpture. Le costume et la chaussure du héros égyptien méritent de fixer l'attention.

On voit ensuite un personnage[1] qui est peut-être le même que celui qui est figuré dans le groupe précédent. Il est monté sur un char, et poursuit des ennemis déjà en pleine déroute. Ceux-ci fuient dans les bois et dans les marais pêle-mêle avec les habitans de la campagne, qui chassent leurs troupeaux devant eux. Plusieurs, quoique réfugiés dans une forteresse, paraissent aussi effrayés que les autres, et sont même atteints des traits du vainqueur. Ce bas-relief est presque tout-à-fait barbare; sa mauvaise composition est encore plus frappante par le défaut de perspective qui s'y fait remarquer: cependant la pose de chaque figure, prise isolément, est pleine d'expression et de vérité. La frayeur est bien exprimée dans toutes les attitudes; les animaux sont beaux et bien dessinés; les chevaux sont pleins de noblesse et de feu. Le dessin de la forteresse se voit dans la pl. 40[2] : c'est une tour carrée, environnée d'une enceinte. L'une et l'autre sont couronnées de ces espèces de créneaux qui existent encore au-dessus du pavillon et de l'un des murs d'enceinte de Medynet-abou[3]. Sur la partie supérieure de la tour est gravée une ligne d'hiéroglyphes, qui apprendrait sans doute le nom de la forteresse, si l'on savait l'interpréter.

Plus loin, sur le même mur, on voit un héros égyp-

---

[1] Ce bas-relief n'a point été dessiné dans la collection. On peut le voir dans l'Atlas du Voyage en Égypte de M. Denon, pl. 133.

[2] *Voyez* l'Atlas des antiquités, vol. III, fig. 4.

[3] *Voyez* la pl. 3, ordonnées 9 et 6, *A.*, vol. II.

tien[1] monté sur un char, vêtu de ses habits de guerre, et emporté par ses chevaux lancés au grand galop : il est armé de son carquois; son arc est tendu. Il décoche des flèches, qui ont déjà étendu morts dans la plaine un grand nombre d'ennemis qu'il va fouler aux pieds : d'autres ennemis blessés fuient vers une montagne escarpée, où quelques-uns des leurs les aident à monter, et dont le sommet est couronné d'une forteresse. Au-devant est un groupe d'hommes, parmi lesquels on en voit un qui tend au vainqueur des mains suppliantes; un autre paraît briser ses armes devant lui. Le char que monte le héros, est remarquable par la légèreté de sa construction : les roues sont évidées et paraissent faites avec art; tout porte à croire qu'elles étaient en métal[2], ainsi que le char.

A gauche, le héros égyptien victorieux s'éloigne du champ de bataille. Il a dans la main droite un arc détendu, et de la main gauche il tient les rênes de ses coursiers. Des têtes d'ennemis vaincus, dont une est placée en avant du char, et deux autres à l'arrière, sont les trophées de sa victoire. Des bandes de prisonniers précèdent le héros.

Ailleurs on remarque des forts crénelés[3] à plusieurs étages, d'où quelques hommes paraissent sortir avec précipitation; des guerriers sont montés sur les remparts. L'armée du vainqueur attaque le fort et l'escalade : la porte est déjà abattue; les ennemis fuient de toutes parts.

---

[1] *Voyez* la pl. 40, fig. 6, *A.*, vol. III.

[2] Nous en avons déjà fourni les preuves à Medynet-abou. *Voyez* la section 1re de ce chapitre; *voyez* aussi la pl. 12, *A.*, vol. II.

[3] Ce bas-relief n'a pas été dessiné.

CH. IX, DESCRIPTION GÉNÉRALE

On en voit qui sont à cheval sans selle et sans étriers[1] : en s'échappant avec rapidité, ils n'opposent que leurs boucliers aux flèches du vainqueur qui les poursuit. Les Arabes du désert encore aujourd'hui ne lancent pas leurs chevaux avec plus de vitesse, et ne paraissent pas plus habiles à les conduire. Tous ces ennemis ont des robes longues avec de grands collets qui retombent sur les épaules.

Sur une autre partie de la muraille, on voit ce même héros[2] descendu de son char, tenant encore les rênes de ses chevaux, pleins de feu, qui semblent prêts à s'élancer de nouveau. Le vainqueur reçoit la soumission des vaincus qui se sont retirés dans une forêt. Quelques-uns d'entre eux implorent à genoux sa clémence; d'autres sont occupés à abattre un arbre, qu'ils coupent par le pied à coups de hache, tandis que deux hommes le retiennent avec des cordes, pour l'empêcher probablement de se rompre en tombant. Un officier égyptien, ayant dans ses mains un arc brisé, est placé au-devant des vaincus, et implore pour eux la clémence du héros: derrière lui est un étendard terminé par une plume.

On voit encore sculptés sur le même mur d'autres combats et d'autres victoires[3]. Un personnage de stature colossale est monté dans un char attelé de deux chevaux, dont les têtes sont ornées de panaches : près de lui, plane un vautour qui tient dans ses serres un étendard terminé par une plume. Son carquois est suspendu à son char;

---

[1] L'une de ces figures est dessinée pl. 40, fig. 2, *A.*, vol. III.

[2] *Voy.* pl. 40, fig. 5, *A.*, vol. III.

[3] *Voyez* pl. 38, fig. 32, *A.*, vol. III.

il a dans la main droite une sorte de sabre recourbé, tel qu'en ont encore maintenant les Arabes, et dans la main gauche son arc détendu. Les rênes sont attachées autour de ses reins, et c'est par les mouvemens de son corps qu'il paraît diriger ses coursiers. Ce héros est dans l'attitude la plus guerrière : il est prêt à frapper un ennemi à barbe longue, figuré comme lui de stature colossale; ce qui indique, sans doute, que c'est le chef de l'armée. L'Égyptien a lancé une flèche qui a traversé le corps de son adversaire; mais il va le combattre, pour ainsi dire, corps à corps, et il se prépare à lui assener un coup de sabre sur la tête. Ce ne sera point là sa première victime; un autre guerrier est étendu à ses pieds, et nombre de soldats morts ou blessés, répandus dans la plaine et percés de flèches, attestent la valeur du héros et la promptitude de ses coups.

Au-dessous de ces scènes de carnage, on en voit d'autres [1] où le vainqueur vient faire aux dieux l'hommage de ses trophées. Encore couvert des armes qui lui ont valu la victoire, il amène enchaînés les prisonniers qu'il a faits; un même cordon, qu'il tient dans sa main, paraît les lier tous, et il les offre aux dieux. Ces captifs ont de la barbe, et sont vêtus de longues robes; ils ont les mains attachées dans des positions plus ou moins gênantes, les uns en avant du corps, les autres au-dessus de la tête. Trois divinités égyptiennes, élevées sur une estrade, agréent les hommages du vainqueur.

Ailleurs, le même personnage fait de semblables offrandes; mais les prisonniers sont beaucoup plus nom-

[1] *Voyez* pl. 32, fig. 4, *A.*, vol. III.

breux[1]. On en voit trois rangées l'une au-dessus de l'autre; ils sont distribués sur trois et quatre de front. Le héros est à la tête du groupe le plus considérable. Des officiers de son armée, qui sont d'une stature beaucoup moins élevée que la sienne, sont à la tête d'autres pelotons de prisonniers, et suivent le triomphateur.

D'autres bas-reliefs[2] représentent le héros recevant les armes des mains mêmes de la divinité : ainsi toutes les actions des rois égyptiens se rapportaient à la religion ; ils consultaient les dieux pour entreprendre leurs expéditions lointaines, et c'était au pied des autels et dans les sanctuaires des temples qu'ils venaient, au retour, déposer les trophées de leur victoire. Les prêtres avaient donc, dans toutes les affaires du gouvernement, une influence dont les bas-reliefs que nous venons de décrire ne nous permettraient pas de douter, quand bien même elle ne serait pas attestée par toute l'antiquité.

Les murs extérieurs du palais de Karnak sont couverts d'une multitude d'autres bas-reliefs analogues à ceux que nous venons de décrire. Ici, c'est une quantité innombrable de morts et de mourans au milieu de chars qui se croisent dans tous les sens; là, ce sont des ennemis renversés de dessus leurs chevaux, ou précipités du haut de leurs chars qui se brisent et volent en éclats. Des barques immenses, montées par un grand nombre de rameurs, indiquent ailleurs des combats sur mer ou des passages de fleuves.

[1] *Voyez* pl. 33, fig. 2, *A.*, vol. III.
[2] Ces bas-reliefs n'ont point été dessinés.

Il y a quelque analogie entre les prisonniers représentés sur les murs du palais de Karnak, et ceux que l'on voit à Medynet-abou : ils ont tous une barbe longue, ainsi que le même air de tête, autant du moins que l'on peut en juger par des figures représentées sur de petites dimensions, et que l'on ne peut rapprocher les unes des autres pour en faire une comparaison exacte ; mais leur costume diffère totalement. A-t-on voulu conserver à Karnak le souvenir des victoires remportées sur ces peuples pasteurs, qui jouent un si grand rôle dans l'histoire de l'Égypte, et qui, tour-à-tour vainqueurs et vaincus, ont possédé cette contrée et ont été forcés de l'abandonner ? Un grand nombre de témoignages ne permet pas d'élever des doutes sur les guerres sanglantes dont l'Égypte a été le théâtre : Manéthon, cité par Eusèbe et Flavius Joseph, Hérodote, Diodore de Sicile, et les livres saints, en font tous mention. Ce que ces historiens rapportent des *Hycsos* ou pasteurs, et des Arabes, ne paraît devoir convenir qu'à un seul et même peuple. Une multitude d'indices prouve d'ailleurs que les Arabes ont joué un grand rôle dans les temps les plus reculés, mais que la connaissance des révolutions que ces peuples ont éprouvées n'est point venue jusqu'à nous. Les rochers du mont Sinaï et les montagnes environnantes présentent, au rapport de Niebuhr [1], beaucoup d'hiéroglyphes. Le même voyageur en a trouvé sur le plateau d'une montagne élevée, à quelque distance de Tor : ils sont sculptés sur des tombeaux. Il est à croire que tous ces monumens proviennent de ces pasteurs ou

---

[1] Voyage en Arabie, pag. 189, édit. de 1776.

Arabes dont l'histoire fait mention, et qui, après avoir long-temps occupé le royaume d'Égypte, furent contraints de se retirer dans les déserts, emportant avec eux les mœurs, le langage et les arts du pays dont ils étaient chassés.

Nous ne négligerons point d'indiquer ici un autre rapprochement qui paraît s'offrir naturellement; c'est que le costume des prisonniers représentés sur les murs du palais de Karnak a quelque analogie avec celui des figures que l'on voit sur les monumens de Persépolis. En supposant que l'on doive en conclure que les Égyptiens ont porté leurs armes jusque dans la Perse, cet événement doit remonter à une époque très-reculée; car les historiens de l'antiquité, à l'exception toutefois de Tacite[1], ne font point mention de pareilles conquêtes. Si elles avaient quelque réalité, il faut convenir que les Perses s'en seraient cruellement vengés par la suite, et que les victoires de Cambyse auraient effacé la honte de leurs précédentes défaites[2]. Au reste, il est certain que le palais de Persépolis a beaucoup d'analogie avec les édifices égyptiens; mais, pour peu que l'on soit exercé à considérer les monumens antiques, on reconnaît aisément que les sculptures de ce palais sont des imitations

[1] *Mox visit* (Germanicus) *veterum Thebarum magna vestigia; et manebant structis molibus litteræ Ægyptiæ, priorem opulentiam complexæ: jussusque è senioribus sacerdotum patrium sermonem interpretari, referebat habitasse quondam septingenta millia ætate militari; atque eo cum exercitu regem Rhamsem Libyá, Æthiopiá, Medisque, et Persis, et Bactriano, ac Scythá potitum, quasque terras Syri, Armeniique et contigui Cappadoces colunt.* (Annal. lib. II.)

[2] Cette opinion, déjà avancée par M. de Caylus, dans les Mémoires de l'Académie des inscriptions et belles-lettres, sera discutée fort au long dans notre Mémoire général sur l'architecture.

égyptiennes, dont la date ne remonte pas plus haut que la conquête de l'Égypte par Cambyse. Le témoignage de Diodore lève toute incertitude à cet égard[1].

La bizarrerie du dessin, et la composition quelquefois singulière des bas-reliefs du palais de Karnak, doivent faire présumer qu'ils ont été exécutés à une époque très-ancienne, où les arts de l'Égypte n'avaient point encore atteint le degré de perfection que nous avons remarqué dans d'autres endroits. Nous verrons d'ailleurs bientôt que les historiens s'accordent à regarder cet édifice comme le plus ancien de tous ceux qui ont été élevés à Thèbes.

Telle est la description du vaste palais dont Bossuet a dit que les restes semblent n'en avoir subsisté que pour effacer la gloire des plus grands ouvrages.

La question que l'on se fait naturellement en parcourant cet édifice, et qui excite le plus vivement la curiosité du voyageur, c'est de savoir à quel usage il était destiné. On recherche, jusque dans les moindres détails, tout ce qui peut donner quelques lumières à ce sujet. Étranger que l'on est aux mœurs et aux habitudes des anciens Égyptiens, souvent on ne peut que hasarder une conjecture là où l'on voudrait avoir une certitude. Tous les témoignages de l'histoire prouvent que les Égyptiens étaient un peuple éminemment religieux; que, dans toutes les habitudes de la vie civile, ils laissaient percer, pour ainsi dire, l'esprit qui les dominait : d'où l'on doit conclure que les habitations particulières devaient offrir, dans leurs décorations, des traces du culte généralement

[1] *Voyez* ci-après, n°. II, le témoignage de Diodore de Sicile.

pratiqué en Égypte; de là naît la difficulté, dans beaucoup de circonstances, de distinguer les habitations des hommes d'avec la demeure des dieux. En commençant cet écrit, nous avons, pour ainsi dire, supposé que l'édifice de Karnak était un palais : on peut voir maintenant que cela résulte évidemment de la description que nous en avons donnée; et en examinant les choses avec attention, on trouvera peu de rapports entre cet édifice et des temples égyptiens, tels que ceux que nous avons déjà fait connaître. Quelle relation, en effet, y a-t-il entre la disposition des portiques et celle des salles hypostyles, entre les appartemens particuliers des rois et les sanctuaires? Y a-t-il, par exemple, dans les appartemens de granit qui sont ouverts de toutes parts, quelque chose qui rappelle les distributions sombres et mystérieuses des sanctuaires d'Edfoû ou de Denderah? Les sujets de sculpture, par les raisons que nous avons données plus haut, pourraient peut-être jeter quelque incertitude dans la distinction des temples et des palais : cependant c'est une règle générale et sans exception, qu'on ne trouve dans les temples que des bas-reliefs relatifs à la religion, ou à l'astronomie, à laquelle la religion était essentiellement liée; tandis que les palais offrent, en outre, des sujets qui ont rapport à des scènes familières, et des bas-reliefs historiques qui ont trait aux guerres et aux conquêtes faites par les anciens rois d'Égypte. La conséquence que nous tirerons de toutes ces observations et de tous ces rapprochemens, c'est qu'il n'y a aucun doute que le grand édifice de Karnak ne fût un palais. Les souverains qui l'habitaient, passaient probablement une partie du jour dans les salles hypostyles et les péristyles, où l'air circulait avec liberté, et où l'on était à l'abri de la chaleur; ils se retiraient en particulier dans les appartemens de granit. C'est une chose assez remarquable qu'actuellement encore, en Égypte, la distribution des palais modernes satisfait à de semblables convenances, bien qu'il y ait d'ailleurs infiniment peu de rapports entre l'architecture des modernes et celle des anciens Égyptiens.

SECONDE PARTIE.

Des autres édifices de Karnak.

§. I. *Des ruines de l'est.*

Le mur d'enceinte du palais de Karnak, exposé à l'est, est percé d'une porte qui conduit à des bâtimens [1] peu éloignés, et probablement dépendans du palais. Quelques murs de clôture dont il ne subsiste plus que les fondations, une quinzaine de colonnes qui sont maintenant rasées au niveau du sol des décombres, et dont les troncs sont épars de tous côtés, voilà tout ce qui reste de ces édifices que l'on traverse pour arriver à la grande porte de l'est, dont l'architecture imposante [2] se fait remarquer de très-loin. Au lieu d'être encastrée dans un pylône comme la plupart des portes de ce genre, elle est comprise dans le mur d'enceinte en briques qui enveloppe la plus grande partie des ruines.

---

[1] *Voyez* le plan topographique, pl. 16, *A.*, vol. III.

[2] On la voit dans la pl. 17, ordonnée 19, *A.*, vol. III.

Elle a cinq mètres soixante-cinq centièmes [1] d'ouverture, et dix-neuf mètres [2] d'élévation : l'entablement formé de la corniche et de l'architrave fait le tiers de cette hauteur. Les jambages sont composés de trente assises, chacune de quarante-deux centimètres [3]. Cette porte est presque tout-à-fait lisse et sans sculpture. On aperçoit cependant, sur les côtés inférieurs, des ornemens composés de croix à anse, tels que l'on en rencontre sur les constructions de ce genre, et particulièrement sur la belle porte du sud, dont il sera bientôt question. Ils ne s'étendent que jusqu'à la douzième assise. On y voit en outre une rangée d'hiéroglyphes. A l'extérieur, un globe ailé se fait distinguer au milieu de la corniche, autant par la pureté et la netteté de la sculpture, que par les couleurs vives et brillantes qui y sont appliquées. Voilà une nouvelle indication de la marche que suivaient les Égyptiens dans l'exécution des décorations de leurs édifices : ils sculptaient sur place en commençant par les parties les plus élevées, et appliquaient, immédiatement après, les couleurs sur la pierre, avant même que les ornemens du même membre d'architecture fussent entièrement achevés.

En s'avançant plus vers l'est, et à deux cent vingt-trois mètres [4] de distance de la grande enceinte de briques, on aperçoit encore quelques ruines [5] : elles se composent des restes de deux portes, de quelques colonnes et de débris de murailles.

---

[1] Dix-sept pieds quatre pouces.
[2] Cinquante-neuf pieds.
[3] Un pied trois pouces et demi.
[4] Cent quatorze toises deux pieds.
[5] *Voyez* le plan topographique, pl. 16, *A.*, vol. III.

DE THÈBES. SECTION VIII.   491

Au sud-est, et tout près de la grande enceinte, on en trouve une plus petite de forme carrée [1], dont la position est tout-à-fait irrégulière par rapport à l'axe du palais. Chacun de ses côtés a près de cent mètres [2]. Trois portes construites en pierre de grès y sont engagées; la plus considérable paraît avoir fait partie d'un pylône : elles conduisaient toutes trois à des édifices dont il ne reste plus que quelques débris. On voit encore les fondations d'une porte, et en avant, des fragmens de quelques statues. Quatre troncs de colonnes paraissent avoir fait partie du portique d'un temple qui doit avoir été construit sur de petites dimensions.

§. II. *Des ruines du nord.*

Les premières ruines que l'on rencontre en sortant du palais de Karnak par les brèches pratiquées dans le mur de clôture exposé au nord, consistent en un petit édifice [3] qui est tout contre la grande enceinte en briques : il est précédé d'une porte qui en est éloignée de trente mètres, et qui est maintenant au niveau du sol, soit qu'une partie en ait été démolie, soit que les décombres aient été accumulés jusqu'à son sommet. Ce petit édifice a un pylône de douze mètres [4] de face, et d'un mètre [5] d'épaisseur, derrière lequel est une sorte de portique qui n'est éclairé que par la porte et par des soupiraux pratiqués dans les murs latéraux. Ces soupi-

[1] *Voyez* le plan topographique, pl. 16, *A.*, vol. III.
[2] Cinquante-une toises un pied.
[3] *Voyez* la pl. 16, et le plan détaillé de l'édifice, pl. 21, fig. 4, *A.*, vol. III.
[4] Trente-six pieds.
[5] Trois pieds.

raux offrent cette particularité, que la pierre inférieure est en encorbellement sur le mur dans l'intérieur. Trois salles suivent le portique et composent le reste du petit monument : elles ont cinq mètres [1] de longueur. Celle du milieu a trois mètres cinquante centièmes [2] de largeur, et les deux autres n'ont que deux mètres [3]. La distribution de ce plan paraît annoncer un édifice consacré au culte égyptien. Nous avons retrouvé dans d'autres temples trois pièces semblables à celles qui existent ici, et qui sont évidemment des sanctuaires. Entre la porte et le temple, il serait possible qu'il y eût eu deux rangées de sphinx; mais l'encombrement est trop considérable pour que nous ayons pu nous en assurer.

L'irrégularité de l'enceinte, et sa position tout près de ce petit monument, paraissent indiquer assez clairement qu'elle n'a été construite que postérieurement à tous les édifices qu'elle renferme.

En s'avançant toujours vers le nord, on arrive à des monumens considérables [4] dont on ne retrouve plus que les fondations. Lorsqu'on voyage par terre, et qu'on arrive de Qené à Thèbes, ce sont les ruines que l'on aperçoit les premières. Si elles ne satisfont point l'avide curiosité du voyageur, elles lui présentent au moins une ample matière d'observations et de conjectures. Nous allons les décrire en commençant par leur extrémité nord.

On rencontre d'abord les fondations d'un pylône [5],

[1] Quinze pieds.
[2] Dix pieds.
[3] Six pieds un pouce.
[4] *Voyez* le plan topographique de Karnak, pl. 16, *A.*, vol. III.
[5] *Voyez* la pl. 16, en *a*, *A.*, vol. III.

DE THÈBES. SECTION VIII.

qui s'étendent dans une longueur de vingt-deux mètres [1] et une largeur de douze mètres et demi [2]. A cent vingt-huit mètres [3] de là se trouve la porte du nord, pareille à celles de l'est et du sud : on y arrive par une avenue de sphinx. Ce sont des corps de lion en repos, avec des têtes de femme. Ils devaient être au nombre de soixante, disposés sur deux rangées : il n'en reste plus que vingt, parmi lesquels huit seulement sont assez bien conservés. Ils ont deux mètres [4] de longueur, et sont distans les uns des autres d'un peu plus d'un mètre [5]. On voit encore en quelques endroits les dalles de pierre dont l'avenue était autrefois entièrement pavée. De part et d'autre existent deux petits édifices en grès [6], qui paraissent avoir été des habitations particulières. Celui qui est à l'ouest est divisé en deux appartemens de sept mètres soixante-dix-neuf centièmes [7] de long, et de quatre mètres quatre-vingt-sept centièmes [8] de large. Celui de l'est, quoique offrant la même étendue, présente un plus grand nombre de divisions : on peut y remarquer trois petites cellules carrées, dont les dimensions n'excèdent pas deux mètres [9]. La porte du nord n'est pas aussi élevée que celle de l'est : elle est cependant construite sur de grandes dimensions; car elle a dix-sept mètres quatre-vingt-quatre centièmes [10] de hauteur, quatre mètres soixante-quinze centièmes [11] d'ouverture, et huit mètres quarante

---

[1] Soixante-sept pieds.
[2] Trente-sept pieds.
[3] Soixante-cinq toises trois pieds.
[4] Six pieds deux pouces.
[5] Plus de trois pieds.
[6] *Voyez* le plan topographique de Karnak, pl. 16, *A.*, vol. III.
[7] Vingt-quatre pieds.
[8] Quinze pieds.
[9] Six pieds deux pouces.
[10] A peu près cinquante-cinq pieds.
[11] Quatorze pieds sept pouces.

centièmes[1] de profondeur. Chacun de ses montans a trois mètres vingt centièmes[2] de large. Dans l'endroit où existait le tourillon de la porte, nous avons encore retrouvé un morceau de bois de sycomore[3] qui ne paraît pourtant pas dater d'une haute antiquité. En avant de la face nord, sont deux colosses[4] debout, en grès siliceux; ils peuvent avoir trois mètres vingt-cinq centièmes[5] de proportion. Ils sont adossés à une constrution qui forme une espèce de porche au-devant de la porte. Cette dernière faisait partie d'une enceinte particulière en briques crues, dont on voit encore tout le côté de l'est, et qui va rejoindre celle des principaux édifices de Karnak.

A trente mètres[6], vers le sud, sont les restes de deux obélisques en granit rouge[7], dont la base est un carré de vingt-trois décimètres[8] de côté : ils paraissent avoir été renfermés à dessein dans des constructions. On trouve en outre les fondations de quatre rangées de colonnes[9] qui forment une sorte de péristyle en avant d'un autre pylône. Ce dernier, autant que l'on peut en juger par ce qui reste de ses fondations, aurait eu quarante mètres[10] de longueur, sur une largeur de quatre

[1] Vingt-cinq pieds dix pouces.

[2] Neuf pieds dix pouces.

[3] M. Coutelle, l'un de nos collègues, à qui nous devons beaucoup d'observations sur la construction des édifices égyptiens, a rapporté un échantillon de ce bois. Le morceau qu'il possède est percé d'une multitude de très-gros vers. On y a fiché des clous de fer semblables à ceux dont nous nous servons encore aujourd'hui.

[4] *Voyez* la pl. 16, en *c*, *A.*, vol. III.

[5] Dix pieds.

[6] Quinze toises deux pieds.

[7] *Voyez* le plan topographique, pl. 16, en *d*.

[8] Sept pieds.

[9] *Voyez* le plan topographique, pl. 16, en *e*, *A.*, vol. III.

[10] Vingt toises trois pieds.

DE THÈBES. SECTION VIII.

mètres et demi[1]. A la suite, on voit les fondations de quatre rangées de colonnes[2] qui semblent avoir appartenu à une salle hypostyle. Ce n'est qu'à travers le désordre des ruines que l'on peut découvrir quelque chose dans les formes de cet édifice, qui était sans doute un palais d'une assez grande étendue. A la suite de la salle hypostyle existent les fondations de beaucoup de petites pièces et de couloirs. Des colonnes, les restes d'un pylône, les fondations d'une porte un peu plus éloignée vers le sud, annoncent que le palais avait de ce côté une entrée qui ne le cédait point à celle du nord. Tout cet emplacement est rempli de débris de chapiteaux et de colonnes. On retrouve ici plus de fragmens de statues de granit noir et rouge, que dans tout le reste des édifices de Karnak. On y voit même encore un colosse tout entier en granit rouge : la tête séparée du tronc est assez bien conservée ; le travail en est beau.

A cinq cent cinquante mètres[3] du palais de Karnak, au nord et à peu près dans la direction du premier pylône de l'ouest, il existe des débris de colonnes, de murailles et de portes[4], qui sont trop enfouis pour qu'on puisse hasarder quelque opinion sur ce qu'ils ont été autrefois.

---

[1] Treize pieds dix pouces.
[2] *Voyez* la pl. 16, en e, *A.*, vol. III.
[3] Deux cent quatre-vingt-deux toises.
[4] *Voyez* le plan topographique, pl. 16, *A.*, vol. III, où se trouvent exprimées et désignées toutes ces ruines.

§. III. *Des ruines du sud.*

ARTICLE PREMIER.

Des propylées.

Le palais de Karnak a huit entrées; savoir, trois au sud, autant vers le nord, une à l'est, et une autre vers l'ouest. Cette dernière est celle par laquelle nous avons commencé la description de cet édifice.

De toutes ces entrées, il n'en est pas de plus majestueuse que l'avenue principale du sud : elle s'annonce avec tout le faste et toute la pompe qui conviennent au palais que nous avons décrit. Elle est formée d'une suite de grands et magnifiques pylônes[1], qui tous ont éprouvé des dégradations plus ou moins considérables; mais il est facile de les rétablir, par la pensée, dans leur état primitif, et de se figurer tout ce que peuvent avoir d'imposant de semblables propylées.

La régularité que nous avons remarquée dans la disposition des pylônes qui forment les distributions intérieures du palais, ne se retrouve pas dans ceux de l'entrée du sud : ces derniers, au nombre de quatre, sont d'inégales longueurs; leurs ouvertures ne se correspondent pas, et ils ne sont point établis sur le même axe. Il est difficile de pénétrer le motif de tant d'irrégularité; car, en admettant même que ces pylônes aient été bâtis successivement, il était si facile, un de ces édifices étant élevé, d'établir les autres sur le même axe, que l'on ne

[1] *Voyez* la pl. 43, *A.*, vol. III.

conçoit pas que les hommes qui ont donné ailleurs tant de preuves de leur respect pour la symétrie, aient pu y manquer dans cette circonstance d'une manière aussi choquante. Il est à croire toutefois que des raisons particulières, qu'on ne peut plus apprécier maintenant, ont apporté d'insurmontables obstacles à l'établissement régulier et symétrique de ces édifices publics.

Lorsqu'on sort du palais pour s'avancer vers le premier pylône, on arrive dans une cour irrégulière, bornée autrefois sur les côtés par des murs dont on ne voit plus que les fondations : elle présente la forme d'un quadrilatère de cinquante-sept mètres[1] de longueur sur quarante-sept mètres[2] de largeur. La porte par laquelle on y entre, en sortant du palais, est assez bizarrement placée à l'un des angles[3]. Le pylône, qui est aux trois quarts détruit, n'offre plus que des monceaux de ruines, et ce n'est qu'avec difficulté que l'on peut en reconnaître et mesurer les dimensions : il a cinquante-six mètres[4] de longueur et sept mètres[5] d'épaisseur. Son axe fait avec le méridien magnétique un angle de cent quarante-un degrés. Au-devant de sa face nord, on voit des blocs de granit épars çà et là, qui, par leur forme, indiquent assez qu'ils faisaient partie de statues colossales[6]. Au-devant de la face sud, on remarque, hors de terre, les hanches d'un colosse dont le tronc a près de deux mètres et demi[7] de tour : on distingue encore les plis de son

---

[1] Vingt-neuf toises un pied.
[2] Vingt-quatre toises.
[3] *Voyez* le plan topographique, pl. 16, *A.*, vol. III.
[4] Vingt-huit toises quatre pieds.
[5] Trois toises trois pieds et demi.
[6] *Voyez* le plan topographique, pl. 16, *A.*, vol. III.
[7] Sept pieds huit pouces.

vêtement. Il était debout dans l'action de marcher; il avait une espèce de poignard à son côté. Un grand nombre de débris de grès siliceux, semblable à celui dont est formée cette statue, fait présumer qu'il en existait une autre de la même matière, qui faisait le pendant de celle-là. Les fragmens de grès portent des hiéroglyphes pareils à ceux que l'on retrouve au dos de presque toutes les statues colossales.

En traversant ce premier pylône, on pénètre dans une cour qui est aussi irrégulière que la précédente, et qui a trente-neuf mètres[1] de longueur : on n'aperçoit plus que vers l'est les fondations de ses murs latéraux. Un second pylône la termine au sud; il a quarante-six mètres[2] environ de longueur et huit mètres[3] d'épaisseur : son axe fait avec le méridien magnétique un angle de cent quarante degrés; son inclinaison est de treize centimètres pour un mètre : il est moins ruiné que le précédent, et sa face nord offre encore des traces des sculptures dont elle était décorée. Au-devant de la face sud et vers l'ouest, sont deux statues assises[4], en spath calcaire cristallisé ressemblant au marbre. L'une d'elles est presque entière, et mieux conservée qu'aucune de celles que nous avons trouvées dans les ruines de Karnak : elle n'était découverte que jusqu'à la ceinture; mais les fouilles que nous avons fait exécuter, nous ont permis de voir les socles sur lesquels elles sont assises. La coiffure de la première statue consiste en un bandeau rayé,

[1] Vingt toises.
[2] Vingt-trois toises et demie.
[3] Vingt-quatre pieds sept pouces.
[4] *Voyez* le plan topographique, pl. 16, *A*., vol. III.

qui couvre la tête jusque sur le front, passe derrière les oreilles, qu'il laisse à découvert, et retombe en s'élargissant sur les épaules. Il ne reste que la partie inférieure de la seconde statue. L'une et l'autre peuvent avoir dix mètres[1] de proportion. Les fouilles ont mis à découvert, tout à côté du colosse de l'ouest, une troisième statue qui n'a que trois mètres[2] de proportion, et qui représente une femme. De l'autre côté de la porte du pylône, à l'est, il y avait deux autres statues assises, en granit rouge. Les mesures suivantes feront juger de la proportion de ces figures : le diamètre du bras est de cinquante-neuf centimètres[3] ; la ceinture a un mètre vingt centimètres[4] de développement ; du pli du bras au plus grand doigt, il y a plus de deux mètres[5] ; et la longueur du grand doigt est de cinquante centimètres[6]. Ces colosses ont été exploités pour en tirer des meules de moulin : on en voit encore une qui n'a point été achevée, et qui a vingt-trois décimètres[7] de diamètre.

C'est entre ces deux premiers pylônes, et à trente-cinq mètres[8] de distance vers l'est, que se trouvent les ruines d'un bassin[9] où arrivent encore par infiltration les eaux de l'inondation. Il a la forme d'un rectangle, dont le plus grand côté est de cent trente-deux mètres[10], et le plus petit de quatre-vingts[11] : il paraît avoir été entièrement revêtu en pierre, et même une grande por-

---

[1] Trente pieds.
[2] Neuf pieds.
[3] Un pied dix pouces.
[4] Trois pieds huit pouces.
[5] Six pieds sept pouces.
[6] Un pied six pouces et demi.
[7] Sept pieds.
[8] Dix-huit toises.
[9] *Voyez* le plan topographique, pl. 16, *A.*, vol. III.
[10] Soixante-sept toises quatre pieds.
[11] Quarante-une toises.

tion l'est encore maintenant. Les eaux qu'il renferme sont très-saumâtres; et en s'évaporant, elles déposent beaucoup de natroun.

Du second pylône au troisième, il y a soixante-dix-sept mètres [1] de distance : mais la cour, qui probablement était comprise entre ces deux édifices, n'a plus maintenant de murs de clôture [2]; on ne voit même nulle part de traces de leurs fondations. Le troisième pylône a soixante-onze mètres [3] de longueur, et il s'élève encore de vingt-trois à vingt-quatre mètres [4] au-dessus des décombres. L'inclinaison du talus de ses murs est de quatorze centimètres pour un mètre; son axe fait un angle de cent quarante-sept degrés trente minutes avec le méridien magnétique. Cet édifice est très-délabré; des parties considérables se sont écroulées : ce qui paraît devoir être attribué autant à une construction négligée qu'à la trop grande inclinaison du talus, en raison de la hauteur et de l'épaisseur du pylône. En effet, les assises sont appliquées les unes contre les autres, sans liaison dans la masse; les pierres ont plus de hauteur que de queue; les escaliers intérieurs ne sont nullement liés avec le reste de l'édifice, de sorte que les pierres tendent à se déranger et à glisser sur leurs joints : nulle part enfin nous n'avons aperçu autant de négligence dans la construction. Sur la face nord de ce pylône sont encore, en beaucoup d'endroits, des restes des sculptures qui la décoraient. On voit à sa partie inférieure quatre

---

[1] Trente-neuf toises trois pieds.
[2] *Voyez* le plan topographique, pl. 16, *A.*, vol. III.
[3] Trente-six toises deux pieds et demi.
[4] Soixante-douze pieds.

figures colossales qui se donnent la main, et auxquelles un personnage fait des offrandes et présente le bâton de Thot; le reste de la façade est orné de trois rangées de tableaux de moindre proportion : les sculptures offrent encore, en beaucoup d'endroits, une très-belle couleur rouge dont les chairs étaient peintes. A travers les débris amoncelés au-devant de cette face du pylône, on ne voit aucun fragment qui annonce l'existence de quelque statue. La face opposée présente quelques-unes des sculptures dont elle était autrefois décorée; elles consistent en plusieurs rangées de figures de treize décimètres[1] de hauteur, disposées par bandes horizontales. En avant, et du milieu des monceaux de pierres provenant de la destruction de l'édifice, s'élève une statue de granit noir et rose; on en voit la tête et la poitrine. La grande quantité de fragmens de même matière épars à quelque distance de là doit faire présumer qu'il existait un colosse pareil, placé symétriquement de l'autre côté de la porte, vers l'est. Le pylône offre encore des traces de ces rainures cunéiformes pratiquées ordinairement dans la face extérieure de ce genre d'édifice, et destinées, comme nous le prouverons bientôt[2], à recevoir des mâts triomphaux.

La cour comprise entre le troisième et le quatrième pylônes a quatre-vingt-trois mètres[3] de longueur : elle est terminée à l'ouest par un mur de clôture qui conserve encore quelque élévation au-dessus du sol de décombres, et à l'est par des constructions d'une nature particulière

---

[1] Quatre pieds.
[2] *Voyez* ci-après.
[3] Quarante-deux toi. trois pieds.

que nous allons bientôt décrire. Le quatrième pylône a soixante-quatre mètres[1] de longueur et une épaisseur de dix mètres[2] : le talus de ses murs est le même que le talus des murs du précédent; son axe fait avec le méridien magnétique un angle de cent quarante-quatre degrés. Il offre l'aspect de la plus grande destruction; il n'a d'assez bien conservé que sa porte qui est tout en granit. En avant de sa face nord, on voit encore, de chaque côté de l'entrée, deux colosses[3] en spath calcaire cristallisé, presque semblable au marbre. Ils sont debout dans l'action de marcher; ils ont une espèce de poignard à la ceinture, comme les Mamlouks en portent encore aujourd'hui. Ils s'élèvent de quatre mètres et demi[4] au-dessus des monceaux de pierres et de débris qui les environnent. Le pylône, en s'écroulant, les a en partie brisés; la tête manque; les mains et les bras sont tout mutilés. Ces statues pouvaient avoir dix mètres[5] de proportion. En avant de la face sud, et de chaque côté de la porte, il existait deux colosses assis, en granit rose, dont il ne reste plus à présent que des masses informes. Il est probable que leur destruction ne date pas de bien loin, puisque Pococke, qui voyageait en Égypte de 1737 à 1739, les a vus encore bien conservés. A peu de distance de chacun de ces colosses, à l'est et à l'ouest, on trouve beaucoup de fragmens de grès siliceux : il y en a même un bloc assez considérable en partie

---

[1] Trente-deux toises cinq pieds.
[2] Trente pieds.
[3] *Voyez* le plan topographique, pl. 16, *A*., vol. III.
[4] Quatorze pieds.
[5] Trente pieds.

enfoui, qui ne présente plus maintenant aucune forme ; ce qui doit faire présumer qu'il existait encore là deux autres statues. Ainsi il y en avait quatre au-devant du pylône. La face sud offre encore des restes des sculptures dont elle a été décorée. On voit, dans la partie de l'est, des figures de six mètres [1] de proportion. Le parement de l'ouest est entièrement écroulé.

La porte du pylône est autant remarquable par ses grandes dimensions que par la belle matière dont elle est bâtie. Le granit n'a aucune liaison avec le reste de la construction ; ce qui fait croire, au premier abord, qu'il n'est employé que comme revêtement : mais on ne tarde point à reconnaître que ce n'est pas un simple placage, et que la porte toute entière est en granit. Plusieurs blocs sont fendus, écaillés et même écrasés par le poids des assises supérieures. Les pierres de grès qui forment le reste du pylône sont disposées avec peu de soin ; le mortier qui liait la maçonnerie est maintenant très-friable. La porte en granit est couverte intérieurement et extérieurement de tableaux et d'hiéroglyphes [2] dessinés avec une pureté de trait et une richesse de détails vraiment admirables. On a surtout lieu d'être étonné, lorsqu'on les compare à ceux qui étaient exécutés sur le grès dans tout le reste du pylône. Il semble qu'on ne peut attribuer les premiers qu'à un art très-perfectionné, et l'on serait tenté de croire que les seconds ne sont pas de la même époque. Sous le rapport de la beauté du travail, les sculptures de la porte de granit sont tout-

---

[1] Dix-huit pieds.
[2] *Voyez* la pl. 47, fig. 1 et 2, *A.*, vol. III.

à-fait comparables aux hiéroglyphes qui décorent les obélisques. Bien qu'il soit constant que les artistes égyptiens mettaient plus de recherche et de soin dans les bas-reliefs qu'ils exécutaient sur les matières dures et précieuses, il faut bien toutefois admettre qu'ils avaient, pour la taille de ces pierres, des outils d'une trempe particulière.

Les sculptures de la porte en granit représentent des offrandes[1] aux dieux de l'Égypte, et particulièrement à la grande divinité de Thèbes, à Harpocrate, emblème de la fécondité et de la reproduction. A une époque récente, probablement au temps où les chrétiens grecs du Bas-Empire exerçaient leur culte dans les anciens monumens de l'Égypte, on s'est attaché à détruire le signe de la virilité qui caractérise cette divinité; mais on n'a pu en effacer entièrement la trace. Les deux bas-reliefs supérieurs n'ont point d'hiéroglyphes : mais tout porte à croire qu'ils en auraient été accompagnés comme les autres, s'ils eussent été terminés; une ligne commencée dans le tableau le plus élevé[2] ne laisse même aucun doute à cet égard.

Au milieu de la cour formée par les deux derniers pylônes sur le côté de l'est, on aperçoit les restes d'une construction[3] qui paraît avoir servi d'habitation particulière. Elle consiste en un corps de bâtiment principal, composé d'un portique à jour et d'une salle dont les plafonds sont soutenus par des piliers ou des colonnes;

---

[1] *Voyez* la pl. 47, fig. 1 et 2, *A.*, vol. III.
[2] *Voyez* la pl. 47, fig. 1, *A.*, vol. III.
[3] *Voyez* le plan topographique, pl. 16, *A.*, vol. III.

ce que l'encombrement ne nous a pas permis de déterminer : car on sait que l'architecture égyptienne offre souvent des colonnes dont les dés sont très-élevés; ce qui fait qu'elles ne présentent pas un aspect différent des piliers lorsqu'elles sont enfouies. Les deux ailes du bâtiment sont distribuées en petits appartemens plus longs que larges. Au-devant du portique, s'élève encore de deux mètres soixante centièmes au-dessus du sol de décombres, une espèce de pilier de granit qui nous a paru être le montant d'une porte de l'édifice.

L'avenue formée par les quatre pylônes que nous avons décrits, est une de celles qui présentent le plus de magnificence, et où les Égyptiens ont prodigué toutes les richesses de l'art et employé les matières les plus précieuses. Les Grecs ont appelé ces édifices du nom de *propylées* (προπύλαια)[1]. On y compte actuellement douze colosses monolithes de plus de dix mètres de proportion. Les fragmens qui subsistent, donnent la certitude qu'il en a existé dix-huit; et si l'on entreprenait des fouilles, il est probable qu'on en découvrirait encore un plus grand nombre.

ARTICLE II.

Des avenues de sphinx.

En avant des propylées, et dans une direction oblique, sont deux rangées des plus gros sphinx qui existent dans

---

[1] *Voyez* ci-après, l'examen que nous avons fait d'un passage de Strabon.

toutes les ruines de Thèbes. A l'est, on en voit encore cinquante qui sont plus ou moins mutilés, mais qui n'ont point été dérangés de leur place primitive; il devait y en avoir de soixante-six à soixante-huit. Ceux que l'on ne trouve plus maintenant, ont été enlevés ou détruits, ou bien sont ensevelis sous les décombres. A l'ouest, on en compte cinquante-deux presque entiers : treize ont été détruits; mais leurs débris sont encore sur la place. Ces sphinx ont des corps de lion avec des têtes de belier[1]; ils ont les pattes de devant étendues, et celles de derrière repliées sous le corps. Leur coiffure, qui prend du dessus de la tête, retombe sur le dos, la poitrine et les épaules. Ils reposent sur un socle de trente-huit centimètres[2] de hauteur, placé au-dessus d'un piédestal couronné d'une corniche et d'un cordon. Les décombres n'ont pas permis de voir comment se termine le piédestal; mais l'analogie porte à croire qu'il est semblable à celui des sphinx[3] placés en avant de l'entrée de l'ouest du palais. L'un de nos collègues[4] a remarqué que quelques-uns des socles ont les angles postérieurs arrondis; mais la plupart sont terminés carrément. Les piédestaux ont cinq mètres trente-six centièmes[5] de longueur et un mètre et demi[6] de largeur : ils sont distans les uns des autres de trois mètres soixante centièmes[7]. La corniche qui les couronne a une saillie de seize centi-

---

[1] *Voyez* la pl. 46, fig. 1 et 2, *A.*, vol. III.
[2] Un pied deux pouces.
[3] *Voyez* la pl. 29, fig. 1, 2 et 3, *A.*, vol. III.
[4] M. Balzac, qui a dans l'ouvrage un grand nombre de vues intéressantes des monumens de l'Égypte.
[5] Seize pieds six pouces.
[6] Quatre pieds sept pouces.
[7] Onze pieds.

DE THÈBES. SECTION VIII.

mètres[1]. Tous ces sphinx sont construits en grès. Au bout de l'avenue, on trouve les fondations d'une porte engagée dans une enceinte en briques crues, qui renferme les ruines les plus éloignées vers le sud : nous les ferons bientôt connaître, et c'est par là que nous terminerons la description des immenses débris de Karnak.

En tournant à droite et en se dirigeant vers l'ouest, on entre dans une autre avenue de sphinx d'une espèce différente, et surtout d'une proportion moins colossale : ce sont des corps de lion en repos avec des têtes de femme[2]. Ils sont élevés sur des piédestaux de trois mètres[3] de longueur et de huit décimètres[4] de largeur, distans les uns des autres d'à peu près un mètre[5]. Cette avenue a été presque entièrement dévastée. La rangée du nord offre encore les fragmens de dix-huit sphinx, et il a dû y en avoir trente-huit. Celle du sud en a sept, et elle a dû en contenir trente-quatre. Ceux qui restent sont fort mutilés; les débris des autres sont dispersés ou enfouis. Cette avenue, qui a cent soixante-dix mètres[6] de longueur sur un même alignement, change tout-à-coup de direction, en faisant un angle obtus vers le sud, et conduit droit au palais de Louqsor. On voit encore là de nombreux vestiges de sphinx à corps de lion et à tête de femme. C'est surtout sur la rangée de l'ouest que l'on aperçoit le plus de débris. On compte actuellement même quarante sphinx qui n'ont point été déplacés, mais qui sont presque entièrement méconnaissables : ils

---

[1] Six pouces.
[2] *Voyez* le dessin d'un fragment de ces sphinx, pl. 29, fig. 4, *A.*, vol. III.
[3] Neuf pieds deux pouces.
[4] Deux pieds cinq pouces et demi.
[5] Trois pieds.
[6] Quatre-vingt-sept toises.

sont à de grandes distances les uns des autres, et l'on pourrait en placer cent quatre-vingt-dix-neuf pareils dans les intervalles qui les séparent. Des débris de ces animaux chimériques se retrouvent dans une étendue de huit cent trente-six mètres[1], et il n'y a pas de doute que l'avenue ne se prolongeât jusqu'à l'entrée du palais de Louqsor, c'est-à-dire dans un espace de deux mille mètres[2] : elle ne peut avoir renfermé moins de six cents sphinx de chaque côté. Au temps où Strabon voyageait en Égypte, de grandes dalles de pierre[3] formaient le pavé de toutes ces avenues; nous en avons encore retrouvé des restes au-devant de la porte du nord; mais ici et partout ailleurs, si elles existent encore, elles sont enfouies sous les décombres. Il paraît aussi, d'après le témoignage des anciens auteurs, et particulièrement d'Hérodote[4], que les abords des édifices égyptiens étaient plantés d'arbres; ce qui devait ajouter singulièrement à leur aspect imposant et tout-à-fait pittoresque. Si l'on veut maintenant se faire une juste idée de l'allée de sphinx qui conduisait de Karnak à Louqsor, et pour l'étendue et pour l'effet, il faut se représenter l'avenue des Champs-Élysées, depuis l'arc de triomphe de l'Étoile jusqu'à la place de

---

[1] Quatre cent vingt-neuf toises.
[2] Mille vingt-six toises.
[3] *Voyez* le passage de Strabon, ci-après cité.
[4] L'auteur donne la description de la ville et des édifices sacrés de Bubaste.

Κατὰ μὲν δὴ τὴν ἔσοδον, ἐστρωμένη ἐστὶ ὁδὸς λίθου ἐπὶ σταδίους τρεῖς μάλιστα κη, διὰ τῆς ἀγορῆς φέρουσα ἐς τὰ πρὸς ἠῶ· εὖρος δὲ, ὡς τεσσέρων πλίθρων· τῇ δὲ καὶ τῇ τῆς ὁδοῦ, δένδρεα οὐρανομήκεα πέφυκε.

Ab ejus ingressu via per forum orientem versùs, quæ fert ad Mercurii templum, tria circiter stadia longitudinis, et quatuor jugerum latitudinis, strata lapide est, utrinque arboribus manu consitis in cœlum euntibus. (Herod. *Hist.* l. II, c. 138, p. 143, edit. 1618.)

la Concorde, décorée, de chaque côté de la route, d'une rangée de six cents sphinx pareils à ceux que nous avons décrits.

Cette magnifique avenue se terminait, du côté de Karnak, à une autre allée qui en est, pour ainsi dire, le prolongement, et qui s'étend jusqu'à la porte triomphale élevée en avant du grand temple du sud, l'un des monumens les plus importans que nous ayons encore à décrire. Mais ce ne sont plus ici des animaux chimériques, c'est la représentation exacte de beliers [1]; on paraît même avoir eu l'intention de figurer la laine dont leur corps est couvert. Au-dessous de leur cou et en avant de la poitrine, est sculptée en relief plein une divinité égyptienne, terminée en gaîne, qui a la coiffure de toutes les statues de ce genre, et porte dans ses mains les emblèmes sacrés. La tête du belier est remarquable par la vérité de l'imitation: elle a un mètre trente-trois centimètres [2] de longueur, depuis l'extrémité de la bouche jusque derrière l'occiput. Le belier accroupi, les jambes de devant repliées sous le corps, repose sur un socle placé au-dessus d'un piédestal de quatre mètres dix-neuf centièmes [3] de long, sur un mètre quarante centièmes [4] de large, et couronné d'une corniche. Chacune des files de l'avenue renfermait, dans une étendue de cent soixante-cinq mètres [5], cinquante-huit beliers. Bien que ces figures d'animaux ne soient pas toutes en place, cependant le nombre en est indiqué d'une manière

---

[1] *Voyez* la pl. 46, *A.*, vol. III.
[2] Quatre pieds.
[3] Douze pieds dix pouces.
[4] Quatre pieds quatre pouces.
[5] Quatre-vingt-quatre toises et demie.

certaine par la correspondance des deux rangées; car, là
où quelques beliers manquent dans l'une, ils existent en
face dans l'autre. Tous ces beliers sont plus ou moins
mutilés; leurs têtes [1], particulièrement, sont toutes tombées, et quelques-unes sont encore tout contre les piédestaux. On serait même tenté de croire, au premier
abord, qu'elles ne formaient point un seul morceau avec
le reste du corps; mais, en examinant les choses de
près, on est bientôt détrompé, et l'on reconnaît que
non-seulement tout l'animal était taillé dans une seule
pierre, mais que le socle sur lequel il repose faisait
partie du même bloc. De l'extrémité sud de l'avenue de
beliers au commencement de l'allée de sphinx dirigée
sur le palais de Louqsor, il y a un espace vide de cent
dix mètres [2], qui pourrait contenir trente-cinq beliers de
chaque côté: on n'en voit pas maintenant de traces, soit
qu'ils aient été détruits et que les débris en soient dispersés ou cachés sous les décombres, soit que l'avenue
n'ait jamais été prolongée aussi loin.

Nous avons déjà eu plusieurs occasions de faire remarquer que les artistes égyptiens sculptaient les animaux avec beaucoup plus de perfection que les figures
humaines : nous en avons une nouvelle preuve dans les
avenues de sphinx et de beliers. Les corps de lion sont
d'un excellent travail, les contours sont d'une grande
pureté; les muscles sont fortement exprimés, et leurs
attaches bien senties. Les beliers sont exécutés avec

---

[1] Nous avons pris sur les lieux et transporté à Alexandrie la tête de
l'un de ces beliers : elle était parfaitement conservée.

[2] Cinquante-six toises et demie.

toute la rondeur et le coulant des formes de ces animaux.

On peut observer, dans la disposition des allées de sphinx, une extrême irrégularité, qui vient probablement de ce que les édifices en ayant desquels elles se trouvent placées, ont été élevés à des époques différentes. Les Égyptiens, voulant ensuite lier ensemble tous ces monumens, n'auront pu le faire qu'en suivant des directions obliques.

La variété qui existe dans les sphinx dont nous venons de donner la description, est digne d'être remarquée. Nous avons vu, en mille circonstances, que, dans l'architecture égyptienne, les ornemens ne sont jamais le résultat du caprice ou du hasard : au contraire, tout y est motivé; et souvent ce qui paraît bizarre au premier abord, finit, après avoir été étudié et examiné avec soin, par présenter des allégories pleines de sens et de raison, fondées sur une connaissance approfondie des phénomènes de la nature. Il y a donc quelque raison de croire que ce n'est pas non plus par l'effet du hasard que des têtes de belier et des têtes de femme sont ajustées sur des corps de lion, et qu'une avenue toute entière est formée de beliers. Nous ferons d'abord observer que le sphinx à corps de lion et à tête de femme se trouve dans le zodiaque d'Esné[1] : il précède la vierge, qui ouvre la marche des signes dans ce tableau astronomique. Quant aux beliers, ils sont ici représentés tels qu'on les a figurés dans les monumens astronomiques dont nous avons recueilli les dessins à Esné et à Dende-

[1] *Voyez* pl. 79, *A.*, vol. 1.

rali[1]. L'animal est couché absolument dans la même position, les jambes de devant et de derrière repliées sous le corps: la seule différence notable qu'il y ait entre les deux représentations, c'est que, dans les zodiaques, le belier a la tête tournée en arrière. On trouve aussi, dans les bas-reliefs relatifs à l'astronomie, des têtes de belier ajustées sur des corps de lion[2]. Tout semble donc se réunir pour porter à croire que les sphinx et les beliers des avenues sont des emblèmes qui ont pour objet de rappeler les divers signes du zodiaque placés sur la route du soleil. On sait déjà, et c'est une vérité qui sera démontrée jusqu'à l'évidence dans cet ouvrage, que les Égyptiens connaissaient la précession des équinoxes, c'est-à-dire cette loi en vertu de laquelle le soleil, par un mouvement rétrograde, parcourt tous les signes du zodiaque durant la grande période de vingt-six mille ans environ[3]. Les Égyptiens auraient-ils voulu indiquer, par l'emblème du sphinx à corps de lion et à tête de femme, un point de cette grande révolution qui se trouve entre le lion et la vierge, où le soleil était au solstice d'été, lorsque le Nil, sorti de son lit, répandait sur toute la terre d'Égypte ses inondations fécondantes? Les avenues de beliers auraient-elles été construites dans l'intention de rappeler l'époque astronomique où le belier céleste occupait l'équinoxe d'automne, lorsque le capricorne était au solstice d'été, la balance à l'équinoxe du printemps, et

---

[1] *Voy.* ces monumens, *A.*, vol. I et V.

[2] *Voyez* plus particulièrement le dessin du zodiaque du petit temple situé au nord d'Esné, pl. 87, *A.*, vol. I.

[3] Vingt-cinq mille huit cent soixante-sept ans. *Voyez* l'Astronomie physique de M. Biot.

DE THÈBES. SECTION VIII.

le cancer au solstice d'hiver, époque fameuse à laquelle on a fait remonter l'institution primitive du zodiaque égyptien[1]? On pourrait peut-être croire aussi qu'on a voulu consacrer une époque plus rapprochée de nous, celle où le signe du belier était occupé à l'équinoxe du printemps par le soleil, principe de tout ce qui vit et respire, divinité à laquelle les Égyptiens ont donné des attributs et des propriétés particulières, en le considérant dans différens points de son cours.

Les sphinx à tête de belier et à corps de lion indiquaient probablement quelques particularités relatives au belier et au lion célestes.

Ce n'est qu'avec réserve que l'on se livre aux conjectures qui viennent en foule à la pensée, lorsqu'on fait de pareils rapprochemens. Cependant comment s'empêcher d'en tirer quelques conséquences, surtout lorsqu'il est démontré, non-seulement par les témoignages des anciens auteurs[2], mais encore par les faits nombreux consignés dans cet ouvrage, que toute la religion et la théogonie des Égyptiens sont fondées sur l'astronomie, particulièrement sur la marche du soleil dans le zodiaque, et sur l'influence que cet astre bienfaisant exerce à la surface de la terre? On ne peut donc douter que les Égyptiens, dans l'érection des sphinx, n'aient voulu transmettre à la postérité des indices certains de leurs hautes connaissances dans l'astronomie, ou même un souvenir durable de l'époque de la construction de leurs

---

[1] Voyez l'Origine de tous les cultes, par Dupuis, tom. III.

[2] Voyez le Traité d'Isis et d'Osiris de Plutarque, S. Clément d'Alexandrie, et une foule d'autres dont il serait trop long de faire ici l'énumération.

édifices; et l'on ne peut nier qu'ils n'aient eu une idée vraiment grande et sublime en produisant ainsi des centaines de colosses comme des témoins irrécusables de leur antique science. Sous quelque rapport que l'on considère les sphinx, on ne peut s'empêcher de convenir que les Égyptiens n'ont pas exécuté de décoration architecturale plus significative, et qui se rapporte à une plus noble origine. Les peuples qui leur ont succédé dans la carrière des sciences et des arts, n'ont rien fait de semblable. L'astronomie était peu familière aux Grecs, et les Romains étaient encore moins avancés qu'eux dans la connaissance du ciel. Aussi les anciens poëtes qui ont cherché à verser le ridicule sur le culte que l'Égypte paraissait rendre aux animaux, ont seulement prouvé qu'ils n'en comprenaient point les motifs : ils ont blâmé les Égyptiens dans des choses qui nous donnent aujourd'hui sujet de les admirer. En effet, tout ici rappelle le culte dominant à Thèbes, celui de Jupiter Ammon, du dieu soleil considéré dans le signe du belier. Non-seulement les avenues de sphinx, mais encore les sculptures des palais et des temples, s'accordent avec les témoignages des anciens auteurs, tels qu'Hérodote [1], Diodore de Sicile [2], Strabon [3], S. Clément d'Alexandrie [4], et tant d'autres, qui tous nous ont fait connaître que les Thébéens honoraient le belier d'un culte particulier; ce qui ne doit s'entendre que du belier céleste, ou plutôt du soleil considéré dans le signe du zodiaque, dont l'image

---

[1] Herod. *Hist.* lib. II, cap. 42, pag. 106, ed. 1618.

[2] Diod. Sic. *Bibl. hist.* lib. I.

[3] Strab. *Geogr.* l. XVII, p. 812, edit. Paris. 1620, in-fol.

[4] Clem. Alex. *Protrept.* p. 25, edit. 1629, in-fol.

vivante était un belier[1] nourri dans les temples de Thèbes. On trouve, dans les catacombes, des os de belier conservés en momies ; ce qui est une preuve de plus à ajouter au témoignage des auteurs sur l'objet du culte des habitans de l'ancienne capitale de l'Égypte.

Pour désigner les sphinx, Hérodote[2] se sert de la dénomination d'*andro-sphinx* (ἀνδρόσφιγξ). Cet historien semble annoncer par-là que les sphinx avaient des têtes d'homme, et non des têtes de femme, ajustées sur des corps d'animaux. S. Clément d'Alexandrie dit[3] que les sphinx étaient formés de l'assemblage d'un corps de lion avec une tête d'homme : il les considère comme indiquant la réunion de la force et du courage (ἀλκὴ καὶ σύνεσις). Qu'à une époque récente on ait attribué ce sens aux sphinx, c'est une assertion que nous n'entreprendrons point de détruire ; mais aussi il est évident pour nous, qu'en remontant très-haut dans l'antiquité, au temps où le zodiaque d'Esné a été sculpté, cet emblème ne pouvait pas être interprété de cette manière. D'ailleurs tous les sphinx à tête humaine que nous avons observés en Égypte, à l'exception peut-être de celui des pyramides, ont des têtes de femme, et non des têtes d'homme. Notre observation se trouve d'accord avec le témoignage de quelques anciens auteurs[4]. Le célèbre Winckelman ne doute pas non plus que les sphinx égyptiens ne soient composés de corps de lion et de têtes de femme.

---

[1] Jablonski, *Panth. Ægypt.* l. II, c. 11.

[2] Herod. *Hist.* lib. II, cap. 175, pag. 175, ed. 1618.

[3] Clem. Alex. *Stromat.* lib. V, pag. 561 et 567, edit. Paris. 1629.

[4] Ælian. *De nat. animal.* l. XII, cap. 7.

ARTICLE III.

De la porte et du grand temple du sud.

De tous les édifices situés au sud du palais de Karnak, il n'en est pas de mieux conservés que ceux que nous allons décrire. Le grand temple, et la porte qui le précède, ont leur entrée tournée vers le sud; et le voyageur qui, après avoir visité le magnifique palais de Louqsor, dirige ses pas vers Karnak, les aperçoit presque en face de lui. Il y arrive directement en suivant l'allée des beliers. C'est de ce côté que l'aspect de ces édifices est le plus riche et le plus pittoresque[1]. La porte du sud n'est point engagée dans les massifs d'un pylône; elle se fait remarquer par l'élégance de ses proportions, la richesse et la variété des sculptures qui la décorent. C'est un exemple très-frappant d'un genre d'architecture que des préjugés défavorables n'accordent point ordinairement au goût égyptien. Les fondations que l'on voit au niveau du sol de part et d'autre, et qui ont la même épaisseur que la porte, ne s'étendent qu'à sept mètres[2] de distance, et paraissent être de simples contre-forts. Sans doute on pourrait objecter que le reste des fondations du pylône est enfoui sous les décombres; mais nous n'avons rien observé sur les lieux qui puisse nous le faire soupçonner. Nous aimons mieux croire que la porte a toujours été isolée, que d'enlever aux Égyptiens le mérite d'avoir construit un édifice élégant,

---

[1] *Voyez* la pl. 49, *A.*, vol. III. [2] Vingt-un pieds.

vers l'imitation duquel on serait naturellement porté, et qui d'ailleurs n'est pas sans analogues dans les constructions égyptiennes. On voit deux portes semblables à Karnak même, au nord et au sud du palais, et une autre à Dénderah, qui renferme les derniers édifices où les Égyptiens aient joint au caractère mâle et sévère de leur architecture l'élégance, la richesse et la perfection des détails. Les murs d'enceinte en briques viennent, dans ce cas, s'appuyer contre les flancs de la porte ainsi isolée; et c'est ce qui a lieu ici. On ne peut douter en effet que le mur d'enceinte [1] en briques, qui enveloppe les principaux monumens de Karnak, ne vînt s'arrêter contre la porte du sud, lorsque l'on fait attention que la profondeur de cette porte est la même que la largeur du mur d'enceinte, et qu'en outre le plan de ses faces est dans le prolongement des paremens de cette enceinte. Cela explique parfaitement pourquoi l'axe de la porte n'est point le même que celui du temple qu'elle précède; ce qui paraît extrêmement choquant, et dont on ne se rend pas compte au premier coup d'œil. On peut en conclure aussi que la porte du sud a été construite postérieurement au temple, conséquence qui résulte encore de l'examen de la construction et de la sculpture des deux édifices.

La porte du sud est divisée intérieurement en trois parties. Dans celle du milieu, qui est en retraite sur les autres, se logeaient les battans en bois; elle a soixante-trois centimètres [2] de profondeur, et trois mètres trente-

---

[1] *Voyez* le plan topographique, pl. 16, *A*., vol. III.

[2] Un pied onze pouces.

518   CH. IX, DESCRIPTION GÉNÉRALE

deux[1] centimètres de largeur. Cet édifice nous a tant frappés par l'élégance de ses formes, que nous croyons devoir mettre sous les yeux du lecteur le tableau de ses dimensions :

Largeur de l'ouverture de la porte..................	5^m 61 [2].		
Largeur de chacun des montans.	3.40 [3].		
Profondeur totale de la porte au niveau du sol..........	11.62 [4].		
Largeur des montans au même niveau...................	4.15 [5].		
Hauteur de la porte sous la plate-bande.............	14.32 [6].		
Hauteur de l'architrave, non compris le cordon........	2.65 [7].	3^m 18 [9].	
Épaisseur du cordon.........	0.53 [8].		6^m 70 [13].
Hauteur de la corniche, non compris le listel...........	2.52 [10].	3.52 [12].	
Hauteur du listel...........	1.00 [11].		
Hauteur totale de la porte....	21.00 [14].		
Saillie de la corniche sur le parement incliné de la face, à partir de l'extrémité du cordon....................	0.85 [15].		
Saillie de la corniche sur les faces verticales des côtés....	1.26 [16].		

On peut voir, d'après ce tableau, que la masse de la construction offre plus de pleins que de vides, dans la

[1] Dix pieds deux pouces.
[2] Dix-sept pieds trois pouces.
[3] Dix pieds cinq pouces et demi.
[4] Trente-six pieds trois pouces et demi.
[5] Douze pieds neuf pouces.
[6] Quarante-quatre pieds.
[7] Huit pieds un pouce neuf lignes.
[8] Un pied sept pouces six lignes.
[9] Neuf pieds neuf pouces trois lignes.
[10] Sept pieds neuf pouces.
[11] Trois pieds onze lignes.
[12] Dix pieds neuf pouces onze lignes.
[13] Vingt pieds sept pouces.
[14] Soixante-quatre pieds sept pouces huit lignes.
[15] Deux pieds sept pouces quatre lignes.
[16] Trois pieds dix pouces cinq lignes.

proportion d'un quart. La hauteur de la porte, sous le linteau, est de deux fois et demie son ouverture. La largeur de l'édifice en entier se trouve, à peu de chose près, deux fois dans la hauteur totale; proportion que l'on remarque très-souvent dans l'architecture égyptienne. L'architrave est égale en hauteur à la corniche, et le listel a une épaisseur double de celle du cordon. Ce rapport entre l'architrave et la corniche plaît singulièrement à l'œil. Il paraît que les Égyptiens, ou bien ne l'ont pas imaginé d'abord, ou ne l'ont pas toujours employé : car nous avons déjà fait connaître plusieurs édifices où l'architrave a beaucoup plus de hauteur que la corniche; ce qui produit un effet désagréable [1]. L'entablement se trouve trois fois dans la hauteur totale. Tels sont les rapports principaux qui existent dans les dimensions de la porte. Nous pourrions en indiquer d'autres encore, et nous verrions que leurs savantes combinaisons concourent toutes au but que les constructeurs se sont sans doute proposé, d'élever un édifice svelte, imposant et magnifique.

Bien que la porte du sud soit de la plus belle conservation, cependant il se manifeste à sa base des dégradations notables qui paraissent être le résultat de l'infiltration des eaux de l'inondation. Nous avons déjà fait remarquer le même phénomène dans la salle hypostyle du palais, en l'indiquant comme une des causes qui contribueront le plus à la ruine des édifices de Karnak.

La porte du sud est construite en grès; ses deux faces

[1] *Voyez* plus particulièrement la description des monumens de Médynet-abou, *section* 1re *de ce chapitre*, et la pl. 4, fig. 3, *A.*, vol. II.

ont une inclinaison de douze centimètres pour un mètre de hauteur; elles sont décorées [1] dans toute leur étendue. Au milieu de la corniche est un globe ailé qui se détache sur un fond de cannelures; cet ornement est travaillé avec une recherche et un soin que l'on ne retrouve pas toujours ailleurs. Les *ubœus* qui accompagnent le globe sont exécutés avec beaucoup de détails. A la partie supérieure de l'architrave, on a représenté une néoménie [2] : la nouvelle lune est figurée par un disque posé dans un demi-cercle qui imite fort bien le croissant. Suivant Horapollon [3], les pointes du croissant tournées en haut indiquent la nouvelle lune : le sujet ici représenté est donc certainement une néoménie, et c'est probablement celle du solstice d'été, qui importait tant à l'Égypte. Quarante-huit figures sont en adoration devant le disque; il y en a vingt-quatre de chaque côté. Au-dessous de ce bas-relief qui est répété sur les deux faces, se trouvent, du côté du nord [4], des tableaux représentant des offrandes à Osiris à tête d'épervier. Les bas-reliefs qui décorent les deux montans sont analogues à ceux-là, si ce n'est qu'on y voit Harpocrate et la déesse Isis : on y remarque aussi une femme qui a pour coiffure un temple entouré de lotus, au milieu duquel est une petite niche renfermant le serpent sacré. Cinq tableaux sont distribués dans toute la hauteur des montans, et sont encadrés de petits filets terminés dans leur partie supérieure par des têtes de gazelle. Les figures des bas-reliefs

---

[1] *Voyez* les pl. 49 et 51, *A.*, vol. III.
[2] *Voyez* les mêmes planches.
[3] *Hieroglyphic.* lib. 1, hierogl. 4.
[4] *Voyez* la pl. 51, *A.*, vol. III.

sont d'une proportion très-élancée. La partie inférieure de la porte est ornée de bouquets de plantes où l'on voit le lotus dans divers états : ce sont alternativement des boutons et des fleurs épanouies ou qui commencent à s'épanouir. Ils sont séparés par des espèces d'autels ornés aussi de lotus, et surmontés d'une légende hiéroglyphique : de chaque côté sont des chimères à tête d'épervier et à corps de lion, des vautours et des serpens.

La face de la porte exposée au sud [1] présente les mêmes dispositions dans l'agencement et la distribution des sculptures dont elle est ornée : les sujets des tableaux offrent seulement quelques variétés.

Si l'on passe à l'examen des sculptures intérieures, on a lieu d'admirer encore davantage la richesse et la variété des ornemens. La partie qui est à droite en venant du sud, offre, dans les deux corps avancés, des tableaux remarquables par les offrandes que l'on fait aux dieux [2] : on y voit, en effet, un homme à genoux, les mains liées derrière le dos, qu'un sacrificateur paraît prêt à immoler à la divinité. A la barbe longue de la victime, il est facile de reconnaître un étranger. Ailleurs on fait l'offrande de la proue d'une barque votive, et l'on voit un quadruple autel, sur lequel est élevé le disque de la lune dans son croissant ; cet astre est précédé d'un ibis, symbole [3] de l'inondation, porté sur une espèce d'enseigne. Des victuailles placées sur des tables, des figures

---

[1] *Voyez* la pl. 49, *A.*, vol. III.
[2] *Voyez* la pl. 52, *A.*, vol. III.
[3] *Voyez* l'Histoire naturelle et mythologique de l'ibis, par M. Savigny.

d'Isis surmontées de temples, sont offertes à Osiris à tête d'épervier. Dans tous ces bas-reliefs, les personnages qui présentent les offrandes entrent du côté du sud; et les dieux qui les reçoivent sont placés au nord: cette disposition, qui est motivée par la situation du temple, prouve que la porte du sud en est une dépendance. En effet, l'entrée du monument étant exposée au sud, les personnages qui font les offrandes doivent entrer dans le temple en s'avançant vers le nord, où est le sanctuaire qui renferme les images des dieux. Nous ne donnerons pas plus de détails sur les sujets de sculpture qui ont été figurés dans les planches de l'atlas[1] avec le plus grand soin; c'est là seulement que les antiquaires peuvent les étudier avec quelque fruit.

L'enfoncement où venaient se loger les battans de la porte est orné de détails de sculpture si riches et si variés, que l'on aurait peine à se les figurer, si l'on n'en avait sous les yeux des dessins authentiques[2]. Dans la partie supérieure, sont des légendes hiéroglyphiques, portées sur des vases, de chaque côté desquels sont posés des serpens coiffés de mitres. On voit ensuite, distribués alternativement, des lignes de grands hiéroglyphes, et des ornemens qui sont composés, les uns, de croix à anse d'où sortent des bras armés de sceptres à tête de lévrier, et les autres, de légendes hiéroglyphiques accompagnées de serpens et de femmes accroupies, tenant des bâtons dentelés, dont les extrémités recourbées por-

[1] *Voyez* les planches relatives à ce monument, que nous avons déjà citées.
[2] *Voyez* la pl. 52, *A.*, vol. III.

tent des espèces de vases. Il est impossible de ne pas être étonné de cette richesse et de cette profusion d'ornemens, qui étaient dérobés entièrement aux regards des spectateurs lorsque les portes étaient ouvertes.

Les ornemens de la partie inférieure des deux corps avancés sont un peu différens de ceux qui existent sur les faces nord et sud : ils consistent en figures d'hommes et de femmes coiffées de lotus, qui portent sur leurs mains étendues de petites tables où sont disposés des pains, des fruits, des oiseaux, et des bouquets de lotus. A côté de quelques-unes de ces figures, sont des taureaux environnés de lotus et de croix à anse.

La partie de la porte qui est à gauche, n'est pas moins richement décorée [1] que celle que nous venons de décrire. Les offrandes sont faites à Osiris à tête d'épervier, et au dieu de Thèbes, Harpocrate, caractérisé par le symbole de la reproduction. Des oiseaux sacrés, tels que l'épervier, le vautour et l'ibis, en font partie, et prennent leur vol vers la divinité. On y voit aussi quatre beliers placés les uns au-dessus des autres, et retenus, dans la main de celui qui les offre, au moyen de cordons terminés par des croix à anse. On peut remarquer encore un personnage enveloppé d'un manteau très-ample et richement orné de franges.

La première partie du plafond [2] de la porte comprise sous le linteau est décorée d'un globe ailé de forte dimension, accompagné de deux lignes de grands hiéroglyphes : le reste du plafond est orné alternativement de

---

[1] *Voyez* la pl. 53, fig. 2 et 3, *A.*, vol. III. [2] *Voyez* la pl. 50, fig. 2, *A.*, vol. III.

lignes d'hiéroglyphes et de vautours dont les ailes sont déployées et les serres armées d'espèces d'étendards.

Les figures et les hiéroglyphes qui décorent la porte du sud sont parfaitement travaillés, et d'une exécution très-pure. On y voit encore les restes des couleurs vives dont ils ont été revêtus. Tous les voyageurs qui nous ont précédés dans l'examen des monumens égyptiens ont été frappés de la beauté de cette porte; mais aucun n'en a fourni des dessins propres à faire passer dans l'ame des lecteurs les impressions qu'il avait éprouvées. La représentation exacte et fidèle des monumens égyptiens est indispensable, pour donner une juste idée de leur architecture [1] : pour peu que l'on s'en écarte, on n'offre plus que des caricatures.

De la face nord de la porte que nous venons de décrire, il y a quarante-trois mètres jusqu'au grand temple du sud en avant duquel elle est placée. Dans cet intervalle est une avenue qui devait renfermer vingt-deux beliers [2] rangés sur deux lignes : ils sont tellement détruits, que l'on trouverait à peine en place les restes de trois d'entre eux. Cette avenue a une largeur double de celle qui précède la porte du sud.

Un pylône forme l'entrée du grand temple du sud. Son extérieur paraît tout-à-fait délabré. Les pierres dérangées de leur place laissent voir d'assez grands inter-

---

[1] On peut s'assurer de ce que nous avançons en comparant les gravures de l'ouvrage avec celles des Voyages de Pococke, et de Norden surtout, qui ont donné jusqu'à l'époque de l'expédition française le plus de détails sur l'architecture des monumens des anciens Égyptiens.

[2] *Voyez* le plan topographique de Karnak, pl. 16, *A.*, vol. III, et la pl. 49, même volume.

valles entre les joints ; et dans quelques parties de l'édifice, on découvre un appareil qui n'est pas toujours d'une parfaite régularité, mais qui devait être à peine aperçu lorsque les sculptures dont l'édifice était orné n'étaient point dégradées. On remarque dans ce pylône, ainsi que dans la plupart de ceux que nous avons fait connaître jusqu'à présent, des cavités prismatiques, au-dessous desquelles sont des ouvertures carrées qui traversent toute l'épaisseur de la construction. Ces cavités sont ici au nombre de quatre, et placées deux par deux de chaque côté de la porte. Nous avions déjà parcouru tous les monumens de l'ancienne Égypte, que nous n'avions pas encore trouvé le motif d'une pareille disposition : c'était une des choses qui piquaient le plus notre curiosité. La distribution des temples et des palais nous avait paru pleine de sagesse et de raison. Si parfois quelques dispositions nous avaient semblé bizarres, une étude plus approfondie des mœurs, des coutumes et de la religion des anciens Égyptiens, nous en avait révélé le motif; mais rien ne nous donnait le moindre éclaircissement sur la destination de ces cavités prismatiques pratiquées à l'extérieur de presque tous les pylônes. Un dessin [1] recueilli par un de nos collègues, dans l'intérieur même du temple qui nous occupe, a enfin entièrement fixé nos idées. Il représente, en effet, une entrée pareille à celle que nous décrivons, à l'exception cependant qu'au lieu de deux cavités prismatiques placées de chaque côté de la porte, il y en a quatre qui sont remplies par de grands arbres ou mâts, dont la forme pyramidale

---

[1] *Voyez* la pl. 57, fig. 9, *A.*, vol. III.

ressemble assez à celle d'un pin qu'on aurait dépouillé de ses branches. La grande élévation qu'on était obligé de donner à ces mâts, doit faire croire qu'ils étaient formés de pièces entées les unes sur les autres, comme il arrive dans la construction de nos vaisseaux. Les espèces de nœuds qui y sont figurés avaient peut-être pour objet de donner la facilité de monter jusqu'au sommet. A leur extrémité, terminée tout-à-fait en pointe, on a adapté de longues piques, autour desquelles sont attachées des banderoles. Les mâts sont élevés sur des espèces de socles décorés de ces ornemens que l'on rencontre quelquefois à la partie inférieure des édifices [1] : ils sont maintenus dans la position verticale par des espèces de crochets ou agrafes. On doit faire remarquer que le fond des cavités est vertical, et tellement combiné avec le talus de la face du pylône, que, lorsque le mât était en place, il se trouvait encore assez éloigné de la corniche pour que le listel ne pût nullement être endommagé. Si l'on n'aperçoit pas dans le bas-relief ces trous carrés [2] qui existent dans le pylône du temple au-dessus des cavités prismatiques, c'est qu'ils sont remplis par des pièces de bois fixées deux à deux l'une sur l'autre, au moyen de chevilles qui se voient très-distinctement. Nous pensons que les pièces inférieures étaient immobiles, et que les pièces supérieures, dont les extrémités apparentes étaient taillées en forme de crochet ou d'agrafe, ayant la faculté de tourner autour des che-

---

[1] *Voyez* les ornemens peints à la partie inférieure de la salle des harpes, dans le cinquième tombeau des rois, à l'est, pl. 91, fig. 1 et 2, *A.*, vol. II.

[2] *Voyez* la pl. 49, *A.*, vol. III.

villes, lâchaient ou retenaient les mâts, selon que l'on rapprochait ou qu'on éloignait les extrémités de ces mêmes pièces logées dans l'intérieur des fenêtres. Il paraît que les mâts n'étaient point fixes, et qu'on ne les dressait que dans des circonstances particulières et à de certains jours de fêtes. Nous avons vu, en effet, dans beaucoup d'endroits, le fond des cavités orné d'hiéroglyphes qu'on n'y aurait sûrement pas sculptés, si, dans quelques circonstances, on n'eût pas dû les voir.

Nous ne quitterons point le dessin curieux qui nous occupe, sans hasarder quelques conjectures sur son objet. Nous avons déjà vu plus d'une fois que les bas-reliefs égyptiens représentent des inaugurations [1] d'obélisques, de colonnes, de chapelles monolithes et de temples tout entiers. N'aurait-on pas voulu figurer ici un des pylônes du palais de Karnak? Il n'y a que là, en effet, que nous ayons rencontré de ces sortes d'édifices avec huit cavités prismatiques. Le pylône qui forme l'entrée de la salle hypostyle est aussi le seul où il y ait, comme dans le dessin, une seconde porte [2] pratiquée dans l'intérieur de la première. La connaissance de tout ce qui avoisine cette représentation jetterait probablement quelque lumière sur notre conjecture [3]. C'est d'après cette sculpture que l'on a rétabli, dans la vue

---

[1] *Voyez* ce que nous avons dit pag. 450.

[2] *Voy.* la coupe du palais, pl. 21, fig. 1, et la pl. 23, *A.*, vol. III.

[3] Notre collègue M. Dutertre, à qui l'on doit la découverte et le dessin de ce précieux bas-relief, est le seul qui l'ait vu en place. Il ne nous l'a communiqué qu'après notre retour en France. Il est fâcheux qu'il n'ait pas senti toute l'importance de le dessiner complètement. C'est un des objets les plus intéressans que nous puissions recommander aux voyageurs qui nous suivront.

perspective de la cour du palais, le pylône [1] qui en forme le fond. On peut juger du bel effet de ces mâts, qu'à de grands jours de fêtes on ornait peut-être encore de drapeaux et de pavillons. Les Égyptiens en variaient le nombre, probablement selon l'importance des édifices. Il y a des pylônes qui ne devaient en avoir que deux, ainsi qu'il arrive à Philæ [2]; d'autres où il devait y en avoir quatre, comme à Edfoû [3]; d'autres enfin qui devaient en avoir huit, ce qui a lieu à Karnak. Plusieurs pylônes étaient tout-à-fait privés de cet ornement, comme on le voit à Medynet-abou [4]. Mais continuons la description du grand temple du sud.

Le pylône qui en forme l'entrée a trente-deux mètres [5] de longueur, dix mètres [6] de largeur, et une hauteur de près de dix-huit mètres [7]. Son encombrement est de plus d'un mètre [8]. Quelques masses de granit éparses çà et là semblent annoncer qu'il était précédé de colosses. On voit encore dans l'intérieur de la porte deux pierres et un tronçon de colonne qui y ont été probablement apportés pour en fermer l'entrée lorsque le temple était habité par les gens du pays. Il n'y a point de salles dans l'intérieur du pylône; on n'y aperçoit qu'un escalier où l'on pénètre par une porte pratiquée dans le portique. Cet escalier monte droit jusqu'au sommet de l'édifice : on ne trouve de palier que lorsqu'on est arrivé au-dessus de la porte.

[1] *Voyez* la pl. 41, *A.*, vol. III.

[2] *Voyez* la pl. 5, fig. 1, et la pl. 6, fig. 6 et 7, *A.*, vol. I.

[3] *Voyez* les pl. 49 et 51, *A.*, vol. I.

[4] *Voyez* la pl. 5, fig. 1, et la pl. 6, fig. 2, *A.*, vol. II.

[5] Seize toises deux pieds.

[6] Trente pieds neuf pouces.

[7] Cinquante-cinq pieds quatre pouces et demi.

[8] Trois pieds un pouce.

DE THÈBES. SECTION VIII.

Immédiatement après le pylône, on pénètre dans un portique à jour, semblable à celui du grand temple de Philæ. Ses murs forment un carré parfait. L'intérieur est décoré de deux rangées de colonnes qui en font tout le tour à l'est, au nord et à l'ouest, et qui se terminent au pylône. Tout le milieu est découvert : c'est comme une sorte de cour environnée de colonnes. Des pilastres qui s'élèvent verticalement contre le pylône, font suite aux colonnes et sauvent l'irrégularité d'un espacement plus large dans le haut que dans le bas. L'entre-colonnement qui correspond aux portes est double des autres : c'est une convenance à laquelle les Égyptiens n'ont jamais manqué. Les colonnes sont maintenant engagées dans des décombres qui ne permettent point de saisir leurs proportions; elles paraissent beaucoup plus lourdes qu'elles ne le sont réellement : on ne peut même pas en juger sur les dessins; il faudrait les voir enveloppées d'air, et tout-à-fait dans les mêmes circonstances où les Égyptiens les ont primitivement établies, pour se faire une idée exacte de leur effet. Les chapiteaux ont la forme de boutons de lotus tronqués[1]; ils sont surmontés de dés assez élevés sur lesquels repose l'entablement, qui se compose d'une architrave et d'une corniche, où l'on ne retrouve point l'élégance et les heureuses proportions que nous avons remarquées ailleurs. L'architrave et son cordon sont doubles en hauteur de la corniche et de son listel. Les parties inférieures des chapiteaux sont décorées de bandes horizontales, qui ne sont que gravées sur la pierre; elles sont interrompues d'espace en espace

---

[1] *Voyez* la pl. 55, fig. 4, *A.*, vol. III.

par huit ornemens légèrement saillans, qui représentent très-bien la forme d'un obélisque, et dépassent la dernière bande horizontale de tout le pyramidion. La partie supérieure du chapiteau est décorée de légendes hiéroglyphiques accompagnées de serpens. Les fûts des colonnes sont ornés de frises[1] et de tableaux encadrés d'hiéroglyphes représentant des offrandes et des sacrifices aux dieux. Ils présentent une circonstance qui mérite de fixer l'attention. Presque tous les paremens des colonnes sont garnis d'un enduit, pour cacher les nombreuses imperfections de l'appareil : c'est sur cet enduit que sont sculptés, ou peut-être même imprimés, les figures et les hiéroglyphes qui sont en relief dans le creux, non-seulement sur les colonnes, mais encore dans toute l'étendue du monument. Le contour des figures est quelquefois marqué sur la pierre, la sculpture ayant souvent plus de profondeur que l'enduit n'a d'épaisseur. En examinant les choses avec attention, on ne tarde point à reconnaître que l'on n'en a agi ainsi que parce que les colonnes sont construites avec des pierres provenant d'anciens édifices, et dont on aperçoit encore, dans les endroits où l'enduit s'est détaché, les sculptures revêtues de couleurs. Les hiéroglyphes de ces anciennes pierres sont même renversés; ce qui ne peut laisser aucun doute sur le fait que nous venons d'avancer. Ce ne sont pas seulement les colonnes qui sont ainsi bâties; tous les murs du temple offrent aussi les mêmes circonstances dans leur construction. Partout où le parement de la pierre employée présentait d'anciennes sculptures, il

---

[1] La fig. 7, pl. 57, *A.*, vol. III, offre un échantillon de ces frises.

DE THÈBES. SECTION VIII. 531

était revêtu d'un enduit qui le rendait parfaitement uni et très-propre à recevoir de nouveaux ornemens. On doit croire que les Égyptiens n'ont été déterminés à prendre ce parti, que parce qu'ayant employé une grande quantité d'anciens matériaux, ils ont trouvé plus commode et plus expéditif de les revêtir d'un enduit, que d'en faire disparaître les anciennes sculptures. Une des choses qui nous ont le plus frappés dans l'examen de toutes les circonstances de ce fait, c'est que les hiéroglyphes sculptés sur les anciens matériaux sont aussi bien exécutés que ceux qui décorent actuellement l'édifice.

Le grand temple du sud n'est pas le seul monument où les Égyptiens aient ainsi dressé les paremens des murs : quelques-uns des tombeaux des rois[1] sont entièrement revêtus d'enduits sur lesquels on a sculpté ou peint les ornemens qui les décorent.

Les murs latéraux du portique sont percés, de chaque côté, de deux portes régulièrement disposées, et qui se correspondent parfaitement. Tous les paremens sont couverts de décorations hiéroglyphiques. On y remarque beaucoup d'offrandes de lotus, et des barques avec leurs cordages, leurs avirons, leur gouvernail et leurs rameurs, au milieu desquelles sont placées des châsses surmontées d'un grand nombre d'idoles égyptiennes, renfermant dans l'intérieur l'image de la divinité représentée sous des formes symboliques avec les attributs qui la caractérisent. Ces divinités paraissent être con-

---

[1] *Voyez* la description des tombeaux des rois, section XI de ce chapitre, et les explications des planches.

duites en triomphe et offertes aux hommages et à la vénération des peuples. Le vautour accompagne souvent ces représentations ; il plane au-dessus d'elles, et porte entre ses serres une espèce de monogramme ou de devise, composé d'une croix à anse et de deux sceptres à tête de lévrier, placés sur un vase demi-circulaire. Ailleurs on offre de ces bâtons dentelés que nous avons désignés sous le nom de *bâtons de Thot,* et auxquels sont suspendues des espèces de vases. A la partie supérieure sont des *ubœus,* dont les corps tortueux forment, en s'élevant et s'abaissant, différens replis.

Du portique on passe dans une salle ornée de colonnes, qui a vingt-quatre mètres[1] de largeur et dix mètres[2] de profondeur. Elle offre, dans des dimensions plus petites, la même disposition que les salles hypostyles. Des huit colonnes dont elle est décorée, quatre, formant l'entre-colonnement du milieu, sont plus élevées que les autres, et d'un ordre[3] différent. Il en résulte que les plafonds de cette salle ne sont pas partout à la même hauteur ; ce qui a donné les moyens d'établir des claires-voies en pierre dans une espèce d'attique élevé sur l'entablement des colonnes du petit ordre pour recevoir les pierres du plafond. Les chapiteaux[4] des colonnes du grand ordre ont la forme de campanes très-évasées et très-saillantes sur le nu du fût : ils sont

[1] Soixante-quatorze pieds.
[2] Trente pieds.
[3] En faisant usage de ce mot, nous n'avons point en vue d'établir ici une comparaison avec les ordres grecs ; nous voulons indiquer seulement des colonnes égyptiennes de proportions différentes avec des chapiteaux variés.
[4] *Voyez* la pl. 55, fig. 5, *A.*, vol. III.

décorés, dans la partie inférieure, de ces triangles, placés les uns dans les autres, qui imitent les gaînes des plantes. Au-dessus s'élèvent des tiges de lotus avec leurs fleurs. Les chapiteaux des colonnes du petit ordre ont la forme de boutons de lotus tronqués : leur partie inférieure a des ornemens qui figurent des obélisques séparés par des bandes horizontales et verticales qui ne sont que gravées sur la pierre.

Les décorations de cette salle ne présentent aucune particularité remarquable, et ressemblent à celles du portique. Ce sont, pour la plupart, des offrandes aux dieux.

Le mur de fond est percé de trois portes : la plus élevée correspond à l'entre-colonnement du milieu ; les deux autres sont placées dans l'intervalle qui sépare les colonnes du petit ordre d'avec les murs latéraux. La corniche de la première est décorée d'un globe ailé, accompagné de deux *ubœus*, et qui paraît avoir été recouvert de métal ; car sa surface n'est point dressée, et l'on voit en différens endroits les trous de scellement destinés à recevoir les crampons. On doit présumer que ce globe était d'or, ou tout au moins de cuivre doré, pour mieux imiter le disque du soleil dont il était l'image. Il faut convenir que ces métaux, réunis aux riches couleurs dont les sculptures étaient revêtues, devaient augmenter singulièrement l'éclat et la splendeur des monumens égyptiens. Le grand temple du sud n'est point le seul édifice [1] qu'on puisse citer pour cette sorte de magnificence.

[1] *Voyez* la description du palais de Louqsor, *section* VII *de ce chapitre*.

La porte du milieu conduit à une espèce de sanctuaire isolé de toutes parts par un couloir dont la largeur est de trois mètres [1] : c'est une disposition que l'on retrouve dans presque tous les temples égyptiens. Les deux autres portes communiquent à de petites salles distribuées dans un espace de vingt-huit mètres [2], et dont on n'aperçoit plus que les terrasses, tant elles sont encombrées : ce sont de ces petites pièces obscures qui entourent ordinairement les sanctuaires des temples, et dont les sculptures sont plus spécialement consacrées à la représentation des divinités de l'ancienne Égypte. Ce n'est qu'en parcourant les terrasses que nous avons pu saisir la distribution de toutes ces pièces [3] et apercevoir les murs qui les séparent. On y voit même de ces soupiraux évasés, pratiqués dans l'épaisseur des plafonds pour éclairer l'intérieur des salles. Dans l'une des pièces à l'est, on remarque un escalier qui conduisait sur les terrasses du temple.

Derrière le sanctuaire est une autre salle, qui n'est pas moins enfouie que celle dont nous venons de parler. Les décombres s'élèvent jusqu'au sommet de la porte, dont on n'aperçoit plus que la corniche et la frise : cette dernière est décorée d'un disque représentant le croissant de la lune. De chaque côté, sont huit divinités portant en avant leurs mains élevées, et dans l'attitude de l'adoration ; leurs têtes sont surmontées de coiffures

---

[1] Neuf pieds deux pouces.
[2] Quatre-vingt-six pieds deux pouces.
[3] Toutes ces pièces ont été seulement indiquées sur le plan, parce qu'il n'a pas été possible de pénétrer dans l'intérieur pour en prendre les mesures. *Voyez* la pl. 54, fig. 2, en *i*, *A.*, vol. III.

variées. Ce bas-relief représente certainement la célébration d'une néoménie. La corniche est décorée d'un vautour dont les ailes sont déployées, et qui tient dans ses serres deux espèces de lames recourbées à leurs extrémités. Bien que la porte soit enfouie, nous avons pu cependant pénétrer dans l'intérieur de la pièce où elle conduit, et reconnaître que son plafond repose sur quatre colonnes [1] dont les chapiteaux ont la forme de boutons de lotus tronqués. Le mur de fond est percé d'une porte dont on n'aperçoit plus également que la corniche, et qui conduisait à de petites pièces obscures, semblables à celles que l'on voit à l'est et à l'ouest.

L'encombrement de l'édifice donne la facilité de monter sur les terrasses; et lorsqu'on y arrive, on est frappé du grand nombre de pieds et de sandales qui y sont sculptés [2], et à côté desquels sont des inscriptions, les unes en hiéroglyphes, les autres en écriture cursive tout-à-fait analogue à l'inscription intermédiaire de la pierre de Rosette. Quelques-unes d'entre elles paraissent être un mélange d'hiéroglyphes et de caractères alphabétiques. On serait porté aussi à y reconnaître l'écriture phénicienne; et, au premier aspect, on trouve même quelque analogie entre les caractères arabes et ces diverses écritures. Les pieds ou les sandales sont toujours gravés deux à deux et de grandeur naturelle, en sorte qu'il semble qu'on a suivi, pour les dessiner, le contour exact des pieds de la personne qui a voulu constater sa présence dans ces lieux. D'après la disposition des pieds

[1] *Voyez* la pl. 54, fig. 2, en *h*, *A.*, vol. III.
[2] *Voyez* la pl. 57, fig. 1, 2, 3, 4, 5 et 6, *A.*, vol. III.

CH. IX, DESCRIPTION GÉNÉRALE

et celle des caractères hiéroglyphiques, on pourra peut-être hasarder quelques conjectures vraisemblables sur le système d'écriture des anciens Égyptiens. Il en résulte par exemple assez clairement qu'ils écrivaient de droite à gauche. Il est très-probable qu'il faut voir ici, comme nous l'avons déjà insinué ailleurs, le résultat de pélerinages[1] dont l'antique édifice que nous décrivons était l'objet; mais c'est en vain que les pélerins ont voulu transmettre leurs noms et leur acte pieux à la postérité; le langage des anciens Égyptiens n'est plus entendu, et la clef en est peut-être perdue sans retour.

Nous avons déjà indiqué une circonstance très-digne d'attention dans la construction du grand temple du sud; c'est qu'il est bâti en partie avec des matériaux provenant d'édifices plus anciens, et offrant des sculptures aussi bien exécutées que celles dont il est actuellement orné. C'est un fait très-remarquable; et nous y revenons à dessein, parce qu'il prouve l'antiquité des arts chez les Égyptiens. Que de siècles ont dû s'écouler avant que des monumens élevés par ces hommes si religieux observateurs du culte établi fussent venus à un point de dégradation tel qu'on ait été dans la nécessité de les détruire! et de combien de siècles il faut remonter encore dans les temps antérieurs, pour que ces arts se soient perfectionnés au point de produire des édifices d'un effet aussi imposant et aussi majestueux que celui qui nous occupe! Platon[2], qui vivait quatre

---

[1] *Voyez* ce que nous avons dit à ce sujet dans la description de Médynet-abou, *section* 1re *de ce chapitre*; pag. 103.
[2] *Voyez* la citation n°. 1.

cents ans avant l'ère vulgaire, assure que la peinture était exercée en Égypte depuis dix mille ans; qu'il restait encore des ouvrages de cette haute antiquité, parfaitement semblables à ceux que les Égyptiens faisaient de son temps. Ne serait-il pas curieux de pouvoir vérifier aujourd'hui le témoignage du disciple de Socrate? Le grand temple du sud ne serait-il pas celui qui a donné matière aux observations de Platon, celui que les prêtres égyptiens lui auront montré pour lui prouver la haute antiquité dont ils se glorifiaient? En effet, il n'y a peut-être pas, dans toute l'Égypte, d'édifice qui ait une apparence de vétusté plus prononcée que le grand temple du sud. Le caractère mâle et sévère de son architecture semble naturellement en placer l'époque à ces temps primitifs où les arts ont commencé à être cultivés en Égypte. Les rapprochemens que nous avons indiqués, en parlant de l'allée des béliers, sont bien de nature à confirmer encore les conséquences vers lesquelles on se trouve naturellement entraîné au sujet de l'antiquité de tous ces vieux monumens.

ARTICLE IV.

Du petit temple situé au sud du palais.

Tout contre le temple que nous venons de décrire, il en existe un autre bien moins considérable, dont les sculptures plus soignées, et non entièrement terminées, annoncent un édifice plus récent. On est tout-à-fait confirmé dans cette opinion, lorsque l'on considère que le sol du petit temple est plus élevé que celui du grand, de deux mètres quatre-vingt-douze centièmes [1]; ce qui résulte des nivellemens. En effet, nous avons démontré ailleurs que le sol de l'Égypte s'élève [2] successivement, et que cet accroissement, presque insensible chaque année, devient susceptible d'appréciation au bout de quelques siècles. Il serait donc possible, d'après la différence de niveau du pavé des deux temples, d'indiquer leur antiquité relative, si l'on connaissait avec exactitude la quantité de l'exhaussement du sol, par siècle, pour un lieu donné; mais, cette quantité pouvant varier en mille manières, suivant les circonstances et les localités, il ne sera jamais possible d'atteindre qu'à des limites probables, lorsqu'il s'agira de quelques cas particuliers. Toutefois, si l'on admet que l'exhaussement moyen du sol de l'Égypte soit de cent trente-deux millimètres par siècle, comme l'avance M. Girard dans son Mémoire [3] sur le nilomètre d'Éléphantine, il en résultera que le petit temple du sud est au moins de deux mille ans plus récent que le grand.

L'entrée du petit édifice que nous allons décrire est exposée à l'ouest. Il est exactement orienté comme le palais de Karnak. De part et d'autre de la porte, dans la direction des murs latéraux, on remarque des arrachemens [4] qui semblent annoncer que le monument

---

[1] Neuf pieds.

[2] *Voyez* la description des colosses de la plaine de Thèbes, section II *de ce chapitre*, pag. 169 et suivantes.

[3] *Voyez* le mémoire de M. Girard sur le nilomètre de l'île d'Éléphantine, dans le tome I.er des Mémoires relatifs aux antiquités.

[4] *Voyez* la pl. 58, fig. 1 et 4, *A.*, vol. III.

avait plus d'étendue qu'il n'en a maintenant. Cependant, quelques recherches et quelques fouilles que nous ayons faites, nous n'avons rien trouvé qui pût confirmer nos conjectures, soit que le portique qui devait précéder l'édifice ait été entièrement détruit, soit que, d'après la manière de procéder des Égyptiens, cette partie du temple, qui devait être construite la dernière, ne l'ait point été du tout; car nous avons observé déjà, dans plusieurs circonstances, que les différentes parties des monumens égyptiens s'enchevêtrent, pour ainsi dire, les unes dans les autres, de manière à faire croire qu'on a dû commencer la construction par les pièces centrales et les moins étendues. Dans les temples de quelque importance, ce sont toujours les sanctuaires qui sont le plus complètement décorés; et c'est ce qui arrive ici, comme on va bientôt le voir. Tout nous porte donc à croire que le petit temple du sud devait être précédé d'un portique de quatre, et peut-être de huit colonnes, tel, par exemple, que ceux des monumens [1] situés au nord et à l'est d'Esné.

La porte a deux mètres soixante centièmes [2] de large, et cinq mètres et demi [3] de hauteur; elle est entourée d'un chambranle orné de tableaux [4] composés de divinités auxquelles on fait des offrandes. La frise est décorée de sujets analogues. Au-dessus on aperçoit le cordon qui se trouve ordinairement à la partie inférieure de la corniche, dont il ne reste plus ici de traces. Les

---

[1] *Voyez* les pl. 84, 85 et 89, *A.*, vol. I.
[2] Huit pieds.
[3] Dix-sept pieds.
[4] *Voyez* la pl. 60, fig. 1, *A.*, vol. III.

portions de mur de chaque côté des montans sont tout-à-fait lisses : elles n'ont point le talus qui annonce ordinairement l'extérieur des édifices égyptiens, et les sculptures du chambranle sont en relief sur le fond; ce qui est encore un indice que la porte ne devait point se trouver en-dehors : car c'est une observation générale qui ne souffre aucune exception, que les sculptures extérieures sont en relief dans le creux, tandis que les sculptures intérieures sont ordinairement en relief. Tout semble donc se réunir pour confirmer ce que nous avons dit plus haut, de l'existence d'un *pronaos* ou portique en avant du temple.

La première pièce dans laquelle on entre, était un second portique; elle a dix mètres soixante-onze centièmes[1] de longueur, sur six mètres quatre-vingt-sept centièmes[2] de largeur; elle est ornée de deux colonnes, dont le fût est couronné de chapiteaux[3] à campanes découpées. Aux angles sont de grandes feuilles qui nous ont toujours paru avoir quelque analogie avec celles du bananier. Tout autour sont disposés huit corps saillans qui, ainsi que le galbe du chapiteau, imitent dans leurs formes le calice du lotus. Le chapiteau est surmonté d'un dé carré, plus élevé qu'il n'est large : on a refouillé chacune des quatre faces, pour y exécuter, en relief dans le creux, des têtes d'Isis. L'architrave est ornée, sur toutes ses faces, de deux lignes de grands hiéroglyphes. On ne peut pas trop vanter la pureté et la finesse

[1] Trente-trois pieds.
[2] Vingt-un pieds.
[3] *Voyez* les détails de ces chapiteaux, pl. 62, fig. 2, 3, 4 et 5, *A.*, vol. III.

d'exécution de toutes ces sculptures. Le fût des colonnes
est lisse; ce que l'on doit probablement attribuer à ce
que l'édifice n'a point été achevé. Les bases sont formées
d'une partie cylindrique qui repose sur le sol, et d'une
partie conique au-dessus : ce n'est guère qu'à Denderah[1]
qu'on en retrouve de semblables; elles sont coupées
verticalement dans l'intérieur de l'entre-colonnement,
pour élargir sans doute le passage. Toute cette première
pièce est sans ornemens, si l'on en excepte pourtant
une partie du mur de fond, l'intérieur de la porte
d'entrée qui présente un agencement de croix à anse
et de bâtons auguraux à tête de lévrier portés sur des
coupes[2], et le soffite de l'entre-colonnement du milieu,
où l'on a sculpté douze vautours[3] dont les ailes sont
déployées, et qui ont alternativement des têtes de serpent. Les murs latéraux du nord et du sud laissent voir
un appareil qui présente quelques irrégularités : on y
remarque des joints obliques[4]; mais ils sont tellement
serrés, qu'il faut y regarder de très-près pour les apercevoir. Les assises sont continues et d'égale hauteur
d'un bout à l'autre. Ces grandes parties lisses que l'on
rencontre très-rarement dans les monumens égyptiens,
font ressortir la richesse des sculptures que nous avons
indiquées; mais il est à croire que, si le monument eût été
achevé, elles auraient été couvertes de décorations, sous
lesquelles l'irrégularité de l'appareil aurait entièrement
disparu. A la partie supérieure de chacun des murs la-

[1] *Voyez* les détails du petit édifice élevé sur les terrasses du grand temple de Denderah, *A.*, vol. IV.
[2] *Voyez* la pl. 59, *A.*, vol. III.
[3] *Voyez* la pl. 61, fig. 1, *A.*, vol. III.
[4] *Voyez* la pl. 58, fig. 4, *A.*, vol. III.

téraux et du fond, sont deux claires-voies en pierre [1] qui éclairent la pièce.

A l'angle sud-ouest, est une porte qui conduit dans une petite salle étroite [2], dont la longueur est à peu près double de sa largeur, et qui ne renferme aucune sculpture ; elle n'est éclairée que par la lumière qui lui vient de la porte et d'une espèce de soupirail pratiqué dans l'épaisseur des pierres du plafond.

Au nord-ouest, est un escalier [3] à cage rectangulaire, qui conduit sur les terrasses du temple. Il est construit très-solidement, et exécuté avec un soin et une précision remarquables : les marches, qui n'ont qu'un décimètre de hauteur, sont très-commodes à monter.

Aux angles sud-est et nord-est, sont les portes de corridors [4] qui mènent à des salles obscures contiguës au sanctuaire : ces pièces sont éclairées par huit trous évasés dans l'intérieur, et pratiqués dans l'épaisseur des plafonds. Le corridor du nord est orné de figures et d'hiéroglyphes en relief d'une très-belle conservation, tandis que celui du sud en est entièrement privé. Près de la porte qui y conduit, des voyageurs ont inscrit le mot grec μηνα.

Des fouilles exécutées dans la première salle en ont mis le sol à découvert, et nous avons reconnu qu'il est formé de grandes dalles en granit noir et rouge très-

---

[1] *Voyez* la pl. 58, fig. 4, *A.*, vol. III.

[2] *Voyez* la pl. 58, fig. 1, en *k*, *A.*, vol. III.

[3] Cet escalier a beaucoup d'analogie avec celui de Denderah. Au total, le petit temple du sud se rapproche beaucoup du grand temple de Denderah, pour le style et la pureté de l'exécution. *Voyez* la description de ce temple.

[4] *Voyez* pl. 58, fig. 1, en *g*, *A.*, vol. III.

bien poli. Une rampe très-douce[1], qui occupe toute la largeur de l'entre-colonnement, établit la communication entre cette pièce et le reste du temple dont le sol est plus élevé; elle n'a de hauteur que le cinquième de sa longueur horizontale. Peut-être devait-on y tailler des marches; et si on ne l'a point fait, cela vient sans doute de ce que l'édifice n'a point été achevé. Ce n'est pas toutefois que les rampes soient inusitées dans l'architecture égyptienne : on en rencontre dans les tombeaux des rois[2]. Il faut remarquer ici que les faces verticales sont ornées d'hiéroglyphes; ce qui semble être un indice certain que la rampe était entièrement terminée, et qu'elle devait rester telle qu'elle est. Le mur de fond[3] du portique représente, comme partout ailleurs, la façade d'un édifice qui serait isolé; il est encadré par un cordon qui saille sur tous les angles, et couronné d'une corniche décorée d'un globe ailé, accompagné d'*ubœus* : à droite et à gauche sont alternativement des légendes hiéroglyphiques et des cannelures. L'encadrement de la porte est orné de sculptures qui ont été singulièrement mutilées. Le reste du mur de fond est presque entièrement lisse, si ce n'est tout-à-fait dans la partie supérieure. Le cordon n'a d'hélices que dans la seule portion qui est au-dessous de la corniche; il n'a pas plus été achevé que le reste du mur, qui devait sans doute être couvert de sculptures.

La pièce suivante a cinq mètres[4] de long sur trois

---

[1] *Voyez* pl. 58, fig. 1, en *a*, et fig. 4, *A.*, vol. III.

[2] *Voyez* les pl. 78 et 79, *A.*, vol. II.

[3] *Voyez* la pl. 58, fig. 1, 4 et 9, et la pl. 61, fig. 2, *A.*, vol. III.

[4] Quinze pieds quatre pouces.

mètres cinquante centièmes¹ de large. Son plafond est moins élevé que celui du portique², quoique d'une hauteur³ cependant plus considérable que ceux des salles qui l'avoisinent; il en résulte que ses terrasses sont plus élevées que celles du reste du temple. Il semble qu'on ait ainsi disposé les choses pour pratiquer sur les côtés, au nord, au sud et à l'est, cinq ouvertures⁴ en forme de soupirail, par où pénètre la seule lumière qui éclairait cette pièce, lorsque la porte était fermée. La frise⁵ qui décore la partie supérieure des murs est agencée avec beaucoup d'intelligence et de goût. Dans l'intervalle qui sépare les deux soupiraux du nord, on a sculpté un lion d'un beau caractère; il est debout sur les deux pattes de devant, et accroupi sur celles de derrière : sa tête est ornée d'une coiffure symbolique, à laquelle des ailes paraissent attachées. Trois faisceaux, en forme de balustre, sont de chaque côté du lion. Le reste de la frise se compose de deux éperviers qui se regardent : avec leurs ailes étendues, ils semblent envelopper une divinité accroupie et une légende hiéroglyphique.

La frise du mur du sud est la même, à l'exception qu'entre les deux soupiraux, au lieu d'un lion, on a sculpté un belier ailé à trois têtes⁶.

La frise de l'est est à peu près composée de la même manière; seulement, au-dessous du soupirail pratiqué

---

¹ Dix pieds neuf pouces.

² *Voyez* la pl. 58, fig. 4, *A.*, vol. III.

³ *Voyez* la même planche, fig. 5.

⁴ *Voyez* la pl. 58, fig. 4 et 5, et la pl. 59. *A.*, vol. III.

⁵ *Voy.* mêmes planch. et figures.

⁶ *Voyez* la pl. 62, fig. 8, *A.*, vol. III.

de ce côté, on a sculpté un scarabée à tête de belier, dont les ailes sont déployées [1].

Les murs latéraux [2] de cette pièce, au nord et au sud, sont décorés de tableaux représentant des offrandes et des sacrifices à des divinités égyptiennes, parmi lesquelles on remarque plus particulièrement Horus et Isis. La pl. 59 représente la décoration complète du mur latéral du sud. On y aperçoit une porte dont le chambranle et la corniche ont une forte saillie sur le nu du mur, et qui est couronnée d'un entablement d'*ubœus*. Au nord, est une porte semblable, dont le linteau est orné d'une frise où l'on voit un disque tel que celui que la lune présente dans son croissant, et au milieu duquel est une figure debout dans l'action de marcher. De part et d'autre sont des personnages dans l'attitude de l'adoration; ils ont les mains élevées. Il y en a sept vers l'ouest, et huit vers l'est : six de ces figures sont des femmes; toutes les autres sont des hommes. Au-dessus de la corniche, un prêtre debout fait des offrandes à une rangée de douze figures assises, remarquables par leur coiffure et l'espèce de mantelet qu'elles ont sur les épaules; elles tiennent à deux mains des croix à anse et des sceptres à tête de lévrier. Les cinquième, septième, neuvième et onzième figures, en les comptant de l'est à l'ouest, paraissent être des femmes; les autres ont une barbe rassemblée en une seule natte. Le mur latéral du sud offre des sujets analogues, dont on peut se rendre compte en consultant la pl. 59, où l'on peut remarquer aussi l'ajus-

[1] *Voyez* la pl. 63, *A*., vol. III.
[2] *Voyez* la pl. 58, fig. 4, et la pl. 59, *A*., vol. III.

A. D.   II.

tement plein de goût d'une chimère à corps de lion et à tête d'épervier, et d'un globe ailé suspendu au-dessus. L'un et l'autre décorent la petite portion du mur comprise sous la saillie de la corniche vers l'ouest. Ce vide n'est pas moins agréablement décoré à l'est par une figure agenouillée, dont l'un des bras élevé au-dessus de la tête s'arrondit, pour ainsi dire, sous le contour de la corniche.

Le peu d'encombrement de l'édifice a permis de copier un ornement que l'on voit au bas de toutes les murailles du temple, et qui consiste en tiges de lotus et en branches de palmier alternativement répétées.

Le mur de l'est, qui forme le fond de la pièce, est percé d'une porte[1] semblable à celles du nord et du sud. Le chambranle est couvert de tableaux représentant des offrandes. De chaque côté, l'on voit des figures typhoniennes, distribuées deux par deux dans quatre rangées placées les unes au-dessus des autres.

Si l'on pénètre par cette porte dans la petite salle latérale du nord[2], on n'y trouve pas moins de sculptures que dans la pièce que nous venons de parcourir. Les murs de l'est et de l'ouest offrent des décorations tout-à-fait analogues et parfaitement symétriques, dont la pl. 63 présente une configuration exacte pour la face de l'est : ce sont encore des offrandes à Isis et à Horus. Tout au bas de ce mur, on aperçoit une ouverture forcée, par où l'on pénètre dans une sorte de couloir ou pièce mystérieuse de deux mètres soixante centiè-

---

[1] *Voyez* la pl. 63, *A.*, vol. III.
[2] *Voyez* la pl. 58, fig. 1, en *c*, *A.*, vol. III.

DE THÈBES. SECTION VIII.

mes[1] de profondeur, quatre-vingt-dix-sept centimètres[2] de largeur et deux mètres soixante centièmes[3] de hauteur, qui se répète symétriquement de l'autre côté, et dont nous parlerons bientôt avec plus de détail.

Le mur du nord de cette salle latérale offre un tableau[4] qui mérite de fixer l'attention. On y remarque particulièrement une figure couchée sur un lit de repos, de forme très-élégante et d'un grand style, qui paraît entièrement recouvert de la dépouille d'un lion, dont on voit distinctement la tête, les pattes et la queue. Tout le corps de la figure semble reposer mollement sur un coussin; ses deux pieds sont placés l'un au-dessus de l'autre; son bras gauche est étendu et appliqué contre le corps, tandis que le bras droit, élevé en l'air et replié au coude, se rapproche du visage. Quelques mutilations faites à l'endroit des parties naturelles nous ont laissé pendant quelque temps incertains sur le sexe de la figure. Cependant, si l'on fait attention que la poitrine a peu de saillie, que la coiffure est une de celles que l'on ne voit jamais que sur les têtes d'homme, on sera naturellement porté à conclure que c'est un homme qu'on a voulu représenter. Si l'on vient ensuite à comparer cette sculpture à d'autres parfaitement semblables qui ont été recueillies à Denderah[5], on n'aura plus d'incertitude sur cette conséquence. Au-dessus du personnage plane un oiseau chimérique, dont le corps est celui d'un faucon d'Éthiopie, et dont la tête, coiffée d'un

---

[1] Huit pieds.
[2] Trois pieds.
[3] Huit pieds.
[4] *Voyez* la pl. 64, *A.*, vol. III.

[5] *Voyez* la description du temple de Denderah, et les planches relatives à ce monument, dans le IV.ᵉ volume de l'Atlas des antiquités.

bonnet symbolique, est celle d'un jeune homme : de la partie inférieure du ventre, entre les deux pattes, il sort un membre viril de grande dimension. Cet oiseau fantastique semble descendre sur la figure couchée, qui paraît lui faire signe d'approcher. A la tête et au pied du lit de repos sont deux femmes, dont l'une est coiffée d'un disque avec les cornes du taureau, et l'autre d'un rectangle très-alongé, surmonté d'un vase ; elles paraissent être dans l'attente de la scène qui va se passer. Ce sont sans doute l'Isis céleste et l'Isis terrestre. Derrière l'Isis qui est à la tête du lit de repos, sont placées, l'une au-dessus de l'autre, deux rangées de trois figures debout. Celles du milieu ont des corps de femme sur lesquels sont ajustés des serpens avec des coiffures symboliques. Les deux premières ont des corps d'homme avec des têtes de grenouille : les deux autres paraissent être des divinités égyptiennes, bien qu'elles n'en portent point la marque la plus caractéristique, qui est la croix à anse. Ce sont Thot et Harpocrate, désignés, le premier, par la tête d'ibis, et le second, par ses deux jambes, pour ainsi dire, collées l'une contre l'autre. Harpocrate tient dans ses mains une tige surmontée d'un bouton de lotus. Il n'est point hors de propos de faire remarquer que l'hiéroglyphe de l'eau se trouve répété jusqu'à trois et quatre fois dans les légendes qui accompagnent ces figures, et même dans les inscriptions qui forment l'encadrement de tout le tableau. Les femmes à tête de serpent, et les hommes à tête de grenouille, ont pour chaussures des espèces de sandales qui figurent des têtes de chacal. Derrière l'Isis qui est au pied du lit de repos, est un sacrificateur à tête d'épervier : son bras droit, levé en l'air, est armé d'une massue dont il se dispose à frapper un petit homme enchaîné, à tête de lièvre, qu'il tient avec sa main gauche par les oreilles. Il est suivi d'un prêtre qui fait l'offrande de deux vases au-dessous desquels sont suspendues des bandelettes sacrées : derrière ce prêtre sont des figures d'hommes et de femmes à tête de grenouille et à tête de serpent, parfaitement semblables à celles dont nous venons de parler. Au-dessus de ce tableau sont une ligne de grands hiéroglyphes et une frise composée d'éperviers, de divinités accroupies et de légendes hiéroglyphiques.

Ce tableau remarquable présentera sans doute à la sagacité des antiquaires un sujet curieux de recherches : il nous paraît avoir trait au Nil et à l'Égypte. Aurait-on voulu rappeler ici le retour périodique de l'inondation? la figure couchée représenterait-elle Osiris, ou le Nil prêt à sortir de sa longue léthargie? et la dépouille du lion aurait-elle pour objet de placer l'époque de ce phénomène sous le signe du lion? Cet oiseau chimérique, dont le corps est celui d'un faucon d'Éthiopie, et qui paraît accourir de tout son vol avec le signe de la fécondité, indique sans doute que la crue du fleuve, dont le résultat doit être l'abondance et la fertilité, vient de l'Éthiopie, où l'on sait qu'à des époques déterminées il tombe des pluies abondantes. Sa tête, qui est celle d'un jeune homme, est peut-être l'emblème de la nature, renouvelée, et, pour ainsi dire, rajeunie au temps de l'inondation. L'immolation du lièvre nous paraît donner quelque poids à nos conjectures. Cet animal, lorsque le

Nil sort de son lit, est obligé de quitter la plaine et de se retirer sur les hauteurs et dans le désert. Pouvait-on offrir un sacrifice qui caractérisât mieux cette époque? D'ailleurs, si l'on en croit les anciens auteurs [1], le lièvre peut être aussi considéré comme l'emblème de la fécondité qui doit suivre l'inondation. Les figures à tête de serpent et à tête de grenouille annoncent que ces animaux vont être entraînés par le Nil, qui bientôt, couvrant toute la surface de l'Égypte, ne laissera nulle part des eaux marécageuses et stagnantes. Leur chaussure a peut-être pour objet de faire entendre que les animaux aquatiques vont être forcés de gagner le désert, retraite ordinaire des chacals. Cette explication devient plus probable lorsqu'on reconnaît que les serpens ici figurés sont de ces couleuvres aquatiques [2] que l'on trouve fréquemment dans les puits creusés sur les bords du Nil, ou dans les eaux stagnantes, après la retraite du fleuve. La terre d'Égypte est représentée par l'une de ces figures d'Isis qui paraissent prendre tant de part à la scène que nous venons de décrire. Les vases offerts par le prêtre ne renferment sans doute autre chose que les prémices de l'inondation, dont la figure d'homme à tête d'ibis [3] est encore un signe caractéristique. Ajoutons à tous ces rapprochemens que l'hiéroglyphe de l'eau et les bouquets de lotus se trouvent répétés plusieurs fois dans toutes les inscriptions; ce qui concourt encore à donner plus de vraisemblance à notre explication, et tend à prouver

[1] Joann. Pier. *Hierogl.* lib. XIII, pag. 127, edit. 1626.

[2] M. Savigny, à qui nous avons fait part de notre conjecture, partage tout-à-fait notre opinion.

[3] *Voy.* l'Histoire naturelle et mythologique de l'ibis par M. Savigny.

que le tableau que nous avons décrit est la peinture fidèle de ce qui se passe en Égypte au solstice d'été.

Nous aurons rempli notre but, si, par l'interprétation que nous venons de hasarder, nous sommes parvenus à éveiller l'attention de ceux que ces matières intéressent, et s'il peut en résulter une explication encore plus satisfaisante d'un des tableaux les plus curieux qui font partie de la collection.

La pièce latérale située au sud[1] correspond parfaitement à celle du nord; elle est également ornée de tableaux très-bien conservés[2]. On n'y voit, pour ainsi dire, que des figures d'Isis à qui l'on fait des offrandes : elles sont extrêmement gracieuses et d'un fini parfait. Sur le mur de l'ouest, on peut remarquer que l'une d'elles a sur la tête un scorpion qui paraît lui servir de coiffure symbolique. Au-dessus de la porte est un épervier enveloppé de lotus[3]. A gauche, on voit une figure typhonienne, et à droite, un lion dressé sur ses deux pattes de derrière et tenant deux couteaux dans ses griffes. Au bas du mur de l'est de cette salle, et au niveau de l'encombrement, on a pratiqué un trou qui conduit à un couloir étroit et qui correspond parfaitement à celui que nous avons déjà indiqué. Ce couloir a deux mètres soixante-onze centimètres[4] de long sur quatre-vingt-onze centimètres[5] de large, et quatre mètres[6] de hauteur. Dans

---

[1] *Voyez* la pl. 58, fig. 1, en *d*, *A.*, vol. III.
[2] *Voyez* la pl. 63, *A.*, vol. III.
[3] *Voyez* la pl. 60, fig. 2, *A.*, vol. III.

[4] Huit pieds quatre pouces.
[5] Deux pieds neuf pouces et demi.
[6] Douze pieds quatre pouces.

le fond, à l'est, la partie supérieure du mur est en avant-corps[1] sur la partie inférieure. On voit aussi, au bas du mur, une autre ouverture[2] pratiquée pour ménager une issue au dehors. Sur le côté nord du couloir, et à peu près aux deux tiers de sa hauteur, on aperçoit une pierre qui paraît avoir été mobile; elle fermait un trou par lequel le couloir communiquait au sanctuaire : elle est un peu détachée du reste de la construction. Ce n'est pas là le seul exemple que nous ayons rencontré de ces couloirs mystérieux qui enveloppent, pour ainsi dire, les sanctuaires des temples : on en a déjà vu à Philæ et à Esné; on en verra d'autres encore à Denderah. C'est probablement du fond de ces couloirs que les prêtres de l'ancienne Égypte faisaient entendre des oracles et proclamaient la volonté des dieux.

Il nous reste à parler maintenant du sanctuaire du temple. Cette pièce peu considérable n'a pas plus de deux mètres et demi[3] de long sur trois mètres et demi[4] de large; mais toutes ses parois sont couvertes de sculptures représentant des offrandes aux dieux. Sur les faces latérales, sont placées, les unes au-dessus des autres, trois rangées de tableaux composés de cinq ou six figures, parmi lesquelles on remarque plus particulièrement Horus et Isis avec leurs attributs. La partie inférieure des murs est décorée de cet ornement de lotus et de branches de palmier dont nous avons déjà parlé. Dans

---

[1] *Voyez* la pl. 58, fig. 7, *A*., vol. III.
[2] *Voyez* mêmes planche et figure, en *b*.
[3] Sept pieds huit pouces.
[4] Dix pieds neuf pouces.

la partie supérieure, et tout autour du sanctuaire, règne une frise composée de têtes d'Isis, accompagnées d'*ubœus* et de cinq faisceaux qui se répètent alternativement.

On a ménagé, dans l'épaisseur du mur de fond, une niche de quatre-vingt-quatorze centimètres[1] de profondeur, et d'un mètre soixante-quinze centimètres[2] de hauteur: elle ressemble[3] à ces monolithes en granit que nous avons retrouvés dans le sanctuaire du grand temple de Philæ. La corniche est ornée d'un globe ailé, de chaque côté duquel des légendes hiéroglyphiques et des cannelures se répètent alternativement; elle est surmontée d'un entablement formé de neuf têtes d'Isis. Sous la partie saillante de la corniche, sont ajustés des *ubœus* qui s'élèvent au-dessus de tiges et de fleurs de lotus. Il est très-probable que c'est dans cette niche qu'étaient renfermées les idoles qui étaient l'objet de la vénération et du culte des Égyptiens. Toute vide qu'elle est, elle peut cependant donner quelques lumières sur les divinités adorées dans le temple. En effet, les côtés et le fond sont revêtus de sculptures qui les représentent sans doute. Il faut voir ici une sorte de tabernacle décoré d'emblèmes qui ont échappé à la destruction, soit des chrétiens, soit des mahométans, et sur lesquels les anciens n'ont pu nous transmettre aucun détail précis, parce que l'entrée des sanctuaires leur était interdite. Le fond de la niche est orné d'une figure typhonienne[4], qui offre l'assemblage bizarre de parties tout-à-fait hé-

---

[1] Deux pieds dix pouces et demi.

[2] Cinq pieds quatre pouces et demi.

[3] *Voyez* la pl. 62, fig. 6, *A.*, vol. III.

[4] *Voyez* la pl. 62, fig. 6, *A.*, vol. III.

térogènes : son corps est celui d'un cochon ; ses mamelles sont celles d'une femme ; sa tête a un caractère étrange et difficile à définir, qui tient tout-à-la-fois de la face de l'homme, du lion et du chien. Sur le côté nord de la niche[1], est sculptée une sorte de terme élevé sur un socle. La tête, qui paraît être celle d'un chien, est surmontée d'une coiffure symbolique : un prêtre est en adoration devant elle. Le côté du sud présente une tête d'Isis[2] portée sur un cippe : un prêtre lui fait une offrande.

Il résulte de la description des sculptures qui décorent le petit temple du sud, que cet édifice était principalement consacré à Isis et à Typhon, c'est-à-dire au génie du bien et à celui du mal ; on invoquait l'un pour s'attirer ses bienfaits, et l'on offrait des sacrifices à l'autre pour apaiser sa colère.

Tous les murs du temple sont bâtis en grès ; la pierre, qui est, à l'extérieur, d'un jaune clair, n'offre dans l'intérieur qu'une couleur grisâtre, provenant de la poussière qui s'y est attachée. Ce ton est très-favorable pour faire sentir le relief des sculptures, parce qu'il donne des reflets plus marqués ; il a d'ailleurs quelque chose de doux qui plaît à l'œil, et qui ne se rencontre pas dans les édifices trop vivement éclairés par le soleil. Les plafonds sont en général fort noircis ; ce que l'on doit sans doute attribuer à la fumée des flambeaux que l'on tenait allumés dans le temple, lorsqu'on y pratiquait le culte. On voit, dans quelques-unes de leurs parties, beaucoup de stalactites.

[1] *Voyez* la pl. 59, *A.*, vol. III. [2] *Voy.* la pl. 60, fig. 3, *A.*, vol. III.

DE THEBES. SECTION VIII. 555

Jetons maintenant un coup d'œil sur l'extérieur du petit temple du sud. Cet édifice s'élève sur un soubassement[1] de deux mètres[2] de hauteur, posé sur un socle et couronné d'une corniche et d'un cordon. Tous les murs extérieurs sont privés de décorations, à l'exception cependant de celui du sud, qui présente une vingtaine de figures de prêtres les unes à la suite des autres, faisant des offrandes à Osiris et à d'autres divinités égyptiennes. L'appareil des pierres n'est point parfaitement régulier; les assises ne sont point de même hauteur, mais tous les joints sont verticaux. Au-dessus de l'une des claires-voies par lesquelles la lumière s'introduit dans le portique, on a réservé, dans l'épaisseur du mur, une niche carrée[3], dont le fond est orné d'une sorte de rosace telle que l'on n'en rencontre pas ordinairement dans les monumens égyptiens. Une niche à peu près semblable, sinon qu'elle est circulaire, est pratiquée dans l'un des pylônes des propylées, et ne nous paraît pas être davantage un ouvrage égyptien. Ces additions ont été exécutées bien postérieurement à la construction des édifices. Le nom de Πετερς[4] que l'on voit gravé près de la niche du petit temple du sud, est peut-être celui d'un chrétien qui l'a exécutée. Ce n'est point, au reste, le seul exemple que nous ayons à citer d'ouvrages faits par les chrétiens dans les monumens de Thèbes : Louqsor et Medynet-abou en offrent de semblables[5].

[1] *Voyez* la pl. 58, fig. 3, 4, 6 et 9, *A.*, vol. III.
[2] Six pieds deux pouces.
[3] *Voyez* la pl. 62, fig. 7 et 7', et la pl. 58, fig. 3, *A.*, vol. III.
[4] *Voyez* la pl. 58, fig. 3, *A.*, vol. III.
[5] *Voyez* les descriptions de ces monumens, *sections* Ire et VII de ce chapitre.

Les terrasses du temple n'ont éprouvé aucune dégradation ; on y voit toutes les ouvertures [1] par lesquelles la lumière s'introduit dans les diverses pièces de l'édifice, et qui sont au nombre de vingt-huit. Nous avons exposé les raisons que nous avons de croire qu'on révérait ici la déesse Isis, qui était la lune dans le ciel, et il n'est peut-être pas inutile de faire remarquer l'accord qui existe entre ce nombre de vingt-huit ouvertures et le nombre de jours du mois lunaire.

Nous terminerons cet article par une dernière observation ; c'est qu'on a sculpté dans le temple, et mis tout-à-fait en évidence, la figure du lion. Aurait-on voulu indiquer ainsi l'époque de la construction du monument, celle où le lion céleste occupait le solstice d'été ? ce qui ferait croire que ce petit temple est du même temps que les monumens de Denderah. Au reste, il est impossible de ne pas être frappé de la grande analogie que ces édifices ont entre eux, pour la pureté de l'exécution et le fini précieux des sculptures.

ARTICLE V.

De l'enceinte du sud, et des ruines qui s'y trouvent.

A l'extrémité sud de l'avenue des sphinx des propylées, on trouve une grande enceinte [2] en briques crues, qui a deux cent trente mètres [3] de largeur et trois cent quarante-cinq mètres [4] de longueur : c'est un quadrilatère

---

[1] *Voyez* la pl. 58, fig. 2, *A*., vol. III.
[2] *Voyez* le plan topographique de Karnak, pl. 16, *A*., vol. III.
[3] Cent dix-huit toises.
[4] Cent soixante-dix-sept toises.

irrégulier, partagé en deux enceintes à peu près égales, par un mur aussi construit en briques crues, et dont la direction est tout-à-fait oblique.

On entre dans cette enceinte par une porte en grès qui y est engagée [1], et dont on ne voit plus maintenant que les fondations. On rencontre, à droite et à gauche, beaucoup de débris, parmi lesquels on remarque des restes de sphinx, dont il paraît qu'il existait une avenue; des fragmens de granit provenant de statues colossales dans l'action de marcher [2], et de statues assises à tête de lion [3].

A peu près au milieu de la première enceinte, il s'en élève une autre [4] de forme rectangulaire, qui a quatre-vingt-dix-huit mètres [5] de long et quarante-cinq [6] de large. Les plus petits côtés sont exposés au nord et au sud; ils contiennent chacun les restes d'une porte en grès : on voit aussi les débris d'une pareille porte à l'angle nord-est. Il y a tout lieu de croire que, dans cette enceinte, était renfermé un édifice de quelque importance. On doit au moins le supposer, à la vue des débris de murs, de colonnes et de troncs de statues que l'on y rencontre. Au sud-ouest et à l'extérieur, après avoir entrepris des fouilles autour de quelques têtes en granit noir, que l'on voyait au-dessus des décombres, nous trouvâmes plus de quinze statues, telles que celles figurées dans la pl. 48 : elles ont la plupart des têtes

[1] *Voyez* le plan topographique de Karnak, pl. 16, *A*., vol. III.
[2] *Voyez* la pl. 45, fig. 1 et 3, *A*., vol. III.
[3] *Voyez* la pl. 48, fig. 1, 2 et 3, *A*., vol. III.
[4] *Voyez* le plan topographique, pl. 16, *A*., vol. III.
[5] Cinquante toises.
[6] Vingt-trois toises.

de lion; quelques-unes cependant ont des têtes analogues à celles du chien et du chat. Ces figures sont assises[1]; elles ont les bras appuyés sur les cuisses, et elles tiennent dans la main gauche une croix à anse, attribut de la divinité. Elles ont des coiffures symboliques; le bout du sein est caché sous une fleur de lotus. Toutes ces statues étaient rangées et comme emmagasinées entre deux murailles de fabrique égyptienne. Il est probable qu'elles ont été enfouies à une époque où Thèbes a été ravagée par quelques-uns des conquérans de l'Égypte. Les fouilles qui mirent ces antiques à découvert furent entreprises, en 1760, par un cheykh arabe, pour le compte d'un prêtre vénitien, qui paya une somme exorbitante la première statue qu'on en tira. Depuis ce temps, elles sont restées en partie exposées aux regards; et les voyageurs qui ne pouvaient les emporter, les ont mutilées pour s'en approprier quelques fragmens. Les fouilles que nous avons fait faire nous en ont cependant procuré d'entières, qui ont été transportées à Alexandrie, ainsi que les débris les mieux conservés de plusieurs autres.

C'est dans le même endroit que nous avons trouvé une statue[2] représentant un homme accroupi, les bras croisés, et dans l'attitude que prennent encore actuellement les Arabes et les gens du pays; une ample robe paraît envelopper tout son corps. Au-devant de ses jambes, on a sculpté, en relief très-saillant, une tête d'Isis, accompagnée de draperies, et surmontée d'une

---

[1] *Voyez* la pl. 48, fig. 1, 2 et 3, *A*., vol. III.

[2] *Voyez* la pl. 48, fig. 4 et 5, *A*., vol. III.

espèce de temple, tel qu'on en voit dans les chapiteaux égyptiens : une ligne d'hiéroglyphes est dessinée sur la robe, à l'endroit où les deux bras se croisent. La tête de la statue a une chevelure très-touffue et bouclée, que l'on ne peut mieux comparer qu'à celle des Arabes *A'bâbdeh*[1], et dont on pourrait croire qu'elle est une imitation. Il y a d'ailleurs quelque analogie entre les traits de la figure des Arabes et ceux de la statue qui nous occupe. C'est une observation que nous avons faite sur les lieux mêmes.

Tout près de l'endroit où se trouvent les statues dont nous venons de parler, et au bas de la butte factice sur laquelle s'élève l'enceinte, on voit une espèce de mare[2] en forme de fer-à-cheval, où arrivent encore, par infiltration, les eaux de l'inondation. A l'aspect des lieux, on croirait que l'enceinte a dû être presque entièrement enveloppée par un fossé : il est vraisemblable que, s'il n'en était pas ainsi, il y avait au moins, comme auprès du palais de Karnak, un bassin pour l'usage des édifices dont il n'existe plus que des débris; peut-être même avait-on établi un nilomètre dans cet endroit.

A l'ouest de la mare, et toujours dans la première enceinte, on retrouve les vestiges d'un grand bâtiment rectangulaire, dont il ne subsiste plus que les fondations des murs extérieurs; il a cinquante-neuf mètres[3] de long

---

[1] On sait que ces Arabes mettent une telle quantité de graisse sur leur tête, qu'avant qu'elle soit fondue, on croirait qu'ils sont poudrés à la manière des Européens. Cette graisse fait boucler leurs cheveux. *Voyez* le mémoire de M. du Bois-Aymé sur la ville de Qoçeyr et ses environs, *É. M.*, tom. 1er.

[2] *Voyez* le plan topographique, pl. 16, *A.*, vol. III.

[3] Cent quatre-vingt-un pieds.

et vingt-cinq mètres[1] de large. On rencontre encore, dans l'intérieur, quelques troncs de colonnes, et des débris de pierres ornées de sculptures.

À l'angle nord-est de l'enceinte, et à la distance de quatre-vingts mètres[2], sont les restes d'un petit monument[3]. On voit encore les débris des colonnes de son portique, et quelques petites salles qui sont maintenant à peine reconnaissables.

TROISIÈME PARTIE.

Examen des passages des anciens auteurs qui ont trait aux monumens de Thèbes, et plus particulièrement à ceux de Karnak.

L'un des plus anciens historiens dont les ouvrages soient parvenus jusqu'à nous, Hérodote, qui nous a transmis des renseignemens si précieux sur les mœurs et les usages civils et religieux des anciens Égyptiens, parle à peine de leurs arts et de leurs nombreux monumens. Il traite assez au long des édifices que renfermaient, de son temps, quelques-unes des villes les plus considérables du Delta; mais il ne paraît point avoir été frappé des nombreuses et magnifiques antiquités qui subsistaient encore à Thèbes à l'époque de son voyage en Égypte. Peut-être, comme nous l'avons déjà avancé[4], les historiens qui l'avaient précédé, et entre autres Hé-

---

[1] Soixante-dix-sept pieds.
[2] Quarante-une toises.
[3] *Voyez* le plan topographique de Karnak, pl. 16, *A.*, vol. III.
[4] *Voyez* ce que nous avons dit au sujet du silence de cet historien sur les édifices de Thèbes, dans la description des colosses de la plaine, *section* II *de ce chapitre*, pag. 187 et suiv.

DE THÈBES. SECTION VIII.

catée, dont les relations sur l'Égypte étaient encore récentes, l'auront dispensé d'entrer dans de plus grands détails. On ne peut toutefois nullement douter qu'Hérodote n'ait parcouru toute la contrée : en effet, il dit positivement, dans un endroit de son ouvrage[1], que jusqu'à Éléphantine il a vu les choses par lui-même, et qu'il ne connaît ce qui est au-delà de cette ville, que par les renseignemens qu'on lui a donnés. De tous les bâtimens qui existaient à Thèbes, il ne cite qu'une grande salle[2] dans laquelle les prêtres de Jupiter l'introduisirent, et où ils lui montrèrent autant de colosses de bois qu'il y avait eu de grands-prêtres ; nous avons déjà insinué ailleurs qu'il pourrait bien être ici question de ces grandes salles hypostyles qui font partie des palais ou des tombeaux habités[3].

Diodore de Sicile est, après Hérodote, le plus ancien historien qui traite de l'Égypte; il parle fort au long de Thèbes. Il nous a conservé sur les monumens de l'Égypte, et particulièrement sur ceux de son ancienne capitale, des détails très-curieux, puisés dans les annales mêmes des prêtres. Désirant faire connaître tout ce que cette contrée renferme de merveilles, il ne pouvait passer sous silence la plus grande et la plus incomparable de toutes, le vaste palais dont nous avons donné la description : aussi en parle-t-il dans les termes les plus pompeux et les plus propres à peindre l'enthousiasme que la vue de cet immense monument peut inspirer.

---

[1] *Hist.* lib. II, cap. 29, pag. 100, edit. 1618.
[2] *Voyez* la citation n°. v.
[3] *Voyez* la description du tombeau d'Osymandyas, *section* III *de ce chapitre.*

Voici comment il s'exprime au sujet de cet édifice, et de Thèbes en général, dans la section seconde du premier livre de son Histoire[1] :

« Nous avons appris, dit-il, que non-seulement ce roi (Busiris), mais encore beaucoup de ceux qui ont régné après lui, ont mis leur honneur à accroître et à embellir Thèbes. Il n'est entré dans aucune ville du monde autant d'offrandes magnifiques en or, en argent et en ivoire ; elle était remplie d'une multitude de statues colossales et d'obélisques d'un seul morceau de pierre. Des quatre édifices sacrés qui y sont élevés, et qui étonnent par leur grandeur et leur beauté, l'un, et c'est le plus ancien, a treize stades de tour et quarante-cinq coudées de hauteur : l'épaisseur de ses murs est de vingt-quatre pieds. A cette magnificence se joignait encore la richesse des offrandes qui étaient consacrées aux dieux, et qui excitaient l'admiration non-seulement par leur somptuosité, mais encore par l'excellence du travail. Les édifices ont subsisté jusqu'à ces derniers temps ; mais l'or, l'argent, l'ivoire et les pierres précieuses ont été enlevés à l'époque où Cambyse incendia les temples de l'Égypte. Ce fut vers ce temps que les Perses, transportant tous ces trésors en Asie, et emmenant même avec eux des ouvriers égyptiens, firent bâtir les fameux palais de Persépolis, de Suses, et de quelques autres villes de la Médie. »

Il est difficile de ne point reconnaître, dans la désignation des édifices qui faisaient encore l'ornement de Thèbes au temps de Diodore, les palais dont nous avons

[1] *Voyez* la citation n°. II.

DE THÈBES. SECTION VIII.   563

donné les descriptions. Cet auteur en compte quatre : il est probable qu'il a eu en vue les palais de Karnak, de Louqsor, de Medynet-abou, et le vaste édifice du *Memnonium* [1], dont nous avons reconnu les traces, ou bien le tombeau d'Osymandyas [2], dont l'auteur lui-même donne ailleurs une description si pompeuse et en même temps si précise.

Avant de discuter le passage de Diodore, nous ferons remarquer que cet historien semble désigner sous le nom de *temples* (ἱερὰ), des édifices qui nous paraissent devoir être considérés comme des palais, d'après les raisons que nous en avons données dans nos descriptions. Nous avons déjà eu plusieurs occasions d'observer qu'il y avait chez les Égyptiens une telle liaison entre la religion et tout ce qui tenait à la personne sacrée des rois, qu'il ne nous semble point extraordinaire que les anciens historiens, et même les annales des prêtres, aient indiqué sous la dénomination d'*édifices sacrés* les palais habités par les souverains.

Le plus grand, le plus considérable et le plus merveilleux des édifices encore subsistans à Thèbes, celui qui renferme le plus de statues colossales et d'obélisques, est, sans contredit, le palais de Karnak : il est donc impossible de se méprendre sur l'indication donnée par Diodore. Nous allons voir d'ailleurs que les mesures dont il parle coïncident assez bien avec celles que nous avons prises dans le palais de Karnak.

---

[1] *Voyez* la description des colosses de la plaine de Thèbes, section II de ce chapitre.

[2] *Voyez* la description du tombeau d'Osymandyas, section III de ce chapitre.

36.

Diodore donne à l'édifice qu'il décrit treize stades de tour. Comme il a tiré ses récits des annales sacrées, les mesures dont il se sert ne peuvent être que des mesures en usage dans le pays dont il parle : il s'agit donc ici du stade de cent mètres, que tous les savans[1] s'accordent à reconnaître pour égyptien.

En lisant attentivement le texte, il ne peut y avoir de doute que le périmètre dont il est ici question ne soit celui d'un seul édifice, et non celui d'une enceinte qui renfermerait plusieurs monumens. Ainsi les treize stades ne peuvent s'appliquer à la grande enceinte en briques qui enveloppe la plus grande partie des monumens de Karnak, et dont le contour est de deux mille deux cent quatre-vingt-quatre mètres; ils forment incontestablement le circuit du palais de Karnak et des monumens qui ont avec lui une liaison immédiate, tels que l'avenue de sphinx qui précède l'entrée principale à l'ouest, et les ruines qui s'étendent jusqu'à la porte de l'est. Or, si l'on mesure le périmètre des édifices compris dans ces limites, en suivant tous les contours, et en restituant, de la manière la plus probable, les murs presque entièrement détruits dont on voit encore quelques restes à l'est du palais, on trouve un développement de treize cent trois mètres[2], qu'on peut considérer comme ne

---

[1] *Voyez* les observations préliminaires et générales mises en tête de la traduction de Strabon, par M. Gossellin; *voyez* aussi les Mémoires sur l'Égypte, par d'Anville.

[2] Voici les détails des dimensions :
Longueur du pylône de l'ouest.................. 113^{m}10
Longueur du côté nord du palais, compris le développement des saillies........................ 356,00
Longueur de la partie postérieure du palais....... 98,00

DE THÈBES. SECTION VIII.

différant point de l'évaluation des treize stades de Diodore. C'est une chose assez remarquable, que le contour de l'édifice, en n'y comprenant ni les sphinx, ni les ruines de l'est, est précisément égal à mille mètres ou dix stades. Il résulte de toute cette discussion, que l'on doit regarder comme exacte la mesure de treize stades donnée par Diodore au palais de Karnak, et qu'elle aurait pu servir, au besoin, à faire retrouver les limites de cet édifice, si les ruines encore subsistantes ne les indiquaient d'une manière assez précise. Il est fâcheux toutefois que ces limites ne subsistent pas intactes; car nous aurions eu alors un moyen sûr de connaître exactement la longueur du stade.

Diodore assigne aux murs du palais une hauteur de quarante-cinq coudées. On ne pourrait vérifier cette mesure qu'autant que l'on saurait de quelles parties de l'édifice il a voulu parler; car leur hauteur est très-variable. Nous ferons remarquer cependant que les quarante-cinq coudées, équivalentes à vingt-quatre mètres [1]

Report.......	567^{m}10
Longueur du côté sud du palais.................	356,00
A ajouter en sus, à cause du temple dépendant du palais, pour chacun des côtés de l'est et de l'ouest.	38,00
	38,00
Total du contour de l'édifice proprement dit.	999,10
A quoi il faut ajouter, pour chacun des côtés nord et sud des édifices de l'est....................	92,00
	92,00
Et pour les deux côtés des allées de sphinx.......	60,00
	60,00
	1303,10

[1] Cette mesure de quarante-cinq coudées équivaut à 24^m,39, évaluée en coudées du nilomètre du Kaire de 0,542, et à 23^m,72 en coudées du nilomètre d'Éléphantin de 0,527.

à peu près, conviennent très-bien à l'élévation de la partie de la salle hypostyle qui renferme les grandes colonnes. On ne peut pas vérifier davantage la mesure de vingt-quatre pieds donnée par l'historien à l'épaisseur des murs, car cette épaisseur est aussi très-variable.

Diodore indique le palais de Karnak comme le plus ancien des édifices de Thèbes. Les observations que nous avons consignées, dans le cours de notre description, sur le caractère de l'architecture et sur la construction de ce monument, sont tout-à-fait d'accord avec le témoignage de notre auteur.

Si l'on en croit Diodore, les Perses, dans leur expédition si désastreuse pour l'Égypte, s'étaient bornés à dépouiller les palais de Thèbes de l'or, de l'argent, de l'ivoire et des pierres précieuses qui en faisaient l'ornement. Les arts étaient ainsi détruits dans leur pays natal par la politique barbare de ces peuples, qui cependant avaient pris du goût[1] pour l'architecture de l'Égypte, mais qui n'avaient point été assez puissans pour transporter en Perse les statues colossales et les obélisques de Thèbes. Cette entreprise hardie devait être mise à exécution par le peuple le plus grand de l'antiquité, et Rome devait s'embellir des débris de la magnificence égyptienne, croyant faire assez pour sa gloire d'enlever à l'Égypte ses énormes monolithes. Pour se faire une juste idée de la splendeur de Thèbes, il faut donc, au milieu des monumens de sa grandeur encore subsistans,

---

[1] En rapprochant le passage de Diodore des rapports des voyageurs modernes, et des dessins qu'ils nous ont donnés des ruines de Persépolis, on ne peut douter que les Perses ne se soient proposé l'imitation des monumens égyptiens. *Voyez* Corneille Le Bruyn, Chardin, etc.

DE THÈBES. SECTION VIII.   567

y rapporter par la pensée tous ces obélisques[1] qui font aujourd'hui l'ornement de Rome, ou qui gisent sans honneur au milieu des ruines de l'ancienne capitale du monde.

Strabon, dans l'ordre des temps, vient immédiatement après Diodore. Il a parcouru l'Égypte jusqu'à ses limites les plus reculées, accompagnant Ælius Gallus, qui en était gouverneur dans les premières années de l'ère chrétienne. Il parle avec détail de cette contrée, et particulièrement de Thèbes, dans plusieurs passages que nous avons déjà examinés[2]. De son temps, cette capitale était presque entièrement ruinée. Il y indique toutefois l'existence d'un grand nombre de temples (ἱερὰ), pour la plupart dévastés par Cambyse. « On n'y voit plus, dit-il[3], que quelques maisons éparses formant des hameaux; et la portion de Thèbes encore qualifiée du nom de ville est du côté de l'Arabie. »

On ne peut pas douter que la ville indiquée par Strabon ne fût dans l'emplacement même de Karnak[4]. On trouvera peut-être que cet auteur est extrêmement concis, et s'exprime très-vaguement sur une ville où il existe encore de si importans et de si grands monumens; mais il y a suppléé en quelque sorte à l'article d'Héliopolis, où il donne, sur les grands édifices de l'Égypte, des notions très-détaillées, qui paraissent être moins le résultat des observations de l'auteur à Héliopolis, que de

---

[1] *Voyez* Pline; le P. Kircher; Zoëga, *de usu obeliscorum*.
[2] *Voyez* la description du Memnonium, *section* II, et la Dissertation à la fin de ce chapitre.
[3] *Voyez* le passage de Strabon cité n°. v, à la fin de la section II, pag. 230.
[4] *Voyez* la Dissertation à la fin de ce chapitre.

ce qu'il avait vu en général à Thèbes, et plus particulièrement à Karnak. Le nom de Thèbes[1], qui se trouve rappelé dans le passage où il s'agit d'Héliopolis, fait assez voir que Strabon avait présente à la pensée l'ancienne capitale de l'Égypte, lorsqu'il a rédigé cette partie de son ouvrage. C'est donc ici le lieu de placer cette description générale des édifices sacrés de l'Égypte ; et nous y sommes d'autant plus portés, que le passage où elle est rapportée a toujours été mal traduit et est resté à peu près inintelligible, par la seule raison que les interprètes ne connaissaient point du tout les monumens, ou ne les connaissaient que d'une manière très-imparfaite. M. Quatremère, dans sa Dissertation sur l'architecture égyptienne, est celui qui a, jusqu'à présent, interprété ce passage de la manière la plus satisfaisante ; mais, privé, comme tous les autres, de renseignemens précis sur les monumens égyptiens, privé surtout de dessins qui lui en présentassent une configuration exacte, il a encore laissé à désirer dans la traduction qu'il a donnée. Nous sommes loin toutefois d'avoir la prétention de lever toutes les difficultés et d'offrir une version exempte d'objection : nous n'avons d'autre but que de faire servir nos observations particulières sur les monumens eux-mêmes, à faire disparaître quelques-unes des difficultés que présente le texte de Strabon.

« On entre donc, selon Strabon[2], dans une avenue pavée, large d'un plèthre ou un peu moins ; sa longueur est triple ou quadruple, et quelquefois plus considé-

---

[1] *Voyez* la citation nº. III, à la fin de cette section.

[2] *Voyez* la citation nº. IV, à la fin de cette section.

rable encore. Cette avenue s'appelle le drome (δρόμος, ou le cours), selon l'expression de Callimaque : *Ce drome est consacré à Anubis.* Dans toute la longueur de cette avenue sont disposés, sur les côtés, des sphinx en pierre, distans les uns des autres de vingt coudées ou un peu plus, de sorte qu'à droite et à gauche il en existe une rangée. Après les sphinx est un grand propylée, et, si vous avancez encore, vous en trouvez un second, et même un troisième. Mais ni le nombre des propylées ni celui des sphinx ne sont fixes; ils varient pour les différens temples, aussi bien que la longueur et la largeur des dromes. Après les propylées vient le temple (νεώς), qui a un portique (πρόναος) grand et digne d'être cité, et un sanctuaire (σηκός) de proportion relativement moindre. Celui-ci ne renferme aucune sculpture, ou, s'il y en existe, ce ne sont pas des représentations d'hommes, mais bien celles de certains animaux. De chaque côté du *pronaos* s'élève ce qui en est appelé les ailes (πτερὰ) : ce sont deux murs de même hauteur que le temple (νεώς), distans l'un de l'autre, à l'origine, d'un peu plus que la largeur des fondemens du temple; mais ensuite leurs faces se rapprochent l'une de l'autre en suivant des lignes convergentes jusqu'à la hauteur de cinquante ou soixante coudées. Sur ces murs sont sculptées de grandes figures, ouvrages semblables à ceux des Étrusques et à ceux qui ont été faits très-anciennement par les Grecs. »

Voilà la traduction presque littérale du passage de Strabon : elle est conforme au sens grammatical; et, pour s'assurer qu'elle convient aux monumens de l'ancienne Égypte, il ne faut, pour ainsi dire, que jeter les yeux sur les dessins que nous en avons rapportés.

Strabon ayant eu l'intention de donner une description qui pût convenir à tous les édifices sacrés qu'il avait vus en Égypte, il ne faut pas s'attendre à retrouver dans chacun d'eux l'ensemble des parties qu'il indique dans la composition d'un temple. Par exemple, il est très-probable, d'après ce qui reste d'Héliopolis, que cette ville n'avait point une étendue qui comportât un édifice sacré avec tous ses accessoires; mais nous verrons toutes les parties désignées par Strabon dans les différens monumens que nous allons passer en revue. C'est surtout à Karnak et à Louqsor, qui occupent le côté de Thèbes où l'historien géographe annonce l'existence d'une ville du nom de *Diospolis*, que l'on est frappé de la vérité de la description qui vient d'être citée : car, bien que l'on ne retrouve pas dans un même édifice exclusivement chacune des parties indiquées par Strabon, cependant l'ensemble des constructions les offre toutes.

Avant d'aller plus loin, nous ferons remarquer que Strabon, ainsi que Diodore, désigne sous la dénomination d'*édifices sacrés*, de *temples* (ἱερά)[1], les monumens de *Diospolis*, ou, autrement dit, de Karnak et de Louqsor. Il ne les distingue pas, comme dans le passage où il parle d'Abydus[2], du labyrinthe, et même du *Memnonium* de Thèbes, sous la dénomination de *palais* et d'*habitations de souverains*. Cela vient sans doute de

---

[1] *Voyez* le passage de Strabon cité à la fin de la section II de ce chapitre, pag. 230.
[2] *Voyez* la citation n°. V.

ce que, dans les édifices de Karnak et de Louqsor, il existe un petit réduit qui, par le soin qu'on a mis à le construire, par le choix des matériaux et la richesse des sculptures, paraît être un sanctuaire. Habité par les rois tant que l'Égypte a été gouvernée par des souverains indigènes, les prêtres ont pu s'en emparer sous la domination des Perses, des Ptolémées et des Romains, pour le consacrer exclusivement au culte. Cette opinion semble d'autant mieux fondée, que, depuis long-temps, Thèbes n'était plus considérée comme la capitale de l'empire égyptien. On aura donc montré à Strabon les édifices de Karnak et de Louqsor comme des temples, dans les sanctuaires desquels on ne laissait pas pénétrer les étrangers. D'ailleurs, comment supposer que les rois, pour qui les Égyptiens avaient une vénération si profonde, n'eussent point occupé de palais aussi grands, aussi fastueux et aussi durables que les temples mêmes que l'on élevait aux dieux? C'est pourtant là l'hypothèse qu'il faudrait admettre, si l'on ne voulait voir que des temples dans les édifices que l'on retrouve encore en Égypte, et particulièrement à Thèbes; car nous sommes loin de partager cette opinion bizarre, avancée par quelques voyageurs, que les anciens Égyptiens n'ont construit d'édifices que pour les dieux, et que toute la population habitait sous des tentes plantées tout autour.

Si l'on jette les yeux sur le plan topographique de Karnak, on ne tarde point à reconnaître les différentes parties dont se composaient, suivant Strabon, les édifices sacrés de l'Égypte. D'abord, il serait difficile de ne pas voir les dromes avec leurs rangées de sphinx dans les avenues[1] de beliers et de sphinx qui précèdent les propylées, le grand temple du sud, l'entrée principale du palais à l'ouest et les ruines du nord. Strabon dit que les dromes étaient pavés; c'est ce que nous avons pu vérifier encore dans l'avenue[2] de sphinx du nord. Quant aux autres avenues, il est très-probable que, si nous les eussions fait dégager des décombres sous lesquels elles sont enfouies, nous aurions retrouvé les grandes dalles de pierre qui en formaient le pavé. La variation de la mesure indiquée par Strabon, pour la largeur des dromes, existe dans la largeur actuelle des avenues de sphinx. En effet, celle des propylées a seize mètres de largeur; celle des beliers, treize mètres en avant de la porte du sud, et vingt-sept en avant du pylône du grand temple; l'allée du sud a quinze mètres, et celle du nord en a vingt : toutes ces largeurs sont moindres qu'un plèthre. Quant à la distance de vingt coudées entre les sphinx des dromes, assignée par Strabon, elle ne convient nullement avec celle qui exprime encore actuellement la distance entre les sphinx des avenues : car les vingt coudées, évaluées d'après le nilomètre d'Éléphantine, équivalent à dix mètres et demi, et les distances entre les sphinx sont d'un mètre onze centièmes, dans l'avenue de l'ouest du palais; d'un mètre trente-neuf centièmes, dans celle des beliers; de trois mètres cinquante centièmes, dans celle des propylées; et d'un mètre soixante-dix-huit centièmes, dans la petite avenue qui précède le pylône du grand temple du sud.

---

[1] *Voyez* le plan topographique de Karnak, pl. 16, *A.*, vol. III.

[2] *Voyez* pag. 493.

Tâchons maintenant de définir clairement ce que Strabon appelle *propylées* dans les monumens égyptiens. Cette dénomination est un peu vague, et il est bien difficile que cela soit autrement. Il faut observer en effet que, Strabon décrivant l'architecture égyptienne avec des mots techniques appropriés à l'architecture des Grecs, il n'est point surprenant qu'il y ait quelque chose de vague dans l'application qu'il en fait : on ne doit par conséquent regarder ses expressions que comme des termes de comparaison; et, pour en faire une juste application, il est nécessaire de chercher dans les édifices des Grecs les parties analogues à celles que cet écrivain avait en vue. Le mot de *propylées* ($\pi\rho\sigma\pi\acute{v}\lambda\alpha\iota\alpha$), d'après sa composition, signifie *avant-porte* : il peut par conséquent indiquer tout ce qui se trouve avant la porte d'entrée. On sait que le nom de *propylée* fut donné à l'entrée de la citadelle d'Athènes, qui avait été décorée de colonnes par Mnésiclès; il ne peut donc s'entendre que des portes qui étaient en avant de la citadelle, ou des galeries ornées de colonnes, qui précédaient ces portes, ou bien, plus probablement encore, de l'ensemble des galeries et des portes. Si l'on s'en tient à cette dernière définition, on croira facilement que Strabon a voulu indiquer sous le nom de *propylées*, dans les monumens égyptiens, d'abord les pylônes et les grandes portes isolées, et souvent aussi la réunion de ces derniers édifices avec les colonnades ou les autres constructions formant des cours qu'il fallait traverser avant d'arriver à l'édifice principal. Le palais de Karnak[1] aurait

---

[1] *Voyez* la pl. 16, *A.*, vol. III.

donc, d'après Strabon, au sud, un drome et quatre propylées formés de ces pylônes et de ces cours que nous avons décrits, et à l'ouest, un autre drome et un seul propylée. Le grand temple du sud n'aurait eu qu'un drome et un propylée, et les ruines du nord offriraient encore les restes d'un drome et de deux propylées. On peut facilement faire l'application de notre définition aux autres édifices de Thèbes, et à ceux de toutes les autres villes anciennes de l'Égypte. Ainsi, à Edfoû [1], le grand temple n'offre point de traces du drome dont il a été ou devait être probablement précédé autrefois; mais son propylée est dans le plus bel état de conservation. À Denderah, il subsiste encore deux propylées [2]; mais c'est là surtout que l'on ne peut se méprendre sur l'application du mot. On le retrouve en effet dans une inscription grecque gravée sur l'une des portes qui conduisaient au temple : cette inscription constate la dédicace du propylée à Isis et aux dieux honorés dans le nome de Tentyris [3].

« Après avoir traversé tous les propylées, on arrivait au temple (νεὼς), qui renfermait un portique (πρόναος) et un sanctuaire (σηκὸς). »

Il n'y a point lieu de douter que Strabon ne désigne ici, sous la dénomination de νεὼς, tout le temple, en y comprenant le portique; car c'est là seulement que pouvait se pratiquer une religion toute mystérieuse, dont on voulait dérober les rites à tous les regards. L'ordre

---

[1] *Voyez* la pl. 50, *A.*, vol. I.
[2] *Voyez* les planches de Denderah, *A.*, vol. IV.
[3] *Voyez* la description des antiquités de Denderah.

et la suite des idées exprimées par les mots eux-mêmes ne peuvent laisser à cet égard aucune incertitude. C'est d'ailleurs la pensée qui s'offrira la première à tous ceux qui auront vu les temples de l'Égypte.

Le *pronaos*, ou portique, porte avec lui sa signification ; c'est l'avant-temple. Chez les Grecs, on appelait de ce nom la façade ornée de colonnes, faisant partie des galeries qui entouraient le temple. C'est, chez nous, le portail, quant à la décoration, et le porche, quant à l'usage.

Chez les Égyptiens, le *pronaos*, bien que faisant partie d'un tout, pouvait cependant être regardé comme un édifice à part, placé en avant. C'est au moins là ce qui résulte évidemment de la construction même de leurs temples. En effet, le portique, ou *pronaos*, est en quelque sorte adapté au reste du temple, avec les murs duquel il n'a quelquefois même pas de liaison. On pourrait l'enlever, et ce qui resterait présenterait encore un ensemble complet, régulier et continu. On peut en dire autant des propylées par rapport au temple. Le sanctuaire même, considéré relativement aux pièces qui l'environnent, est dans ce cas ; on pourrait les faire disparaître toutes, et il n'en resterait pas moins un petit édifice complet, qui aurait ses murs extérieurs en talus, revêtus de décorations, et qui serait couronné de la corniche et du cordon égyptiens : ce serait, pour tout dire, en un mot, une petite chapelle ou *cella*. On serait tenté de croire, d'après cela, que lorsque les Égyptiens avaient un édifice sacré à construire, ils commençaient à en établir le sanctuaire, puis les pièces environnantes, et que, selon le degré d'importance qu'ils voulaient lui donner, ils y ajoutaient successivement un portique, puis un premier propylée, un second et même un *troisième*. C'est absolument là ce qui résulte de l'examen. comparé de la construction des édifices égyptiens et de la description de Strabon.

L'historien géographe, pour achever en quelque sorte de définir le *pronaos* ou portique, ajoute que de chaque côté s'élève ce qui en est appelé *les ailes* (πτερὰ). Cette dénomination de *ptères* a un sens très-étendu [1]. Dans les temples, il paraît que les ailes, ou ptères, doivent se prendre pour tout ce qui en forme les côtés, soit qu'il y ait des colonnes ou des murailles, soit que ces colonnes existent dans l'intérieur ou à l'extérieur. Dans les péritpères des Grecs, les ailes sont plus particulièrement ces files de colonnes placées sur les flancs du corps de l'édifice, et qui font à son égard l'effet des ailes dans la structure d'un oiseau [2]. Les petits temples égyptiens, les *Typhonium*, ressemblent totalement, dans leur disposition, aux péritpères; et s'il était ici question de ceux-là, il ne pourrait y avoir de difficulté sur l'application du mot *ptères* : mais il est évident que Strabon n'entend parler que des grands temples de l'Égypte. Or, dans ces derniers, la disposition est tout-à-fait inverse de ce qu'elle est dans les édifices grecs, au moins pour le portique : dans les uns, les colonnes entourent les murs; et dans les autres, ce sont, au contraire, les

---

[1] *Voyez* l'Architecture de Vitruve, traduct. de Perrault, l. III, pag. 64, note 1.

[2] *Voyez* les planches de Philæ, Edfoû et Denderah, *A.*, vol. I et IV.

colonnes qui sont entourées par les murs. Si donc l'on veut faire l'application du mot *ptères* aux portiques égyptiens, il est évident qu'elle ne peut avoir lieu que pour les deux murs latéraux qui les enveloppent. La forme de T qu'affecte le plan des temples, est très-propre à nous confirmer dans cette conséquence. En effet, elle peut représenter, à certains égards, la configuration d'un oiseau dont les ailes sont déployées. Strabon, d'ailleurs, paraît vouloir lever tous les doutes sur l'application que l'on peut faire du mot, lorsqu'il ajoute que les ptères sont deux murs de même hauteur que le temple (νεὼς), distans l'un de l'autre, à leur origine, d'un peu plus que la largeur des fondemens du temple. Il ne nous paraît pas douteux que Strabon n'ait voulu indiquer par cette phrase la saillie du portique de part et d'autre du reste de l'édifice. Les monumens égyptiens sont élevés sur des plates-formes [1] au-dessus desquelles commence l'inclinaison des murs extérieurs. C'est donc à partir de là que les murs latéraux, étant dans leur plus grand éloignement, se rapprochent ensuite l'un de l'autre. Cette circonstance n'est-elle pas parfaitement exprimée par l'auteur, lorsqu'il dit que les faces des ptères se rapprochent l'une de l'autre, en suivant des lignes convergentes jusqu'à la hauteur de cinquante ou soixante coudées? Cette hauteur, quoique indiquée vaguement par Strabon, ne peut guère être attribuée qu'aux portiques : ce serait en vain qu'on voudrait la retrouver ailleurs, et même dans les pylônes; car, indépendamment de ce qu'elle ne peut convenir à des édifices qui

---

[1] Nous avons retrouvé cette plate-forme à Denderah.

ont jusqu'à cinquante mètres de hauteur, il est aisé de voir, par l'ordre et l'enchaînement de la description, que l'auteur a rapporté précédemment tout ce qu'il avait à dire des propylées, et qu'il ne peut plus être ici question que du temple et de son portique.

Enfin Strabon, pour compléter sa description, ajoute que les ptères des *pronaos* sont ornés de grandes figures, ouvrages semblables à ceux des Étrusques, et à ceux qui ont été faits très-anciennement par les Grecs; c'est ce que l'on peut voir effectivement sur les murs latéraux des portiques. Leurs parties supérieures sont décorées de bas-reliefs de dimension ordinaire, où les figures sont pour la plupart assises; mais les parties inférieures sont toujours ornées de figures qui sont debout et d'une très-grande proportion. C'est au moins ce que nous avons vérifié à Denderah; l'encombrement ne nous a pas permis de le faire à Edfoû ni à Esné.

L'identité de la description avec les objets existans, et toutes les probabilités, se réunissent donc pour assurer à la partie des temples égyptiens que nous considérons, la désignation de *pronaos*. Mais, s'il y avait encore quelques incertitudes, elles seraient levées par l'inscription qui se trouve sur le listel de la corniche du portique du temple de Denderah. En effet, cette inscription fait mention de la dédicace du portique, sous la dénomination spéciale de *pronaos*[1].

Du portique on arrivait dans le sanctuaire (σηκὸς). Ce mot, signifiant *étable* ou *bercail* en grec, est très-

[1] *Voyez* cette inscription, qui est rapportée dans la description des édifices de Denderah.

DE THÈBES. SECTION VIII. 579

propre à exprimer ce que l'auteur a voulu désigner ; car on sait que, la plupart du temps, l'objet allégorique du culte des Égyptiens est un animal vivant ou son simulacre. Le sanctuaire (σηκὸς) était de modique dimension (σύμμετρον.) : si l'on jette les yeux sur les plans des temples de Thèbes, d'Edfoû et de Denderah, on verra qu'effectivement le sanctuaire a peu d'étendue. C'est presque toujours un rectangle dont la longueur est double de la largeur, proportion que les Égyptiens paraissent avoir affectionnée : il est même assez probable que la qualification de σύμμετρον, employée par Strabon, est relative à cette forme. Ce mot, pris dans le sens que comporte sa composition, indique une chose qui est réduite à de justes proportions. Les sanctuaires sont, en quelque sorte, des réduits isolés et secrets où se passaient les mystères les plus cachés de la religion égyptienne ; les conduits pratiqués sous leur pavé, et dans les murs qui les enveloppent, ne permettent point d'en douter [1].

Lorsque Strabon avance que les sanctuaires n'étaient point sculptés, ou que les sculptures qu'ils renfermaient n'offraient point de représentations humaines, il se trompe évidemment, ou il a été mal informé. A l'époque de son voyage en Égypte, la religion, bien que déchue de son ancienne splendeur, était cependant encore en vigueur. A la vérité, comme il le dit lui-même [2], au lieu de ce corps célèbre de prêtres adonnés à l'étude de la philosophie et des sciences astronomiques, on ne ren-

[1] *Voyez* les descriptions de Philæ et de Denderah.
[2] *Voyez* la citation n°. 1, p. 229.

contrait plus que des hommes qui ne connaissaient de la religion que les rites et les sacrifices, dont ils parlaient aux étrangers; mais il n'en paraît pas moins constant qu'à cette époque même l'entrée des sanctuaires était encore interdite; car, si Strabon y eût pénétré, il lui aurait été facile de s'assurer qu'ils renferment des sculptures représentant aussi bien des figures humaines que des figures d'animaux.

Dans la suite du passage que nous venons de discuter et d'analyser, Strabon parle des édifices que l'on voyait encore à Héliopolis, lorsqu'il a parcouru l'Égypte. Tous sont maintenant détruits; on n'aperçoit même plus de traces de leurs fondations : cependant les détails que donne Strabon sur le genre de leur architecture, conviennent tellement aux édifices de Thèbes, qu'il nous paraît à propos d'en faire ici l'examen. Voici comment l'auteur s'exprime [1] :

« On y voit aussi (à Héliopolis) un édifice soutenu par un grand nombre de colonnes, comme à Memphis, mais d'une construction barbare : car, excepté cette multitude de colonnes très-élevées et d'ordres différens, on n'y remarque rien d'élégant, on n'y voit aucune peinture; c'est plutôt un travail qui atteste de vains et d'inutiles efforts. »

Qui ne reconnaîtrait dans la désignation de l'édifice dont parle Strabon, ces grandes salles hypostyles des palais, dont les plafonds sont soutenus par des forêts de colonnes, parmi lesquelles il s'en trouve toujours de très-remarquables par leur grosseur et leur élévation?

[1] *Voyez* la citation n°. VI, à la fin de cette section.

Mais Strabon parle ici le langage d'un homme tout-à-fait prévenu en faveur de l'architecture et des monumens de son pays. A dieu ne plaise toutefois que nous voulions refuser aux Grecs la justice qui leur est due ! imitateurs heureux, ils ont caché avec infiniment d'art les larcins qu'ils ont faits aux Égyptiens ; leurs imitations sont de véritables inventions, et doivent être considérées comme l'œuvre du génie. Mais, de ce que l'architecture grecque a des beautés que l'empire de l'habitude exagère encore à nos yeux, s'ensuit-il que l'architecture égyptienne en soit totalement dépourvue? Et ces colonnes si élevées et si nombreuses que Strabon semble dédaigner, leur belle ordonnance et leur décoration toute significative ne produisent-elles pas, sur le spectateur, de vives impressions auxquelles il est impossible de résister? L'architecture grecque et l'architecture égyptienne ont chacune un mérite indépendant, et qui ne peut se comparer; elles ont employé, l'une et l'autre, des moyens différens pour remplir des convenances qui n'étaient point les mêmes. Un temple grec à Thèbes eût été aussi déplacé qu'un temple égyptien à Athènes : ni l'un ni l'autre de ces édifices n'eût été en rapport avec les institutions, les mœurs et les usages civils et religieux des deux peuples. Pour porter un jugement sain dans une pareille matière, il faut être tout-à-fait en garde contre les préjugés de l'habitude; car, s'il est constant qu'elle exerce en général sur nos sens un empire absolu, c'est surtout dans les arts qu'on s'aperçoit plus particulièrement encore de son influence. Telle chose ne nous paraît souvent bien que par l'habitude que nous avons de la voir sous des formes déterminées; et quant à l'objet qui nous occupe maintenant, nous pouvons citer à l'appui de ce que nous avançons, notre propre expérience. Après avoir parcouru et étudié, pendant huit mois consécutifs, tous les monumens de la haute Égypte, après nous être familiarisés, pour ainsi dire, avec les idées de grandeur, de solidité et de magnificence qui ont présidé à l'exécution des édifices égyptiens, nous abordâmes à Antinoé, ville bâtie par l'empereur Adrien, où tout ce qui subsiste encore a été construit dans le style de l'architecture des Grecs: nous aurions peine à rendre l'espèce d'impression fâcheuse que ces monumens firent d'abord sur nous. Ces colonnes d'ordre corinthien, d'une proportion si élégante, nous semblèrent maigres, grêles et sans apparence de solidité; leur chapiteau, si riche et admiré à si juste titre, nous parut présenter dans son plan une complication sans motif. Il nous fallut quelque temps pour revenir à nos anciennes habitudes et à nos premiers goûts. Il suit de là qu'on ne doit peut-être pas plus accuser l'architecture égyptienne de manquer d'élégance, que reprocher à l'architecture grecque de manquer de solidité : ces deux architectures satisfont également aux convenances générales; toutes deux remplissent également le but que leurs inventeurs se sont proposé; toutes deux sont le résultat de l'influence du climat qui les a vues naître, et des habitudes des peuples chez lesquels elles ont été en honneur. L'architecture grecque réunit au plus haut degré l'élégance et la beauté des proportions; l'architecture égyptienne, sans être toutefois dépourvue d'une certaine élégance, montre partout une noble simplicité, et une grandeur qui remplit l'esprit. On a vraiment peine à concevoir comment a pu s'établir l'opinion que l'architecture égyptienne n'est que le résultat de l'art au berceau, tandis qu'au contraire elle est le produit d'un art arrivé presque au dernier degré de la perfection. Il ne viendra sans doute à l'esprit de qui que ce soit, de reprocher aux Égyptiens la solidité qui constitue leurs monumens, puisque c'est à cette solidité même, sans doute prévue et calculée, que nous devons de les admirer encore aujourd'hui. Si l'on vient à comparer sous ce rapport les Grecs aux Égyptiens, qu'on les trouvera loin de posséder l'art de braver, dans leurs constructions, les efforts du temps! Sur ce même sol de l'Égypte, soumis à l'influence d'un climat si propice à la conservation des monumens, les Grecs ont élevé de grands édifices, des villes tout entières; mais ce serait en vain qu'aujourd'hui l'on en chercherait quelques traces, que l'on voudrait même en assigner l'emplacement.

On sait que les Grecs ont emprunté leur mythologie de la religion égyptienne; mais combien leur imagination vive et brillante, et l'influence d'un heureux climat, n'ont-elles pas modifié ces emprunts! Il en est de même de ceux qu'ils ont faits à l'architecture égyptienne. Il n'est point de notre sujet d'en donner ici le développement. Nous ferons seulement observer que la dissemblance qui existe entre les monumens de la Grèce et ceux de l'Égypte, est due surtout à la différence des climats où les uns et les autres ont été construits, et au caractère particulier des peuples qui les ont élevés. Les

Grecs ont développé dans leurs édifices le charme, la grâce et le goût dont ils avaient le sentiment à un si haut degré; les Égyptiens montrent partout une sévérité de formes qui paraît être le résultat nécessaire d'un caractère naturellement sérieux et porté à la mélancolie par l'influence du climat : car ce n'est point un effet chimérique que cette influence du climat et du sol d'un pays sur l'humeur de ses habitans; dans aucun lieu du monde, elle n'est peut-être aussi sensible qu'en Égypte. En effet, où trouvera-t-on moins de variété dans les phénomènes de la nature? Où trouvera-t-on un ciel plus pur et plus constamment beau, des montagnes plus sèches et plus arides, auxquelles le temps, qui détruit tout, n'apporte aucun changement? Où trouvera-t-on un pays circonscrit de toutes parts par des déserts plus affreux? Quoi de plus monotone en général que les sites de l'Égypte? Ce sont toujours des villages semblables, élevés sur des buttes factices entourées de palmiers. L'aspect change pourtant, une fois dans l'année, vers le temps de l'inondation : alors tous ces villages, au moins dans la basse Égypte, semblent être des îles qui s'élèvent du sein d'une mer immense. Sans doute le spectacle qu'ils présentent alors est imposant et magnifique : on se livre d'abord au plaisir d'en jouir; mais l'uniformité du spectacle finit par devenir fatigante. Les siècles n'ont pas modifié cet état de choses; ce qui arrive actuellement se passait de même dans la plus haute antiquité; et, s'il est vrai que, par suite de l'influence du climat, les habitans modernes de l'Égypte soient naturellement sérieux et enclins à la tristesse et à la mélancolie, on peut en conclure qu'il en était ainsi des anciens Égyptiens. Peut-on croire, en effet, que des causes naturelles aussi prononcées ne produisent point constamment les mêmes impressions sur le résultat de la pensée? Rien ne doit donc surprendre dans l'aspect mâle et sévère de l'architecture de l'Égypte. Ainsi, de ce que les monumens égyptiens ont un caractère différent de celui des monumens grecs, on n'est point en droit d'en conclure, comme le fait Strabon, qu'ils sont d'une construction barbare [1].

Strabon avance qu'on ne voit, dans les monumens égyptiens, aucune peinture. A moins qu'il ne veuille point donner ce nom aux couleurs appliquées sur toutes les sculptures, on ne conçoit point une pareille assertion; car, dans les monumens, l'éclat et la vivacité des couleurs frappent tous les regards. Il est vrai que la peinture, chez les Égyptiens, ne procédant que par teintes plates et crues, sans ombres, sans nuances ni dégradations, n'est point, à proprement parler, ce qui constitue un art perfectionné; mais enfin c'est un art à son commencement, dont il est surprenant que Strabon, voyageur exact et observateur exercé, ne fasse aucune mention.

[1] Βαρβαρικὴν ἔχων τὴν κατασκευήν. Ces expressions pourraient s'appliquer à des constructions mâles et sévères, ou bien s'entendre de constructions étrangères; car on sait que les Grecs et les Romains donnaient la qualification de barbare à tout ce qui était étranger. Cependant la suite du passage semble bien annoncer que les expressions de Strabon ne peuvent point être prises en bonne part.

QUATRIÈME PARTIE.

Parallèle des principaux édifices de Thèbes, et particulièrement de Karnak, avec les monumens grecs, romains et modernes.

Quelque soin que nous mettions à décrire les édifices égyptiens, nous ne pouvons guère nous flatter de réussir à en donner aux autres l'idée que nous en avons prise nous-mêmes sur les lieux ; car il y a des choses que des dessins et des descriptions ne peuvent rendre ; et il est certain que rien ne peut remplacer la vue des monumens auxquels mille circonstances locales tendent à donner plus de prix. Les dessins géométraux sont sans doute très-propres à faire connaître l'ensemble et les proportions d'un édifice, sa disposition et sa distribution : mais qu'ils sont loin de donner des idées satisfaisantes des constructions, sous le rapport de l'élégance et de l'effet ! C'est surtout en les comparant avec les vues pittoresques faites sur les lieux mêmes, que nous avons pu en juger : nous avons toujours été surpris de trouver dans ces dernières une certaine légèreté à des édifices que les dessins géométraux nous montraient lourds et sans élégance. Il faut se garder de croire que ce résultat doive être seulement attribué à la perspective linéaire : il dépend surtout de la perspective aérienne, dont les effets sont si variables dans les différens climats, et de l'opposition d'une vive lumière avec des ombres bien tranchées. Un tact fin et sûr, et une longue habitude d'observer, avaient appris aux Égyptiens à apprécier toutes ces causes et à en combiner les effets : bien différens des Grecs et des Romains, qui, en transportant leur architecture sous le ciel de l'Égypte, ne paraissent point en avoir tenu compte; d'où il est résulté que leurs élégans édifices s'y montrent sous l'apparence de constructions grêles et sans solidité.

Comme rien dans la nature n'a de grandeur absolue, et que l'esprit de l'homme ne juge de tout ce que l'univers offre à son observation que par des rapports, ce n'est qu'en faisant des rapprochemens entre des objets analogues que l'on peut se faire une juste idée de leur étendue et de leur importance. Il nous paraît donc convenable, pour ne rien laisser à désirer sur la connaissance des monumens de Thèbes, et plus particulièrement de ceux de Karnak, de les mettre en parallèle avec des édifices bien connus. Il ne suffit pas en effet de faire observer aux lecteurs que tous les temples et les palais de l'ancienne Égypte sont représentés dans l'ouvrage à une même échelle; que la grande cour de Karnak, par exemple, renfermerait tous les monumens de l'île de Philæ : cette observation n'est pas de nature à frapper ceux qui n'ont point d'objet de comparaison pour les constructions de Philæ.

Pour remplir notre objet, nous allons donc d'abord comparer les monumens de Karnak avec les édifices élevés par les Grecs et les Romains. Ces derniers, mieux appréciés depuis la renaissance des arts, et recherchés avec empressement, sont devenus, pour ainsi dire, classiques, et sont, par cela même, bien propres à remplir nos vues. Ce n'est pas cependant que nous nous proposions de traiter ici, avec quelque étendue, de l'architecture égyptienne comparée avec les diverses architectures connues; ce sera l'objet d'un travail particulier [1].

Les monumens grecs proprement dits [2], ceux qui ont été construits sous le gouvernement de Périclès, au temps où le goût des arts fut porté à un si haut degré, et lorsqu'Athènes était libre et florissante, ne peuvent point entrer en comparaison, pour l'étendue, avec ceux de l'Égypte. L'antique temple de Thésée, les édifices les plus estimés des anciens, tels que les Propylées et le Parthenon, sont d'une étendue peu considérable : ce dernier est construit à peu près sur les mêmes dimensions que le temple du sud à Karnak; tous deux ont une longueur presque double de leur largeur.

Les monumens de la grande Grèce, dont les ruines subsistent encore à Pesti [3], l'ancienne *Posidonia*, et qui paraissent dater de ce beau temps de l'architecture où le goût sévère des Grecs n'admettait aucun ornement superflu, ne sont pas plus comparables que ceux d'Athènes, sous le rapport de l'étendue, aux grandes constructions égyptiennes.

Dans le beau siècle de la Grèce, les Athéniens ont construit sur de petites dimensions des temples d'un

---

[1] *Voyez* notre Mémoire général sur l'architecture.

[2] Le temple de Minerve a 214^{ds} 10° 4^l de longueur et une largeur de 95^{ds} 1° 6^l. Les colonnes du péristyle ont 5^{ds} 8° de diamètre et 32^{ds} de hauteur.

Le temple de Thésée, bâti environ dix ans après la bataille de Marathon, a 100^{ds} 1° de long et 42^{ds} 11° 4^l de large.

[3] Le grand temple de Pæstum a 192^{ds} 4° pouces de longueur et 86^{ds} 2° de largeur. Le petit temple a 172^{ds} 4°.

goût exquis; mais, sous le gouvernement des Romains, Athènes a vu s'élever avec éclat des édifices qui, au mérite de la pureté d'exécution et de l'harmonie dans toutes les parties, réunirent en outre des dimensions colossales. Le temple de Jupiter Olympien rappelle à l'esprit un des plus grands édifices des Romains : il n'est plus connu maintenant que par les descriptions qu'en ont données Pausanias[1] et Vitruve[2]. Si l'on en croit leurs témoignages, il était enfermé dans une vaste enceinte : c'était donc un des monumens qui pouvaient le mieux être comparés à ceux des Égyptiens. Il est à regretter que les voyageurs n'aient pas découvert sur les lieux des vestiges tels que nous puissions établir cette comparaison.

Si d'Athènes on passe à Palmyre et à Ba'lbek, on trouve des ruines considérables de monumens si magnifiques, qu'ils ont pu être considérés comme le dernier effort de la puissance humaine, avant que l'ancienne capitale de l'Égypte fût mieux connue. Qui n'a point été saisi d'admiration en lisant les récits des voyageurs, au sujet des merveilles que renferment encore ces villes autrefois si florissantes et maintenant désolées? Qui n'a point appris avec étonnement qu'à Palmyre, dans un endroit enveloppé de tous côtés par le désert, il existe actuellement même des ruines d'une telle magnificence, que l'imagination a peine à les concevoir? Le grand temple du Soleil est renfermé dans une enceinte de deux cent

---

[1] Pausan. *Græciæ Descript.* l. v, pag. 303, edit. Hanoviæ, 1613. *préface du livre* VII, pag. 219, et liv. III, pag. 70.

[2] Vitruve, traduct. de Perrault,

quarante-six mètres de long et de deux cent vingt-un mètres de large; trois cent soixante-quatre colonnes d'un mètre quarante centièmes[1] de diamètre, et de quinze mètres et demi[2] de hauteur, en soutenaient les longues galeries et les vastes portiques. Le temple, maintenant ruiné, offre des débris dans une étendue de soixante-dix mètres[3] en longueur, et de quarante-deux mètres[4] en largeur. Le portique et le péristyle sont formés de quarante-une colonnes, toutes de marbre blanc, de plus de seize mètres[5] d'élévation. Les dimensions colossales de ces monumens ne sont pas encore ce qui excite le plus l'étonnement; ce sont les admirables sculptures dont les frises, les corniches, les soffites, sont couverts; ce sont les riches ornemens qui décorent les encadremens des croisées et des portes. Sous le rapport du goût, de la pureté du dessin, et de l'élégance des proportions, Thèbes n'a pas de sculptures à opposer à celles de Palmyre; mais elle est bien supérieure à celle-ci par l'étendue des surfaces sculptées de ses nombreux monumens. Le palais de Karnak, sans compter les accessoires qui en dépendent immédiatement, a trois cent cinquante-huit mètres[6] de long, et une largeur de cent dix mètres[7]; ainsi il l'emporte de beaucoup sur le temple du Soleil : et d'ailleurs, quelle différence dans la manière dont les espaces sont remplis! Le temple du Soleil subsistait seul et comme isolé au milieu de sa vaste enceinte, et les murs du palais de Karnak enferment une suite d'édifices

[1] Quatre pieds quatre pouces.
[2] Quarante-huit pieds.
[3] Deux cent treize pieds.
[4] Cent trente-un pieds.
[5] Cinquante pieds.
[6] Mille cinquante-deux pieds.
[7] Trois cent trente-deux pieds.

DE THÈBES. SECTION VIII.

contigus, qui ne laissent, pour ainsi dire, aucun vide sur une surface immense.

Palmyre se fait surtout remarquer par ses longues avenues de colonnes d'un seul morceau de marbre; on en voit quatre rangées formant des avenues qui correspondent aux trois ouvertures d'un très-bel arc de triomphe : elles occupent en longueur une étendue de douze cent vingt-neuf mètres [1], et viennent aboutir à un magnifique tombeau ; elles forment de vastes portiques ornés d'une grande quantité de statues et d'inscriptions monumentales. Le moindre nombre auquel on puisse porter toutes les colonnes, est de quatorze cent cinquante, et il n'en reste plus debout maintenant que cent vingt-neuf. A tant de magnificence Karnak peut opposer ses nombreuses avenues de sphinx : mises les unes à la suite des autres, elles occuperaient une étendue de deux mille neuf cent vingt-cinq mètres [2], et une seule d'entre elles a deux mille mètres [3] de longueur. Elles n'ont pas dû renfermer moins de seize cents sphinx, dont il subsiste encore actuellement près de deux cents. Ces colosses contiennent beaucoup plus de matière, et ont exigé plus de travail que toutes les colonnes réunies des vastes portiques de Palmyre.

Il est vrai que Palmyre montre encore avec éclat d'autres ruines imposantes et de nombreuses colonnes, parmi lesquelles plusieurs sont d'un seul morceau de granit; mais aussi Karnak, qui n'est qu'une portion de

---

[1] Quatre mille pieds.
[2] Huit mille sept cent soixante-quinze pieds.
[3] Six mille pieds.

Thèbes, comprend d'autres restes de temples, de portes magnifiques, et plus de quarante statues monolithes et colossales. Palmyre a deux colonnes triomphales de dix-neuf mètres [1] de hauteur : les grandes colonnes de Karnak ont vingt-deux mètres [2], et elles forment des avenues. Combien plus de raisons on aurait encore d'accorder la supériorité à Thèbes, si, au lieu de ne considérer qu'une portion de cette ville célèbre, on s'attachait à faire l'énumération des monumens qu'elle renferme dans toute son étendue! En effet, on n'y compte pas moins de huit obélisques monolithes, dont quatre subsistent encore dans leur entier, et sont tous d'une hauteur prodigieuse; dix-sept pylônes de dimensions colossales; sept cent cinquante colonnes presque toutes intactes, parmi lesquelles il s'en trouve d'un diamètre égal à celui de la colonne Trajane. On voit maintenant à Thèbes soixante-dix-sept statues monolithes encore subsistantes, ou dont l'existence est incontestablement annoncée par de nombreux débris : la plus petite excède les proportions naturelles, et les plus grandes ont jusqu'à dix-huit mètres [3] de hauteur.

Le contour des ruines de Palmyre est de cinq mille sept cent soixante-douze mètres [4]. C'est à peu près le circuit des ruines de Karnak. Mais, comme nous l'avons déjà dit, Karnak n'était qu'une portion de la ville de Thèbes, dont le contour total peut avoir été de quatorze à quinze mille mètres [5].

[1] Soixante pieds.
[2] Soixante-dix pieds.
[3] Cinquante-quatre pieds.
[4] Dix-huit mille sept cent cinquante pieds.
[5] *Voyez* la Dissertation à la fin de ce chapitre.

DE THÈBES. SECTION VIII.

Palmyre, ainsi que Thèbes, a ses tombeaux dont on vante la magnificence. Ce sont des tours carrées de quatre et cinq étages, toutes de marbre blanc et décorées de riches ornemens et de figures d'hommes et de femmes en ronde-bosse. Dispersées çà et là dans la vallée qui conduit à Palmyre, elles annoncent avec éclat ses ruines magnifiques. Si l'on en croit les récits des voyageurs, les impressions que laisse dans l'ame l'aspect de ces monumens funèbres, sont vives et profondes; mais l'emportent-elles sur celles que l'on éprouve en pénétrant dans cette vallée mystérieuse où sont creusés les tombeaux des anciennes dynasties des rois de Thèbes? Ces hypogées, qui renfermaient les restes des souverains de l'un des plus anciens peuples connus, inspirent-ils moins d'intérêt et de recueillement que les édifices funèbres de Palmyre? Quelle différence d'ailleurs dans le résultat des efforts des deux peuples! Les plus grands tombeaux de Palmyre ont tout au plus quinze mètres[1] de longueur, à peu près autant de largeur, et vingt-trois mètres[2] de hauteur. La plus grande des grottes de la vallée des tombeaux n'a pas moins de cent onze mètres[3] de profondeur. Nous en avons découvert onze, et dans ce nombre il en est peu qui s'éloignent de ces dimensions. L'obscurité qui règne dans ces sombres demeures, leur caractère grave et mystérieux, agissent puissamment sur l'ame, et tendent à les faire paraître encore et plus vastes et plus étendues qu'elles ne le sont en réalité. Si les tombeaux de Palmyre se font distinguer par la

---

[1] Quarante-six à quarante-sept pieds.
[2] Soixante-douze pieds.
[3] Trois cent quarante-deux pieds.

noblesse et l'élégance de leur sculpture, ceux de Bybân el-Molouk sont remarquables par la multiplicité et la variété des tableaux : il n'y a pas une paroi qui ne soit travaillée, et dont les sculptures ne brillent aujourd'hui même des plus vives et des plus éclatantes couleurs.

Tant de magnificence dans deux villes célèbres est sans doute le résultat d'une même cause : tout porte à croire en effet que Palmyre et Thèbes sont nées du commerce et de l'industrie, et qu'elles se sont livrées toutes deux au trafic des riches productions de l'Inde. Si Thèbes a des monumens plus vastes et en plus grand nombre, c'est que, seule et sans rivale, elle a joui plus long-temps de ce commerce, qui, dans la suite des siècles, a fait la splendeur de Memphis, a été partagé concurremment par plusieurs villes de la Syrie, et enfin s'est remontré de nouveau en Égypte, à Alexandrie, qui, suivant les témoignages de l'histoire, a brillé sur la scène du monde d'un éclat qu'aucune autre ville n'a jamais atteint depuis.

Il n'est guère possible de prononcer le nom de Palmyre sans que les idées se reportent sur la ville de Ba'lbek, sa rivale en grandeur et en magnificence. Nous n'en parlerons point avec détail : il nous suffira de rappeler qu'elle renferme les restes de deux temples magnifiques, qui réunissent à des dimensions colossales la même richesse de sculptures et d'ornemens que l'on retrouve à Palmyre. Le plus petit, qui est aussi le mieux conservé, a quatre-vingt-trois mètres de long et trente-sept mètres de large ; dimensions qui le rendent comparable, pour l'étendue, aux grands temples de l'Égypte, et particulièrement à celui du sud à Karnak. Les colonnes ont de hauteur, compris la base et le chapiteau, plus de seize mètres [1]; leur fût n'est composé que de trois morceaux. Le grand temple, qui est le plus ruiné, occupe une longueur de quatre-vingt-seize mètres et une largeur de moitié moindre. Ces dimensions, quoique considérables, sont loin de l'emporter sur celles des grands édifices de Thèbes. Cependant l'enceinte qui environne le temple, est remarquable par son étendue; elle a deux cent quatre-vingt-dix-neuf mètres de longueur et cent trente-six mètres de largeur. Un vaste portique, une grande cour octogone, une seconde cour de forme rectangulaire, ornée de galeries, se font particulièrement distinguer. L'ensemble de tous ces édifices renferme une surface pareille à celle du palais de Louqsor. On y voit des pierres de dimensions colossales: trois d'entre elles, qui sont élevées à dix mètres [2] de hauteur, ont ensemble soixante mètres [3], et la plus grande en a vingt-un [4]. Les voyageurs témoignent leur étonnement à la vue de ces pierres énormes posées à une si grande hauteur; mais la difficulté de les mettre dans la place qu'elles occupent, peut-elle se comparer à ce qu'il a fallu d'effort et d'art pour transporter et élever sur leurs bases les énormes obélisques de Karnak, qui présentent des dimensions bien autrement considérables?

Pour compléter le parallèle rapide que nous nous sommes proposé de faire, il nous reste à comparer les monumens de l'ancienne Rome avec ceux de Thèbes.

[1] Cinquante pieds.
[2] Trente pieds.
[3] Cent quatre-vingt-trois pieds.
[4] Soixante-quatre pieds.

Aucune ville du monde n'a peut-être été embellie d'édifices et plus nombreux et plus vastes; elle renferme encore les restes de beaucoup de temples, parmi lesquels on peut citer ceux de Jupiter Stator, de Jupiter Tonnant, d'Antonin et Faustine, du Soleil et de la Lune, celui de la Paix bâti par Vespasien : cependant tous ces monumens ne peuvent entrer en parallèle, pour l'étendue, qu'avec le temple du sud à Karnak. Rome renferme des édifices d'un autre genre, construits sur des dimensions colossales : elle a son Panthéon, son Colisée et ses théâtres. Mais c'est particulièrement dans les thermes bâtis par les empereurs qu'elle fait éclater une magnificence vraiment extraordinaire : une seule salle des thermes de Dioclétien a cinquante-huit mètres et demi [1] de longueur, et vingt-quatre mètres [2] de largeur. Quelque grandes que soient ces dimensions, elles sont loin cependant d'égaler celles de la salle hypostyle de Karnak, qui a cent deux mètres et demi de long, et cinquante-deux mètres de large.

Si l'on considère la ville moderne de Rome, parmi les édifices nombreux dont elle est remplie, on en remarque un qui les surpasse tous en grandeur et en magnificence; c'est l'église de Saint-Pierre, dont la coupole, élancée dans les airs, a cent trente-sept mètres [3] de hauteur, élévation qui égale presque celle de la grande pyramide de Memphis au-dessus du plateau sur lequel celle-ci est bâtie. Cette basilique a dans sa plus grande dimension

---

[1] Cent quatre-vingts pieds huit pouces.
[2] Soixante-quatorze pieds trois pouces.
[3] Quatre cent vingt-deux pieds.

deux cent dix-huit mètres, et cent cinquante-cinq mètres de largeur. Un vaste fer-à-cheval et deux galeries qui se dirigent un peu obliquement sur la façade, servent d'avenue à ce majestueux édifice, et en augmentent considérablement l'étendue; ce qui la porte à quatre cent quatre-vingt-dix-sept mètres, longueur moins considérable de trente-sept mètres que la distance comprise entre les sphinx qui précèdent l'entrée de l'ouest du palais de Karnak, et la porte de l'est.

L'Italie offre encore de grands édifices modernes, parmi lesquels on peut citer pour l'étendue le palais de Caserte, qui a deux cent trente-un mètres de longueur, et une largeur à peu près égale : il présente une superficie peu différente de celle du palais de Karnak.

En Espagne, le château de l'Escurial mérite d'être cité pour le vaste emplacement qu'il occupe ; il a en effet deux cent quatre-vingt-sept mètres de longueur et deux cent soixante-onze mètres de largeur : et il faut considérer que ce n'est point un palais qui s'étend sur une même ligne et qui a peu d'épaisseur; c'est un monument formé d'un grand nombre de corps-de-logis, et de plusieurs vastes cours entourées d'édifices fort élevés.

C'est en France qu'il faut arriver ensuite pour trouver des monumens remarquables par leur étendue. Versailles renferme un des châteaux royaux les plus considérables; et de la salle de l'opéra à l'orangerie, on ne compte pas moins de quatre cent quatorze mètres. Paris offre dans la réunion du Louvre et des Tuileries un des plus grands palais qui aient jamais été élevés. En effet, la façade des Tuileries a trois cent vingt-quatre mètres de longueur; les galeries du Louvre occupent une étendue de quatre cent soixante-cinq mètres; et d'une extrémité des édifices à l'autre, on compte six cent soixante-neuf mètres. A la vérité, ces constructions ont peu d'épaisseur : mais, lorsque le grand espace qu'elles renferment sera rempli par les monumens dont on a ordonné l'exécution, on aura un ensemble qui l'emportera sur le palais de Karnak, et par conséquent sur tous les édifices connus.

TEXTES
DES AUTEURS CITÉS.

I.

ΑΘ. Νῦν δέ γε αὐτὸ, ὡς ἔπος εἰπεῖν, ἐν πάσαις ταῖς πόλεσιν ἔξεστι δρᾶν, πλὴν καὶ Αἴγυπτον. ΚΛ. Ἐν Αἰγύπτῳ δὲ δὴ πῶς τὸ τοιοῦτον φῂς νομοθετεῖσθαι; ΑΘ. Θαῦμα καὶ ἀκοῦσαι· πάλαι γὰρ δή ποτε, ὡς ἔοικεν, ἐγνώσθη παρ᾽ αὐτοῖς οὗτος ὁ λόγος, ὃν τανῦν λέγομεν ἡμεῖς, ὅτι καλὰ μὲν σχήματα, καλὰ δὲ μέλη δεῖ μεταχειρίζεσθαι ταῖς συνηθείαις τοὺς ἐν ταῖς πόλεσι νέους. Ταξάμενοι δὲ ταῦτα ἅττα ἐστὶ καὶ ὁποῖ᾽ ἅττα, ἀπέφηναν ἐν τοῖς ἱεροῖς καὶ παρὰ ταῦτα οὐκ ἐξῆν οὔτε ζωγράφοις, οὔτ᾽ ἄλλοις ὅσοι σχήματα καὶ ὁποῖ᾽ ἅττα ἀπεργάζονται, καινοτομεῖν, οὐδ᾽ ἐπινοεῖν, ἄλλ᾽ ἅττα ἢ τὰ πάτρια· οὐδὲ νῦν ἔξεστιν, οὔτ᾽ ἐν τούτοις, οὔτ᾽ ἐν μουσικῇ ξυμπάσῃ. Σκοπῶν δ᾽ εὑρήσεις αὐτόθι τὰ μυριοστὸν ἔτος γεγραμμένα, ἢ τετυπωμένα (οὐχ ὡς ἔπος εἰπεῖν μυριοστὸν, ἀλλ᾽ ὄντως) τῶν νῦν δεδημιουργημένων οὔτέ τι καλλίονα, οὔτ᾽ αἰσχίω, τὴν αὐτὴν δὲ τέχνην ἀπειργασμένα. ΚΛ. Θαυμαστὸν λέγεις.

ATHEN. At isthuc, ut breviter dicam, undique ferè, præterquam in Ægypto, agere licet. CLI. Quo autem pacto in Ægypto hanc legem sancitam esse dicis? ATHEN. Mirum hoc quidem auditu est: nam id olim, ut mihi videtur, illi cognoverunt, oportere, quod nunc nos diximus, in civitatibus juvenes bonis figuris et bonis cantibus assuescere. Quæ verò et qualia sint hujusmodi, in sacris ab eis est institutum: ac præter illa, neque pictoribus, neque aliis figurarum vel quorumcumque artificiorum fabris, nova ulla licebat inducere, neque etiam excogitare alia, præter patria; neque hodie licet, aut in his, aut in universa musica. Itaque, si observes, invenies ibi, quæ decem annorum millibus retro depicta formatave quomodocumque fuerunt; quasi non adeò vetusta sint, ut ita dicam; nec pulchriora neque turpiora his quæ hodie depinguntur, sed eâdem arte confecta. CLI. Mirabile auditu est quod dicis, etc. (Plato, *de Legibus*, l. II.)

II.

Οὐ μόνον δὲ τοῦτον τὸν βασιλέα παρειλήφαμεν, ἀλλὰ καὶ τῶν ὕστερον

Nec verò hunc modò regem, sed etiam qui pòst regnarunt, multos

ἀρξάντων πολλοὺς εἰς τὴν αὔξησιν τῆς πόλεως πεφιλοτιμῆσθαι. Ἀναθήμασί τε γὰρ πολλοῖς καὶ μεγάλοις, ἀργυροῖς καὶ χρυσοῖς, ἔτι δ᾽ ἐλεφαντίνοις, καὶ κολοσσικῶν ἀνδριάντων πλήθει, πρὸς δὲ τούτοις κατασκευαῖς μονολίθων ὀβελίσκων μηδεμίαν τῶν ὑπὸ τὸν ἥλιον οὕτω κεκοσμῆσθαι. Τεττάρων γὰρ ἱερῶν κατασκευασθέντων, τό, τε κάλλος καὶ τὸ μέγεθος θαυμαστῶν, ἐν εἶναι τὸ παλαιότατον, τρισκαίδεκα μὲν σταδίων τὴν περίμετρον, πέντε δὲ καὶ τετταράκοντα πηχῶν τὸ ὕψος, εἴκοσι δὲ καὶ τεττάρων ποδῶν τὸ πλάτος τῶν τοίχων. Ἀκόλουθον δὲ τῇ μεγαλοπρεπείᾳ ταύτῃ καὶ τὸν ἐν αὐτῷ κόσμον τῶν ἀναθημάτων γενέσθαι, τῇ τε δαπάνῃ θαυμαστὸν καὶ τῇ χειρουργίᾳ περιττότερον εἰργασμένον. Τὰς μὲν οὖν οἰκοδομὰς διαμεμενηκέναι μέχρι τῶν νεωτέρων χρόνων. Τὸν δ᾽ ἄργυρον καὶ χρυσὸν καὶ τὴν δι᾽ ἐλέφαντος καὶ λιθείας πολυτέλειαν ὑπὸ Περσῶν σεσυλῆσθαι, καθ᾽ οὓς καιροὺς ἐνέπρησε τὰ κατ᾽ Αἴγυπτον ἱερὰ Καμβύσης. Ὅτε δή φασι τοὺς Πέρσας μετενέγκοντας τὴν εὐπορίαν ταύτην εἰς τὴν Ἀσίαν, καὶ τεχνίτας ἐξ Αἰγύπτου παραλαβόντας, κατασκευάσαι τὰ περιβόητα βασίλεια, τά τε ἐν Περσεπόλει καὶ τὰ ἐν Σούσοις καὶ τὰ ἐν Μηδίᾳ

urbi augendæ impensè studuisse, accepimus. Donariis enim multis et magnificis ex argento, auro, ebore, et statuarum multitudine colossicarum, necnon obeliscorum ex uno lapide structuris, nullam sub sole urbium ita decoratam. De quatuor enim templis ibi constructis unum esse antiquissimum, quod stadiorum XIII circuitum et XLV cubitorum altitudinem, murumque XXIV pedes latum habeat, cui magnificentiæ par sit consecratorum illic ornatus, tum impensis admirandus, tum manuum opere exquisitè elaboratus. Ædes quidem ad nuperam permansisse ætatem, sed argentum et aurum, eboricsque ac lapidum apparatum, à Persis, cùm Cambyses Ægypti templa exureret, dispoliata esse : quo tempore translatis in Asiam opibus, et ascitis ex Ægypto artificibus, regias illas toto orbe celebres, in Persepoli et Susis, cæteraque Media, à Persis ædificatas perhibent. (Diod. Sic. *Bibl. hist.* lib. I, pag. 55, edit. 1746.)

III.

Νυνὶ μὲν οὖν ἔστι πανέρημος ἡ πόλις (ἡ Ἡλιούπολις), τὸ ἱερὸν ἔχουσα τῷ Αἰγυπτίῳ τρόπῳ κατεσκευασμένον ἀρχαῖον, ἔχον πολλὰ τεκμήρια τῆς Καμβύσου μανίας καὶ ἱεροσυλίας, ὃς τὰ μὲν πυρί, τὰ δὲ σιδήρῳ διελωβᾶτο τῶν ἱερῶν, ἀκρωτηριάζων, καὶ περικαίων, καθάπερ καὶ τοὺς ὀβελίσκους· ὧν δύο καὶ εἰς Ῥώμην ἐκομίσθη-

Nunc omnino urbs (Heliopolis) deserta est : habet autem perverustum templum Ægyptio more structum, quod multis manifestis indiciis Cambysis insaniam ac sacrilegia demonstrat : qui templa partim igni, partim ferro devastavit, mutilans, exscindens, comburens, quemadmodum et obeliscos ; quorum duo Romam delati sunt, non omnino corrupti : alii adhuc ibi et Thebis sunt,

DE THÈBES. SECTION VIII.

ἐᾶν, οἱ μὴ κεκακωμένοι τελέως· ἄλλοι δ' εἰσὶ κἀκεῖ, καὶ ἐν Θήβαις τῇ νῦν Διοσπόλει, οἱ μὲν ἑστῶτες ἀκμὴν πυρίβρωτοι, οἱ δὲ καὶ κείμενοι.

quæ nunc Diospolis nominatur; alii stantes admodum igni exesi, alii jacentes. (Strab. *Geogr.* lib. XVII, pag. 805, edit. 1620.)

IV.

Τῆς δὲ κατασκευῆς τῶν ἱερῶν ἡ διάθεσις τοιαύτη. Κατὰ τὴν εἰσβολὴν τὴν εἰς τὸ τέμενος, λιθόστρωτόν ἐστιν ἔδαφος, πλάτος μὲν ὅσον πλεθριαῖον, ἢ καὶ ἔλατἷον, μῆκος δὲ καὶ τριπλάσιον, καὶ τετραπλάσιόν ἐστιν ὅπου καὶ μεῖζον· καλεῖται δὲ δρόμος τοῦτο, καθάπερ Καλλίμαχος εἴρηκεν,

Templorum structura talis est. In ingressu fani est pavimentum, latitudine quidem jugeri, aut paulò minùs; longitudine verò triplâ quadruplàve, et quibusdam in locis etiam magis: atque hoc quidem dromus (quod est cursus) dicitur, ut et Callimachus inquit,

Ὁ δρόμος ἱερὸς οὗτος Ἀνούβιδος.
Est dromus hic sacratus Anubidi.

Διὰ δὲ τοῦ μήκους παντὸς ἑξῆς ἐφ' ἑκάτερα τοῦ πλάτους σφίϒϒες ἵδρυνται λίθιναι, πήχεις εἴκοσιν, ἢ μικρῷ πλείους ἀπ' ἀλλήλων διέχουσαι, ὥσθ' ἕνα μὲν ἐκ δεξιῶν εἶναι στίχον τῶν σφιϒϒῶν, ἕνα δ' ἐξ εὐωνύμων· μετὰ δὲ τὰς σφίϒϒας πρόπυλον μέγα, εἶτ' ἄλλο προελθόντι πρόπυλον, εἶτ' ἄλλο. Οὐκ ἔστι δὲ διωρισμένος ἀριθμὸς, οὔτε τῶν προπύλων, οὔτε τῶν σφιϒϒῶν· ἄλλα δ' ἐν ἄλλοις ἱεροῖς, ὥσπερ καὶ τὰ μήκη, καὶ τὰ πλάτη τῶν δρόμων. Μετὰ δὲ τὰ προπύλαια, ὁ νεὼς πρόναον ἔχων μέγαν, καὶ ἀξιόλογον· τὸν δὲ σηκὸν σύμμετρον, ξόανον δ' οὐδὲν, ἢ οὐκ ἀνθρωπόμορφον, ἀλλὰ τῶν ἀλόγων ζώων τινός· τοῦ δὲ προνάου παρ' ἑκάτερον πρόκειται τὰ λεγόμενα πλερά. ἔστι δὲ ταῦτα ἰσούψη τῷ ναῷ τείχη δύο, καθαρχὰς μὲν ἀφεστῶτα ἀπ' ἀλλήλων μικρὸν πλέον, ἢ τὸ πλάτος ἐστὶ τῆς κρηπῖδος τοῦ νεώ· ἔπειτ' εἰς

Per totam verò longitudinem deinceps ex utraque latitudinis parte sunt positæ lapideæ sphinges, vigenis cubitis vel paulò pluribus inter se distantes, ut altera sphingum series sit à dextra, altera à sinistra. Post sphinges, vestibulum ingens; et ubi processeris ulteriùs, aliud vestibulum, rursumque aliud. Sed neque vestibulorum neque sphingum certus est numerus; sed alius atque alius, pro diversitate longitudinis et latitudinis dromorum. Post vestibula est templum quod ingens atrium habet, ac memoratu dignum, et delubrum mediocre: simulacrum verò aut nullum, aut non ad hominis formam, sed bestiæ alicujus, effictum. Ex utraque parte atrii projectæ sunt quæ pinnæ appellantur: sunt autem duo muri, æquè alti atque templum, in initio inter se distantes paulò plus quàm est latitudo crepidinis templi; postea prorsus procedunt ad inclinantes invicem lineas, usque ad L aut LX cubitos. Hi parietes ingen-

τὸ πρόσθεν προϊόντι, κατεπινευούσας γραμμὰς μέχρι πηχῶν πεντήκοντα ἢ ἑξήκοντα· ἀναγλυφὰς δ᾽ ἔχουσιν οἱ τοῖχοι οὗτοι μεγάλων εἰδώλων, ὁμοίων τοῖς Τυῤῥηνικοῖς, καὶ τοῖς ἀρχαίοις σφόδρα τῶν παρὰ τοῖς Ἕλλησι δημιουργημάτων.

tium simulacrorum sculpturas habent, Etruscis et antiquis Græciæ operibus persimilium. (Str. *Geogr.* lib. XVII, pag. 805.)

V.

Ὑπὲρ δὲ ταύτης ἡ Ἄβυδος, ἐν ᾗ τὸ Μεμνόνειον βασίλειον θαυμαστῶς κατεσκευασμένον, ὁλόλιθον τῇ αὐτῇ κατασκευῇ ᾗπερ τὸν λαβύρινθον ἔφαμεν......

Εἰ δ᾽ ὥς φασὶν ὁ Μέμνων ὑπὸ τῶν Αἰγυπτίων Ἰσμάνδης λέγεται, καὶ ὁ λαβύρινθος Μεμνόνειον ἂν εἴη, καὶ τοῦ αὐτοῦ ἔργον, οὗπερ καὶ τὰ ἐν Ἀβύδῳ, καὶ τὰ ἐν Θήβαις.

Supra hanc est Abydus, in qua est Memnonis regia mirificè structa, è solido lapide, quemadmodum diximus de labyrintho......

Quòd si (ut nonnulli sentiunt) Memnon ab Ægyptiis Ismandes dicitur, etiam labyrinthus Memnonius erat, et ejusdem opus cujus Abydensia et Thebana, nam et ibi quædam Memnonia dicuntur. (*Ibid.* pag. 813.)

VI.

Ἔστι δέ τις καὶ πολύστυλος οἶκος καθάπερ ἐν Μέμφει, βαρβαρικὴν ἔχων τὴν κατασκευήν· πλὴν γὰρ τοῦ μεγάλων εἶναι, καὶ πολλῶν, καὶ πολυστίχων τῶν στύλων, οὐδὲν ἔχει χάριεν, οὐδὲ γραφικόν, ἀλλὰ ματαιοπονίαν ἐμφαίνει μᾶλλον.

Exstat etiam ædes quædam multis columnis structa, sicuti Memphi, barbaricâ fabricâ; nam, præterquam quòd columnæ multæ sunt, et ingentes, et multiplici ordine constitutæ, nihil pictum aut elegans habet, sed potiùs inanem quemdam laborem arguit. (*Ibid.* pag. 806.)

SECTION NEUVIÈME,

Par MM. JOLLOIS et DEVILLIERS,

INGÉNIEURS DES PONTS ET CHAUSSÉES.

Description des ruines de Med-a'moud.

En sortant de Karnak par la grande porte de l'est, on trouve un sentier battu dans la direction de l'axe du palais. Ce chemin, que l'on suit en ligne droite sur une longueur de neuf cents mètres, tourne presque à angle droit vers le nord-nord-est; et après en avoir parcouru une longueur de deux mille mètres, on arrive à un petit monticule où sont les restes d'une porte[1] à moitié détruite, qui a dû être tout-à-fait semblable à celles de Karnak. Un bouquet de palmiers que l'on voit encore sur cet emplacement, paraît annoncer qu'il y a eu récemment des habitations, dont pourtant il n'existe plus de traces.

Tout le long du chemin que nous venons d'indiquer, et dans une largeur moyenne de cinq à six cents mètres, les champs sont cultivés. Un canal dérivé du Nil à quelques lieues au-dessus de Louqsor y amène les eaux du fleuve : elles entretiennent quelque fraîcheur dans cette partie de la plaine, qui partout ailleurs présente

---

[1] Cette porte est indiquée sur le plan général de Thèbes. *Voyez* pl. 1, *A.*, vol. II.

l'aspect affligeant de l'abandon le plus absolu. Toute la campagne est couverte de plantes sauvages ressemblant à des roseaux, qui, dans quelques endroits, s'élèvent presque jusqu'à la moitié du corps.

Si l'on s'avance encore de trois mille mètres dans la direction nord-est, on arrive à une de ces buttes de décombres qui annoncent toujours en Égypte les vestiges d'un lieu plus ou moins anciennement habité. Celle-ci est connue dans le pays sous le nom de *Qadym*, mot arabe, qui veut dire *ancien*. A son extrémité nord, on voit le petit village de Med-a'moud, qui a pris son nom des ruines. Cette butte factice a deux mille mètres de tour, et s'étend dans un espace presque circulaire; elle est couverte de monticules de briques crues, mêlées à des débris de poteries : elle présente, comme partout ailleurs, l'aspect d'un bouleversement général; et il est probable qu'ici, comme sur la plupart des emplacemens des villes anciennes, les décombres ont été exploités pour servir d'engrais aux terres qui produisent le *dourah*.

Pour arriver plus directement en face des seules constructions remarquables qui sont sur cette butte, il faut s'écarter, à deux cents mètres vers le nord, du chemin que l'on a suivi depuis Karnak. Si l'on s'avance ensuite de l'ouest à l'est, et que l'on pénètre à travers les monticules de décombres, on trouve d'abord, à gauche, les restes d'un mur de vingt-un mètres de longueur, qui retourne à angle droit dans une étendue de dix mètres. Près de ce mur, on aperçoit un bloc de pierre, dont la surface supérieure présente un carré d'un mètre et demi de côté. Le chemin que l'on continue de suivre, offre l'aspect d'une sorte de vallon formé par les décombres. Il ne faut sans doute voir ici que les vestiges d'une ancienne rue qui conduisait aux monumens que nous allons décrire. Tous les débris dispersés à droite et à gauche sont ceux des maisons.

A cent quatre-vingt-douze mètres de la construction dont nous venons de parler, on trouve les premiers débris qui annoncent un antique édifice. C'est un amas confus de pierres renversées les unes sur les autres, dont il nous eût été difficile d'indiquer la forme primitive, si l'expérience ne nous avait appris à reconnaître ces sortes de ruines. Il faut voir ici un de ces pylônes qui précèdent les palais et les temples. Ses restes s'étendent dans une longueur de douze mètres sur une largeur d'environ cinq mètres. Il est placé en face d'un monument dont les vestiges subsistent encore à soixante-dix mètres de là. Avant d'y arriver, on trouve à sa droite les fondations d'un mur dont il est difficile d'apercevoir la liaison avec les constructions voisines. Le monument principal, pour la plus grande partie, ne s'élève point au-dessus du sol: il s'étend dans un espace rectangulaire de trente-sept mètres de long et de onze à douze mètres de large; il consiste en quatre rangées de colonnes qui se présentent sur quatorze de front, et sont au nombre de cinquante-six. Les entre-colonnemens sont égaux, à l'exception de celui du milieu, qui est double des autres. De toutes les colonnes dont on aperçoit les restes, il n'y en a que quatre dans la première rangée qui soient entières et surmontées de leur architrave et d'une partie de leur corniche. Deux d'entre elles forment l'entre-colonnement du milieu, et l'on y voit encore des arrachemens de la porte qui servait d'entrée à l'édifice, et dont les montans portent des restes de sculptures représentant des offrandes aux dieux. Leurs chapiteaux sont à campanes décorées de feuilles et de tiges de plantes indigènes; ceux des deux autres colonnes qui sont encore debout, à gauche de l'entre-colonnement du milieu, ont la forme de boutons de lotus tronqués. Il est extrêmement vraisemblable que ce même chapiteau couronnait toutes les autres colonnes dont maintenant il ne reste plus que les fondations. Ce n'est qu'ici que nous avons trouvé réunies dans une même façade ces deux espèces de chapiteaux. Les colonnes ont un mètre dix-sept centièmes de diamètre, et leur espacement est d'un mètre soixante-dix centièmes. Dans le plan qu'offre la pl. 68, *A*. vol. III, on a eu soin de colorer plus fortement les quatre qui subsistent encore en entier. Dans les intervalles qui séparent les colonnes de la première rangée, nous avons aperçu des restes de murs d'entre-colonnement; et c'est ce qui a motivé notre restauration [1]. Ces murs pouvaient avoir de deux à trois mètres de hauteur. Il est probable que, comme tous ceux de ce genre, ils étaient couverts de tableaux et d'hiéroglyphes sculptés. Au troisième entre-colonnement à gauche de celui du milieu, nous avons découvert les restes d'une porte. L'état de dégradation où elle se trouve ne nous a point permis de juger jusqu'où elle s'élevait. Peut-être n'était-ce qu'une petite porte percée dans un mur

[1] *Voyez* pl. 68, fig. 3, *A*., vol. III.

d'entre-colonnement, telle que l'on en voit à Erment et à Qâo el-Kebyreh.

A peu près dans l'axe du troisième entre-colonnement, à gauche de celui du milieu, et à huit mètres de distance de la dernière colonne, on trouve un gros bloc de granit dont les faces sont taillées. Il y a tout lieu de croire qu'il formait le montant d'une porte servant d'issue à la pièce que nous venons de décrire. S'il en était ainsi, on pourrait présumer, avec quelque vraisemblance, que les rangées de colonnes s'étendaient jusqu'à cette porte.

Il est difficile de dire si ces ruines appartiennent à un temple ou à un palais, si elles formaient un portique ou bien une salle hypostyle. Aucun des murs de clôture ne subsiste plus maintenant. Cependant il est à croire que leur destruction n'est pas très-ancienne : Pococke[2], qui a visité, de 1737 à 1739, le même emplacement, les a figurés dans le plan qu'il a publié[3]. Ces murs auraient-ils disparu depuis cette époque? Quelques vestiges de constructions que nous avons remarqués au niveau du sol, entre les colonnes de la dernière rangée à gauche, nous ont portés à croire que cette pièce était une espèce de portique à jour sur les côtés comme sur la façade; et c'est ce que nous avons exprimé dans l'élévation que nous donnons de ce monument. C'est le seul

---

[1] *Voyez* pl. 68, fig. 1 et 2, *A.*, vol. III.

[2] Pococke, qui a visité ces ruines à une époque où elles avaient moins souffert des ravages du temps, a figuré sept rangées de quatorze colonnes dans le plan qu'il en a publié. *Voy.* l'édition anglaise des Voyages de Pococke, publiée en 1743.

[3] *Voyez* la pl. 27, fig. *d*, de l'ouvrage de Pococke.

exemple que nous offrent les édifices égyptiens d'une pareille disposition, si toutefois notre opinion est suffisamment fondée. Tout le terrain sur lequel s'élèvent ces ruines, a été remué. Les pierres en ont été enlevées, probablement pour être employées à des constructions modernes; et l'on ne pourrait guère espérer, en entreprenant des fouilles, d'acquérir plus de connaissances sur la destination et la forme de l'édifice.

L'axe du monument fait, avec la ligne nord et sud, un angle de soixante degrés.

Dans le voisinage de ces ruines, Pococke a signalé les restes d'un sphinx. Nous ne les avons point aperçus, et il est assez probable qu'ils ont disparu depuis le passage de ce savant voyageur.

En parcourant les ruines de Med-a'moud, M. Girard a trouvé un bloc en pierre calcaire sur lequel est sculptée une tête de Jupiter. La butte de décombres renferme beaucoup de restes de murailles en grande partie enfouies : on en voit plus particulièrement dans la portion qui regarde le Nil, où les monticules sont moins élevés.

Le voisinage de Karnak, les restes de la porte qui subsistent sur le chemin de Karnak à Med-a'moud, tout porte à croire que les ruines que nous venons de décrire étaient une dépendance de Thèbes. Nous examinerons plus au long cette opinion, dans ce que nous avons à dire sur l'étendue et les limites de l'ancienne capitale de l'Égypte[1].

[1] *Voyez* la dissertation à la fin de ce chapitre.

FIN DU TOME DEUXIÈME.

TABLE

DES MATIÈRES DU TOME II.

ANTIQUITÉS—DESCRIPTIONS.

                                                              Pages

CHAPITRE IX.. 1

DESCRIPTION GÉNÉRALE DE THÈBES....................... *Ibid.*

Introduction, par MM. Jollois et Devilliers, ingénieurs des ponts et chaussées.. *Ibid.*

   §. Ier. Aperçu général de l'état actuel de la vallée de Thèbes, et des villages modernes qu'elle renferme......... *Ibid.*
   §. II. Aperçu général des anciens monumens de Thèbes..... 6

SECTION Ire, par MM. Jollois et Devilliers, ingénieurs des ponts et chaussées.. 41

Description des édifices et de l'hippodrome de Medynet-abou..... *Ibid.*

   §. Ier. Enceinte et butte factice de Medynet-abou.......... *Ibid.*
   §. II. Des propylées du temple de Medynet-abou.......... 43
   §. III. Du temple de Medynet-abou...................... 51
   §. IV. Du pavillon de Medynet-abou..................... 58
   §. V. *Du palais de Medynet-abou*....................... 66
      ARTICLE Ier. De l'intérieur du palais, et des sculptures qu'on y remarque............................. *Ibid.*
      ARTICLE II. Des terrasses du palais, du village qu'on y a bâti, et des constructions qui sont au-delà du péristyle.................................... 103
      ARTICLE III. Des sculptures extérieures du palais......... 105
   §. VI. Comparaison des actions guerrières attribuées par Diodore et Hérodote à Sésostris, avec les scènes militaires sculptées sur les murs du palais de Medynet-abou, et notions qui en résultent pour l'ancienne histoire des Égyptiens.............................. 118
   §. VII. Du petit temple situé au pied de la butte factice de Medynet-abou................................... 131
   §. VIII. *De l'hippodrome, et du temple situé à son extrémité sud.* 134
      ARTICLE Ier. De l'hippodrome de Medynet-abou......... *Ibid.*

TABLE DES MATIÈRES.

Pages.

ARTICLE II. Du petit temple situé à l'extrémité sud de l'hippodrome.. 141

TEXTES *des auteurs cités*... 145

SECTION II, par MM. Jollois et Devilliers, ingénieurs des ponts et chaussées.. 153

Description des colosses de la plaine de Thèbes et des ruines qui les environnent, et Recherches sur le monument dont ils faisaient partie.. Ibid.

 §. Ier. Des colosses de la plaine........................ Ibid.
 §. II. De l'exhaussement de la plaine de Thèbes......... 167
 §. III. Des ruines et des débris qui se trouvent autour des colosses................................. 179
 §. IV. Identité du colosse du nord et de la statue de Memnon, ainsi que de l'édifice dont l'existence vient d'être constatée, et du palais ou temple dans lequel les anciens auteurs rapportent qu'était renfermé le colosse de Memnon............................. 185
 §. V. De la statue de Memnon en particulier............. 201
 §. VI. De l'espèce de son que rendait la statue de Memnon, et des moyens que l'on mettait probablement en usage pour la faire résonner......................... 207
 §. VII. Du Memnon des Grecs........................ 210

INSCRIPTIONS *gravées sur la statue de Memnon*................ 213

TEXTES *des auteurs cités*.. 229

SECTION III, par MM. Jollois et Devilliers, ingénieurs des ponts et chaussées... 237

Description du tombeau d'Osymandyas, désigné par quelques voyageurs sous la dénomination de Palais de Memnon......... Ibid.

PREMIÈRE PARTIE. De l'état actuel des ruines................. Ibid.

SECONDE PARTIE. Identité du monument qui vient d'être décrit, et du tombeau d'Osymandyas.............................. 272

TEXTES *des auteurs cités*.. 309

SECTION IV, par MM. Jollois et Devilliers, ingénieurs des ponts et chaussées... 317

Description du temple de l'ouest, ou du temple d'Isis........... Ibid.

TEXTES *des auteurs cités*.. 337

SECTION V, par MM. Jollois et Devilliers, ingénieurs des ponts et chaussées... 341

Description des ruines situées au nord du tombeau d'Osymandyas. Ibid.

TABLE DES MATIÈRES.

Pages.

SECTION VI, par MM. Jollois et Devilliers, ingénieurs des ponts et chaussées... 349
Description des ruines de Qournah........................ *Ibid.*

SECTION VII, par MM. Jollois et Devilliers, ingénieurs des ponts et chaussées.. 363
Description des ruines de Louqsor........................ *Ibid.*

SECTION VIII, par MM. Jollois et Devilliers, ingénieurs des ponts et chaussées... 405
Description du palais, des propylées, des avenues de sphinx, des temples et de diverses autres ruines de Karnak........... *Ibid.*
PREMIÈRE PARTIE. Du palais de Karnak..................... *Ibid.*
  §. Ier. De la position géographique des ruines, de leur étendue, et de l'enceinte du palais......................... *Ibid.*
  §. II. De l'état actuel du palais de Karnak, de sa construction et de sa destination................................. 408
  §. III. Description du temple dépendant du palais........ 424
  §. IV. Suite de la description du palais................. 429
SECONDE PARTIE. Des autres édifices de Karnak............. 489
  §. Ier. Des ruines de l'est........................ *Ibid.*
  §. II. Des ruines du nord............................... 491
  §. III. *Des ruines du sud*............................. 496
Article premier. Des propylées........................... *Ibid.*
Article deuxième. Des avenues de sphinx.................. 505
Article troisième. De la porte et du grand temple du sud.. 516
Article quatrième. Du petit temple situé au sud du palais. 537
Article cinquième. De l'enceinte du sud, et des ruines qui s'y trouvent... 556
TROISIÈME PARTIE. Examen des passages des anciens auteurs qui ont trait aux monumens de Thèbes, et plus particulièrement à ceux de Karnak.. 560
QUATRIÈME PARTIE. Parallèle des principaux édifices de Thèbes, et particulièrement de Karnak, avec les monumens grecs, romains et modernes... 586
TEXTES des auteurs cités.................................. 599

SECTION IX, par MM. Jollois et Devilliers, ingénieurs des ponts et chaussées.. 603
Description des ruines de Med-a'moud.................... *Ibid.*

FIN DE LA TABLE.

OEUVRES DE NAPOLÉON BONAPARTE.

Plusieurs souscripteurs nous ont demandé si, dans les OEuvres de Napoléon Bonaparte, nous étions assurés d'insérer les derniers manuscrits de Sainte-Hélène : nous pouvons donner la certitude que ces manuscrits termineront l'ouvrage ; déjà nous sommes entrés en relation avec les possesseurs de ces écrits ; si nous ne pouvions traiter avec eux directement, nous traiterions avec le libraire français ou anglais qui en deviendra l'acquéreur, et aucun ne nous refusera la cession du nombre d'exemplaires nécessaires aux souscripteurs des OEuvres complètes de Napoléon, ou le droit de réimprimer ces manuscrits pour compléter les OEuvres que nous publions.

Le tome quatrième comprend toutes les lettres relatives à la fin de l'expédition d'Égypte, adressées aux beys, aux scheiks, aux émirs et aux généraux français Marmont, Murat, Dugua, Desaix, etc. Elles forment la première partie de ce volume ; la seconde comprend le consulat et l'empire, et commence par les discours du 18 brumaire, les proclamations, les messages de cette époque, les notes inscrites dans le Moniteur, les lettres à Toussaint-Louverture, au roi d'Angleterre, etc., etc., et les bulletins de la grande armée.

Ces bulletins étaient toujours écrits sous la dictée de l'empereur, sur le champ même de bataille ; ils doivent trouver la première place dans ses OEuvres. Nous avons choisi parmi les notes inscrites dans le Moniteur celles qu'il avait particulièrement rédigées ; les guides les plus sûrs nous ont conduits dans cette recherche. C'est à ces notes qu'il confiait toute sa haine contre l'Angleterre, et l'on savait bien alors même qu'elles sortaient toutes de sa pensée.

www.ingramcontent.com/pod-product-compliance
Lightning Source LLC
Chambersburg PA
CBHW060403230426
43663CB00008B/1371